公羊義疏

四部備要

經部

上海中華書局據南菁書院續經解本校刊

桐鄉 陸費逵 總勘
杭縣 高時顯 吳汝霖 輯校
杭縣 丁輔之 監造

公羊義疏十九

南菁書院

句容陳立卓人著

莊五年盡八年

五年春王正月

夏夫人姜氏如齊師疏通義云戎事不通女器目言如齊師惡甚矣穀梁傳曰師而曰如衆也婦人既嫁不踰竟踰竟非禮也注言師衆大如國故可以言如按上二年會于郜注婦人無外事外則近淫四年饗于祝丘注書者與會郜同義此無注從可知省文也下七年會于防同

秋倪黎來來朝疏左穀倪作郳左氏黎作犂春秋異文箋云郳倪二字古秖作兒从人从邑皆後起字黎犂通假字按莊子齊物論有王倪漢書古今人表作王兒漢書倪寬鹽鐵論刺復篇云自千乘兒寬以治尚書冠九卿文學曰兒大夫閉口不言是倪本作兒邵氏晉涵南江札記云左氏傳成十五年伯州犂奔楚潛夫論引作州黎是犂黎同也

倪者何小邾婁也注小邾婁國疏杜云東海昌慮縣東北有郳城疏云郳之上世出於邾國世本云邾顏居邾肥徙郳宋仲子注邾顏別封小子肥於郳爲小邾子則顏是邾君肥始封郳譜云小邾邾俠之後也夷父顏有功於周其子友別封爲附庸居郳曾孫犂來始見春秋附從齊桓以尊周室命爲小邾子穆公之孫惠公以下春秋後六世而楚滅之世本

言肥杜譜言友當是一人傳七年書小邾子來朝知齊桓以王命命云說文邑部郳齊地春秋傳曰齊高厚定郳田段注左傳襄六年齊侯滅萊遷萊于郳杜云遷萊子於郳國正義郳卽小邾小邾附庸於齊故滅萊國而遷其君於小邾世本注邾顏別封小子肥于郳爲小邾子左傳曰魯擊柝聞於邾小邾者邾所別封則其地亦在邾魯閒不當爲齊地今鄒縣有故邾城滕縣東南有郳城皆魯地且郳之稱小邾久矣不應又忽呼爲郳也許意郳是齊地非小邾國也按段說是也昌慮爲今滕縣地兗州府志郳城在滕縣東一里梁水之東周八里于欽齊乘云郳城在繒城南土人云小灰城卽小邾之譌也按漢東海郡繒縣在今峯縣地也萊子所遷別是一地

小邾婁則曷爲謂之倪未能以其名通也注倪者小邾婁之都邑時未能爲附庸不足以小邾婁名通故略謂之倪疏注倪者至都邑○通義云今爲附庸則名倪其後受國則名小邾婁倪本邾婁顏之少子肥所封故謂之小邾婁也蓋此時尚無小邾婁之稱故以其取都名也○注時未至之倪○通義云未能以其名通者猶孟子言不達於天子按孟子萬章篇不達於天子附於諸侯曰附庸則附庸國之至微者此注云未能爲附庸疑未能二字沿傳文衍白虎通諡篇附庸所以無諡何卑小無爵也王制云不能五十里不合于天子附于諸侯曰附庸不合卽不達也趙注孟子云小者不能特達于天子因大國以名通白虎通爵篇又云小者不滿爲附庸附庸者附大國以名通也不滿謂不滿五十里也孔氏廣森經學巵言云不達於天子者春秋所謂未能以其名通也繁露曰附庸字者方三十里名者方二十里人氏者方十五里書大傳曰古者諸侯始受封則有采地百里諸侯以三十里七十里諸侯以

二十里五十里諸侯以十五里其後子孫雖有罪黜其采地不黜使其子孫賢者守之世世以嗣其始受封之人此之謂興滅國繼絕世昔齊人滅紀季以酅爲齊附庸酅者紀之采也然則多亡國之後先世有功德者故存錄之使世食其采以臣屬於大國三十里者其先公侯也二十里者其先伯也十五里者其先子男也董仲舒說正與書傳合按韓詩外傳亦有是語然郳係邾婁別封與晉封曲沃相似曲沃已命爵爲伯或是請於周所賜邾婁本子易小國非其比矣封之郳則謂之郳猶紀季以酅入齊則謂之酅齊語齊桓正封城東至於紀酅是也後齊桓請於周封之子始有小邾婁之稱春秋王魯附庸小國未能以名通故略之稱郳耳

黎來者何名也疏左傳云郳犂來來朝名未王命也注未受爵命爲諸侯傳發附庸稱名例也据此郳爲邾婁所封則邾婁非附庸可知故隱元年注謂儀父在春秋前失爵在名例也

其名何注据僖七年稱子疏据注僖七年稱子○即僖七年夏小邾婁子來朝是也

微國也注此最微得見者其後附從齊桓爲僖七年張本文疏注此最至本文○僖七年注云至是所以稱爵者時附從霸者朝天子旁朝罷行進齊桓公白天子進之固因其得禮著其能以爵通附庸最微得見春秋因其後得禮能以爵通故於此起之也穀梁傳郳國也黎來微國之君未爵命者也通義云附庸名者方二十里

冬公會齊人宋人陳人蔡人伐衞

此伐衞何納朔也疏左傳冬伐衞納惠公也漢書劉向傳衞侯朔召不往齊逆命而助朔繁露滅國上云衞侯

朔因事齊襄而天下患之則齊主兵魯與宋陳蔡從之也曷爲不言納衛侯朔注据納頓子于頓言納下朔入公入致伐齊人來歸衛寶知爲納朔伐之疏注据納至伐之○僖二十五年楚人圍陳納頓子于頓是彼言納也朔入即下六年衛侯朔入于衛是也公入致伐即下六年公至自伐衛是也又云齊人來歸衛寶故知爲納朔伐之辟王也注辟王者兵也王人子突是也使若伐而去不留納朔者所以正其義因爲內諱疏注辟王至是也○下六年傳云王人子突救衛王人救之諸侯伐之順逆昭然矣○注使若至內諱○若留納朔當書公會齊侯以下伐衛納衛侯朔○於衛今不然故解之通義云絕正其義不使諸侯得立王之所廢也穀梁傳曰是齊侯宋公也其曰人何也人諸侯所以人公也其人公何也逆天王之命也今驗經例公會宋人齊人伐徐公會齊人宋人邾婁人救鄭皆以會大夫不致此下有致足起四國實其君貶稱人矣按不書納朔爲內諱伐王書人起其貶也

六年春王三月疏左氏作正月穀梁作二月王人子突救衛疏史記注引服虔云王室當在雅衰微而列在風故國人猶尊之故稱王猶春秋之王人也按所引蓋襄二十九年傳爲之歌王注不曰周人而曰王人猶尊王之義也王人者何微者也疏杜云王人王之微官也穀梁傳王人卑者也僖八年傳亦云王人微者也僖二十九年注諸侯亦使微者會之亦者亦王人也子突者何注別何之者稱人序上又僖八年王

人不稱字嫌二人疏注別何至二人○舊疏云所以不言王人子突者何而別何之者正以稱人序在子突之上又僖八年公會王人以下于洮單稱王人不稱字問者之意嫌此王人與子突別人故別何之然則言嫌二人者猶言疑二人矣按傳意亦欲明王人爲微者故別何之貴也注貴子之稱疏注貴子之稱○穀梁傳稱名貴之也彼注引何休以爲稱子則非名也鄭君釋之曰王人賤者錄則名可今以其銜命救衞故貴之貴之則子突爲字可知明矣此名當爲字誤耳則范氏以彼傳稱名爲誤通義云尋此注意突仍是名何君擇善而從故自異其說按注云貴子之稱則何氏作注以子爲貴不以突是字爲貴也穀梁注引徐乾曰王人者卑者之稱也當直稱王人而已今以其能奉天子之命救衞而拒諸侯故加名以貴之僖八年公會王人齊侯是卑者之常稱爾彼以子突實微者非公羊義杜氏釋例云莊六年五國諸侯犯逆王命以納衞朔大其事故字王人謂之子突是說進之意進之不稱名而越稱字者王之上士下士爵同而命異耳進之同中士未足以爲榮故超從大夫之上例稱字以貴之也杜義以突爲字與鄭義同范氏疏亦如何義則穀梁文不誤貴則其稱人何注据王子瑕不稱人本當言王子突示諸侯親親以責之也疏注据王至之也○襄三十年王子瑕奔晉是不稱人也本亦當稱王子突以責諸侯違王命之深也繫諸人也曷爲繫諸人注据不以微及大疏注据不至及大○定二年傳云然則曷爲不言雉門災及兩觀主災者兩觀也主災者兩觀則曷爲後言之不以微及大也此王人微者王子突貴者繫之王人之下是以微及大也故据以難通義云本當稱王子突特繫人言之耳

王人耳注刺王者朔在岱陰齊時一使可致一夫可誅而緩令交連五國之兵伐天子所立還以自納王遣貴子突卒不能救遂為天下笑故為王者諱使若遣微者弱愈因為內殺惡救衛時此月者嫌實微者故加錄之以起實貴子突疏舊疏云欲道子突但是微者矣按傳意子突不能救亦等之王人微者耳○注刺王至殺惡○桓十六年傳見使守衛朔而不能使衛小衆越○在岱陰齊是朔在岱陰齊事也上五年冬公會齊人宋人陳人蔡人伐衛是交連五國兵也上三年注云天子新立衛公留是伐天子所立也下衛侯朔入于衛是遣子突不能救也桓十六年注云傳著朔在岱陰者明天子當及是時未能交連五國之兵早誅之蓋初出奔時黨援未甚可即誅絕遷延貽玩致不能討恥莫甚焉故繁露玉英云遣子突征衛不能絕諸侯得以大亂簒弑無已是也通義云言子突乃王人耳使若王不深助留但遣微者子突無威重不能成功以為天子殺恥矣按穀梁傳曰善救衛也救者善則伐者不正是公會諸侯伐衛為內惡殺惡者舊疏云犯微人之命惡淺犯貴者之命惡深故也弱愈校勘記云鄂本宋本同閩本監本毛本弱改為非按弱愈猶少愈也○注救例時○僖六年秋諸侯遂救許僖十九年夏師救齊是也○注此月至子突○經義嫌子突實微故加錄月以起其貴明王子突也與僖八年二十九年王人不同杜云雖官卑而見授以大事故稱人而又稱字不知子突王子突故也

夏六月衛侯朔入于衛

衛侯朔何以名【注】据衛侯入于陳儀不名【疏】注据衛至不名○見襄二十五年秋絕【疏】穀梁傳入者內弗受也何用弗受也爲以王命絕之也朔之名惡也朔入逆則出順矣朔出入名以王命絕之也按春秋天子之事也衛朔天子之命所絕故春秋書名以絕之曷爲絕之【注】据俱入也犯命也【注】天子命尤重【疏】注犯天至尤重○見桓十六年彼傳云得罪于天子也其得罪于天子奈何見使守衛朔而不能使衛小衆越在岱陰齊屬負茲舍不即罪爾是也通義云犯天子之命當絕賤之不成爲諸侯故生名之包氏慎言云朔得罪天子出奔當絕天子立公子留以承衛祀朔復入爲篡以盜國論莊二十五年衛侯朔卒不書葬注云犯天子命重與盜國同僖十九年宋人執滕子嬰齊注名者葵丘之會叛天子之命者也當與衛朔同科穀梁傳云其不言伐衛納朔何也不逆天王之命也按范注云不與諸侯納王之所絕是也其言入何【注】据頓子不復書入【疏】注据頓至書入○僖二十五年秋楚人圍陳納頓子于頓不復書入也通義云据鄭衍或言歸或言復歸篡辭也【注】上辟王不得言納故復從篡辭書入也不直言篡者事各有本也殺而立者不以當國之辭言之非殺而立者以當國之辭言之國人立之曰立他國立之曰納從外曰入諸侯有屬託力加自文也不書公子留出奔者天子本當絕衛不當復立公子留因爲天子諱微弱【疏】通義云篡衛侯留也○注

上辟至入也○上五年傳云曷爲不言納辟王也上不言納嫌衛朔復國無罪故復從簒辭書入以公羊之例立納入皆簒辭故也卽○注不直至本也○此道春秋通例○注殺而至言之○舊疏云卽文十四年齊公子商人弑其君舍不去公子是也彼以弑君爲重不嫌非簒故不必以當國辭目之○注非殺至言之○下九年齊小白入于齊是也注云曷爲以國氏當國也非殺而立嫌非簒故以入言之○注國人至曰立○隱四年衛人立晉是也傳立者不宜立也明當立○注桓嗣子故書立以見簒○注他國至曰納○僖二十五年楚人圍陳納頓子于頓哀二年晉趙鞅帥師納衛世子蒯聵于戚是也蒯聵得國於子輒得爲簒者彼傳云父有子子不得有父也蒯聵於定十四年出奔子無去父之義合當絕今還入衛爲盜國合當誅晉納之與同罪也○注從外曰入○桓十五年許叔入于許是也注入者出入惡明當誅又下九年齊小白入于齊○注諸侯至文也○舊疏云卽昭元年秋莒去疾自齊入于莒昭十三年夏楚公子比自晉歸于楚之屬是也按董子言衛朔固事齊襄天下患之不書自齊入于衛者蓋不獨齊助之魯亦當蒙其惡也○注不書至微弱○天子立公子留見上三年按不書出奔爲天子諱弱是也謂天子本當絕衛似過衛朔不能使衛小衆又託疾不就罪得罪天子絕衛朔足矣欲幷其宗社絕之甚矣

秋公至自伐衛

曷爲或言致會或言致伐得意致會【注】所伐國服兵解國安故不復錄兵所從來獨重其本會之時【疏】注所伐至之時○襄十一年公會晉侯以下伐鄭會于蕭

魚公至自會按會于蕭魚傳云蓋鄭與會爾注中國以鄭故三年之中五起兵至是乃服其後無干戈患二十餘年故喜而詳錄其會以得鄭爲重是爲所伐國服兵解國安故獨重其會時故書至自會也

不得意致伐

注所伐國不服兵將復用國家有危故重錄所從來此謂公與二國以上也公與一國及獨出用兵得意不致不得意致伐公與二國以上出會盟得意致會不得意不致公與一國出會盟得意致地不得意不致皆例時

疏注所伐至從來○傳四年公伐楚侯以下侵蔡蔡潰遂伐楚次于陘秋八月公至自伐楚傳楚已服矣何以致伐楚叛盟又襄十一年公會晉侯宋公以下伐鄭秋七月己未同盟于京城北公至自伐鄭彼鄭旋服旋叛故致伐從不得意例也舊疏云成十六年公會尹子晉侯以下伐鄭冬十二月公至自會又成十七年夏公會尹子單子晉侯以下伐鄭六月乙酉同盟于柯陵秋公至自會又成十七年冬公會單子晉侯以下伐鄭十一月公至自伐鄭以此言之則十六年秋伐鄭十七年夏伐鄭皆是鄭人不服而致會者正以十六年鄭叛晉帥諸侯伐之當時實服明年乃叛是以致會十七年夏公會單子已下伐鄭者正以比年用兵不能服故以得意爲文其十七年冬公會單子已下伐鄭以伐致者至於三伐事實當見故言公至自伐鄭矣按十七年夏書致會或與十六年書致會同意比年用兵不能服無爲以得意爲文也或以公幼非魯主兵故無危辭十七年冬則比年三伐而鄭仍未服故危魯以危諸侯也舊疏又云桓十六年夏四月公會宋公衛侯已下伐鄭秋七月公至自伐鄭從此以後鄭不背叛而致

伐者桓元年三月公會鄭伯于垂彼注云不致之者桓不弒賢君篡慈兄與人交接則有危故奪臣子辭成誅文然則桓本不合致而十六年致者注云善桓公能疾惡同類與諸侯行義兵伐鄭也是其得致之由而致伐者諸侯本欲助忽誅突突終得國忽死不還以其不得伐力故致伐也義或然耳○注此謂至上也○凡上所引皆尊二國以上事也○注公與至不致○隱五年公伐邾婁僖二十二年公伐邾婁三十三年公伐邾婁皆公獨出用兵得意故不致其與一國以上得意者無文舊疏云知然者正以用兵得意兵不復用何勞致伐不致會者離不成會故也○注不得意致伐○僖二十六年公以楚師伐齊取穀公至自伐齊傳云此已取穀矣何以致伐未得乎取穀也曰患之起必自此始矣是公與一國以上不得意致伐者也下二十六年公伐戎公至自伐戎是公獨出用兵不得意致伐者也舊疏云不得意所以致伐者兵將復用重錄兵所從來故也○注公與至致會○舊疏云即哀十二年公會晉侯及吳子會于黃池秋公至自會是也其得意致會者以其成會也按成十六年公會晉侯齊侯已下于沙隨不見公公至自會公不見見大夫執而致會者傳云不恥也曷為不恥公幼也是其變也○注不得意不致○舊疏云即宣七年公會晉侯宋公衛侯鄭伯曹伯于黑壤之屬是也其不得意不致者無功可言故也按八年春公至自會則致矣不知舊疏何云不致也公與二國以上會盟不致致者多蓋得意者皆致其不致者未必皆不得意也○注公與至致地○舊疏云即桓二年秋公及戎盟于唐冬公至自唐是也其得意致地者離不成會故也○注不得意不致○舊疏云即隱二年秋八月庚辰公及戎盟于唐之屬是也其不得意所以不致者無功可致矣按盟唐所以為不得意者彼注云後背隱而善桓復為唐之盟故也○注皆例時○舊疏云即桓二年冬公

至自唐僖二十六年冬公至自伐齊哀十三年秋公至自會之屬是也其僖四年八月公至自伐楚注云月者凡公出滿二時月危公之久成六年春王二月公至自會注云月者前魯大夫獲齊侯今親相見故危之是也而襄十一年公至自伐鄭公至自會不滿二時而皆在日月下何氏不注蓋皆不蒙月故也成十六年公至自會亦不滿二時而在日月下是不蒙月明矣成十七年十一月公至自伐鄭注云月者方正下壬申故月之然則公至亦不蒙月矣

衞侯朔入于衞

何以致伐注据得意疏校勘記云唐石經諸本同毛本伐誤會○注据得意○伐衞納朔朔得入衞是得意矣而書致伐故据以難

不敢勝天子也注與上辟王同義久不月者不與伐天子也故不爲危錄之疏注與上辟王同義○上五年公會五國伐衞傳云曷爲不言納衞侯朔辟王也蓋若伐衞而去不留納朔以辟王兵然所以正其義此雖得意然勝天子以逆犯順危甚故不與其得意也○注久不至錄之○僖四年八月公至自伐楚彼注云月者公出滿二時月危公之久今公伐衞歷四時久而不月危之者不與伐天子雖不久亦危故不必錄月異之也

螟注先是伐衞納朔兵歷四時乃反民煩擾之所生疏漢書五行志云嚴公六年秋螟董仲舒劉向以爲先是衞侯朔出奔齊齊侯會諸侯納朔許諸侯賂齊人歸衞寶魯受之貪利應也按京房易傳曰臣安祿茲

謂貪厭災蟲蟲食根德無常茲謂煩蟲食葉爾雅釋蟲食苗生心螟食葉蟘食節賊食根蟊蟊蟘皆螟類故煩擾貪利均致蟲災也

冬齊人來歸衛寶【疏】唐石經諸本同左氏經作衛俘校勘記云缶聲孚聲古音同第三部杜云公穀皆言衛寶此傳亦言寶唯此經言俘疑經誤正義說文保从人采省聲古文保不省然則古字通用寶戎保字與俘相似故誤作俘耳按左疏是也保古與寶通易繫辭傳聖人之大寶曰位釋文寶孟喜作保書金縢無墜天之降寶命魯世家作無墜天之降葆命鐘鼎款識許子鐘永保鼓之楚邛仲南和鐘子孫永保用之齊侯鎛鐘子孫兼保用享皆寶字義也史記周本紀命南宮括史佚展九鼎保玉集解徐廣曰保一作寶留侯世家取而葆祠之集解徐廣曰史記珍寶字皆作葆是必古皆作保篆體保與俘相似故左氏誤為俘也杜又以為俘因未免依違矣

此衛寶也則齊人曷為來歸之衛人歸之也【注】以稱人共國辭【疏】注以稱人共國辭○舊疏云注言此者欲決下三十一年齊侯來獻戎捷不言人也言以稱人共國辭者謂稱齊人可以兼得兩國人之辭也

衛人歸之則其稱齊人何讓乎我也其讓乎我奈何齊侯曰此非寡人之力魯侯之力也【注】時朔得國後遣人賂齊齊侯推功歸魯使衛人持寶來雖本非義賂齊當以讓除惡故善起其事主書者極惡魯犯命復貪利也不為大惡者納朔本不以賂行事畢

而見謝爾寶者玉物之凡名【疏】注雖本至其事○舊疏云言春秋善齊侯之讓是以不言衛人而稱齊人所以起其讓事矣按傳主惡魯故歸讓於齊其寶齊襄亦非能讓之人左傳謂文姜請之欲說魯以謝罪應是齊其寶齊襄藉衛讓魯春秋因其可與而與之耳○注主書至利也○通義云齊人來歸衛寶分惡於齊也成簒而後賂之辭也取郜大鼎于宋專惡於魯也賂而後成簒之辭按孔氏用穀梁義彼傳云以齊首之分惡於齊也使之如下齊而來然惡戰則殺矣是也繁露王道云誅受令恩衛葆以正囹圄之平也亦段葆爲寶惟文有脱誤意謂誅魯受衛寶以平罪名大旨亦惡魯也毛氏奇齡春秋傳以逆王命而納罪惡即無所利而爲之其惡已難貰矣況利之○注不爲至謝爾○舊疏云所傳聞之世內大惡諱今此書見故知不爲大惡矣按此爲事畢受謝與受賂以成宋亂者不同彼本會稷討宋受賂而還故爲大惡此原非利動猶今律事後受財枉者准枉法論不枉者准不枉法論准者至死減一等也○注寶者至凡名○舊疏云猶言玉物之總名耳定八年傳云寶者何璋判白弓繡質龜青純是也按說文宀部寶珍也詩崧高云以作爾寶傳寶瑞也珍與瑞皆玉物之總名也史記衛世家云成王舉康叔爲周司徒賜衛寶祭器以章有德定四年左傳分康叔以大路少帛綪茷旃旌大呂皆衛寶也

七年春夫人姜氏會齊侯于防【疏】杜云防魯地

夏四月辛卯夜恆星不見夜中星霣如雨【疏】四月書辛卯爲月之六日夜唐石經諸本同釋文辛卯夜一本無夜字穀梁傳作昔九經古義云辛卯昔傳曰日入至於星出謂之昔王逸楚辭注云昔夜也詩云樂酒今昔今詩

作夕莊子注曰昔夕也天官腊人注云昔之言夕也管子小匡云旦昔從事旦昔猶旦夕也昔亦訓夜者列子曰尹氏有老役夫昔昔夢爲國君張湛云昔昔猶夜夜也段氏玉裁毛詩古音攷云夜音裕昔音錯考工記老牛之角紾而昔鄭司農云昔讀如交錯之錯古音昔夜同部故得通用後漢書張衡傳發昔夢於木禾兮注昔夜也是也段又云古多叚昔爲夕左傳爲一昔之期列子昔昔夢爲國君皆是也釋文所載一本非下傳明云何以知夜之中星反也夜爲日入至於星出之名與下夜中別則宜有夜字霣左穀作隕說文雨部霣雨也齊人謂雷爲霣一曰雲轉起也阜部隕从高下也易曰有隕自天霣隕音義皆近星霣字當作霣爲正隕叚借也故史記宋世家霣星如雨亦作霣論衡藝增篇亦引作霣周禮大司樂疏引作星霣而雨字林霣即隕字也杜云日光不匿恆星不見而云夜中者以水漏知之

恆星者何列星也 注 恆常也常以時列見 疏 注恆常至列見○爾雅釋詁恆常也左傳注同穀梁傳恆星者經星也經亦常也

列星不見何以知夜之中星反也 注 反者星復其位 疏 校勘記云諸本同唐石經鄂本何上有則字當据補杜以長曆校之辛卯四月五日月光尚微蓋時無雲日光不以昏沒然則無以知夜之中故舊疏云謂無所準度故也○注反者星復其位○詩猗嗟云田矢反兮箋云反復又執競云福祿來反傳反復也故星復其位曰反鬼谷子捭闔云益損去就倍反注去而復來曰反是也星復故知夜中夜中即星霣之時所謂雨星不及地尺而復也舊疏謂星反附在半夜之後則知鄉者不見之時是夜中矣非也傳明云不及地尺而復則並未及地無緣至

半夜後也穀梁傳云春秋著以傳著疑以傳疑中之幾也而日夜中著焉耳何用見其中也失變而錄其時則夜中矣如雨者何如雨者非雨也〔疏〕漢書五行志云左氏傳曰恆星不見夜明也星隕如雨與雨偕也劉歆以為星隕如雨如而也星隕而且雨故曰與偕也明雨與星隕兩變相成也按此所据左氏說公穀皆以為非雨而如雨也范甯訓如為而非穀梁義穀梁云其隕也如雨無星隕而雨說也非雨則曷為謂之如雨不修春秋曰雨星不及地尺而復〔注〕不修春秋謂史記也古者謂史記為春秋〔疏〕不注修至春秋〇九經古義云王伯厚曰晉語司馬侯曰羊舌肸習於春秋楚語申叔時曰教之春秋皆在孔子前所謂乘檮杌也魯之春秋韓起所見所云不修春秋也舊疏云据此傳及注則孔子未修之時已謂之春秋矣而舊解云孔子修之春作秋成謂之春秋者失之遠矣按前卷疏引閔因敘云昔孔子受端門之命制春秋之義使子夏等十四人求周史記得百二十國寶書九月經立感精符說題辭具有其文又沈文何云嚴氏春秋引觀周云孔子將修春秋與左丘明乘如周觀書於周史歸而修春秋之經丘明為之傳共為表裏周禮小史掌邦國之志先鄭云春秋傳所謂周志國語所謂鄭書之屬外史掌四方之志後鄭云謂若魯之春秋晉之乘楚之檮杌然則春秋本魯史舊名孔子因而不改耳故墨子明鬼篇有周春秋燕春秋宋春秋齊春秋也其言百二十國寶書者按唐虞萬國殷三千周千七百七十有三春秋以下衆國多矣故魯大夫對孟孫曰禹合諸侯執玉帛者萬國今其存者無數十焉然當時外史所掌尚得百二十國故墨子亦云吾見百國春秋也杜預以春秋為魯史之名是也謂孔子因魯史策書成文則非

孔子據魯立義以託之空文不如見之行事內魯而外諸夏以魯
爲主故用魯舊史之名與韓宣所見羊舌肸所習申叔時所教同
實異也禮記坊記曰魯春秋記晉喪曰殺其君之子奚齊舊春秋也今作弒孔子所修春秋也君子修之曰星霣
如雨注明其狀似雨爾不當言雨星不言尺者霣則爲異不以尺
寸錄之疏毛本星霣誤倒論衡藝增篇引此傳說之云君子謂孔子也孔子修之星霣如雨通義云蕭楚曰自上而落謂
之霣星霜皆霣而霜以著物然後可知故先言霣後言霜星麗于天見霣則知之故指言星星霣一字先後不妄有如此繁露玉英云
春秋理百物辨品類別嫌微修事末者也是故星墜謂之隕螽隊謂之雨其所發之處不同或降于天或發于地其辭不可同也○
注明其至雨星○論衡云如雨者如雨狀也山氣爲雲上不及天下而爲雲雨星星隕不及地上復在天故曰如雨孔子正言也夫
星霣或時至地或時不能丈尺之數難審也史記言尺亦太甚矣夫地有樓臺山陵安得言尺孔子言如雨得其實矣孔子作春秋
故正言如雨如孔子不作不及地尺之文遂傳至今穀梁傳云其不曰恆星之隕何也我知恆星之不見而不知其隕也我見其隕
而接於地者則是雨說也著於上見於下謂之雨著於下不見於上謂之隕其解經不言雨而言隕星其亦以爲狀似雨可知○注
不言至錄之論衡言之詳矣○何以書記異也注列星者天之常宿分守度諸侯
之象周之四月夏之二月昏參伐狼注之宿當見參伐主斬艾立
義狼注主持衡平也皆滅者法度廢絕威信陵遲之象時天子微

弱不能誅衛侯朔是後遂失其政諸侯背叛王室日卑星霣未墜而夜中星反者房心見其虛危斗房心天子明堂布政之宮也虛危齊分其後齊桓行霸陽穀之會有王事【疏】列星至之象○舊疏云言分者謂十二之分野矣言守度者守三十度爲一次矣言諸侯之象者謂星度有多少若諸侯之國有大小耳穀梁注引鄭君曰衆星列宿諸侯之象不見者是諸侯棄天子禮義法度也鹽鐵論論災云四時代序而人則其功星分于天而人象其行常星猶公卿也衆星猶萬民也列星正則衆星齊常星亂則衆星墜矣漢書五行志嚴公七年四月辛卯夜恆星不見夜中星隕如雨董仲舒劉向以爲常星二十八宿者人君之宿也衆星萬民之類也列星不見象諸侯微也衆星殞墜民失其所也夜中者爲中國也開元占經引許慎曰衆星者庶民之象也與列宿俱亡中國微滅也鄭元曰恆星謂列舍持天子之正也不見者諸侯棄天子禮義法度又應明家諸侯既然將強大也穀梁注引劉向又云隕者象諸侯隕墜失其所也又中夜隕者象不終其性命中道而落○注周之至當見○禮記月令仲春之月日在奎昏弧中鄭注弧在輿思南疏引三統曆云二月節日在奎五度昏井二十二度中春分日在婁四度昏柳五度中元嘉曆二月節日在壁一度昏井十度中春分日在奎七度昏東井三十度中弧星近井因井有三十三度其度既寬故舉弧言之史記天官書參爲白虎下有三星曰罰其東有大星曰狼下有四星曰弧直狼是參伐等宿皆近弧也於時南方之宿盡當列見固不僅參伐等宿也○注參伐至平也○洪範五行傳好攻戰注參伐爲武府齊氏召南考證云天官書參爲白虎罰爲斬艾事張

守節正義云劉亦作伐春秋運斗樞云參伐事主斬艾即其說也狼注主持衡平稍費解狼在參南與弧相近不屬南方朱鳥天官書南宮朱鳥權衡衡太微也權軒轅也柳爲鳥注又古人每以爲衡並言故曰吳楚之强侯在熒惑占爲鳥衡正義云鳥衡柳星也然則持衡平衹可言井鬼柳星張翼軫七宿不可以言天狼矣存疑於此按狼亦近弧弧在井之分域故得兼主持衡平之義其實狼爲野將主侵掠見史記正義蓋何氏舉大體言之非如後代推求之密也○注皆滅至之象○威信鄂本宋本同毛本信誤儀漢書五行志劉向以爲夜中者言不得終性命中道敗也或曰象其叛也言當中道叛其上也天垂象以示下將欲人君防惡遠非慎卑省微以自全安也如人君有賢明之材畏天威命若高宗謀祖己成王泣金縢改過修正立信布德存亡繼絕修廢舉逸下學而上達裁什一之稅復三日之役節用儉服以惠百姓則諸侯懷德士民歸仁災消而福興矣遂莫肯改寤法則古人而各行其私意終於君臣乖離上下交怨自是之後齊宋之君弒譚遂邢衛之國滅宿遷于宋蔡獲于楚晉相弒殺五世乃定此其效也劉歆以爲晝象中國夜象夷狄夜明故常見之星皆不見象中國微也向習穀梁歆習左氏義皆相近志又云成帝永始二年二月癸未夜過中星隕如雨長一二丈繹繹未至地滅至雞鳴止谷永對曰星辰附離於天猶庶民附離王者也王者失道綱紀廢頓下將叛去故星叛天而隕以見其象亦卽法度廢絕威信陵遲之義也○注時天至日卑○五行志又云劉歆以爲周四月夏二月也日在降婁魯分野也先是衛侯朔奔齊公子黔牟立齊帥諸侯伐之天子使人救衛魯公子溺專政會齊以犯王命嚴弗能止卒從而伐衛逐天王所立不義至甚而自以爲功名去其上政繇下作尤著故星隕于魯天事常象也易林豫之訟星隕如雨多弱無輔强制陽陰

不得安土正閩本監本毛本同誤也鄂本宋本正作政當據正○
注星貫至宮也○舊疏云卽上備云房爲天子明堂文耀鉤云房
心爲中央火星天王位若相對言之則房爲明堂心爲天王矣既
有天王復有明堂布政之象也按上備當星備之誤星備亦見周
禮大宗伯疏所引文耀鉤火星火字亦誤開元占經六十云心爲
明堂中大星火當作大也舊疏又云火見於周爲五月者謂昏時
今在周之四月是以半夜之後乃房星見其虛危斗者謂在夜半
時明矣未墜釋文同校勘記釋文當本作未隊直類反文三年定
八年皆作而隊直類反可證釋文凡音直類反者字皆作隊○注
虛危至王事○史記天官書云燕齊之疆候在辰星占于虛危○正
義辰星虛危皆北方之星故燕齊占候也又云虛危青州周禮保
章氏職注云元枵齊也律曆志云齊子爲元枵初婺女八度終於危
十五度是虛危齊分也五行志又云劉歆以爲洪範曰庶民惟星
易曰雷雨作解是歲歲在元枵齊分野也夜中而星隕象庶民中
離上也雨以解過施復從上下象齊桓行霸復興周室也董仲舒
劉向以爲不及地而復象齊桓起而救存之也鄉亡桓公星遂至
地中國其良絕矣經義雜記云按董劉以常星爲二十八宿人君
之象鄭康成云衆星列宿諸侯之象不見者是諸侯棄天子禮義
法度也與董劉合何氏以列星爲常以時列見范氏以經星爲常
列宿皆隨文立解蓋不知常星卽二十八宿也左氏夜明之文當
從劉子駿以爲象中國微杜說時無雲日光不以昏歿非于政說
此經言詳理精可爲人君炯鑒後之君子采此以爲規諫未必無
補云舊疏云齊桓行霸者虛危斗也有王事者房心見也按陽穀
之會見僖三年彼傳云此大會也曷爲末言爾桓公曰無障谷無
貯粟無易樹子無以妾
爲妻所謂有王事也

秋大水疏穀梁傳曰高下有水災曰大水通義云莊公忘仇不孝於禰廟之罰

無麥苗

無苗則曷爲先言無麥而後言無苗注苗者禾也生曰苗秀曰禾

据是時苗微麥强俱遇水災苗當先亡疏注苗者至曰禾○今傳正義引作禾初生曰苗係使人易了非注文有闕也說文禾部禾嘉穀也三月始生八月而熟得時之中故謂之禾禾木也木王而生金王而死又云粟嘉穀實也孔子曰粟之言續也又云米粟實也象禾實形又云粱米名也則禾即粱也其米爲粱其實爲粟其粟之稾爲禾其始生爲苗春秋說題辭云粟五變一變而以陽生爲苗二變而秀爲禾三變而粲然爲粟四變入臼米出甲五變而蒸飯可以食是生曰苗秀曰禾苗即禾也經傳多以禾與諸穀並舉詩七月黍稷重穋禾麻菽麥管子封禪篇鄗上之禾北里之黍呂氏春秋任地篇今茲美禾來茲美麥又言禾黍稻麻菽麥六者之貴淮南子地形訓言麥稻黍菽禾五者之各有所宜是禾本粱之專稱其黍菽稻粱連言藁者亦得稱禾聘義聘禮所載之米禾則不專指粱也一如粟亦粱之專稱而他穀之未去甲者亦稱粟說文粲下云稻重一秙爲粟二十斗因事難件繫得假借通稱也管子小問篇管子曰苗始其少也眴眴乎何其孺子也及其壯也莊莊乎何其士也至其成也油油乎茲免何其君子也天子得之則安不得則危故命之曰禾茲免則秀象也茲滋也免俛也臧氏庸拜經日記云苗本禾未秀之名因以黍稷未秀者亦通稱爲苗如詩彼稷之苗等是若論語惡莠恐其亂苗也孟子七八月之間旱則苗槁矣則皆指禾言

之春秋莊七年秋大水無麥苗二十八年大無麥禾何邵公云水旱螟蝝皆以傷二穀乃書然不書穀名而麥苗獨書者民食最重蓋春秋是聖人正名之書故在秋曰苗在冬則曰禾卽一物而隨時定稱不相假借況以黍稷通稱者濫施乎故公羊云無苗則曷爲先言無麥彼無麥然後書無苗穀梁麥苗同時也皆知苗卽禾之未秀者何注苗者禾也生曰苗秀曰禾此最得經意杜元凱云漂殺熟麥及五稼之苗范武子云麥與黍稷之苗同時死皆不知苗卽禾也故春秋當從公羊穀梁雖得經意惜范氏不足以傳之按經傳言穀必及禾否則或舉禾實則曰粟舉粟米則曰粱後世誤以粱稷爲一物由俗名稷爲高粱故也詩生民誕降嘉種維虋維芑說文引作嘉穀爾雅釋草虋赤苗芑白苗玉篇云虋卽今赤粱芑白粱故毛傳卽用爾雅釋詩也詩碩鼠無食我苗毛傳苗嘉穀詩生民種之黃茂毛傳黃嘉穀書序唐叔得禾異畝同穎史記周本紀唐叔得嘉穀嘉禾其詞一也實者爲粱韋昭晉語注粱食之精者三蒼粱好粟楚辭大招五穀六仞設菰粱只崔駰七發云元山之粱呂氏春秋作元山之禾是禾卽粱也今俗謂之小米對稻之爲大米也周之秋爲今五六七三月禾熟於八月此在秋初仍爲禾也○注据是至先亡○左傳疏云此秋今之五月麥已熟矣不得方云麥之無苗故知熟麥及五稼之苗皆爲水漂殺也按孔以麥苗之別是也謂苗爲五稼之苗猶沿杜氏之誤說文麥金也金王而生火王而死淮南墬形訓麥秋生夏死蓋麥種有早晚早者夏之三四月可熟月令孟夏之月農乃登麥是也遲者須夏之五月也然麥皆已彊苗較爲弱故云苗當先亡今兼云無麥苗故据以難

一災不書待無麥然後書無苗【注】明君子不以一過責人水旱螟蝝皆以傷二穀乃書然

不書穀名至麥苗獨書者民食最重【疏】穀梁傳曰麥苗同時也謂同時死也麥以秋種夏熟

禾以春生秋熟五月大水方種之禾不能長遂將成之麥又復漂沒故云待無麥然後書也繁露竹林云凡春秋之記災異也雖畝

有數莖猶謂之無麥苗也○注明君至責人○舊疏云謂災傷五穀者皆人行致之故也按如五行志所記是也○注水旱至乃書

○此道春秋通例也舊疏云大水傷二穀書于經者即桓元年秋大水傳云何以書記災也彼注云災傷二穀以上書災也其旱傷

二穀以上書者即僖二十一年夏大旱是也其螟蟓書者即隱五年經書螟傳云何以書記災也文八年經書蟓之類是也通義云

禮一穀不升謂之歉二穀不升謂之饑三穀不升謂之饉四穀不升謂之康五穀不升謂之大侵歉則君徹膳鶉鷃饑則徹鳧雁饉

則去雉兔康則損囿獸至於大侵不祭肺不貳味馳道不除祭事不縣謂之變有殺也春秋一穀不升則不書故曰饑曰無麥苗曰

大無麥禾曰大饑凡四等後漢書肅宗紀詔曰春秋書無麥禾重之也是也○注然不至最重○舊疏云災傷麥苗常書即此及莊

二十八年大無麥禾之屬是也按經傳有九穀六穀五穀九穀者周禮太宰職正三農生九穀先鄭注黍稷秫稻麻大小豆大小麥

後鄭無秫大麥而有粱苽氾勝之書以稻米黍麻秫小麥大麥小豆大豆齊民要術言九穀忌日小豆稻麻禾黍秫小麥大麥大豆

米與禾皆即粱也六穀者周禮膳夫職注謂稌黍稷粱麥苽小宗伯六齍注同五穀者周禮職方氏職宜五種注稻黍稷麥菽其注

疾醫據月令數麻麥稷黍豆以配五行也按北方食以禾米為主南方食以稻米為主五穀當數禾黍稷稻麥二說遺去稻禾或遺

去禾皆非五穀中尤以麥禾為重春秋時各國皆在北方也

何以書記災也【注】先是莊公伐衛

納朔用兵踰年夫人數出淫泆民怨之所生疏注先是至所生○洪範五行傳曰治宮室飾臺榭內淫亂犯親戚傷父兄則稼穡不成漢書五行志嚴公七年秋大水無麥苗劉向以爲嚴母文姜與兄齊襄公淫共殺威公嚴釋父仇復取齊女未入先與之淫一年再出會於道逆亂臣下賤之之應舊疏云伐衛納朔者即五年冬公會齊人宋人蔡人伐衛六年公至自伐衛是也夫人數出淫泆即五年夏夫人姜氏如齊師七年春夫人姜氏會齊侯于防冬夫人姜氏會齊侯於穀之屬故言數出按兵者水象夫人失正故皆致水災

冬夫人姜氏會齊侯于穀疏注杜云穀齊地今濟北穀城縣方輿紀要云穀城在今東平東阿縣治今曰小穀按春秋凡單言穀者皆濟北之穀城縣也穀梁傳婦人不會會非正也

八年春王正月師次于郎以俟陳人蔡人

次不言俟此其言俟何注据次于陘俟屈完不書俟疏注据次至書俟○僖四年次于陘傳其言次于陘何有俟也孰俟俟屈完也是也經不言俟也託不得已也注師出本爲下滅盛與陳蔡屬與魯伐衛同心又國遠故因假以諱滅同姓託待二國爲留辭主所以辟下言及也加以者辟實俟陳蔡稱人者略以外國辭稱知微之疏穀梁傳次止也俟待也杜云期共伐郕陳蔡不至故駐師于郎以待之是也但無託

不得已義耳范云陳蔡欲伐魯故出師以待之陳蔡不稱師又無侵伐文何以知其來伐也服虔亦云言共欲伐郕見左疏○注師出至及也○與鄂本監本閩本同毛本與誤與又宋本閩本監本毛本同疏中諸本亦同鄂本又作人非舊疏云陳蔡與魯伐衞郎上經公會齊人宋人陳人蔡人伐衞是也同心又國遠者欲對齊宋雖亦同心而近魯是以不得託待齊宋辟下言及者郎下經師及齊師圍成是也凡言及者汲汲之詞若此時已出師更無所待郎下文言及乃至汲汲之甚者便是魯人欲得滅同姓孜孜之深是以託待陳蔡以辟之按何意以魯本欲滅成託言爲陳蔡所約有不得已之意姑以次于郎以俟又辟下文之及齊師非我汲汲也左疏引服云欲共伐郕亦取公羊爲說通義云本與齊師約共圍郕而託言陳蔡將來侵伐不得已出師待之下云竟不見陳蔡加兵之事不嫌是實俟故得如其意書之深惡魯之陰謀積慮成於滅同姓左疏引賈逵及說穀梁者皆云陳蔡欲伐魯故待之直以魯真有俟陳蔡事矣按孔氏亦惑於范甯之說孔穎達云陳蔡於魯竟絕路遙春秋以來未嘗搆怨何因輒伐魯也又俟者相須同行之詞非防寇拒敵之稱若使畏其來伐當謂之禦不得稱俟是也然則郎魯欲託辭必託之有因魯與陳蔡素無嫌怨自不得託言陳蔡來伐也○注加以者辟實俟也○舊疏云若其實俟宜但云師次于郎俟陳人蔡人而已今言以明更有由以乃始俟之故言加以者辟實俟也○注陳蔡至微之○校勘記云鄂本人微作知微毛本作人者誤當据正知微之三字爲句言本無此事故從微者稱略之同外國辭也

甲午祠兵疏 唐石經諸本同左氏穀梁作治兵包氏愼言云春有甲午祠兵二月十四日上書春正月師次于郎以俟陳人

蔡人下書夏師及齊師圍郕郕降于齊師傳云何言乎祠兵爲久也曷爲爲久吾將以甲午之日然後祠兵于是然則圍成之師雖以正月出而次于近郊至二月甲午乃祠兵習戰故傳以爲久也若祠兵之文明魯之不亟亟於取成以殺滅同姓之恥則甲午非正月審矣長曆以爲正月十三非也禮記曲禮外事以剛日注順其出爲陽也出郊爲外事春秋傳曰甲午祠兵又表記曰外事用剛日內事用柔日注順陰陽也陽爲外陰爲內事之外內別乎四郊外事若此是也禮疏引崔靈恩云外事指用兵之事內事指宗廟之事以郊用辛社用甲非順其居外內剛柔故也孔意以郊在國外應用剛日而用辛社稷是郊內事應用柔日而用甲以郊社尊不敢同於外內之義故也若然昭十八年左傳鄭子產簡兵大蒐將爲蒐除注治兵於廟城內地迫故除廣之然則治兵時告於廟習於城內此云祠於近郊者蓋治於郊者軍旅之常在城內者鄭因救火故非常所欲毀游氏廟也

祠兵者何出曰祠兵注禮兵不徒使故將出兵必祠於近郊陳兵習戰殺牲饗士卒疏注禮不至士卒○舊疏云何氏之意以爲祠兵有二義也一則祠其兵器二則殺牲享士卒故曰祠兵矣禮記疏引異義公羊說甲午祠兵師出曰祠兵入曰振旅祠者祠五兵戈戟劍楯弓矢及祠蚩尤之造兵者左氏說甲午治兵爲授兵于廟謹案三朝記曰蚩尤庶人之强者何兵之能造駁曰祠兵者公羊字之誤以治爲祠因而作說如此周禮司馬職仲夏教茇舍仲秋教治兵其下皆云如戰之陳仲冬教大閱修戰法虞人萊所田之野乃爲之如是治兵之屬皆習戰非授兵於廟又無祠五兵之禮詩小雅采芑箋引春秋傳曰出曰治兵入曰振旅其禮一也正義此引春秋傳者莊八年公羊傳文也公羊

爲祠兵此爲出曰治兵者諸文皆作治兵明彼爲誤故經改其文而引之按鄭氏直以公羊祠兵爲治兵之誤與何氏異經義雜記云春秋公羊莊八年甲午祠兵傳祠兵者何出曰祠兵入曰振旅其禮一也皆習戰也注禮不徒使云云又詩采芑振旅闐闐正義治兵振旅之名周禮左氏穀梁爾雅皆同唯公羊以治兵爲祠兵此引春秋傳公羊文也又周禮大司馬之職仲春教振旅注凡師出曰治兵入曰振旅皆習戰也釋曰鄭元於異義駁不從公羊云祠兵故曰祠兵者公羊字之誤因而作說之又異禮記曲禮上外事以剛日注春秋傳曰甲午祠兵正義引異義公羊左氏說鄭駁之曰公羊字誤以治爲祠引周禮四時田獵治兵振旅之法是從左氏之說不用公羊也又左傳隱五年云三年而治兵入而振旅注雖四時講武猶復三年而大習出曰治兵始治其事入曰振旅治兵禮畢振衆而還正義曰公羊傳出曰治兵入曰振旅何休公羊爲出曰祠兵詩箋引公羊亦作治兵是所見本異也琳案周禮左傳穀梁爾雅皆爲治兵知公羊作祠是聲近之誤鄭君徧通諸經而折衷之故能灼然明見其誤詩箋周禮注用公羊經改作治詩正義所言是也春秋正義謂鄭所見本異則又游移無定矣異義所載公羊已作祠兵何氏因曲爲之說蓋俱株守一家依文順字之過唯鄭氏精於校勘故不爲誤本所惑按何氏作祠兵說與異義所載公羊說同是公羊先師家言鄭氏必欲強左作公羊從左氏亂其家法矣通義云謹案祠兵師說以爲祠五兵矛戟劍楯弓矢及始造兵者周禮祭表貉鄭司農云於所立表之處爲師祭造軍法者其神蓋蚩尤或曰黃帝是也是古有祠兵之義禮也又按爾雅釋天禡師祭也亦即祠兵之義

入曰振旅【注】五百人爲旅【疏】注五百人爲旅〇周禮大司馬敘官文

其禮一也皆習戰也【注】言與祠兵

禮如一將出不嫌不習故以祠兵言之將入嫌於廢之故以振訊士衆言之互相見也祠兵壯者在前難在前振旅壯者在後復長幼且衛後也

疏 穀梁傳出曰治兵習戰也入曰振旅習戰也○注言與至如一○繁露五行逆順云出則祠兵入則振旅以閑習之因於彼狩存不忘亡安不忘危史記主父偃傳天子大凱春蒐秋獮諸侯春振旅秋治兵所以不忘戰也宋均曰春秋少陽少陰氣弱未全須人力而後用士庶法之教而後成宗仁本義天子諸侯必春秋講武簡閱車徒以順時氣不忘戰也按彼以振旅治兵分春秋本周禮說周禮大司馬職分仲春為振旅仲秋為治兵賈疏春主農事故以入言之秋當威武故以出言也要皆為習戰之用故云其禮一也皆習戰也○注將出至見也○釋文振訊本又作迅按說文辵部迅疾也爾雅釋詁迅疾也又振訊也釋獸狼絕有力迅此振訊即振迅與奮迅同義詩雄雉箋奮訊其形貌禮記樂記注奮訊也是也詩七月傳莎雞相成而振訊之與此同皆謂奮疾也爾雅釋言振訊也廣雅釋詁振訊動也蓋振訊轉注為訓義同振訊連文為詞當時語也互見者兵出振訊士衆兵入應祠饗也○注祠兵至後也○爾雅釋天出為治兵尚威武也入為振旅反尊卑也注幼賤在前貴勇力也尊老在後復常儀也詩疏引孫炎注云出則幼賤在前貴勇力也入則尊老在前復常法也詩采芑傳入曰振旅復長幼也然則平居習戰亦有祠兵振旅之名詩則指宣王南征師出師還之稱與此祠兵為出師同與周禮所指事異其習戰則同也

何言乎祠兵

注 据不書 疏 舊疏云正謂他處皆不書即例不書矣而此書之是以致難

為久也 注 為久稽留

之辭疏注爲久稽留之辭○孟子公孫丑篇可以久則久注久留也稽亦留止之義漢書食貨志蓄積餘贏以稽市物注稽貯滯也說文繫傳云稽禾之曲止也力異也有所異處必稽考之卽遲留也舊疏云爲猶作言作久稽留之詞曷爲爲久注据取長葛久之疏注据取至久之○隱六年宋人取長葛傳外取邑不書此何以書久也是也舊疏云彼書爲譏其久今以祠兵爲久稽留之辭似於義反故難之按何意謂長葛於五年冬圍六年冬取其久已明此第言祠兵不見久義故問之爾吾將以甲午之日然後祠兵於是注諱爲久留辭使若無欲滅同姓之意因見出竟明盛非內邑也疏於是與爲同義戰國策西周策君何患焉周本紀作君何患於是此然後祠兵於是卽然後祠兵爲管子小問篇且臣觀小國諸侯之不服者唯莒於是彼於是亦當作爲字解○注諱爲至之意○言爲久留辭諱其滅同姓也通義云久侯齊侯不至又遲其祠兵之日以深絕盛人之疑○注因見至邑也○舊疏云出曰祠兵卽爾雅出曰治兵之文也今書祠兵卽是出竟之義則知下言圍成者非內邑明矣按繁露王道云言圍成甲午治兵以別迫脅之罪誅意之法也蓋下言圍成此言祠兵明非迫脅見魯亦欲滅盛也

夏師及齊師圍成成降于齊師疏左氏穀梁作郕左傳隱五年注郕國也東平剛父縣西南釋例土地名郕地東平剛父縣西南有成鄉史記項羽本紀別攻城陽正義地理志云城陽屬濟陰郡古郕伯國姬姓之國史記周武王封季弟于郕其後遷於城之陽故曰城陽續漢郡國志云濟北國成本國注左傳衞師入郕通典雷澤縣在濮州古郕伯國也土地名盟

會圖疏郕在濮州雷澤武王封季載于郕大事表云高江村曰武王之母弟郕叔武封于郕今兗州府甯陽縣東北三十里有堽城堽即漢剛縣故地而郕在其西南蓋近甯陽矣魯成邑在甯陽東北九十里蓋亦以近郕而得名按濮州近魯遠齊甯陽與齊魯俱近剛縣或即剛父所指應是一處魯成邑爲魯之北界所謂無成齊人必至於北門是也應與郕近

成者何盛也注以上有祠兵下有盛伯來奔疏注以上至來奔○文十二年春王正月盛伯來奔傳云盛伯者何失地之君也按由此至文十二年計六十九年若本年已滅盛不得彼時盛伯尙在若其子孫不應稱爵或此盛降于齊周之附庸不知何時爲齊所滅故有盛伯來奔事也

盛則曷爲謂之成諱同姓也注因魯有成邑同聲相似故云爾疏僖二十四年左傳管蔡郕霍魯衛毛聃郜雍曹滕畢原酆郕文之昭也是盛爲同姓也繁露玉英云變成謂之盛諱大惡也又滅國下云衛人侵成鄭入成及齊師圍成三被大兵終滅莫之救所恃者安在通義云成者盛之都邑本當言伐盛圍成諱之故但舉成不繫國也都而言滅者與夏陽同義謂盛都成亦以意言耳○注因魯至云爾○定十二年十有二月公圍成注成仲孫氏邑是魯有成邑也九經古義云成本盛國成與盛通釋名云成盛也穆天子傳云盛國名文十二年盛伯來奔是盛本伯爵二傳皆作郕僖二十四年郕爲文昭故穆天子傳天子賜盛伯爲上姬之長郕後爲魯邑昭七年左氏傳云晉人來治杞田季孫將以成與之說文郕魯孟氏邑是郕與成一也故此傳云諱滅同姓公羊禮說云惠說非也若此處爲假借之字經義從此晦矣盛與魯同姓春秋所甚惡也傳曰衞侯燬何以名絶曷爲

絕滅同姓也注云絕先祖支體尤重故名甚之也此卽禮所謂滅同姓名也然則何以不絕魯侯內大惡諱也諱莫如深故變滅謂之成魯本有成邑使若圍成然成爲內邑不應圍欲人力索而得之曰此非圍成特滅盛耳變盛爲成爲內諱耳太史公曰春秋推見至隱此類是也故繁露謂諱大惡也若以成與盛通而聖人之微言幾息矣按漢書地理志泰山郡有式縣式則成之誤卽續漢志濟北之成縣也惟以爲本成國者誤

曷爲不言降吾師【注】据戰於宋不言歸鄭【疏】注據戰至歸鄭○舊疏云桓十二年十有二月及鄭師伐宋丁未戰于宋是也彼則不言宋歸于鄭此言成降于齊師故難之其歸字有作敗字者誤也按彼經無歸鄭義似作敗爲是此魯齊共伐成成降于齊其實亦降魯辟之但言齊彼魯鄭共戰宋言戰乃敗彼不但言鄭敗是不爲魯辟故據以難

辟之也【注】辟滅同姓言圍者使若魯圍之而去成自後降於齊師也降者自伏之文所以醇歸於齊言及者起魯實欲滅之不月者順諱文不書盛伯出奔深諱之【疏】注辟滅至於齊○通義云魯待齊而後克成故得歸惡于魯因爲內辟滅同姓之文按因辟故但書圍而已不言降我也玉篇降伏也降有下義見爾雅釋言卽伏義也○注言及至滅之○舊疏云以及者汲汲之文故也通義云然言二國同圍則亦同受降可知此成卽魯所取以爲孟氏采者也左氏順經作傳乃有修德退師之說抑失事實○注不月者順諱文○舊疏云凡滅例月卽莊十年冬十月齊師滅譚莊十三年夏六月齊人滅遂是也今此亦滅而不書月者順諱文使若不滅矣按圍例時諱滅故從圍國常文矣○注不書至諱之

○舊疏云正欲決莊十年齊師滅譚譚子奔莒之屬書其出奔也今成被滅至文十二年春乃書戚伯來奔於所傳聞世不言所奔者深諱故也按書戚伯來奔則國滅明故不書來奔深諱之文世來奔之戚伯恐非此年戚伯說見上

秋師還

還者何善辭也此滅同姓何善爾疏通義云還者何善辭也者文十三年傳文弟子据彼難此不當善言還意而病之也注尉勞其罷病疏注慰勞其罷病○禮記少儀云師役曰罷罷注罷之言罷勞也春秋傳師還曰疲疏引此傳云此滅同姓何善爾病之也何休云慰勞其罷病也是鄭用公羊爲注也按罷與疲同廣雅釋詁疲罷皆訓勞國語齊語罷士無伍罷女無家注罷病也是疲罷勞轉轉爲訓也易中孚六三爻詞曰或鼓或罷史記平原君傳臣不幸有罷癃之疾皆讀若疲通義云言非善之但閔其罷病耳曰師病矣疏通義云文王之法師出不踰時春而祠兵秋而振旅君子以師爲病矣曷爲病之注据師出皆罷病曷爲獨勞此病也疏注据師至病也○廣韻勞慰也郎到切讀如孟子滕文公篇勞之禮記曲禮君勞之則拜之勞謂師出皆病曷爲獨於此役慰勞之也非師之罪也注明君之使重在君因解非師自汲汲疏注明君至在君○通義云本當言公至自圍成緣諱滅同姓没公不舉公至而舉師還然滅同姓自公之過於師無罪故不得加不善辭也以善反曰還以不善反曰復後出師久亦不錄還者皆從此始見法可知繁露奉本云故師出者衆矣莫言還至師及齊師圍成成降于齊師獨

言還其君刼外不得已故可直言也至於他師皆其君之過也而曰非師之罪是臣子之不爲君父受罪罪不臣子莫大焉按隱三年注云凡書兵者正不得也外內深淺皆舉之者因重兵害衆兵動則怨結搆禍更相報償伏尸流血無已時所謂師之罪也此重兵在君滅同姓舉其重者故歸其善於師非師真無罪也故舊疏云所以慰師者明君之滅同姓非師之罪其重在于君矣繁露說微異穀梁傳還者事未畢也遯也○注因解至汲汲○舊疏云正以及者汲汲之辭故也

冬十有一月癸未齊無知弒其君諸兒注諸兒襄公也無知公子夷仲年之子襄公從弟疏冬十一月經有癸未曆爲十月之七日十二月之八日十一月無癸未○注諸兒至從弟○史記齊世家釐公三十二年釐公同母弟夷仲年死其子曰公孫無知釐公愛之令其秩服奉養比太子三十三年釐公卒太子諸兒立是爲襄公襄公元年始爲太子時常與無知鬭及立絀秩服無知怨十二年初襄公使連稱管至父戍葵丘瓜時而往及瓜而代往戍一歲卒瓜時而公弗爲發代或爲請代公弗許故此二人怒因公孫無知謀作亂連稱有從妹在公宮無寵使之間襄公曰事成以女爲無知夫人冬十二月襄公游姑棼遂獵沛丘見彘從者曰彭生公怒射之彘人立而啼公懼墜車傷足失屨反而鞭主屨者茀三百茀出宮而無知連稱管至父等聞公傷乃遂率其衆襲宮逢主屨茀茀曰且無入驚宮驚宮未易入也無知弗信茀示之創乃信之待宮外令茀先入茀先入卽匿襄公戶閒良久無知等恐遂入宮茀反與宮中及公之幸臣攻無知等不勝皆死無知入宮求公不得或見人足於戶閒發視乃襄公遂弒之而無知自立爲齊君與左傳所載大同較爲詳備穀梁傳大夫弒其

君以國氏者嫌也弒而代之也

公羊義疏十九

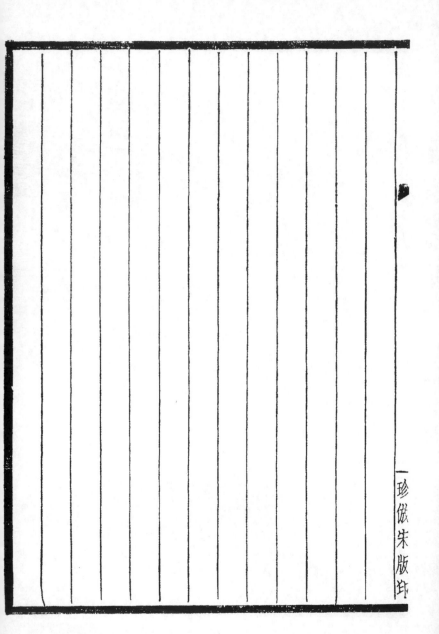

南菁書院

句容陳立卓人著

莊九年盡十年

九年春齊人殺無知 疏 齊世家云齊君無知游於雍林雍林人嘗有怨無知及其往游雍林人襲殺無知告齊大夫曰無知弑襄公自立臣謹行誅唯大夫更立公子之當立者唯命是聽繁露王道云衛人殺州吁齊人殺無知明君臣之義守國之正也故穀梁傳曰稱人以殺殺有罪也

公及齊大夫盟于曁 疏 曁唐石經諸本同左氏作蔇蔇曁通段字隱六年左傳猶懼不蔇注蔇至也玉篇旦部曁與也至也是也杜云蔇魯地瑯邪繒縣北有蔇亭大事表云在今兗州府嶧縣東八十里一統志蔇亭在兗州府嶧縣東故繒城北

公曷為與大夫盟 注 据與高傒盟諱不言公 疏 注据與至言公○見莊二十二年彼經云及齊高傒盟于防傳齊高傒者何貴大夫也曷為就吾微者而盟公也公則曷為不言公諱與大夫盟也是也因與大夫盟諱沒公故据以難

齊無君也然則何以不名 注 据高傒名 疏 穀梁傳公不及大夫大夫不名無君也注君前臣名齊無君故大夫不名義異彼以齊無君故不名此以諱與大夫盟不名也故注云据高傒名明非衆也杜云來者非一人故不稱名亦非公羊義

為其諱與大夫盟也使若衆然 注 鄰國之臣猶

吾臣也君之於臣當告從命行而反歃血約誓故諱使若悉得齊諸大夫約束之者愈也不月者是時齊以無知之難小白奔莒子糾奔魯齊迎子糾欲立之魯不與而與之盟齊爲是更迎小白然後乃伐齊欲納子糾不能納故深諱使若信者也不致者魯地也子糾出奔不書者本未命爲嗣賤故不錄之

【疏】注鄰國至愈也○釋文作歃何校本同僖二十九年左傳在禮卿不會公侯會伯子男可也會且不可盟則甚矣春秋諸侯之臣見鄰國之君皆稱臣故云鄰國之臣猶吾臣也君之於臣當告從命行而反與盟故諱之使若衆然杜云齊亂無君故大夫得敵公蓋春秋譏莊公之盟也文七年左傳云不稱名衆也故此不稱名使若衆然也使若悉得諸大夫約束之者愈者謂較與一二大夫盟恥少殺也○注不月至者也○舊疏云公羊之例大信時小信月經今不月使若信者謂若大信也不謂月非信辭也齊世家云襄公之醉殺魯桓公通其夫人殺誅數不當淫於婦人數欺大臣羣弟恐禍及故次弟糾奔魯其母魯女也管仲召忽傅之次弟小白奔莒鮑叔傅之小白自少好善齊大夫高傒及雍林人殺無知議立君高國先陰召小白於莒魯聞無知死亦發兵送公子糾而使管仲別將兵遮莒道射中小白帶鉤小白佯死管仲使人馳報魯魯送糾者行益遲六日至齊則小白已入高傒立之是爲桓公八年左傳曰初襄公立無常鮑叔牙曰君使民慢亂將作矣奉公子小白出奔莒亂作管夷吾召忽奉公子糾來奔其言無知難作子糾來奔與何注同其言小白出奔在

襄公立後與史記同也魯不與糾而與之盟致更迎小白伐齊不克故深爲諱左疏引賈服亦以爲齊大夫迎子糾公不亟遣而盟以安之齊人歸迎小白意謂迎小白者即盟旣之大夫也○與何義同穀梁傳當齊無君制在公矣當可納而不納故惡內也○注不致至地也○舊疏云正決桓二年秋公及戎盟于唐公至自唐之文也若然定十二年公圍成公至自圍成成內邑書致者彼注云成仲孫邑致者天子不親征下士諸侯不親征叛邑公親圍成不能服不能以一國爲家甚危若從他國來故危錄之是也○注子糾至錄之○舊疏云決桓十年鄭忽出奔衞之故也子糾奔魯宜言來奔而言出奔者据齊言之也糾小白皆襄公庶弟襄公被弑故不得有命爲嗣事

夏公伐齊納糾疏舊疏云無子字者與左氏經異釋文左氏經亦作納子糾按疏家所据左氏本作納子糾釋文所据左氏作納糾亦作納子糾經義雜記云春秋莊九年夏公伐齊納糾左氏公穀並同今左氏經作納子糾子衍文沿唐定本之誤也正義於此引賈逵云不言公子次正也又於後九月齊人取子糾殺之下引賈逵云稱子者愍之可見賈景伯本於此無子字正義本作納糾故引公羊傳云糾者何公子糾也及何休賈逵說又云公羊之說不可通於左氏次正者不稱公子其事又無所出按今定本經文糾之上且有子字自外入內不稱公子者多唯有楚公子比稱公子蓋告辭有詳略故爲文不同則正義雖不從公羊及賈氏說亦以自外入內不稱公子者多聞有稱公子者以告辭有詳略故耳則此無子字甚明至引定本有子爲證以子難舊義則孔氏之疏也又取子糾下引公羊傳云其稱子糾何貴也及何休賈逵說又云按定本上納子糾已稱子則此言子糾非愍之也沈云齊人

稱子糾故魯史從其所稱而經書子糾知者傳云子糾親也請君討之豈復是慇之乎劉與賈同沈文何駁賈劉炫從賈其意雖異然即此可推至是始稱子前但稱糾而已公羊釋文云納糾左氏經亦作納子糾既云亦作納子糾以及隋唐皆作納糾公羊疏云無子者與左氏經異穀梁釋文云伐齊納糾左氏作子糾此皆爲定本所誤穀梁傳不言子糾而直云糾者盟繫在於魯故挈之也

納者何入辭也 疏 通義云使之入之辭也 其言伐之何 注 据晉人納捷菑于邾婁不言伐 疏 舊疏云隱七年傳此聘也其言伐之何彼注云加之者辟問輕重兩舉之然則此傳非問輕重兩舉而亦言之下十年傳云觕者曰侵精者曰伐戰不言伐圍不言戰入不言圍滅不言入書其重者也然則侵伐戰圍入滅數者相對是其輕重之名今以納問伐直据納捷菑不言伐而已實非輕重兩舉故得言之矣按納與伐非輕重之辭已明傳言之無義例也〇注据晉至言伐〇文十四年晉人納捷菑于邾婁是不言伐也通義云据實入不舉伐納頓一于頓之類是也按戰不言伐圍不言戰舉圍陳已重何庸言伐也不得据彼爲難 伐而言納者猶不能納也 注 伐者非入國辭故云爾 疏 穀梁傳云當可納而不納齊變而後伐故乾時之戰不諱敗惡內也注引何氏廢疾云三年溺會齊師伐衞故貶而名之四年公及齊人狩于郜故卑之曰人今親納仇子反惡其晚恩義相違莫此之甚鄭釋之曰于仇不復則怨不釋屢會仇讎一貶其臣一卑其君亦足以責魯臣子其餘則同不復讎也至於伐齊納糾譏當可納而不納耳此自正義不相反也劉氏逢祿難曰譏可納不納當文自見以不諱敗爲惡內非也敗非大惡爲王者伸義養威故諱之至於復仇以死敗爲榮特不諱以起

義人果不量强弱萬死不顧一生而不義殺人者懼矣乾時之戰正責公無復仇之心而在下僅能以爲名耳反以爲惡內於義短矣按何氏上注云齊迎子糾欲立之魯不與而與之盟齊爲是更迎小白然後乃伐齊欲納子糾不能納卽用穀梁可納不納之義特不以乾時之戰不諱爲惡內耳廢疾所云亦非何氏定論通義云伐下納者目所爲伐事耳與入辭異不言弗克納者別於納不正者也○注伐者至云爾○舊疏云下十年傳曰觕者曰侵精者曰伐然則伐者雖重於侵仍非入國之義是以此經兼舉其伐見不能納矣按納者內不受辭因不受而伐必非能入國辭故云猶不能納也

糾者何公子糾也何以不稱公子【注】据下言子糾知非當國本當去國見挈言公子糾【疏】注据下至子糾○上齊下糾嫌與上鄭下段當國文同故解之下經云齊人取子糾殺之傳云其稱子糾何貴也其貴奈何宜爲君者也彼注云故以君薨稱子某言之者著其宜爲君則下經舉子見其宜爲君知此經單言糾非當國辭既非當國辭今但宜去國言公子糾作見挈辭而已今不稱公子故問之穀梁注云不言子糾而直云糾者盟繫在於魯故挈之也

君前臣名也【注】春秋別嫌明疑嫌當爲齊君在魯君前不爲臣禮公子無去國道臣異國義故去公子見臣於魯也納不致者言伐得意不得意可知猶遇弗遇例也不月者非納篡辭【疏】禮記曲禮云父前子名君前臣名注對至尊無大小皆相名正義成十六年鄢陵之戰公陷於淖欒書欲載晉侯鍼曰書退鍼是書之子是於君前臣名其父也案昭元年左傳秦伯之

弟鍼辭曰臣與縶齒是公子於鄰國一君前稱臣事也○注春秋至爲臣○繁露十指云別嫌疑異同類一指也又云別嫌疑異同類
則是非著矣嫌糾但齊君前稱臣魯君前不臣也○注禮公至魯也○詩柏舟箋云臣不遇於君猶不忍去厚之至也疏此仁人以
兄弟之道責君則同姓之臣故恩厚之至不忍去也以箴膏育云楚鬻拳同姓有不去之恩論語注云箕子比干不忍去皆同姓之
臣有親屬之恩君雖無道不忍去之也白虎通五行云親屬臣諫不相去何法法木枝葉不相離也是公子無去國道也故去公子
見臣於魯通義云去公子者著糾之已臣於魯也禮公子無去國道仕於他國則不得更稱公子公子云者吾公之子也非可相假
假令齊侯之子而稱公子於魯則且嫌爲魯公子故糾爲魯臣卽無稱公子之道也糾既來臣雖四方納之猶當爲臣禮下經取子
糾文承齊人乃無君前之義是以得舉賓稱矣○注納不至可知○上六年注云公獨出用兵得意不得致不得意致伐今此納糾不
得入而但書伐其不得意可知故不須致也亦弁不致伐也○注猶遇弗遇例也○遇者隱四年公及宋公遇于清是也弗遇者桓
十年公會衞侯于桃丘弗遇是也上六年注云公與一國出會盟得意致地不得意不致而不及遇者正以遇有遇不遇之別明書
遇者得意書弗遇者不得意明矣毋勞以致不致分也○猶此書伐以納下卽云齊小白入于齊弗克納已明不須更致矣○注不書月
至篡辭○隱四年注大國篡例月此非納篡故不月也正以決上六年夏六月衞侯朔入于齊哀六年秋七月齊陽生入于齊之書
月爲篡也納糾非篡者子糾次正宜立且下文書齊小白入于齊爲篡辭則此非篡可知非篡而言納所以刺魯之能伐而不能納
也知糾次正者史記敘出奔云羣弟恐禍及故次弟糾奔魯又云次弟小白奔莒是小白次于糾也

齊小白入于齊

曷爲以國氏【注】据宋公子地自陳入于蕭氏公子也【疏】注据宋至子也○鄂本以下同何校云地當作池按見定十一年春云宋公之弟辰及仲佗石彄公子池入于蕭以叛是也

當國也【注】當國故先氏國也不月者移惡于魯也【疏】通義云小白不當立故書法與齊無知同公羊問答云問後漢鄭衆傳春秋書齊小白入于齊不稱侯未朝廟故也二說不同何故曰鄭衆爲左氏經師與何氏不同無足異也第後漢書注引公羊以釋之誤矣注書者於經師家法不可不知也按此與隱元年鄭段四年衞州吁同義○注當國至國也○隱元年注使如國君氏上鄭謂以國爲氏也○注不日至魯也○隱四年注云大國篡例月此不月明無惡爲修惡於魯爲其不早送子糾致成小白之篡故也

其言入何篡辭也【疏】舊疏云据桓十七年秋八月蔡季自陳歸于蔡不言入今言入故難之穀梁傳大夫出奔反以好曰歸以惡曰入齊公孫無知弒襄公公子糾公子小白不能存出亡齊人殺無知而迎公子糾於魯公子小白不讓公子糾先入又殺之于魯故曰齊小白入于齊惡之也白虎通誅伐篇篡者何謂也篡猶奪也取也欲言庶奪嫡孽奪宗因奪取其位春秋傳曰其言入何篡辭也齊世家言小白母衞女也有寵于釐公雍林人殺無知高國先陰召小白于莒知不正矣繁露玉英云故齊桓公非直不受之先君也乃率弗宜爲君者而立罪亦重矣明其爲篡也

秋七月丁酉葬齊襄公【疏】秋七月經有丁酉月之二十五日按隱三年傳過時而日隱之也注隱痛也痛賢君

不以時葬襄公於前年十一月見弒至此乃葬過時襄非賢君而亦曰隱之者其以上四年賢復仇故與莊元年之諱取爲還義同

與

八月庚申及齊師戰于乾時我師敗績疏包氏愼言云八月書庚申及齊師戰于乾時月之十九日杜云乾時齊地時水在樂安界岐流旱則竭涸故曰乾時水經注瓠子河篇時水又西逕高苑縣故城南其水側城西注京相璠曰今樂安博昌縣南界有時水西通濟其上源出般陽北至高苑下有死時中無水杜預亦云時水於樂安枝流旱則竭耗則春秋之乾時也大事表時水出今臨淄縣西南二十五里蓋伏淄所發亦謂之澠水平地出泉曰澠襄三年齊侯與晉士匄盟于澠外即此水亦謂之時澠水以下流與澠水合也方輿紀要時水在青州臨淄縣西南二十五里其地名矮槐樹舊置鄄亭於此平地出泉謂之澠源淺易涸亦名乾時其色黑俗又謂之爲河齊乘時水之源南近淄水詳其地形水脈蓋伏淄所發水經注謂時水自西安城南石洋堰分爲二支津西北合黃山之德會水黃阜之南五里泉至梁鄒入濟旱則涸竭此乾時也今不通矣益都通泉水唯此通舟未嘗淺涸

內不言敗此其言敗何注据郎之戰疏注据郎之戰○桓十年冬十有二月丙午齊侯衛侯鄭伯來戰于郎傳云此偏戰也何以不言師敗績內不言戰言戰乃敗矣又見桓十二年傳以託王於魯故不言敗此書敗績故難之

伐敗也注自誇大其伐而取敗疏注自誇至取敗○釋文自誇本又作夸下同校勘記云按夸大

字作夸从言者詞之誇誕也老子道德經不自伐故有功論語公冶長篇顧無伐善皆謂夸大也小爾雅云伐美也史記功臣侯表明其功曰伐 曷爲伐敗注据內不言敗績曷爲自誇大其伐而取敗疏注据內至取敗○謂既敗績矣曷爲夸大故難之 復讎也注復讎以死敗爲榮故錄之高齊襄賢仇牧是也疏注復讎至是也○繁露竹林云春秋惡詐擊而善偏戰恥伐喪而榮復讎又云今天下之大三百年之久戰攻侵伐不可勝數而復讎者有二焉謂此及上四年齊襄公滅紀是也通義云復讎者雖不愛其死要期於有成豈以敗爲榮乎特魯之力不能讎齊力實不敵故春秋因其敗而誇大之若曰幸有此敗莊之不忘讎乃可以自解云爾然苟竭其智力師喪分焉卒不得報君子亦恕之矣齊魯皆非能復讎者而假襄公以見復讎之榮善又假莊公以寬不能復讎之責皆所以因事託義者爲後法○注高齊至是也○上四年紀侯大去其國傳曷爲不言齊滅之爲襄公諱也春秋爲賢者諱何賢乎襄公復讎也襄公將復讎于紀卜之曰師喪分焉寡人死之不爲不吉也下十二年傳何賢乎仇牧仇牧可謂不畏彊禦矣仇牧聞君弒趨而至萬臂殺仇牧碎其首是皆以死敗爲榮者也不及孔父者孔父死在殤公前仇牧聞君死趨至有復讎之志故舉之也 此復讎乎大國曷爲使微者注据納子糾公猶自行卽大夫當有名氏疏注据納至名氏○卽上公伐齊納糾是也舊疏云公羊之例以大夫得見名氏謂士爲微故言此通義云据不出主名似內微者文 公也注如上据知爲公疏注如上据知爲公○如若也見廣雅謂若上納糾猶書公故知此戰爲公

親行也公則曷爲不言公不與公復讎也曷爲不與公復讎注据諱與讎狩疏注據諱與讎狩○上四年公及齊人狩于郜傳云公曷爲與微者狩齊侯也齊侯則其稱人何諱與讎狩也公與讎人狩春秋諱而不書此復讎宜見與故据而難之復讎者在下也注時實爲不能納子糾伐齊諸大夫以爲不如以復讎伐之於是以復讎伐之非誠心至意故不與也書敗者起託義戰不致者有敗文得意不得意可知例疏通義云下猶後也義如下武維周之下本讎襄公而復之於桓公故言復讎者在其後世也時實以不能納子糾怒桓而託名復讎伐之桓又非讎子故不與復讎也令實復讎○方善錄之不當沒公沒公者起非實復讎按孔義下作後解亦通○注時實至與也○爲不能鄂本宋本閩本同監本毛本爲不能誤倒作不能爲何義下謂臣下按君父之讎人人所共復讎之志出於臣下故沒公文也○注書敗至義戰○舊疏云春秋之例內言戰乃敗矣今經文上文云戰于乾時內敗明矣而又言我師敗績者起託義以敗爲榮也按疏標起訖以起託義絕句非當義戰逗繁露竹林云夫德不足以親近而文不足以來遠而斷斷以戰伐爲之者固春秋所甚疾已皆非義也難者曰春秋惡詐擊而喜偏戰恥伐喪而榮復讎奈何以春秋爲無義戰而盡非之也是託義戰之義也○注不致至知例○上六年注云公獨出用兵得意不致不得意致伐此敗績不得意明故不致也從可知例省文故也

九月齊人取子糾殺之

其取之何注据楚人殺陳夏徵舒不言取執齊慶封殺之言執也疏唐石經作其言取之何諸本誤脫言字○注据楚至執也○宣十一年楚人殺陳夏徵舒是不言取也昭四年楚子蔡侯陳侯伐吳執齊慶封殺之是言執不言取也內辭也脅我使我殺之也注以下淩洙知其脅也以稱人共國辭知使魯殺之時小白得國與鮑叔牙圖國政故鮑叔薦管仲召忽曰使彼國得賢己國之患也乃脅魯使殺子糾求管仲召忽魯惶恐殺子糾歸管仲召忽死之故深諱使若齊自取殺之疏脅者書僞古文允征脅從罔治泰誓脅權相滅皆爲以威力恐人也說文肉部脅兩膀也掖下爲脅引申之迫脅人如在肘腋下也曰脅也故下二十五年傳或曰脅之注云與責求同義皆與迫脅意近也○注以下至脅也○下淩洙傳淩之者何深之也曷爲深之畏齊也曷爲畏齊也辭殺子糾也因被脅而畏因畏而淩洙故云以下淩洙知也○注以稱至殺之○因舊疏云謂不言齊鮑叔取子糾殺之而言齊人則知一人之號兩國共有一人之號既兩國共有則知齊魯皆有殺子糾之惡矣按不書齊人亦宜書齊侯見歸獄于齊不得書齊鮑叔也舊疏非又共國當作人國共隱六年鄭人來輸平傳曰吾成敗矣吾與成人末有成也注此傳發者解稱人爲共國辭段氏玉裁校彼注疏云一箇人字兩國共有當是共非非國也也是也又彼傳諱獲也下注云稱人共國辭者嫌來輸平獨惡鄭明鄭擅獲諸侯魯不能死難皆當絕之與此齊魯同惡同故也○注時小至殺之○釋文作邵

忽云本又作召齊世家云秋與魯戰于乾時魯兵敗走齊兵掩絕魯歸道齊遺魯書曰子糾兄弟弗忍誅請魯自殺之召忽管仲讎也請得而甘心臨之不然將圍魯魯人患之遂殺子糾于笙瀆召忽自殺管仲請囚桓公之主發兵攻魯心欲殺管仲鮑叔牙曰臣常得從君君竟以立君之尊臣無以增君君將治齊即高傒與叔牙足矣君且欲霸王非管夷吾不可夷吾所居國國重不可失也於是桓公從之乃詳為召管仲欲甘心實欲用之管仲知之故請往管子小匡篇桓公自莒反於齊使鮑叔牙為宰鮑叔辭曰君有加惠於臣使臣不凍餒則是君之賜也若必治國家則非臣之所從也其唯管夷吾乎臣之不如夷吾者五寬惠愛民臣不如也治國不失秉臣不如也忠信可結於諸侯臣不如也制禮義可法於四方臣不如也介冑執枹立於軍門使百姓皆加勇臣不如也夫管仲民之父母也將欲治其子不可棄其父母公曰管夷吾親射寡人中鉤殆於死今乃用之可乎鮑叔曰彼為其君勤也君若宥而反之其為君猶是也公曰然則為之奈何鮑叔曰君使人請之魯公曰夫施伯魯之謀臣也彼知吾將用之必不吾與鮑叔曰君詔使者曰寡君有不令之臣在君之國願請之以戮於羣臣魯君必諾且施伯之智夷吾之才必將致魯之政夷吾受之則魯能弱齊矣夷吾不受彼知其將反齊必殺之君亟請之不然無及公乃使鮑叔牙行成曰公子糾親也請君討之魯人為殺公子糾又曰管仲讎也請受而戮之魯君許諾施伯謂魯侯曰勿與之非戮之也將用其政也管仲天下之賢人也今齊求而得之必且長為魯國憂君何不殺之而授其屍魯君曰諾將殺管仲鮑叔趨進曰殺之齊是戮齊也殺之魯是戮魯也寡君願生得之以徇於國於是魯君乃不殺生束縛以與齊左傳鮑叔帥師來言曰子糾親也請君討之管召仇也請受而甘心焉乃殺子糾于生竇召忽死之管

仲請因鮑叔受之及堂阜而脫之歸而以告曰管夷吾治於高傒使相可也公從之國語齊語亦有其事詳略互見魯爲齊脅殺子糾恥甚故分惡於齊使若齊自殺又稱人爲國共辭所謂沒其文不沒其實也

其稱子糾何注据不立也疏注据不立也○下三十二年傳云君存稱世子君薨稱子某然則以子配名嗣君在喪之稱糾未立稱子糾故難之貴也

其貴奈何宜爲君者也注故以君薨稱子某言之者著其宜爲君明魯爲齊殺之皆當坐弒君因解上納言糾皆不爲篡所以理嫌疑也月者從未踰年君例主書者從齊取也疏隱元年傳云立適以長不以賢立子以貴不以長注子謂左右媵及姪娣之子位有貴賤不防其同時而生故以貴也蓋魯女位次貴於衞女故子糾視小白爲貴子以母貴也○注故以至爲君○舊疏標起訖無者字宜爲衍文左疏引賈云不言公子次正也李氏貽德左傳賈服注輯述云管子齊僖公生公子諸兒公子糾公子小白又曰諸兒長而賤是襄公本爲庶長而子糾爲次正矣公羊傳其稱子糾何貴也白虎通封公侯春秋經曰齊無知殺其君貴妾子公子糾當立也亦以糾爲次正也春秋之例諸侯庶子皆得稱公子以糾爲次正故不書公嫌與庶子同也齊氏召南考證云按史記齊世家襄公次弟糾其母魯女也次弟小白其母衞女是糾爲兄小白爲弟可爲此傳之證毛氏奇齡春秋傳云按史世家子糾者小白兄故荀卿曰桓公殺兄以反國莊子桓公殺兄入嫂而管仲爲臣越絕書管仲臣於桓公兄公子糾管子大匡亦曰齊僖公生公子諸兒公子糾公子小白又曰鮑叔傅小白辭疾不出以小白幼而賤不欲爲傅故也則

明明子糾是兄小白是弟而胡氏引据有云史稱齊桓殺其弟以反國一子語惟考漢淮南王傳淮南厲王不法文帝令薄昭以書責之有曰昔周公誅管蔡以安周齊桓殺其弟以反國其云弟者以文帝是兄故諱言兄而言弟章昭本注所謂子糾本兄而稱弟者不敢斥也胡氏以程子嘗誤讀漢書早有桓兄糾弟之說而又承程子之誤紊亂倫次誣妄立說於以誤天下後世所繫匪淺也按杜氏亦云小白僖公庶子公子糾小白庶兄又韓非子桓公五伯之上也爭國而殺其兄其利大也說苑尊賢篇將謂桓公仁義乎殺兄而立非仁義也又鮑叔曰昔者公子糾在上而不讓非仁也尹文子無知被殺二公子爭國糾宜立者也小白先入故齊人立之明子糾宜立故與以君薨稱子某之稱也○注明魯至弒君○穀梁傳言取病內也取易君辭也猶曰取其子糾而殺之云爾十室之邑可以逃難百室之邑可以隱死以千乘之魯而不能存子糾以公為病矣所以魯亦當坐弒君也故稱人以見國而共也○注因辭至疑也○通義云公子糾乃襄公之弟桓公之兄時襄公無適嗣貴莫如糾也齊世家次弟糾奔魯次弟小白奔莒莊子曰小白殺兄入嫂荀子曰齊桓五伯之盛者也前事則殺兄而爭國檢尋諸文並是糾長故次宜為君乃或專據薄昭詭詞以為桓兄糾弟謬矣又如所徵史記參之管子大匡曰齊僖公生公子諸兒公子糾公子小白左傳曰齊桓衞姬之子也有寵於僖公明糾與小白皆僖公子非襄公子魯納所當立耳故知上言納糾非篡篡矣舊疏云此經若不言子糾上納言糾有當國之嫌後人疑其篡矣今作嗣君之稱則知上單言糾作君前臣名之故也所以理嫌疑也按白虎通封公侯篇君見弒其子得立何所以尊君防簒弒也春秋經曰齊無知弒其君明貴妾子公子糾當立也班氏所据多公羊家說則公羊以子糾為襄公子襄無適子子糾為貴妾子宜立故

上齊小白入于齊傳曷爲以國氏當國也其言入何簒辭也是桓公之立有簒宗之罪故經書入以貶之也○注月者至君例○春秋之例弑成君例日隱四年春二月戊申衞州吁弑其君完注日者從外赴詞以賊聞例又宣二年秋九月乙丑晉趙盾弑其君夷獋宣四年夏六月乙酉鄭公子歸生弑其君夷之屬是也僖九年晉里克弑其君之子奚齊注云弑未踰年君例當月不月者不正遇禍終始惡明故略之然則未踰年君當月此子糾見弑書月明從未踰年君例也奚齊因不正故略而不月若然僖十年春正月晉里克弑其君卓子其成君亦不日者彼注云不日者不正遇禍終始惡明故略之義與奚齊同也此外諸侯之例至若莊三十二年子般卒之書日文十八年子卒之書日皆未踰年君而日與不日不同自以所傳聞世與所聞世之異當文各自有解也○注王書至取也○舊疏云言主書此事者正欲從而罪齊但因見魯之惡耳

冬浚洙

洙者何水也注以言浚也疏杜云洙水在魯城北下合泗水經泗水篇泗水又西南流逕魯縣北分爲二流注云北爲洙瀆春秋莊九年書浚洙京相璠杜預並言洙水在魯城北浚深之爲齊備也南則泗水夫子教於洙泗之間從征記曰洙泗二水交於魯城東北十七里闕里皆洙泗去洙水百步餘說文水部洙水出泰山蓋縣臨樂山北入泗段氏玉裁注云泰山郡蓋二志同今山東沂州府沂水縣縣西北七十里有蓋城是也前志蓋下云臨樂于山洙水所出西北至蓋入池水水經曰洙水出泰山蓋縣臨樂山西南至卞縣入於泗按此條水經與志迴殊志云臨樂于山者謂勃海郡臨樂縣之于山也本其源而言故

下云至蓋非謂洙出蓋也而經注皆刪于字謂臨樂爲蓋縣山名其亦誤也沘注引作泗云或作沘蓋字誤夫經注皆云泗水出卞縣不云出蓋縣又皆云洙水至卞入泗不云至蓋入泗然則卽改沘爲泗亦與水道不合安知班氏時無沘水抑或不知何字之誤而竟作泗字也杜釋例云出魯國東北西南入沇水下合泗乃作沇字俟攷蓋洙水在班時已非故道故其書法不同他水至桑酈時更昧於臨樂之源乃誣班爲出蓋觀春秋莊九年浚洙知其易漂也許亦云出泰山蓋臨樂山北入泗恐非許氏元文淺人用水經改竄之耳今洙水在曲阜北四里上不得其原下流不入泗而入沂又非酈氏之舊蓋湮沒已久以是冒之耳○注以言浚也○舊疏云正以與尚書浚畎澮之文同故知水名今尚書作濬畎澮距川玉篇濬下云同浚史記五帝本紀亦作浚

浚之者

何深也疏詩小弁云莫浚匪泉傳浚深也大戴記文王官人云浚窮而能達注浚深也易浚恆侯果虞翻注並云浚深也鄭作濬爾雅釋言濬深也書皐陶謨之濬畎澮說文谷部作容畎澮距川然則訓深者容正字浚叚借字浚於說文訓抒也繫傳抒取出之也水部之濬訓深通川也同穀梁傳浚洙者深洙也

曷爲深之注据本非人功所爲疏注据本至所爲○舊疏云正言畎澮之屬是人功爲之故也

畏齊也注洙在魯北齊所由來疏穀梁傳著力不足也鹽鐵論險固云故制地城郭飭溝壘以禦寇固國春秋曰冬浚洙修地利也○注洙在至由來○杜亦云洙在魯城北浚深之爲齊備魯在齊南故爲齊所由來

曷爲畏齊也注据伐敗也疏注据伐敗也○卽上傳云此其言敗何伐敗也注自誇大其功而取敗是也

辭殺子糾也注時魯親見脅畏齊浚

之微弱恥甚故諱使若辭不肯殺子糾也齊自取殺之畏齊怒爲備亦所以起上脅也疏唐石經作殺鄂本宋本閩本監本毛本殺作役誤○注時魯至脅也○此探上齊人取子糾殺之爲說因辭不肯殺子糾致齊自取殺之因浚洙爲備皆以諱長齊也上注云以下浚洙知其脅故此云亦所以起其脅也新語懷慮云魯莊公据中土之地承聖人之後不修周公之業繼先人之體尙權仗威有萬人之力懷兼人之强不能存立子糾國侵地奪以洙泗爲竟兪氏樾云宣四年傳其言不肯何辭取向也解詁云爲公取向作辭也恥行義爲利故諱使若莒不肯聽公平伐取其邑以弱之者愈也然則此傳辭殺子糾也文法與彼同亦當解云爲殺子糾作辭也恥行義不終故託爲畏齊之甚不得已而殺之也蓋魯之納子糾義也其卒爲齊殺子糾不義也穀梁傳曰以千乘之魯而不能存子糾以公爲病矣疑當時諸侯必有以此病魯者故魯人浚洙以自解耳此辭字乃從而爲之辭之辭非固辭不獲命之辭何氏以爲辭不肯殺子糾失之矣

十年春王正月公敗齊師于長勺疏杜云長勺魯地大事表云路史曰成王以商民六族賜魯有長勺氏尾勺氏此蓋商民所居書月者詐戰也

二月公侵宋

曷爲或言侵或言伐觕者曰侵注觕麤也將兵至竟以過侵責之服則引兵而去用意尙麤疏注觕麤也○校勘記周禮大司馬注引作粗者曰侵按何注觕麤也周禮

音義云粗音麤本亦作麤何訓犓爲麤而鄭引傳即作粗猶何訓野爲鄙而鄭引傳即作鄙留也按禮記月令其器高以粗呂覽粗作犓漢書藝文志庶得麤犓又敘傳犓舉僚職師古注犓粗略也大略也○注將兵至尚麤○周禮大司馬職負固不服則侵之鄭注侵之者兵加其竟而已用兵淺者說文人部侵漸進也與浸義近詩下泉浸彼苞稂兵至竟服則去若水之浸物然也故用意麤

精者曰伐【注】精猶精密也侵責之不服推兵入竟伐擊之益深用意稍精密【疏】注精猶精密也○說文米部精擇也又廣韻精熟也細也專一也皆與精密義近易繫辭傳精義入神亦謂精密其義也○注侵責至精密○白虎通誅伐篇伐者何謂也伐者擊也言欲伐擊之也尚書敘曰武王伐紂類聚引說題辭云伐人者深入國內行威有所斬壞伐之爲言敗之也周禮大司馬職賊賢害民則伐注云伐者兵入其境鳴鐘鼓以往所以聲其罪兼用公羊左氏兩傳之義也通義云周官九伐之法正負固不服則侵之賊賢害民則伐之明侵伐皆王者之師堂堂正正之名而左氏以輕師偃鐘鼓爲侵失矣伐者深入其竟侵者害淺故春秋之義侵善於伐侵伐例皆時唯內書公侵者恆舉月蓋善錄之按詩采薇箋云三有勝功謂侵也伐也戰也疏云此侵伐戰三傳之說皆異左傳有鐘鼓曰伐無曰侵皆陳曰戰穀梁拘人民驅牛馬曰侵斬樹木壞宮室曰伐公羊稱犓者侵精者伐是也周禮大司馬職注引春秋傳曰精者曰伐又曰有鐘鼓曰伐則伐者兵入其境鳴鐘鼓以往侵者兵加其境而已然則鄭參用三傳文也周禮侵伐相對故侵爲用兵淺者其實侵不但無鐘鼓耳雖深入亦謂之侵故僖四年諸侯侵蔡蔡潰遂伐楚是深入名侵也伐名施於重入境雖淺亦名伐故經書莒人伐我東鄙及齊侯伐我北鄙纔伐

界上是淺亦稱伐也侵伐則主國之師未起直入境而行若主國出禦則曰戰故左傳皆陳曰戰也是入也戰不言伐注舉戰爲重黎戰是也合兵血刃曰戰疏注舉戰至曰戰○毛本爲誤謂鄂本黎誤犂○齊氏召南考證云各本俱同疑黎戰是來戰之譌即桓十年冬齊衛鄭來戰于郎是也戰不言伐傳於桓十二年及鄭師伐宋丁未戰于宋已發傳矣存說于此按此通發伐戰圍入滅之例故又言戰不言伐以別輕重也○注合兵至曰戰○白虎通誅伐云戰者何謂也尚書大傳曰憚警之也春秋讖曰戰者延改也延改蓋延攻之譌說文戈部戰鬬也圍不言戰注舉圍爲重楚子圍鄭是也以兵守城曰圍疏注舉圍至是也○見宣十二年楚子圍鄭是也然則彼有戰事矣○注以兵守城曰圍○說文口部圍守也周禮大宗伯以禬禮哀圍敗謂環兵圍繞受害較重故有禬禮也入不言圍注舉入爲重晉侯入曹執曹伯是也得而不居曰入疏注舉入至是也○見僖二十八年○通義云入其郛是也按外郛謂之郛故入重于圍○注得而至曰入○左傳造其國都曰入弗地曰入注謂勝其國邑不有其地也入者逆而不順非王命而入人國也滅不言入注舉滅爲重齊滅萊是也取其國曰滅疏注舉滅至是也○見襄六年○注取其國曰滅○周禮大司馬職外內亂鳥獸行則滅之注王霸記曰悖人倫外內無以異于禽獸不可親百姓則誅滅去之也說文水部滅盡也取其國邑毀其宗社故爲盡也大司馬疏云春秋公羊左氏說凡征戰有六等謂侵戰伐圍入滅用兵麤觕不聲鐘鼓入境而已謂之侵侵而不服則戰之謂兩陳交刃戰而不服則伐之謂

用兵精而聲鐘鼓伐而不服則圍之謂帀其四郭圍而不服則入之謂入其四郭取人民不有其地入而不服則滅之謂取其君此皆舉重而言按賈氏以戰輕於伐非也

書其重者也注明當以重者罪之猶律一人有數罪以重者論之月者屬北敗彊齊之兵南侵彊宋南北有難復連禍於大國故危之

疏注明當至論之○繁露十指云舉事變見有重焉則百姓安矣九經古義云昭三十一年傳與此同蓋漢律也史記李斯傳具斯五刑漢書刑法志云漢興之初尚有夷三族之令令曰當三族者皆先黥劓斬左右止笞殺之梟其首菹其骨肉於市其誹謗詈詛者又先斷舌故謂之具五刑韓信彭越皆受此誅暴秦之爲禍烈矣高后元年乃除三族罪祆言令尚書甫刑傳子張曰堯舜之主一人不刑而天下治何則教誠而愛深也十夫而被此五刑子龍子曰未可謂能爲書康成注云二人俱罪呂侯之說刑也被此五刑喻犯一數罪也孔子曰不然也五刑有此教注云教然耳犯數罪猶以上一罪刑之此與漢律一人數罪以重者論之同義唐律名例亦云諸二罪以上俱發以重者論疏議云假有甲任九品一官犯盜絹五疋徒一年又私有矟一張合徒一年半又過失折人二支合贖流三千里是爲二罪以上俱發從有禁兵器斷徒一年半按今律亦有二罪俱發以重論條輕罪不議也○注月者至危之○舊疏云侵伐例時卽上九年夏公伐齊之屬是也今書月故如此解穀梁傳曰侵時此其月何也乃深其怨於齊也又退侵宋以衆其敵惡之故謹而月之是也

三月宋人遷宿

還之者何不通也注以其不道所還之地疏注以其至之地○宋本鄂本同閩本監本毛本道誤通疏同蓋與傳不通相涉也舊疏云正以不道于某知非實還矣以地還之也注還繞也解上不通也不通反爲還遶者宋本欲遶宿君取其國不知宿之不肯邪宋逆詐邪先繞取其地使不得通四方宿窮從宋求還故得言還疏禮記曲禮跪而遷屨注遷或爲還是遷與還義得通故經曰遷傳曰還也○注還繞至通也○荀子成相篇比周還主黨與施注還繞也禮記檀弓右還其封注還圍也圍亦繞也按還郎環字士喪禮有巾環幅不鑿注古文環作還九經古義云春秋傳諸侯之師還鄭而南又哀三年道還公宮公羊傳以地還之又云師還齊侯漢書食貨志云還廬樹桑皆讀爲環按此蓋周禮大司馬之杜也大司馬職曰犯令陵政則杜之注杜之者杜塞使不得與鄰國交通與圍義別圍則以兵繞之此則繞取其地也○注不通至言還○惠氏士奇春秋說云周官謂之杜春秋謂之還遷紀還宿遷陽皆是也公羊讀還爲還謂以地還之使不通何氏訓還爲繞謂還繞其地使不得通四方非杜而何絕謂之杜改謂之遷蓋改其土地之宜絕其往來之道如成二年傳郤克使齊之封內盡東其畝公穀皆曰是杜齊也杜齊者謂改其土地絕其往來杜省作土故公穀皆作土也子沈子曰不通者蓋因而臣之也注以宋稱人也宿不得通四方宿君遷宋因臣有之不復以兵攻取故從國辭稱人也月者遷取王封當與滅人同

罪書者宋當坐滅人宿不能死社稷當絕也主書者從宋也【疏】穀梁傳曰遷亡辭也其不地宿不復見也注為人所遷則無復國家一故曰亡辭閔二年齊人遷陽亦是也疏云春秋言遷有二種之例一表亡辭者此文是也二見存亡國者邢遷于夷儀是也不於元年遷紀發傳者彼以紀侯賢經變文以示義非正故不發之穀梁不必同公羊以地還之義其謂因而臣之一也〇注以宋至人也〇稱人者貶辭也杜云宋強遷之而取其地故文異於邢遷貶宋稱人故知為因而臣之也通義云因而臣之者因取之以為宋附庸也所遷之地四面還繞皆宋邑不得外通雖未絕世與奪國同九伐有犯令凌政則杜之鄭司農曰杜塞使不得與鄰國交通此近是與穀梁傳遷者猶未失其國家以往者也注謂自遷者僖元年邢遷于夷儀成十五年許遷于葉之類是也彼二傳曰遷者猶得其國家者也此傳云遷者猶未失其國家以往互文也此即孔氏所本與不以兵取故不稱師從國辭稱人者惡宋也〇注月者至絕也〇通義云遷之者例月舊疏云春秋之例大國之遷例月即僖三十一年十有二月衛遷于帝丘是也小國時者昭九年春許遷于夷之屬是也今此宿是小國宋人遷之而反書月故云月者遷取王封當與滅人同罪也其滅國書月即下冬十月齊師滅譚十三年夏六月齊人滅遂之屬是也宿不能死社稷當絕者包氏慎言云國君守社稷者也不得守社稷而聽人遷非效死弗去之義也故絕之按下譚子奔莒云月者惡不死位也此宿君本未出奔故於其遷以起之〇注主書者從宋也〇舊疏云言主書此事者正欲從而罪宋因見宿君不死之惡耳

夏六月齊師宋師次于郎公敗宋師于乘丘【疏】杜云乘丘魯地大事表云漢泰山郡有乘

丘縣顏師古曰即春秋乘丘也括地志乘丘在瑕丘縣西北三十五里今兗州府志滋陽縣西南有古瑕丘城地理志濟陰郡乘氏下云泗水東南至睢陵入淮過郡東行千一百一十里應劭曰春秋敗宋師于乘丘是也又泰山郡乘丘下云師古曰春秋莊公十年公敗宋師于乘丘即此是也與杜說合一統志乘丘故城在兗州滋陽縣西北又以爲漢濟陰之乘氏縣乘氏故城在曹州府鉅野縣西南按前志乘氏注應劭曰敗宋師于乘丘是也續志注亦曰乘氏古乘丘馬氏宗棲左傳補注云應劭地理風俗記曰濟陰乘氏縣故宋乘丘邑漢志泰山郡乘氏縣顏氏注公敗宋師即此地棲按魯師自雩門竊出雩門魯城門則敗宋師必在魯之近郊括地志乘丘在瑕丘縣西北水經泗水注泗水西南逕魯縣北又西過瑕丘縣東瑕丘與魯縣接界則乘丘爲魯近郊地故元凱直斷爲魯地濟陰乘氏應劭張華酈元雖皆言爲春秋之乘丘非魯近郊故未有言魯敗宋師于此小顏注不足据惠棟反據此以駁元凱魯地之非亦誤禮記正義亦云乘丘魯地水經注菏水分濟於定陶縣北東南徑乘氏故城南胡氏渭謂即春秋之乘丘今鉅野地按即爲魯近邑則乘丘去魯必不遠馬氏得之矣

其言次于郎何注据齊國書伐我不言次敗不言乘丘疏注據齊至乘丘○按据齊國書伐我不言次此注衍蓋涉下注誤也又敗不言乘丘不字衍何意蓋以敗言乘丘與郎言次于義似乖故難之伐也注時伐魯故書次郎魯地疏在云不言侵伐齊爲兵主背既之盟義與長勺同公羊無此義按郎爲魯地知爲伐故伐則其言次何注据齊國書伐我不言次疏注据齊至言次○郎

哀十一年齊國書帥師伐我是也

齊與伐而不與戰故言伐也【注】此道本所以當言伐意也齊與伐而不與戰伐兵得成故當言伐也【疏】注此道至伐也〇各本故作敗誤依鄂本宋本正通義云二國伐一國戰須分別之故不得從戰不言伐例也然又不直書伐者郎者吾近邑與四鄙異不可言伐須為變文也按何意以傳義為齊未成伐若已成伐但不與戰則須書伐也

我能敗之故言次也【注】此解本所以不言伐言次意也二國纔二云次未成於佚魯即能敗宋師齊師罷去故不言伐言次也明國君當彊折衝當遠魯微弱深見犯至於近邑賴能速勝之故云爾所以彊內且明臣子當將順其美匡救其惡【疏】注此解至次也〇通義云我能敗之故先言次後言敗對桓十年來戰于郎為我不能敗之故也左傳曰齊師宋師次于郎公子偃曰宋師不整可收也自雩門竊出蒙皐比而先犯之公從之大敗宋師于乘丘齊師乃還此詐戰不日之證按據左傳明二國皆纔止次未成於伐魯敗宋師齊師即去也故言次不言伐宋本纔作讒鄂本止作上皆誤〇注明國至彊內〇說苑指武云夫兵不可玩玩則無威兵不可廢廢則召必昔夫差好戰而亡徐偃王無武亦滅故明王之制國也上不玩兵下不廢武易曰存不忘亡是以身安而國家可保也魯敗乾時淺洙微弱之甚至二國師次近邑即而能勝之故書以彊內穀梁傳曰疑戰而曰敗勝內也亦即彊內義〇注且明至其惡〇舊疏云孝經及襄十四年左傳文言為臣子之法宜行君

父之義順君父之美卽此上注云賴能速勝之是也若見君父之惡當正而救之卽上注云魯微弱深見犯至於近邑是也

秋九月荆敗蔡師于莘以蔡侯獻舞歸疏杜云莘蔡地大事表云在今汝甯府汝陽縣境舞穀梁傳作武古武舞通詩維清序奏象舞也獨斷云維清奏象武之所歌也又隸釋武梁祠堂畫象秦舞陽洪云碑以秦武陽爲秦舞陽

荆者何州名也注州謂九州冀兗青徐揚荆豫梁雍疏注州謂至梁雍○宋本冀作奠非見禹貢彼云冀州既載濟河惟兗州海岱惟青州海岱及淮惟徐州淮海惟揚州荆及衡陽惟荆州荆河惟豫州華陽黑水惟梁州黑水西河惟雍州冀州無界舊疏引鄭注云兩河閒曰冀州不書其界者時帝都之使若廣大然是也其爾雅釋地云兩河閒曰冀州河南曰豫州河西曰雍州漢南曰荆州江南曰揚州濟河閒曰兗州濟東曰徐州燕曰幽州齊曰營州又周禮職方氏云東南曰揚州正南曰荆州河南曰豫州正東曰青州河東曰兗州正西曰雍州東北曰幽州河內曰冀州正北曰幷州爾雅殷制周禮周制故也通義云漢南曰荆州以州擧者略之若言荆州之蠻云爾不詳別其國部意也所傳聞之世方內其國而外諸夏蠻夷猶未及錄故深略之至所聞之世內諸夏而外夷狄荆始進稱楚其吳初通上國已在成公之末故始見卽得以國書矣詩疏引賈逵云秦始皇父諱楚而改爲荆亦以其居荆州故因諱而改之然則僖公以後又何以書楚乎穀梁傳曰荆者楚也何爲謂之荆狄之也何爲狄之聖人立必後至天子弱必先叛故曰荆狄之也州不若國國不若氏氏不若人

人不若名名不若字【注】皆取精詳錄也【疏】舊疏云州不若國言荊不如言楚國不若氏言楚不如言潞氏甲氏氏不若人言潞氏不如言楚人人不若名言楚人不如言介葛盧名不若字言介葛盧不如言邾婁儀父〇注皆取至錄也〇舊疏云正以責重爲詳錄輕賤爲略之也字不若子【注】爵最尊春秋假行事以見王法聖人爲文辭孫順善善惡惡不可正言其罪因周本有奪爵稱國氏人名字之科故加州文備七等以進退之若自記事者書人姓名主人習其讀而問其傳則未知己之有罪焉爾猶此類也【疏】舊疏云言邾婁儀父不如言吳子楚子〇注爵最尊〇通義云此七等所以進退四夷黜陟小國極於子者禮所謂東夷北狄西戎南蠻雖大曰子之義也是春秋所託王者法也按馮衍傳顯志賦云黜楚子於南郢兮子雖最尊謂蠻夷之尊者耳〇注春秋至王法〇舊疏云郎孔子曰我欲託諸空言不如載諸行事是也〇注聖人至其罪〇舊疏云若其善善可正言其美但以惡惡不可正言其罪若正言其罪則非孫順之義故此何氏偏以其罪言之〇注因周至之科〇舊疏云郎隱元年邾婁儀父注云稱字所以得爲褒者春秋前失爵在名例之屬是也〇注故加至姓名〇舊疏引說題辭云北斗七星有政春秋亦以七等宣化又引運斗樞云春秋設七等之文以貶絕錄行應斗屈伸按繁露爵國云春秋曰荊傳曰氏不若人人不若名名不若字凡四等又順命云其次有五等之爵以尊之皆以國邑爲號其無德於天地之間者州國人民甚者不得繫國邑例亦云七等者州國氏人名字子是

也○注主人至類也○見定元年傳彼注云此假設而言之主人謂定哀然則此主人謂此七等者也蔡侯獻舞何以名注据獲晉侯不名疏注据獲至不名○見僖十五年彼傳云何以不言師敗績○君獲不言師敗績也注舉君獲爲重也絕疏唐石經諸本同僖二十六年疏引此作絕之以意添之字也禮記曲禮云諸侯失地名注絕之疏引春秋莊十年荊敗蔡師于莘以蔡侯獻舞歸公羊云何以名絕曷爲絕之獲也此失地名也曷爲絕之注据晉侯不名絕疏注据晉至名絕○僖十五年傳注云釋不書者以惡見獲與獲人君者皆當絕也然則晉侯書獲已明不須書名絕義已起又兼惡獲人君者罪同也曲禮又云諸侯不生名蓋生名者絕晉侯雖未生名仍當坐絕獲也注獲得也戰而爲敵所得獻舞不言獲故名以起之疏注獲得至所得○詩皇矣其政不獲箋云獲得也小爾雅廣言獲得也書微子乃罔恆獲鄭注獲猶得也周禮朝士云凡得獲貨賄人民六畜者注得而取之曰獲相八年傳侵而言獲者適得之也與此戰而爲敵所得同也穀梁傳蔡侯何以名也絕之也何爲絕之獲也○注獻舞至起之○不與夷狄獲中國故不言獲又無以起其當絕故書名也杜氏釋例云國君者社稷之主百姓之望當與社稷宗廟共其存亡者也而見獲於敵國雖存若亡死之與生皆與滅同是也曷爲不言其獲注据晉侯言獲也疏注据晉至獲也○通義云据戰而執者當言獲滅國而降者乃言以歸不與夷狄之獲中國也注與凡伯同義夷狄謂楚不言楚言荊者楚彊而近中國卒暴責之則恐

爲害深故進之以漸從此七等之極始也【疏】舊疏引運斗樞云抑楚言荊使夷狄主中國也僖十五年疏云秦楚同類得獲晉侯不者以爵稱伯非直夷狄故與楚異繁露精華云春秋愼辭正謹名倫等物者也是故小夷言伐而不得言戰大夷言戰於而得言獲中國言獲而不得言執各有辭也有小夷避大不夷而不得言戰大夷避中國而不得言獲中國避天子而不得言執名倫弗予嫌於相臣之辭也是故大小不踰等貴賤如其倫義之正也○注與凡伯同義○隱七年戎伐凡伯于楚丘以歸傳執之則其言伐之何大之也曷爲大之不與夷狄之執中國也注中國者禮義之國也執者治文也君子不使無禮義制治有禮義故絕不言執正之言伐也所以降夷狄尊天子爲順辭此言以歸與彼同亦卽降夷狄義穀梁傳云中國不言敗此其言敗何也中國不言敗蔡侯其見獲乎其言敗何也釋蔡侯之獲也以歸猶愈乎執也注爲中國諱見獲執故言以歸通義云以歸雖亡國之辭然尚無大賤義書序曰以箕子歸是也按隱七年注又云錄以歸者惡凡伯不死位此亦應同○注夷狄至始也○舊疏云注言此者欲道楚屬荊州吳屬揚州所以抑楚言荊不抑吳言揚者正以楚近中國故也戴氏云荊楚一物義能相發吳揚異訓故不得州名也與何氏異按戴氏蓋卽戴宏其實何氏謂楚近中國亦不卽其近中國言之非必決吳之不抑稱揚吳入春秋在所見世與楚異也春秋假楚發七等進退之義垂後世以王者治外夷之道漢書匈奴傳贊曰不與約誓不就攻伐約之則費賂而見欺攻之則勞師而招寇是以外而不內疎而不戚政教不及其人正朔不加其國來則懲而御之去則備而守之其慕義而貢獻則接之以禮讓羈縻不絕使曲在彼蓋聖王制御蠻夷之常道也亦卽卒暴責之則恐爲害深故進之以漸義也

冬十月齊師滅譚譚子奔莒疏差謬略云十月公羊作十有一月案石經公羊及今本作十月也繁露滅國下云齊桓公欲行霸道譚遂違命故滅而奔莒又觀德云滅國十五有餘獨先諸夏譚此也按十五當五十之誤春秋亡國五十二也杜云譚國在濟南平陵縣西南一統志故譚城在濟南府歷城縣東七十里東平陵故城縣東七十五里大事表云今濟南府歷城縣東南七十里有譚城水經注濟水篇與武原水合水出譚城南平澤中世謂之武原淵北徑譚城東俗謂之布城也又北逕東平陵縣故城西故陵城也後乃加平譚國也齊桓之出過譚譚不禮焉魯莊公十年滅之用左傳事說文邑部鄿國也齊桓公之所滅詩碩人譚公維私白虎通作覃詩大東序東國困於役而傷于讒譚大夫作此以告病也段氏玉裁云齊世家譚作郯小司馬所据正作鄿

何以不言出注据衞侯出奔也疏注衞侯出奔也○僖二十八年衞侯出奔楚襄十四年衞侯衎出奔齊之屬是也註者欲据二人故不道所奔國也國已滅矣無所出也注別於有國出奔者孔子曰君子於其言無所苟而已矣月者惡不死位也疏杜云不言出奔國滅無所出范云不言出者國滅無所出也皆本此為說○注別於至奔者○正謂上二衞侯之屬皆有國出奔者也不名者○通義云諸侯卒名失地名所聞世以前略小國卒或不名故其失地亦恆不名譚子奔莒弦子奔黃溫子奔衞是也至所見之世款章羽等乃名滅例月○注孔子至已矣○見論語子路篇按彼上云必也正名乎鄭注古曰名今曰字不言出見一字不苟也○注

月者至位也○禮記曲禮下云國君死社稷襄六年傳國滅君死之正也孟子梁惠王篇或曰世守也非身之所能爲也效死勿去

范云凡書奔者責不死社稷昭二十一年注大國奔例月成十二年注不月者小國也小國奔例時此月故爲惡不死位也

公羊義疏二十

公羊義疏二十一

南菁書院

莊十一年盡十五年　句容陳立卓人著

十有一年春王正月

夏五月戊寅公敗宋師于鄑 疏 五月書戊寅月之十七日杜云鄑魯地大事表云當在兗州府境與元年齊遷紀郱鄑郚之鄑在都昌縣西者爲二地說文邑部鄑宋魯閒地

秋宋大水

何以書記災也外災不書此何以書 注 据鄑移不書 疏 注据鄑移不書○襄十九年取邾婁田自漷水傳云其言自漷水何以漷爲竟也何言乎以漷爲竟漷移也注魯本與邾婁以漷爲竟漷移入邾婁界魯隨而有之是也漷移所以爲災者僖公十四年沙麓崩漢書五行志云河大川象齊大國桓德衰伯道將移於晉文故河爲徙也漷移不知何時所象事無徵也

及我也 注 時魯亦有水災書魯則宋災不見兩舉則煩文不省故詭例書外以見內也先是二國比與兵相敗百姓同怨而俱災故明天人相與報應之際甚可畏之 疏 注時魯至內也○毛本比

誤北報誤起依宋本正舊疏云襄九年宋火傳云外災不書此何以書爲王者之後記災與此異者正以比年大水水者流通之道可以及兩國故得書外以明內矣彼是火災無及內之理而得書見明爲王者之後記災故也通義云不舉內爲重者錄災所由生道其本也知非爲王者之後記災者所傳聞之世方外諸夏雖王者之後猶未得記故知仍以及內錄爾左氏說外災据告書者但魯史之體如是非春秋新意也○就以其傳驗之隱七年京師來告饑不書何耶○注先是至畏之○舊疏云二國之比與兵相敗卽上所云公敗宋師于鄑十年夏公敗宋師于乘丘之屬是也按漢書五行志嚴公十一年秋宋大水董仲舒以爲時魯宋比年爲乘丘鄑之戰百姓愁怨陰氣盛故二國俱水劉向以爲時宋愍公驕慢睹災不改明年與其臣宋萬博戲婦人在側矜而罵萬萬殺公之應子政習穀梁故無及我之義彼傳云爲王者之後也記災是專屬宋矣

冬王姬歸于齊

何以書過我也注時王者嫁女于齊塗過魯明當有送迎之禮在塗不稱婦者王者無外故從在國辭疏穀梁傳其志過我也通義云前王姬歸月此同外女歸例不月者但以過我書我不爲主故也○注在塗至國辭○隱二年傳云女在其國稱女在塗稱婦入國稱夫人此始過魯猶係在塗不稱婦故解之也桓八年傳云女在其國稱女此其稱王后何王者無外其辭成矣明諸侯所在莫非王土故無在國在塗之別也左傳云云齊侯來逆共姬

十有二年春王三月紀叔姬歸于酅

其言歸于酅何【注】据國滅來歸不書酅非紀國而言歸【疏】注据國至不書○舊疏云即上四年紀侯大去其國不書叔姬來歸是也叔姬來歸所以不書者江熙云叔姬來歸不書非甯且非大歸是也杜亦云紀侯去國而死叔姬婦魯來歸不書非甯且非大歸○注酅非至言歸○舊疏云決隱七年叔姬歸于紀之經矣以酅既非國都又屬之齊故据以難

隱之也何隱爾其國亡矣徒歸于叔爾也【注】叔者紀季也婦人謂夫之弟爲叔來歸不書書歸酅者痛其國滅無所歸也酅不繫齊者時齊聽後五廟故國之起有五廟存也月者恩錄之【疏】注叔者至爲叔○爾雅釋親文禮記曲禮云嫂叔不通問又檀弓云嫂叔之無服也皆叔與嫂對言故謂夫弟爲叔○注來歸至歸也○穀梁注引江熙曰叔姬守節積有年矣紀季雖以酅入于齊不敢懷貳然襄公豺狼未可闇信桓公既立德行方宣於天下是以叔姬歸于酅魯喜其女得申其志也按穀梁傳曰此邑也其言歸何也吾女也失國喜得其所故言歸焉爾故江氏如此解實與公羊隱之義相足僅以歸酅爲喜得所則隱之也深矣杜云紀季自定於齊而後歸之全守節義以終婦道故繫之紀而以初嫁爲文賢之也按隱七年注云媵賤書者後爲嫡終有賢行紀侯爲齊所滅紀季以酅入于齊叔姬歸之能處隱約全竟婦道故重錄之杜義本此○注酅不至存也○舊疏云如此注者正欲決昭二十一年宋華亥等自陳入于宋南里以叛之文矣按上三

年紀季以鄰入于齊傳云請後五廟以存姑姊妹繁露竹林云紀侯謂其弟曰請以立五廟使我先君歲時有所依歸明五廟存也故書鄰以起之同附庸也○注月者恩錄之○上元年注云內女歸例月外女不月者聖人探人情以制恩實不如魯女然則內女之例皆書月爲恩錄故也

夏四月

秋八月甲午宋萬弒其君接及其大夫仇牧 疏 接唐石經諸本同釋文云接左氏作捷今穀梁亦作捷經義雜記云解云正本皆作接字故賈氏云公羊穀梁曰接也据此知賈景伯所見穀梁本與公羊同作接今作捷者蓋後人誤從左氏改耳當從賈注校正徐云正本皆作接字是俗本亦有作捷者公羊音義云接左氏作捷穀梁音義無文蓋亦誤同今本矣公羊春秋僖三十二年鄭伯接卒左氏穀梁作鄭伯捷古又文十四年晉人納接菑于邾婁左氏穀梁作捷菑接捷二字古多互用禮記古義云接以太牢注接讀爲捷捷勝也棟案接與捷通故訓爲捷鄭氏周易晉卦晝日三接注接勝也是讀爲捷又爾雅釋詁接捷也此二字互通之證包氏愼言云八月經有甲午曆八月無甲午九月之十月也宋萬以十月出奔不應八月弒其君至十月方出奔似曆爲九月接甲午宜十一日

及者何累也弒君多矣舍此無累者乎孔父荀息皆累也舍孔父荀息無累者乎曰有 注 復反覆發傳者樂道人之善也孔子曰益

者三樂損者三樂樂節禮樂樂道人之善樂多賢友益矣樂驕樂樂佚遊樂宴樂損矣【疏】唐石經同鄂本作無累乎曰有是也孔父荀息見桓二年僖十年○注復反覆發傳者○桓二年傳云及者何累也弒君多矣舍此無累者乎曰有仇牧荀息皆累也舍仇牧荀息無累者乎曰有注叔仲惠伯是也此復發傳故解之○注樂道人之善也○繁露祭義云其辭直而重有再數之欲人省其意也而人尚不省何其忘哉孔子曰書之重辭之復嗚呼不可不察也其中必有美者焉此之謂也春秋正辭云苟一復一義一法足以斷其凡則無可凡即皆削而不書春秋非紀事之史也所以約文而示義也是故有單辭有兩辭有複辭有衆辭衆辭可凡而不可凡也複辭可要而不可要也兩辭備矣可益而不可益也單辭明矣可殊而不可殊也故曰游夏之徒不能贊一辭也春秋於孔父仇牧荀息書法同傳故不厭其書重辭複以道之也○注孔子至損矣○論語季氏篇引以申樂道人之善因類及之也

有則此何以書賢也【疏】焦氏循左傳補疏云左氏言宋萬弒閔公于蒙澤遇仇牧于門批而殺之雖不及公羊之詳亦未嘗有貶辭而杜預則以稱名之故而謂其無善可褒又譏其不警而遇賊正義云公羊善其不畏強禦故言此以異之劉原父稱仇牧之智則未仇牧之忠則盡劉後村因謂仇牧荀息殺身而不能執賊皆囿於杜預之詖辭觀其趨而至手劍而叱千古之下英氣猶存其不勝而死即李豐之恨力劣不能擒賊也將以不能執賊遂避匿觀望不出乎牧之搬而死亦豐之築於刀環也家氏鉉翁曰大夫死君之難乃曰無善可褒可乎君前臣名自是書法應爾杜氏每以名字爲褒貶曲爲之說其病甚大

何賢乎仇牧【注】据與孔父同

也疏注据與至同也○桓二年傳彼注云据叔仲惠伯不賢今此傳云何賢乎仇牧與何賢乎孔父所据同仇牧可

謂不畏彊禦矣注以下錄萬出奔月也禦禁也言力彊不可禁也

疏不畏彊禦詩大雅蒸民篇文○注以下至月也○下冬十月宋萬出奔陳注月者使與大國君奔同例明彊禦也○注禦禁至禁也○爾雅釋言云禦禁也周禮司寤氏職禦晨行者注禦亦禁也詩大雅蕩云曾是彊禦傳彊禦彊梁禦善也經義述聞云禦亦彊也曾是彊禦曾是掊克彊禦與掊克相對不侮鰥寡不畏彊禦彊禦與鰥寡相對皆二字平列其義相同史記周本紀集解引牧誓鄭注曰彊禦謂彊暴也字或作彊圉又作彊強圉楚辭離騷云澆身被服彊圉兮王注彊圉多力也淮南天文訓已在丁曰彊圉高注在丁言萬物剛威故曰強圉逸周書謚法篇威德剛武曰圉春秋繁露必仁且智篇曰其強足以覆過其禦足以犯詐是禦與彊同義下文云彊禦多數昭元年左傳彊禦已甚十二年傳曰吾軍帥彊禦皆二字同義非彊梁禦善之謂也按何謂力彊不可禁亦以禦與彊同圉亦有禁義也漢書王莽傳亦作不畏彊圉顏注彊梁圉捍也因不可禦禁遂亦謂禦為強國策注引詩作不辟強禦

其不畏彊禦奈何萬嘗與莊公戰注莊公即魯莊公戰者乘丘時

疏注戰者乘丘時○即上十年公敗宋師于乘丘是也獲乎莊公莊公歸散舍諸宮中注散

放也舍止也獲不書者士也疏注散放也○呂覽貴當云狸處堂而衆鼠散注散走也走與放義近故莊子人間世云不在可用之數謂之散木亦謂棄放木也○注舍止也○左氏昭元年傳舍藥物可也服注舍止也禮記月令云

耕者少舍注舍猶止也按舍止亦有放義文選西京賦矢不虛舍許注舍止也謂萬獲後令其止於宮中也新序義勇云宋閔公臣長萬以勇力聞萬與魯戰師敗爲魯所獲因之宮中數月歸之宋是也上十一年左傳云乘丘之役公以金僕姑射南宮長萬公右顓孫生搏之宋人請之是其事也○注獲不書者士也○舊疏云公羊之例大夫見經故也杜以萬及仇牧皆卿以其名見於經夫萬弒君之賊不能不明舉其名若不稱名則當稱人左傳又有稱君君無道之說不自相矛盾乎

數月然後歸之

歸反爲大夫於宋與閔公博【注】傳本道此者極其禍生於博戲相慢易也【疏】惠氏棟云漢書注反作又按舊疏云歸而反國乃爲大夫於宋則疏本作反新序云宋閔公博婦人在側史記宋世家湣公與南宮萬獵因博爭行釋文公博如字戲名也字書作簙葉本簙作薄按當作簙博段借字公羊問答云何以謂之博戲曰其來舊矣家語哀公問於孔子曰吾聞君子不博有之乎孔子曰有之爲其二乘也公曰有二乘何爲不博孔子曰爲其兼行惡道也說文局博戲也六箸十二棊也史記蔡澤傳說范雎曰君獨不觀夫博者乎或欲大投或欲分功此皆君之所明知也薛孝通譜曰烏曹作博其所由來尙矣雙箭以象日月之照臨十二棊以象十二辰之躔次博之爲戲也易於爭道衰世之君臣對博其取禍宜也按方言簙謂之蔽或謂之箘秦晉之間謂之簙吳楚之間或謂之箭裏或謂之簙毒或謂之夗專或謂之匱璇或謂之棊所以投簙謂之枰或謂之廣平所以行棊謂之局或謂之曲道圍棋謂之弈自關而東秦晉之間謂之弈孟子告子云今夫弈之爲數注弈博也或曰圍棋戴氏震方言疏證云簙博古通用說文簙局戲也六箸十二棊也古者烏冑作簙箘簿棊也局博所以行棊

弈圍棊也荀子大略篇六貳之博楊倞注云即六博也今之博局亦二六相對也楚辭招魂篇箟蔽象棊有六簙些王逸注箟玉也

蔽簙箸以玉飾之也投六箸行六棊故謂六簙也史記范雎蔡澤列傳君獨不觀夫博乎或欲大投或欲分功春秋襄二十五年左

傳今甯子視君不如弈棊廣雅簙箸謂之箭宛專簙也廣平枰也曲道揭也圍棊弈也皆本此王氏念孫廣雅疏證云簙通作博韓

非子外儲說云秦昭王以松柏之心爲博箭西京雜記云許博昌善陸博法用六箸以竹爲之長六分或用二箸列子說符篇釋文

引六博經曰博法二人相對坐向局局分爲十二道兩頭當中名水用棊十二枚法六白六黑又用魚二枚置於水中其擲采以瓊

爲之二人互擲采行棊棊行到處即豎之名爲驍棊即入水食魚亦名牽魚每牽一魚獲二籌翻一魚獲三籌若已牽兩魚而不勝

者名曰被翻雙魚彼家獲六籌爲大勝也廣平爲博局之枰取義於平也說文枰平也韋昭博弈論云所志不出一枰之上小爾雅

廣服棊局謂之弈宋氏翔鳳訓纂云說文弈圍棊也廣雅釋言圍棊弈也弈通作亦大戴禮小辨篇夫亦固十棊之變由不可既也

亦即弈字文選博弈論注引邯鄲淳藝經曰棊局縱橫各十七道合二百八十九道白黑棊子各一百五十枚後漢書張衡傳弈秋

以棊局取譬注弈圍局局戲也棊即所執之子按博弈皆用棊弈爲圍棊博爲局戲說文簙局戲也六箸十二棊法與圍棊異故楚辭六

簙王注投六箸行六棊故爲六簙方言所以行棊謂之局鮑宏博經用十二棊六棊白六棊黑所擲頭謂之瓊瓊有五彩刻爲一畫

者謂之塞刻爲二畫者謂之白刻爲三畫者謂之黑一邊不塞者五塞之間謂之五塞然則博即後世之雙陸弈即圍棊皆謂之枰

以其局用板平承於下也行枰者皆謂之棊故說者或合或分焉焦氏循孟子正義云史記日者列傳旋式正棊劉徽九章算術句

股㯶用諸色棊別之凡用以布列者之通名而博之棊上高而銳如箭亦如箸今雙陸棋俗謂之鎚尙可考見其狀故有箭箸之名今雙陸枰上亦有水門其法古今有不同如弈古用二百八十九道今則用三百六十一道亦其例也班固弈旨云夫博懸於投不專在行優者有不遇劣者有僥倖雖有雌雄不足以爲平也至於弈則不然高下相推人有等級若孔氏之門回賜相服循名責實謀以計策若唐虞之朝考功黜陟器用有常施設無祈因敵爲資應時以屈伸此分別博弈甚明蓋弈但行棊博以擲采而後行棊後人不行棊而專擲采遂稱擲采爲博博與弈益遠矣焦氏論極爲明曉○注傳本至易也○後漢爰延傳昔宋閔公與彊臣共博列婦人於側積此無禮以致大災繁露王道云宋閔公矜婦人而心妒與大夫萬博萬譽魯莊公曰天下諸侯宜爲君者唯魯侯爾閔公妒其言曰此虜也爾虜焉知魯侯之美惡乎致萬怒搏閔公絕脰此以與臣博之過也古者人君立於陰大夫立於陽所以別位明貴賤今與臣相對而博置婦人在側此君臣無別也故使萬稱他國卑閔公之意閔公籍萬而身與之博下君自置有辱之婦人之房俱而矜婦人獨得殺死之道也春秋曰大夫不適君遠此逼也婦人皆在側萬曰甚矣魯侯之淑【注】淑善【疏】注淑善○爾雅釋詁云淑善也詩曹風鳲鳩云淑人君子是也魯侯之美也【注】美好【疏】新序云公謂萬曰魯君孰與寡人美萬曰魯君美天下諸侯唯魯君爾宜其爲君也○注美好○說文美甘也美與善同意廣韻美好色詩齊風猗嗟美莊公頎而長兮美目清兮清揚婉兮是其美好也天下諸侯宜爲君者唯魯侯爾【注】萬見婦人皆在側故許閔公以此言言閔公不如魯侯美好

【疏】注故許至以言○釋文許一本作揭說文言部許面相斥責相告許也玉篇許攻人之陰私也廣韻許面斥人以言也論語陽
貨篇惡許以爲直者宋萬面斥宋君不知魯君揭其所短故爲許也閔公矜此婦人【注】色自美大於
此婦人【疏】注色自至婦人○管子法法篇彼矜者滿也滿者虛也注滿招損小人之類也僖九年傳矜之者何猶曰莫我
若也注色自美大之貌新序載宋閔謂萬有魯侯孰與寡人美之語其自美大可知妒其言【疏】說文妒婦妒夫也史記項
羽本紀嫉妒吾躬列子說符篇爵高者人妒之閔公見萬譽魯侯故妒之妒其勝己也顧曰此虜也【注】顧謂
側婦人曰此萬也虜執虜也【疏】注顧謂至虜也○顧謂側婦人曰迋解顧曰也此萬也解此也左傳
上十一年云宋公靳之釋文引服云恥而惡之曰靳虜執虜者禮記曲禮云獻民虜者注生獲曰虜左傳上十一年云宋公靳之曰
始吾敬子今子魯囚也吾弗敬子矣病之宋世家湣公怒辱之曰始吾敬若今若魯虜也爾虜焉故【注】爾女也
謂萬也更向萬曰女嘗執虜於魯侯故稱譽爾【疏】注爾女至譽爾○何意謂湣公
謂萬嘗虜於魯故稱魯侯之美亦以許之也魯侯之美惡乎至【注】惡乎至猶何所至【疏】
唐石經諸本同公羊古義云董仲舒春秋繁露曰此虜也爾虜焉知魯侯之美惡乎致萬怒搏閔公絕脰韓詩外傳引此云閔公矜
此婦人妒其言顧曰爾虜焉知魯侯之美惡乎何氏意反迂曲按董生讀此傳故作知爾虜絕句美惡乎絕句至屬下萬怒爲句韓
詩同俱與何所見本異也俞氏樾云韓詩外傳春秋繁露引此文並作爾虜焉知魯侯之美惡乎是此傳古本故字作知何所據本

誤也惟於乎字絕句至字作致屬下讀甚爲不詞今按爾虜焉知四字爲句言爾虜何所知也魯侯侯之美惡乎至七字爲句至猶甚
爲孟子萬章篇充類至義之盡也趙注至甚也惡乎至言惡乎甚因宋萬曰甚矣魯侯之淑魯侯之美也故折之曰魯侯之美惡乎
甚也若解作何所至於義轉迂矣○注惡乎至所至○惡猶何也安也昭三十一年傳惡有言人之國賢若此者乎注惡有言何有
孟子梁惠王云天下惡乎定趙注問天下安所定呂覽本生篇高注惡安也蓋惡何安互相訓何所至若言何至是也
萬怒搏閔公絕其脰【注】脰頸也齊人語【疏】注脰頸也齊人語○蜀大字本及漢制攷同宋本○閩本監
本毛本頸誤脛廣雅釋親脰頸項也釋名頸徑也徑挺而長也脰之言豎立也說文頸頭莖也又云脰項也頁部項頭後也段注云
頭後者在頭之後此當曰項而曰頸者渾言則不別小雅四牡項領傳曰項大也此謂項與堆同新序云萬怒遂搏閔公頰齒落於
口絕吭而死宋世家萬有力遂以局殺湣公於蒙澤仇牧聞君弒趨而至遇之于門手劍而
叱之【注】手劍持拔劍叱罵之【疏】注手劍至罵之○閩本監本毛本拔作技依鄂本宋本正說文手拳
也因之凡以手持物謂之手下十三年傳曹子手劍而從之亦謂持劍也檀弓子手弓而可謂持弓也周書克殷云武王乃手大白
以麾諸侯史記周本紀手作持又吳世家專諸手匕首刺王僚楚世家自手旗左右麾軍司馬相如上林賦手熊羆義皆作持也故
釋名釋兵手戟手所持適之戟也叱者一切經音義引倉頡篇云叱呵也又云大呵爲叱莊子齊物論叱者吸者釋文引司馬注叱
者若叱咄聲徐邈音七說文口部叱呵也呵有罵義禮記曲禮云尊客之前不叱狗左傳昭二十六年子囊帶從野洩叱之史記淮

陰侯傳喑噁叱咤千人皆廢通義云手劍者手持劍也叱之叱罵也宋世家云大夫仇牧聞之以兵造公門萬臂撥仇牧碎其首注側手曰撥首頭疏唐石經臂作辟釋文臂必賜反本又作辟校勘記云此當作辟音婢亦反是辟撥非臂撥也經義述聞云謹案臂短不可以擊人作辟者是也辟椎擊也爾雅辟拊心也郭璞曰謂椎胸也是辟有椎擊之義辟之言批也左傳說此事云遇仇牧于門批而殺之玉篇引作搥說文搥反手擊也批辟聲之轉耳撥當為殺辟殺仇牧者批殺仇牧也左傳曰批而殺之此云萬辟殺仇牧其義一也若作撥而訓為側手則與辟義相複辟已是手擊何須又言側手何所据撥字殆誤本也古本公羊蓋作殺不作撥故說文無撥字新序云仇牧聞君死趨而至遇萬於門攜劍而叱之萬臂擊仇牧而殺之齒著於門闔通義云臂撥者以臂撞而殺之○注側手曰撥○淮南原道云不與物相弊撥注撥讀楚人言殺○注首頭○離騷經厥首用夫顛隕注首頭也說文首百同古文首也巛象髮謂之鬊鬊即巛也齒著乎門闔注闔扇疏爾雅釋宮注乎作于今本于作乎非○注闔扇○校勘記唐石經闔字磨改重刻按左傳襄十七年云以枚數闔注闔門扇也荀子儒效云外闔不閉注闔門扇也呂覽仲春乃修闔扇注闔扇門扇也管子八觀云闔閉不可以毋闔注闔扉扉即扇也月令注云用木曰闔用竹葦曰扇者蓋對文異散則通也宋世家云萬搏牧之齒著門闔死仇牧可謂不畏彊禦矣注猶乳犬攫虎伏雞搏貍精誠之至也乎博弒君而以當國言之者重彊禦之賊禍不可測明當防其重者急誅之疏新序云仇牧可謂不畏彊禦矣

趙君之難顧不旋踵韓詩外傳八載此事末亦云仇牧可謂至不畏彊禦矣引詩曰維仲山甫柔亦不茹剛亦不吐○注猶乳至至也○獲鄂本同閩本監本毛本獲作攫是也釋文攫俱縛反一本作搏公羊問答云乳犬之噬虎伏雞之搏貍何所本曰文子也按其傳曰姓辛氏葵丘濮上人號曰計然范蠡師事之本受業於老子文子錄其遺言爲十二篇名研文子其字也按王褒四子講德論是以養雞不畜貍貍虎本食雞犬精誠至者乳犬可獲虎伏雞可搏貍也淮南說林訓乳狗之噬虎也伏雞之搏貍也恩之所加不量其力○注爭博至誅之○各本博作搏誤依鄂本閩本宋本正誤作傳包氏愼言云詩刺厲王之任用非人曰曾是彊禦曾是在服毛傳云彊梁禦善也箋以跋扈訓之謂不聽君命而彊梁自專也据傳文宋萬力人也恃力禦善則敢于犯上故當誅之以絕其萌舊疏云當國者卽言宋萬是也故隱四年衞州吁弑其君完傳云曷爲以國氏當國也者是也

冬十月宋萬出奔陳注萬弑君所以復見者重錄彊禦之賊明當急誅之也月者使與大國君奔同例明彊禦也疏惠氏士奇春秋說云宋萬出奔陳宋人力不能討也故羣公子奔蕭公子御說奔亳蕭叔大心與羣公子以曹師討之仍不能殺萬使萬逸奔陳春秋書以示譏亦卽此注彊禦之賊明當急誅之意○注萬弑至之也○舊疏云欲道春秋上下皆是弑君之賊皆不重見卽宋督鄭歸生齊崔杼之屬是也而宋萬趙盾之屬復見者當文皆有注更不勞重說○注月者至禦也○桓十六年十有一月衞侯朔出奔齊是大國君出奔例書月也今此大夫出奔而月故注明之其昭二十年冬十月宋華亥向甯華定出奔陳亦大夫而書月者彼注云月者危三大夫同

時出奔將爲國家患明當防之亦與此明彊禦義近通義云春秋不書討賊葬閔公者蓋既葬乃得殺萬以討賊晚故不錄也猶慶父奔莒踰年縊死經亦不錄慶父之誅閔公之葬范云宋久不討賊致令出奔故謹而月之亦與重錄彊禦之義相足

十有三年春齊侯宋人陳人蔡人邾婁人會于北杏【注】齊桓行霸約東諸侯尊天子故爲此會也桓公時未爲諸侯所信鄉故使微者會也桓公不辭微者欲以卑下諸侯遂成霸功也【疏】杜云北杏齊地大事表云在今泰安府東阿縣境○注齊桓至功也○舊疏云言未爲諸侯所信任而歸鄉之是以諸侯皆使微者會即宋人陳人之屬是也按穀梁傳是齊侯宋公也其曰人何也始疑之何疑焉桓非受命之伯也將以事授之者也曰可矣乎未乎舉人衆之辭也以宋人以下皆諸侯與公羊義別

夏六月齊人滅遂【注】不會北杏故也不諱者桓公行霸不任文德而尚武力又功未足以除惡【疏】杜云遂國在濟北蛇丘縣東北一統志遂城在泰安肥城縣南大事表云今兗州府甯陽縣西北三十里有遂鄉水經注汶水篇西溝水又西南逕遂城東北地理志曰蛇丘隧鄉故遂國也春秋莊十三年齊人滅遂而戍之者也京相璠曰遂在蛇丘東北十里杜預亦以爲然然縣東北無城以擬之今城在蛇丘西北蓋杜預傳疑之非也○注不會北杏故也○左傳云會于北杏以平宋亂遂人不至夏齊人滅遂而戍之齊世家云五年伐魯魯將師敗魯莊公請獻

遂邑以平以遂爲魯邑未知所本○注不諱至武力○繁露竹林云夫德不足以親近而文不足以來遠而斷斷以戰伐爲之者此固春秋之所甚疾已皆非義也舊疏云春秋爲賢者諱而不諱者正以不任文德而尙武力故也引繁露云諸功則桓兄文弟不論德則文兄桓弟而論語云齊桓公九合諸侯不以兵車之力謂自此以後○注又功至除惡○越絕書敘外傳記春秋之義量功掩過也時齊桓功未足掩過故不諱下三十年齊人降鄣傳紀之遺邑也不言取爲桓公諱也注時伯功足以除惡故爲諱又僖十七年滅項傳齊滅之不言齊滅之爲桓公諱也桓公嘗有繼絕存亡之功故君子爲之諱焉然則滅譚不諱亦同此矣舊疏云春秋褒貶皆以功過相除計桓公之立雖有北杏之會前有篡逆滅譚之非論其功不足而惡有餘故不爲諱也而言未者欲道其九合之後功足以除惡也

秋七月

冬公會齊侯盟于柯疏杜云此柯今濟北東阿齊之阿邑猶祝柯今爲祝阿大事表云齊威王烹阿大夫卽此今故城在兗州府陽穀縣東北五十里曰阿城鎭有阿城上下二閘爲運道所經水經注瓠子河篇故瀆又北逕東阿縣故城東春秋經書冬及齊侯盟于柯杜預曰東阿卽柯邑也按國語曹沫挾七首劫齊桓公返遂邑於此矣方輿紀要東阿故城在兗州府東平州東阿縣二十五里春秋時爲齊之柯邑

何以不日注据唐之盟日疏注据唐之盟日○卽隱二年秋八月庚辰公及戎盟于唐是也通義云當

言不月而難其日者方欲通解桓盟不日爲信以下諸盟或時或月故但舉不日以包也易也【注】易猶佼易也

相親信無後患之辭【疏】注易猶至之辭○惠氏棟云安知非刺客聘人而僩易若是義與此同易之易僩鄭氏亦訓爲佼易按易大壯音義喪羊于易鄭音亦謂佼易也詩天作岐有夷之行傳夷易也箋云以岐邦之君有佼易之道正義曰言乾以佼易故爲知坤以凝僩故爲能易詩義並與此同按說文人部傷輕也一曰交傷交傷即佼易蓋何用當時俗語也詩何人斯我心易也傳易說也禮記郊特牲注易和悅也論語包注易和易也皆親信無後患義也通作施詩我心易也釋文易韓詩作施是也爾雅釋詁平均夷弟易也注皆謂易直平均夷弟皆與親信義近

其易奈何桓之盟不日其會不致信之也其不日何以始乎此莊公將會乎桓曹子進曰君之意何如【注】進前也曹子見莊將會有慙色故問之【疏】注進前也○詩大雅常武云進厥虎臣箋進前也禮士冠禮進受命於主人注進前也又士喪禮諸公門東少進注少前進於列○注曹子至問之○舊疏云注者之意也穀梁傳曹劌之盟也史記作曹沫新序雜事四云昔者齊桓公與魯莊公爲柯之盟魯大夫曹劌謂莊公曰齊之侵魯至於城下城壞壓境君不圖與呂覽貴信云齊桓公伐魯魯請比關內侯以聽曹劌謂莊公曰君甯死而又生乎甯生而又死乎公曰何謂也曰聽臣之言國必廣者身必安樂是生而又生也不聽臣之言國必滅亡身必危辱是死而又死也公曰請諾

莊公曰寡人之生則不若死矣【注】自傷與齊爲讎不能復也伐齊納糾

不能納反復爲齊所脅而殺之【疏】新序云莊公曰嘻寡人之生不若死○注自傷至復也○舊疏不云桓十八年公薨于齊莊九年及齊師戰于乾時我師敗績是也○注伐齊至殺之○舊疏云即上九年夏公伐齊納糾傳曰伐而言納者猶不能納也又齊人取子糾殺之是也曹子曰然則君請當其君臣請當其臣【注】當猶敵也將劫之辭【疏】注當猶至之辭○新序云曹劌曰然則君請當其君臣請當其臣國策秦策所當未當不破也注當敵又齊策天下不能當注當敵也呂覽無義云魏使公子卬將而當之當亦敵也鄂本劫作卻誤莊公曰諾於是會乎桓莊公升壇【注】土基三尺土階三等曰壇會必有壇者爲升降揖讓稱先君以相接所以長其敬【疏】注土基至曰壇○華嚴經音義引漢書音義云築土而高曰壇禮記祭法一壇一墠注封土曰壇荀子儒效云君子言有壇宇注累土爲壇書金縢爲三壇壇傳壇築土釋文引馬注云壇土堂獨斷云壇謂築土起堂蓋於平野築土爲之國語吳語王乃之壇列注壇在野所以講列士衆誓告之處也凡壇皆三等山海經南山經成山四方而三壇注三壇形如人築三相累也史記孔子世家爲壇位土階三等是也周官司儀爲壇三成成猶重也意亦三等與禮覲禮云壇深四尺注深謂高也從上曰深鄭亦引司儀爲證亦階三等也下等之下有基應去地一尺故爲四尺亦如再重一重不重不重者別有席一重也○注會必至其敬○禮覲禮云爲宮方三百步四門壇十有二尋深四尺加方明于其上注四時朝覲受之於廟此謂時會殷同也宮謂壝土爲埒以象牆壁爲宮者于國外八尺曰尋十有二尋則方九十六

尺三重者自下差之爲三等而上有堂也堂上方一丈四尺上等中等下等每面十二尺方明者上下四方神明之象也所謂明神也會同而盟明神臨之則謂之天之司盟諸侯會盟意亦當然上設方明諸儀亦所以長其敬也即上四年傳云古者諸侯必有會聚之事相朝聘之道號辭必稱先君以相接是也

曹子手劍而從之注從隨也隨莊公上壇造桓公前而脅之曹子本謀當其臣更當其君者見莊有不能之色疏新序云乃會兩君就壇兩相相揖曹劌手劍拔刃而進迫桓公於壇上○注從隨至脅之○詩既醉從以孫子箋從隨也隱四年傳稱人則從不疑也注從隨從也說文从相聽也从二人二人故有相隨之象昭二十八年左傳從使之收器者注從隨也史記刺客傳桓公與莊公既盟於壇上曹沫執匕首劫齊桓公注劉氏云短劍也鹽鐵論以爲長尺八寸其頭類匕故曰匕首○注曹子至之色○舊疏云亦注者之意也按呂覽云將盟皆懷劍至壇上公左搏桓公右抽劍以自承管鮑進劌拔劍曰二君將改圖毋或退者公曰封于汶則可不則請死則似莊公先劫桓公果爾則曹劌不過因人成事史記何爲列傳與各書記皆違

管子進曰君何求乎注管子管仲也君謂莊公也桓公卒愕不能應故管子進爲此言疏据史記刺客傳以此爲桓公語傳聞各異也○注桓公至此言○舊疏云正以劫桓公而管子對故也文選高唐賦卒愕異物注愕與遻同廣雅釋詁愕驚也又文選西都賦注引字書愕驚也說文辵部遻相驚遇也漢書張良傳良愕然欲毆之注愕驚貌卒讀曰猝桓公見曹子手劍從脅故猝然驚愕不能言管子乃進而問也視史記敘事爲肖

曹

子曰【注】莊公亦造次不知所言故任曹子【疏】注莊公至曹子○按亦注者之意猶上注之不能也舊疏云正以問莊公而曹子對故言此城壞壓竟【注】齊數侵魯取邑以喻侵深也【疏】釋文壓境於甲反按陸本當作厭厭竟定十五年傳厭死釋文作厭死音於甲反可證竟唐石經諸本同鄂本竟作境俗字也謂齊數侵魯致令城郭壞敗抑壓魯竟故注云以喻侵深也君不圖與【注】君謂齊桓公圖計也猶曰君不當計侵魯太甚【疏】注圖計至太甚○說文口部圖畫計難也詩小雅常棣云是究是圖傳圖謀也禮聘禮君與卿圖事注圖謀也謀即計也史記桓公左右莫敢動而問曰子將何欲曹沫曰齊彊魯弱而大國侵魯亦以甚矣今魯城壞即壓齊境君其圖之以境爲壓齊之境語意未詳新序云迫桓公于壇上曰城壞壓境君不圖與亦與此傳同謂侵魯太甚必將攻復君不計及之與也管子曰然則君將何求【注】所侵邑非一欲求何者【疏】新序云管仲曰然則將君何求曹子曰願請汶陽之田【注】欲復魯竟【疏】新序云曹劌曰願請汶陽田史記齊世家魯將盟曹沫以匕首劫桓公于壇上曰反魯之侵地荆軻傳太子曰誠得劫秦王使悉反諸侯侵地若曹沫之與齊桓固大善矣管子顧曰君許諾【注】諸侯死國不死邑故可許諾【疏】注諸侯至許諾○禮記曲禮云國君死社稷是諸侯死國也舊疏云即曲禮下篇云國君去其國止之曰若之何去社稷矣是無去國之文不言若之何去田邑故知不死邑也朱氏彬經傳考證云諸侯死國不死邑必古有是語而何氏述之非第如曲禮所云也

按呂覽云仲曰以地衞君非以君衞地君其許之乃與之盟亦此義桓公曰諾疏齊世家云桓公許乃許盡歸魯之侵地新序云管仲謂桓公曰君其許之桓公許之是其事也曹子請盟桓公下與之盟注下壇與曹子定約盟誓莊公也必下壇者爲殺牲不絜又盟本非禮故不于壇上也疏云新序云曹劌請盟桓公遂與之盟荀子王制云桓公劫于魯莊史記魯仲連傳曹子爲魯將三戰三北而亡地五百里辭氣不悖三戰之所亡一朝而復之天下震動諸侯驚駭○注下壇至公也○通義云壇上本兩君會盟之所故桓公更下壇與曹子盟○注必下至不潔○舊疏云不字亦作清字者各本絜作潔依宋本正○注又盟至上也○舊疏云卽桓三年傳云古者不盟結言而退是也已盟曹子摽劍而去之注摽辟也時曹子端劍守桓公已盟乃摽劍置地與桓公相去離故云爾疏刺客傳既已言曹沫投其七首下壇北面就羣臣之位顏色不變辭令如故齊世家已而曹沫去七首北面就臣位新序云已盟摽劍而去是也○世家注摽辟也○釋文摽普交反辟也劉兆云辟捐也孟子萬章篇摽使者注摽麾也音義摽音杓又音拋與此同詩邶風柏舟云寤辟摽有摽傳辟拊心也摽拊心貌釋文摽符小反與此異而一摽辟同爲拊心則摽卽是辟與此同也說文手部擘撝也撝裂也一曰手指撝也摩旌旗所以指摩也麾卽俗摩字摩訓撝撝訓擘擘卽捭趙氏訓摽爲麾猶此訓辟也詩召南摽有梅傳摽落也摽乃受字之借曹沫摽劍置地摽義與受同亦謂墜落其劍置於地而去廣雅釋詁云摽擊也與此異○注時曹至云爾○舊疏云端猶始也言

曹子從始持劍而守桓公矣及其盟訖乃摽劍置地與桓公相去遠也按端正也謂正持其劍守桓公也則始不辭要盟可犯【注】臣約束君曰要彊見要脅而盟爾故云可犯【疏】注臣約至盟爾○臣漢書文帝紀注文穎曰要劫也荀子王霸篇臣下曉然皆知其可要也注要約也臣劫約其君曰要君論語憲問云雖曰不要君吾不信也閩本監本毛本作臣約其君誤鄂本宋本作束据正

而桓公不欺【疏】齊世家云桓公後悔欲無與魯地而殺曹沫管仲曰夫劫許之而倍信殺之愈一小快耳而棄信於諸侯失天下之援不可刺客傳亦云桓公怨欲倍其約管仲曰不可夫貪小利以自快棄信於諸侯失天下之援不如與之然則管仲不失信而云桓公不欺者善則歸君也繁露竹林云齊桓知不肯要盟以自湔洗也遂爲賢君而霸諸侯

曹子可讎【注】以臣劫君罪可讎而桓公不怨桓公之信著乎天下自柯之盟始焉【注】諸侯猶是翕然信鄉服從再會于鄄同盟于幽遂成霸功故云爾劫桓公取汶陽田不書者諱行詐劫人也【疏】齊世家云於是遂與魯曹沫三敗所亡地於魯諸侯聞之皆信齊而欲附焉新序云左右曰要盟可倍曹劌可讎請倍盟而討曹劌管仲曰要盟可負而君不負曹劌可讎而君不讎信著天下矣遂不倍又云三存亡國一繼絕世尊事周室九合諸侯一匡天下功次三王爲五伯長本信起乎柯之盟也穀梁傳曰信齊侯也呂覽貴信云欲勿予仲曰不可人劫之不知不可謂智臨難而不能勿聽不可謂勇許之而不與不可謂信有此三者不可以立功名予之雖亡地亦得信以四百里之地見信於天

下君猶得也○注諸侯至服從○猶由通禮記雜記云猶是祔于王父也注猶當爲由新序云天下諸侯翕然而歸之○注再會于鄄○即下十四年冬單伯會齊侯已下于鄄又十五年齊侯宋公已下會于鄄是也○注同盟于幽○見下十六年及二十七年○注遂成至云爾○齊世家云七年諸侯會桓公于鄄而桓公於是始霸焉蓋用下十五年左傳復會焉齊始霸也之語新序云爲鄄之會幽之盟諸侯莫不至焉○注劫桓至人也○舊疏云正以成二年書取汶陽之田故也繁露對膠西王云春秋之義貴信而賤詐詐人而勝之雖有功君子弗爲也是以仲尼之門五尺之童子言羞稱五霸爲其詐以成功苟爲而已也故不足稱於大君子之門五伯者比於他諸侯爲賢者比于聖賢何賢之有然則桓公比諸侯魯莊行詐劫人爲賢然其因管仲一言強爲不欺不怨以要諸侯究非正誼不謀利明道不計功者比也春秋之不得已也故公羊之例不信者日而桓盟不日公羊以凡書致者皆有危辭以臣子喜其君父脫危之至而與桓會不致亦所爲假以立義者也

十有四年春齊人陳人曹人伐宋【疏】左傳以爲宋人背北杏之會

夏單伯會伐宋

其言會伐宋何【注】据伐國不殊會曹伯襄言會諸侯【疏】注据伐至殊會○舊疏云與上諸侯俱是伐宋事不殊異何勞別生會文乎故難之○注曹伯至諸侯○舊疏云即僖二十八年冬曹伯襄復歸于曹遂會諸侯圍許是也

後會也【注】本期而後故但舉會書者刺其不信因以分

別功惡有深淺也從義兵而後者功薄從不義兵而後者惡淺疏舊疏云若其不後宜言單伯會齊人陳人曹人伐宋如下文單伯會齊侯宋公衛侯鄭伯于鄄之文按杜云既伐宋單伯乃至故曰成會伐宋唯以單伯為周大夫為異穀梁傳會事之成也注伐事已成單伯乃至○注書者至淺也○後會書會即刺其不信也隱元年注擧及暨者明當隨意善惡而原之欲之者善重惡深不得已者善輕惡淺與此義同○注從義至功薄○舊疏云即此是按下十六年邾婁子克卒注云小國未嘗卒而卒者為慕伯者有尊天子之心即謂上十三年會于北杏是從義兵而先者也故詳錄之以示褒義○注從不至惡淺○舊疏云無經可據但言理當然也

秋七月荊入蔡疏與十年書荊同義穀梁傳荊者楚也其曰荊何也州擧之也州不如國國不如名名不如字與公羊義同彼疏引麋信云楚子貪淫為息嬀滅蔡故州擧之是取左傳之說自亂其家法矣彼十年傳云狄之也此亦宜同

冬單伯會齊侯宋公衛侯鄭伯于鄄疏釋文鄄本亦作甄杜云鄄衛地今東郡鄄城也齊世家作甄大事表云後為齊豹邑昭二十年衛公孟縶與齊豹狎奪之司寇與鄄即此鄄讀絹漢末為兗州治曹操創業於此水經注鄄城在河南岸十八里河上之邑最為險固今山東曹州府濮州東二十里舊城集故鄄城也一統志云鄄城故城在曹州府濮州東二十里

十有五年春齊侯宋公陳侯衛侯鄭伯會于鄄疏上十四年會于鄄穀梁傳云復同會

也此下傳亦云復同會也注爲欲推桓爲伯故復會於此按穀梁上北杏之會下云是齊侯宋公也其曰人何也始疑之何疑焉桓非受命之伯也將以事授之者也意謂諸侯將權推齊侯行伯事故此二會爲復同會推齊爲伯公羊於此二會無傳以繁露精華篇所云齊桓仗賢相之能用大國之資卽位五年不能致一諸侯於柯之盟見其大信一年而近國之君畢至鄄幽之會是也攷之則與穀梁義同惟公羊以北杏之會爲齊桓未爲諸侯取信鄉故董生本柯之盟爲說

夏夫人姜氏如齊 疏 穀梁傳婦人旣嫁不踰竟踰竟非禮也按此與襄公在時如齊異禮諸侯夫人父母終思歸甯而不得故書以示譏舊疏云復與桓通也未知所本

秋宋人齊人邾婁人伐兒 疏 釋文兒音郳左氏穀梁作郳元和姓纂兒郳犂來之後亦爲兒氏是郳兒通也通義云宋序上者諸侯爲宋伐倪故宋主之又云倪舊作兒與五年經文倪字不同今改范云宋主兵故序齊上班序上下以國大小爲次夷狄在下征伐則以主兵爲先春秋之常也

鄭人侵宋

冬十月

公羊義疏二十二

南菁書院

句容陳立卓人著

莊十六年盡二十二年

十有六年春王正月

夏宋人齊人衞人伐鄭【疏】蓋報上年之侵也故宋主兵

秋荊伐鄭

冬十有二月公會齊侯宋公陳侯衞侯鄭伯許男曹伯滑伯滕子同盟于幽【疏】校勘記云諸本同唐石經損缺以字數計之有公會二字惠氏棟云左氏穀梁無公字故穀梁傳云不言公按公會二字當爲衍文左氏穀梁無公字猶滕會字据十九年何注先是鄄幽之會公比不至公子結出竟遭齊宋欲深謀伐魯故專矯君命而與之盟然則幽之會非特魯君不至卽士大夫亦未有來會者猶十五年齊侯宋公陳侯衞侯鄭伯會于鄄不曰公會齊侯及會齊侯云云也按繁露滅國下云幽之會莊公不往是董生所据公羊無公會字又下十九年疏云十六年冬會齊侯宋公以下同盟于幽經不言公會故知魯侯不至矣則徐彥所据本亦無公會二字且彼疏所引此經有會字亦衍文也又穀梁傳云不言公外內寮一疑之也既外內諸侯同疑公與齊仇可事齊不明魯之臣子亦未與會則穀梁會字亦衍文也繁露滅國下又云不事

大而事小曹伯之所以戰死於位諸侯莫助憂者幽之會齊桓數合諸侯曹小未嘗來也是公羊亦無曹伯與左氏經同今有者亦衍文也滑者杜云滑國都費河南緱氏縣按今爲河南府偃師縣地幽者杜云宋地大事表云當在今歸德府考城縣界

同盟者何同欲也注同心欲盟也同心爲善善必成同心爲惡惡必成故重而言同心也疏穀梁疏引此傳云同盟者加同欲也疑彼誤何氏不釋加義作何與全傳例合左傳曰鄭成也穀梁曰同尊周也意各異按繁露精華云齊桓於柯之盟見其大信一年而近國之君畢至鄄幽之會是也則鄄幽之會爲齊伯始齊桓以尊周爲伯業之盛當與穀梁義同○注同心至心也○惠氏棟校云故重而言同心也心字衍按此注道春秋書同盟通例也

邾婁子克卒注小國未嘗卒而卒者爲慕霸者有尊天子之心行進也不日始與霸者未如瑣瑣卒在二十八年疏錢氏大昕潛研堂答問云問古人名克字子儀何也曰古文儀與義同義从我我从手手古文殺字故義主斷制易四德元爲仁利爲義利亦刀而以和爲訓故曰利物足以和義春秋傳師克在和故克之字曰儀父曰子儀○注小國至進也○通義云即儀父也小國錄卒者足褒文不葬者起實小國也上十三年齊侯宋人陳人蔡人邾婁人會于北杏是慕霸者有尊事天子之心事也穀梁傳曰其曰子進之也○注不日至八年○舊疏云即下二十八年經云夏四月丁未邾婁子瑣卒注云日者附從霸者朝天子行進是也蓋儀父僅會伯者于北杏行不

如彼進與瑣閩本監本同鄂本宋本瑣作璅釋文作瑣毛本改從之按瑣正字瑣璅俗所傳聞世未錄小國卒葬錄者唯此及瑣滕子以先朝隱公春秋褒之嗣子得以其禮祭稱侯也

十有七年春齊人執鄭瞻【疏】左穀作鄭詹詩魯頌閟宮云魯邦所詹說苑雜言篇引作是瞻韓詩外傳風俗通初學記並引作所瞻左傳僖二十三年叔詹曰宋世家作叔瞻是詹瞻通也下同

鄭瞻者何鄭之微者也【注】以無氏也【疏】注以無氏也○舊疏云欲言尊卿名氏不具按與當國辭同所謂賁賤不嫌同號也

此鄭之微者何言乎齊人執之【注】据獲宋萬不書者不坐獲微者今書齊稱人坐執文【疏】注据獲至執文○上十二年傳云萬嘗與莊公戰獲乎莊公注獲不書者士也是彼獲微者魯不坐獲也此言齊人執鄭瞻似齊坐執矣故難之

書甚佞也【注】爲甚佞故書惡之所以輕坐執人也然不得爲伯討者事未得行罪未成也孔子曰放鄭聲遠佞人罪未成者但當遠之而已【疏】通義云爲魯將受佞人故書其執穀梁傳曰卑者不志此其志何也以其逃來志之也逃來則何志焉將有其末不得不錄其本也鄭詹鄭之佞人也與此傳意同書皐陶謨篇何畏乎巧言令色孔壬僞孔傳孔甚也禹言有苗驩兜之徒甚佞如此是甚佞即孔壬也爾雅釋言孔甚也又釋詁壬佞也郭引書而難任人史記五帝本紀作遠佞人後漢書郅惲傳孔任不行孔任即孔壬即甚佞言大佞也佞人好

作大言欺人故曰孔壬九經古義云佞讀爲年故國語與人誦曰佞之見喪果人佞其田佞與田協故讀曰年年讀爲壬田讀爲陳故甚佞謂之孔壬齊田謂之齊陳既同物又同聲是之謂古訓○注爲甚佞至執人○書名賤惡義明故執人罪可輕坐也爲大夫不得專執也穀梁傳人者衆辭也以人執與之辭也○注然不至成也○舊疏標起訖云人不得爲至未成也則然字衍文○事未得行毛本作事不得行誤通義云知非爲齊執甚佞書者齊若以其佞執之當得爲伯討今齊稱人則執不當罪或正如左氏所說怒鄭不朝故耳按僖四年傳云稱侯而執者伯討也稱人而執者非伯討也今稱人而執者知非伯討故注如此解如孔義用左氏說則鄭詹無罪之人何爲去氏下又書鄭詹自齊逃來一外大夫春秋不憚其語重詞複何耶○注孔子至而已○齊各本但誤伯佞鄂本宋本正所引見論語衛靈公篇白虎通誅伐篇佞人當誅何爲其亂善行傾覆國政韓詩內傳曰孔子爲魯司寇先誅少正卯謂佞道已行亂國政也佞道未行章明遠之而已論語曰放鄭聲遠佞人義與此同又陽貨篇云惡利口之覆邦家者

夏齊人殲于遂

殲者何瀸積也【疏】校勘記云諸本同釋文積本又作漬唐石經此字缺毛本依釋文改漬非左氏穀梁瀸作殲杜云殲盡也疏以爲爾雅釋詁文舍人注曰殲衆之盡也詩秦風黃鳥云殲我良人傳殲盡也襄二十八年左傳其將聚而殲旃注殲盡也說文支部殲微盡也从皮殲聲春秋傳曰齊人殲于遂說文多用古文春秋也漢書地理志引作隧衆殺戍者也【注】殲者死文瀸之爲死積死非一之辭故曰殲積衆多也以兵守

之目戍齊人滅遂遂民不安欲去齊强戍之遂人共以藥投其所
飲食水中多殺之古者有分土無分民齊戍之非也遂不當坐也
故使齊爲自積死文也稱人者衆辭也不書戍將帥者封內之兵
故不書【疏】注瀸者至瀸積○禮記曲禮云四足曰漬正義云牛馬之屬若一箇死則餘者更相染漬而死說文水部瀸漬
也从水鐵聲又漬漚也从水責聲又漚久漬也从水區聲則漬爲瀸汙相染連及衆盡之辭人死相及亦猶是也注以積訓漬傳以
漬解瀸義並通一切經音義引通俗文淹漬謂之瀸洳又引字林瀸漬也廣雅釋詁瀸漬也義取相積而死故不曰殲曰瀸段注說
文云公羊傳文及說文皆作積爲長許之漬漚也瀸義不與漬義聯可以知許說矣按今人以物久積水爲漚則漚亦有久積之義
故詩陳風東門之池可以漚麻傳漚柔也疏引考工記注漚漸也楚人曰漚此云漚柔者謂漸漬之使柔韌也周禮考工記鍾氏染
羽淳而漬之史記貨殖傳漸漬於失教是也淮南子要略瀸濇肌膚皆穡染之義故鄭注曲禮云漬謂相瀸汙而死引春秋傳曰大
災者何大漬也齊人爲遂所漬積而死與大災同故云非一之辭○注衆多也○爾雅釋詁云衆多也說文㐺部衆多也从㐺目衆
意○注以兵守之曰戍○詩王風揚之水云不與我戍申傳戍守也又小雅采薇序遣戍役也箋云戍守也史記陳涉世家云遣戍
漁陽注戍者屯兵而守說文戈部戍守邊也从人持戈○注齊人至殺之○滅者遂事在上十三年左傳云遂因氏頜氏工婁氏須遂
氏饗齊戍醉而殺之齊人殲焉注云饗酒食也蓋亦謂以藥物投酒食殺之也穀梁傳殲者盡也然則何爲不言遂人盡齊人也無

遂之辭也無遂則何爲言遂其猶存遂也存遂奈何曰齊人滅遂使人戍之遂之因氏飲戍者酒而殺之齊人殲焉此謂狎敵也二傳皆以爲譏齊戍與此微異○注古者至文也○說在桓元年有分土無分民故齊强戍之遂不當坐也○注稱人者衆辭○穀梁齊人執鄭詹傳云人者衆辭也決與微者貶者稱人異也○注不書至不書○時已無遂故從封內兵辭

秋鄭詹自齊逃來

何以書書甚佞也曰佞人來矣佞人來矣注重言來者道經主書者若傳云爾蓋痛魯知而受之信其計策以取齊淫女丹楹刻桷卒爲後敗也加逃者抑之也所以抑之者上執稱人嫌惡未明繫鄭者明行當本於鄉里也子貢問曰鄉人皆好之何如子曰未可鄉人皆惡之何如子曰未可不若鄉人之善者善之鄉人之惡者惡之疏注重言至云爾○言經所以主書來者若傳重言之云爾舊疏云經所以主書此事者正惡佞人之來恐其作禍矣按淮南說林訓故鄭詹入魯春秋曰佞人來佞人來注鄭詹鄭文公大夫以齊桓公卒不使鄭伯朝齊而使朝於楚齊人執之自齊逃至魯魯謂之佞人按時齊桓未卒彼注誤○注蓋痛至敗也○下二十四年公如齊逆女秋夫人姜氏入是取淫女事也卒爲後敗即淫二叔殺子般閔公事是也舊疏以娶淫女是鄭詹計爲春秋說文通義云鄭詹之事傳無明文何注每有此類疏輒以爲出

春秋說然若龍門之戰僖十公取楚女緯候未與董仲舒已言之漢藝文志又有公羊外傳五十篇今亦未見云云之說皆公羊師學相承未敢以意去取後漢書楊秉傳云蓋鄭詹來而國亂是也新語云鄭儋亡齊而歸魯齊有九合之名而魯有乾時之恥夫據千乘之國而信讒佞之計未有不亡者也按乾時戰在上九年與此無涉陸誤○注加逃之至未明○上執稱人是言齊非伯討疑詹無惡故書逃抑之穀梁傳曰逃義曰逃○注繫鄭至惡之○毛本繫作繫誤所引見論語子路篇今本兩未可下有也字又善之作好之舊疏引鄭氏彼注云鄉人之善者善之惡者惡之蓋鄭本好之亦作善之也中論審大臣篇時俗之所不譽者未必爲非也其所譽者未必爲是也詩云山有扶蘇隰有荷華不見子都乃見狂且言所謂好者非好醜者非醜亦由私之所致也鹽鐵論除狹云古之進士鄉擇而里選故士修之鄉曲升諸朝廷行之幽隱明呈顯著

冬多麋【疏】爾雅釋獸麋牡麔牝麎其子麇說文鹿部麋鹿屬冬至解其角司馬相如上林賦沈牛麈麋注麋似水牛大戴禮夏小正云十一月隕麋角又禮記月令仲冬之月麋角解疏引熊氏云鹿是山獸夏至得陰氣而解角麋是澤獸故冬至得陽氣而解角

何以書記異也【注】麋之爲言猶迷也象魯爲鄭瞻所迷惑也言多者以多爲異也【疏】注麋之至迷也○白虎通鄉射篇麋之言迷也漢書五行志注李奇曰麋之爲言迷也麋迷疊韻爲訓○注象魯至惑也○舊疏云感精符文漢書五行志云嚴公十七年冬多麋劉歆以爲毛蟲之孽爲災劉向以爲麋色青近

青祥也麋之爲言迷也蓋牝獸之淫者也是時嚴公將取齊之淫女其象先見天戒若曰勿取齊女淫而迷國嚴不寤遂取之夫人既入淫於二叔終皆誅死幾亡社稷董仲舒指略同京房易傳曰廢正作淫火不明國多麋又曰震遂泥厥咎國多麋經義雜記云按何注公羊云麋之爲言猶迷也本劉子政義志云董仲舒指略同則公羊亦以麋爲淫女天之示戒於莊公也乃何氏云象魯爲鄭瞻所迷惑則据春秋說以取齊女爲聽鄭瞻計較先儒迂遠矣京君明說易當以震遂泥爲溺愛淫女故迷惑不明而國多麋李奇注具二說謂從二至五有坎象坎爲水四爲泥在水中故曰震遂泥泥者泥溺於水不能自拔道未光也或以爲溺於淫女故其妖多麋麋迷也後說得京意范解穀梁引易傳首二句義不了當以劉子政說補之按魯取淫女由於鄭瞻所迷何說推本言之兼有取齊淫女義何迂回有也京房易傳云廢正作淫爲火不明則因多麋麋與何義合博物志東陽縣多麋麋千百爲羣掘食草根其處成泥名曰麋畯民人隨此畯種稻不耕而穫其收百倍則麋非害稼之物杜云麋多則害五稼未知所本○注言多甚異也○左疏云麋是澤獸魯所常有是年暴多故言多以災書按麋陰類故多麋記其異異者變之後時而見者也

十有八年春王三月日有食之注是後戎犯中國魯蔽鄭瞻夫人如莒淫泆不制所致疏穀梁傳不言日不言朔夜食也集解引廢疾云春秋不言月食日者以其無形故闕疑其夜食何緣書乎鄭君釋之曰一日一夜合爲一日今朔日日始出其食虧傷之處未復故知此自以夜食夜食則亦屬前月之晦故穀梁子不以爲疑劉氏逢祿曰果虧傷未復即是朝食何爲夜乎天之垂象必明以吉凶示人故夜不占日猶晝不占星也夜食之

說於義爲短經義述聞亦云月揜日而過謂之日食但蔽其明無所虧傷安得既出之後尙有虧之處未復乎漢書五行志嚴公十八年三月日有食之穀梁傳曰不言日不言朔夜食注張晏曰日夜食則無景立六尺木不見其景以此爲候又云史推合朔在夜明旦日食而出出而解是爲夜食注孟康曰夜食地中出而止劉向以爲夜食者陰因日明之衰而奪其光公羊傳曰食晦董仲舒以爲宿在東壁魯象也劉歆以爲晦魯衞分經義雜記云按今公羊無傳何注無食晦之文而漢志引公羊傳曰食晦者蓋董仲舒等所見公羊有之或漢初公羊家說也劉歆說左氏亦以爲食晦與公羊合杜云不書日官失之非古義漢志云合朔在夜明旦日食而出出而解則穀梁家亦以夜食屬前月之晦矣鄭君釋廢疾云夜食屬前月之晦與三傳及漢志並合包氏愼言云經三月書日食不言日與朔公羊例爲食晦劉孝孫推以爲壬子朔小二月三月卽壬子朔劉歆亦以爲食晦穀梁例爲夜食厤爲二月晦日然則經書三月者正其當爲朔也通義云不日者食於晦則不言日者是月更無餘日故舉月以包也趙汸引長厤三月餘癸未朔隋厤志劉孝孫推是年食合壬子朔元史厤志大衍推是歲五月朔交分入食限三月不應食按萬充宗黃藜洲答問問曰王伯厚云衞朴推驗春秋日食合者三十五獨莊十八年三月古今算不入食限答曰是年乙巳歲二月有閏至三月實四十九日一十三時合朔癸丑未初初刻交周十一宮二十八度三四三七正合食限朴蓋不知有閏故算不能合耳則更無夜食事矣按是年應二月癸未朔三月癸丑朔二月大也〇注是後至所致〇戎犯中國下公追戎于濟西傳大其爲中國追是也魯蔽鄭瞻見上十七年鄭瞻自齊逃來注信其計策取齊淫女丹楹刻桷是也夫人如莒下十九年夫人姜氏如莒是也舊疏云是陰勝陽之象是

以日爲之食漢書五行志云嚴公十八年三月日有食之劉向以爲象周天子不明齊桓將奪其威專會諸侯而行伯道其後遂九合諸侯天子使世子會之此其效也董仲舒以爲後公子慶父叔牙果通於夫人以劫公俱與何義異

夏公追戎于濟西【注】以兵逐之曰追【疏】大事表云杜注公逐戎于濟水之西濟在魯界爲魯濟蓋魯地宣元年齊人取濟西田杜注故曹地僖三十一年晉文以分魯濟西約在今曹州府曹縣鄆城鉅野三縣之地○注以兵逐之曰追○廣雅釋詁追逐也周禮小司徒職以比追胥注追逐寇也春秋莊十八年夏公追戎于濟西又士師職以比追胥之事注追寇也凡逐即謂追此追戎以兵故曰以兵逐之曰追何氏望文生義也

此未有言伐者【疏】經義述聞云謹案此未有言伐者言字後人所加傳意謂此時未有伐魯者而經言追則大其非爲己追而爲中國追也僖二十六年齊人侵我西鄙公追齊師至巂弗及彼云齊人侵我西鄙則有伐者矣有伐者而言追是爲己追此未有伐者而言追是爲中國追也下文此未有伐中國者則其言爲中國追何與此未有伐者文義正同又十九年傳此未有伐者其言梁亡何三十一年傳此未有伐曹者則其言取之曹何與此文義亦同乃謂此時未有伐之事非謂經文未有言伐者也伐上不當有言字唐石經無僖二十六年疏引此有言字蓋後人据誤本加之

其言追何【注】据公追齊師至酅舉齊侵也【疏】注据公至侵也○即僖二十六年齊人侵我西鄙公追齊師至酅弗及是舉齊侵也酅閩本監本毛本同鄂本酅作巂按十行本疏中凡酅字皆作巂當据正

大其爲中國追也【注】以其不限

所至知爲中國追也疏注以其至追也○舊疏云公追齊師至鄙限其所至乃是自爲己追故知如此此

未有伐中國者則其言爲中國追何大其未至而豫禦之也疏繁露滅國下云魯大國幽之會莊公不往戎人乃窺兵于濟西由見魯孤弱而莫之救也通義云追逐也蓋濟西之國逼近戎患公緣是與師逐之故善其未至而豫爲中國追也其後曹君卒死於戎難蓋仲舒曰鄙傳無大之之辭兵已加焉乃從救之則弗美未至豫備之則美之善其救害之先也夫救患而先之則害無由起而天下無害矣然則觀物之動而先覺其萌絕亂塞害於將然而未行之時春秋之志也故救害而先知之明也公之所恤遠而春秋美之詳其美恤遠之意則天地之閔然後快其仁矣是以知明先而仁厚遠遠而愈賢近而愈不肖者愛也故王者愛及四夷伯者愛及諸侯安者愛及封內危者愛及旁側亡者愛及獨身漢書辛慶忌傳云加以兵革久寢春秋大災未至而豫禦之是也穀梁傳其不言戎之伐我何也以公之追之不使戎邇於我也

其言于濟西何注据公追齊師至鄙弗及不言于也疏○注据公至于也○莊元年注于遠辭也

大之也注大公除害恩及濟西也言大者當有功賞也追例時疏注大公至西也○通義云自濟以西不限所至之辭故爲大也此與天王狩于河陽穀梁傳謂以河陽言之大天子也者同意穀梁傳於濟西者大之也何大焉爲公之追之也春秋以尊王攘夷爲主莊公追戎除害故爲大大辭○注言大至賞也○舊疏云公追齊師至鄙弗及不言于今言于者謂公有大功於王法當褒矣○注追例時○此書夏是也舊疏云僖二十六年公追齊師

雖在正月己未下不蒙日月

秋有𧌒

何以書記異也【注】𧌒之猶言惑也其毒害傷人形體不可見象魯為鄭瞻所惑其毒害傷人將以大亂而不能見也言有者以有為異也【疏】注𧌒之至惑也〇漢書五行志劉向以為蜮猶惑也舊疏引五行傳蜮猶惑也又云不書來者亂氣所生不從外來故也漢書引經文作蜮亦𧌒之變體釋文𧌒本又作蜮馬氏宗棣左傳補注云呂覽螟蜮高誘注兗州謂蜮為螣音相近也淮南子沇州謂之螣高誘注螣讀音近殆緩氣釋文𧌒本又作蜮玉篇蟘蟘蜮皆徒得切是𧌒字本作螣因方言讀為蜮耳後漢書明帝紀永平三年詔曰去其螟蜮章懷注蜮一名短狐說文繫傳虫部蜮亦解為短狐皆因元凱注誤案馬說非是蟘自有蜮音螣蜮同部段借也此經之蜮自為短狐何杜義同杜云𧌒短弧蓋以含沙射人為災是也〇注其毒至可見〇詩小雅何人斯云為鬼為蜮傳蜮短狐也釋文引沈重云蜮音域狀如鼈三足一名射工俗呼之水弩在水中含沙射人一云射人影疏引陸璣疏云一名射影江淮水中有云人在岸上影見水中投人影則殺之故曰射影南之將入水先以瓦石投水中令水濁然後入或曰含沙射人皮肌其狀如疥是也是其毒害傷人形體不可見也段云弧誤狐是也釋文正義並云短狐今說文本蜮字下皆誤漢五行志注作弧不誤按山海經大荒南經有蜮山者有蜮民之國桑姓食黍射蜮是食郭注蜮短狐也似鼈含沙射人中之則病死楚辭大招云鰅

鱅短狐王逸注鱅鱅短狐類也短狐鬼蜮也大招又云魂虖無南蜮傷躬只王逸注蜮短狐也引詩爲鬼爲蜮也廣韻引元中記云長
三四寸蟾蜍鸑鷟鴛鴦悉食之似作狐亦通○注象魯至見也○感精符文見漢書五行志云嚴公十八年有蜮劉向以爲蜮生南
越越地多婦人男女同川淫女爲主亂氣所生故聖人名之曰蜮蜮猶惑也在水旁能射人射人有處甚者至死南方謂之短狐近
射妖死亡之象也時嚴將娶齊之淫女故蜮至天戒若曰勿娶齊女將生淫惑篡弒之禍嚴不寤遂取之入後淫於二叔二叔以死
兩子見弒夫人亦誅劉歆以爲蜮盛暑所生非自越來也京房易傳曰忠臣進善君不試厥咎國生蜮何氏言象魯爲鄭瞻所惑正
以莊信鄭瞻取齊女故至大亂而不能見也義自相足又引洪範五行傳曰皇之不極是謂不建厥咎眊厥罰恆陰厥極弱時則有
射妖即此是也公羊問答云問蜮之猶言惑也其義何取曰人臣蠱惑其君則是蜮生周禮蟈氏疏引服虔云蜮短狐南方盛暑所生
其狀如鱉古無今有含沙射人入人皮肉中其瘡如疥徧身中濩濩蜮蜮故曰災禮曰惑君則有左疏引五行傳曰蜮如鱉三足生於
南越南越婦人多淫故其地多蜮淫女惑亂之氣所生也○注言有至異也○經義雜記云穀梁傳云一有一亡曰有蜮射人者也
故劉以爲在水旁能射人又以齊女淫惑爲說取義嚴切范解祇引京房易傳說亦不了射又君不試師古曰試用也范注作君不識
字誤何注及左疏所引五行傳與五行志所載劉說同陸璣毛詩義疏服虔注與劉子政射人甚者至死何邵公壽害傷人形體義
合劉子駿以爲盛暑所生未詳所本按昭二十五年傳有鸛鵒來巢傳云非中國之禽也凡未有而有者書有穀梁疏引舊解一有
南越所生是也一無魯國無是也今以爲或有有時或有無時言不常也故書曰有蓋書多者魯所常有今歲特多故以多爲異書

有者本無此物今而忽有故以有爲異也舊疏云昭二十五年經書有鸜鵒來巢今此不書來者亂氣所生不從外來故也

冬十月

十有九年春王正月

夏四月

秋公子結媵陳人之婦于鄄遂及齊侯宋公盟【疏】孔氏廣森音義云婦絕句于鄄絕句

結不書卒則未命爲卿本不當氏氏公子者蓋善其遂事褒錄之

媵者何諸侯娶一國則二國往媵之以姪娣從【注】言往媵之者禮君不求媵二國自往媵夫人所以一夫人之尊【疏】釋名釋親屬云姪娣曰媵媵承事嫡也國語周語云王御不參一族章注御婦官也參三也一族父子也故娶異姓以備三不參族也說文人部㑞送也呂不韋曰有侁氏以伊尹㑞女段注㑞今之媵字釋言媵送也周易媵口說也虞注媵送也燕禮鄭注九歌王注媵送也送爲媵之本義以姪娣從謂之媵者媵有二種若諸侯有二媵外別有姪娣是以莊公十九年經書公子結媵陳人之婦于鄄公羊傳曰諸侯娶一國則二國往媵之以姪娣從諸侯夫人自有姪娣幷二媵各有姪娣則九女是媵與姪娣別也若大夫士無二媵即以姪娣爲媵大夫士卑故也〇注言往至之尊〇白虎通嫁娶篇所以不聘妾何人有子孫欲尊之義不可求人爲賤也春秋傳曰二國來媵可求人人爲

士不可求人為妾何士卽尊之漸賢不止于士妾雖賢不得為嫡卽一夫人之尊義也姪者何兄之子也疏禮士昏禮云媵御餕注姪兄之子襄十九年左傳其姪鬷聲姬生光注姪兄之子說文女部姪兄之女也其實弟之子女亦稱姪爾雅釋親云女子謂晜弟之子為姪禮喪服傳謂吾姑者吾謂之姪左傳僖十五年姪其從姑是也釋名釋親屬云姑謂兄弟之女為姪姪迭也共行事夫更迭進御也專指媵之姪言依喪服經則男女通稱姪故彼云姪丈夫婦人同也娣者何弟也

疏經義述聞云家大人曰弟也本作女弟也女弟也者別乎弟而言之也左傳隱元年成八年十一年昭二十八年正義引此皆作弟也則唐初本已有脫女字者不始於唐石經矣然白虎通義嫁娶篇及召南鵲巢江有汜齊南山大雅韓奕正義士昏禮疏引此皆作女弟也又說文及士昏禮注並云娣女弟也卽本於此傳則傳文原有女字明矣說文女部弟同夫之女弟也段注按女子謂女兄弟曰姊妹與男子同而惟媵己之妹則謂之娣蓋別於在母家之稱以明同心事一君之義也禮喪服經皆言妹無言娣者今大徐本作女弟也非是按爾雅釋親云女子同出謂先生為姒後生為娣郭注同出謂俱事一夫可證段氏之說釋名釋親屬云妻之姊妹曰娣娣弟也言與妻相長弟也以娣兼姊言非是錢氏大昕養新錄云姪娣本雙聲字釋文姪大結反娣大計反此古音也廣韻姪有徒結直一兩切今南北方音皆讀直一切無有作徒結切者古今音有變易字母家乃謂舌頭舌上交互出切此昧其根原而强為之詞也諸侯壹聘九女諸侯不再娶注必以姪娣從之者欲使一人有子二人喜也所以防嫉妬令重繼嗣也因以備尊尊親親

也九者極陽數也不再娶者所以節人情開媵路疏注必以至親也○白虎通嫁娶云備姪娣從者為其必不相嫉妬也一人有子三人共之若己生之也通義云媵送也送致其女也穀梁傳曰姪娣者不孤子之意也一人有子三人緩帶禮婦人無子當去諸侯夫人雖無子媵有子嫡得不去重黜尊也易曰得妾以其子此之謂也按後漢劉瑜傳云古者天子一娶九女姪娣有序河圖授嗣正在九房章懷注引公羊傳曰諸侯一聘三女天子一娶九女此夏殷制也與此傳異或公羊先師有如此說者尊尊親親舊疏云備姪所以尊尊備娣所以親親其上尊下親皆指嫡也○注九者至數也○白虎通嫁娶篇天子一娶九女者何重國廣繼嗣也九者何法地有九州承天之施無所不生也一娶九女亦足以承君之施九而無子百亦無益也王度記曰天子諸侯一娶九女或曰天子娶十二女法天有十二月百物必生也又五行篇君一娶九女何法法九州象天之施也御覽引異義云地有九州足以承天故天子娶九女法之也獨斷云春秋天子娶十二女夏制也又云天子娶十二女象十有二月三夫人九嬪諸侯一娶九女象九州一妻八妾按此卽白虎通所引或說公羊義也漢書杜欽傳禮嘗娶九女所以極陽數廣嗣重祖也張晏曰陽數一三五七九九數之極也臣瓚曰天子一娶九女殷之禮也○注不再至媵路○白虎通嫁娶云必一娶何防淫泆也為其棄德嗜色故一娶而已人君無再娶之義也又云不娶兩娣何博異氣也娶三國女何廣異類也恐一國血脈相似俱無子也姪娣雖年少猶從適人者明人君無再娶之義也杜欽傳又云姪娣雖缺不得補所以養壽塞爭也媵不書此何以書注据伯姬歸于紀不書媵也疏注据伯至媵也○見隱二年按彼七年叔

姬歸于紀注叔姬者伯姬之媵也彼有媵歸書事此云不書爲其者彼注云媵賤書者後爲嫡終有賢行重錄之非以媵書也

有遂事書注爲下有遂事善也故書所以不當書以起將有所詳錄猶伯姬書媵也不媵則當取得書者張本文言公子結如陳遂及齊侯宋公盟于鄄疏注爲下至詳錄○穀梁傳媵淺事也不志此其志何也辟要盟也何以見其辟要盟也媵禮之輕者也盟國之重也以輕事遂乎國重無說彼以爲要盟與公羊異以爲有遂事書則同也校勘記云按以字衍當刪正蓋媵本不當書爲下有遂及齊侯宋公盟事欲詳錄其事盟之善故書所不當書也○注猶伯姬書媵○即成八年衛人來媵九年晉人來媵十年齊人來媵傳皆曰媵不書此何以書錄伯姬也十年傳又曰三國來媵非禮也曷爲皆以錄伯姬辭言之婦人以衆多爲侈也則彼以錄伯姬賢詳錄三國媵亦非以媵書故言猶也○注不媵至于鄄○言若不書媵則當止取得書者書之但言公子結如陳遂及齊侯宋公盟矣時實爲媵如陳故不没其本也大夫無遂事疏漢書馮奉世傳議者以奉世奉使有指春秋之義無遂事漢家之法有矯制故不得侯說苑奉使謂國有危而不專救者不忠國無危而擅生事者不臣漢律有矯詔害矯詔不害矯詔害者死是大夫無遂事者經禮也周禮條狼氏職誓大夫曰敢不關鞭五百明大臣於大小事皆須關白不得專也此其言遂何聘禮大夫受命不受辭注以外事不素制不豫設故云爾疏禮聘禮記云辭無常孫而說注孫順也大夫使受命不受辭必順且說錢氏大昕潛研堂荅問云三代之世諸侯以邦交

爲重故使於四方不辱君命則稱之使於四方不能專對則譏之
論語之辭達則專對之辭也大夫受命不受辭聘禮記辭多則史
少則不達辭苟足以達義之至也通義云古之爲大夫者祭祀能
語喪紀能誄升高能賦作器能銘山川能說師旅能誓田能施命
貞能命龜使能造命能是九者可謂有德音矣是故聘禮受命不
受辭辭無常遜而說使於四方不能專對不可以爲大夫○注以
外至之爾○詩魏風伐檀云不素餐兮傳素空也不素制
謂空爲議制也玉篇象部豫逆脩也不可逆爲備設也 出竟有
可以安社稷利國家者則專之可也 注 先是鄄幽之會公比不至
公子結出竟遭齊宋欲深謀伐魯故專矯君命而與之盟除國家
之難全百姓之命故善而詳錄之先書地後書盟者明出竟乃得
專之也盟不地者方使上爲出竟地卽更出地嫌上地自爲媵出
地也陳稱人者爲內書故略以外國辭言之此陳侯夫人言婦者
在塗也加之者禮未成也冬齊人宋人陳人伐我西鄙而盟不日
者起國家後背結之約非結不信也 疏 漢書馮奉世傳丞相將軍
皆曰春秋之義大夫出疆
有可以安國家則顓之可也又終軍傳御史大夫劾偃矯制大害
法至死偃以爲春秋之義大夫出疆有可以安社稷存萬民顓之
可也後漢書宋均傳均曰夫忠臣出竟有可以安國家專之可也
閻氏若璩釋地又續云論語專對專擅也卽公羊傳專之可也專

之大全辨載一說曰通義理識時務不拘君命不執成規正得其解漢武帝使呂步舒持斧鉞治淮南獄以春秋誼顓斷于外不請康成謂大夫自受命以出則其餘事莫不復請是皆事之事也

○注先是至不至○公比鄂本宋本同十行本比誤此閩本監本毛本改皆非按比猶頻也上十五年齊侯宋公陳侯衞侯鄭伯會于鄄又十六年齊侯宋公陳侯衞侯鄭伯許男曹伯滑伯滕子同盟于幽皆無公會之文是公比不至也今本十六年經誤衍公會此經舊疏云正以彼二經皆不言公會是舊疏本無二字矣○公注公子至錄之○繁露精華云難者曰大夫無遂事又曰出竟有可以安社稷利國家者專之可也又曰大夫以君命出進退在大夫也又曰聞喪徐行而不返也夫既曰無遂事矣又曰專之可也既曰進退在大夫矣又曰徐行不反也若相悖然是何謂也曰四者各有所處得其處則皆是也失其處則皆非也春秋固有常義又有應變無遂事者謂生平安寧也專之可也者謂救危除患也進退在大夫者率用兵也徐行不反者謂不以親害尊不以私妨公也此之謂將得其禮知其指故公子結受命往媵陳人之婦于鄄遂其事從齊桓盟春秋弗非以為救莊公之危公子遂受命使京師遂生事之晉春秋非之以為是時僖公安寧無危而救有危而不專救謂之不忠無危而擅生事是卑君也故此二臣俱生事春秋有是有非其義然也又順命云臣子大受命於君辭而出疆唯有社稷國家之危猶得發辭而專安之盟是也盟上當脫鄄字說苑奉使篇亦云春秋之辭有相反者四既曰大夫無遂事不得擅生事矣又曰出境可以安社稷利國家專之可也既曰大夫以君命出進退在大夫矣又曰以君命出聞喪徐行而不反何也曰此四者各止其科不轉移也不得擅生事者謂平生常經也專之可也者謂救危除患也進退在大夫者謂將帥用兵也徐行而不反

者謂出使道聞君親之喪也公子結擅生事春秋不非以爲救莊公危也公子遂擅生事春秋譏之以爲僖公無危事也故君有危而不專救是不忠也君無危而擅生事是不臣也傳曰詩無通故易無通占春秋無通義此之謂也按繁露滅國下云幽之會莊公不往戎人乃窺兵於濟西由見魯孤獨而莫之救也此時大夫廢君命專救危者謂此毛氏奇齡春秋傳云此雖專事然聘禮大夫受命不受辭出境有可安社稷利國家者專之可也故春秋無譏焉此與文八年公子遂盟雍不近命而卽與雒戎盟于暴例同義或然與○注先書至之也○舊疏謂書鄄是也正以鄄爲衞地故也明至鄄後有所聞乃得專盟也○注盟不至地也○通義云鄄者盟地非致媵地也本送女如陳行及于鄄值齊宋約盟而結與焉猶曰鄫子會盟于邾婁己酉邾婁人執鄫子用之會盟者會曹南之盟非盟于邾婁也于邾婁者起下事言行及于邾婁而見執也此二經文同今皆失其讀孔疏此鄄是衞之東地蓋陳取衞女爲婦魯使公子結送媵向衞至鄄聞齊宋爲會將謀伐魯故權事之宜去其本職不復送女至衞遂與二君會盟故備書之也送女至鄄停女會盟鄄是盟處故言于鄄非本期送女于鄄也然則鄄卽盟地若更書盟于鄄則嫌上鄄爲媵出似專送女于鄄不見出竟與盟之善也○注陳稱至言之○宜稱陳侯今略稱人故注解之隱十年傳春秋錄內而略外言又隱三年宋公和卒注貶外言卒所以褒內也又隱十一年注內適外言如外適內言朝聘所以別外尊內也此爲內書故外陳略稱人明此爲結專盟書非媵事也○注此陳至塗也○隱二年傳云在塗稱婦故知鄄非媵婦地矣穀梁傳其曰陳人之婦略之也注但爲遂事假錄媵事爾故略言陳人之婦不處其主名○注加之至成也○舊疏云此婦未成爲夫人故加之絕之若其已配禮宜言媵陳夫人不假言之以絕也

〇注冬齊至信也〇即下齊人宋人陳人伐我西鄙是也公羊之例不信者書日下即背盟宜日而此作大信辭者盟信自在結也蓋魯君背約耳亦注家以意言之

夫人姜氏如莒疏上日有食之注云夫人如莒淫泆不制所致此無傳何氏或有所本杜亦云非父母國而往書姦穀梁傳婦人既嫁不踰竟踰竟非正也按父母歿後諸侯夫人義不得歸寧兄弟之國況異國乎知不僅如穀梁所譏矣

冬齊人宋人陳人伐我西鄙注鄙者邊垂之辭榮見遠也疏注鄙者至遠也〇校勘記云諸本榮見遠也同句當有誤周禮大司徒邦國都鄙對言鄭注以邦之所居為國都之所居為鄙此以鄙為邊垂之辭蓋周禮都鄙距國五百里在王畿之邊故鄙可釋為邊垂也按穀梁傳其曰鄙遠之也其遠何也不以難邇我國也似亦榮見遠之義垂者說文土部垂遠邊也又辵部邊行垂崖也垂者遠也崖者高邊故邊字兼垂崖兩義也莊子逍遙遊云翼若垂天之雲崖云垂猶邊也其大如天一面雲也漢書司馬相如傳千金之子坐不垂堂謂不坐於堂之邊也杜亦云鄙遠邑

二十年春王二月夫人姜氏如莒注月者再出也不從四年巳月者異國疏注月者再出也〇舊疏云欲對上十九年秋夫人姜氏如莒之文也穀梁注夫人比年如莒過而不改無禮尤甚故謹而月之〇注不從至異國〇上四年春王二月夫人姜氏饗齊侯于祝丘彼注云月者再出重也三出不月者省文從可知例然則此經夫人再出合從彼省文而書月為彼如齊此如莒異國不得相因故也

夏齊大災

大災者何大瘠也注瘠病也齊人語也以加大知非火災也疏唐石經諸本同釋文大瘠在亦反病也本或作𤻲才細反一本作漬才賜反鄭注曲禮引此同經義雜記云按說文瘠作膌云瘦也古文作瘠義別曲禮正義曰此云漬彼云瘠字異而意同按漬與瘠不同陸德明孔仲遠皆疏於小學故不能辨其是非漢書食貨志國亡捐瘠蘇林曰瘠音漬可見古音漬瘠𤻲並同故漬或作瘠又作𤻲陸德明每字爲一音顏師古云瘠不當𤻲音漬皆不通古音之證也釋詁𤻲病也鄭注禮記玉藻親𤻲同說文疒部無此字義亦不合据釋文知古本作大漬禮記曲禮下四足死曰漬注漬謂相瀸汙而死也春秋傳曰大災者何大漬也然則鄭康成所据公羊亦作大漬正義曰牛馬之屬若一箇死則餘者更相染漬而死又公羊莊十七年夏齊人瀸于遂傳瀸者何瀸積也衆殺戍者也何注云瀸者死文瀸之爲死積死非一之辭故曰瀸積衆多也校勘記云按鄭作漬何作瘠當是嚴顏之異又呂氏春秋貴公篇云仲父之疾病矣漬甚高誘注漬亦病也公羊傳曰大災者何大漬也與鄭陸所据本同說文骨部骴鳥獸殘骨曰骴段注曲禮四足曰漬注漬謂相瀸汙而死也小雅助我舉柴手部引作𢯱毛許皆云𢯱積也鄭箋雖不中必助中者舉積禽二經漬𢯱字音義皆同周禮蜡氏掌除骴故書骴作脊先鄭云脊讀爲殰謂死人骨也月令掩骼埋胔首之尚有肉者也及禽獸之骨皆是此先鄭兼人與禽獸言之而公羊傳云大瘠痢也漢食貨志骨無捐瘠孟康曰肉腐爲瘠捐骨不薶者公羊漢志瘠卽骴字合之鄭注月令肉腐曰骴蔡氏高氏云有肉曰骴又指人言之其字正作骴假借作漬作𢯱作瘠

皆同音叚借也瀆又作殰○注瘠病至語也○襄二十一年左傳
瘠則甚矣注瘠瘦也說文作膌云瘦也或作㾊从疒朿聲故曰病
瘦其引申義也按釋詁咎病也說文咎災也災即病也故大瘠爲
大病郝氏懿行爾雅義疏云今東齊人謂病爲災蓋古之遺言也爲
○注以加至災也○通義云謹案經例大者曰災小者曰火言災
則大已見不煩更有大文故得起非火災也舊疏云正以襄三十
年宋災昭九年陳火之屬皆不言大故也又云襄九年傳云大者
曰災小者曰火注云大者謂正寢社稷宗廟朝廷也下此則小矣
然彼是兩火自對故以災火別之此則非火故必更言大耳
大瘠者何痢也注痢者民疾疫也
疏注痢者至疫也○經義雜記云痢亦俗字當爲癘集韻云痢或
作癘可證說文疒部癘疫疾也从疒蠆省聲何義本此今本作
惡疾也非是從詩思齊正義引改公羊問荅云說苑古者有災謂
之厲君一時素服使有司弔死問疾憂以巫醫匍匐以救之湯粥
以方之饍者必先乎鰥寡孤獨以病不能相養死無以葬埋則葬
埋之有親長者不呼其門有齊衰大功五月不服力役之征有小
功之喪者未葬不服力役之征其有重戶多死者急則有聚重童
子擊鼓苣火入官宮里用之各擊鼓苣火逐官宮里家之主人冠
立于阼事畢出乎里門入乎邑門至野外此救厲之道也按痢與
厲通惠氏棟云痢即癘字古厲列通禮記祭法古厲山氏之有天
下也魯語作列可證方言三凡飲藥傅藥而毒南楚之外謂之瘌
北燕朝鮮之間謂之癆東齊海岱之間謂之眠或謂之眩自關而
西謂之毒瘌痛也周禮疾醫職有癘疾惠氏士奇禮說云癘疾者
四時之疫氣也川鬱爲汚樹鬱爲蠹草鬱爲蕢氣鬱爲癘木鬱發
於春火與土鬱發於夏金鬱發於秋水鬱發於冬是爲癘疾潛研
堂荅問云說文無痢字未審當何從曰說文癘惡疾也左氏傳癘

病不作杜以癘爲惡氣古文厲與列通痾即癘之異文也瘠字說文亦無之鄭注曲禮引公羊作大漬此古本也說文羊部別出羵字則因記又四足曰漬益之月令仲冬行春令民多疥癘注疥癘之病孚甲之象何以書記災也外災不書此何以書及我也注與宋大水同義痾者邪亂之氣所生是時魯任鄭瞻夫人如莒淫泆齊侯亦淫諸姑姊妹不嫁者七人疏與注宋至同義○即上十一年宋大水傳云何以書記災也外災不書此何以書及我也注云時魯亦有水災書魯則宋災不見兩舉則煩文不省故詭例書外以見內也是也此亦痾災及魯故書齊以起及我也通義云疫氣自齊漸染及魯道災所由生故不舉我爲重齊災恆不書今獨見書則及我之意自見○注是時至七人○舊疏云晏子春秋文按彼齊景公問於晏子曰吾先君桓公淫女公子不嫁者九人而得爲賢君何又此解言七人者彼此其有誤矣按說苑尊賢云將謂桓公清潔乎閨門之內無可嫁者非清潔也越絕書外傳越王勃然曰孤聞齊威淫泆管子小匡篇公曰寡君有汙行不幸而好色而姑姊有不嫁者新語無爲云齊桓公好婦人之色妻姑姊妹而國中多淫於骨肉是齊侯淫事也舊疏云襄公覇諸侯唯淫妹而已齊人猶作南山崔崔以刺之桓公小白相淫九人而齊人不刺之者蓋以功多足以除惡故也或者偶爾不作或采之不得耳解詁箋云瘠本或作瘠或作漬當是嚴顏之異痾與癘同癩也此齊宮女市女閭七百管仲招來商賈收夜合資以充國用之應按漢書五行志嚴公二十年夏齊大災劉向以爲齊桓好色聽女口以妾爲妻嫡庶數更故致大災桓公不寤及死嫡庶分爭九月不得葬公羊傳曰大災疫也董仲舒以爲魯夫

人淫于齊齊桓姊妹不嫁者七人國君民之父母夫婦生化之本本傷則末夭故天災所予也與何義同穀梁傳其志以甚也注甚謂災及人也與公羊同

秋七月

冬齊人伐戎 疏 穀梁作伐我趙氏坦異文箋云戎我字相類穀梁作伐我或因十九年冬齊人宋人陳人伐我西鄙而訛

二十有一年春王正月 疏 校勘記云唐石經作廿有一年下二十準此鄂本作二年誤字也

夏五月辛酉鄭伯突卒 疏 包氏愼言云夏五月經有辛酉鄭厲公之卒日也葬在十二月不書日似與傳當時而不日正也之例不合于曆五月有辛卯無辛酉六月之九日八月之十日皆辛酉恐經時月皆誤卒月不誤葬當在九月方與例合按辛酉於曆爲四月之二十七日六月之二十八日葬在十二月過時而不日謂之不能葬也

秋七月戊戌夫人姜氏薨 疏 包氏愼言云秋七月經有戊戌曆七月無戊戌八月之六日也

冬十有二月葬鄭厲公 注 春秋篡明者書葬 疏 注春秋至書葬○舊疏云言春秋者欲見通例如此矣篡明者謂有立入之文篡明書葬者此鄭厲公於桓十五年書鄭伯突入于櫟書入則篡明故此書葬也隱四年衞人立晉立亦篡辭故桓十三年書葬衞宣公上九年齊小白入于齊書入見其篡故僖十八年書葬齊桓公是其例也若篡不明者則去葬以張義如僖二十四年晉侯夷吾卒不書葬晉惠公以僖十年惠公之入未見經也晉文公亦篡僖二十四年無入文而僖三

十年書葬晉文公者以晉文功足以除惡春秋爲賢者諱故也齊桓亦賢而不爲諱者僖十年傳云桓公之享國也長美見於天下故不爲之諱本惡也文公之享國也短美未見於天下故爲之諱本惡也蓋齊桓功蓋天下其賢已著書葬不足掩其功晉文伯功未顯故書其葬若不葬然也

二十有二年春王正月肆大省疏唐石經諸本同釋文肆本或作佚省左氏穀梁作眚書洪範云王省惟歲史記宋世家作王眚惟歲康誥人有小罪非眚釋文本亦作省潛夫論引作人有小罪非省盧氏文弨龍城札記云古眚亦省通用周禮大司徒眚禮即省禮也舊疏云肆讀如字放肆也省讀如減省之省也舊疏蓋見有作佚本故明之云如字古肆佚同部段借字

肆者何跌也注跌過度疏注跌過度○穀梁傳云肆失也失佚跌通說文足部跌踢也一曰越也淮南修務訓夫墨子跌蹏而超千里注跌疾行也疾行亦有過義公羊問荅云問跌過度何也曰此如後漢書律曆志無有差跌之跌穀梁傳之失即跌之省國語周語不失其序漢書五行志作不過其序是失有過義也釋文跌大結反 大省者何災省也注謂子卯日也夏以卯日亡殷以子日亡先王常以此日省吉事不忍舉又大自省勑得無獨有此行乎常若聞災自省故曰災省也疏注謂子至省也○勑宋本同閩本監本毛本勑作敕禮記檀弓云子卯不樂注紂以甲子死桀以乙卯亡王者謂之

疾日不以舉樂爲吉事所以自戒愼正義按尙書時甲子昧爽武王朝至于商郊又史記云兵敗紂自焚而死是紂甲子死也昭十八年二月乙卯周毛得殺毛伯過而代之萇宏曰毛得必亡是昆吾亡之日也詩云韋顧既伐昆吾夏桀同誅昆吾既乙卯而亡明桀亦以乙卯被放也鄭司農注春秋以爲子卯自刑非義也按昭九年左傳子卯不樂禮釋文引賈逵解詁云桀以乙卯日死紂以甲子日亡故以爲戒是與何鄭說同漢書翼奉說異是則鄭司農所本張晏云子刑卯卯刑子相刑之日故以爲忌而云夏殷亡日不推湯武以興此說非也翼奉傳云北方之情好也好行貪狼申子主之東方之情怒也怒行陰賊亥卯主之貪狼必待陰賊而後動陰賊必待貪狼而後用二陰並行是以王者忌子卯也禮經避之春秋諱焉注李奇曰北方陰也卯又陰賊故爲二陰王者忌之不舉樂春秋禮記說皆同師古曰儒者以爲子卯夏殷亡日失之矣何儒亮以爲學者雖駁云只取夏殷亡日不論殷周之與以爲大失不博考其義且天人之際其理相符有德者昌無德者亡以桀紂之暴虐又遇惡日其理必亡以湯武之德固先天而天不違所謂德能消殃矣豈殃能消德也孔氏廣森經學卮言云舊說紂以甲子喪桀以乙卯亡故國君以爲忌日按傳云乙卯昆吾亡之日也不言桀亡日呂覽殷湯良車七十乘必死六千人以戊子戰于郕遂禽推移大犧則桀實以戊子亡又不聞疾戊子日也翼奉以爲疾子卯者爲其相刑似亦有義五子五卯皆相刑獨疾甲乙者以甲居十幹之首且乙位寄卯日辰相配是謂重刑甲位在子於日辰無比唯避五子之先者而已詩曰吉日庚午王者忌甲子故喜其所衝庚制甲午破子者也穆天子傳有吉日辛酉亦乙卯之衝按翼氏說齊詩推合天人之道然春秋假人事爲褒貶不得參陰陽拘忌之說子貢猶言夫子文章可得而聞性與天道不

可得聞況其下乎故說春秋當以何氏推本人事爲正左傳云辰在子卯謂之疾日禮記玉藻云子卯稷食菜羹注忌日貶也是也

肆大省何以書譏何譏爾譏始忌省也注時魯有夫人喪忌省日不哭省日本以忌吉事不以忌凶事故禮哭不辟子卯日所以專孝子之恩也不與念母而譏忌省者本不事母則己不當忌省猶爲商人責不討賊

疏注省日至恩也○閩本監本毛本恩作思依鄂本宋本正禮士喪禮云朝夕哭不避子卯注既殯殯後朝夕及哀至乃哭不代哭也子卯桀紂亡日凶事不避吉事闕焉姜氏兆錫云王者以爲忌日世俗相傳皆失其義蓋湯放桀武王伐紂者乃聖人救民取殘之大義而桀固君湯武固臣也故其於舊君之死日不忍卽吉而避之沈氏彤儀禮小疏云按明陳絳云子卯不樂湯武之所以志畫傷也禮子於父母有終身之喪焉忌日之謂也忌日不用非不祥焉言夫日志有所至而不敢盡其私也湯武既以天下誅桀紂而猶以舊君禮喪焉故於是日不樂以明其志之至也然則凶事不避者哀親之死尤重於傷舊君之亡故無所嫌而不避也王者既然士可知但鄭注檀弓以不舉樂爲所以自戒懼亦非本義鄭司農注春秋以爲五行子卯相刑翼奉傳張晏注所云子與卯相刑故以是日爲忌乃術家傳會之說不足辨按姜說沈說是也惟謂鄭氏說爲非本義亦非子卯㠯憊自戒飭不更得省字義乎亦正合聖人恐懼修省之義○注不與至忌省○注不與念母見上元年傳云其言孫于齊何念母也念母者所善也則曷爲於其念母也貶不與念母也注云念母則忘父背本之道也不與念母而責其肆省故注解之解詁

箋云經傳文省當從穀梁作眚跌佚之誤恐讀爲己責之己譏失
罪也何君失之穀梁傳曰肆失也眚災也災紀也失故也爲嫌天
子之葬也范注易稱赦過宥罪書稱眚災肆赦經稱肆大眚皆放
赦罪人蕩滌衆故有時而用之非經國之常制災謂罪惡紀治理
也有罪當治理之今失之者以文姜之故文姜罪應誅絕誅絕之
罪不葬若不赦除衆惡而書葬之嫌天子許之明須赦而後得葬
於義穀梁爲長國君無故而赦刑人亦春秋所譏也不專以譏爲
義者國君過市則刑人赦以身不正不足以正人也文姜於王法
當服焚如死如之刑魯臣子上爲莊公不得誅母生則絕之死則
棄之棄如非流宥之刑也謂棄而不葬不得入先公兆域也故必
以大眚可肆而後文姜可葬明之天子之葬即春秋之葬穀梁無
以春秋當新王之義當以公羊條例隱括之按劉說非是肆大眚
自是當時實事不與莊公念母乃春秋之義莊公非能知有父者
也觀其娶仇女可見莊公既不知其母爲有罪之人又安得赦除
罪人之事穀梁家本無以春秋當新王之義尤不得以公羊師說
說穀梁也左疏引賈逵說亦以文姜爲有罪故赦而後葬以說臣
子也魯大赦國中罪過欲令文姜之過因是得除以葬文姜夫文
姜之罪在桓之末莊公即位二十餘年魯之臣子莫不君母視之
桓公之仇久置度外何忽於其死時罪之者杜氏說左傳但以爲
赦有罪不涉文姜說猶愈於賈氏也劉氏反取以說公羊傎矣○
注猶爲至討賊○文十四年齊公子商人弒其君舍又十八年齊
人弒其君商人不書葬齊懿公責臣子不討賊蓋商人本弒君之
賊宜絕齊之臣子不能致討復臣事之故商人見弒仍不書葬以
責懿公臣子明齊之臣子既臣事懿則以懿之臣子之道責之矣
猶文姜宜絕魯之君臣既未知絕宜盡子道而反忌
省故責之故何云本不事母則己不當忌省是也

癸丑葬我小君文姜疏包氏慎言云經春正月肆大省下書癸丑葬我小君文姜据穀梁謂肆省者嫌文姜有罪不當葬故先赦罪人而後葬文姜是葬不在正月也曆二月之廿四日爲癸丑

文姜者何莊公之母也注輒發傳者起仇母錄子恩凡母在子年無適庶皆繫子也不在子年適母繫夫庶母繫子言小君者比於君爲小俱臣子辭也文者謚也夫人以姓配謚欲使終不忘本也

疏注輒發至子恩○舊疏云隱元年傳云仲子者何桓之母也今假令不發亦是桓之夫人莊公之母可知而云文姜者何莊公之母故言輒矣今此經云葬我小君文姜傳云文姜者何莊公之母也者正欲錄子之恩故備禮而葬之按春秋不與莊公念母今莊公備禮而葬仇母聖人緣情錄子恩也鄂本仇作讎○注凡母至子也○此傳文姜者何莊公之母是適母在子年繫諸子者也其庶母在子年繫之子者則宣八年傳云頃熊者何宣公之母也襄四年傳云定弋者何襄公之母是也其僖二年傳云哀姜者何莊公之夫人也在僖年而繫之夫者以僖公非其所生故也○注不在至繫子○不在子年適母繫夫春秋無文何氏以理斷之庶母繫子則定十五年姒氏卒傳姒氏者何哀公之母是也舊疏以僖二年哀姜薨葬皆在僖世不得云不在子年也文五年傳成風者何僖公之母也在孫年自從庶母在子年例也舊疏云鄉來所言傳皆葬上乃言某公之母而姒氏特於卒上發傳者正以姒氏之喪直云葬定姒不得稱小君是以傳家亦於葬略之矣定姒所以葬不得稱小君公羊之義母以子貴哀公爾

時未爲君是以定姒未得全同夫人矣○注言小至辭也○毛本於誤與依宋本正論語季氏篇邦君之妻稱諸異邦曰寡小君在本國無庸謙言寡故爲臣子辭也穀梁傳小君非君也其曰君何也以其爲公配可以言小君也○注文者至本也○白虎通諡篇夫人無諡者何無爵故無諡或曰夫人有諡夫人一國之母修閨門之則羣下亦化之故設諡以章其善惡通典引五經通義同後一說蓋即公羊家說以公羊無譏夫人有諡義也隱元年注云婦人以姓配字不忘本也此以姓配諡理亦宜然通義云春秋之初下成康未遠諸侯夫人猶從君之諡衞有莊姜宣姜鄭有武姜皆是也非正嫡則無諡仲子是也魯自文姜以後不別適庶皆各自爲諡定公之妾姒氏不當體君乃反稱定姒此末世黷亂作之不應禮法

陳人殺其公子禦寇注書者殺君之子重也疏注書者至重也○舊疏云正以不言大夫而得書殺則知由其是君之子故也按重者視專殺大夫爲重也劉氏逢祿云不言大夫者未爲大夫本穀梁義杜云宣公太子也通義云陳世家曰宣公有嬖妾生子款欲立之乃殺其太子禦寇經不言世子者蓋雖貴宜爲太子非嫡長又未誓也稱人以殺者歸惡於款也言款之志在乎搆殺其兄而代之也後款卒不日亦爲篡未明故與此事相起禦寇左氏作御寇御禦音義通上十一年左傳公子御說之辭也釋文本或作禦下二十四年傳御孫諫釋文本一作禦是也蓋皆取止爲義故得通

夏五月注以五月首時者譏莊公取仇國女不可以事先祖奉四時祭祀猶五月不宜以首時疏注以五至首時○鄂本取仇作娶讎穀梁疏引同春秋正辭云五月首時

其首時何著其異也忘父葬母謀娶仇女異之大者也以天時爲于此變矣著變以存其常焉爾按夏爲盛陽而以五月首時著陽失正

秋七月丙申及齊高傒盟于防【注】防魯地【疏】包氏愼言云秋七月經書丙申及齊高傒盟于防曆七月無丙申八月之十日也〇注防魯地〇蓋臧氏所食邑與隱八年取之宋者異

齊高傒者何貴大夫也【疏】通義云等諱必沒公言高傒不貶言公及齊人者以其貴須見名氏也左傳曰有天子之二守國高在謂傒及國歸父之父也言雖貴如高傒猶不得敵諸侯然後君臣之分益正與處父異者傒大國之卿命乎天子本當言高仲今言高傒卽是抑之陽處父本當言名氏故更貶去氏其爲降一等同也杜亦云高傒齊之貴卿曷爲就吾微者而盟【注】据暨與公盟也【疏】注据暨至盟也〇舊疏云卽上九年春公及齊大夫盟于暨是也鄂本暨作既誤公也【注】以其日微者不得日大夫盟當出名氏【疏】注以其至得日〇隱元年九月及宋人盟于宿傳曰孰及之內之微者也是微者不日也微者盟例時不能專正故責略之此月者隱公賢君雖使微者有可采取故錄也然則微者且不月此日知非微者矣僖十九年冬會陳人蔡人楚人鄭人盟于齊是微者時矣此詳錄之知爲公〇注大夫至名氏〇成元年臧孫許及晉侯盟于赤棘是大夫盟出名氏矣校勘記云閩本監本毛本同修改本出作書蓋非公則曷爲不言公諱與大夫盟也【疏】通義云于暨言公及齊大夫于防沒公者無君而盟

大夫猶可言也有君而盟大夫公卑矣是以諱之也諸來聘而盟者皆不言公及同此意也

公羊義疏二十二

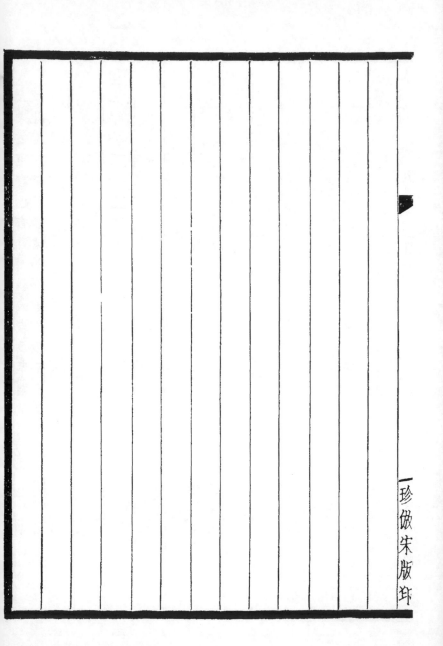

南菁書院

句容陳立卓人著

莊二十二年冬盡二十四年

冬公如齊納幣注納幣即納徵納徵禮曰主人受幣士受儷皮是也禮言納徵春秋言納幣者春秋質也凡婚禮皆用鴈取其知時候唯納徵用玄纁束帛儷皮玄纁取其順天地也儷皮者鹿皮所以重古也疏注納幣至是也〇鄂本納幣不重此衍毛本禮誤者穀梁傳納幣大夫之事也禮有納采有問名有納徵有告朔四者備而後娶禮也禮昏禮記曰納徵執皮攝之內文兼執足左首隨入西上參分庭一在南賓致命釋外足見文主人受幣士受皮者自東出于後自左受遂坐攝皮注士謂若中士下士不命者以主人爲官長此約記文也〇注禮言至質也〇禮昏禮納徵鄭注徵成也使使者納幣以成昏禮賈疏按春秋左氏莊公二十二年冬公如齊納幣不言納徵者孔子制春秋變周之文從殷之質故指幣禮而言周文故以義言之徵成也納此則昏禮成故云徵也按變文從質皆公羊家說賈氏所引當是公羊經淺人習見左氏遂改疏文也〇注凡婚至時候〇禮昏禮納采用鴈注用鴈爲摯者取其順陰陽往來又云賓執鴈請問名又云納吉用鴈如納采禮又云請期用鴈又親迎禮云主人揖入賓執鴈從是昏禮皆用鴈故彼疏引鉤命決云五禮用鴈是也詩邶風匏有苦葉云

雝雝鳴雁傳納采用雁箋云雁者隨陽而處似婦人從夫故昏禮用焉白虎通嫁娶云女子十五許嫁納采問名納吉請期親迎以雁爲摯摯用雁者取其隨時而南北不失其節明不奪女子之時也又是隨陽之鳥妻從夫之義也又取飛成行止成列也明嫁娶之禮長幼有序不相踰越也又昏禮贄不用死雉故用雁也江氏筠讀儀禮私記云方氏苞獨指爲舒雁夫雁不再偶是以取之蓋郊特牲所謂一與之齊終身不改之義也舒雁則無所取矣盛氏世佐儀禮集編云士摯當用雉而雉不可生致故舍雉而用雁記云摯不用死是也○注唯納至儷皮○釋文儷皮本又作麗昏禮云納徵元纁束帛儷皮如納吉禮禮記雜記云納幣一束束五兩兩五尋注納幣謂昏禮納徵也十箇爲束貴成數兩兩合其卷是爲五兩八尺曰尋一兩五尋則每卷二丈也合之則四十尺今謂之匹由匹偶之云與此士大夫禮也天子加以穀圭諸侯則加以大璋周禮玉人云穀圭天子以聘女大璋諸侯以聘女是也庶人則緇帛周禮媒氏純帛不過五兩是也彼注云純實緇字也古緇以才爲聲納幣用緇婦人陰也凡取禮必取其類五兩十端也十者象五行十日相成也蓋庶人卑故直取陰類與蔡氏德晉云納徵最重故特用皮帛而不用雁○注元纁至地也○昏禮注用元纁者象陰陽備也白虎通嫁娶云納徵元纁束帛儷皮元三法天纁二法地也陽奇陰偶明陽道之大也隱元年注束帛謂元三纁二元三法天纁二法地也沈氏彤儀禮小疏云鄭周禮注云五兩十端也必言兩者欲得其配合之名雜記云納幣一束束五兩兩五尋然則每端二丈彼疏云古者二端相向卷之共爲一兩五兩故十端也又鄭雜記注云十箇爲束兩兩合其卷八尺曰尋五兩五尋每卷二尺合之四十丈今謂之匹猶匹偶之云彼疏云一束謂十箇兩兩箇合爲一卷是束五兩也天之正色蒼而元地之正

色黃而纁聖人法天地以制衣裳而別其色故禮服之重者莫不上元而下纁記云皮帛必可制制納幣以元纁重昏禮使制爲盛服也又鄭地官媒氏注納幣以緇婦人陰也凡取禮必用其類士大夫乃以元纁束帛此經注用元纁象陰陽備也然則元爲陽而緇爲陰矣又鄭注此經纁裳緇褍云緇緣者象陽氣下施是緇亦陽也按考工記畫繢之事雜五色東方謂之青南方謂之赤西方謂之白北方謂之黑天謂之元地謂之黃凡五而目有六者元與黑同而異也五方之色單而天之元乃全乎五方之色元入黑而爲緇則諸色潛藏獨見其方之色而已故說文但訓緇爲黑而康成以爲陰類也然所見者雖獨北方之色而天之色實含諸其中故禮服緇與元恆互用而康成又以緇爲陽象不等諸專象北方之黑也蓋專象北方之黑不以青赤黃諸色爲裹或曰凡昏禮無貴賤皆陰陽備鄭乃謂惟士大夫之幣象之豈庶民獨不當象之乎謂娶禮必用其類而以緇則士大夫何爲而不用其類與形謂言非一端各有所當專用緇則取象幽陰兼用元纁則取陰陽之備皆昏禮之義類庶人取其細而不取其大下士也然不用黑而用緇則以緇之中仍備陰陽之色耳又按士冠禮所陳三服元端元裳乃服之下者然在庶人爲上服昏禮所盛則庶人與其妻皆可服元而納幣以緇者緇又降於元也昏禮幽陰故取象北方之色謂象婦人陰者非也○注儷皮至古也○昏禮注云儷兩也執束帛以致命兩皮爲庭實皮鹿皮白虎通嫁娶云儷皮者兩皮也以爲庭實庭實偶也士冠禮主人酬賓束帛儷皮注儷皮兩鹿皮也古文儷爲離九經古義說文麗旅行也鹿之性見食急則必旅行从鹿丽聲禮麗皮納聘蓋鹿皮也譙周古史考云伏羲制嫁娶以儷皮爲禮古文作離者易離象傳曰離者麗也禮記月令曰宿離不貸注離讀如儷偶之儷兩麗者士昏禮注云麗兩也春秋傳曰

為獸猶不失儷是儷為兩也說文作麗所引禮則儀禮也是許所見本作麗鄭本作儷不同白虎通引昏禮作離則鄭注所謂古文儷為離也重古者禮記禮運云昔者先王未有火化食草木之實鳥獸之肉飲其血茹其毛衣其羽皮後聖有作治其麻絲以為布帛卽反本修古義也

納幣不書此何以書注据桓三年公子翬如齊逆女不書納幣譏何譏爾親納幣非禮也注時莊公實以淫泆大惡不可言故因其有事於納幣以無廉恥為譏不譏喪娶者舉淫為重也凡公之齊所以起淫者皆以危致也疏白虎通嫁娶篇納昏禮文云納徵辭曰吾子有嘉命貺室某也某有先人之禮離皮束帛使某也請納徵上某者壻名也下某者壻父名也下次某者使人名也女之父曰吾子順先典貺某重禮某不敢辭敢不承命是納幣皆使人為之莊公親納幣故書示譏也禮記曲禮云非受幣不交不親是則納幣以後始交親矣穀梁傳曰禮公之親納幣非禮也故譏之○注時莊至為譏○下二十三年傳云公一陳佗也注公如齊淫與○注陳佗相似是淫泆大惡也○注不譏至重也○文二年傳納幣不書此何以書譏何譏爾喪娶也娶在三年之外則何譏乎喪娶三年之內不圖昏此文姜之薨始踰年喪娶亦在所譏故解之正以文與文二年同而知非譏喪娶者以彼但遣公子遂故止譏喪娶此特書公親納幣不知遠恥又下二十三年有公至文故知舉淫為重也穀梁注云公母喪未再朞而圖婚傳無譏文但譏親納幣者喪婚不待貶絕而罪惡見○注凡

公至致也○舊疏云即下二十三年春公至自齊夏公如齊觀社公至自齊二十四年夏公如齊逆女秋公至自齊之屬是也凡書至者臣子喜其君父脫危而至故也但納幣無爲有危故書至爲危辭以起其淫也書公至在明年

二十有三年春公至自齊疏毛本自誤曰

桓之盟不日其會不致信之也注据柯之盟不日柯之會不致疏注据柯至不致○即上十三年冬公會齊侯于柯不書日不致是也此之桓國何以致危之也何危爾公一陳佗也注公如齊淫與陳佗相似如一也疏通義云傳公再之桓國皆不致莊公則致故得起有危義其他公如晉如楚悉不致者自是常例耳穀梁疏引徐邈說云不以禮行故致以見危○注公如至一也○即桓六年蔡人殺陳佗傳云陳佗者何陳君也陳君則曷爲謂之陳佗絕也曷爲絕之賤也其賤奈何外淫也惡乎淫淫于蔡蔡人殺之是也公如齊淫亦是外淫故與陳佗如一

祭叔來聘注不稱使者公一陳佗故絕使若我無君以起其當絕因不與天子下聘小人疏釋文祭側界反毛本作蔡通義云祭叔即祭公也爲三公則稱公不爲三公則不稱公按當作祭此周公之後僖二十四年左傳所謂凡蔣邢茅胙祭周公之胤也與管蔡之蔡別范云祭叔天子寰內諸侯是也○注不稱至當絕○舊疏云如此注者正欲決隱七年天王使凡伯來聘九年天王使南季來聘等是王使而皆稱使今此獨不稱使故

決之按穀梁傳其不言使何也天子內臣也不正其外交故不與使也范注引何休廢疾云南季宰渠伯糾家父宰周公來聘皆稱使獨於此奪之何也鄭君釋之曰諸稱使者是奉王命其人無自來之意今祭叔不一心於王而欲外交不得王命來故去使以見之劉氏逢祿申何云如譏祭叔當如祭伯弁絶去聘此不稱使絶莊公淫取仇女于三年喪內比之我無君之例穀梁傳高子以爲不以齊侯使高子傳屈完以爲權在屈完皆非也然則此不稱使明公如陳佗宜絶故不與使又若我無君也閔二年齊高子來盟傳云何以不稱使我無君也是也正以君不敵大夫我無君故鄰國之君不稱使也○注因不至小人○以桓四年注云下去二時者桓公無王而行天子不能誅反下聘之故爲貶見其罪明不宜也與此不與天子下聘小人義同也舊疏云桓公簒逆經於宰渠伯糾來聘仍叔之子來聘猶稱使而不絶之莊公特淫絶之者桓公惡甚故去二時以明不宜莊公罪輕故不言使以見絶因不與天子下聘小人而已左氏無傳

夏公如齊觀社 疏 穀梁傳常事曰視非常曰觀觀無事之辭也

何以書譏何譏爾諸侯越竟觀社非禮也 注 觀社者觀祭社諱淫言觀社者與親納幣同義社者土地之主祭者報德也生萬物居人民德至厚功至大故感春秋而祭之天子用三牲諸侯用羊豕

疏 穀梁傳無事不出竟諸侯非朝聘會盟之事不得出竟今無此諸事而觀齊社祭雖非淫亦不得也○注觀社至同義○繁露

竹林云故言觀魚猶言觀社也皆諱大惡之辭也則諱淫爲大惡也上二十二年公如齊納幣注時莊公實以淫泆大惡不可言故因其有事於納幣以無廉恥爲譏是與彼同也九經古義云鄭氏六經奥論云公如齊觀社左氏曰非禮也公羊曰蓋以觀齊女也穀梁曰非常曰觀按墨子曰燕之祖齊之社稷宋之桑林男女之所聚而觀之也則觀社之義公羊爲長棟案左傳襄二十四年云齊社蒐軍實使客觀之外傳云夫齊棄太公之法而觀民於社然則觀社非古也故左氏以爲非禮穀梁傳曰以是爲尸女也惠氏士奇春秋說云尸女者主爲女而往以社爲名陳佗淫乎蔡莊公淫乎齊讀春秋者疑之未得其說墨子曰燕有祖齊有社宋有桑林楚有雲夢此男女所屬而觀也蓋燕祖齊社國之男女皆聚族而往觀與楚宋之雲夢桑林同爲一時之盛猶鄭之三月上巳士與女合會於溱洧之瀕觀社者志不在社也志在女而已是也齊墨子明鬼又云王里國中里徼二子者訟三年而獄不斷乃盟齊之神社則齊社固著聞矣〇注社者至至大〇白虎通社稷云不謂之神土何封土爲社故變名謂之社利於衆土也又云王者所以有社稷何爲天下求福報功人非土不立非穀不食土地廣博不可徧敬也五穀衆多不可一一祭也故封土立社示有土也御覽引援神契云社者五土之總神禮記疏引異義今孝經說社者土地之王土地廣博不可偏敬故封五土以爲社古左氏說共工氏有子曰句龍爲后土后土爲社許君亦曰春秋稱公社今人有社神爲社公故知社是上公非地祇鄭君駁云社祭土而主陰氣又云社者神地之道謂社神但言上公失之矣然則鄭氏之說以社爲五土總神句龍以有平水土之功配社祀之與此注社者土地之主義合若賈逵馬融王肅之徒以社祭句龍稷祭后稷皆人鬼也非地神見於禮記疏非何氏所取禮記疏又引聖證論王肅難

鄭云禮運云祀帝于郊所以定天位祀社于國所以列地利社若是地應言定地位而言列地利故知社非地爲鄭學者馬昭等通之云天體無形故須云定位地體有形不須云定位故云列地利肅又難鄭云祭天牛角繭栗而用特牲祭社用牛角尺而用太牢又祭天地大裘而冕祭社稷用希冕又唯天子祭天地至令庶民祭社若是地神豈庶民得祭乎爲鄭學者通之云以天神至尊而簡質事之故牛角繭栗而用特牲服著大裘天地至尊天子至貴天子祭社是地之別體有功於人報其載養之功貶降於天子故角尺也祭用希冕取其陰類庶人蒙其社功故亦祭之非是方澤神州之地也肅又難鄭云召誥用牲于郊牛二明后稷配天故止二牲也又云社于新邑牛一羊一豕一明知祭句龍更無配之之人爲鄭學者通之云是后稷與天一尊卑既別不敢同天牲句龍是上公之神社是地祇之別尊卑不甚懸絕故配同牲也肅又難鄭云后稷配天孝經有配天明文后稷不稱天也祭法及昭二十九年左傳云句龍能平水土故祀以爲社不云祀以配社明知社卽句龍也爲鄭學者通之云后稷非能與天同功唯以尊祖配之故不得稱天句龍與社同功故得云祀以爲社而得配社也肅又難鄭云春秋說伐鼓于社責上公不言責地祇明社是上公也又月令命民社鄭注社后土也孝經注云社后土也句龍爲后土鄭既云社后土則句龍也是鄭自相違反爲鄭學者通之云伐鼓責上公者以日食臣侵君之象故以責上公言之句龍爲后土之官其地神亦名后土故左傳云君履后土地稱后土與句龍稱后土名同實異也鄭注云后土者謂地神也非謂句龍也故中庸云郊社之禮注社祭地神又鼓人云以靈鼓鼓社祭注云社祭祭地祇也是社爲地祇也又祭法云王爲羣姓立社曰太社王自爲立社曰王社諸侯爲百姓立社曰國社諸侯自爲立社曰侯社疏大社在庫門內

之右故小宗伯云右社稷王社所在或云與太社同處王社在太社之西崔氏云王社在藉田王所自祭以供粢盛則諸侯亦當然也○注故感至祭之○白虎通社稷云又歲再祭之何春求秋報之義也故月令仲春之月命民社仲秋之月擇元日命民社援神契曰仲春祈穀仲秋獲禾報社祭稷今月令無仲秋之月祭元日命民社之文而御覽五百三十二引禮記月令仲春仲秋皆有之日幷注云養秋成也元日秋分前後戊日按社祭一歲有三仲春命民社一也仲秋命民社二也詩大田以社以方謂秋祭也月令孟冬大割祠於公社三也彼上承天子禮年文知天子亦祭也○注天子至羊豕○白虎通社稷云報社祭稷以三牲何重功故也○尚書曰乃社于新邑牛一羊一豕一王制曰天子社稷皆大牢諸侯社稷皆少牢禮記疏引援神契云報社稷以三牲何重功故也鄭注周禮掌客云三牲牛羊豕共為一牢天子三牲故稱大牢諸侯不用牛故稱少牢也續漢志郡縣置一社稷用羊豕用古諸侯禮也周禮牧人云陰祀用黝牲注陰祀祭地北郊及社稷知天子以牛諸侯以羊皆當用黑牲也白虎通又云宗廟俱太牢社稷獨少牢何宗廟太牢所以廣孝道社稷為報功諸侯一國所報者少故也孝經曰保其社稷而和其民人蓋諸侯之孝也

公至自齊【疏】通義云危致例月此之桓國而致危義已見故不復月

荆人來聘

荆何以稱人【注】据上稱州【疏】注据上稱州○上十年荆敗蔡師于莘十六年荆伐鄭止稱州也始能聘也【注】春秋王魯因其始來聘明夷狄能慕王化修聘禮受正

朔者當進之故使稱人也稱人當繫國而繫荊者許夷狄者不一
而足【疏】注春秋至人也○穀梁傳曰善累而後進之其曰人何也舉道不待再范云明聘問之禮朝宗之道非夷狄之所能
故一舉而進之亦以其能慕王化修聘禮受正朔卽進以與之也繁露觀德云吳楚國先聘我者見賢○注稱人至而足○校勘記
云六經正誤一當作壹按此疏引襄二十九年傳作不壹而足閩本監本毛本亦改爲一漢書陳湯傳御史大夫貢禹博士匡衡以
爲春秋之義許夷狄者不一而足師古曰言制節之不皆稱其所求也上十年傳云州不若國國不若氏氏不若一此稱人當繫國
仍稱人繫州故解之也許夷狄者不一而足見文九年襄二十九年傳文九年楚子使椒來聘傳椒者何楚大夫也楚無大夫此何
以書始有大夫也始有大夫則何以不氏許夷狄者不一而足也又襄二十九年吳子使札來聘傳云札者吳季子之名也春秋賢
者不名此何以名許夷狄者不一而足也是也
公及齊侯遇于穀【疏】穀梁傳曰及者內爲志焉爾
蕭叔朝公【疏】杜云蕭附庸國叔名齊氏召南考證云按十二年傳蕭叔大心似此人字叔名大心也杜以附庸之君例稱名
故以叔爲名耳
其言朝公何【注】据公在內不言朝公在外言會【疏】注据公至朝公○卽隱十一年
春滕侯薛侯來朝之屬是○注在外言會○舊疏云定十四年邾婁子來會公及公會某侯之屬皆是也公在外也【注】

時公受朝於外故言朝公惡公不受於廟 疏 穀梁傳曰其不言來於外也朝於廟正也於外非正也通義云公在穀而蕭君以朝禮見也附庸方三十里者字○注時公至於廟○隱七年注云不言聘公者禮聘受之於太廟孝子謙不敢以己當之歸美於先君且重賓也又十一年注云不言朝公禮朝受之於大廟與聘同義此言朝公故惡之也顧氏棟高賓禮表云禮朝聘受於太廟書朝公志公之倦而蕭叔之簡也交譏之杜云就穀朝公故不言來凡在外朝則禮不得具嘉禮不野合正義文連遇于穀是就穀朝公穀是齊地故不言來也

秋丹桓宮楹

何以書譏何譏爾丹桓宮楹非禮也 注 楹柱也丹之者爲將娶齊女欲以誇大示之傳言丹桓宮者欲道天子諸侯各有制也禮天子斲而礱之加密石焉諸侯斲而礱之不加密石大夫斲之士首本失禮宗廟例時 疏 左傳曰秋丹桓宮之楹二十四年春刻其桷皆非禮也繁露王道云作南門丹楹刻桷作雉門及兩觀築三臺新延廐譏驕溢不恤下也左傳御孫諫曰儉德之共也侈惡之大也先君有共德而君納諸大惡無乃不可乎○注楹柱也○說文木部楹柱也釋名釋宮室楹亭也亭亭然孤立旁無所依也考工記輪人以蓋松爲桯桯郎楹也爾雅釋宮其上楹謂之梲注侏儒柱也禮疏引李巡曰梁上短柱也又引孫炎曰梁上侏儒柱一作棳釋名又云棳儒梁上短柱也則楹有二楹

本柱名因之梁上短柱亦名楹也○注丹之至示之○穀梁傳云丹楹非禮也又下二十四年傳云刻桷非正也夫人所以崇宗廟也取非禮與非正而加之於宗廟以飾夫人非正也注非禮謂取仇女非正謂刻桷丹楹也本非宗廟之宜故曰加言將親迎欲爲夫人飾又非正也白虎通嫁娶云婦入三月然後祭行舅姑既歿亦婦入三月奠采于廟禮昏禮云若舅姑既歿則婦入三月乃奠菜席于廟奧東面右几席于北方南面注廟考妣之廟詩齊風南山云取妻如之何必告父母傳告於禰廟明三月告廟亦宜於禰時哀姜無舅姑宜行禮桓宮知丹楹刻桷皆爲夫人廟見所以誇大之也下二十四年左傳杜注云將迎夫人故爲盛飾是也江氏筠讀儀禮私記云賈疏引曾子問三月一廟見云云謂卽祭于禰也曾子問孔疏則謂廟見奠菜祭禰是一事萬氏充宗云然則舅姑在者高曾祖禰之廟可以不見乎觀曾子問又云女未廟見而死不遷于祖不祔於皇姑所以不遷不祔者以未廟見也曰祖曰皇姑則知廟見及高曾祖之矣今按曾子問所云廟見是專指舅姑在者其所云祭禰卽此經之奠菜指舅姑歿者非謂舅姑歿者止行祭禰而別無廟見又非卽祭禰而廟見如注疏家之說也或曰經既著奠菜之禮矣何以不并著廟見之文曰經本詳初昏及夙與事初不及三月而後其言奠菜者特以見舅姑禮及之非主爲廟見致詳焉褚氏寅亮儀禮管見云舅歿姑存則當時見姑亦三月廟見舅若姑歿舅存則婦人無廟可見斯不行奠菜之禮矣賈疏極分明庾氏蔚之謂舅姑偏有歿者見其存者不須見亡者豈禰廟可以不見乎崔氏靈恩謂盥饋於存者廟見於亡者當舅見在姑未有專廟又何由而見乎皆屬一偏之見疏謂婦人無廟以舅尚在則權祔於皇祖姑之廟耳既入皇祖姑之廟矣乃竟專見姑乎事有難處故姑沒舅存斷以不見爲正三月祭行達禮也三

日祭菜變禮也不可混而爲一孔穎達謂奠菜之禮適婦乃得行之庶婦則否矣按三月廟見專爲舅姑既歿所以代舅姑存時盥饋之禮故止於禰廟婦人必舅姑授之室使代己然後乃主祭故舅姑在則降自阼階以著代矣若舅姑歿則無所受故先見禰廟若受之舅姑者然後可以助行時祭也非謂婦人不見祖曾以上也李如圭儀禮集釋云凡言廟者皆禰廟昏禮行事於廟記云受諸禰廟是也其非禰廟則舉廟名以別之若祖廟祧廟是也故鄭彼注以廟爲考妣廟也莊公所爲飾以誇大之與○注傳言至制也○毛本宮作公誤穀梁傳曰天子諸侯黝堊大夫倉士黈御覽引作天子丹諸侯黝堊所謂天子諸侯各有制也大夫僭用天子禮故云丹桓宮楹非禮也穀梁又云斥言桓宮以惡莊不言新宮而言桓宮以桓見殺于齊而飾其宗廟以榮仇國之女惡莊不子公羊無此義○注禮天至首本○國語晉語云趙文子爲室斲其椽而礱之韋注椽榱也礱石磨焉又云張老夕焉而見之曰天子之室斲其椽而礱之加密石焉注密細密文理石謂砥焉先粗礱之加以密砥又云諸侯礱之注無密石焉又云大夫斲之注不礱士首之注斲其首也詩疏引書大傳云天子之堂其桷天子斲其材而礱之加密石焉大夫達稜士首本鄭注礱礪之也密石砥之也禮器疏引含文嘉云士首本者士斲去木之首本令細與尾頭相應下二十四年穀梁傳曰禮天子之桷斲之礱之加密石焉諸侯之桷斲之礱之大夫斲之士斲本按何氏所引晉語文止言榱桷之制與楹無涉故舊疏謂此何氏於丹楹下總言之矣按說文石部礱下作天子之桷椓而礱之段注椓當依類篇所引作斲穀梁傳尚書大傳晉語公羊注皆作斲可證稜者謂斲其通體成稜故曰達稜首本者斲其首也鹽鐵論散不足云及其後世采椽不斲茅茨不翦無斲削之事磨礱之功大夫達稜士本首庶人斧

成木構而已是也○注失禮至例時○舊疏云正謂此文是也下二十四年三月刻桓宮桷書月者以其功重故也此謂失禮修營之例也若其祭祀失禮者則書日是以隱五年初獻六羽下注云失禮鬼神例日是也若始造宗廟而失禮者亦書日即成六年春王二月辛巳立武宮是也而定元年九月立煬宮亦非禮而不日者所見之世其恩尤厚故不爲書日使若得禮然義或然也

冬十有一月曹伯射姑卒注曹達春秋常卒月葬時也始卒日葬月嫌與大國同後卒而不日入所聞世可日不復日疏注曹達至時也○文九年秋八月曹伯襄卒冬葬曹共公昭十八年春王三月曹伯須卒秋葬曹平公是也其宣十四年夏五月庚申曹伯壽卒書日者彼注云日者公子喜時父也緣臣子尊榮莫不欲與君父共之故加錄之所以養孝子之志許人子者必使人父也其有卒葬在日月下者不蒙日月矣當文各自有解○注始卒至不日○注卽桓十年春王正月庚申曹伯終生卒夏五月葬曹桓公是也彼注云卒日葬月者曹伯年老使世子射姑來朝春秋敬老重恩故爲恩錄之嫌與大國同者隱四年注卒日葬月達于春秋爲大國例是也通義云曹鄭皆同姓之伯然曹唯終生錄卒葬與鄭同射姑以後遂月卒時葬達於春秋蓋貶之也春秋雖亡國數十率以弱小不能自存唯曹列於成國而當春秋之中先見覆滅傳曰國於天地有與立焉不數世淫弗能饗焉曹其是矣莊有不子之惡其嗣僖公不用忠臣之諫死於戎寇昭公繼之好奢而任小人蜉蝣之詩始作共公繼之數侵取地乘軒者三百人其後負芻又最著有惡行故春秋一切略其卒葬言乎曹之君世濟其無道以至於亡也所以深惡曹而爲有國者戒也○注入所至復日○舊疏云卽文九年

秋八月曹伯襄卒是曹爲小國入所聞之世正合卒月而言可日者正以傳聞之世已得錄之故所聞世可以書日但以嫌同大國故不日矣通義云俗儒輒以爲舊史無日春秋因之春秋采列國之史豈僅見魯史且魯史亦何憾於曹而獨世世闕其卒日哉終生遠而日存午露近而日闕抑又理所不然

十有二月甲寅公會齊侯盟于扈 疏 經書十二月甲寅月之六日扈大事表云杜注鄭地在滎陽卷縣西北後漢志卷縣有扈城亭今原武縣西北有扈亭是也原武屬開封府今改屬懷慶府按齊魯俱在東遠會鄭地未知何事或別有扈與

桓之盟不日此何以日危之也何危爾我貳也 注 莊公有淫泆汚貳之行 疏 注莊公至之行○諸本同鄂本汚作汙校勘記云按淫泆二字當衍釋文出有汙二字疏標注汙貳之行四字解云莊公之行既不清絜又不專壹故謂之汙貳矣是本無淫泆可知通義云貳義如傳瑕貳之貳言我事齊有惑心後齊人降鄣師次于成是其驗也不從下幽之盟日者時有他國嫌非獨我貳故於公專盟爲不信辭不言及言會者著我貳無汲汲之意按汙貳不詞汙疑汙貣之譌貣與忒通書洪範二衍忒史記注引鄭注云卦象不變故言衍貣也是鄭本作貣易象傳曰四時不忒京房忒作貣禮月令無或差貣貣即忒也呂覽正作忒張參五經文字貣相承或借爲貳字是也詩大雅瞻卬鞫人忮忒毛傳忒變也爾雅釋言爽忒也孫炎注忒變雜不一傳意謂莊公之行卑汙變雜也作貣者叚借字說文貝部貣从人求物也貣之本義兪氏樾

云傳文止言貳不言汙而何解以爲汙貳蓋以汙釋貳也若如疏義分汙貳爲二則汙字增出矣今案貳當讀爲膩玉篇肉篇膩垢膩也垢膩則有汙義古字卽以貳爲之廣雅釋言貳膩汙也王氏念孫疏證貳當作膩然與下魯子曰不貫

魯子曰我貳者非彼然我然也注嫌上說以齊惡我貳相疑而盟故日也解言非齊惡我也我行汙貳動作有危故日之也疏通義云我貳則不信在我非在彼也故日之於桓無損也○注嫌上至之也○校勘記云鄂本說作託此誤言鄂本以下同毛本言誤云注意嫌魯託以齊惡我貳相疑而盟故日故魯子解之曰非彼然我然也言非齊惡我實我動作有危故日之也

二十有四年春王三月刻桓宮桷疏說文木部桷榱也椽方曰桷引春秋傳刻桓宮桷也又榱椽也秦名屋椽也周謂之椽齊魯謂之桷爾雅釋文引字林云周人名椽曰榱齊魯名榱曰桷爾雅釋宮桷謂之榱注屋椽釋名釋宮室云桷确也其形細而疏确也或謂之椽椽傳也相傳次而布列也或謂之榱在檼旁下列衰衰然垂也易漸或得其桷虞注桷椽也方者謂之桷方言周謂之榱齊魯謂之桷詩商頌松桷有梴刻者爾雅釋器金謂之鏤木謂之刻

何以書譏何譏爾刻桓宮桷非禮也注與丹楹同義月者功重於丹楹疏漢書劉向傳及魯嚴公刻飾宗廟多築臺囿後嗣再絕春秋刺焉通義云此傳不直言丹楹刻桷非禮必全舉經句者本不當丹刻既丹刻尤不當加後爾廟推經譏含兩義故特連桓宮言也○注與丹楹同義○上二十三年丹桓宮楹注云丹之

者爲將娶齊女欲以誇大示之是也○注月者至丹楹○舊疏云
正以失禮宗廟例時故如此解通義云春秋之法同事而再失禮
則後事重錄之蓋丹者
髹塗之刻則加雕鏤焉

葬曹莊公 疏 舊疏云雖在月
下不蒙上月也

夏公如齊逆女

何以書親迎禮也 注 譏淫故使若以得禮書也禮諸侯既娶三月然後夫人見宗廟見宗廟然後成婦禮 疏 穀梁傳親迎恆事也不
志此其志何也不正其
親迎於齊也按穀梁舉其實此舉其文諱之深即貶之甚公羊以
爲禮正春秋重貶之義也說苑修文云公如齊逆女何以書親迎
禮也其禮奈何曰諸侯以屨二兩加琮大夫庶人以屨二兩加束
修二曰某國寡小君使寡君奉不珍之琮不珍之屨禮夫人貞女
夫人曰有幽室數辱之產未諭於傅母之教得承執衣裳之事敢
不敬拜祝祝答拜夫人受琮取一兩屨以履女正笄衣裳而命之
曰往矣善事爾舅姑以順爲宮室無二爾心無敢回也女拜乃親
引其手授夫于戶夫迎手出戶夫行女從拜辭父于堂拜諸母於
大門夫先升輿執轡女乃升輿轂三轉然後夫下先行大夫士庶
人稱其父曰某之父某之師友使某執不珍之屨不珍之束修敢
不敬禮某氏貞女母曰有草茅之產未習於織紝紡績之事得奉
箕帚之事敢不敬拜彼敘親迎常儀於此經義未及也○注譏淫
至書也○舊疏云魯侯如齊本實淫通非謂親迎而往但春秋之
意以其大惡不可言之要以言其逆女使若得禮而書矣公羊禮

說云問者曰莊二十四年公如齊逆女傳何以書親迎禮也此非諸侯越國親迎之明文乎曰此變例也公淫於齊女內大惡不可言然諸侯之禮非朝時不踰竟然則公何爲至齊乎故變例書如齊者逆女故耳傳從經爲諱辭故曰禮也而即於二十七年正之莒慶來逆叔姬傳何譏爾大夫越竟逆女非禮也言大夫越竟非禮則公之如齊非禮可知何注大夫位重逆女於政事有所損曠故竟內乃得親迎所以屈私赴公也則諸侯任重於大夫更無越竟之事按大夫不外娶故譏莒慶以隱二年譏紀侯不親迎例之則公之親迎自爲得禮其實淫齊女爾故春秋深諱之諱之所以貶之也通義云白虎通義云外屬小功已上不得娶故春秋傳曰譏娶母黨也今傳無此文似亦嚴顏二家之異春秋書娶者五桓宣皆娶于姜桓母子氏宣母熊氏文公娶於大夫則非僖夫人之黨得譏母黨者莊成二公而已未知傳文本在何篇內逆女例月而此及僑如逆女不月容即以娶母黨失正略之與律禁舅之子姑之子相爲昏姻實春秋之義也通典引袁準正論云今之人外內相婚禮與曰中外之親近于同姓同姓且猶不可而況中外之親古人以爲無疑故不制也今以古之不言因謂之可婚是不知禮者也按白虎通謂小功已上不得娶句疑外親不過緦麻唯從母與外祖父母以名加至小功小功已上無外屬也若謂緦麻已上通不得娶則但云外屬不得娶明矣何爲贅緦麻已上之文乎亦斷無娶從母之理豈春秋時諸侯容有失禮而娶者故春秋先師有譏娶母黨之文誠如孔氏所斥莊成二君者故白虎通采之與○注禮諸至婦禮○禮昏禮載婦入三月奠菜禮云祝告稱婦之姓曰某氏來婦敢奠嘉菜于皇舅某子又曰某氏來婦敢告于皇姑某氏婦出老醴婦于房中南面如舅姑醴婦之禮壻饗婦送者丈夫婦人如舅姑饗禮又記云婦入三月然後祭行注入夫之

室三月之後於祭乃行謂助祭也是三月廟見之後乃得與祭禮記曾子問所謂三月而廟見稱來婦也擇日而祭于禰成婦之義也若未廟見則曾子問云女未廟見而死歸葬于女氏之黨示未成婦也是也彼注云必祭成婦義者婦有共養之禮猶舅姑存時盥饋特豚於室昏義云質明贊見婦於舅姑婦執笲棗栗腶脩以見贊醴婦婦祭脯醢祭禮成婦禮也韋氏協夢儀禮集解云祭謂四時常祭祭行謂至是遇有祭祀婦乃行也則三月之前雖有祭事婦亦不行不行者未成婦也程氏瑤田通藝錄云助祭自兼適婦庶婦言賈疏惟指適婦未備若三月廟見則惟適婦以廟見奠菜象盥饋庶婦不饋則亦不奠菜也按主祭自止適婦若廟見所以成婦豈庶婦遂不令成婦乎其異於適者使人醮之不饋耳程氏謂庶婦不饋亦不奠菜非舊疏云注言此者欲道莊公夫人未至于國而行婦事疑非正禮明矣按莊公先淫後取未婦而婦故注据禮正之

秋公至自齊 疏 穀梁傳迎者行見諸舍見諸先至非正也

八月丁丑夫人姜氏入 疏 包氏慎言云經八月丁丑夫人姜氏入戊寅大夫宗婦覿用幣曆八月無丁丑戊寅七月之三日四日也魯齊地密邇公以夏迎夫人以秋入疑當在七月經於月上先書秋公至自齊下書夫人之入別其月與日者公羊所謂夫人不僂不可使入與公有所約然後入蓋著公之臭要也非公迎夫人先以七月至夫人於八月方入傳寫誤七月為八月耳按於曆如七月丁丑當二日戊寅當三日

其言入何 注 据夫人姜氏言至不言入 疏 注据夫至言入○即桓三年書夫人姜氏至自

齊是也難也其言日何注据夫人姜氏至不日疏注据夫至不日○即桓三年書九月

夫人姜氏至自齊不日是也難也其難奈何夫人不僂不可使入與公有所約然後入注僂疾也齊人語約約遠媵妾也夫人稽留不肯疾順公不可使即入公至後與公約定八月丁丑乃入故爲難辭也夫人要公不爲大惡者妻事夫有四義雞鳴縰笄而朝君臣之禮也三年惻隱父子之恩也圖安危可否兄弟之義也樞機之內寢席之上朋友之道不可純以君臣之義責之疏注僂疾也齊人語○校勘記云段云僂即婁婁即今屢字訓數亦訓爲疾荀子儒效云雖有聖人之知未能僂指也又云賣之不可僂售也楊注並云僂疾也通義云僂俯也不僂者蓋不伏順於公之謂未免迂迴爾雅釋詁屢疾也屢即婁之俗體釋言云婁亟也說文婁務也務趣也趣亟皆有疾義詩小雅角弓云式居婁驕釋文婁力住反數也又賓之初筵傳正月巧言箋皆云屢數也禮記祭義云趨以數數注趨讀如促數之言速也速亦訓疾也兪氏樾云按夫人不肯疾順公則當云夫人不順不可使入不當云夫人不疾不可使入然則何解僂字非也僂當讀爲摟說文手部摟曳聚也古或以婁爲之詩山有樞篇弗曳弗婁毛傳婁猶曳也釋文引馬注曰婁牽也是摟有牽曳之義公入而夫人亦入是相牽曳而入也不摟者言不可牽曳也摟僂同聲故得通用相牽曳謂之僂猶絲相牽曳謂之縷也說文辵部遱連遱也言

部讓謎讓也行步相連謂之邊言語相連謂之讓其義並通矣按
訓疾亦無不可通不必改作摟解○注約約至辭也○杜注左傳
引此文說之云蓋以孟任故疏引釋例曰莊公顧割臂之盟崇寵
孟任故即位二十三年乃娶元妃雖丹楹刻桷身自納幣而有孟
任之嫌故與姜氏俱反而異入經所以不以至禮書也按公羊無
孟任割臂事故注以爲約遠媵妾然國君十五而生子明宜及早
迎娶莊公至此年已三十餘無爲而不娶則左傳所載孟任爲夫
人事必其實有子般爲莊公嫡子季友所以以死奉之惟割臂要
盟六禮不備又內娶國中皆大惡春秋諱而不書嗣鄭瞻自齊逃
來信其計策外淫齊女復又貪戀哀姜背棄孟任故此稽留不肯
疾順必約定然後入也○注夫人至責之○各本雞作鷄依毛本
白虎通嫁娶云婦事夫有四禮焉雞初鳴咸盥漱櫛縰笄總而朝
君臣之道也惻隱之恩父子之道也會計有無兄弟之道也閨閫
之內衽席之上朋友之道也詩齊風雞鳴傳云東方明則夫人纚
笄而朝正義引列女傳魯師氏之女齊姜戒其女云平旦纚笄而
朝則有君臣之嚴蓋本之列女傳矣御覽引列女傳齊姜戒其女
而答之曰夫婦人以順從爲務貞慤爲首故婦事夫有五義焉平
旦纚笄而朝則有君臣之嚴沃盥饋食則有父子之敬報反而行
則有兄弟之道必期必誠則有朋友之信寢席之交然後有夫婦
之際與此微異詩疏又云或以爲夫人纚笄而朝謂聽治內政按
列女傳稱纚笄而朝有君臣之嚴謂朝於夫非自聽朝也特牲饋
食及士昏禮皆云纚笄綃衣則首服纚笄衣當綃衣矣李氏黼平
毛詩紬義云古者雞初鳴盥漱櫛畢以纚韜髮以笄固髻纚笄畢
尚須加總若有祭祀等事又須加被首之服如周禮所謂副編次
葛覃傳所謂婦人有副褘盛飾以朝事舅姑接見於宗廟進見於
君子是也毛進見之服雖不必與鄭同服被褐然纚笄後亦必有

加飾可知毛傳言纚笄而朝謂纚笄後即須朝見其致敬耳諸言纚笄而朝者其義皆當如此三年惻隱未知何指或妻之於夫如子之於父皆服三年尊親之恩同與樞機者詩邶風谷風云不遠伊邇薄送我畿傳畿門內也畿即機故惠氏棟毛詩古義云呂覽曰招蹶之機高注招至也蹶機門內之位也輦於宮中遊翔至于蹶機故云務以自佚詩曰薄送我畿此不過蹶之謂然則樞機之內即謂門內也注意書入起夫人要公故爲難辭不爲諱明不爲大惡以有四義故也舊疏云所傳聞之世內大惡皆諱而不書今而書之故知然也

戊寅大夫宗婦覿用幣

宗婦者何大夫之妻也疏通義云宗婦猶言主婦杜范等以爲同宗之婦非也左傳哀姜至公使宗婦覿明非大夫亦覿大夫宗婦者言大夫之宗婦耳穀梁傳曰禮大夫不見夫人不言及不正其行婦道故列數之也則以大夫宗婦爲二尋下傳止舉婦贄更不言大夫曷用是傳意與左氏同與穀梁異古人訓詁最精如喪服爲大夫命婦者傳曰大夫者其男子之爲大夫者也命婦者其一婦人之爲大夫妻者也大夫本無庸釋恐讀者惑於大夫命婦爲一婦故兼釋之引彼證此即知此不兼釋者是以大夫宗婦爲一矣公羊禮說云春秋之例公與夫人不直書而必言及所以別尊卑也今大夫宗婦不言及何也曰此大夫之婦本一人無庸及也何以知爲一人曰傳言宗婦者大夫之妻也又言棗栗云乎腶脩云乎此婦人之禮不通於男子者也士昏禮婦執笲棗栗又云受笲腶脩曲禮婦人之贄椇榛脯脩棗栗是也如是則書宗婦足矣曰有宗婦之夫而不爲大夫者有庶子爲大

夫而其妻不得謂宗婦者言大夫宗婦指宗子爲大夫而其妻爲宗婦者也古有此文法乎曰公羊喪服皆子夏所傳文法相同故喪服傳曰大夫者男子爲大夫者也命婦者婦人爲大夫妻者也文法與此一例小君至大夫宗婦有贄見小君之禮乎曰經無明文以記推之似有也雜記婦見舅姑兄弟姑姊妹皆立於堂下据此有贄見之禮矣必言宗婦者書傳云宗子燕族人於堂宗婦燕族人婦於房皆統理族人故古人重大宗也沈氏欽韓左傳補注云禮有內宗外宗鄭云王同姓之女謂之內宗王諸姑姊妹之女謂之外宗外宗又得兼母之黨雜記又有外宗爲君夫人猶內宗也鄭云謂姑姊妹舅之女及從母皆是又有同姓大夫之妻喪大記所云外命婦也又有外親之婦亦謂之外宗服問注外宗君外親之婦也經言大夫宗婦覿則外內宗之嫁大夫者及同姓大夫之妻覿耳非謂大夫與宗婦雙雙而至也尋傳文並不言大夫見小君其言男女同贄直謂婦人而用幣是無別於男子故志其非禮杜既憒憒疏強扶其說又無證据徒謂小君與君同體義亦當見空疏無術豈能撰禮記正義者此真孔氏手筆矣列女傳孽嬖亦載此事云婦贄無別是男女無別也較諸傳語尤明則杜之謬灼然矣按白虎通瑞贄篇引公羊傳曰宗婦覿用幣是亦以無大夫也

覿者何見也疏穀梁傳覿見也說文人部儥見也段注云儥訓見即今之覿字也釋詁曰覿見也公羊穀梁傳士昏禮聘禮論語鄭注國語韋注皆同按經傳今皆作覿覿行而儥廢矣許書無覿字以他字例之蓋禮經古文作儥今文作覿許从古文不從今文大徐改見爲賣非按漢書五行志宗婦見用幣以見代覿非有別本也左傳昭四年云西陸朝覿而出之亦謂朝見也

用者何用者不宜用也注不宜用幣爲贄也疏注不宜至贄也〇穀梁傳曰男子之

贄羔鴈雉腒婦人之贄棗栗鍛脩用幣非禮也用者不宜用者也左傳云男女同贄是無別也謂不宜用幣也惟穀梁以大夫亦見爲異彼云大夫國體也而行婦道惡之也公羊所不取見用幣非禮也【注】以文在覿下不使齎見知非禮也【疏】注以文至禮也○通義云見禮也用幣非禮也不言用幣覿言覿用幣者舉常事於上著失禮於下舊疏云若其是禮宜言大夫宗婦用幣覿也然則曷用棗栗云乎腶脩云乎【注】腶脩者脯也禮婦人見舅姑以棗栗爲贄見女姑以腶脩爲贄見夫人至尊兼而用之云乎辭也棗栗取其早自謹敬腶脩取其斷斷自脩正執此者若其辭云爾所以敘情配志也凡贄天子用鬯諸侯用玉卿用羔大夫用鴈士用雉雉取其耿介鴈取其在人上有先後行列羔取其執之不鳴殺之不號乳必跪而受之類死義知禮者也玉取其至清而不自蔽其惡潔白而不受汙內堅剛而外溫潤有似乎備德之君子鬯取其芬芳在上臭達於天而醇粹無擇有似乎聖人故視其所執而知其所任矣日者禮夫人至大夫皆郊迎明日大夫宗婦皆見故著其日也大夫妻言宗婦者大夫爲

宗子者也族所以有宗者爲調族理親疏令昭穆親疏各得其序也故始統世世繼重者爲大宗旁統者爲小宗小宗無子則絕大宗無子則不絕重本也天子諸侯世以三牲養禮有代宗之義大夫不世不得專宗著言宗婦者重教化自本始也疏唐石經諸本同釋文作斷脩丁亂反注同本又作腶音同十行本腶誤服今訂正儀禮石經作段與石本原刻同白虎通瑞贄云婦人之贄以棗栗腶脩者婦作段釋文作段瞿氏中溶云石本原作段朱梁重刻譌作腶陸氏人無專制之義御衆之任交接辭讓之禮職在供養饋食之閒其義一也故后夫人以棗栗腶脩者凡內脩陰也又取其朝早起栗戰慄自正也故春秋傳曰宗婦覿用幣非禮也然則曷用棗栗云乎腶脩云乎左傳女贄不過榛栗棗脩以告虔也國語魯語云婦贄不過棗栗禮記曲禮云婦人之摯椇榛脯脩棗栗注婦人無外事見以羞物也正義婦人無外事唯初嫁用摯以見舅姑故用此六物爲贄也〇注腶脩者脯也〇白虎通瑞贄云腶脩者脯也通義云肉切而乾之曰脯加薑桂鍛曰腶脩周禮內饔凡掌共羞脩腶脯也有司徹云入于房取糗與腶脩注腶脩擣肉之脯曲禮疏脯搏肉無骨而曝之脩取肉鍛治而加薑桂乾之如脯周禮腊人鄭注云薄析曰脯捶之而施薑桂曰鍛脩鍛脩與脯大同故以腶脩爲脯矣釋文云腶脯加薑桂曰脩其實脯與腶脩大同而微異舊疏云正以穀梁傳云束脩之肉不行竟外以肉言之故知脩爲脯矣又下曲禮婦人之贄脯脩棗栗謂之脯脩其義益顯蓋不鍛者曰脯鍛者曰脩皆乾肉而薄切者也周官腊人凡四獸之脯腊

臙胖之事蓋兼有之矣○注禮婦人至用之○此禮昏禮疏引此注云禮婦人見舅以棗栗爲贄見姑以腶脩爲贄此上衍姑字下衍
女字當据正按昏禮云質明贄見婦于舅姑席于阼舅即席席于房外南面姑即席婦執笲棗栗自門入升自西階進拜奠于席舅
坐撫之興答拜婦還又拜是見舅以棗栗事也又云降階受笲腶脩升進北面拜奠于席姑坐舉以與拜授人是見姑以腶脩事也
見夫人至尊故兼用之敖繼公儀禮集說謂於舅並用棗栗見姑惟用腶脩則是以見夫人之禮見舅其說非也○注云乎棗栗辭也○
大戴禮曾子天圓篇而聞之云乎論語陽貨篇玉帛云乎哉是皆語辭也通義云不質言之者或棗栗也可或腶脩也可科取其一
非必兼用亦通○注棗栗至謹敬○穀梁注棗取其早自矜莊栗取其敬栗按何氏以早詁棗謹敬詁栗也魯語韋注棗取其早起
栗取敬栗左傳疏引先儒說以爲栗取其戰栗也棗取其早起也鄂本自誤目下同○注腶脩至以脩正○穀梁傳作鍛脩注鍛脩取
斷斷自脩整禮記昏義云棗栗段脩作段同左疏引先儒亦以爲脩取其自脩也鄂本正作止誤○注執此至志也○引杜注以告虔
也云虔敬也皆取其名以示敬白虎通瑞贄篇贄者質也質己之誠致己之悃愊也○注凡贄至用雉○舊疏云皆贄下曲禮文彼言
諸侯用圭此言玉者蓋所見異也繁露七十二云凡執贄天子用暢公侯用玉卿用羔大夫用雁御覽引異義許氏謹案周禮說五
玉摯自公卿以下執禽尊卑之差也按玉字衍周禮大宗伯職以禽作六摯以等諸侯孤執皮帛卿執羔大夫執雁士執雉庶人執
鶩工商執雞禮記曲禮云凡贄天子鬯諸侯圭卿羔大夫雁士雉庶人之摯匹此不及庶人以下蓋亦以摯有五也故御覽引異義
又云禮不下庶人工商又無朝儀五經無說工商有贄也白虎通又云王者緣臣子之心以爲之制明亦不及庶人以下校勘記云

此本雉誤雞依諸本訂正○注雉取其耿介○大宗伯注雉取其守介而死不失其節白虎通云士以雉為贄取其不可誘之以食
懾之以威必死不可生畜士行耿介守節死義不當移轉也說苑脩文云雉者不可指食籠狎而服之故士以雉為贄禮士相見禮
冬用雉注取其耿介交有時別有倫也○注雁取至行列○白虎通瑞贄云大夫以雁為贄者取其飛成行止成列也大夫職在奉
命適四方動作當能自正以事君也繁露云雁乃有類於長者長者在民上必施然有先後之隨必傚然有行列之治故大夫以為
贄大宗伯注雁取其候時而行說苑云雁者行列有長幼之禮故大夫以為贄士相見禮大夫相見以雁注雁取其知時飛翔有行
列也經義述聞云士昏禮記曰摯不用死鄭注摯雁也是雁乃生者鴻雁野鳥不可生服得之則死若以鴻雁為摯則是死物也而
記云摯不用死則非鴻雁可知又士相見贄冬用雉夏用腒是四時皆有執摯之禮鴻雁孟春北去仲秋始來夏月無雁之時下大
夫將何為摯乎由是言之所用必非鴻雁矣雁蓋鵝也鵝乃常畜之物故四時用之曲禮獻鳥者佛其首畜鳥者則勿佛也鄭注佛
其首曰為其喙害人也今若執鴻雁亦當佛其首而士相見禮但云飾之以布維之以素而無佛首之文則其為畜鳥明矣李涪刊
誤曰壻執雁入奠執摯之義也雁是野物非時莫能致故以鶩替之者亦曰奠雁爾雅舒雁鶩鶩亦雁之屬也按鶩亦謂之雁古人
奠用雁正謂用鶩非謂用在野之雁而後人以鶩代之也○注羔取至用者也○白虎通瑞贄云卿以羔為贄羔者取其羣而不黨卿
職在盡忠率下不阿黨也大宗伯注羔取其羣而不失其類說苑云羔者羊也羊羣而不黨故卿以為贄士相見禮上大夫相見以
羔注羔取其從率羣而不黨也繁露云羔有角而不任設備而不用類好仁者執之不鳴殺之不嗁類死義者羔食其母必跪而受

之類知禮者故羊之爲言猶祥與故卿以爲贄○注玉取至君子
○白虎通瑞贄云公侯以玉爲贄者玉取其燥不輕濕不重明公
侯之德全也說苑云圭者玉也薄而不撓廉而不劌有瑕於中必
見於外故諸侯以玉爲贄又雜言篇云玉有六美君子貴之望之
溫潤近之栗理聲近徐而聞遠折而不撓闕而不荏廉而不劌有
瑕必示之於外是以貴之望之溫潤者君子比德焉近之栗理者
君子比智焉聲近徐而聞遠者君子比義焉折而不撓闕而不荏
者君子比勇焉廉而不劌者君子比仁焉有瑕必見之外者君子
比情焉繁露云玉有似君子潤而不汙是仁而至清潔也廉而不
殺是義而不害也堅而不磬過而不濡視之如庸展之如石狀如
石搔而不可從繞潔白如素而不受汙玉類備者故公侯以爲贄
是也○注鬯取至聖人○白虎通殄黜云鬯者以百草之香鬱金
而合釀之成爲鬯詩大雅江漢云秬鬯一卣傳鬯香草也築煑合
而鬱之曰鬯周禮春官序官注鬯釀秬爲酒芬香條暢於上下也
說文鬯部鬯以𩰪釀鬱艸芬攸伏以降神也說苑云鬯者百草之
本也上暢於天下暢於地無所不暢故天子以鬯爲贄繁露云暢
有似於聖人者純仁淳粹而有知之貴也擇於身者發爲德音發
於事者盡爲潤澤積美揚芬香以通之天暢亦取百香之心獨未
之合之爲一而達其臭氣暢天子其淳粹無擇與聖人一也故天
子以爲贄而各以事上也○注故觀至任矣○繁露云觀贄之意
可以見其事白虎通云差其尊卑以副其意也○注日者至日也
○毛本迎誤遊○注大夫至者也○詩常棣疏云春秋大夫宗婦
覿用幣謂之宗婦明是宗族之婦也故賈杜皆云宗婦同姓大夫
之婦襄二年傳曰葬齊姜齊侯使諸姜宗婦來會葬諸姜謂齊同
姓之女宗婦謂齊同姓之婦是同姓大夫之婦名爲宗婦也按同
宗之婦未免過多故何氏專指大夫爲宗子之婦言與○注族所

至序也○各本親下有疏字依鄂本刪按各本係涉上親疏之誤衍也白虎通○宗族篇宗者何謂也宗者尊也爲先祖主者宗人之所尊也禮曰宗人將有事族人皆侍古者所以必有宗何也所以長和穆也大宗能率小宗小宗能率羣宗通其有無所以紀理族人者也禮記大傳云親親故尊祖尊祖故敬宗敬宗故收族禮喪服傳云尊者尊統上卑者尊統下大宗者尊之統也大宗者收族者也是也○注故始至小宗○白虎通又云宗其爲始祖後者爲大宗此百世之所宗也宗其爲高祖後者爲小宗五世而遷者也故曰祖遷於上宗易於下宗其爲曾祖後者爲曾祖宗宗其爲祖後者爲祖宗宗其爲父後者爲父宗以上至高祖宗皆爲小宗以其轉遷別於大宗也別子者自爲其子孫祖繼別者各自爲宗所謂小宗有四大宗有一凡有五宗人之親所以備矣故大傳又云別子爲祖繼別爲宗注別子謂公子若始來此國者後世以爲祖別子之世適族人尊之謂之大宗此則王制所云大夫三廟一昭一穆與太祖之廟而三繼太祖者也如魯三家則以慶父叔牙季友之嫡嫡相承者是也其有功德於國天子諸侯賜之世則以受爵者之嫡嗣爲大宗其外來此國如公子完之於齊則以繼完之世嫡爲大宗也大傳又云繼禰者爲小宗注父之嫡也兄弟尊之謂之小宗如慶父叔牙季友之次子所生諸子則以其長兄爲宗所謂小宗也五世親盡則已如祧廟然今人所謂出服者是也故大傳又云有百世不遷之宗有五世則遷之宗百世不遷者別子之後也宗其繼別子者百世不遷者也宗其繼高祖者五世則遷者也注遷猶變易也繼別子別子之世適也繼高祖者亦小宗也先言繼禰者据別子弟之子也以高祖與禰皆有繼者則曾祖亦有也則小宗四與大宗凡五小宗四者禮記疏云一是繼禰與親兄弟爲宗二是繼祖與同堂兄弟爲宗三是繼曾祖與再從兄弟

爲宗四是繼高祖與三從兄弟爲宗此皆旁統對世世繼重之大宗爲小宗也〇注小宗至本也〇白虎通封公侯云禮服傳曰大宗不可絕同宗則可以爲後爲人作子何明小宗可以絕大宗不可絕故舍己之後往爲後於大宗所以尊祖重不絕大宗也春秋傳曰爲人後者爲之子宣八年仲遂卒于垂注貶加字者起嬰齊所氏明爲歸父後大宗不可絕也通典引石渠禮議云大宗無後族無庶子己有一嫡子當絕父祀以後大宗何戴聖曰大宗不可絕言嫡子不爲後者不得先庶耳族無庶子則當絕父以後大宗聞人通漢云大宗有絕子不絕其父宣帝制曰聖議是也按禮記曾子問云宗子爲殤而死庶子弗爲後也注族人以其倫代之代之者主其禮是宗子殤死別立族人爲宗子之父後若成人則得立庶子爲其後也亦以不得絕故也故喪服傳云大宗收族者也不可以絕故族人以支子後大宗也適子不得後大宗按傳意有支子者不得以嫡子後大宗耳非謂無支子亦不以適子後大宗也通典引陳銓云大宗爲尊者之正宗故後之也適子不得後大宗謂適子自當立小宗之事亦論其常耳若同宗無支子則適子亦當後大宗故通典引范注云廢小宗昭穆不亂廢大宗昭穆亂矣先王所以重大宗也豈得不廢小宗以繼大宗乎方氏觀承云適子不得後大宗正以申言支子爲後之義非謂大宗可絕也敖氏大宗有時而絕之說非矣通典又載劉德問同宗無支子唯有長子長子不後人則大宗絕後則違禮如之何田瓊答曰以長子後大宗則成宗子禮諸父無後祭於宗家後以其庶子還承其父徐氏乾學讀禮通考云古禮大宗無子則立後未有小宗無子而立後者也小宗無後者古有從祖祔食之禮則雖未嘗繼嗣而其祭祀固未始絕也斯二說皆足濟禮之窮然則喪服經爲人後者爲其父母專指大宗言故傳曰持重於大宗者降其小宗也爲人

後者孰後後大宗也大宗者尊之統也通典載張湛曰禮所稱爲人後後後大宗所以承正統若非大宗之主所繼非正統之重無相後之義是也○注天子至專宗○白虎通宗族云諸侯奪宗明尊者宜之大夫不得奪宗何曰諸侯世世傳子孫故奪宗大夫不傳子孫故不奪宗也喪服經曰大夫爲宗子不言諸侯爲宗子也漢書梅福傳曰諸侯奪宗聖庶奪適如淳曰奪宗始封之君尊爲諸侯則奪其舊爲宗子之事梅福習穀梁與公羊說同也天子諸侯絕旁期故大夫以下不得與諸侯爲宗禮記大傳云君有合族之道族人不得以其戚戚君也注君恩可以下施而族人皆臣也不得以父兄子弟之親自戚於君所以尊君別嫌也以三牲養卽合族之道也故詩大雅公劉篇君之宗之毛傳以宗爲大宗鄭箋易之以宗爲尊明大夫不得以諸侯爲大宗也其實尊尊之義嚴於周代夏殷以上諸侯或無奪宗之事也若大夫則異故喪服有大夫爲宗子之服傳曰何以服齊衰三月也大夫不敢降其宗也明宗子爲士己爲大夫不敢以尊降者重適也故曾子問曰宗子爲士庶子爲大夫以上牲祭于宗子之家注重祿貴宗也是諸侯可以代宗大夫不得專宗卽奪宗不奪宗之義也大夫士皆臣不得以一日富貴加乎宗人亦由不世之故雖春秋時列國多世卿而宗法自不廢也通典引儀禮馬氏注云五屬孫雖爲大夫不敢降宗子故服齊衰三月尊祖故不降也李氏曰大夫不奪宗故也胡氏培翬儀禮正義云前言丈夫婦人爲宗子此復言大夫爲宗子者大夫尊降旁親嫌或降之而不服故傳以不敢降明之此亦兼絕屬者言馬氏專以五屬言之非也○注著言至始也○舊疏云正以宗子者宗族之本故也喪服傳云尊祖故敬宗敬宗尊祖之義也通典引雷次宗云言尊祖故敬宗明祖已歿也無由施於尊者但敬宗以致尊祖之心

大水【注】夫人不制遂淫二叔陰氣盛故明年復水也【疏】注夫人至水也○下二十七年傳公子慶父公子牙通乎夫人以脅公是也漢書五行志云嚴公二十四年大水董仲舒以爲夫人哀姜淫亂不婦陰氣盛也劉向以爲哀姜初入公使大夫宗婦見用幣又淫於二叔公弗能禁臣下賤之故是歲明年仍大水劉歆以爲先是嚴飾宗廟刻桷丹楹以夸夫人簡宗廟之罰也通義云丹楹刻桷以悅仇女遂乃頻歲災水簡宗廟之罰也信矣汪克寬曰莊公取仇女又奢僭以誇示之故有陰沴之應唐高宗立太宗才人武氏爲昭儀而萬年宮夜大雨水幾溺其身天人相感之際焉可誣也明年復水即二十五年秋大水也

冬戎侵曹曹羈出奔陳【疏】差繆略云羈公羊作羇按說文有羈無羇今本及石經公羊皆作羈無作羇者矣

曹羈者何曹大夫也【注】以小國知無氏爲大夫【疏】○注以小至大夫○舊疏云卽襄二十三年邾婁鼻我來奔昭二十七年邾婁快來奔之屬是也若其大國大夫不書名氏者或有未命或有罪見貶矣通義云春秋之義小國無大夫無大夫者稱人不錄一名氏也王制曰大國三卿皆命于天子次國三卿二卿命于天子一卿命于其君小國二卿皆命于其君春秋稟文王之法假天子之事小國之卿不命於天子故亦不得以名通於春秋唯來接我者然後書羈非接內而亦書者乃特見其賢也穀梁子曰曹莒皆無大夫其所以無大夫者其義異也是說必有所受顧未著其所以異也今謂莒實小國曹貶從小國本當與鄭同故手會仍得繫氏蓋與卒葬同義杜以爲羈蓋曹世子也通義云杜預但驗經文與突歸于鄭鄭忽出奔衛

相似遂以羈爲曹世子赤爲曹僖公僖公實名夷不名赤鄭忽曹羈雖同號實貴賤不嫌惠士奇曰鄭伯寤生卒世子在位未踰年故稱名曹伯射姑卒世子在位已踰年矣當書曹伯羈出奔陳不稱伯則曹羈非君也安可與鄭忽同例哉

曹無大夫此何以書【注】据羈無氏【疏】注据羈無氏○何意以小國無大夫何以書羈既書羈矣又無氏故据以難也

賢也【疏】通義云韓非子曰夷吾束縛而曹羈奔陳伯里子道乞傳說轉鬻此羈爲賢大夫之證或曰卽僖負羈也按說苑尊賢云曹不用僖負羈之諫敗死於戎据左傳則僖負羈僖公末年尚見相距四十年未知一人否

何賢乎曹羈【注】据國見侵出奔以辟難【疏】注据國至辟難○下二十十年傳曰君子辟內難而不辟外難曹羈辟戎難奔陳似非君子不辟外難之義故据以難

戎將侵曹曹羈諫曰戎衆以無義【注】戎師多又常以無義爲事【疏】經傳釋詞云以猶而也僖二十一年傳楚夷國也彊而無義是其證又云易泰六四不戒以孚書牧誓以姦宄于商邑金縢天大雷電以風禮樂記治世之音安以樂亂世之音怨以怒亡國之音哀以思大戴禮曾子制言云富以苟不如貧以譽生以辱不如死以榮閔二年左傳親以無災昭二十年濟其不及以泄其過以字並與而同義○注戎師多○毛本戎作我誤依宋本正

君請勿自敵也【注】禮兵敵則戰不敵則守君師少不如守且使臣下往【疏】繁露王道云曹羈諫其君曰戎衆以無義君無自適君不聽果死戎寇公羊古義云按適讀爲敵古文也禮記雜記注云適讀爲匹敵之敵荀卿子曰天子四海之內無客禮告無適也注云適讀爲敵史記范雎傳攻

適伐國田單傳適人開戶李斯傳羣臣百官皆畔不適徐廣皆音
征敵之敵董氏所据公羊依古本以敵爲適按今各本公羊皆作
敵○注禮兵至下往○孫武子謀攻篇故用兵之法十則圍之五
則攻之倍則分之敵則能戰之少則能逃之注與敵勢力均停則
設伏奇計以勝之彼衆我少則逃於險隘之處堅以待其隙以擊
之彼謂攻人之法人來攻己故少則守穀梁僖二十二年傳云倍
則攻敵則戰少則守今戎衆曹
寡故羈請君勿自敵以守爲主曹伯曰不可注臣下不可獨往三
諫不從遂去之故君子以爲得君臣之義也注孔子曰所謂大臣
者以道事君不可則止此之謂也諫必三者取月生三日而成魄
臣道就也不從得去者仕爲行道道不行義不可以素餐所以申
賢者之志孤惡君也諫有五一曰諷諫孔子曰家不藏甲邑無百
雉之城季氏自墮之是也二曰順諫曹羈是也三曰直諫子家駒
是也四曰爭諫子反請歸是也五曰贛諫百里子蹇叔子是也疏
禮記曲禮云爲人臣者不顯諫三諫而不聽則逃之注逃去也君
臣有義則合無義則離詩鄭風羔裘序云大夫以道去其君也箋
云以道去其君者三諫不從待放于郊得玦乃去說苑正諫云見
君之過失而不諫是輕君之危亡也夫輕君之危亡者忠臣不忍
爲也三諫而不用則去不去則身亡身亡者仁人所不爲也白虎
通諫諍云必三諫者何以爲得君臣之義也禮記表記云事君三

違不出竟則利祿也人雖曰不要吾弗信也注違猶去也利祿言爲貪祿留也臣以道事君至于三要而不遂去是貪祿必以利强與君要也孟子萬章下君有過則諫反覆之而不聽則去反覆之蓋亦三義也○注孔子至謂也○見論語先進篇不越絶書敘外傳記曰問者曰不合何不死曰去止事君之義也義無死又云臣事君猶子妻事夫何以去曰論語曰三日不朝孔子行行者去也傳曰孔子去魯燔俎無肉曾子去妻蒸藜不熟微子去比干死孔子並稱仁行雖有異其義同○注諫必至就也○禮記鄉飲酒義云讓之三也象月之三日而成魄也○注君不從至君也○說苑正諫云夫不諫則危君固諫則危身與其危君甯危身危身而終不用則諫亦無功矣智者度君權時調其緩急而處其宜上不敢危君下不危身故在國而國不危在身而身不殆昔陳靈公不聽泄冶三諫而殺之曹羈三諫曹君不聽而去春秋序義雖俱賢而曹羈合禮劉子政習穀梁下二十六年彼傳云爲曹羈崇也是與公羊義合不從得去也白虎通五行云臣諫君不從則去何法法水潤下達於上也又諫諍篇云諸侯之臣諍不從得去何以屈尊申卑孤惡君也○注諫有五○說苑正諫云是故諫有五一曰正諫二曰降諫三曰忠諫四曰戇諫五曰諷諫孔子曰吾其從諷諫白虎通諫諍云人懷五常故知諫有五一曰諷諫二曰順諫三曰闚諫四曰指諫五曰陷諫後漢書李雲傳論曰禮有五諫諷爲上注五諫謂諷諫順諫闚諫指諫陷諫也見大戴禮○注一曰至是也○李雲傳注云諷諫者知患禍之萌而諷告也白虎通云諷諫者智也知患禍之萌深睹其事未彰而諷告焉此智之情也孔子曰以下見定十二年傳彼云孔子行乎季孫三月不違曰家不藏甲邑無百雉之城於是帥師墮費聖人見政在大夫陪臣執命希不失者故陳正禮以諷之所以消患禍之萌○注二曰至是也○卽此文是

也白虎通云順諫者仁也出辭孫順不逆君心此仁之性也李雲傳注順諫者出辭遜順不逆君心也說苑臣術云從命利君謂之
順按順諫即說苑之正諫也繁露王道云臣諫而不用卒皆取亡謂此戎衆於曹本不宜戰羈但諫君勿自敵且使臣下往亦即孫
順之義○注三曰至是也○白虎通作指諫云指諫者信也指者質相其事而諫此信之性也李雲傳注亦作指諫謂質指其事而
諫也子家駒事見昭二十五年傳彼云昭公將弒季氏告子家駒曰季氏為無道僭於公室久矣吾欲弒之何如子家駒曰諸侯僭
於天子大夫僭於諸侯久矣昭公曰吾何僭矣哉子家駒曰設兩觀乘大路朱干玉戚以舞大夏八佾以舞大武皆天子之禮也彼
質陳諸侯僭天子故為直諫也○注四曰至是也○白虎通作闚諫云闚諫者禮也視君顏色不悅且卻悅則復前以禮進退此禮
之性也李雲傳注亦作闚諫謂視君顏色而諫也俱與此異子反請歸事見宣十五年傳彼云莊王圍宋軍有七日之糧盡此不勝將
去而歸爾於是使司馬子反乘堙而闚宋城宋華元亦乘堙而出見之子反曰子之國何如華元曰憊矣曰何如曰易子而食之析
骸而炊之司馬子反曰嘻甚矣憊是何子之情也華元曰吾見子之君子也是以告情於子也子反曰勉之矣吾軍亦有七日之糧
爾盡此不勝將去而歸爾揖而去之反于莊王莊王曰何如子反曰憊矣易子而食之析骸而炊之莊王曰吾今取此而歸爾子反
曰不可臣已告之矣軍有七日之糧爾莊王怒曰吾使人往視之子曷為告之子反曰以區區之宋猶有不欺人之臣可以楚而無乎
莊王曰諾雖然吾猶取此然後歸爾子反曰然則君請處乎此臣請歸爾是子反與莊力爭故為爭諫○注五曰至是也○白虎通
作陷諫云陷諫者義也惻隱發於中直言國之害勵志忘生為君不避喪身此義之性也李雲傳注同謂言國之害忘生為君出為國

語魯語云上陷而不振注陷猶墜也見君之過而知身之墜不避斧鉞之誅而直陳其當害也百里蹇叔事見僖三十三年傳彼云秦伯將襲鄭百里子與蹇叔子諫曰千里而襲人未有不亡者也秦伯怒曰爾宰上之木拱矣曷知師百里子與蹇叔子送其子而戒之曰爾即死必於殽之嶔巖吾將尸爾也子揖師而行百里子與蹇叔子從其子而哭之秦伯怒曰爾曷爲哭吾師對曰臣非敢哭君師哭臣之子也直言國之害故曰未有不亡者是爲戇諫也

赤歸于曹郭公 疏 武氏億經讀考異云釋文此連爲句郭音虢亦如字左傳正義公羊穀梁並以赤歸于曹郭公連文爲句言郭公名赤失國而歸于曹是爲說不了故不采用如左傳義則赤歸于曹爲句郭公另爲句與公羊授讀異此蓋就經爲說不可強同

赤者何曹無赤者蓋郭公也 注 以郭公在赤下 疏 舊疏云謂此郭公實非曹人故也言蓋郭公者蓋郭之公矣穀梁傳赤蓋郭公也

郭公者何失地之君也 注 失地者出奔也名言歸倒郭公置赤下者欲起曹伯爲戎所殺故使若曹伯死謚之爲郭公而赤微者自歸曹也不言赤奔者從微者例不得錄出奔 疏 新序雜事云齊桓公出遊于野見亡國故城郭氏之墟問於野人曰是爲何墟野人曰是爲郭氏之墟桓公曰郭氏曷爲墟野人曰郭氏者善善而惡惡桓公曰善善而惡惡人之善行也其所以爲墟者何也野人曰善善而不能行惡惡而不能去

是以爲墟也說文邑部郭齊之郭氏虛善善不能進惡惡不能退是以亡國也段注云郭本國名虛墟古今字郭國既亡謂之郭氏虛如左傳言少昊之虛昆吾之虛太昊之虛祝融之虛也郭氏虛在齊境內又云事見韓詩外傳新序風俗通皆同亦有取此說春秋者按如以郭公爲郭氏虛之郭公則當如左氏說另讀爲有闕誤矣○注失地至曹也○劉氏逢祿解詁箋云何氏似失傳意傳以赤卽郭公所謂諸侯失地名也言郭公猶虞公州公之例奪其正爵倒在下者口授爲赤歸于曹著辟例也削其本稱而復著臣下之稱於下起其盜天子之國也歸者出入無惡之辭著其本爲曹君而懷諫亡國之罪不相揜也按劉說亦不了不可强通姑闕焉○注不言至出奔○舊疏云謂不言郭公赤奔曹者假作微人之文卽從微者例甯得錄其奔正得言道赤歸于曹按穀梁傳曰何爲名也禮諸侯無外歸之義外歸非正也

公羊義疏二十三

公羊義疏二十四

南菁書院
句容陳立卓人著

莊二十五年盡二十七年

二十有五年春陳侯使女叔來聘注稱字者敬老也禮七十雖庶人主孝而禮之孝經曰昔者明王之以孝治天下也不敢遺小國之臣是也疏通義云禮幼名冠字五十以伯仲女叔以氏配字不稱且字知年在五五十以上故師說云爾然傳實無明文穀梁則曰天子之命大夫也以單伯例之近○是按公羊先師有子女子則女其氏或采也與○注稱字至禮之○孝閩監毛本同誤也宋本鄂本孝作字當据正禮記王制云凡三王養老皆引年注引戶校年當行復除也續漢禮儀志仲秋之月縣道皆案戶比民年始七十授之以玉杖餔之糜粥八十九十禮有加賜又月令云仲秋之月養衰老授几杖行糜粥飲食高注今之八月比戶賜高年鳩杖粉粢是也是七十雖庶人禮之事也○幼名冠字或士以上禮故庶人至七十字之與○注孝經至是也○孝經孝治章文注小國之臣至卑者耳王尚接之以禮況於五等諸侯是廣敬也疏以為王畿義阮氏福孝經義疏云此何氏說孝經古義也大戴禮記朝事篇曰率而祀天於南郊配以先祖所以教民報德不忘本也率而享祀於太廟所以教孝也舊疏云注言此者欲道春秋假魯以為明王謂女叔為小國之臣矣

按陳為侯爵注引孝經極言之耳

夏五月癸丑衛侯朔卒注春秋篡明者當書葬朔不書葬嫌與篡同例身絕國不絕故去葬明犯天子命重不得書葬與盜國同疏包氏慎言云經夏五月有癸丑閏月之十三日也按是年當閏六月癸丑六月之十三日也○注春秋至國同○僖二十五年納頓子于頓注前出奔當絕還入爲盜國當誅楚納之與之同罪也襄二十六年衛侯衎復歸于衛注衎名者起盜國盜國明則復歸爲惡剽出見矣白虎通誅伐云或盜天子土地自立爲諸侯絕之而已通義云不葬者本當絕故奪臣子辭按春秋篡明者書葬如隱四年衛人立晉書立已見其篡故桓十三年書葬衛宣公上九年齊小白入于齊書入亦見其篡故僖十七年書葬齊桓公之屬是也此上六年書衛侯朔入于齊書入其篡已明正合書葬而經不書正以若書葬嫌與僅篡國者同例明衛朔犯天子之命罪重於篡故又去其葬與盜國同不但身絕其國合絕也犯天子命見上六年

六月辛未朔日有食之鼓用牲于社疏包氏慎言云六月書辛未朔日有食之閏分至五月後積三百三十五六月無中氣故退閏五月而六月爲辛未朔也元史曆志大衍推七月辛未朔交分入食限左傳云凡天災有幣無牲禮疏引膏肓云何氏引感精符曰立推度以正陽日食則鼓用牲於社朱絲營社鳴鼓脅之左氏云用牲非常明左氏說非夫子春秋於義爲短鄭箴之曰用牲者不宜用春秋之通例此讖說正陽朱絲鳴鼓豈說用牲之義也讖用牲於社者取經死句耳劉氏逢祿評云經不曰鼓于社用牲鄭引通例未足以爲公羊難也且左氏此條亦出附會地官牧人凡外祭毀事用尨可也注尨謂雜色

不純毀謂副辜候禳毀除殃咎之事卽此所用牲不用牷也沈氏欽韓說

日食則曷爲鼓用牲于社【注】据日食在天【疏】注据日食在天○舊疏云謂日食在天上何由於地而鼓用牲乎求乎陰之道也【注】求責求也【疏】注求責求也○論語衞靈公篇君子求諸己集解求責也按禮記中庸所求乎子所求乎臣皆謂責也以朱絲營社或曰脅之或曰爲闇恐人犯之故營之【注】或曰者或人辭其義各異也或曰脅之與責求同義社者土地之主也月者土地之精也上繫於天而犯日故鳴鼓而攻之脅其本也朱絲營之助陽抑陰也或曰爲闇者社者土地之主尊也爲日光盡天闇冥恐人犯歷之故營之然此說非也記或傳者示不欲絕異說爾先言鼓後言用牲者明先以尊者命責之後以臣子禮接之所以爲順也不言鼓于社用牲者與禘于太廟用致夫人同嫌起用牲爲非禮書者善內感懼天災應變得禮也是後夫人遂不制通於二叔殺二嗣子也【疏】釋文營社本亦作縈同按續漢禮儀志注引作縈禮記祭法注宗皆當爲禜禜之言營也雩禜亦謂水旱壇也雩之言吁嗟也春秋傳曰日月星辰之神則雪

霜風雨之不時於是乎禜之山川之神則水旱癘疫之不時於是乎禜之疏引此傳文是禜有雩義故讀為禜○注或曰至異也○
孟子梁惠王下或曰世守也亦謂其義各異也或有又義或曰猶言又曰也經傳釋詞詩小雅賓之初筵云既立之監或佐之史言
又佐之史也禮記檀弓云父死之謂何或敢有他志晉語或作又哀元年左傳今吳不如過而越大於少康或將豐之史記吳世家
作又將寬之賈子保傳篇鄙諺曰不習為史而視已事又曰前車覆後車戒韓詩外傳又曰作或曰或古讀若域又讀若有又聲相
近故義相通○注或曰至同義○此與責求同義本義也為下引或曰為闇異解故先著或曰○注社者至陰也○鄂本繫作系史
記天官書注月者陰精之宗說文月闕也太陰之精也地為陰故為土地之精繁露精華云大水者陰滅陽也日食亦然皆下犯上
以賤傷貴者逆節也故鳴鼓而攻之朱絲而脅之為其不義也此亦春秋之不畏強禦也故變天地之位正陰陽之序直行其道而
不忘其難義之至也是故脅嚴社而不為不敬靈出天王而不為不尊上辭父之命而不為不承親絕母之屬而不為不孝慈義矣
夫說苑辨物篇云夫水旱俱天下陰陽所為也大旱則雩祭而請雨大水則鳴鼓而劫社何也曰陽者陰之長也故陽貴而陰賤陽
尊而陰卑天之道也今大旱者陽氣太盛以厭於陰陰厭陽固陽其塡也惟塡厭之太甚使陰不能起也亦雩祭拜請而已無敢加
也至於大水及日蝕者皆陰氣太盛而上滅陽精以賤乘貴以卑陵尊大逆不義故鳴鼓而懾之朱絲縈而劫之由此觀之春秋乃
正天下之位徵陰陽之失直責逆者不避其難是亦春秋之不畏強禦也故劫嚴社而不為不驚靈出天王而不為不尊上辭蒯聵
之命不為不聽其父絕文姜之屬不為不愛其母其義之盡耶其義之盡耶通義云社有田主各以其土之所宜木營者禜其樹也

周禮六祈一曰類二曰造三曰禬四曰禜五曰攻六曰說後鄭司農曰禜如日食以朱絲禜社攻如鳴鼓然董仲舒救日食祝曰炤炤大明瀸滅無光奈何以卑侵尊以陰侵陽是之謂說也造類禬禜皆有牲攻說用幣而已白虎通災異云日食必救之何陰侵陽也鼓用牲于社社者衆陰之主以朱絲禜之鳴鼓攻之以陽責陰也故春秋傳曰日有食之鼓用牲于社續漢志注引干寶周禮注社太陰也朱火色絲維屬天子伐鼓于社責羣陰也諸侯用幣于社請上公也伐鼓于朝退自攻也此聖人厭陰之法也說文示部禜設綿蕝爲營以禳風雨雪霜水旱癘疫於日月星辰山川也一曰禜衛使災不生蓋古人禳禦之事皆有禜禮故鄭注周禮引此朱絲營社釋禜焉○注或曰至說爾○舊疏云知其非者正以日食者陰氣侵陽社官五土之神理宜抑之而反營衛失抑陰之義也其實雖日食亦未至闇冥犯社也○注先言至順也○續漢志注引作以尊者命責之各本脫者字宜据補禮記祭法云埋少牢於泰昭注凡此以下皆祭用少牢疏云按小司徒凡小祭祀奉牛牲則王者之祭無不用牛此用少牢者明謂祈禱之祭也必知祈禱者以有寒暑水旱非歲時常祀是祈禱所爲故讀相近爲禳祈讀宗爲禜然案左傳云凡天災有幣無牲此禱祈得用少牢者彼天災者謂日月食之示以戒懼人君先須修德不當用牲故天災有幣無牲若水旱歷時禱而不止則當用牲故詩雲漢云靡愛斯牲鄭注太祝云類造禬禜皆用牲攻說用幣而已攻說以是日月之災且不假用牲故也按如公羊義用牲謂用於社非請於天先言鼓蓋周禮之攻說也後言用牲周禮之禜也先責後以臣子禮接之也白虎通災異云所以必用牲者社地別神也尊之故不敢虛責也是以用牲爲得禮正用今文家說穀梁與左氏同亦云鼓禮也用牲非禮也公羊所不取穀梁又云天子救日置五麾陳五兵

五鼓諸侯置三鼙置三鼓三兵大夫擊門士擊柝言充其陽也疏引麋信徐邈並云東方青鼓南方赤鼓西方白鼓北方黑鼓中央黃鼓按周禮鼓人職云雷鼓鼓神祀又云靈鼓鼓社祭則當用雷鼓或靈鼓矣○注不言至非禮○僖八年禘于大廟用致夫人注以致文在廟下知非禮也然則此若言鼓于社用牲嫌與彼文同譏其不宜用牲如上二十四年用幣之書用爲譏其不宜用矣此進用牲于社上明與鼓皆得禮若無用字則鼓牲不辭故此用爲時事與莊二十四年僖八年之禮用文同而義異也○注書者至用禮也○白虎通災變云天所以有災變者何所以譴告人君覺悟其行欲令悔過修德深思慮也此鼓用牲于社故爲善辭若然既應變得禮而仍有夫人之禍者應天以實不以文或但知救日虛文未能改過修德故其患禍未弭也○注是後至子也○卽下二十七年傳云公子慶父公子牙通乎夫人以脅公是也殺二嗣子謂子般閔公也漢書五行志嚴公二十五年六月辛未朔日有食之董仲舒以爲宿在畢主邊兵夷狄象也後狄滅邢衞劉歆以爲五月二日魯趙分按日食示異自不止魯劉歆以爲魯趙分邢衞皆近趙分也

伯姬歸于杞疏解詁箋云二十七年解詁云不卒者蓋不與卒於無服則書歸書會書來者皆同辭也公一齊襄也据彼注則以其嫁大夫略之爾穀梁傳曰其不言逆何也逆之道微無足道焉爾

秋大水鼓用牲于社于門

其言于社于門何注据一鼓用牲耳疏注据一至牲耳○如下注言略不復鼓用牲明于社

于門不同牲社門又非一處經止一鼓用牲故据以爲難

于社禮也于門非禮也注于門非禮故略不復舉鼓用牲不舉非禮爲重者如去于社嫌于門禮也大水與日食同禮者水亦土地所爲雲實出于地而施於上乃雨歸功於天猶臣歸美於君疏通義云時蓋以五祀秋祀門故因爲水禳焉然非禮典按門爲少陰之祭水陰類故鼓用牲于門與○注不舉至禮也○若舉非禮爲重宜言鼓用牲于門故嫌于門爲得禮○注大水至所爲○繁露精華云難者曰大旱雩祭而請雨大水鳴鼓而攻社大地之所爲陰陽之所起也或請焉或怒焉者何以大旱者陽滅陰也陽滅陰者尊厭卑也固其義也雖太甚拜請之而已無敢有加也大水者陰滅陽也陰滅陽者卑勝尊也日食亦然皆下犯上以賤傷貴逆節也說苑辨物云大旱者陽氣太盛亦雩祭拜請而已至於大水及日食者皆陰氣太盛而上滅陽精故鳴鼓而懾之朱絲縈而劫之○注雲實至於君○元命包云地者易也言養物懷任交易變化含吐應節故其立字○土力於乙者爲地土無位而道在故太乙不與化人主不任部地出雲起雨以從天下勤劬勞出於地歸功於天繁露深察名號云地出雲爲雨起氣爲風風雨者地之爲地不敢有其功必上之於天若從天氣者故曰天風天雨也勤勞在地名一歸於天非至有義其孰能行此故下事上如地事天也可謂忠矣注言此者欲明鼓用牲于社之由見于門無禮以言也

冬公子友如陳注如陳者聘也內朝聘言如者尊內也書者錄內所

交接也朝京師大國書有加錄文如楚有危文聘無月者比於朝

輕也 疏 杜云公子友莊公之母弟稱公子者史策之通言母弟至親異於他臣其相殺害則稱弟以示義至於嘉好之事兄弟篤睦非例所與或稱弟或稱公子仍舊史之文按春秋稱弟一見於齊侯使其弟年來聘一見於鄭伯使其弟語來盟蓋示殷質親親之義一朝一聘一會盟可該春秋之全後此從可知之例也不必皆仍舊史之文○注如陳至內也○隱十一年注云內適外言如外適內言朝聘所以別外尊內也杜云諸魯出朝聘皆書如不果彼國必成其禮故不稱朝聘春秋內適外皆言如豈皆不果成禮乎真郢書燕說也○注書者至接也○僖十年注書如者錄內所與外交接也是也○注朝至錄文○成十三年三月公如京師注月者善公尊天子僖十年春王正月公如齊注月者僖公本齊所立桓公德衰見叛獨能念恩朝事之故善錄之襄二十一年春王正月公如晉注月者溴梁之盟後中國方乖離善公獨與大國是朝聘例時爲其朝京師大國善有加錄則書月也僖十年注亦云故如京師善則月榮之如齊晉善則月安之○注如楚有危文○襄二十八年冬十一月公如楚注如楚皆月者危公朝夷狄也僖十年注亦云如楚則月危之是也○注聘無至輕也○舊疏云即春秋上下內聘京師及大國之悉書時是也通義云內大夫如例時如京師大國等以月分別善危謂君也大夫賤聘輕故略不別也舊疏引楚薳頗來聘書月於內無涉

二十有六年公伐戎 疏 校勘記云諸本同呂祖謙集解云公羊無春字按唐石經公伐戎之上損缺然以每行十字計之無春字按盧文弨云疏標經文云春公伐戎是疏本有春字自石經始脫耳趙氏坦春秋異文箋云春爲歲之始不應於此

年獨去春字唐公羊石經首數字泐以每行十字計之似亦無春字陸淳春秋纂例亦云無春字然疏引經文作春公伐戎則此春字爲傳寫者脫去耳當以左穀爲正按左氏經有春字何氏於經文去時皆有說此無注知公羊本有春字也

夏公至自伐戎 疏 上六年傳云公獨出用兵不得意致伐是也

曹殺其大夫

何以不名 注 据莒小於曹殺公子意恢名 疏 注据莒至恢名○見昭十四年舊疏云知莒小於曹者正以春秋上下曹伯恆敍於莒上故也

衆也曷爲衆殺之 注 据殺三郤名 疏 注据殺三郤名○即成十七年晉殺其大夫郤錡郤州郤至是也通義云殺其大夫者駢誅偏戮之詞晉殺三郤猶名此以衆不名者小國大夫本未得以名氏見今又衆故略不足列數之也

不死于曹君者也 注 曹諸大夫與君皆敵戎戰曹伯爲戎所殺諸大夫不伏節死義獨退求生後嗣子立而誅之春秋以爲得其罪故衆略之不名凡書君殺大夫大夫有罪以專殺書他皆以罪舉 疏 注曹諸至不名○越絕書外傳枕中云父辱則子死君辱則臣死曹君戰死大夫不能死義誅之爲當其罪故春秋善之也穀梁傳言大夫而不稱名姓無命大夫也無命大夫而曰大夫賢也爲曹羈崇也潛研堂答問云問范答薄氏義則此所殺之大夫即二十四年出奔之曹羈未識與傳意合否曰公穀說此經皆主賢曹羈而

意稍別公羊又謂諸大夫不死君難誅之得其罪經爲曹羈諱故不言曹伯滅幷不言戰穀梁之意當亦如此其云爲曹羈崇者謂
因賢曹羈故曹無命大夫而書大夫非謂大夫即羈也孟子曰晏子以其君顯又云百里奚相秦而顯其君於天下吳蠻夷之國其
朝聘例不書唯吳子使札來聘以賢季子故書曹小國於傳聞之世不當有大夫因羈之賢而書幷及殺大夫事是因臣而顯其君
范氏所言未得穀梁之旨按錢氏說深得經義○注凡書至殺書○各本罪誤非依鄂本正舊疏云若殺有罪大夫春秋書之以責
君專殺矣可證通義云君殺大夫稱國傳例在僖七年春秋之義諸侯不得專殺大夫雖有罪猶以專殺書曹無大夫而記殺者專
殺大夫之始故疾錄之按孟子告子下桓公葵丘之會四命曰無專殺大夫春秋所本也○注他皆以罪舉○舊疏云無罪君枉殺
而書之者欲以罪君之故而舉之其罪君者即去其君之葬是也按僖九年晉侯詭諸卒注不書葬者殺世子也成十年晉侯獳卒
注不書葬者殺大夫趙同等是皆以罪舉者也君死乎位曰滅曷爲不言其滅注据胡子
髡滅疏注据胡子髡滅○昭二十三年胡子髡沈子楹滅是也彼傳亦云君死於位曰滅生得曰獲繁露滅國下云不事大
而事小曹伯之所以戰死於位諸侯莫助幽之會齊桓數會諸侯曹小未嘗來也是宜書滅故据彼爲難葉本釋文髡作髠下从兀
盧本同从几非文元年髡字準此爲曹羈諱也此蓋戰也何以不言戰注如上語
知爲戰疏注如上至爲戰○舊疏云即上謂不死於曹君是也爲曹羈諱也注諱者上出奔
嫌辟難欲起其賢又所諫者戰也故爲去戰滅之文所以致其意

也曹無大夫書殺大夫者起當誅也 **疏** 注諱者至意也○上二十四年注云据國見侵出奔以辟難爲其嫌故据以難也所諱者戰則上二十四年傳云羈諱曰戎衆以無義君請勿自敵也是也欲起其賢則上傳云君子以爲得君臣之義者是也劉氏逢祿解詁箋云君子辟內難而不辟外難有師命不可去義也爲曹羈張義故以觕者曰侵言之致其意者舊疏云曹羈之意唯恐其滅欲其不戰是故諱其戰滅之文所以使若諫得其君者然也通義云戎殺曹君狄滅邢衛經皆無文明是不與夷狄得滅中國而傳別言爲曹羈桓公諱者春秋聖者之作一言時管數旨若此之類亦爲存中國亦爲順賢者之意傳雖舉隅經自該蘊其不與夷狄之獲中國傳於獻舞下已有成解故於此略所易曉申其隱義羈者君子所賢也羈所爲恥君子亦恥之羈所諱君子亦諱之○注曹無至誅也○舊疏云大夫之義理合死於君今不死君當合誅討是以經書殺其大夫欲起其合誅矣

秋公會宋人齊人伐徐 **疏** 東萊集解引杜注有徐國在下邳郯縣七字方輿紀要徐城廢縣在泗州西北六十里古徐子國差繆略云左氏無公字按今唐石經左氏有公字通義云桓之會不致其伐猶致致伐楚伐鄭是也此及二十八年救鄭不致者自從公會大夫不致例

冬十有二月癸亥朔日有食之 **注** 異與上日食略同 **疏** 包氏慎言云經書十二月癸亥朔日有食之曆爲十月之二日劉歆同○注異與至略同○二十五年日有食之注云是後夫人遂不制通於二叔殺二嗣子○

是也漢書五行志云嚴公二十六年十二月癸亥朔日有食之董仲舒以爲宿在心心爲明堂文武之道廢中國不絕如綫之象也劉向以爲時戎侵曹魯夫人淫於慶父叔牙將以弑君故比年再蝕以見戒劉歆以爲十月二日楚鄭分子政說與何大同

二十有七年春公會杞伯姬于洮注書者惡公教內女以非禮也洮內地凡公出在外致在內不致其與婦人會不別得意雖在外猶不致伯姬不卒者蓋不與卒於無服女會來例皆時疏注書者至禮也○禮婦人無外事諸侯夫人非大故不得反父母終不得歸甯今莊公會杞伯姬於魯地故惡其教內女以非禮也通義云伯姬卽二十五年始嫁者言會者敵詞蓋桓公女莊公妹也公會婦人前後未有比例旣以失禮略不致○注洮內地○杜云洮魯地大事表云在今曹州府濮州西南五十里水經注今鄄城西南五十里有姚城或謂之洮也方輿紀要洮城在濮州西南五十里○注凡公出在外致○桓二年秋公及戎盟于唐冬公至自唐此公與一國會盟得意致地者也哀十三年夏公會晉侯及吳子于黃池秋公至會自會是公與二國以上會盟得意致會者也○注在內不致○舊疏云卽隱五年公觀魚于棠不書至自棠之屬是也○注其與至不致○舊疏云春秋上下無公會婦人於外之經而注言雖在外猶不致者但偶爾無之○注伯姬至無服○舊疏云蓋以其嫁於大夫故云不與卒無服矣按禮喪服大功章云君爲姑姊妹女子子嫁於國君者傳曰何以大功也尊同也尊同則得服其親服通典引馬注云君諸侯也爲姑姊妹女子子嫁於國君者服也又云諸侯絕周姑姊妹在室無服也嫁於國君者尊與己同故服

周親服然則諸侯於在室姑姊妹女子子本無服特以嫁於諸侯尊同不降故得如邦人服姑姊妹等出降一等大功之服馬氏所謂周親服者謂其本周親也非謂為之期也若嫁於大夫則無服春秋於有服者皆書其卒以錄恩如紀伯姬宋共姬之屬是也其無服則略之舊疏謂諸侯之女嫁於諸侯為之期語未分曉其大夫之姑姊妹女子子嫁於大夫者亦服本服大功若嫁於士則降小功矣○注女會至皆時○會時此經是也來時下冬杞伯姬來之屬是也

夏六月公會齊侯宋公陳侯鄭伯同盟于幽

秋公子友如陳葬原仲

原仲者何陳大夫也**疏**通義云大夫沒稱字惠氏士奇春秋說大云原仲陳世卿詩所謂南方之原是也

夫不書葬此何以書**注**据益師等皆不書葬稱字者葬從主人也

疏注据益至書葬○隱元年公子益師卒等皆不書葬也外大夫書葬者唯定四年書葬劉文公彼注云以主我恩錄之稱公者明本諸侯也與此義別○注稱字至人也○舊疏云若五等諸侯之卒例書本爵及其葬時悉皆稱公亦是葬從主人之稱按白虎通爵篇云臣子之心俱欲尊其君父故皆令臣子得稱其君為公隱十年傳云葬生者之事也生者謂臣若子故諸侯以上皆稱公大夫而下宜稱字矣杜云禮臣既卒不名故稱字禮記玉藻云士於君所言大夫沒矣則稱謚若字穀梁桓二年傳子既死父不忍稱其字臣既死君不忍稱其名是禮臣卒不名明陳之君臣皆不名之

通乎季子之私行也**注**不以

公事行曰私行私行不言葬原仲于陳若告糴者告糴上有無麥禾如以國事起此上下無起文而不言如陳嫌不辟國事實私行也不嫌使乎大夫者有國文也疏校勘記云鄂本以下同唐石經無乎字通義云因下文誤衍從開成石經刪○注不以至私行○惠氏士奇春秋說云原仲陳世卿而魯季友會其葬禮與非禮也非禮則春秋何以書古有大夫士私行出疆之禮此季友之私行也原注記禮者皆孔子之徒似本春秋而爲之說故公羊以爲季友之私行孟子亦曰王之臣有託其妻子於其友而之楚遊者則古有大夫士私行之禮明矣○注私行至行也○下二十八年大無麥禾臧孫辰告糴於齊傳何以不稱使以爲臧孫辰之私行也按彼實國事爲國諱故作私行文然上有大無麥禾以國事起可知此實私行爲辟國難若直言葬原仲於陳則辟國事不見故書如陳以起爲國事也通義云直言如陳則嫌爲國使故著其事曲禮曰大夫私行出疆必請反必有獻明禮得私行是以通之也○注不嫌至文也○成二年傳云君不行使乎大夫此其行使乎大夫何又閔二年傳高子者何齊大夫也何以不稱使我無君也皆不使乎大夫文也此上言如陳故不嫌使乎大夫矣舊疏云無國事言如陳者文九年注云大夫繫國是也穀梁傳不葬而曰葬諱出奔也注言季友辟內難而出以葬原仲爲辭何通乎季子之私行注据大夫私行不書辟內難也注欲起其辟內難疏惠氏士奇春秋說云或曰避內難而出如衛孫林父欲爲難遽伯玉遂行從近關出懼難作故其行速魯有慶父之難時始萌芽季友爲得先避之乎司馬遷謂季

友母陳女故如陳並存以待後之學者按此年去子般之弒僅五六年萌芽自已早見此時治之不可聽之不忍故有如陳之舉太史公謂伊母陳女亦因其可避而避之爾

君子辟內難而不辟外難【注】禮記曰門內之治恩揜義門外之治義揜恩【疏】禮記雜記云內亂不與焉外患弗辟焉注謂卿大夫也同僚將爲亂已力不能討不與而已至於鄰國爲寇則當死之也春秋魯公子友如陳葬原仲傳曰君子辟內難而不辟外難盧氏文弨鍾山札記云不與亦正非易事孔子之許仲由冉求不從弒父與君此正是內亂不與之事鄭子公欲弒靈公與子家謀子家始不從反譖子家子家懼而從之君子曰仁而不武無能達也此非與焉者乎季孫友始則力不能討故姑爲隱忍及秉國政而始可以伸大義矣石碏亦力不能討迨隙有可乘而遂圖之君子以爲純臣晉欒書中行偃執厲公召士匄韓厥皆辭亦但不與而已至若曹子臧吳季札亦得引以爲比又如白公作亂欲立子閭子閭不從而見殺故吾謂內亂不與亦難事力能討則爲季友石碏不能討則爲子臧季札而子閭則其不幸者又如親屬喬報骨肉相殘亦爲內亂臣子既無由得言且亦不必以身殉亦唯有不與而已若晉賈后淫虐當時有謀廢后者溫羨之言曰皇后譖害其子內難不與禮非所任可謂極合禮矣○注禮記至揜恩○禮記喪服四制文舊疏云彼文事作治字下治字作斷字蓋以所見異經義札記云釋文之治直吏反下之治同揜字誤同禮記但不以爲斷字作音知下句亦作揜若疏本則二治字皆作事古治事聲相近何据禮記不與鄭本同禮記正義云門內之治恩揜義者門內之親恩情既揜藏公義得行私恩若公羊傳云有三年之喪君不呼其門是也門外之治義斷恩者門外謂朝廷之間既仕公朝當以公義斷絕私恩

若曾子問父母之喪既卒哭金革之事無辟是也內難者何公子慶父公子牙公子友皆莊公之母弟也公子慶父公子牙通乎夫人注通者淫通疏注通者淫通○桓十八年左傳齊侯通焉詩疏引服曰傍淫曰通又曰凡淫曰通國語晉語注小爾雅廣義並云傍淫曰通以脅公注語在三十二年疏通義云脅者交挾制之使公不得專行○注語在三十二年○舊疏云即公曰牙謂我曰魯一生一及君已知之矣慶父也存是也季子起而治之則不得與于國政坐而視之則親親注親至親也疏通義云時季子未執國政其位與勢皆不得治之將坐視其亂則緣親親之心所不忍見也禮疏云時季友討慶父爲不與國政力不能討至莊三十二年季子與國政故逐慶父而酖叔牙也若與國政力能討而不討則責故宣二年晉史書趙盾殺君云子亡不越竟是也因不忍見也注因緣己心不忍見親親之亂故於是復請至于陳而葬原仲也注書者惡莊公不能任用使辟難而出疏舊疏云上二十五年冬公子友如陳今又請往故言復也通義云傳著請至於陳者明有君命解經得言如意也公子友如陳葬原仲公子遂如楚乞師文同不嫌者乞師事重知爲國行外大夫葬理無君使往會足通私行矣○注書者至而出○繁露精華云任賢臣者國家之興也夫智不足以知賢無可奈何矣知之而不能任大者以死亡小者以亂危其若是何耶以莊公不知季子賢耶安知病將死召而授以國政以殤公爲不知孔父賢耶安知孔父已死己必死趨而救之二主

知皆足以知賢而不決不能任故魯莊以危宋殤以弒使莊公早任季子而宋殤素任孔父尚將與鄰國豈直免弒哉說苑尊賢云夫智不足以見賢無可奈何矣若智能見之而强不能決猶豫不用而大者死亡小者亂傾此甚可悲哀也以宋殤公不知孔父賢乎安知孔父死己必死趨而救之趨而救之者是知其賢也以魯莊公不知季子之賢乎安知疾將死召季子而授之國政授之國政者是知其賢也此二君知能見賢而皆不能用故宋殤以殺死魯莊以賊嗣使宋殤早任孔父魯莊素用季子乃將靖鄰國而況自存乎大旨同

冬杞伯姬來

其言來何注据有來歸疏舊疏云即上二十五年夏伯姬歸于杞者是也非謂此年春公會杞伯姬于洮者杞伯姬自是大夫之妻然則此伯姬是其女洮之伯姬是其姊妹故今得並稱伯矣按疏以杞伯姬爲二未知何據〇注据有來歸〇宣十六年郯伯姬來歸是也

直來曰來注直來無事而來也諸侯夫人尊重既嫁非有大故不得反唯自大夫妻雖無事歲一歸寧疏注直來至來也〇即此文是也左傳凡諸侯之女歸寧曰來〇注諸侯至得反〇舊疏云大故者奔喪之謂文九年夫人姜氏如齊彼注云奔父母之喪是也通義云伯姬桓公之女桓公文姜俱已歿不當歸寧知主譏直來書也直來有事無事例並時毛詩序曰泉水衛女思歸也嫁於諸侯父母終思歸寧而不得鄭司農說國君夫人父母在則歸寧沒則使大夫寧於兄弟也何邵公謂諸侯夫人尊重非有

大故不得反唯自大夫妻雖無事歲一歸宗與詩義通詩周南葛覃云歸寧父母傳父母在則有時歸寧耳正義此謂諸侯夫人及王后之法春秋莊二十七年杞伯姬來左傳曰凡諸侯之女歸寧曰來是父母在得歸寧也父母既沒則使卿寧於兄弟襄十二年左傳楚司馬子庚聘於秦為夫人寧禮也是父母沒不得歸寧也泉水義不得往載馳許人不嘉皆為此也按如何氏之義得大故當謂奔喪與大歸之其餘天子諸侯后夫人雖父母在亦不歸寧故舊疏云詩是后妃之事而云大夫妻者何氏雖不信毛敘故也臧氏庸拜經日記云何邵公當習魯詩故不用毛序毛詩序葛覃后妃之本也則可以歸猶言之子于歸安父母化天下以婦道者言能以婦道化天下所以安寧父母也經之歸寧父母亦當作如是解段氏若膺云毛傳父母在則有時而歸寧耳此語當是後人竄入庸謂是王肅所加然則毛詩亦不以諸侯夫人為可歸也葛覃為后妃之本是追敘文王既王後事其實文王娶后妃時猶諸侯之夫人也毛詩載馳序云許穆夫人閔衛之亡傷許之力小不能救思歸唁其父母又義不得故賦此詩此卽何注諸侯夫人尊重既嫁非有大故不得反之義然則毛魯詩旨同惠氏士奇春秋說云穀梁子曰婦人既嫁不踰竟踰竟非禮也然則婦人歸寧禮與曰非禮也歸寧非禮曷為詩有歸寧父母之辭曰諸侯夫人父母在使卿歸寧歿則否左傳襄十二年秦嬴歸于楚司馬子庚聘於秦為夫人寧禮也是時秦嬴母在身不自歸而使卿寧左氏以為禮言惟此得禮凡內女嫁於諸侯雖父母在直書來者皆非禮也夫人歸寧使卿攝行杜預謂父母歿則使卿寧兄弟身不自歸此妄說也聞寧父母不聞寧兄弟孔氏謂父母在則自歸寧父歿母存則使卿寧其說支離如歸寧得禮常事不書曷為書來以譏之故曰歸寧非禮也按此本其父周惕氏說宋書謝靈運傳山居賦注謝

靈運曰衞女思歸作竹竿之詩又文選注引琴操曰思歸引者衞女之所作也蓋卽本此詩爲之操不分別父母在否知父母在亦不得歸甯也○注唯自至歸宗○昏禮疏婦人謂嫁曰歸明無大故不得反於家鄭志答趙商云婦人有歸宗自謂其家之爲宗者大夫稱家言大夫如此耳夫人王后則不然也天子諸侯位高恐其專恣淫亂故父母既歿禁其歸甯大夫以下位卑畏威故許之耳周南疏又云若卿大夫之妻父母雖歿猶得歸甯喪服傳曰爲昆弟之爲父後者何以亦期也婦人雖在外必有歸宗言父母雖歿有時來歸故不降爲父後者謂大夫以下也北史崔光傳光曰諸侯夫人父母在有時歸甯親歿使卿大夫聘衞女思歸以禮自抑載馳竹竿所爲作也皆以諸侯夫人父母在亦歸甯非何氏義按喪服齊衰期章女子子適人者爲其昆弟之爲父後者注父雖卒猶自歸宗其爲父後持重者不自絕於其族類也類猶主也每歲一歸甯宗宗主於昆弟之爲父後者也通典引馬氏彼注云歸宗者歸父母之宗是也吳氏紱云歸宗雖或然之事而必有可歸之宗此見婦人在夫家恆懍懍有不克終之戒焉此說甚善　大歸

曰來歸注大歸者廢棄來歸也婦人有七棄五不娶三不去嘗更三年喪不去不忘恩也賤取貴不去不背德也有所受無所歸不去不窮窮也喪婦長女不娶無教戒也世有惡疾不娶棄於天也世有刑人不娶棄於人也亂家女不娶類不正也逆家女不娶廢人倫也無子棄絕世也淫泆棄亂類也不事舅姑棄悖德也口舌

棄離親也盜竊棄反義也嫉妒棄亂家也惡疾棄不可奉宗廟也

疏注大歸至歸也○左傳曰出曰來歸注歸者不反之辭言來歸以别於嫁曰歸也○穀梁隱二年成五年傳並云婦人謂嫁曰歸反曰來歸也禮喪服斬衰三年章云子嫁反在父之室爲父三年注謂遭喪後而出者通典引馬氏云爲犯七出還在父之家又齊衰期章出妻之子爲母注出猶去也國策注云去謂棄之漢書注云去謂逐之皆廢棄遺逐歸還母家者也禮記雜記云諸侯出夫人比至於其國以夫人之禮行至以夫人入注行道以夫人之禮者棄妻致命其家乃義絶不用此爲始又曰使者將命曰寡君不敏不能從而事社稷宗廟使使臣某敢告於執事主人對曰寡君固前不辭不教矣寡君敢不敬須以俟命有司官陳器皿主人有司亦官受之注器皿其本所齎物也律棄妻畀所齎此諸侯出夫人禮也○注婦人至不去○大戴禮本命云女有五不取又云婦有七去又云婦有三不去○注嘗更至窮也○校勘記云按取當作娶上下皆作娶大戴禮又云有所取無所歸不去與更三年喪不去前貧賤後富貴不去孔氏廣森補注云婦人雖聽此三事若淫與不孝猶當去之禮故有婦當喪而出者○注婦至倫也○大戴禮又云逆家子不取亂家女不取世有刑人不取世有惡疾不取喪婦長子不取逆家子者爲其逆德也亂家子者爲其亂人倫也世有刑人者爲其棄於人也世有惡疾者爲其棄於天也喪婦長子者爲其無所受命也白虎通嫁娶云有五不娶亂家之子不娶逆家之子不娶世有刑人惡疾喪婦長子不娶也按喪婦當爲喪父閻氏若璩潛丘劄記云長子蓋女長子長成者而當嫁適遭父喪故曰喪父長子故曰無所受命此卽曾子問昏禮既納幣有吉日而女之父母死壻弗取事耳然則喪父長女不娶者亦以昏

禮有父送子而命之曰戒之敬之其餘庶母等申之以父母之命諸節今無父故何氏謂無教戒與然其會子問所記特因女有大喪停而不娶服除之後仍許成昏與此不娶義究勉强蓋謂無父之女故曰無教戒耳〇注無子至廟也〇毛本悖誤背大戴禮又云不順父母去無子去淫去妬去有惡疾去多言去竊盜去不順父母去為其逆德也無子為其絕世也淫為其亂族也妬為其亂家也有惡疾為其不可與共粢盛也多言為其離親也盜竊為其反義也按后夫人無子不棄易同人六二云同人于宗吝禮記疏引鄭注云天子諸侯后夫人無子不出是也其天子之后雖失禮亦不出以天子無出道故禮疏引鼎初六鄭注云嫁於天子雖失禮無出道廢遠而已若其無子不廢遠之后尊如故其犯六出則廢之是也禮記雜記云妻出夫使人致之曰某不敏不能從而共粢盛使某也敢告於侍者主人對曰某之子不肖不敢辟誅敢不敬須以俟命使者退主人拜送之如舅在則稱舅舅沒則稱兄無兄則稱夫主人之辭曰某之子不肖如姑姊妹亦皆稱之按上云有所取無所歸不去是古出妻者大都使之歸還本宗而已非出之使適他族也故禮喪服齊衰期章有出妻之子為母之服喪服小記云未練而反則期惟其未嫁故夫可命之反也出而嫁者則無服故禮經無為嫁母杖期之文其服者為己從之故耳通典引徐整問出母亦當報其子否射慈答曰母亦報子期也按小記又曰妾從女君而出則不為女君之子服明妾不服耳女君自服之也通典又引鄭答趙商云繼母而為父所出不服也徐邈答劉閭之問庶子服出適母云以經言出妻之子為母明非所生則無服也許猛答步熊問為人後者本生母出及所後母出云為人後者不應服親母出以廢所後者之祭也為所後者若子言若者明其制如親母出其情異也母出亦當異於親子矣禮疏引雷次宗云不

直言爲出母嫌妾子及前妻之子爲之服按適母繼母所後母非己所生其出也無服本生母出以爲人後故不服若妾所生子於其母之出也亦宜服期也錢氏大昕論七出曰七出之文先王所以扶陽抑陰而家道所以不至於窮而乖也夫父子兄弟以天合者也夫婦以人合者也以天合者無所逃於天地之閒而以人合者可制以去就之義堯舜之道不外乎孝弟而孝弟之衰自各私其妻始妻之於夫其初固路人也以室家之恩聯之其情易親至於夫之父母夫之兄弟姑姊妹夫之兄弟之妻皆路人也非有一日之恩特推夫之親以親之其情固已不相屬矣矧婦人之性貪而吝柔而狠而築里姑姊之倫亦婦人也同居而志不相得往往有之其真能安於義命者十不得一也先王設爲可去之義義合則留不合則去俾能執婦道者可守從一而貞否則甯割伉儷之愛勿傷骨肉之恩故嫁曰歸出亦曰歸以此坊民恐其孝衰於妻子也然則聖人於女子抑之已甚乎曰去婦之義非徒以全丈夫亦所以保匹婦後世閭里之婦失愛於舅姑讒閒於叔妹抑鬱而死者有之或其夫淫酗凶悍寵溺嬖媵淩迫而死者有之準之古禮固有可去之義亦何必束縛之禁錮之置之必死之地以爲快乎先儒戒寡婦之再嫁以爲餓死事小失節事大予謂全一女子之名其事小得罪於父母兄弟其事大故父母兄弟不可乖而妻則可去去而更嫁不謂之失節使其事過在婦與不合而嫁嫁而仍窮自作之孽不可道也使其過不在婦歟出而嫁於鄉里猶不失爲善婦不必強而留之使夫婦之道苦也自七出之法不行而牝雞之司晨者日熾夫之制於婦者隱忍而不能去甚至破家絕嗣而有司之斷斯獄者猶欲合之知女之不可事二夫而不知失婦道者雖事一夫未可以言烈也知臣之不可事二君而不知失臣節者雖事一君未可以言忠也此未論先王制禮之意也

莒慶來逆叔姬

莒慶者何莒大夫也莒無大夫此何以書譏何譏爾大夫越竟逆女非禮也【注】禮大夫任重爲越竟逆女於政事有所損曠故竟內乃得親逆所以屈私赴公也言叔姬者婦人以字通言叔姬賤故略與婦同文重乖離也【疏】僖二十五年公會衛子莒慶盟于洮注莒無大夫書莒慶者尊敬壻之義也謂此穀梁傳注慶名也莒大夫也叔姬莊公女蓋仲舒曰大夫無束脩之餽無諸侯之交越竟逆女紀罪之是年左傳曰卿非君命不越竟禮記檀弓曰古之大夫束脩之問不出竟況越竟逆女乎故爲非禮〇注大夫至公也〇校勘記云宋本同監毛本損誤捐迎誤逆閩本損字亦誤逆字不誤疏中損皆誤捐通義云大夫位隆任重不敢妄交無與異國爲姻婣之禮喪服齊衰三月經大夫在外其妻長子爲舊國君傳曰妻言與民同也鄭司農以此傳說之言大夫不外娶婦人婦宗往來猶民也若其士賤可得外娶故士昏禮曰異邦則贈丈夫送者以束錦假令爲士時先聘異國女後爲大夫而娶亦不得復行親迎爲出竟將於政事有所損曠大夫位高任重故也〇注言叔至離也〇穀梁傳曰諸侯之嫁子於大夫主大夫以與之來者接內也不正其接內故不與夫婦之稱也注接內謂與君爲禮也夫婦之稱當言逆女正以尊同當先書某來逆女下書某姬歸于某今直稱叔姬是與歸同文故爲略辭爲其嫁於大夫通義云逆叔姬不言逆女又不月叔姬不書歸皆略其文爲內女行乎大夫之通例所以下乎適國君者重乖離者舊

疏云嫁于大夫賤不合錄而書其逆叔姬者重其乖離矣

杞伯來朝**注**杞夏後不稱公者春秋黜杞新周而故宋以春秋當新王黜而不稱侯者方以子貶起伯爲黜說在僖二十三年**疏**注杞夏後○各本後作后誤依鄂本正疏標起訖誤同史記陳杞世家杞東樓公者夏后禹之後後裔也殷時或封或絕周武王克殷紂求禹之後得東樓公封之于杞以奉夏后氏杞○注不稱公者○禮記郊特牲云天子存二王之後猶尊賢也隱五年傳云王者之後稱公論語八佾篇相維辟公包曰辟公謂二王後詩周頌振鷺序云二王之後來助祭也鄭箋二王夏殷也其後杞也宋也隱三年注王者封二王後地方百里爵稱公宋稱公杞不稱公故解之也○注春秋至新王○樂動聲儀云先魯後殷新周故宋繁露三代改制云春秋應天作新王之事時正黑統王魯尚黑絀夏親周故宋又曰春秋曰杞伯來朝王者之後稱公杞何以稱伯春秋上黜夏下存周以春秋當新王春秋當新王奈何曰王者之法正號絀王謂之帝封其後以小國使奉祀之下存二王之後以大國使服其服行其禮樂稱客而朝故同時稱帝者五稱王者三所以昭五端通三統也是故周人之王尚推神農爲九皇而改號軒轅謂之黃帝因存帝顓頊帝嚳帝堯之帝號絀虞而號舜曰帝舜錄五帝以小國下存禹之後于杞存湯之後於宋以方百里爵稱公皆使服其服行其禮樂稱先王客而朝春秋作新王之事變周之制當正黑統而殷周爲王者之後絀夏改號禹謂之帝錄其後以小國故曰絀夏存周以春秋當新王宋氏翔鳳釋地辨證云春秋具存二王通三統之法故孔子世家云因史記作春秋據魯親周故

殷運之三代殷卽宋也而不及杞故云杞不足徵蓋王者之後稱公春秋旣黜夏杞不得爲王者後杞故貶稱子下存周宋爲二王後故曰有宋存吾從周也論語爲政云其或繼周者雖百世可知也劉氏逢祿論語述何云繼周者新周故宋以春秋當新王損周之文益夏之忠變周之文從殷之質百世以俟聖人而不惑者也循之則治不循則亂故云可知其解八佾夏禮杞不足徵章云夫子於杞得夏時以言夏禮於宋得坤乾以言殷禮惜其文獻皆不足徵故采列國之史文取夏時之等坤乾之義而寓王法於魯黜杞故宋因周禮而損益之以治百世也通義云春秋不爲杞錄災異與宋同者亦將託新義爲後王法有王者起當在所不黜也禮曰尊賢不過二代○注黜而至三年○繁露三代改制又云不以杞侯弗同王者之後也稱子又稱伯何見殊之小國也僖二十三年杞子卒注云始見稱伯卒獨稱子者微弱爲徐莒所脅不能死位春秋伯子男一也辭無所貶稱子者春秋黜杞不明故以其一等貶之明本非伯乃公也又因以見聖人子孫有誅無絕故貶不失爵也公侯俱大國惟王者之後異之爲公稱侯則黜小國之義不顯故降稱伯又以微弱見貶爲子明本非由伯爲子又有誅無絕不令失爵伯子男一也若更由伯而貶則同附庸無爵者矣各本作起鄂本作杞校勘記以起爲誤按當作起舊疏亦以方以子貶爲句言僖二十三年方以子起其貶故於此稱伯起其爲黜

公會齊侯于城濮【疏】杜云城濮衞地方輿紀要云臨濮城在濮州南七十里或曰卽古城濮也亦謂之小濮

公羊義疏二十四

句容陳立卓人著

莊二十八年盡三十年

二十有八年春王三月甲寅齊人伐衞衞人及齊人戰衞人敗績

伐不日此何以日注据鄭人伐衞不日疏包氏慎言云經三月有甲寅月之朔日○注据鄭至不日○見隱二年冬舊疏云按彼文雖在十二月乙卯夫人子氏薨之下不蒙其日月故得据至之日也注用兵之道當先至竟侵責之不服乃伐之今日至便以今日伐之故日以起其暴也疏通義云釋甲寅為戰日也必舉伐于日下戰上者明師至之日即戰也○注用兵至暴也○上十年注云將兵至竟以過侵責之服則引兵而去用意尚疏又云侵責之不服推兵入竟伐擊之益深用意稍精密是淺侵不服乃更深伐今一至即伐故舉日以起其暴戰不言伐此其言伐何至之日也注至日便伐明暴故舉伐疏上十年傳云戰不言伐為舉重也此明暴故戰伐並舉春秋伐者為客注伐人者為客讀伐長言之齊人語也疏舊疏云謂伐人者必理直而兵強故引聲唱伐長言之喻其無畏矣○注伐人至語也○錢氏大昕養新錄云長言若今讀平聲短言若今讀入聲廣韻平聲不收伐字蓋古音失傳多

矣通義云長言者若今去聲短言者若今入聲矣周官音義劉昌宗讀伐爲扶廢反是伐人之伐古皆去聲詩曰韋顧既伐昆吾夏桀短言之與桀爲韻六弢曰日中必彗執斧必伐長言之與彗爲韻高誘注呂氏春秋愼行篇閱讀近鴻緩氣言之彼亦謂鴻去聲也氣緩則言長段氏玉裁說文注云按今人讀房越切此短言也劉昌宗周禮大司馬大行人軵人皆房廢切此長言也劉係北音周顒沈約韻書皆用南音去入多強爲分別而不合於古矣陳氏壽祺左海文集云公羊注所謂長言短言內言外言及高誘注淮南緩氣言急氣言籠口言閉口言急舌言作江淮間人言劉熙釋名以舌腹言以舌頭言橫口合脣言踧口開脣言此自漢儒音切之學有所師承非由肊造後世四聲五音九弄反紐之法即源於此盧氏文弨鍾山札記云長言短言之蓋同一字而讀法有異高注國策呂氏春秋淮南子諸書有急氣緩氣籠口閉口之異讀劉熙釋名於天有以舌腹言有以舌頭言者於風有以橫口合脣言者有以踧口開脣攝氣言之者各方不同漢書王子侯表襄噩侯建晉灼曰音內言噩說又猇節侯起灼亦云內言鶡內言亦是噩讀法明人刻監本疑內言是詩巧言遂改說字爲巧以附會之毛本作噩說蓋卽書之譌說也齊人語者公羊子齊人就其俗音有長短別之也伐者爲主【注】見伐者爲主讀伐短言之齊人語也【疏】舊疏云謂被伐主必理曲而寡援恐得罪於鄭國故促聲短言之喻其恐懼也故使衛主之也【注】戰序上言及者爲主【疏】此舉長言伐者爲客短言伐者爲主道春秋通例春秋戰不言伐但舉戰孰序上則首兵者可知此衛序上言及故知使衛主之也繁露竹林云會同之事大者主小戰伐之事後者主先苟不惡何爲使起之者居下是其惡戰伐之辭已然則

春秋惡齊所以使衞爲主而以齊居下也曷爲使衞主之【注】据宋襄公伐齊宋主齊【疏】注据宋至主齊○僖十八年宋公會曹伯衞人邾婁人伐齊下云宋師及齊師戰于甗齊師敗績傳戰不言伐此其言伐何宋公與伐而不與戰故言伐春秋伐者爲客見伐者爲主曷爲不使齊王之與襄公之征齊也曷爲與襄公之征齊桓公死豎刁易牙爭權不葬爲是襄公征之是也衞未有罪爾【注】蓋爲幽之會服父喪未終而不至故【疏】注蓋爲至至故○上二十七年公會齊侯宋公陳侯鄭伯同盟于幽是衞未與會也齊桓之會兩鄄兩幽唯此幽會不至故知爲父喪未除也計衞侯朔卒于二十五年夏五月幽會在二十七年六月始二十六月尚在禫服以內故傳以爲衞未有罪也史記衞世家云惠公朔卒子懿公赤立蓋懿公也敗者稱師衞何以不稱師【注】据桓十三年己巳燕人戰敗績稱師也【疏】注据桓至師也○即彼經云公會紀侯鄭伯己巳及齊侯宋公燕人戰齊師宋師燕師敗績之文也是戰稱人敗稱師也未得乎師也【注】未得成列爲師也詐戰不言戰言戰者衞未有罪方欲使衞主齊見直文也不地者因都主國也【疏】注未得至師也○齊人至日便伐衞倉卒禦敵故知未得成列爲師通義云方至遽戰則尚未深造衞地蓋邊鄙之人聚而拒敵非國起軍衆故不得成列爲師按若係衞之邊鄙何爲不地孔說非○注詐戰不言戰○舊疏云通例如此繁露竹林云春秋之書戰伐也惡詐擊而善偏戰又云春秋愛人而戰者殺人君子奚說善殺其所愛哉故春秋之於偏戰也比之詐戰則謂

之義比之不戰則謂之不義不義之中有義義之中有不義蓋偏戰者結日偏戰是不加暴之義詐㩻則出其不意傷害多故不言
戰以惡之此衞未成列故爲詐戰○注言戰至文也○繁露滅國下云魯莊公二十七年齊桓爲幽之會衞人不來其明年桓公怒
而大敗之是衞未有罪也使衞主齊見直故以戰書穀梁傳戰則是師也其曰人何也微之也何爲微之也今授之諸侯而後有侵
伐之事故微之也其人衞何也以其人齊不可不人衞也亦貶齊直衞之義也○注不地至國也○穀梁傳於伐與戰安戰也戰衞
亦謂在衞都也通義云不地者至日便戰與結日地期者異是以不與偏戰常辭孔不以不地爲國都也杜云不地者史失之沈氏
欽韓駮之云不地者齊聲罪致討已薄其國都城門之外即爲戰場可不言地非史失之是也

夏四月丁未邾婁子瑣卒【注】日者附從霸者朝天子行進【疏】包氏慎言云夏

四月有丁未月之二十四日通義云春秋首褒邾婁故遂得常卒於所傳聞之世示與滕薛尤加異焉克猶未日至此乃日者錄之
以漸○注日者至行進○舊疏云欲決上十六年冬十有二月邾婁子克卒不書日故也正以行進而書日故知附從霸者朝天子
賢於會霸者於北杏而已但外相如例所不書故無其文何氏以理知之按何氏或別有所見

秋荊伐鄭公會齊人宋人邾婁人救鄭【注】書者善中國能相救【疏】穀梁

傳荊者楚也其曰荊州舉之也此與上十年書荊敗蔡十六年書荊入鄭同上二十三年來聘已進稱人今伐中國故州舉以惡之
左氏穀梁無邾婁人此傳唐石經諸本同按邾婁子瑣始卒于四月其嗣子背殯用兵三傳不宜無說疑此傳涉上邾婁而衍也差

繆略云左氏穀梁無公字與今本異○注書者至相救○穀梁傳曰善救鄭也此注善中國能相救所本

冬築微 疏 左氏作郿杜云郿魯下邑按公穀釋文皆云左氏作麋則陸所見本作麋也水經注濟水篇濟水又北逕微鄉東春秋莊二十八年冬築郿京相璠曰公羊傳謂之微東平壽張縣西北三十里有故微鄉魯邑也杜預曰有微子冢按釋例土地名小國地一信六年微東平壽張縣西北有微鄉微子冢則杜以郿微爲二地一統志壽張故城在今兗州府壽張縣東南五十里微鄉今在縣南大事表云在今兗州府壽張縣東南按古微眉麋俱通禮士冠禮眉壽萬年注古文眉作麋少牢饋食禮眉壽萬年注古文眉爲微詩小雅巧言居河之麋釋文麋本又作湄音眉左傳僖二十八年傳余賜女孟諸之麋正義引釋水云水草交爲湄是古字皆得通用也養新錄云古音微如眉少牢禮眉壽萬年注古文眉爲微春秋莊二十八年築郿公羊作微詩勿士行枚傳枚微也

大無麥禾 疏 漢書食貨志云董仲舒曰春秋他穀不書至於麥禾不成則書之以此見聖人之於五穀最重麥禾也於左疏引服虔云陰陽不和土氣不養故禾麥不成漢書五行志嚴公二十八年冬大水無麥禾王氏念孫讀書雜志云景祐本無水字是也後人以下文云董仲舒以爲夫人哀姜淫亂逆陰氣故大水也而有水字不知三家經文皆無水字且下文云不書水旱而曰大亡麥禾則大下本無水字明矣董仲舒獨言大水者其意言無麥禾由於大水大水由於夫人之淫亂此是揣度之辭非經文實有水字也何注公羊傳云此蓋秋水所傷夫人淫泆之所致即是仲舒之說也

冬既見無麥禾矣曷爲先言築微而後言無麥禾諱以凶年造邑

也注諱使若造邑而後無麥禾者惡愈也此蓋秋水所傷就築微下俱舉水則嫌冬水推秋無麥禾使若冬水所傷者但言無麥禾則嫌秋自不成不能起秋水因疾莊公行類同故加大明有秋水也此夫人淫泆之所致疏校勘記云唐石經鄂本宋本閩本同監毛本後言作後書誤按桓二年引此傳正作言周禮大司徒職以荒政十有二聚萬民四曰弛力先鄭云弛力息徭役也又均人職凡均力政以歲上下豐年則公旬用三日焉中年則公旬用二日焉無年則公旬用一日焉凶札則無力征經義述聞云旬當如字讀經云以歲上下則在農功既畢之後可知以豐年計之一月用九日三冬亦直二十七日耳而歲不皆豐亦不皆凶則中年一月用六日三冬共十八日者其常也王制雖云用民之力歲不過三日然治城郭宮室道渠亦有非三日所能成事者然則無年之歲亦有必不得已而用民力者故周官定旬用一日之限其城邑大役則止也玉藻云年不順成則土功不興逸周書糴匡篇成年穀足賓祭以盛餘子務藝宮室城郭修爲備年儉穀不足賓祭以中盛樂唯鐘鼓不服美三牧五庫補攝餘子務穡年饑則勤而不賓舉祭以薄樂無鐘鼓車不雕攻以救窮乏匡困綏無大荒有禱而無祭君親巡方卿參告糴餘子倅運民不藏糧此大無麥禾大荒也年之上下豐年爲成次爲儉次爲薄至大荒極凶矣築邑乃成年之事而行之於大荒故春秋譏之也○注諱使至愈也○邑下二十九年云凶年不修修舊且不可況造邑乎故退無麥禾在築微下若造邑在先無麥禾在後惡少輕也○注此蓋至水也○校勘記云監毛本推誤惟舊疏云既言無麥

是建未之前事故知秋水所傷若經云冬築微大水無麥禾大水在冬下嫌是冬水嫌推尋此秋無麥禾之事若使冬水傷殺之者矣若不言大而但言無麥禾則嫌此秋但地氣不養而麥禾不成不能起見此秋實有水矣因欲疾莊公之行不制夫人令其陰不盛類同於水故加大以見之按穀梁傳大者有顧之辭也於無禾及無麥也春秋一災不書故至無禾並書無麥楊疏云菲七年麥苗同時爲水而死故繫大水言之此至冬始書大無麥禾則禾之死未必繇大水故不繫之是也○注此夫至所致○漢書五行志嚴公二十八年冬大水無麥禾董仲舒以爲夫人哀姜淫亂逆陰氣故大水也劉向以爲水旱當書不書水旱而曰大亡麥禾者土氣不養稼穡不成者也是時夫人淫於二叔內外無別又因凶飢一年而三築臺故應是而稼穡不成飾臺榭內淫亂之罰云遂不改寤四年而死旣流二世奢淫之罰也通義云大無麥禾淫亂之罰也

臧孫辰告糴于齊【疏】差謬略云辰穀梁作臣辰臣同部按今本及石經穀梁作辰

告糴者何請糴也【注】買穀曰糴【疏】穀梁傳曰告請也糴糴也爾雅釋詁云告請也故告糴爲請糴也○注買穀曰糴○國語魯語云君盍以名器請糴于齊注市穀曰糴說文入部糴市穀也从入从糴

何以不稱使

【注】据上大無麥禾知以國事行當言如也【疏】注當言如也○舊疏云正以如者內稱使文故也左疏引服虔云不言如重穀急辭以其情急於糴故不言如齊告糴乞師則情緩于穀故云如楚乞師非公羊義通義云据內稱使文當云臧孫辰如齊告糴按禮記曲禮云凡爲君使者已受命君言不宿於家注言謂有故所問也聘禮曰若有言則以束

帛如享禮疏引鄭彼注云有言謂有所告請若有所問也記曰有故則束帛加書以將命春秋臧孫辰告糴于齊公子遂如楚乞師晉侯使韓穿來言汶陽之田是其類也以爲臧孫辰之私行也【疏】穀梁傳曰不正故舉臧孫辰以爲私行也又曰不言如爲內諱也通義云實爲國使春秋以其私行之辭言之按繁露玉英云故告糴于齊者實莊公爲之而春秋詭其辭以予臧孫辰以鄗入于齊者實紀侯爲之而春秋詭其辭以予紀季所以詭之不同其實一也兪氏樾云爲衍文以臧孫辰之私行者言以私事行不以國事行也今衍爲字失其義矣下文曰曷爲以臧孫辰之私行可證此文爲字之衍曷爲以臧孫辰之私行【注】据國事也君子之爲國也必有三年之委一年不熟告糴譏也【注】古者三年耕必餘一年之儲九年耕必有三年之積雖遇凶災民不饑乏莊公享國二十八年而無一年之畜危亡切近故諱使若國家不匱大夫自私行糴也【疏】穀梁傳曰諸侯無粟諸侯相歸粟正也臧孫辰告糴于齊告然後與之言內之無外交也古者稅什一豐年補敗不外求而上下皆足也雖累凶年民弗病也一年不艾而百姓饑君子非之委者周禮遺人職掌邦之委積注少曰委多曰積對文異散則通漢少府有屬官郡置轉輸開委府於京師以籠貨物是也○注古者至饑乏○校勘記云鄂本饑作飢禮記王制云國無九年之蓄曰不足無六年之蓄曰急無三年之蓄曰國非其國也三年耕必有一年之食九年耕必有三年之食以三十年之通雖有凶旱水溢民無菜色新書憂民云王者之法國無九

年之蓄謂之不足無六年之蓄謂之急無三年之蓄曰國非其國也穀梁傳曰國無九年之蓄曰不足無六年之蓄曰急無三年之畜曰國非其國也漢書食貨志云民三年耕則餘一年之畜衣食足而知榮辱廉讓生而爭訟息故三載考績孔子曰苟有用我者期月而已可也三年有成成此功也三考黜陟餘三年食進業曰登再登曰平餘六年食三登曰泰平二十七歲餘九年食然後以德流洽禮樂成故曰如有王者必世而後仁餘此道也又魏相傳臣謹按王法必本於農而務積聚量入制用以備凶災無六年之畜尚謂之急墨子引周書曰國無三年之食者國非其國也家無三年之食者子非其子也周書文傳解夏箴曰小人無兼年之食遇天饑妻子非其有也大夫無兼年之食遇天饑臣妾輿馬非其有也○注莊公至糴也○繁露玉英云故臧孫辰請糴于齊孔子曰君子爲國必有三年之積一年不熟乃請糴失君之職也穀梁傳曰國無三年之畜曰國非其國也一年不升告糴諸侯皆譏莊公享國之久無一年之畜也故深爲諱若大夫之自爲私行告糴也通義云蓋以爲春秋之文非徒見刺譏而已將使後之王者觀於告糴之譏知未荒而備之有道觀於築微之譏知既荒而救之有政觀於大無麥禾之記災又思所以飭己勤民內無色荒外卑宮室崇尚節儉應是而水旱不侵天道若於上農時不違人事盡於下豈有饑饉荐臻之患矣沈氏彤左傳小疏云周禮大司徒職大荒大札則令邦國移民通財小行人職若國凶荒則會賙委之不聞有告糴之禮外傳稱爲古制其始於西周之衰乎逸周書糴匡篇云大荒卿參告糴蓋亦記衰周之制

二十有九年春新延廏【疏】校勘記云釋文唐石經廄作廏

新延廄者何修舊也注舊故也繕故曰新有所增益曰作始造曰築疏注舊故也○詩大雅抑云告爾舊止箋云舊故也荀子王制云械用則凡非舊器者舉毁注舊謂三代故事○注繕故曰新○此是也穀梁傳其言新有故也又定二年傳言新有舊也又僖二十年傳言新有故也詩邶風新臺序引釋文引馬注云修舊曰新又魯頌閟宮箋云修舊曰新左傳杜注云言新者皆舊物○不可用更造之辭彼以傳文有作字故如此解○注有所至曰作○僖二十年新作南門定二年新作雉門及兩觀是也穀梁兩傳並云作爲也有加其度也非作也范注更加使大責其改舊制也左傳此年亦有作字彼疏引劉賈云言新有故木言作有新木延廄不書作所用之木非公命也按左氏有作字或後人因僖二十年定二年而增五行志亦無作字○注始造曰築○上築微之屬是也釋名釋言語云築堅實稱也是也修舊不書此何以書注据新宮災後修不書疏注据新至不書○成二年新宮災三日哭此後不見修文也譏何譏爾凶年不修注不諱者繕故功費差輕於造邑延廄馬廄也疏繁露王道云新延廄譏驕溢不恤下也穀梁傳云有故則何爲書也古之君人者必時視民之所勤民勤於力則功築罕民勤於財則貢賦少民勤於食則百事廢矣冬築微春新延廄以其用民力爲已悉矣注凶荒殺禮悉盡皆責凶年不宜修也左傳僅譏不時非○注不諱至造邑○上二十八年冬築微大無麥禾傳曷爲先言築微而後言無麥禾諱以凶年造邑也此新延廄在大無麥禾後書故知不諱也繁露玉英云春秋之法凶年不修舊意在無苦民爾苦民尚惡之況傷民乎傷民尚痛之況殺民乎故

曰凶年修舊則譏造邑則諱是害民之小者惡之小也害民之大者惡之大也功費差輕之義也○注延廄馬廄也○穀梁傳延廄者法廄也注周禮天子十二閑馬六種邦國六閑馬四種每廄一閑言法廄者六閑之舊制也左傳云凡馬日中而出日中而入是爲馬廄惟彼以書不時爲異耳

夏鄭人侵許

秋有蜚

何以書記異也注蜚者臭惡之蟲也象夫人有臭惡之行言有者南越盛暑所生非中國之所有疏注蜚者至蟲也○毛本蟲作虫非穀梁注引穀梁說曰蜚者南方臭惡之氣所生也象君臣淫泆有臭惡之行蓋穀梁家師一說說文蟲部蜚臭蟲負蠜也段注云臭蟲下有奪字當云臭蟲也一曰負蠜也畫然二說如虫部蝝下之並載三說春秋秋有蜚左氏傳曰爲災公羊傳曰紀異穀梁傳曰一有一無曰有五行志所載劉歆說蓋演左氏說也劉向說蓋演穀梁說也而何休范甯皆從之也許列臭蟲於前而負蠜次之許意子政說長也負蠜與蠜畫然二物釋蟲曰阜螽蠜也毛傳同許同此一物也釋蟲又曰草螽負蠜也毛傳則云草蟲常羊也常羊即負蠜鄭箋云草蟲鳴則阜螽躍而從之是以謂之負蠜也劉子駮及許之負蠜即草蟲也即常羊也左氏之所以釋蜚也至於臭蟲生南越而有於中國子政之說則然亦如有蜮有鸜鵒來巢皆本非所有公穀之所以釋蜚也釋蟲云蜚蠦蜰郭云臭蟲負盤也攷本草經蜚蠊注家云辛辣而

臭漢中人食之一名盧蜰一名負盤郭注亦謂此而許虫部蜰下但言盧蜰不言蜚也似許不以盧蜰與臭蟲爲一物本草之蜚蠊非必淫氣所生劉向所以說經者又未必蜚蠊也按廣雅釋虫云蛪蟦蜰也又飛䗪飛蠊也即本草之蜚蠊別錄云形似蠶蛾腹下赤陶注形亦似䗪蟲而輕小能飛本在草中八月九月知寒多入人家屋裏逃爾有兩三種以作廉薑氣爲真南人亦噉之唐本注云此蟲味辛辣而臭漢中人食之言下氣名曰石薑一名盧蜰一名負盤則以蠦蜰之蜚爲春秋之蜚矣郝氏懿行爾雅義疏云此蟲氣如廉薑故名飛廉圓薄如盤故名負盤今俗人呼之臭般蟲其大如錢輕薄如葉黃色解飛其氣臭惡蓋即此與人○注象夫至之行○漢書五行志嚴公二十九年有蜚劉歆以爲負蠜也性不食穀食穀爲災介蟲之孼劉向以爲是時嚴公取齊淫女爲夫人既入淫於兩叔故蜚至天戒若曰今誅絕之尚及不將生臭惡聞於四方嚴不寤其後夫人與兩叔作亂二嗣以殺卒皆被辜董仲舒指略同穀梁注所引穀梁說亦同○注言有至所有○五行志又云劉向以爲蜚色青近青眚也非中國所有南越盛暑男女同川澤淫風所生爲蟲臭惡惠氏士奇春秋說云蜚潛于水麋處于澤蜚生於盛暑後世多有之曷爲亦書於策周禮與春秋皆經世大典先王盡人性以盡物性苟一官之未備必一物之爲災故契爲司徒所以盡人性益爲朕虞所以盡物性人物之性有未成故又爲一一設官以成之周公作六典孔子修春秋皆所以盡人物之性撥亂世而反諸正者也君子讀春秋見書多麋則知周禮獸人之官廢矣見書秋螟冬蝝八月螽則知周禮庶氏翦氏之官廢矣見書有蜚有蜮則知周禮蟈氏壺涿氏之官廢矣見書鸜鵒來巢則知周禮硩蔟氏庭氏之官廢矣見書獲麟則知周禮山虞澤虞迹人之官廢矣官失於朝故變生於野其官載於周禮其變著

于春秋

冬十有二月紀叔姬卒【注】國滅卒者從夫人行待之以初也【疏】杜范並云紀國雖滅叔姬執節守義故繫之紀賢而錄之是也○注國滅至如初○內女嫁于大夫不書卒為媵亦不書今從夫人行故也桓七年夏穀伯綏來朝鄧侯吾離來朝傳曰皆何以名失地之君也其稱侯朝何貴者無後待之以初也此叔姬其國已滅而書卒正以本為夫人今雖國滅猶以夫人禮恩錄之故云待之以初也隱七年注云叔姬者伯姬之媵也此從夫人行者蓋上四年伯姬卒後紀尙未滅立叔姬為夫人國滅一後歸一魯至十二年歸于酅也惠氏士奇春秋說云紀伯姬為夫人紀叔姬一嫡一娣同繫之紀嫡貴而娣賤若是班乎白虎通曰伯姬卒伯姬之娣叔姬升為嫡一說嫡死不更立嫡防簒奪也祭宗廟攝而已且之媵不聘不聘為妾明不升兩說並通後說為允禮有攝女君之事故曰攝女君謂之貴妾禮同於嫡餘妾莫敢並焉娣不稱歸又焉能書卒葬叔姬守節而賢故與伯姬同書卒葬紀侯去國莫審存亡伯叔二姬獨詳于冊春秋所以貴婦人之節也按白虎通嫁娶云伯姬卒叔姬升于嫡經不譏也是春秋家以嫡死可以更立嫡故白虎通又云嫡夫人死更立嫡夫人者不敢以卑賤承宗廟也其不更立嫡者禮家說白虎通所載或曰嫡死不復更立明嫡無二防簒殺者是也通典引鄭駮異義云女君卒貴妾攝其事耳不得復立為夫人魯僖得立妾母為夫人者乃緣莊公哀姜有殺子般閔公之罪應貶故也又云緦麻章庶子為後為其母此義自天子下至大夫士同不得三年魯宣所以得尊其母敬嬴為夫人者以夫人姜氏大歸齊不返故也皆禮家說左氏隱元年繼室以聲子杜

注諸侯始娶則同姓之國以姪娣媵元妃死則次妃攝治其事猶不得繼夫人故謂之繼室杜氏說經雖無家法然必劉賈鄭服相傳之精意則嫡死不更立嫡或古文春秋家說與禮說同與公羊以春秋改周文從殷質或與禮經不同故宣十六年郯伯姬來歸注嫁不書者為媵也來歸書者後為嫡也亦不以升嫡為譏蓋今文說如此也

城諸及防**注**諸君邑防臣邑言及別君臣之義君臣之義正則天下定矣**疏**杜云諸防皆魯邑諸今城陽縣大事表云在今青州府諸城縣治西南三十里齊氏召南考證云諸縣漢屬琅邪晉屬城陽陸氏耀通四書釋故魯有二防一是隱九年公會齊侯于防杜云防魯地在琅邪華縣東南今山東費縣東北有華城故華縣也一是隱十年取防杜云高平昌邑縣西南有西防城今西防城在山東金鄉縣西臧孫紇奔邾由邾如防致防而奔齊防當是琅邪之防乃邾魯之北齊之南按何氏以防為臣邑則此防或已為臧氏采邑與○注言及至定矣○舊疏云知如此者正以昭五年莒牟夷以牟婁及防玆來奔傳云其言及防玆來奔何不以私邑累公邑也彼注云公邑君邑也私邑臣邑也累次也義不可使臣邑與君邑相次序故言及以絕之然則都邑言及別公私故知此言及是君臣邑故也按穀梁傳曰以大及小也左疏引賈逵云言及先後之辭皆非春秋垂教之義通義云此推莒牟夷以牟婁及防玆來奔傳言之彼特為以邑奔者或據其私邑或更竊公邑故漆閭丘不言及防玆乃言及一別見罪輕重耳不可通之於城城兩邑悉有及文豈必一君邑一臣邑乎取賈逵之說按此城二凡邑外文十二年城諸及鄆定十四年城莒父及霄皆言及固不必皆有君邑臣邑之別或此二邑並適有君臣之別故春秋假以

示君臣之義所謂因事見義不必通之於彼也舊疏云所以君臣然後
之義正則天下定可以爲王者之法矣易雜卦傳云有君臣然後
有上下有上下然後禮義有所錯是也

三十年春王正月

夏師次于成疏左氏無師字杜云將卑師少故直言次揖氏坦異文
箋云謹案左氏莊三年傳凡師一宿爲舍再宿爲信
過信爲次則次爲師再宿以後之辭此年經左氏無師字或脫字
差繆略云次于成公羊穀梁作師次于郕與唐石經異按今公羊
亦作成

秋七月齊人降鄣

鄣者何紀之遺邑也疏穀梁傳同杜云鄣紀附庸國東平無鹽縣
東北有鄣城疏引劉賈依二傳以爲鄣紀
之遺邑釋例曰計紀侯去國至此二十七年紀侯猶不堪齊而去
則邑不得獨存此蓋附庸小國若鄅鄟是也知不然者齊襄雖暴
猶能禮葬伯姬紀國已滅僅餘一鄣爲之附庸何必不爲齊襄所
容八年而後桓公方事招懷何不得獨存之有通義云紀之亡二
十餘年矣而鄣猶孤存蓋其守邑大夫抗節不降若安陵不入于
秦莒即墨不下于燕者也大事表云今東平州六十里有鄣城集
一統志章縣故城在東平州東六十里今爲鄣城集差繆略云鄣
左氏作鄣按注疏本及唐石經左氏亦作鄣說文邑部鄣紀遺邑
也段注云公穀皆曰紀之遺邑賈服從之許說同杜云紀附庸國
東平無鹽縣東北有鄣城距紀太遠非許意也古紀國在今山東

青州府壽光縣西南三十里紀城鄣邑當附近卽昭十九年左傳之紀鄣也紀鄣者本紀國之鄣邑猶齊語紀酅謂本紀國之酅邑也公穀云紀之遺邑與左傳云紀鄣合杜云紀鄣在東海贛榆是也莊三十年之鄣卽此杜分爲兩地非今海州贛榆縣之北七十五里有故紀鄣城亦曰紀城按許氏多用左氏說必鄭賈舊義也

降之者何取之也取之則曷爲不言取之爲桓公諱也注時霸功足以除惡故爲諱言降者能以德見歸自來服者可也疏注時霸至爲諱○上十三年齊人滅遂注云不諱者桓公行霸不任文德而有武功又功未足除惡則此注云者決上十年十三年書滅譚滅遂故也○注言降至可也○此注解辟取言降之意也論語季氏篇故遠人不服則修文德以來之是也穀梁傳曰降猶下也上三年左傳紀侯不能下齊亦謂不能降齊也此年杜注云小國孤危不能自固蓋齊遙以兵威脅使降附彼以爲附庸國故也

外取邑不書此何以書盡也注襄公服紀以過而復盡取其邑惡其不仁之甚也月者重於取邑疏隱六年宋人取長葛傳云外取邑不書此何以書久也又四年莒人伐杞取牟婁傳外取邑不書此何以書疾始取邑也內取邑書外取邑不書取邑小惡故凡書者皆有爲爾○注襄公至甚也○通義云紀亡二十餘年鄣城獨存桓公必將脅之以威屈其志而窮其力以取其土地故不曰鄣降于齊而曰齊人降鄣閔鄣而甚桓見乎辭矣是皆所謂諱其文不沒其實者也齊稱人者貶也雖不言取而斥齊人是時未有存亡繼絕之功與之未醇故諱不若滅項之深也深得經義○注月者重於取邑○決隱六年冬宋人取長葛不

書月也此書月者惡其盡故重於他取邑也隱四年莒人伐杞取牟婁雖在二月下不蒙上月彼月自爲下戊申衛州吁弒其君完發有日不得不繫之月也

八月癸亥葬紀叔姬

外夫人不書葬此何以書隱之也何隱爾其國亡矣徒葬乎叔爾

疏 包氏愼言云經書八月癸亥葬紀叔姬閏月之二十四日閏分八月止二百十二數在得半以上故可置閏下有九月庚午朔日有食之知時閏八月也劉歆以爲八月朔推曆是年宜閏十一月癸亥爲九月之廿四日庚午爲十月朔非八月也穀梁傳曰不日卒而日葬閔紀之亡也舊疏云謂不得與夫合葬故言徒徒者空也上四年書齊侯葬紀伯姬傳云外夫人不葬此何以書隱之也何隱爾徒葬于齊爾而此重發之者正以彼則于齊此則于叔故重言之按內女嫁爲外夫人書葬此及紀伯姬襄三十年宋共姬傳皆爲隱辭紀伯姬紀叔姬閔其國之亡宋共姬閔其殁於災恩禮宜皆有加焉故重錄之舊疏謂不得與夫合葬故言徒徒者空也兪云四年傳曰徒葬於齊爾解詁曰徒者無臣子辭也國滅無臣子徒爲齊侯所葬然則此云徒葬乎叔爾亦是無臣子之辭非謂不得與夫合葬也十二年傳曰徒歸於叔爾也豈謂不得與夫同歸乎可知疏義之謬

九月庚午朔日有食之鼓用牲于社 **注** 是後魯比弒二君狄滅邢衛

疏 唐志大衍合朔議曰莊公三十年九月庚午朔襄公二十一年九月庚戌朔定公五年三月辛亥朔當以盈縮遲速爲定朔殷

曆雖合適然耳非正也○注是後至邢衛○釋文作比殺申志反魯弒二君下三十二年子般卒閔公二年公薨是也狄滅邢衛僖元年齊師宋師曹師次于聶北救邢閔二年狄入衛是也漢書五行志云嚴公三十年九月庚午朔日有食之董仲舒劉向以爲後魯二君弒夫人誅兩弟死狄滅邢徐取舒晉殺世子楚滅弦劉歆以八月秦周分

冬公及齊侯遇于魯濟〔疏〕毛本脫濟字杜云濟水歷齊魯界在齊界爲齊濟在魯界爲魯濟蓋魯地釋例濟水自滎陽卷縣東經陳留至濟陰北經高平東平至濟北東北經濟南至樂安博昌縣入海正義云高平東平魯西界也濟北南樂安齊竟內也大事表云水經注濟水過定陶西東流濟陰乘氏縣西分爲二瀆其南瀆爲荷水東南流至山陽湖陸縣與泗水合而入淮其東北流入鉅野澤又東北過東郡壽良縣西界北經須昌穀城又東北經盧縣華不注山臺縣菅縣梁鄒臨濟樂安而入于海杜氏所謂歷齊魯界者即東北分流一支其在鉅野壽良須昌則穿曹魯之境謂之魯濟其在穀城以下則穿齊魯衛之境所謂齊濟也鉅野今亦爲縣屬曹州府壽良即今兗州之壽張縣須昌在今東平州穀城在今東阿縣俱屬泰安府此齊魯分界也馬氏宗連左傳補注云按水經濟水注濟水又北逕微鄉東又北逕清亭東又北過穀城縣西又北逕周首亭西魯濟蓋在微鄉清亭之間微鄉即莊二十八年所築郿公羊作微清亭即公及宋公遇于清是也此皆魯地濟水所經故謂之魯濟若過穀城則謂之齊濟穀即小穀與周首亭王子成父敗滎如處皆齊濟所經又案郡國志濟北國齊地爲多是魯濟又在濟水以南通義云斥言魯者名山大澤天子不以封故謂之魯濟則可謂之我濟則不可

齊人伐山戎【疏】杜云山戎卽北戎正義曰土地名以北戎山戎無終三名爲一北平有無終縣大事表云今直隸永平府玉田縣治有古無終城史記注引服虔云山戎北狄名今鮮卑也漢書匈奴傳山戎越燕伐齊齊釐公與戰于齊郊後四十四年而山戎伐燕燕告急齊齊桓公北伐山戎齊世家北伐山戎離支孤竹管子小問篇桓公北伐孤竹未至卑耳之谿十里韓非說林管仲隰朋從乎桓公而伐孤竹蓋皆此年之役也方輿紀要永平府春秋爲山戎肥子二國地會支城在府東北離支卽會支之譌也孤竹在府南十五里

此齊侯也其稱人何【注】据下言齊侯來獻戎捷【疏】注据下至戎捷○下三十一年齊侯來獻戎捷是也貶【疏】後漢書西羌傳云昔桓公伐戎而無仁惠故春秋貶曰齊人用公羊義曷爲貶【注】据齊侯伐北戎不貶【疏】注据齊至不貶○僖十年齊侯許男伐北戎是也舊疏云不道許男者以解齊人伐山戎之故省文子司馬子曰蓋以操之爲已蹙矣【注】操迫也已甚也蹙痛也迫殺之甚痛【疏】隱十一年傳子沈子曰注云沈氏稱子冠氏上者著其爲師也此稱子司馬子宜同操蹙校勘記云唐石經諸本同武億云操古本作躁詩江漢正義引此注躁迫也按蹙當本作戚何訓爲痛也是傷戚之意考工記不微至無以爲戚速也注引春秋傳曰蓋以操之爲已戚也可證鄭本作戚又按說文有戚無蹙公羊古義云攷工記云凡察車之道不微至無以爲戚速也康成云齊人有名疾爲戚者春秋傳曰蓋以操之爲已蹙矣疏云鄭氏以蹙爲疾與何別非也古戚蹙同音詩小明云曷

云其歸政事愈瘉歲聿云莫采蕭穫菽心之憂矣自貽伊戚是戚讀爲瘉公羊作瘉故訓爲痛戚有瘉音故訓爲疾公羊問答云詩江漢箋云非可以兵病害之也非可以兵急躁切之也孔沖遠引公羊傳何注云躁迫也已甚也瘉痛也蓋戰迫之而甚痛其意言齊侯殺傷過多甚痛瘉是齊桓之兵急躁之也鄭言急躁意亦出於彼又兇㚇箋急者有所躁瘉也按操與躁通鄭作躁切漢書貢禹傳勇猛能操切百姓者可證但孔氏所見公羊本作躁字讀書叢錄云詩江漢正義引公羊作蓋以躁之爲已瘉矣何注躁迫也兇㚇鄭注有所躁瘉也義亦本於公羊正義躁定本作操是後人所改按詩江漢云匪疚匪棘箋云棘急也王於江漢之水上命召公使以王法征伐開辟四方治我疆界於天下非可以兵病害之也非可以兵急躁切之也齊桓公經陳鄭之閒及伐北戎則違此言者彼言經陳鄭之閒用傳四年左傳義言伐北戎則用此爲說也彼疏引此傳操作躁江漢箋之躁切即王風箋之躁瘉皆本此之操瘉也○注操迫也○說文手部操把持也貢禹傳注操持也持之急則有過迫之義也廣韻迫急也詩江漢釋文所載箋文作操音七刀反彼正義引本或作慘者誤也兇㚇釋文云本亦作懆沈七感反蓋沈重作慘也躁說文作趮疾也義亦近○注已甚也○禮記檀弓云毋乃已疏乎注已猶甚也又禮器不然則已慤注已猶甚也○注瘉痛至甚痛○注瘉當依武億說作戚釋文正作戚也論語八佾篇喪與其易也甯戚禮記檀弓慍斯戚皆痛傷之義迫殺之甚故痛傷也詩兇㚇釋文云瘉子六反本亦作戚七歷反江漢箋非可以兵急躁切之也疑正義本無切字故申之云是齊桓之兵急躁之也可證定本亦同蓋操戚者正字也作瘉作瘉者別體也作切者同聲借字貢禹傳注切刻也是也與戚痛微殊義皆相因愈云詩江漢篇正義引此文作蓋以躁之爲已瘉矣操與

躁並段字其正字當作剿說文刀部剿絕也周書曰天用剿絕其命然則剿之爲已蹙者言齊桓之伐山戎剿絕之太痛也故何解爲迫殺之若操爲操持躁爲躁疾並非其義

此蓋戰也何以不言戰注据得捷也疏据注得捷也○下三十一年來獻捷故知也

春秋敵者言戰桓公之與戎狄驅之爾注時桓公力但可驅逐之而已戎亦天地之所生而乃迫殺之甚痛故去戰貶見其事惡不仁也山戎者戎中之別名行進故錄之疏舊疏云謂軍人衆寡相敵者不謂將之尊卑等是以僖二十八年晉侯以下及楚人戰于城濮宣十二年晉荀林父帥師及楚子戰于邲之屬雖君與大夫亦言戰矣此山戎力不等敵桓公可驅之爾故不言戰○君注時桓至而已○詩小雅六月云薄伐玁狁至于太原傳言逐出之而已正義不言與戰經云至于太原是宣王德盛兵強玁狁奔走之不敢與戰吉甫直逐出之而已采芑出車皆言執訊獲醜此無其事明其不戰也並引此傳云時齊桓力但可驅逐之而已與此同繁露精華云春秋慎辭謹於明倫等物者也是故小夷言伐而不言戰大夷言戰而不得言獲中國言獲而不得言執各有辭也○不注戎亦至仁也○通義云胡康侯曰北戎病燕職貢不至桓公內無因國外無從諸侯越千里之險爲燕辟地可謂能修方伯連帥之職何以譏之桓不務德勤遠不正王法以譏其罪則將開後世之君勞中國而事外夷捨近政而圖遠略困吾民之力爭不毛之地其患有不可勝言者故特貶而稱人以爲好武功而不修文德者戒也然則伐楚之役何以美之其謂退師召陵責以大義不務交兵而強楚自服乎觀此可以見聖人強本治內柔

服遠人之意矣〇注山戎至錄之〇國語齊語遂北伐山戎韋注山戎今之鮮卑以其病燕故伐之又云刜令支斬孤竹而南歸注二國山戎之與也刜擊也斬伐也令支今爲縣屬遼西孤竹之城存焉上十年傳云州不若國國不若氏稱山是由國而氏者也

公羊義疏二十五

南菁書院

句容陳立卓人著

莊三十一年盡三十二年

三十有一年春築臺于郎

何以書譏何譏爾臨民之所漱浣也注無垢加功曰漱去垢曰浣齊人語也譏者爲瀆下也禮天子外屏諸侯內屏大夫帷士簾所以防泄慢之漸也禮天子有靈臺以候天地諸侯有時臺以候四時登高遠望人情所樂動而無益於民者雖樂不爲也四方而高曰臺疏校勘記云唐石經鄂本閩本漱作漱釋文及注疏同按十行本監本毛本作漱誤通義云十年宋師次于郎左傳言自雩門出敗之明郎在南門外其地有逵泉臺下臨水泉臺所由名也故十六年傳云泉臺者何郎臺也未成爲郎臺既成爲泉臺〇注無垢至語也〇禮記內則注手洗爲漱足爲浣說文水部瀚濯衣垢也或作浣涑瀚也段注云涑亦段漱爲之公羊注無垢加功曰漱去垢爲浣解云無垢加功謂但用手斗漱去垢蓋用足物故內則云冠帶垢和灰請漱衣裳垢和灰請澣鄭云手曰漱足曰澣是也若然則漱與澣別而許不別者許渾言何析言也詩周南箋云汙煩也煩撋之用功深澣謂濯之耳是則澣對汙言又分淺

深矣實則何之去垢即毛詩之汙何之無垢加功又似毛詩之澣
矣舊疏云既無垢而加功者蓋亦少有但無多垢故謂之無非全
無也又取其斗漱耳浣者舊說云用足曰浣是也○注禮天至漸
也○舊疏云禮說文也禮記郊特牲云臺門而旅樹○注旅道也屏
謂之樹樹所以蔽行道管氏樹塞門塞猶蔽也禮天子外屏諸侯
內屏之大夫以簾士以帷後漢書注引白虎通云屏所以自障也示
不極臣下之敬也天子德大故外屏諸侯德小所照見近故內屏
意林引風俗通亦云天子外屏令臣下氣泄亦即不極敬之意郊
特牲疏引禮緯文作大夫以簾士以帷下云南本及定本皆然或
云大夫以帷士以簾者譌也按廣韻引風俗通云屏卿大夫以帷
士以簾與此所引禮說正合釋名釋牀帳云帷圍也以自障圍也
幰廉也自障蔽為廉恥也則帷簾之制大同漢書梁平王襄傳谷
永上疏曰臣聞禮天子外屏不欲見外也是故帝王之意不窺人
閨門之私聽聞中冓之言後漢書齊武王縯傳詔曰朕聞人君正
屏有所不聽淮南主術訓天子外屏所以自障故取理者遠而所
在者邇所治者大則所守者少禮記曲禮云帷薄之外不趨疏禮
天子外屏諸侯內屏卿大夫以簾士以帷外屏門外為之內屏門
內為之邦君樹塞門是也臣來朝君至屏而加肅敬今言帷薄謂
大夫士也按薄亦簾屬左傳僖二十三年薄而觀之是也說文竹
部簾堂簾也通俗文戶幃曰簾聲類戶閉也甘氏星經云闕丘二
星在南河南注闕丘闕外象魏也天子謂之闕諸侯謂之兩觀天
子外屏罘罳在宮門外諸侯內屏罘罳在宮門內所以別尊卑也
蓋皆防泄慢之義○注禮天至四時○舊疏云皆禮說文文王受
命之後乃築靈臺亦是天子曰靈臺之義正以侯天地故以靈言
之諸侯候四時故謂之時臺白虎通辟雍云天子所以有靈臺者
何所以考天人之心察陰陽之會揆星辰之正驗為萬物獲福無

方之元詩云經始靈臺御覽引禮統云所以制靈臺何以尊天重民備災害預防未然也明王者當順承天地節陰陽也詩大雅靈臺箋云天子有靈臺所以觀祲象察妖祥也彼疏引異義公羊說天子三臺諸侯二天子有靈臺以觀天文有時臺以觀四時施化有囿臺以觀鳥獸魚鼈諸侯當有時臺囿臺諸侯卑不得觀天文無靈臺皆以在國之東南二十五里東南少陽用事萬物著見用二十五里者吉行五十里朝行暮反也左氏說天子靈臺在太廟之中壅之靈沼謂之辟雍諸侯有觀臺亦在廟中皆以望嘉祥也毛詩說靈臺足以監視靈者精也神之精明稱靈故稱臺曰靈臺稱囿曰靈囿稱沼曰靈沼韓詩說辟雍者天子之學圓如璧壅之以水示圓言辟取辟有德不言辟水言辟雍者取其雍和也所以教天下春射秋饗首事三老五更在南方七里之內立明堂於中以五經之文所藏處蓋以茅草取其潔清也謹案公羊傳左氏說皆無明文說各無以正之鄭曰元之聞也禮記王制天子命之教然後爲學小學在公宮南之左大學在郊天子曰辟雍諸侯曰頖宮天子將出征受命于祖受成于學出征執有罪反釋奠于學以訊馘告然則太學即辟雍也詩頌泮水云既作泮宮淮夷攸伏矯矯虎臣在泮獻馘淑問如皋陶在泮獻囚此復與辟雍同義之證也大雅靈臺一篇之詩有靈臺有靈囿有靈沼有辟雍其如是也則辟雍及三靈皆同處在郊矣囿也沼也同言靈於臺下爲囿爲沼可知按左傳僖五年云公既視朔遂登觀臺以望彼疏引服虔云人君入太廟視朔天子曰靈臺諸侯曰觀臺在明堂之中是則與公羊同皆以諸侯無靈臺也若然乾鑿度云伐崇作靈臺然則作靈臺時仍爲諸侯後周公制禮多因文王剏建郎定爲一代天子之禮如造舟皋門之類矣故御覽引禮統云夏所以爲清臺何明明相承太平相續故爲清臺殷爲神臺周爲靈臺何質者据天而

王天稱神文者据地而王地稱靈明夏殷無靈臺之稱矣僖十五年左傳乃舍諸靈臺杜注以爲周靈臺故址其卽伐崇後所作與又按漢書地理志濟陰成陽有堯冢靈臺水經注成陽城西二里有堯陵陵南一里有堯母慶都陵稱曰靈臺彼爲陵墓之名自取神靈義言之與此別也○注登高至爲也○孟子梁惠王篇無非事者趙注言天子諸侯出必因王事有所補助於民無非事而空行者也彼爲孟子述晏子語對齊宣王時宣王遊雪宮謂孟子曰賢者亦有此樂明以登高望遠爲樂故孟子引以箴之也○注四方而高曰臺○詩大雅靈臺篇

經始靈臺毛傳四方而高曰臺

夏四月薛伯卒注卒者薛與滕俱朝隱公桓弒隱而立滕朝桓公薛獨不朝知去就也疏注卒者至就也○舊疏云所傳聞之世小國卒例不合書而今書之故解之爾薛與滕俱朝隱公者隱十一年滕侯薛侯來朝是也滕朝桓公桓二年書滕子來朝是也通義云卽隱之篇所稱薛侯者伯其本爵也所傳聞之世未卒小國而卒之則加錄已明故不復褒也克卒名而不日宿男日而不名於滕薛不日又不名者來親隱緩恩殺按隱元年注云不言先者亦爲所褒者德明當積漸深知聖德灼然之後乃往不可造次陷於不義故薛知去惡就善得加錄也桓弒釋文作桓殺音申試反

築臺于薛疏杜范並云薛魯地大事表云今兗州府滕縣東南有薛城方輿紀要云薛陵城在東平州陽穀縣西南史記田齊世家威王七年衛伐我取薛陵又威王語阿大夫衛取薛陵子不知蓋其地與阿近沈氏欽韓左傳補注云以下文築臺于秦例

之莊公後心遠略必非滕縣之薛城也

何以書譏何譏爾遠也【注】禮諸侯之觀不過郊【疏】○注禮諸至過郊通義云五經異義公羊說天子有三臺靈臺以觀天文時臺以觀四時施化囿臺以觀鳥獸魚鼈諸侯卑不得觀天文無靈臺但有時臺囿臺皆在國之東南二十五里東南少陽用事萬物著見用二十五里吉行五十里朝行暮返也此注諸侯之觀不過郊所本

六月齊侯來獻戎捷【注】戰所獲物曰捷【疏】說文手部作齊人按三傳俱無說恐許書誤○注戰所至曰捷○穀梁傳軍得曰捷又僖二十一年彼傳云捷軍得也杜云捷獲也按捷有勝義戰勝所得故亦曰捷

齊大國也曷爲親來獻戎捷【注】据齊未嘗朝魯威我也【注】以威恐怖魯也如上難知爲威魯書之【疏】國語吳語夫固知君王之蓋威以好勝也以威加人卽恐怖義○注以威恐怖魯也○說苑權謀篇齊桓公將伐山戎使人請助於魯魯君進羣臣而謀皆曰師行數千里入蠻夷之地必不反矣於是魯許助之而不行齊已伐山戎孤竹而欲移兵于魯管仲曰不可此威我之所由來與且山戎在北齊又在魯北無緣行至魯境蓋爲威魯故還道過我與○注如上至書之○卽上齊大國也曷爲親來獻捷故知爲威我書

其威我奈何旗獲而過我也【注】旗軍幟名各有色與金鼓俱舉使士卒望而爲陳者旗獲建旗縣所獲得以過魯也不書威魯者恥不能爲齊所忌

難見輕侮也言獻捷繫戎者春秋王魯因見王義古者方伯征伐不道諸侯交格而戰者誅絕其國獻捷於王者楚獻捷時此月者刺齊桓憍慢持盈非所以就霸功也

疏 注旗軍至有色○禮含文嘉云牙旗者將軍所建也旗有九名日月爲常交龍爲旂通帛爲旃雜帛爲物熊虎爲旗鳥隼爲旟龜蛇爲旐全羽爲旞析羽爲旌黃帝出軍決曰有所攻伐作五采牙幢青牙旗引往東方赤牙旗引往南方白牙旗引往西黑牙旗引往北黃牙旗引往東墨子旗幟篇守城之法木爲蒼旗火爲赤旗薪樵爲黃旗石爲白旗水爲黑旗是各有色也軍幟釋文云本又作織校勘記云疑當作軍識本又作織同毛詩禮記周禮注旗幟字皆作識按詩小雅六月云織文鳥章箋云織徽織也將帥以下衣皆著焉周禮疏引作識文鳥章鄭彼注並作徽識左傳昭二十一年云揚徽者公徒也杜云徽識也蓋本字作識所以題別衆臣也一或作織漢書食貨志治樓舡十丈餘加旗織於其上或作幟史記淮陰侯拔趙幟樹漢赤幟是也按徽識之用有三一爲在朝所用禮覲禮公侯伯子男各就其旂而立稽命徵云天子之旗九仞十二旒曳地諸侯七仞九旒齊軫卿大夫五仞七旒齊較士三仞五旒齊首而徽織之制無明文鄭注大司馬云在國以表朝位在軍又象其制爲之是在朝與在軍同所異者在朝不畫雲氣耳墨子旗幟云亭尉各爲幟竿長二丈五帛長丈五半幅此其制與亭尉大夫之職不知天子諸侯之異同也其廣一用之於喪禮禮記檀弓銘明旌也以死者不可別己故以其旗識之其一用之於軍禮軍禮之幟有二一則負之於肩文選西京賦戎士介而揚揮薛注揮爲肩上絳幟如燕尾揮徽同也國策齊策章子乃

變其徽章是也一則被之於衣周禮大司馬職辨號名之用帥以門名縣鄙各以其名家以號名鄉以州名野以邑名注被之以備死事墨子旗幟云吏卒男女皆衔異衣章城上吏卒置之背卒於頭上城下吏卒置之肩左軍於左肩右軍於右肩中軍置之胸皆是也此注云軍幟蓋兼屬之矣禮記大傳殊徽號注云旌旗之細周禮司常各有屬注云屬謂徽識也大今城門僕射所被及亭長著絳衣皆其舊象又注皆畫其象焉百官各象其事州里各象其名家各象其號云事名號者徽識所以題別衆臣樹之於位朝各就焉或謂之事或謂之名或謂之號異外內也三者旌旗之細也士喪禮云爲銘各以其物亡則以緇長半幅赬末長終幅廣三寸書名於末此蓋其制徽識之書則云某某之事某某之名某某之號今大閱禮象而爲之兵凶事若有死事者亦當以相別也然則徽幟蓋皆長三尺以同著於衣不宜差降書名於末廣三寸如明旌然司常所載在朝之幟大司馬所載軍中之幟也○注與金至陳者○管子兵法篇一曰鼓鼓所以任也所以起也所以進也二曰金所以坐也所以退也所以免也三曰旗所以立兵也所以利兵也所以偃兵也此之謂三官九章一曰舉日章則晝行二曰舉月章則夜行三曰舉龍章則行水四曰舉虎章則行林五曰舉鳥章則行波六曰舉蛇章則行澤七曰舉鵲章則行陸八曰舉狼章則行山九曰舉韟章則載而鳶是與金鼓俱舉士卒望而爲陳者也禮記曲禮云行前朱鳥而後玄武左青龍而右白虎招搖在上又云前有水則載青旌前有塵埃則載鳴鳶前有車騎則載飛鴻前有士師則載虎皮前有摯獸則載貔貅注載謂舉於旌首以儆衆是皆爲士卒望故云進退有度左右有局也何以幟說旗統旗幟言之非專謂幟也下云建旗縣所獲得以過魯可證○注旗獲至魯也○穀梁傳曰戎菽也彼疏引一解云齊侯此時克山戎弁得

胡亘來故傳云戎菽謂克戎之菽齊侯此時幷得戎菽按管子戒篇云出冬蔥與戎菽布之天下似戎菽亦伐戎所得與說苑權謀又云管仲曰不可諸侯未親今又伐遠而還誅近鄰鄰國不親非伯主之道君之得山戎之寶器者中國之所鮮也不可以進周公之廟乎桓公乃分山戎之寶獻之周公之廟蓋亦獻捷之也然則齊侯此獻亦以威魯亦所以修好與兪氏樾平義云閔之二年左傳佩衷之旗也杜注旗表也然則旗獲而過我謂表其所獲之物而過我也素問四氣調神大論篇王注曰表謂表陳其狀也是其義也蓋旌旗之屬本所以表示行列國語晉語車無還表韋注表旌旗也故旌旗與旗並有表義僖二十四年左傳旌善人哀十六年傳猶將旌君以徇於國杜注並云旌表也旗之為表猶旌之為表也若旗獲而過我為縣所獲於旗豈旌君以徇於國亦將縣之於旌乎又旌旗謂之章晉語變弗聲章弗能移也注章旌旗也而章亦有表義詩抑篇維民之章毛傳章表也學者習知章旌表章表而愬知旗之為表故於此傳旗獲之文失其解矣按如舊解義自得通○注不書至侮也○解經書獻義言獻則非成所以深諱見輕侮也○注言獻至王者○左傳云凡諸侯有四夷之功則獻于王王以警于夷周禮玉府云凡王之獻金玉兵器文織良貨賄之物注古者致物於人尊之則曰獻通行曰饋春秋曰齊侯來獻戎捷尊魯也是獻為尊辭諸侯有四夷之功獻捷于王今託王于魯故為齊侯獻捷文也通義云寶威我而言來獻戎捷尊內文也舊疏云注言獻捷繫戎見王義正決僖二十一年冬楚人使宜申來獻捷無所繫矣又云格猶距也謂與交戰而距王今人謂不順之處為格化之類意謂方伯奉王命征伐不道諸侯有不順者誅絕之大司馬職所謂以九伐之灋正邦國注諸侯有違王命則出兵以征伐之所以正之者是也○注楚獻捷時○僖二十一年冬楚

人使宜申來獻捷是其事也○注此月至功也○校勘記云宋本同閩監毛本誤驕慢特盈按解云持盈者謂自持盈滿之道閩監毛本疏亦誤特矣十行本修改者惰亦作驕繁露滅國下云及伐山戎張旗陳獲以驕諸侯

秋築臺于秦疏杜云東平范縣西北有秦亭大事表云在今曹州府范縣南三里水經注河水又東北逕范縣之秦亭西春秋書築臺于秦是也續漢郡國志東郡范縣有秦亭郎莊三十一年築臺于秦地道記在縣西北是也一統志古秦亭在曹州府范縣南二里按諸家皆宗左氏杜說公羊以爲臨國則爲國內街市地名非都邑矣

何以書譏何譏爾臨國也注言國者社稷宗廟朝廷皆爲國明皆不當臨也臨社稷宗廟則不敬臨朝廷則泄慢也疏繁露王道云築臺譏驕溢不恤下也又云魯莊公好宮室一年三起臺夫人內淫兩弟弟兄子父相殺國絕莫繼爲齊所存夫人淫之過也妃匹貴妾可不愼耶此皆內自強從心之敗已見自強之敗尙有正諫而不用卒皆取亡又云觀乎魯莊之起臺肆驕奢淫泆之失國語楚語云伍舉曰先王之爲臺榭也榭不過講軍實臺不過望氛祥故榭度于大卒之居臺度于臨觀之高其所不奪穡地其爲不匱財用其事不煩官業其日不廢時務瘠磽之地于是乎爲之城守之木于是乎用之官寮之服于是乎臨之四時之隙于是乎成之並築三臺故與此違故書以示譏○注言國至臨也○周禮小宗伯之職掌建國之位右社稷左宗廟宗廟社稷皆在雉門內與朝廷近故皆爲國宗社祭祀所在朝廷政治所出故皆不當臨

冬不雨

何以書記異也【注】京房易傳曰旱異者旱久而不害物也斯祿去公室福由下作故陽雖不施而陰道獨行以成萬物也先是比築三臺慶牙專政之應【疏】注京房至物也○漢書藝文志易云孟氏京房十一篇災異孟氏京氏六十五篇京氏段嘉十二篇又京房傳治易事梁人焦延壽其說長於災變分六十四卦更直日用事以風雨寒溫爲候各有占驗房用之尤精此所引當災異六十五篇中語也又五行志云庶徵之恆陽劉向以爲春秋大旱也其夏旱雩祀謂之大雩不傷二穀謂之不雨京房易傳曰欲德不用茲謂張厥災荒荒旱也其旱陰雲不雨變而赤因而除師出過時茲謂廣其旱不生上下皆蔽茲謂隔其旱天赤三月時有雹殺飛禽上緣求妃茲謂僭其旱三月大溫亡雲居高臺府茲謂犯陰侵陽其旱萬物根死數有火災庶位踰節茲謂僭其旱澤物枯爲火所傷○按僖三年左傳曰不書旱不爲災蓋不害物也○注斯祿至物也○論語季氏篇祿之去公室五世矣集解引鄭曰魯自東門襄仲殺文公之子赤而立宣公於是政在大夫爵祿不從君出至定公爲五世矣然則祿去公室宣公而後此注云然者魯莊之敝於淫泆夫人不制二叔專政權由下出是亦祿去公室也僖文之世君道少振宣成而後乃專政由季氏矣五行志又云故不雨而生者陰不出氣而私自行以象施不由上出臣下作福而私自成一曰不雨近常陰之罰君弱也○注先是至之應○比築三臺上于郎于薛于秦是也慶牙專政即上二十七年傳云公子慶父公子牙通乎夫人以脅公季子起而治之則不得與

于國政下三十二年傳云季子至而授之以國政然則上言二子魯公季子不得與于政下始言授季子國政明是時慶牙專政矣五行志又云嚴公三十一年冬不雨是歲一年而三築臺奢侈不恤民是也

三十有二年春城小穀

疏 舊疏云二傳作小字與左氏異按今左氏亦作小字据疏蓋二傳作作城小穀左傳作城穀也杜云小穀齊邑濟北穀城縣城中有管仲井范云小穀魯邑大事表云孫氏復謂此宜從穀梁注爲魯邑曲阜縣西北有小穀城左傳杜注謂爲齊邑爲管仲城之非也水經注濟水篇濟水又北過穀城縣西濟水側岸有尹卯壘南去魚山四十餘里是穀城縣界故春秋之小穀城也齊桓公以魯莊三十二年城之邑管仲也按此猶牽涉杜氏之說若果齊城之則非春秋所得書矣顧氏炎武左傳杜解補正云春秋有言穀不言小者莊二十三年公及齊侯遇于穀僖二十六年公以楚師伐齊取穀文十七年公及齊侯盟于穀成五年叔孫僑如會晉荀首于穀四書穀一書小穀別於穀也春秋四書之穀及管仲所封在濟北穀城而此之小穀自爲魯邑又云史記高帝以魯公禮葬項王穀城當即此也按一統志今泰安府東阿縣治左傳校勘記云日知錄据范甯穀梁注以小穀爲魯邑而疑左氏之誤孫志祖云春秋之言穀者除炎武所引外尚有宣十四年公孫歸父會齊侯于穀襄十九年晉士匄侵齊至穀又成十七年傳齊國佐殺慶克以穀叛則齊地名穀不名小穀灼然矣小穀應屬魯邑左氏不應謬誤若此後讀公羊疏云二傳作小穀與左氏異始悟左氏經本作城穀此與申無宇所言齊桓公城穀而寘管仲焉語正合故杜以爲齊邑又引濟北穀城縣有管仲井以實之今經傳及注皆作小穀乃後人據二傳文而誤加之左氏也惜杜氏手定本已亡無從校正按城外邑之見

經者唯襄二年遂城虎牢上下俱有起文此若齊邑不應無傳上下俱無與齊相涉事齊桓城穀置管仲不過列國爵賞之常夫子何必書之經若謂魯城之時魯難未見管仲存魯之功未見魯莊無緣為之城故左氏說不若二傳為得其實若以左氏傳說左氏經自宜作城穀為是

夏宋公齊侯遇于梁丘【疏】杜云梁丘在高平昌邑縣西南穀梁傳梁丘在曹邾之閒去齊八百里大事表云今梁曹州府城武縣東北三十里有梁丘城蓋齊宋接壤處又云張氏曰齊不以伯主自居以梁丘近宋而先之也今山東曹州府城武縣東北三十里有梁丘山東有梁丘城與兗州府金鄉縣接界水經注濟水篇又東北經梁山城西地理志曰昌邑縣有梁丘鄉春秋宋人齊人會于梁丘者也漢書地理志山陽郡昌邑下云有梁丘鄉春秋傳曰齊宋會于梁丘一統志梁丘城在曹州府城武縣東北二十五里與金鄉接界舊疏云隱八年注云宋公序上者時衛侯要宋公使不虞者為主明當戒慎之然則宋公序上亦為齊侯所要故也通義云宋序上者遇禮近者為主遠者為賓故使宋主之也義並通

秋七月癸巳公子牙卒【疏】包氏慎言云經秋七月有癸巳曆為八月之六日

何以不稱弟【注】据公弟叔肸卒【疏】注据公至肸卒○校勘記云閩監毛本肸作肹非釋文作肸定十七年書公弟叔肸卒是也解詁箋云牙為公弟經無明文未可執問桓莊之世大夫皆不卒因非賢君假以見所傳聞世恩殺文也傳當云其稱公子牙卒何殺也解詁當云据公子慶父不卒於義為合按劉說非是經所不見者多矣不得以經無明文傳文卽

不得執以相問春秋据百二十國寶書而作作傳者自必猶見魯史記知牙爲莊公弟故上二十七年傳云公子慶父公子牙公子友皆莊公之母弟也此即据不稱弟以問也傳中所載季友誅牙事與史記左傳合固非傳家擬度可知公弟叔肹以賢而書弟叔牙以罪而去弟各不相妨不必定据慶父爲難且慶父亦弟又出奔而死亦不得据以難殺也殺則曷爲不言刺注据公子買有罪殺之言刺不言卒疏校勘記云鄂本下有之此脫唐石經之字刓滅以字數計之本有下疏引傳云曷爲不言刺之○注据公至言卒○即僖二十八年公子買戍衛不卒戍刺之傳云不卒戍者何不卒戍者內辭也不可使往也不可使往則其言戍衛何遂公意也是其有罪殺之言刺者也成十六年乙酉刺公子偃不据者正以無罪大夫書偃無罪故也曰爲季子諱殺也曷爲爲季子諱殺注据叔孫得臣卒不日者惡不發揚公子遂弒也疏注据叔至弒也○即宣五年九月叔孫得臣卒是也彼注云不日者知公子遂欲弒君爲人臣知賊而不言明當誅也是也注意得臣不發遂惡故卒去日以起其當誅今季子發揚牙惡誅之得正宜不必諱也故据以難季子之遏惡也注遏止疏注遏止○爾雅釋詁遏止也注云以逆相止爲遏書湯誓云夏王率遏衆力馬注遏止也通義云遏惡者未作而弭之之謂不以爲國獄注不就獄致其刑故言卒疏注不就至言卒○十行本作致獄誤倒依鄂本正毛本亦誤通義云季子之心不欲彰其事使國存爲罪案也按禮記王制云刑人于市與衆棄之又文王世子公族其有死罪則磬于甸人此皆爲國獄今牙不然故知季子不爲也

緣季子之心而爲之諱注季子過在親親疑於非正故爲之諱所以別嫌明疑疏注季子至非正○舊疏云季子仁者不忍用刑其兄是失事君之道然則季子之過在於親其親者故曰過在親親春秋以掩遏牙之惡與周公行誅於兄異是以疑其非正禮耳按左傳隱四年云大義滅親季子顯滅其親故疑其非正耳管蔡監殷本公所使作亂在外不得不與東征之師聲罪致討詩豳風鴟鴞傳所云甯亡二子不可使毀周室叔牙始以內亂繼助慶父奪嫡罪在隱微孔子不直誅之恩義兼盡故春秋賢而爲之諱所以如其意也○注故爲至明疑○舊疏云故爲之諱刺文所以別嫌者謂諱刺別於親親失臣道之嫌明疑者明於掩惡非正禮之疑耳按傳義宜謂推季子親親之心不忍顯揚其罪之故爲之諱刺言若不以罪見殺然卒季子之遏惡奈何莊公病將死以病召季子注召之於陳疏注召之於陳○上二十七年傳云因不忍見也故於是復請至於陳而葬原仲也是時季子在陳也繁露精華云以莊公不知季子賢耶安知病將死召而授以國政是也是莊公將死始召之於陳也季子至而授之以國政注至不書者內大夫出與歸不兩書疏注至不至兩書○舊疏云謂通例如此宣八年公子遂如齊至黃乃復書其乃復者傳云何言乎有疾乃復譏何譏爾大夫以君命出聞喪徐行不反彼注云喪尙不當反況于疾乎宣十八年秋公孫歸父如晉冬歸父還自晉書其還者彼傳云還者何善辭也何善爾歸父使于晉還自晉至檉聞君薨家遣壇帷反命于介自是走之齊注主書者善其不以家見逐怨懟成踊哭君終臣子之道起時莫能然也昭十四年隱如至自

晉昭二十四年叔孫舍至自晉皆書至者正由被執而得歸是以重而書至猶非正歸當書之例也閔二年秋季子來歸書者初出亦不書不得難此也按季子如陳雖通乎私行書法與尋常出聘同不書至仍不兩書之舊也曰寡人即不起此病疏即猶若也漢書西南夷傳注即猶若也是也言若不起此病也僖三十二年爾即死十七年傳我即死皆宜作若解吾將焉致乎魯國注致與也疏注致與也○一切經音義引三蒼云致到也又與也言國將誰與也季子曰般也存君何憂焉疏經傳釋詞云焉猶乎也詩杕杜胡不比焉儀禮喪服云野人何算焉禮記檀弓云子何觀焉隱元年左傳君何患焉國語先王豈有賴焉公羊傳君何憂焉皆是也般魯世家作斑公曰庸得若是乎注庸猶傭傭無節目之辭疏注庸猶至之辭○說文庸用也古庸與傭通詩小雅昊天不傭釋文引韓詩作庸是也傭爲無節目辭蓋當時語如此按庸亦語詞莊十四年左傳庸非貳乎僖十五年云晉其庸可冀乎宣十二年庸可幾乎襄十四年庸知愈乎昭十年庸愈乎十二年其庸可棄乎晉語吾庸知天之不授晉且以勸荊乎魯語云庸何傷皆與此庸得若是語氣相似牙謂我曰魯一生一及君已知之矣注父死子繼曰生兄死弟繼曰及言隱公生桓公及今君生慶父亦當及是魯國之常也疏校勘記云魯一生一及唐石經諸本同盧文弨曰魯世家作一繼一及裴解引何休云父死子繼兄死弟及疑此傳本作一世一及按生謂己所生子也及謂兄弟相踵者也傳文不誤魯世家莊公病問嗣於弟叔牙叔牙曰一繼一及魯之常也通

義云世家自魯公以下考公生煬公及幽公生魏公及厲公生獻公及真公生武公及故事則然而季子必不欲立慶父者爲其淫亂爾〇注父死子繼曰生〇生猶世也國語周語昔我先世后稷史記注引唐固云父子相繼曰世又晉語世及武王注父子曰世列子言子又生孫孫又生子子故父子相生爲一世〇注兄死弟繼曰及〇荀子儒效篇周公屏成王而及武王楊注及繼也謂周公以弟繼兄攝政故曰及漢書高惠高后文功臣表子繼弟及注弟代兄位謂之及也〇注言隱至常也〇世家云魯之常也注本此爲說

慶父也存【注】時莊公以爲牙欲立慶父【疏】左傳云公疾問後于叔牙對曰慶父材問于季友對曰臣以死奉般公曰鄉者牙曰慶父材世家云叔牙曰慶父在可爲嗣君何憂焉此傳敘公告季友述叔牙語故爲公以牙欲立慶父也

季子曰夫何敢是將爲亂乎夫何敢【注】再言夫何敢者反覆思惟且欲以安病人也孔子曰君子有九思視思明聽思聰色思溫貌思恭言思忠事思敬疑思問忿思難見得思義【疏】注再言至人也〇舊疏云謂反覆思惟踟躕之閒故再言夫何敢使病者意安耳〇注孔子至思義〇論語季氏篇文舊疏云引之者欲言季子反覆思惟合於君子之道

俄而牙弒械成【注】是時牙實欲自弒君兵械已成但事未行爾有攻守之器曰械【疏】校勘記云弒唐石經諸本同釋文弒作殺云申志反注及下親弒同按今本注作弒君下作親弒皆後人所改陸本則皆作殺也〇注是時至行爾〇通義云此弒械蓋即謀弒子般者牙弒不成慶父

成之○注有攻至曰械○公羊問答云問大傳鄭注械禮樂之器及兵甲也莊三十二年注有攻守之器曰械未審何從曰禮三蒼云械器之總名荀子彼王者之制也觀形勢而制械用稱遠邇而等貢獻豈必齊哉故魯人以榶衞人用柯齊人用一械華土地形勢不同者械用備飾不可不異也亦有專指攻守之器者墨子曰公輸般為雲梯之械將以攻宋呂氏春秋曰蚩尤作兵也利其械淮南子古之兵弓劍而已矣槽矛無擊修戟無刺晚世之兵隆衝以攻渠幨以守連弩以射銷車以鬭周禮天官冢宰三歲大計羣吏之治以知民器械之數鄭注械猶兵也注與何氏又未嘗不合蓋望文生義也按說文木部械桎梏也一曰器之總名孟子滕文公云以粟易械器者趙注械器之總名蓋械本器總名此云弒械故注解為有攻守之器非械為兵甲之專名也故荀子王制言喪祭械用禮記王制器械異制注謂作務之用器是也

季子和藥而進之 注 藥者酖毒也傳曰酖之是也時季子亦有械故能飲之傳不道者從可知 疏 左傳成季使以君命命僖叔待于鍼巫氏使鍼季酖之○注藥者至是也○杜注左傳云酖鳥名其羽有毒以畫酒飲之則死史記注引服虔云鴆鳥一曰運日鳥正義說文云酖毒鳥也一名運日廣雅云鴆鳥雄曰運日雌曰陰諧廣志云鴆鳥形似鷹大如鴞毛黑喙長十八寸黃赤如金食蛇及橡實常居高山巔晉諸公讚云鴆鳥食蝮以羽翮擽酒水中飲之則殺人舊制鴆不得渡江有重法石崇為南中郎得鴆鳥與王愷養之大如鵝喙長尺餘純食蛇虺司隸傅祗於愷家得此鳥奏之宣示百官燒於都街是說鴆鳥之狀也以其因酒毒人故字或作酖釋文酖本又作鴆淮南繆稱訓暉日知晏注暉曰鴆鳥也或作䲰亦作雲吳都賦劉逵注鴆鳥一名雲日是也○注

時季至可知○魯世家云季友以莊公命命牙待于鍼巫氏使鍼季劫飲叔牙以鴆明亦有械故得劫也曰公子疏通義
云斥呼公子外之之詞從吾言而飲此則必可以無爲天下戮笑必有後乎
魯國注時世大夫誅不宜揚子當繼體如故疏校勘記云笑唐石經鄂本同閩監毛
本笑改笑疏及下同左傳云飲此則有後於魯國魯世家云飲此則有後奉祀是也○注時世大夫○舊疏云欲道古禮大夫不世
矣不從吾言而不飲此則必爲天下戮笑必無後乎魯國疏左傳云不
然死且無後魯世家亦云不然死且無後蓋以罪顯誅惡必宣揚故爲衆所戮笑戮猶辱也禮記大學云辟則爲天下僇矣此之謂
也於是從其言而飲之飲之無傫氏至乎王堤而死疏舊疏云無傫氏或是
大夫家或是地名言飲酖毒之藥于無傫氏矣舊云飲之無傫氏者言飲此毒不累其子孫謂當立其氏族也者非也按釋文無本
又作巫其即左傳之鍼巫氏與通義云巫傫氏魯巫官名傫者之家也左傳曰鍼巫鍼蓋傫之氏左傳又云飲之歸及逵泉而卒未
知即王堤否也舊疏云王堤蓋地名公子牙今將爾注今將欲殺疏注今將欲殺○殺當作弒釋文
本弒多作殺此或沿陸本也下傳文辭曷爲與親弒者同可證辭曷爲與親弒者同注辭傳序經
辭親躬親也疏注辭傳序經辭○此解傳自序辭意謂經書公子牙卒無誅殺文傳云殺則曷爲不言刺之爲季子
諱殺又云是將爲亂乎是與親弒者同宜見誅之辭同○注親躬親也○禮記祭義云其親也慤注親謂身親又文王世子云世子

親齊元而養注親自也

君親無將將而誅焉注親謂父母疏釋文無將如字或了匠反非也史記淮南王安傳膠西王議曰淮南王安廢法行邪懷詐僞心以亂天下熒惑百姓背畔宗廟妄作妖言春秋曰臣無將將而誅安罪重於將謀反形已著又叔孫通傳博士諸生三十餘人前曰人臣無將將即反罪死無赦王莽傳春秋之義君親無將將而誅焉越絕書敘外傳記易之卜將春秋無將子謀父臣殺主天地所不容載經傳釋詞云而猶則也言將則誅焉易繫辭傳見幾而作言見幾則作也僖十五年左傳何爲而可言何爲則可也襄十八年左傳若可君而繼之言君則繼之也○注親謂父母○禮記奔喪云始聞親喪注親父母也聞喪親始死注親父母也說苑敬慎云不可再見者親也皆屬父母也

然則善之與曰

然殺世子母弟直稱君者甚之也疏僖五年晉侯殺其世子申生襄二十六年宋公殺其世子痤是殺世子直稱君者也隱元年鄭伯克段于鄢襄三十年天王殺其弟年夫是殺母弟直稱君者皆所以甚之也僖五年注甚之者甚惡殺親親也

季子殺母兄何善爾誅不得辟兄君臣之義也注以臣事君之義也唯人君然後得申親親之恩疏注以臣至義也○白虎通誅伐篇誅不避親戚何所以尊君卑臣強幹弱枝明善善惡惡之義也春秋傳曰季子煞其母兄何善爾誅不避母兄君臣之義也尚書曰肆朕誕以爾東征誅弟也漢書董賢傳云蓋君親無將將而誅之是以季友鴆叔牙春秋賢之趙盾不討賊謂之弒君後漢袁紹傳云季友欲獻而行叔牙之誅何則義重人輕事不獲已故也亦謂君臣義重也樊儵傳是以周公誅弟季子鴆兄經傳大之梁統傳春秋之

誅不避親戚所以防患救亂坐安衆庶豈無仁愛之恩貴絕殘賊之路也毛氏奇齡春秋毛氏傳云徐仲山日記每以季友酖叔牙爲過急胡氏極頌之予嘗謂此事賴公羊解之曰君親無將將而誅焉其義遂定且公羊復有俄爾牙弑械成語則或牙有弑之形而友始殺之左傳略之也蓋危疑之際不嫌急決友既以宗卿與聞國政而二公子之亂又事連宮闈苟非驟起制之則鮮有不蔓延成勢者故先誅叔牙以翦其羽而後慶父繼亂可反掌定之此雖季友專決然亦見季之能善於戡亂故叔牙之酖先已誅賊故子般可不言弑閔公之薨既已討賊則慶父之繼弑可不言卒此皆夫子書法一諱國惡而一即爲季子諱使之無所歉於兄弟骨肉之閒所謂隱而斷刻而能全以其決也○注唯人至之恩○舊疏云欲道殺世子母弟所以直稱君甚之之義言得申親親之恩而不申之故甚其惡耳按何氏此注可息千古疑獄君臣之義父子之恩兩不相妨故公族有死罪王三宥之有司舉大辟亦即人君可以申親親而人臣不廢法義也周公誅管蔡而大誥天下皆周公辭無成王語亦即此義

然則曷爲不直誅而酖之行誅乎兄隱而逃之使託若以疾死然親親之道也【注】明當以親親原而與之於治亂當賞疑從重於平世當罰疑從輕莊不卒大夫而卒牙者本以當國將弑君書日者錄季子遏惡也行誅親親雖酖之猶有恩也【疏】言行誅乎兄不顯其罪使若死於疾然故曰隱而逃之謂隱匿之使逃其罪所以明親親也○注明當至與之○舊疏云明春秋之道當親其親而原季子之心而與之故善之耳通義云季子大義滅親變

之正也春秋既善之矣而又深順其諱文明乎季子隱之緩之不得已而後出於殺者後若倫罔之徒苟蔽骨肉以自利者乃不得假季子爲口實也其過惡也破斧之志乎其親親也常棣之志乎於牙不暴其罪於慶父不探其情有愛兄之心如季子焉雖殺兄乎可也不然是亂而已矣曰鄭伯克段于鄢則其忍於殺弟見兄公子牙卒曰公子慶父如齊則季子不忍殺其兄見故春秋之立言也蓋子所謂能繫心于微而致之著者也○注於治至從輕○舊疏云春秋撥亂之書是以原其親親而賞季氏卽賞疑從重也當所傳聞之世天下未平是以升平疑獄不得不誅故云於平世乃可罰疑從輕矣按所見之世著治太平至於譏二名可謂從重之罰矣故於平世從輕也僞古文大禹謨云罪疑惟輕功疑惟重○注莊不至弑君○莊三年傳溺者何吾大夫之未命者也彼注云所伐大夫不卒者莊公薄於臣子之恩故不卒大夫是莊不卒大夫與桓同也今牙以當國將弑君且非實卒故書之○注書日至恩也○舊疏云所傳聞之世大夫卒有罪無罪皆不日以略之因示其恩淺卽隱元年冬十二月公子益師卒無隱八年冬十二月無駭卒之屬是也今而書日故解之言錄季子遏惡之故是以詳錄之穀梁注引何休廢疾曰傳例大夫不日卒惡也牙與慶父共淫哀姜謀殺子般而日卒何也鄭君釋之曰牙莊公母弟不言弟其惡已見不待去日矣劉氏逢祿廢疾申何云牙之爲母弟經無起文穀梁不傳張三世諸例所謂穀梁之失亂也通義云所傳聞世內大夫卒不日已去弟起其刺故從刺例日也凡內刺大夫有罪者日無罪者不日非何氏義范甯云諸侯之尊弟兄不得以屬通蓋以禮諸侯絶期而臣諸父昆弟稱昆弟則是申其私親也宜十七年公弟叔肸卒傳曰其稱公弟叔肸賢之也然則不稱弟自其常例耳鄭君之說某所未詳是亦不以鄭君說爲然禮記郊特牲

曰大夫強而君殺之義也由三桓始也注云三桓魯桓公之子莊公之弟公子慶父公子牙公子友慶父與牙通乎夫人以脅公季友以君命鴆牙後慶父弒二君又死亦言季友奉君命殺之以遏惡爲義也酖之猶有恩謂隱而逃之也左傳云立叔孫氏注云不以罪誅故得後世繼其祿亦卽有恩之事也

八月癸亥公薨于路寢【疏】包氏愼言云八月有癸亥曆爲九月之六日十月有乙未月之九日十月有乙未則八月不得有癸亥矣左氏乙作己曆十月無己未左氏誤按癸亥九月之五日乙未十月之八日

路寢者何正寢也【注】公之正居也天子諸侯皆有三寢一曰高寢二曰路寢三曰小寢父居高寢子居路寢孫從王父母妻從夫寢夫人居小寢在寢地者加錄內也夫人不地者外夫人不卒內書薨已錄之矣故出乃地【疏】注公之正居也○穀梁傳路寢者正寢也寢疾居正寢正也男子不絕于婦人之手以齊終也按此路寢非齊及疾不居本人君聽政之處禮記玉藻所謂退適路寢聽政是也玉藻又云將適公所宿齊戒居外寢沐浴此外寢卽正寢又祭統云君致齊于外夫人致齊于內疏外寢謂君之路寢內謂夫人正寢是也大夫士則於適室故士喪禮死于適室注適室寢之室也疾者齊故於正寢焉旣夕記士處適寢注將有疾乃寢於適室又云有疾疾者齊注云正性情也適寢者不齊不居其室士喪禮疏云按喪大記云君夫人卒于路寢大夫世婦卒于適寢內子未命則死于下室遷尸于寢士之妻皆

死于寢鄭注云言死者必於正處也若非正寢則失其所是以僖公薨于小寢左氏傳云即安也是譏不得其正其平居則在燕寢亦曰小寢周禮宮人注玉藻曰朝辨色始入君出而視朝退適路寢聽政使人視大夫大夫退然後適小寢釋服是路寢以治事小寢以燕息焉○注天子至小寢○周禮宮人職掌王之六寢之脩注六寢者路寢一小寢五春秋書魯莊公薨于路寢僖公薨于小寢是則人君非一寢明矣疏天子六寢則諸侯當三寢按正寢一天子諸侯不殊唯燕寢有多少耳諸侯燕寢二僖二十年西宮災蓋夫人兼寢之西宮也此云天子諸侯皆有三寢者謂天子諸侯各有三等寢非謂天子亦止三寢也禮記昏義云古者天子后立六宮注天子六寢而六宮在後疏云六宮在後者后之六宮在王之六寢之後亦大寢一小寢五曲禮疏按周禮王有六寢一是正寢餘五寢在後通名燕寢其一在東北王春居之一在西北王冬居之一在西南王秋居之一在東南王夏居之一在中央六月居之蓋据月令天子所居每月各異其方而言當有所傳喪大記注君謂之路寢大夫則謂之適寢士或謂之適室內子卿之妻也下室其燕處也疏諸侯三寢一正者曰路寢二曰小寢卒歸于正故在路寢也夫人亦有三寢一正二小亦卒正者也唯春秋所記高寢他經不見何氏所据或是禮說春秋說文也但此所云子居路寢即指今君父居高寢或爲君之父母有故未立者故喪服爲君之父母制服也妻從夫寢者謂進御于君曲禮疏所云凡后妃以下更以次序而上御王於五寢之中也則與諸禮文亦通又按喪大記疏引皇氏云君謂女君而世婦以夫人下寢之上爲適寢熊氏云諸侯夫人大夫妻及士之妻卒皆於夫之正寢解此世婦以君下寢之上爲適寢者夫人卒於君之正寢世婦卒於君之下寢之上者與皇氏異雖卒夫寢皆婦人共視之是亦婦人不死于男

人之手也按服虔注左傳與皇氏同人之卒在於夫人路寢比君路寢為小寢故僖八年夫人不薨于寢則不殯于廟服虔注云寢謂小寢也皇氏熊氏其說各異未知孰是莊公三十二年公羊傳何注高寢路寢小寢孫從王父之寢按周禮掌王之六寢之修何云天子三寢與周禮違不可同按何氏所据或異代禮春秋改周之文從殷之質故與周制不必強同亦無庸偏非也如何義則定公之薨高寢僖公之薨小寢及此之薨路寢皆得正其文之薨于臺下襄之薨于楚宮皆為失處不言譏而失禮自見矣舊疏云薨父居高寢者蓋以寢中最尊若父子並薨之時父殯于高寢以其嗣君亦薨乃居於路寢若其孫又薨則從王父母小寢所以不再言母者妻從夫寢故也其夫人若存定居于寢內之三宮矣若非有並喪則三寢之中科薨其一人而謂路寢為公之正居者以其始正之常處也按此蓋論生時所居之禮舊疏專主殯言恐泥○注在寢至內也○舊疏云正決外諸侯之卒不地故也其宣十年晉侯黑臀卒于扈書地者當又自解也○注外夫至之矣○外諸侯之卒不地魯公書地為加錄外夫人不卒卒夫人書薨卽加錄故不必更錄地矣鄂本地下有者字据補○注故出乃地○傳元年夫人姜氏薨于夷是也夷為齊地故出乃地也

冬十月乙未子般卒【疏】左傳乙未作己未趙氏坦異文箋云謹按釋例春秋長曆莊公三十二年十月戊午朔大又云十月己未二日則十月不得有乙未乙未為十一月八日公穀作乙未字之誤按杜氏長曆不可取以說公羊繁露楚莊王云子般殺而書乙未殺其恩也是公羊作乙未

子卒云子卒此其稱子般卒何【注】据子赤亦不言子赤卒【疏】注据子至赤卒

〇文十八年子卒傳云子卒者孰謂謂子赤也是也君存稱世子注明當世父位爲君疏注明
當至爲君〇白虎通爵篇父在稱世子何繫於君也又云所以名之爲世子何欲其世世不絕也卿大夫以下稱嫡子喪服大夫之
適子是也爲諸侯世大夫不世故也在喪諸侯之子亦稱適子禮記檀弓云君之適長殤是也天子諸侯之子統謂之太子王制云
王太子檀弓云太子申生以古世或作太故也其家子則上下通稱故內則云其非家子則降階一等注言天子以下至於庶人是
其通稱矣若然會子問曰君薨而世子生彼君薨仍稱世子者彼疏云以其別於庶子又用世子之禮告殯故雖君薨仍稱世子異
於春秋之例也舊疏云內外同矣而桓六年九月丁卯子同生不言世子者彼注云不以世子正稱書者明欲以正見無正疾惡桓
公是也君薨稱子某注緣民臣之心不可一日無君故稱子某明繼
父也名者尸柩尚存猶以君前臣名也疏注緣民至名也〇白虎通又云父歿稱子某何
屈於尸柩也曲禮疏云公羊未葬稱子某者莊三十二年子般卒襄三十一年子野卒皆是君薨未葬稱子某也通義云按顧命逆
子釗惟未殯前稱之周禮之文也經於子般子野既殯未葬猶稱名當哀也春秋之質也按諸侯即位未葬稱子某若出會諸侯亦
稱子僖九年公會宰周公齊侯宋子注云宋未葬不稱子某者出會諸侯非尸柩之前故不名則非出會而稱子某爲尸柩尚在明
矣故爲君前臣名也若然曲禮云君大夫之子不敢自稱曰予小子注避天子之子未除喪之名又曰大夫士之子不敢自稱曰嗣
子某注亦辟其君之子未除喪之名與此異者彼疏引焦氏問按春秋君在稱世子君歿稱子某既葬稱子無言嗣子某者也又大

夫之子當何稱張逸答曰此避子某也大夫之子稱未聞孔疏又以稱嗣子某或殷禮也其緣民臣之心不可一日無君者文九年傳文子者嗣君之稱稱子明其嗣父稱某明尸柩尚存猶君前臣名也其施之民臣則但稱子矣

既葬稱子注不名者無所屈也緣終始之義一年不二君故稱子也

疏注不名至子也○先君已葬更無所屈故不須名猶不稱公者終始之義一年不二君故仍稱子也緣終始之義二語亦文九年傳文曲禮疏云既葬稱子則文公十八年子惡卒經書子卒是也通義云六月癸亥葬我君文公冬十月子卒是也白虎通又云既葬稱子者卽尊之漸也閻氏若璩孟子生卒年月攷云春秋公羊傳君存稱世子君薨稱子某既葬稱子踰年稱公左氏例則未葬稱子既葬稱君不待踰年始稱君此二傳之同異也及以孟子證則又有異君存稱世子滕文公爲世子是君薨亦稱世子滕定公薨世子謂然友是未葬稱子不獨既葬爲然至於子之身而反之是若孟子所稱子力行之則在既葬之後但未踰年耳何以驗之滕文公既定爲三年之喪五月居廬未有命戒則亦無禮聘賢人之事可知惟至葬後始以禮聘孟子至滕而問國事焉故孟子猶稱之曰子直至踰年改元然後兩稱爲君曰君如彼何哉曰君請擇於斯二者然則孟子於滕行蹤亦略可覩矣按世子謂然友語緊承滕文公下猶之曾子問君薨下稱世子也至於子之身語出於臣下雖在未葬前不得直稱君名故亦止曰子稱名者爲其在尸柩前自稱之詞也又按禮記雜記云君薨號稱子待猶君也鄭注謂未踰年也雖稱子與諸侯朝會待如君矣春秋魯僖公九年夏葵丘之會宋襄公稱子而與諸侯序彼疏謂鄭用左氏義按通典引異義公羊說諸侯未踰年不出竟在國內稱子以王事出亦稱子非王事而出會同

安父位不稱子鄭伯伐許是也又云春秋不得以家事辭王事諸侯蕃衞之臣雖未踰年以王事出稱爵蓋左氏義以出朝會則稱爵鄭引宋子證未踰年稱子之義則所用者公羊義也

踰年稱公【注】不可曠年無君【疏】注不可曠年無君○文九年傳文白虎通云踰年稱公者緣民臣之心不可一日無君也緣終始之義一年不可有二君故踰年即位所以繫民臣之心也三年然後受爵者緣孝子之心未忍安吉也禮記坊記云未沒喪不稱君示民不爭也故春秋傳曰諸侯於其封內三年稱子至其踰年則謂之君矣然則踰年稱君者臣子之辭若其自稱於三年內皆稱子故周襄王於文八年崩至九年毛伯來求金頃王不稱使傳曰何以不稱使當喪未君也踰年矣何以謂之未君即位矣而未稱王也是也曲禮疏云君踰年稱君者則傳公十年里克弒其君卓及文公元年公即位是踰年稱君也若其君自稱猶稱子故公羊傳文九年諸侯於其封內三年稱子也按昭十一年楚滅蔡執世子有其時蔡君已死其子仍稱世子者何氏云稱世子者不許楚之滅蔡也猶若君存然故猶稱世子文十四年九月齊商人弒其君舍成舍為君惡商人之弒也襄二十九年吳子使札來聘先君未踰年吳稱子者賢季子故錄之桓十一年鄭忽出奔衞先君既葬而書稱名者公羊云何以名伯子男一也辭無所貶何氏云直以喪降稱名無餘罪致貶凡以事之會未踰年皆稱子僖九年會于葵丘宋襄公稱子僖二十八年會于踐土陳共公稱子定四年會于召陵陳懷公稱子皆未踰年會王事而稱子也若未踰年非王事而稱爵者皆譏耳成四年鄭伯伐許是也從上以來皆公羊之義也其左氏之義君薨未葬未行即位之禮稱子某子般子野是也其出會未葬之前稱子故僖九年左傳云凡在喪王曰小童公侯曰子葵丘之會宋襄公稱子踐土

之會陳共公稱子是也葬雖未踰年則稱君則晉里克弒其君卓齊商人弒其君舍是也文十八年子惡卒先君葬後稱子者杜預云時史畏襄仲不敢稱君故云子也其王事出會則稱爵成四年鄭伯伐許是也是直以春秋爲史策常書絶無權衡義例最不可通者文十八年子卒注謂史官畏襄仲不敢稱君夫至孔子作春秋猶畏襄仲不敢書君與

子般卒何以不書葬【注】据定姒俱稱卒書葬【疏】注据定至書葬○即定十五年秋七月書定姒卒下九月書葬定姒是也蓋以哀公即位未踰年定姒當未稱小君卒葬並書今子般不然故据以難也

未踰年之君也有子則廟【注】則立廟也廟則書葬【注】錄子恩也【疏】注錄子恩也○隱十一年傳葬生者之事也故書葬即有廟錄子恩也

無子不廟不廟則不書葬【注】未踰年之君禮臣下無服故無子不廟不廟則不書葬示一年不二君也稱卒不地者降成君也日者爲臣子恩錄之也殺不去日見隱者降子赤也【疏】通義云明無子本不書葬縱討慶父猶不書葬就爲子野發通例也葬從恩錄無子者恩殺且葬當舉謚不廟則無謚不可得書也有子者當爲之作謚列於五廟義已嗣統與子不得立立孫者殊也○注未踰至君也○示毛本誤是舊疏云喪服不杖期之內有爲君之長子臣下猶服之況爲嗣君而言無服者正以爲長子之時其臣下從君而服之若其爲嗣君則無從服之義是以知其無服矣作君長子之時其臣皆吉故得爲之服服期若作未踰年之君臣下皆爲前君服斬衰得更爲之服若還服期即是廢重服輕若爲斬衰三

年卽違一年不二君之義故也按疏論極洽通典引異義公羊說云未踰年之君有子則書葬立廟無子則不書葬恩無所錄也左氏說臣之奉君悉心盡恩不得緣君父有子則爲立廟無子則廢也許君按禮云臣不殤君子不殤父君無子而不爲立廟是背義棄禮罪之大者也駁曰未踰年君者子般子惡是也皆不稱公書卒不謚不成於君也廟者當序於昭穆不成於君則何廟之立凡無廟者爲壇祭之近漢諸幼少之帝尙皆不廟祭而祭於陵云罪之重者此何故不罪殤者十九以下未踰年之君未冠引殤欲以何明也又引異義大鴻臚眭生說諸侯踰年卽位乃奔喪春秋之義未踰年君死不成以人君禮言王者未加其禮故諸侯亦不得供其禮於王者相報也謹按禮不得以私廢公以卑廢尊如禮得奔喪今以私喪廢奔天子之喪非也又人臣之義不得計校天子未加禮於我亦執之不加禮也眭生之說非也鄭玄按資於事父以事君言能爲人子乃能爲人臣也服問嗣子不爲天子服此則嫌欲速不一於父也喪服四制門內之治恩掩義門外之治義斷恩此言在父則爲父在君則爲君也春秋莊三十二年子般卒時父未葬也子者繫於父之稱也言卒不言薨未成君也未成君猶繫於父則當從門內之治恩掩義禮者在於所處此何以私廢公以卑廢尊是鄭從公羊義也按如注義臣下無服示一年不二君義起於未踰年爾而傳文分別有子無子設未踰年君死而有子則爲之如成君乎是不可解故解詁箋云君薨太子號稱子待猶君也閔繼弑君臣子一例也禮殤與無後者從祖祔食謂大夫士制也世子主喪而殤皆正體禮所云臣不殤君子不殤父也不稱公赴於天子命之後而不賜謚未成君也祔於祖廟而以君父之服服之繼統之義也其支子之殤與無後者不得祔也子般不書葬未成君也豈無子之謂哉是其義矣○注稱卒至君也○舊疏

云隱公閔公皆是成君而亦不地故隱十一年傳云公薨何以不地不忍言也彼注云不忍言其僵尸之處今子般亦殺死正合不
書地而言降成君者欲道好死者亦不書地所以降成君故也其好死者卽襄三十一年子野卒是也按此道春秋通例○君注日者
至赤也○此亦道春秋書日通例也隱十一年注云公薨主書者爲臣子恩痛之是內與書書薨與卒皆爲臣子恩錄之也子般殺
不去日見隱者所傳聞世也文十八年冬十月子卒傳云子卒者孰謂子赤也何以不日隱之也何隱爾弒也弒則何以不日不忍
言也注所聞世臣子恩痛王父深厚故不忍言其日與子般異然則此爲所傳聞世恩殺于子赤故忍言日也

公子慶父如齊【注】如齊者奔也是時季子新酖牙慶父雖歸獄鄧扈樂猶不自信於季子故出也不言奔者起季子不探其情不暴其罪【疏】注如齊者奔也○穀梁傳此奔也其曰如何也諱莫如深深則隱○注是時至出也○舊疏云其歸獄鄧扈樂事見閔元
年傳蓋慶父歸罪于鄧扈樂猶司馬昭之殺成濟然季子雖不變究不能自安焉○罪注不言至其罪○卽閔二年傳云旣而不可及
因獄有所歸不探其情而誅焉親親之道也又云慶父使弒子般然後誅鄧扈樂而歸獄焉季子至而不變焉注季子知樂勢不能
獨弒而不變正其眞僞是也通義云推其事慶父弒般本欲自立國人不與懼而走之齊但假國事以行故舊史言如耳春秋因而
不變者緣季子之心而爲之諱也後出奔莒不復諱者正其罪也子般歸獄于鄧扈樂季子親親不探其情及其再弒閔公罪益大
乃拒奚斯之請而誅焉季子之治慶父先以仁後以義春秋所賢也故季子諱之亦諱之季子罪之亦罪之也

狄伐邢疏杜云邢國在廣平襄國縣大事表云僖二十五年衛滅邢後入于晉今爲直隸順德府之邢臺縣後以賜申公巫臣邢爲邢大夫說文邑部邢周公子所封地近河內懷按漢書地理志趙國襄國故邢國續漢志襄國故城在順德府城西南與河內絶遠河內之邢蓋卽春秋之邢丘與又云按自宣十五年以前凡單者皆赤狄也其別有六曰東山皋落氏曰廧咎如曰潞氏曰甲氏曰留吁曰鐸辰

公羊義疏二十六

公羊義疏二十七

南菁書院

句容陳立卓人著

閔元年盡二年

閔公

疏 十行本有春秋經傳解詁閔公第四校勘記云唐石經下有附莊公卷四小字今據以分卷按二年注云繫閔公篇于莊公篇下者子未三年無改於父之道傳曰則曷爲於其封內三年稱子緣孝子之心則三年不忍當也當仍附莊公第三末校勘記又云十行本又有閔公二大字下有起元年盡二年六小字閩監毛本脫史記魯世家先是慶父與哀姜私通欲立哀姜娣子開及莊公卒而季友立斑十月己未慶父使圉人犖殺魯公子斑於黨氏季友奔陳慶父竟立莊公子開是爲湣公釋文閔公名啓方莊公之子母叔姜史記云名開諡法在國遭難曰閔左氏疏引世族譜云名啓方漢景帝諱啓開因是而亂杜譜云啓從世本文

元年春王正月

公何以不言卽位繼弒君不言卽位 注 復發傳者嫌繼未踰年君義異故也明當隱之如一 疏 釋文繼弒申志反校勘記云當本作繼殺傳元年繼弒同又此二年弒音試下及注同當本作殺音試○注復發至如一○莊元年傳云公何以不言卽位春秋君弒子不言卽位君弒則子何以不言卽位隱之也此傳義與彼同復發此傳故何解之也穀梁傳曰繼弒君不言卽位正也親之非父也尊之非君也繼之如君父也者受國

焉爾成君與未成君雖異受國者視之如一明臣子皆當隱痛之矣舊疏云莊公繼弒君弒是齊侯閔公繼弒弒是慶父何氏寧知不嫌此異而知爲所繼之君成與不成者正以解即位之義欲道後君痛其見弒不忍即其位處明据恩之淺深無弒者內外之義故也

孰繼【注】据子般弒不見【疏】注据子至不見○莊三十二年書子般卒故

繼子般也孰弒子般慶父也【疏】校勘記云唐石經此弒字磨改當是本作殺按此作殺非也魯世家班長悅梁氏女往觀國人犖自牆外與梁女戲斑怒鞭犖莊公聞之曰犖有力焉遂殺之未可鞭而置也斑未得殺十月己未慶父使圉人犖殺公子斑與左傳同

殺公子牙今將爾【疏】孔氏廣森本今作本云本舊作今据釋文出本將音則陸氏本作本上傳云今將爾此傳云本將爾義各有施作本字者長今從陸氏下同

季子不免慶父弒君何以不誅將而不免遏惡也【疏】言將者事未形而意先至故殺之以絕其萌所以止亂也

既而不可及因獄有所歸不探其情而誅焉親親之道也【注】論季子當從議親之辟猶律親親得相首匿當與叔孫得臣有差【疏】繁露王道云魯季子之免罪吳季子讓國明親親之恩也通義云將而縱之是與成其弒也既已弒矣不及得救季子以愛兄之道受逸賊之過其幾於仁乎○注季子至首匿○周禮大司寇職以八辟麗邦罰附刑罰一曰議親之辟公羊古義云漢書地節四年詔曰父子之親夫婦之道天性也雖有患禍猶蒙死而存之誠愛結於心仁厚之至也豈能違之哉自今子首匿父母妻匿夫孫匿大父母皆勿坐其父母匿子夫匿妻大父母

匿孫罪殊死皆上請廷尉以聞鹽鐵論周秦云自首匿相坐之法立骨肉之恩廢而上刑罪多聞父母之於子雖有罪猶匿之唐律疏義名例篇云諸同居若大功以上親及外祖父母外孫若孫之婦夫之兄弟及兄弟妻有罪相為隱小功以下相隱減凡人三等是親親得相匿也又云即遣人代首若於法得相容隱者為首及相告言者聽如罪人自首法是親親得相首也今律有犯罪自首條遣人代首若於法得相容隱者為之首及彼許發互相告言各如自首法小功緦麻親首告減罪三等無服之親減一等又有親屬相為容隱條凡同居若大功以上親及外祖父母外孫妻之父母女壻孫之婦夫之兄弟兄弟妻有罪相為容隱奴婢雇工人為家長隱皆勿論按唐律又云謀叛以上者不用此律今律親屬首告者正犯俱免罪則亦不用容隱律此慶父弑君季子得從議親之辟者謀叛謀反謀大逆始謀尚未成當先絕其惡殺公子牙是也慶父事已成獄有所歸亦即因之推親親之義聽其出走也下文舍于狡上使公子魚請亦不可令入矣○注當與至有差○宜五年叔孫得臣卒注不日者知公子遂欲弑君為人臣知賊而不言明當誅則得臣知遂謀逆不宜容隱致成其弑故貶去日季子因不可及又獄有所歸不探其情故與得臣有差也按注云有差亦止謂差於得臣耳弑君之賊雖曰親親究難舍縱季子之不探其情似亦未能全謂無過故解詁箋云得臣黨遂弑赤季友知賊不誅坐視子般閔公之弑以成其立僖之功春秋褒其功而誅其意於不書葬閔公殺慶父見之弑君之賊豈得援親親首匿之律哉劉氏此論甚正

惡乎歸獄歸獄僕人鄧扈樂

疏 左傳作圉人犖史記同彼注引服虔左注云圉人掌養馬者犖其名也盧氏文弨鍾山札記云扈與左氏圉人同義鄧當其姓爾通義云養馬者曰扈見宣十二年注然則扈即圉也周

禮圉人掌養馬芻牧之事昭七年左傳馬有圉牛有牧是也犖樂聲同曷爲歸獄僕人鄧扈樂【注】据師還也【疏】注据師還也○即莊八年師還是也彼傳云還者何善辭也此滅同姓何善爾非師之罪也注明君之使重在君舊疏云莊八年尊者使師滅同姓而歸善於師今則尊者使樂殺子般而反歸惡於樂故難之莊公存之時樂曾淫于宮中【疏】校勘記云唐石經亦作于按當作於疏中毛本改於舊疏云即左氏傳云雩講於梁氏女公子觀之圉人犖自牆外與之戲也者得與此合魯世家云班長說梁氏女往觀圉人犖自牆外與梁氏女戲按左氏謂爲女公子則非梁氏女故杜云子般妹彼傳止言與之戲杜云以慢言戲之似與此淫異然以國君女公子而圉人敢與之戲則淫可知曾者玉篇云才登切經也廣韻同羣經音辯曾嘗也樂嘗淫于宮中也子般執而鞭之【疏】左傳云子般怒使鞭之世家云班怒鞭犖是也莊公死慶父謂樂曰般之辱爾國人莫不知盍弒之矣使弒子般【疏】左傳冬十月己未共仲使圉人犖賊子般于黨氏魯世家季友竟立子般爲君如莊公命侍喪舍于黨氏慶父欲立哀姜娣子開使圉人犖殺魯公子班於黨氏校勘記云釋文作盍殺唐石經此弒字磨改亦本作殺按此作殺是也按時般已爲君作弒亦可然後誅鄧扈樂而歸獄焉【注】殺鄧扈樂不書者微也季子至而不變焉【注】至者聞君弒從家至朝季子知樂勢不能獨弒而不變正其眞僞【疏】校勘記云唐石經及諸校本同惠士奇說易由辯之不早辯釋文載荀爽古文辯作變棟案變即辯

也猶言不探其情古變辯通漢書鄒陽傳魯公子慶父使僕人殺子般獄有所歸季友不探其情而誅焉是也○注至者至真僞○通義云至者自陳至也即下季子來歸是也按左氏云成季奔陳何氏所不取史記注引服云季子內知慶父之情力不能誅故避其難出奔蓋不變而出焉

齊人救邢疏穀梁傳善救邢也注善齊桓得伯之道

夏六月辛酉葬我君莊公疏包氏慎言云夏六月經有辛酉曆爲七月之九日按宜八日穀梁傳莊公葬而後舉諡諡所以成德也於卒事乎加之矣

秋八月公及齊侯盟于洛姑注時慶父內則素得權重外則出奔彊齊恐爲國家禍亂故季子如齊閒之奉閔公託齊桓爲此盟下書歸者使與君致同主書者起託君也疏左傳作落姑杜云齊地穀梁釋文洛洛姑一本作路姑路洛落音義通顧氏炎武唐韻正十九鐸落慮各反古音路漢書揚雄傳虎路三嵏晉灼曰路音洛大事表云在今泰安府平陰縣界沈氏欽韓云落姑即薄姑聲之緩耳在青州博興縣東北十五里○注故季至此盟○下云季子來歸故知其如齊也大夫出入不兩書故不書季子之如齊也莊三十二年杜注云閔公年八歲是年九歲未知國事故知季子如齊奉閔公託齊桓也○注下書至致同○舊疏云正以大夫歸例不書而下經書歸故如此解者○注主書至君也○舊疏云謂主書此盟又下文即書季子來歸者

欲起季子託君于齊侯矣所以不書公至自洛姑者桓之會不致故也左傳以為請復季友劉氏逢祿左傳攷證云閔公時年八歲安得能為此何邵公言得其實矣按如左氏以季友奔陳何為請之齊侯與

季子來歸

其稱季子何【注】据如陳名不稱季卒不稱子【疏】注据如至稱子○見莊二十七年僖十六年

賢也【注】嫌季子不探誅慶父有甚惡故復於託君安國賢之所以輕歸獄顯所當任達其功不稱季友者明齊繼魯本感洛姑之託故令與高子俱稱子起其事【疏】說苑尊賢云國家惛亂而良臣見魯國大亂季友之賢見○注嫌季至賢之○舊疏云嫌有趙盾不誅趙穿而獲弒君之惡故曰甚惡也通義云先君之母弟稱季子王季子是也莊公之篇友未稱弟今以過惡功大故特從先君母弟之實稱之顯其賢也後不恒書季者其率師盟聘並以君命君前臣名以是內臣與王季子來聘得從內錄尊敬辭者異故但於來歸及卒此二事不繫君者字之而已○注所以至其功○舊疏云所以輕歸獄者欲輕季子往前縱慶父歸獄之過顯所當任謂書季子來歸明託君而還欲顯當存國之任言達其功者欲達其存國之功矣○注不稱至其事○決僖十六年卒書季友也下二年齊高子來盟傳高子者何齊大夫也何以不名喜之也何喜爾正我也其正我奈何莊公死子般弒閔公弒比三君死曠年無君設以齊取魯曾不興師徒以言而已矣桓公使高子將南陽之甲立僖公而城魯魯人至

今以爲美談曰猶望高子也是高子存魯故稱子以起其喜惟齊之所以遣高子存魯由此季友洛姑之託故亦書子以喜之故爲與高子起其事也穀梁傳曰其曰季子貴之也下齊高子來盟傳亦曰其曰高子貴之也亦見二文相起

其言來歸何注据召歸不書隱如言至疏注据召歸不書○莊公三十二年傳云莊公召季子季子至而授之以國政彼注云至不書者內大夫出與歸不兩書是也○注隱如言至○昭十四年隱如至自晉是也

喜之也注季子來歸則國安故喜之而變至加錄之云爾蓋與賢相起言歸者主爲喜出言來者起從齊自外來盟不日公不致者桓之盟不日其會不致信之也疏注季子至云爾○左傳季子來歸嘉之也杜云季子志於社稷爲國人所思故賢而字之後漢書龐參傳季子來歸魯人喜其舒難○注蓋與賢相起○舊疏云謂稱字所以賢之變至言歸所以喜之亦起其賢故與賢相起○注言歸至外來○解所以不言至言來歸義也季子會齊侯洛姑無明文書來以起其自齊來也○注盟不至之也○見莊十三年傳

冬齊仲孫來

齊仲孫者何公子慶父也公子慶父則曷爲謂之齊仲孫繫之齊也曷爲繫之齊注据欒盈出奔楚還不繫楚疏注据欒至繫楚○襄二十一年晉欒盈出奔楚襄二十三年欒盈復入于晉入于曲沃不繫楚也公子慶父亦出奔齊而還繫齊故解之外之也疏繁露玉英

云易慶父之名謂之仲孫變盛謂之成諱大惡也又順命云公子慶父罪不當繫國以親之故爲之諱而謂之齊仲孫去其公子之親也故有大罪不奉其天命者皆棄其天倫穀梁傳曰其曰齊仲孫外之也其不目而曰仲孫疏之也注不目謂不言公子慶父皆謂絶去公子之親以外之也通義云慶父既以罪去則當送諸齊絶其公族使常爲齊人不當復來故變文不言自齊來而繫齊於上以見義也左氏不達春秋微意因譌爲齊仲孫湫來省難彼未知高子來盟不言使我無君也此時我有君令實仲孫湫必無不言齊侯使者也故知左氏誣爾按仲孫奔齊天下之惡一也齊桓宜卽代魯行誅不至閔公又弒今書自齊來蓋亦有責齊之義穀梁傳曰其言齊以累桓也注言相容赦有罪得聖人之義矣

曷爲外之**注**据俱出奔遠也**疏**注据俱至遠也○校勘記云鄂本遠作還諸本皆誤當訂正謂與欒盈俱出奔又俱還本國也

春秋爲尊者諱**注**爲閔公諱受賊人也**疏**此道春秋通例注家但就本事解之爾說文言部諱誋也又誋誡也玉篇隱也忌也史記秦始皇紀秦俗多忌諱之禁戰國策罰不諱強大注諱避也通義云爲尊者諱諱所屈也內不言敗盟大夫不稱公之類是也○注爲閔至人也○隱十一年傳君弒賊不討以爲無臣子也仲孫復歸公與有素焉故爲之諱

爲親者諱**注**爲季子親親而受之故諱也**疏**通義云爲親者諱諱所痛也弒而曰薨奔而言孫之類是也漢書梁王襄傳谷永上疏曰春秋爲親者諱詩云戚戚兄弟莫遠具邇○注爲季至諱也○上云因獄有所歸不探其情而誅焉親親之道也此推季子親親之故而諱焉

爲賢者諱**注**以季子有遏牙不殺慶父之賢故爲諱之

疏通義云爲賢者諱諱所過也諱與譏之爲用一也其事在譏之限其人在尊親賢者之科然後從而諱之三者一道通例耳此則主爲賢者諱也漢書師丹傳君子作文爲賢者諱〇注以季至諱之〇通義云慶父懼討久稽於齊閒季子至而不變乃肆志復入季子不探其情似也聽其來抑過矣書曰齊仲孫來爲前之弒惡其來爲後之弒痛其來爲季子之受惡人諱其來是以外之之甚也變言仲孫者斥慶父則非諱意按弒君之賊人人得誅季子敵於親親爲之隱忍致君再弒季子不能無過徒以有酖牙過惡之功後又相僖定亂此實親親之過夫子所謂觀過知仁者故春秋爲從爲賢者諱科與▲子女子曰以春秋爲

春秋注以史記氏族爲春秋言古謂史記爲春秋注莊二十五年陳侯使女叔來聘女爲氏故有子女子也稱子者隱十一年子沈子注云著其爲師也〇注以史至春秋〇舊疏云謂以史記人之氏族而爲春秋按氏族春秋之一此明齊無仲孫故舉氏族言之漢書藝文志春秋家有世本十五篇云古史官記黃帝以來訖春秋時諸侯大夫是也〇注言古至春秋〇言舊名史記爲春秋也劉知幾史通一云春秋家者其先出於三代按汲冢瑣語記太丁時事目爲夏殷春秋孔子曰疏通知遠書教也屬辭比事春秋教也瑣語又有晉春秋記獻公二十七年事國語云晉羊舌肸習於春秋左傳昭二年晉韓宣子來聘見魯春秋曰周禮盡在魯矣又按竹書紀年其所紀事皆與魯春秋同孟子曰晉謂之乘楚謂之檮杌魯謂之春秋其實一也然則乘與紀年檮杌其皆春秋之別名與故墨子曰吾見百國春秋蓋指此也是古者歷國史記皆號春秋也又云逮仲尼之修春秋也乃觀周禮之舊法遵魯史之遺文據行事仍人道就敗以明罰因興以立功假日月而定曆數藉朝聘而正禮

〔樂微婉其說志晦其文爲不刊之言著將來之法故能彌歷千載而其書獨行是則言古以對夫子之春秋不僅如史記然也孟子離婁下魯之春秋趙注春秋以二始舉四時記萬事之名亦謂古春秋也〕

齊無仲孫其諸吾仲孫與**注**齊有高國崔魯有仲孫氏亦足以知魯仲孫言仲孫者以後所氏起其事明主書者賊不宜來因以起上如齊實弒君出奔**疏**〔通義云言後之讀春秋者將以春秋之文治春秋之事則前後經未見齊有仲孫者其必知爲吾仲孫與明繫之齊不嫌也○注齊有高國崔○左傳疏引世本高敬仲生莊子莊子生頃子下文原闕○注魯有至仲孫○卽襄昭經內所書仲孫蔑仲孫羯仲孫貜之屬是也檀弓疏引世本云慶父生穆伯敖敖生文伯穀穀生獻子蔑○注言仲至事明○本毛本後作后謂仲孫蔑以後孫以王父字爲氏於此起也宋氏翔鳳論語發微云桓六年子同生文姜以桓三年入至六年中間無適齊之事齊侯亦未嘗至魯以明同固桓子則同非吾子之言乃夫人譖公非桓公意公子慶父者莊公之母弟其是齊侯之子與故經於慶父則書曰齊仲孫以爲魯非有仲孫彼實齊之仲孫也云爾慶父欲得魯國同乎莒人滅鄫故季友於叔牙則殺之而存其後於魯慶父則絕之於齊魯人世世惡之其子公孫敖亦不能安於魯魯之有仲孫氏以齊人脇之也仲孫氏之得安於魯以孟獻子之賢也魯人諱其爲慶父之後故不曰仲氏而曰孟氏若其先人爲莊公異母兄弟者公羊曰其諸吾仲孫與是公羊先師未知齊仲孫之義故爲疑辭也○注主書至出奔○各本弒作殺誤依鄂本正舊疏云正以經書其來見不宜來則知上如齊者是其犯罪而去矣通義云何氏之意得與上相起者實如者〕

出歸不兩書今言來明從出奔復入兩書者例矣凡春秋之諱必使文不沒實然則書來者見其不宜來以見如齊爲實奔又以見諱奔爲如爲弒君出奔矣

二年春王正月齊人遷陽注不爲桓公諱者功未足以覆比滅人之惡也疏杜云陽國名正義世本無陽國不知何姓杜世族譜土地名闕不知所在與宋人遷宿文同知陽是國名蓋齊人偪而遷之大事表云今沂州府沂水縣南有陽都城地理志東海郡都陽縣下云侯國應劭曰春秋齊人遷陽是按漢志城陽國陽都縣注應劭曰齊人遷陽故陽國是爲陽之舊都其後齊人遷之是自城陽陽都遷于東海都陽故應注都陽爲齊人所遷酈元水經注亦以陽都爲陽故國齊人利其地而遷之與應說同禮記坊記云陽侯猶殺繆侯而竊其夫人其此陽與舊疏云莊十年三月宋人遷宿彼注云月者遷取王封當與滅人同罪遷陽書月故從一遷王封例與滅人同罪矣其自遷者大國例月小國例時僖三十一年十二月衛遷于帝丘昭九年春許遷于夷是遷國者不拘此例故陽小國書月矣與遷宿同〇注不爲至惡也〇決僖十七年滅項文也彼傳云孰滅之齊滅之曷爲不言齊滅之爲桓公諱也春秋爲賢者諱桓公嘗有存亡繼絕之功故君子爲之諱是也此與滅譚滅遂降鄣同皆以功未足覆惡故不爲之諱直書其遷取王封明當坐滅矣

夏五月乙酉吉禘于莊公包氏愼言云經五月書乙酉吉禘于莊公月之七日

其言吉何注据禘于大廟不言吉疏注据禘至言吉〇僖八年禘于大廟用致夫人是也校勘

記大廟宋本鄂本閩本同監毛本大改太非疏及下同釋文大音泰言吉者未可以吉也注都未可以吉祭經舉重不書禘于大廟嫌獨莊公不當禘于大廟可禘者故加吉明大廟皆不當疏注都未至吉祭○廣雅釋詁云都凡也言凡廟皆未可以吉祭也舊疏云在三年之內莊公及始祖之廟皆未可以吉祭故言都爾穀梁傳吉禘者不吉者也喪事未畢而舉吉祭故非之也孔氏廣森經學卮言云禘本常事未可以吉而吉故加吉以譏之此春秋之新義也後儒乃以吉禘爲祭之正名謂三年喪畢合有此審諦昭穆之禘藉實審諦昭穆當升合食于太祖何得就莊公乎按此本譏莊公在三年之中未可入大廟先禘於新宮耳非謂於莊公禘爲得禮也如得禮則不書以示譏矣○注經舉至不當○舊疏云春秋之義常事不書有善惡者乃始錄而美刺之今既已舉重特書于莊公不書于大廟則嫌莊公一廟獨不當禘大廟便可禘矣然莊公卑于始祖而言舉重者言三年之內非吉祭之時莊公最不宜吉故言舉重不謂莊公尊於始祖也何意若但書禘于莊公嫌止禘莊公失禮故加吉明皆不宜雖大廟亦不合禘矣曷爲未可以吉注据三年也疏注据三年也○舊疏云莊三十二年八月公薨至今年三月已入三年之竟故言据三年也未三年也注禮禘祫從先君數朝聘從今君數三年喪畢遭禘則禘遭祫則祫疏未三年也謂未滿二十五月也○注禮禘至君數○舊疏云謂爲禘祫之祭合先君死時日月而數之按竹書紀年康王三年定樂歌吉禘于先王此王者喪終之祭也所謂大禘則終王是也左傳襄十六年冬穆叔如晉

聘且言齊故晉人曰以寡君之未禘祀杜云禘祀三年喪畢之吉祭是也○注朝聘至君數○舊疏云謂從今君即位以後數其年歲制為朝聘之數按朝聘之數則如禮記王制云比年小聘三年大聘五年一朝之屬○注聘三年至則祫○何義以三年祫五年禘五年而再殷祭三年已滿後遭禘則行禘遭祫則行祫不拘先祫後禘也沈氏彤禘祫年月說云於魯當從何氏遭禘祫從先君數等說者以魯既僭禘與祫之間舉若春秋所書僖八年秋七月之禘上推於二年之秋承閔禘之後而祫自僖八年秋七月之禘下推於文二年之秋八月歷六祫六禘而祫自宣八年夏六月之禘下推於成之二年歷三祫二禘而禘俱喪畢所遭故也其間舉無定月宣八年以夏六月禘周之六月為夏之四月雖僖禘而其月猶從周與明堂位同此春秋所僅有者昭定之間且有當祫而禘者昭二十五年定八年則皆魯禮之變非常法也按鄭義則異鄭以爾雅云禘為大祭凡祭之大者皆謂之禘祭莫大乎圜丘南郊祭法曰周人禘嚳圜丘祭也大傳云禮不王不禘郊祭也祭地莫大乎方澤宜亦謂之禘其宗廟莫大乎五年之祭故亦謂之禘也而宗廟之禘亦有三大禘而外其一王制云宗廟之祭春曰礿夏曰禘此殷禮也其一即三年喪畢吉禘諸侯皆得行之晉叔向所謂寡君之未禘祀是也惟三年祫五年禘乃天子之禮諸侯得祫而不得禘祫禘之所以分者祫則殷五廟之主陳於太祖未毀廟之主皆升合食於太祖禘則太王王季以上遷主祭於后稷廟文武以下穆之遷主祭於文廟昭之遷主祭於武廟未毀之廟各於其廟祭不升合食周禮大宗伯以肆獻祼享先王以饋食享先王注云肆獻祼祫也饋食禘也凡天子三年喪畢而祫於太廟明年春禘於羣廟自爾之後五年而再殷祭一祫一禘祫在秋禘在夏也故王制注云天子諸侯之喪畢合先君之主於祖廟而祭之謂之祫

後因以爲常天子先祫畢而後時祭諸侯先時祭而後祫祫之歲春一礿而已魯禮三年喪畢而祫於太祖明年春禘於羣廟是也正
義引禮緯云三年一祫五年一禘鄭注云百王通義則虞夏殷周皆同而皇氏禮疏以爲虞夏祫祭每年皆爲者非也彼疏引鄭禘
祫志云閔公之喪僖三年禘僖六年祫僖八年禘凡三年喪畢新君二年爲祫新君三年爲禘皆祫在禘前閔公二年五月吉禘于
莊公則祫當在吉禘之前故禘祫志云四月祫五月禘不譏祫者慶父作亂國家多難故莊公既葬絰不入庫門閔公早厭其亂故
四月祫不譏五月卽禘比月而爲大祭又於禮少四月故書譏其速也志又云魯莊三十二年八月公薨閔二年五月吉禘時慶父
殺子般之後公懼於難不得時葬葬則去首絰乃入務自尊成以厭其禍若已練然免喪又速二年四月夏則祫既祫又卽以五月
禘於其廟比月大祭故譏其速也閔公之服凡二十二月於禮少四月又不禫云吉禘譏其無恩也閔公以二年八月薨僖二年除
喪始祫太廟明年禘於羣廟自此以後五年而再殷祭六年祫故八年禘僖公以三十三年十二月薨至文二年七月間有閏積二
十一月明月卽祫經云八月丁卯大事于太廟躋僖公於文公之服亦少四月以其逆祀故特譏之文公十八年二月薨宣二年除
喪而祫三年禘於羣廟自此之後亦五年再殷祭與僖同六年祫故八年禘昭十一年五月齊歸薨十三年平丘之會歸不及祫冬
公如晉昭十四年春歸乃祫故十五年乃禘經云二月癸酉有事于武宮至十八年祫二十年禘二十三年祫二十五年禘于襄
公也又曰明堂位曰魯王禮也是鄭以天子之禮與魯同也又詩商頌元鳥箋云三年既畢禘於其廟而後祫祭於太祖更有禘在
祫前者禮疏引熊氏云謂三年除喪特禘新死者於廟周禮鬯人職廟用脩注謂始禘時是也左氏說禘謂既期之後故或以元爲

箋爲練時遷主遞廟新死者當禘祭於其廟以安之也皆與何義不合通義云禘者殷人夏祭之名左傳曰魯有禘樂明堂位曰季夏六月以禘禮祀周公於大廟成王康周公特於夏祭假以天子盛禮樂嫌純同王者故不謂之禴而謂之禘以避其名猶用殷白牡之義王制曰天子犆礿祫禘祫嘗祫烝諸侯礿犆禘一犆一祫嘗祫烝祫一犆一祫者非必一禘一年犆一年祫也一猶或也若穀梁傳一有一無爾雅云泉一見一否夏小正云一則在本一則在末其義一皆爲或言春礿則必犆祀一主嘗烝則必祫祭五廟禘則犆祫無常僖八年禘于大廟是祫禘也禘于莊公是犆禘也均四時之常祀也此未可以舉吉祀而舉之故加吉爾則魯無大禘但就夏祭行之先儒均無此說禮疏又云左氏說及杜預皆以禘爲三年一大祭在大祖之廟傳無祫文然則祫卽禘也取其序昭穆謂之禘取其合集羣祖謂之祫非公羊義

三年矣曷爲謂之未三年三年之喪實以二十五月**注**時莊公薨至是適二十二月所以必二十五月者取期再期恩倍漸三年也孔子曰子生三年然後免於父母之懷夫三年之喪天下之通喪禮士虞記曰期而小祥曰薦此常事又期而大祥曰薦此祥事中月而禫是月也吉祭猶未配是月者二十七月也傳言二十五月者在二十五月外可不譏**疏**〇注時莊至二月〇莊以前年八月薨至此年五月通數二十二月曲禮云死與往日也〇注所以至年也〇白虎通喪服云三年之喪何以二十五月以爲古民質

痛於死者不封不樹喪期無數亡之則除後代聖人因天地萬物
有終始而爲之制以期斷之父至尊母至親故爲加隆以盡孝子
之恩恩愛至深加之則倍故再期二十五月也禮有取於三故謂
之三年緣其漸三年之氣也故春秋傳曰三年之喪其實二十五
月也禮記三年問云哀痛未盡思慕未忘然而服以是斷之者豈
不以送死有已復生有節也哉又云然則何以至期也曰至親以
期斷是何也曰天地則已易矣四時則已變矣其在天地之中者
莫不更始焉以是象之也然則何以三年也曰加隆焉爾也焉使
倍之故再期也又喪服小記云再期之喪三年也是爲取期再期
恩倍漸三年也○注孔子至通喪○論語陽貨篇文宰我問三年
之喪期已久矣子曰予之不仁也子生三年然後免於父母之懷
夫三年之喪天下之通喪也三年問云孔子曰子生三年然後免
於父母之懷夫三年之喪天下之達喪也注達謂自天子至於庶
人皇氏義疏繆播云爾時禮壞樂崩三年不行宰我大懼其往以
爲聖人無微旨以戒將來故假時人之謂啓憤於夫子義在屈己
以明道也按喪雖止於三年特聖人爲之限制使賢者俯而就不
肖跂而及非謂止以三年報三年免懷之恩也夫子特借此以喻
之爾各本於作于依鄂本正○注禮士至常事○彼鄭注云小祥
祭名祥吉也檀弓曰歸祥肉又云言常者朞而祭禮也古文常爲
祥禮記喪服小記云朞而祭禮也期而除喪道也祭不爲除喪也
注此謂練祭也禮正月存親親亡至今而期期則宜用祭期天道
一變哀惻之情益衰衰則宜除不相爲也而言常事者胡氏承珙儀
禮古今文疏義云此爲小祥當與大祥辭別故鄭不從古文按何
氏亦用今文文也經義述聞云祥常當依古文作祥小祥大祥皆祥也
大祥曰薦此祥事小祥不當有異特以祥常聲近故誤祥爲常也
曾子問曰宗子爲士庶子爲大夫其祭也以上牲祭于宗子之家

祝曰孝子某爲介子某薦其常事若宗子有罪居于他國庶子爲大夫其祭也祝曰孝子某使介子某執其常事然則常事乃春秋祭祀之通稱小祥不得稱常事明矣按小祥古謂之練祭大祥祭始專祥名故喪服四制云期而練檀弓曰練練衣喪服小記云練筮日筮尸視濯雜記曰期之喪十一月而練十三月而祥是凡稱祥皆大祥也故此練祭不得直稱薦此祥事曾子問偶有常事之語不得据彼難此吳氏紱儀禮□□云此即練祭也以一朞言則曰小祥以服變除之節言則曰練左傳特祀于主以此推之祥禫皆特祭則於寢行之可知敖氏謂特祭于祖廟不可從其儀節則雜記云自諸侯達諸士小祥之祭主人之酢也嚌之衆賓兄弟則皆啐之是也禮士虞記祔禮云其他如饋食注如特牲饋食之事徐氏秉義云喪之有祭始於虞故儀禮有士虞之文其再虞三虞及卒哭之祭皆倣初虞爲之矣至卒哭之後尚有祔練祥禫四祭而儀禮俱無其文何哉蓋士虞記篇末略陳祔祭之禮而以其他如饋食一語括之所謂饋食者即特牲饋食禮也士之祔祭倣之則練祥禫三祭自倣特牲可知徐氏乾學讀禮通考云夫曰饋食則士虞立尸有九飯之文亦饋食也此所云饋食安知非指士虞之禮愚則謂虞爲喪祭卒哭祔爲吉祭至小祥以後則彌吉矣豈得復用喪祭之禮乎故不特祔祭如饋食即練祥禫之祭亦莫不如饋食其異者唯小祥不旅酬大祥無無算爵爾欲知大小祥祭之者尚於特牲饋食篇考之按特牲饋食諸侯之士祭祖禰之禮諸侯之禮異同無文以言之○注又期至祥事○十行本作篇此常事校勘記云鄂本同宋本閩監毛本常作祥按疏標起訖云注又期至祥事與今儀禮同此作常蓋涉上文而誤彼注云又復也釋名云期而小祥亦祭名也孝子除首服服練冠也祥善也加小善之飾也又期而大祥亦祭名也孝子除縗服服朝服縞冠加大

善之飾也杜佑通典云周制士喪周而小祥又周而大祥按喪服小記云大祥吉服而筮尸注主人變除者必服其吉服以即祭事不以凶臨吉也疏吉服朝服也又雜記云祥主人之除也於夕爲期期朝服祥因其故服檀弓云祥而縞注縞冠素紕也祥祭之期主人著朝服謂緇衣素裳其冠則縞冠也間傳又云期而大祥素縞麻衣者祥祭後之服也喪大記云祥而外無哭者喪服四制云祥之日鼓素琴檀弓魯人有朝祥而莫歌者單言○祥皆大祥也故祝辭曰薦此祥事異於練祭辭也○注中月而禫○彼注云中猶間也禫祭名也與大祥間一月自喪至此二十七月禫之言澹澹然平安意也釋名云間月而禫亦祭名也孝子之意澹然哀思益衰也檀弓曰祥而縞是月禫徙月樂祥二十五月也是月二十七月也徙月二十八月也白虎通云二十五月而大祥飲醴酒食乾肉二十七月而禫通祭宗廟去喪之殺也鄭志荅趙商云祥謂大祥二十五月是月禫謂二十七月非謂上祥之月也王肅以是月即在二十五月禫祥同月又以士虞記中月爲中月中謂在祥月之中故檀弓疏云祥禫之月先儒不同王肅以二十五月大祥其月爲禫二十六月作樂所以然者以下云祥而縞是月禫徙月樂又與上禫文魯人朝祥而莫歌孔子云踰月則善是皆祥之後月作樂也又間傳云三年之喪二十五月而畢又士虞禮中月而禫是祥月之中也與尚書文王中身享國謂身之中間同又文公二年冬公子遂如齊納幣是僖公之喪至此二十六月左氏云納幣禮也故王肅以二十五月禫除喪畢而鄭康成以二十五月大祥二十七月而禫二十八月而作樂復平常鄭必以爲二十七月禫者以雜記云父在爲母爲妻十三月大祥十五月而禫爲母爲妻尚祥禫異月豈容三年之喪乃祥禫同月若以父在爲母屈而不伸故延禫月其爲妻亦當不伸祥禫異月乎按喪服小記云妾祔於

妾祖姑亡則中一以上而祔又學記云中年考校皆以中爲間謂間隔一年故以中月爲間隔一月也下云祥而縞是月禫徒月樂是也謂大祥者縞冠是月禫謂是此禫月而禫二者各自爲義事不相干故論語云子於是日哭則不歌文無所繼亦云是日文公二年公子遂如齊納幣者鄭箴膏肓僖公母成風主婚得權時之禮若公羊猶譏其喪娶其魯人朝祥莫歌及喪服四制云祥之日鼓素琴及夫子五日彈琴不成聲十日成笙歌並孟獻子禫縣之屬皆据省樂忘哀非正樂也其八音之樂工人所奏必待二十八月也卽此下文是月禫徙月樂是也其朝祥莫歌非正樂是樂之細別亦得稱樂故鄭云笑其爲樂速也其三年問云二年之喪二十五月而畢据喪事終除衰去杖其餘哀未盡故更延兩月非喪之正也彼疏又引聖證論王肅難鄭云若以二十七月禫其歲末遭喪則出入四年喪服小記何以云再期之喪三年如王肅此難則爲母十五月而禫出入三年小記何以云期之喪二年明小記所云据喪之大斷也又肅以月中而禫按曲禮喪事先遠日則大祥當在下旬禫祭又在祥後何得云中月而禫又禫後何以容吉祭故鄭云二十七月也戴德喪服變除禮二十五月大祥二十七月而禫故鄭依而用焉按何氏下注云是月者二十七月也是與鄭義同汪氏琬鈍翁類稾云按禮親喪外除兄弟之喪內除杖期猶祥禫間月豈三年重服而反祥禫同月乎春秋文二年冬公子遂如齊納幣蓋僖公之喪已二十六月矣而公羊氏譏其喪娶由此言之當從鄭氏無疑金氏榜禮箋云三年問曰三年之喪二十五月而畢者謂至親以期斷加隆焉使倍之故再期也明喪三年者爲再期喪服小記亦云再期之喪三年也據再期言之爲二十五月通數禫月爲二十七月義本相通杜氏通典載鄭學之徒曰伯叔無禫十三月而除爲母妻有禫則十五月而畢爲君無禫二

十五月而畢爲父長子有禫二十七月而畢明所云喪以期斷者禫不在期中也禮記二十五月畢者則禫不在祥月三年之喪二十五月而畢者論其正二十七月而禫者明其加又云通典承用鄭義謂二十五月終而大祥受以祥服素縞麻衣二十六月終而禫受以禫服二十七月終而吉吉而除榜謂雜記注云祥祭朝服始即吉正祭服也喪服小記云除成喪者其祭也朝服縞冠是也祭猶縞冠未純吉也既祭乃服大祥素縞麻衣釋禫之禮云玄衣黃裳則是禫祭玄冠矣黃裳者未大吉也既祭乃服禫服朝服綅冠踰月吉祭乃玄冠朝服既祭玄端而居復平常也是通典言二十七月終而吉與鄭義合祥禫異月兩漢經師更相傳授者無異說也自子雍好爲野言浮辨蜂起雖鄭學之徒申明之學者猶或依違其間甚矣禮學之難明易晦也胡氏培翬儀禮正義云今案禮記間傳曰期而小祥食菜果又期而大祥有醯醬中月而禫禫而飲醴酒始飲酒者先飲醴酒始食肉者先食乾肉又曰期而小祥居堊室寢有席又期而大祥居復寢中月而禫禫而牀又曰期而小祥練冠縓緣要絰不除又期而大祥素縞麻衣中月而禫禫而纖無所不佩据間傳凡三言中月而禫與期而小祥又期而大祥皆爲特起之辭文不相屬則禫與大祥異月明甚若如王肅之說則必改中月之文爲月中而後可且一月之中既舉祥祭又舉禫祭不嫌於數乎雜記云期之喪十一月而練十三月而祥十五月而禫是禫與祥異月之明證不得謂十五月而禫者禫亦在祥月中也禮文章顯如是而後人猶有謂王說實本于禮親喪宜厚故鄭說沿用至今何與按白虎通喪服云三年之喪再期二十五月又云二十七而禫亦以禫與祥異月宋書禮志王準之議鄭玄喪制二十七月而終學者多云得禮晉初用王肅議祥禫共月遂以爲制江左以來唯晉朝施用搢紳之士猶多遵玄議宜使朝野

一禮晉武爲王肅外孫故有晉用其義江左揩紳仍遵鄭義也○注是月至未配○已上皆士虞記又彼注云是月是禫月也當四時之祭月則祭猶未以某妃配某氏哀未忘也少牢饋食禮祝祝曰孝孫某敢用柔毛剛鬣嘉薦普淖用薦歲事于皇祖伯某以某妃配某氏尙饗吉祭者四時之常祭曰吉者對祥禫爲喪祭也吉祭與禫同月一月而兩祭禫在寢吉祭在廟也吳氏廷華儀禮章句云吉祭必以某妃配此未配者爲父祔而母先卒者言之蓋死者初遷廟生者初除喪餘哀尙在不敢純用吉禮也盛氏世佐儀禮集編云婦人無廟其妃之先卒者祔于皇祖姑俟其夫遷廟之後乃合食焉所謂配也未配則但祭考而已江氏筠讀儀禮私記云注引少牢禮祝辭以證明配字耳又云猶未配蓋主於母之先亡者言萬季野謂無因子孫之除喪而去祖妣不配之理其言是矣而又云所謂配者以新死者之主配食于祖禰此但祫祭祖禰而不以新死者配之按士祫祭之禮未聞且卽祫食于祖禰亦不得言配其說非也褚氏寅亮儀禮管見云吉祭兼祖在內猶未配則專指新死者之父而母先歿者言儀禮正義云前此喪祭固未以母配今吉祭在禫月猶未以母配也若禫月後而遇吉祭則當以母配矣配字之義諸家指母先亡者言之甚是○注是月至不譏○解是月卽禫月也後漢書陳忠傳云先聖緣人情而著其節服制二十五月故以二十五月爲正服衰麻既除故此外可從未減也故文二年冬公子遂如齊彼傳曰譏喪娶在三年之外何以譏三年之內不圖昏注僖公以十二月薨至此冬未滿二十五月納采問名納吉皆在三年之內故譏亦以在二十五月內故也

其言于莊公何注据禘于大廟不言周公祫僖公不言僖公疏注据禘至周公○卽僖八年秋七月禘于大廟用致夫人是也知大

廟周公者文十三年傳云周公稱大廟○禮記明堂位云以禘禮祀周公于太廟是也○注祫僖至僖公○校勘記云段玉裁校本宮乃公誤按疏引定八年注作僖公彼疏云不言從祀僖公今按定八年從祀先公傳云從祀者何順祀也注云不書禘者後祫亦順非獨禘也不言僖公者閔公亦得其順是以不言僖公也彼實禘而言祫者明從祀即包有祫對文二年之躋僖公爲祫時事故言定八年以後祫祭皆順也舊疏引文二年傳釋此注然彼經明云躋僖公則非不言僖公矣

未可以稱宮廟也

【注】時閔公以莊公在三年之中未可入大廟禘之于新宮故不稱宮廟明皆非也

【疏】穀梁疏云吉禘于莊公即是莊公立宮而不稱宮者莊公廟雖立訖而公服未除至此始二十二月未滿三年故不得稱宮也○注時閔至非也○左傳僖三十三年曰凡君薨卒哭而祔祔而作主特祀於主烝嘗禘於廟注以新死者之神祔之於祖尸柩已遠孝子思慕故造木主立几筵焉特用喪禮祭祀於寢不同之於宗廟宗廟四時常祀自如舊也三年禮畢又大禘乃同之于吉正義三年喪畢致新死者之主以進於廟廟之遠主當遷入祧於是大祭于太廟以審定昭穆謂之禘自諸侯上達天子之制也按杜孔謂三年喪畢乃致新死者入廟是也乃以四時常祀自如其舊則非禮記王制云喪三年不祭又喪服小記云喪者不祭曾子問兩言緦不祭儀禮喪服言有死于宮中者爲之三月不舉祭蓋唯天地社稷越紼行事此外則遭喪皆不祭也左傳云烝嘗禘于廟者士虞疏引服注云三年喪畢遭烝嘗則行禘於廟焉明此謂三年後也左氏既云特祀於主此乃指喪中之練祥禫三祭新死者之主除喪後乃始遷主於新廟而行烝嘗禘爾徐氏乾學云左氏原爲作主立傳則專指新死者而

言何爲泛及於他廟之常祀故知傳所謂者廟乃謂喪畢遷主之新廟而非祖宗昭穆之舊廟矣所以爲是言者蓋卒哭而祔但祔祭其主於祖父之廟祭畢反於寢而死者未嘗有專廟故止可稱主而不可稱廟至喪畢而入新廟始可專享一廟之祭故曰烝嘗禘於廟按徐氏說左傳極爲明晰何氏此注亦云閔公以莊公在三年之中未可入大廟也其實新廟亦未可入也故云皆非何氏謂三年喪畢遭祫則祫遭禘則禘蓋時適應禘閔公急欲厭亂而又未便即禘太廟故先行之禘於新宮也喪尚未畢得有新宮者文二年穀梁傳曰作主壞廟有時日於練焉壞廟之道易檐可也改塗可也但言壞舊廟不言遷新主蓋練時先遷舊主三年後納新主易檐改塗非一朝一夕之事又尚有毀廟諸儀一故徐氏乾學云祧遷之時當行之事非一遷高祖之主而壞其廟一事也改易高祖之廟而納祖考之主又一事也遷祖考之主而壞其廟一事也改易祖考之廟以納新死者之主又一事也古人知數事不可並舉故豫其期於練逮至三年喪畢而祧禮告成廟亦堅完然後可以徐奉吾親之主此古人用心之慎也蓋時去除喪已近新廟應已落成特故得先奉新主於內行禘禮焉徐氏又云或疑七廟五廟無虛主意當謂舊主出即當納新主無曠日遲久之理按曾子問云七廟五廟無虛主虛主者唯天子崩諸侯薨與去其國與祫祭于祖爲虛主爾斯亦姑引其端其實虛主之事不止此也國有水旱之災則虛主昭十八年左傳鄭災子產使祝史徙祏於周廟是也修廟則虛主文十三年世室屋壞譏不修也修廟時主必納於夾室不獨壞廟爲然練時主入夾室三年審禘昭穆而祧之又何嫌於虛主乎成公三年新宮災穀梁傳曰禰宮也迫近不敢稱謚恭也宣公薨已二十九月猶言迫近三年入廟之期迫一定不可易矣惠氏士奇春秋說云吉禘于莊公不於太廟何也禘于太廟

而致莊公焉因莊公而行吉禘故書曰吉禘于莊公莊公之喪未滿二十五月故書吉以譏之吉禘者新主入廟與先君相接因是而爲大祭故不稱宮明非廟也則在太廟何疑在太廟何爲不書辟嫌也何嫌爾吉禘于太廟致莊公則嫌莊公不應致與禘于太廟用致夫人同夫人不應致故書致莊公不應吉故書吉用者謂用禘也按惠說非是若是禘于太廟而致莊公則但書吉禘莊公可矣曰于明在莊公廟也莊公喪尚未滿亦不應致如實致莊公於太廟有何嫌而不書致乎故杜亦云三年喪畢致新死者之主於廟廟之遠者當遷入祧因是大祭以審昭穆謂之禘莊公喪制未闋時別立廟廟成而吉祭又不於太廟故詳書以示譏也惟杜以爲別立廟則又杜之臆見耳未可從

曷爲未可以稱宮廟【注】据言禘也【疏】注言禘也○古者禘必于廟既言禘宜言宮廟矣舊疏云正以禘是吉祭之稱既得言禘何故不得稱宮廟是也按僖八年云禘于太廟是禘必稱廟也而傳言不得稱宮廟故難之

在三年之中矣【注】當思慕悲哀未可以鬼神事之【疏】注當思至事之○禮記檀弓云始死瞿瞿如有求而弗得既葬皇皇如有望而弗至練而慨然祥而廓然皆思慕悲哀之義也胡氏培翬儀禮正義云死者體魄以葬爲歸死者魂氣以廟爲歸周制虞而作祔主卒哭祔廟奉新死者之主祭於祖廟并祭於祖使魂氣相連屬故祔不於練而於卒哭焉欲其神之早得所歸也然人子居廬哭泣不忍遽以爲神而遠之故祔訖反主於寢且亦以舊廟未毀新廟未成主不可以遽入也至練更作栗主於寢祭之自是而祥禫皆然以喪祭不可行於祖廟中也至三年喪畢乃遷栗主於新廟而四時之祭行焉

吉禘于莊公何以書譏何譏爾譏始不三年

也【注】與託始同義【疏】注與託始同義○隱二年九月紀履緰來逆女傳外逆女不書此何以書譏何譏爾譏始不親迎也始不親迎昉於此乎前此矣前此則曷爲始乎此託始焉爾曷爲託始焉爾春秋之始也此與彼同義通義云檀弓曰魯莊公之喪既葬而絰不入庫門士大夫既卒哭麻不入可以見即吉之遠矣文公因之欲久喪而後不能宣公自以弟繼兄無子道遂復踰年吉娶積習爲常至於滕定公復三年之喪父兄百官以爲宗國魯先君莫之行有自來矣故於變禮之始重譏之按詩檜風序素冠刺不能三年也箋云喪禮既祥祭而縞冠素紕時人皆解緩無三年之恩於其父母而廢其喪禮則三年列國已有不行者魯秉周禮或至此始變故春秋重而譏之也蓋三年之喪不行已久故於此託始爾梁氏玉繩瞥記云文二年傳譏喪娶也蓋周衰禮廢三年之喪久已不行論語宰我問三年喪一章乃親身說法疏引繆協謂宰我思啓憤於夫子以戒將來義在屈己明道此解最確與齊宣王欲短喪同

秋八月辛丑公薨【疏】包氏愼言云八月無辛丑九月之二十五日也長曆置閏於六月故八月有辛丑按差繆略辛丑作辛酉則正與曆合爲八月之十五日也

公薨何以不地隱之也何隱爾弒也孰弒之慶父也【疏】校勘記云何隱爾弒也唐石經諸本同釋文弒作殺云音試下及注同魯世家湣公二年慶父又與哀姜通益甚哀姜與慶父謀殺湣公而立慶父慶父使卜齮襲殺湣公於武闈左傳公傅奪卜齮田公不禁秋八月辛丑共仲使卜齮賊公于武闈是也按閔公時始十歲烏能責艾禁

傳奪田卜齮即至不肖亦必不即此怨公蓋亦慶父歸獄于卜齮之語爾殺公子牙今將爾【疏】孔氏廣森通義本改今作本義見上季子不免慶父弒二君何以不誅將而不免遏惡也既而不可及緩追逸賊親親之道也【注】與不探其情同義不書葬者賊未討【疏】注與不至同義○上元年傳云既而不可及因獄有所歸不探其情而誅焉親親之道也是也漢書鄒陽傳慶父親弒閔公季友緩追免賊春秋以為親親之道也鹽鐵論周秦云聞兄弟緩追以免賊未聞兄弟之相坐也皆本公羊為說○注不書至未討○隱十一年傳弒則何以不書葬春秋君弒賊不討不書葬以為無臣子也慶父出奔未死故云賊未討彼言不此言未者舊疏云欲道於後討得之即僖元年傳於是抗輈經而死是也又云隱十一年傳公薨何以不地注云据莊公薨于路寢然則此傳云公薨何以不地者亦据莊公但從彼注省文故也

九月夫人姜氏孫于邾婁【注】為淫二叔殺二嗣子出奔不如文姜于出奔貶之者為內臣子明其義不得以子絕母凡公夫人奔例日此月者有罪【疏】魯世家云釐公亦莊公少子哀姜恐奔邾○注不以如至絕母○莊元年夫人孫于齊傳云夫人何以不稱姜氏貶曷為貶與弒公也是其於奔時貶也又僖元年夫人氏之喪至自齊傳夫人何以不稱姜氏貶曷為貶與弒公也然則曷為不於弒焉貶貶必於其重者莫重乎以其喪至也是亦有貶文第不於此出奔貶云爾然者正假以為內臣子明子不絕母之

義耳非謂夫人可不貶也左疏引服虔云文姜殺夫罪重故去姜氏哀姜殺子罪輕故不去姜氏亦謂殺子輕於殺夫故得藉以張臣子義也○注凡公至有罪○昭二十五年九月己亥公孫于齊是公孫書日夫人與公敵體其孫宜亦書日而此及莊元年三月夫人孫于齊皆書月明文姜哀姜皆有罪故去日略之以示義

公子慶父出奔莒注慶父弒二君不能復見所以復見者起季子緩追逸賊也不日者內大夫奔例無罪者日有罪者月外大夫奔例皆時疏魯世家云魯人欲誅慶父慶父恐奔莒穀梁傳其曰出絕之也○注慶父至復見○宣六年晉趙盾衞孫免侵陳傳云趙盾弒君此其復見何彼注云据宋督鄭歸生齊崔杼弒其君後不復見是則弒君之賊不當復見此慶父弒二君復書于經故解之穀梁傳曰慶父不復見矣○見矣疏弒二君罪重不當復見故特顯之其實此卽不宜復見矣○注所以至賊也○宣六年傳又曰親弒君者趙穿也彼注云復見趙盾者欲起親弒者趙穿非盾此復見慶父起季子緩追逸賊故得出奔各有所起也通義云不復言仲孫者本爲內諱今畏討出奔是內已正其罪無所諱也按上言齊仲孫爲賊不宜復來故諱此出奔與上相起○注不日至者月○襄二十三年冬十月乙亥臧孫紇出奔邾是內大夫奔無罪者日也此及昭十二年冬十月公子整出奔齊皆有罪者月也文八年公孫敖奔莒彼實有罪書丙戌者彼注云日者嫌敖罪明則起君弱故諱使若無罪者是也○注外大至皆時○襄二十七年夏衞侯之弟鱄出奔晉是外大夫無罪奔者襄二十八年夏衞石惡奔晉冬齊慶封來奔外大夫有罪奔者也而皆時明外大夫從略

故不別有罪無罪也

冬齊高子來盟

高子者何齊大夫也【注】以有高傒也【疏】注以有高傒也○莊二十二年及齊高傒盟于防是也

何以不稱使【注】据鄭伯使其弟語來盟【疏】注据鄭至來盟○桓十四年夏鄭伯使其弟語來盟是也

我無君也【注】時閔公弒僖公未立故正其義明君臣無相適之道也春秋謹於別尊卑理嫌疑故絕去使文以起事張例則所謂君不使乎大夫也【疏】注時閔至道也○莊九年注云鄭國之臣猶吾臣也故君不適大夫時閔弒僖未立我無適者故立其使文莊九年公及齊大夫盟于傒彼齊無君而書公者彼書及齊大夫使若衆然故不諱與大夫盟也○注則所至夫也○成二年齊侯使國佐如師傳云君不行使乎大夫此其行使乎大夫何佚獲也彼爲齊君佚獲宜絕故賤之與此異

然則何以不名【注】据國佐盟名【疏】注据國佐盟名○卽成二年及國佐盟于袁婁是也

喜之也何喜爾正我也【疏】穀梁傳曰其曰來喜之也其曰高子貴之也盟立僖公也杜云魯人貴之故不書名子者男子之通稱

其正我奈何莊公死子般弒閔公弒比三君死曠年無君【注】與曠年無君無異【疏】注與曠至無異○舊疏云正以莊公死子般卽位子般弒閔公卽位閔公弒僖公卽

位君常不絕而傳言曠年無君者正以三年之內三君比死與曠年無君無異非實無君也設以齊取魯曾不興師徒以言而已矣注設時勢然疏通義云時季子力不能立僖公相與適邾婁設桓公不為魯定僖公之位使我曠年無君則國幾亡矣以言者喻其易按傳意謂魯三君比死曠年無君度其時勢若以齊取魯可不與師徒以言而已若言傳微而定之謂左傳上元年云桓公曰魯可取乎蓋齊桓本有取魯之心故傳舉以設文可取而竟不取故喜之甚也曾者淮南修務訓注曾則也檀弓注則之言曾曾不與師徒即則不與師徒也論語季氏篇曾謂泰山皇疏曾之言則先進曾由與求之問孔曰則此二人之問皆是桓公使高子將南陽之甲注南陽齊下邑甲華皆鎧冑也疏注南陽齊下邑○孟子告子篇遂有南陽趙注山南曰陽岱山之南謂之南陽也釋名釋州國云南陽在南國之南而地陽也閻氏若璩釋地云左傳晉於是始啓南陽杜注在晉山南河北故曰南陽余謂即今太行山之南河南濟源修武溫縣地孟子遂有南陽趙注岱山之南余謂史稱泰山之陽則魯其陰則齊南陽屬齊必齊之地深插入魯界中者魯故欲一戰有之二南陽所指各不同全氏祖望經史問荅云問遂有南陽按晉之南陽易曉而齊之南陽僅一見於公羊傳所云高子將南陽之甲以城魯一見於國策所云楚攻南陽閻百詩以為泰山之陽本是魯地特久為齊奪者似得之而先生以為南陽即汶陽其說果何所据荅曰此以漢地志及水經注合之左傳便自了然蓋山南曰陽是南陽所以得名也水北曰陽是汶陽所以得名也春秋之世齊魯所爭莫如南陽隱桓之世以許田易泰山之祊是南陽尚屬魯及莊公之末則似已失之故高子將南陽之甲以城魯然僖

公猶以汶陽之田賜季友則尚未盡失而魯頌之祝之以居常與許常亦南陽之境蓋大半入齊矣自成公以後則盡失之蓋汶水出泰山郡之萊蕪縣西南過嬴縣桓三年公會齊侯于嬴是也又西南過牟縣牟故魯之附庸也又東南逕泰山又東南流逕龜陰之田即左氏定十年齊所歸也又東南逕明堂又西南流逕徂來山又南流逕陽關即左氏襄十七年逆臧紇之地又南逕博縣即左氏哀十一年會吳伐博是也又南逕龍鄉即左氏成二年齊侯圍龍是也又南逕梁父之菟裘城左氏隱十一年所營也又西南逕剛縣漢之剛乃春秋之闡其西南則汶陽之田又西南則棘左氏成三年所圍也又西南爲遂則莊十三年齊人所滅也又西南爲下讙左氏桓三年齊侯逆姜氏之地又西南爲郈則叔孫氏邑又西南爲平陸按左氏鄆讙龜陰陽關皆齊魯接境地通而言之皆汶陽之田而皆在泰山之西南汶水之北則汶陽非即南陽乎然則南陽地廣不僅一邑注以爲齊下邑亦約略之辭○注甲革至胄也○通義云甲甲士也齊桓公作內政有中軍之鼓有國子之鼓有高子之鼓各帥五鄉焉南陽者蓋即高子所帥鄉名也禮既夕云甲胄于管注甲鎧也禮記曲禮云獻甲者執胄注甲鎧也又樂記云車甲衅而藏之武庫注甲鎧也詩叔于田序繕甲治兵箋甲鎧也甲皆不兼胄言之此云將南陽之甲猶云將南陽之兵國策秦策秦下甲而攻趙注甲兵也是也兵必有鎧胄故連敘及之皆革所爲故曰甲革本其所以稱甲義也其實古人兵字亦專指戎器言所謂五兵也故曰天生五材誰能去兵御覽引世本蚩尤以金作兵器一弓二殳三矛四戈五戟周禮司右五兵注司馬法曰弓矢圍殳矛守戈戟助是也書詰爾戎兵詩踴躍用兵左傳無以鑄兵兵皆與甲同指所用言故孟子梁惠王云棄甲曳兵後世始以執兵之人爲兵猶以披甲之士爲甲也蓋春秋時已有此語

故孟子言抑王與甲兵蓋兼人與器言之矣立僖公而城魯或曰自鹿門至于爭門者是也或曰自爭門至于吏門者是也疏校勘記云爭門唐石經諸本同說文淨魯北城門池也从水爭聲士耕切又才性切許據公羊當作淨門以水名其門也何注本省作爭自鹿門至于爭門者自南門至于北門也段氏玉裁說文注云淨者北城門之池其門曰爭門則其地曰爭从爭旁水也廣韻曰埩七耕反魯城北門池也說文作淨蓋古書有作埩者矣城北誤倒釋文鹿門魯南城東門也襄二十三年左傳臧孫紇斬鹿門之關以出奔邾即此吳氏麥雲經說云說文淨魯北城門池也徐楚金引此傳又云臧孫奔齊自鹿門爭門則淨門皆北門也麥雲謂臧紇斬鹿門之關出奔邾小徐以為奔齊誤矣邾即今騶縣在曲阜東南當從何注按何氏無注今本係釋文竄入注也吏門者大事表云吏門魯西門也公羊傳或曰自爭門至於吏門吏門即史門矣爭門者魯北門按魯又有雩門稷門高門雩門宜雩壇所在兼南城西門莊十年公子偃犨宋師從雩門竊出者也稷門則莊三十二年左傳能投蓋于稷門哀八年微虎欲宵攻吳行及稷門之外是也蓋正南門亦曰高門定十三年齊人陳女樂文馬于魯城南高門外是也魯人至今以為美談曰猶望高子也注久闕思相見者引此為喻美談至今不絕也立僖公城魯不書者諱微弱喜而加高子者美大齊桓繼絕于魯故尊其使起其功明得子續父之道疏注久闕至為喻○校勘記云毛本闕作澗鄂本喻作諭蓋當時有此語作傳時猶存也○注立僖至微弱○新

語至德云魯莊公一年之中以三時興築作之役規固山林草澤之利與民爭田魚薪采之饒刻桷丹楹眩曜靡麗收十二之稅不足供回邪之欲膳不用之好以悅婦人之目財盡於驕淫人力罷於不急上困於用下饑於食乃遣臧孫辰請糴于齊倉廩空虛外人知之於是爲宋陳衛所伐賢臣出叛臣亂子般殺公子牙慶父之屬敗上下之序亂男女之別繼位者無所定逆亂者無所懼於是齊桓公遣大夫高子立僖公而誅夫人逐慶父而還季子然後社稷復存子孫反業豈不謂微弱者哉是其微弱甚也故深諱之○注喜而至其功○通義云高傒齊卿之命于天子者前盟防降書名氏耳本在字例故今進一等變之得稱子曲禮云於外曰子注子有德之稱魯春秋曰齊高子來盟然則子爲美稱凡鄰國聘問時擯者尊而不名春秋喜其有功於魯故就而進之稱子也按襄二十九年傳云許人臣者必使臣注緣臣子尊榮莫不欲與君父共之故賢高子起其美大齊桓也繁露滅國下云魯莊爲柯之盟劫汶陽魯滅威主之用心如此豈不霸哉故以憂天下與之○注明得至之道○校勘記云閩監毛本此下有鹿門魯南城東門○也八字係釋文竄入鄂本無之十行本雖有此八字而加○以別之則不以爲注也舊疏云凡人之子之道宜繼祖禰之功不絕之今桓公繼于魯正得續父功德之義故不尊其使而稱子耳言明其得人子續其人父功德之道也按疏語不明意謂聖人重繼絕世父子相繼曰世桓公立僖存魯得繼絕世之道也

十有二月狄入衛【疏】衛世家云懿公即位好鶴淫樂奢侈九年翟伐衛衛懿公欲發兵兵或畔大臣言曰君好鶴鶴可令擊翟於是遂入殺懿公通義云左傳曰衛懿公及狄人戰于熒澤衛師敗績遂滅衛而經但言入衛則公羊子謂爲齊桓諱者

信矣

鄭棄其師

鄭棄其師者何注連國者弁問稱國疏注連國至稱國○傳不直言棄其師而曰鄭棄其師故解之惡其將也注以言棄師疏穀梁傳曰惡其長也注長謂高克也兼不反其衆則是棄其師也彼疏云爲惡高克不顧其君又責鄭人不反其衆故經書鄭棄其師也何云以言棄師爲惡將謂鄭惡其將爾非謂春秋惡其將也

鄭伯惡高克使之將逐而不納棄師之道也注鄭伯素惡高克欲去之無由使將師救衛隨後逐之因將師而去其本雖逐高克實棄師之道故不書逐高克舉棄師爲重猶趙盾加弒也不解國者重衆從國體錄可知繫閔公篇于莊公下者子未三年無改於父之道傳曰則曷爲於其封內三年稱子緣孝子之心則三年不忍當也疏禮記聘禮云使者歸及郊請反命鄭注引作使之將兵彼釋文以爲兵則後加字易林師之睽云清人高子久屯外野逍遙不歸忘我慈母○注鄭伯至而去○左傳鄭人惡高克使帥師次于河上久而不召師潰而歸高克奔陳鄭人爲之賦清人詩鄭風序云清人刺文公也高克好利而不顧其君文公惡而欲遠之不能使高克將兵禦狄于竟陳其師旅翱翔河上久而不召

衆散而歸高克奔陳○注其本至爲重○詩序又云公子素惡高克進之不以禮退之不以道危國亡師之本也棄師之道也穀梁注高克好利不顧其君文公惡而遠之不能使高克將兵禦狄于竟陳其師旅翱翔河上久而不召衆散將離高克進之不以禮文公退之不以道危國亡師之本杜云刺文公退臣不以道危國亡師之本皆本詩序爲說故舉棄師爲重不書逐高克也繫露竹林云秦穆侮蹇叔而大敗鄭文輕衆而喪師春秋之敬賢重民如是說苑君道篇云夫天之生人也蓋非以爲君也天之立君也蓋非以爲位也夫爲人君行其私欲而不顧其人是不承天意忘其位之所宜事也如此者春秋不予能君而夷狄之鄭伯惡一人而兼棄其師故有夷狄不君之辭人主不以此自省惟既以失實心奚因知之故曰有國者不可以不學春秋此之謂也按說苑此言可補三傳之闕不書鄭棄其師而鄭棄其師與晉伐鮮虞鄭伐許同辭明爲狄鄭之義此文主譏棄師不爲惡高克言高克不足惡也○注猶趙盾加弑也○宣二年書趙盾弑其君不書趙穿但舉弑君爲重猶實逐高克舉不書而書棄師亦舉棄君爲重也弑閭監毛本同十行本弑作殺○注不解至可知○何意言重衆故舉國明爲從國體錄故傳不解書鄭義也○注繫閔至之道○校勘記云按于當作於漢書藝文志公羊穀梁二家經及傳各十一卷者繫閔公篇於莊公下故也宋王儉七志梁阮孝緒七錄皆云何注十一卷皆以閔附莊也唐石經於閔公傳末題春秋公羊卷第三於僖公第五之下附注卷四蓋据晉宋古本皆十一卷按漢志春秋古經十二篇經十一卷漢世以公羊爲今學故直稱經十一卷古經十二篇蓋劉歆以秘府古文書之或析閔公爲一篇非真古本也志又云公羊傳十一卷穀梁傳十一卷鄒氏傳十一卷夾氏傳十一卷公羊顏氏記十一篇皆依經分篇明閔公附於莊篇

末也隋志有吳士燮春秋注曾王愆期公羊注尙係十一卷三年無改見論語學而篇大戴禮本孝云孝子父死三年不敢改父道皇侃論語義疏云或問曰若父政善則不改爲可若父政惡惡教傷民寧可不改乎荅曰本不論父政之善惡自論孝子之心耳若人君風政之惡則冢宰自行政若卿大夫之心惡則其家相邑宰自行事無關於孝子也宋氏翔鳳論語發微云道紹也三年無改於父之道謂繼體爲政者也若從言父之教子其道當沒身不改難以三年爲限惟人君治道寬猛緩急隨俗化爲轉移三年之後不能無所變易然必先君以正終後君得有諒闇不言之義苟失道而死則爲誅君其子已不當立何能三年無改也論語微言與春秋通明三年無改之道以示繼體爲政之法而孝道以立○注傳曰至當也○繼文九年傳文

公羊義疏二十七

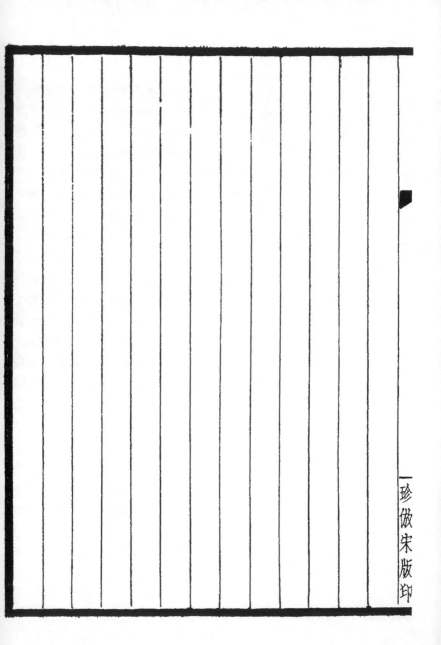

公羊義疏二十八

南菁書院

句容陳立卓人著

僖元年盡是年

春秋公羊經傳解詁僖公第四疏校勘記云唐石經僖公第五卷四魯世家季友與滑公弟申如邾請魯求內之於是季友奉子申入立之是為釐公釐公亦莊公少子釋文僖公名申莊公之子閔公之兄母成風諡法小心畏忌曰僖

元年春王正月

公何以不言即位注据文公言即位疏注据文至即位○見文元年繼弒君子不言即位疏穀梁傳曰繼弒君不言即位正也此非子也其稱子何注僖公者閔公庶兄据閔公繼子般傳不言子疏注僖公至庶兄○左傳正義云魯世家僖公名申莊公之子閔公庶兄按世家無此語閔公為哀姜娣子僖公為其庶兄則成風非哀姜之媵蓋亦先哀姜而入與孟任同者世家云季友自陳與滑公弟申如邾則史公以僖公為閔公弟未可從也○注据閔至言子○閔元年傳云繼弒君不言即位是不言子也臣子一例也注僖公繼成君閔公繼未踰年君禮諸侯臣諸父兄弟以臣之繼君猶子之繼父也其服皆斬衰故傳稱臣子一例疏白虎

通封公侯云始封諸侯無子死不得與兄弟何古者象賢也弟非賢者子孫春秋傳曰善善及子孫不言及昆弟何昆弟尊同無相承
養之義昆弟不相繼至繼體諸侯無子得及親屬者以其俱賢者子孫也重其先祖之功故得及之又喪服云臣之於君猶子之於
父明至尊臣子之義也然則臣子一例指繼體君言也段氏玉裁經韻樓集云此公羊謂孔子目僖公爲閔子者以僖本閔臣而爲
閔子也知臣子一例則知臣之者皆得子之矣故史記說仲丁至陽甲九世太伯至壽夢十九世之幽王至敬王之十四世皆兄弟爲兩
世祖孫爲兩世古人數一世至百世皆如是皆父子之也我盡子之實而人得不目之父子乎人皆目之父子而我乃欲辭父子之
名乎天子諸侯之尊自高曾行祖行父行兄弟行皆臣之稽首之未有以爲怪者何居乎死後子之則以爲怪乎故公羊所云千古
之經禮也後世乃盡分爲人子爲人後爲二事乎○注僖公至年君○莊三十二年傳注云未踰年之君禮臣下無服故無子不廟
不廟則不書葬故閔不稱子子僖公繼成君閔公死臣子同服故曰子其實諸侯以國體爲重子般雖未踰年待之已如君故亦不書
卽位明其義也○注禮諸至一例○禮喪服大功章傳曰是故始封之君不臣諸父昆弟封君之子不臣諸父而臣昆弟封君之孫
盡臣諸父昆弟白虎通封公侯云繼世諸侯無子又無弟但有諸父庶兄當誰與與庶兄推親之序也故以僖公繼閔公不以季友
也又王者不臣云始封之君不臣諸父昆弟何不忍以己一日之功德加於諸父昆弟也故禮服傳曰封君之子不臣諸父封君之
孫盡臣之又喪服云諸侯爲天子斬衰三年何普天之下莫非王土率土之濱莫非王臣臣之於君猶子之於父明至尊臣子之義
也按禮喪服斬衰章於諸侯爲天子下爲君疏此君內兼有諸侯及大夫故喪文在天子下禮記大傳云君有合族之道族人不得以

其戚戚君又喪服小記云與諸侯爲兄弟者服斬注謂卿大夫以下也與尊者爲親不敢以輕服服之熊安生曰諸侯死凡與諸侯有五屬之親者皆服斬以諸侯體尊不可以本親輕服服之也皆謂封君之孫以下也故後漢書宋意傳春秋之義諸父昆弟無所不臣所以尊尊卑卑强幹弱枝者也是也通典禮云晉武帝咸寧二年安平穆王薨無嗣以母弟敦上繼是獻王後博士張靖答宜依魯僖服閔三年例按穆王爲封君之子宜臣昆弟者也宋書禮志引孫盛晉陽秋曰陽秋傳云臣子一例也雖繼君位不以後尊降廢前敬昔魯僖公上嗣魯莊以友于長幼而外之爲逆準之古義明詔是也臣爲君服斬則君於臣雖諸父昆弟則無服其不臣者戚氏世佐儀禮集編云以本服服之不絶弁不降也通典載荀顗說以爲大夫猶降其親則諸侯雖所不臣者亦絶不服者非也虞喜以爲大夫亦當從諸侯之例一世爲大夫不降兄弟二世不降諸父三世乃皆降之李如圭儀禮集釋駁之謂諸侯世國大夫不世爵恐不得以世數爲比是也所不臣者服此國君先儒據小記謂與諸侯爲兄弟者服斬亦非既不臣則仍服本服也蓋臣子一例服皆斬衰自指三世盡臣者言之也故小記注云雖在異國猶來爲三年以會在本國作卿大夫也亦謂封君之孫以後者也

齊師宋師曹師次于聶北救邢 疏 杜云聶北邢地說文品部聶多言也春秋傳曰次于聶北讀與聶同一統志聶城在大名府清豐縣東北紀要在縣北十里志以爲次于聶北救邢即此十行本救邢下疊救邢二字校勘記云唐石經鄂本救邢字不疊此本誤衍閩監毛本同各本左傳曹師作曹伯誤石經左氏作曹師彼莊三十年疏襄二十三年疏引並作曹師

救不言次此其言次何 注 据夏師救齊不言次 疏 注据夏至救齊〇即下十八年

師救齊是也不及事也不及事者何邢已亡矣【注】刺其救急舒緩使至於亡故錄之止文以起之【疏】注刺其至起之○穀梁傳曰其不言齊侯何也以其不足稱揚不言齊侯也注救不及事不足稱揚亦謂譏其舒緩不急使至於亡也齊氏召南致證云齊桓之功在存亡國而經書聶北救邢既有三國之師其力非不足以卻敵而遲遲其行徘徊不進待邢人潰圍而出始還夷儀此則伯者之私心也左氏公羊無所發明穀梁最得經義至城邢復序三國之師傳曰美齊侯之功也功過不相掩持論平矣按如何氏此注發明甚切齊氏謂無所發明何耶孰亡之蓋狄滅之【注】以上有狄伐邢【疏】注以上至伐邢○即莊三十二年冬狄伐邢是也左傳邢人潰出奔師師遂逐狄人具邢器用而還之是狄滅之也曷爲不言狄滅之【注】据狄滅溫言滅【疏】注据狄至言狄○即下十年春狄滅溫溫子奔衞是也爲桓公諱也【疏】繁露觀德云邢衞魯之同姓也狄人滅之春秋爲諱避齊桓也曷爲爲桓公諱【注】据徐人取舒晉滅夏陽楚滅黃皆不諱【疏】注据徐至不諱○下三年徐人取舒注云不爲桓諱者刺其不救也其晉滅夏陽見下二年楚滅黃見下十二年此二事亦不諱者與書徐人取舒同義舊疏云今此實救故爲之諱耳上無天子下無方伯天下諸侯有相滅亡者桓公不能救則桓公恥之【注】故以爲諱所以醇其能以治世自任而厚責之【疏】注故以至責之○舊疏云以治世自任猶言以天子治世爲己任矣厚責者論語衞

靈公云躬自厚皇疏引蔡謨云厚者謂厚其德也謂以厚德責齊桓也通義云緣桓公之心而爲之諱故於夏陽於溫於弦於黃皆直言滅以罪其不救也於邢衛杞因其能救之於末乃追諱其不能救之於本穀梁傳言次非救也非救而曰救之何也遂齊侯之意也按春秋責備賢者於邢衛杞能救則爲之諱其未能及事之失於夏陽溫黃不能救則書滅以恥之所以厚責其不能而醇其能也潛夫論邊議云齊桓晉文宋襄衰世諸侯猶恥天下相滅而己不能救亦善善從長意也

曷爲先言次而後言救【注】据叔孫豹先言救【疏】注据叔至言救○襄二十三年秋齊侯伐衛遂伐晉八月叔孫豹帥師救晉次于雍榆是也

君也【注】叔孫豹臣也當先通君命故先言救今此先言次知實諸侯【疏】穀梁傳曰是齊侯與齊侯也何用見其是齊侯也曹無師曹師者曹伯也其不言曹伯何也以其不言齊侯不可言曹伯也注曹君不可在師下故知是齊侯因救不及事故不書齊侯并不得書曹伯知皆君也故左傳亦言諸侯救邢杜云實大夫而曰諸侯總衆國之辭者非也通義云左傳亦曰諸侯救邢與此合劉氏權衡云若令救時及事春秋自不書其次不書其次遂無以見其是君此未足以窮傳也因有雍榆適可與此事相比故分別君臣耳假令救晉救邢有一不言次者又必別有所託以起不專封之義矣春秋文隨事變豈得設文外之事而泥事後之文以生巧辨者哉○注叔孫至諸侯○史記注引賈逵云此與襄二十三年叔孫豹救晉次于雍榆二事相反言此是君也進止自由彼是臣也先通君命左疏云賈服取以爲說則服氏亦同皆本公羊義也

君則其稱師何不與諸侯專封也【注】故沒君文但舉師

而已疏繁露王道云有天子在諸侯不得專地不專封是也又云觀乎許田知諸侯不得專封彼專封爲專地之誤又云觀
乎齊桓晉文宋襄楚莊知任賢奉上之功齊桓謂此沒君文事也曷爲不與注据狄滅之爲桓公
諱實與注不書所封歸是也疏注不書至是也○昭十三年秋蔡侯廬歸于蔡陳侯吳歸于陳傳云
此皆滅國也其言歸何不與諸侯專封也彼注云故使若有國自歸者也然則彼書所封歸是不與楚專封此不書邢侯歸于邢是
爲與齊專封也故曰實與也而文不與疏通義云實不與則當貶去齊人文與則當言齊侯宋公曹伯今不舉諸侯
亦不貶稱人實揚文抑兩者各見春秋之決事也誅其可誅賞其可賞若天之施四時錯行若文王之治庸威並用按繁露竹林云
見其指者不任其辭不任其辭然後可與適道矣指則實辭則文也文曷爲不與注据實與也諸侯
之義不得專封也注此道大平制疏注此道大平制○即春秋制也聖人以大平之道治春秋
所謂撥亂世反諸正也繁露王道云齊桓會王世子擅封邢衛杞橫行中國意欲王天下又云桓公存邢衛杞不見春秋內心予之
行法絕而不予止亂之道也非諸侯所當爲也孟子告子下葵丘之會諸侯五命曰無有封而不告注無以私恩擅有所封賞而不
告盟主也趙氏意以若是告天子則擅封邢衛自犯其禁故以爲不告盟主然五命所禁皆本王章所云不告自當指告天子言卽
此傳之諸侯之義不得專封也其五禁之中桓公自犯者多豈必專封一節有所諱避葵丘所命專爲尊王趙氏說非也包氏愼言
云邢以自遷爲文猶蔡陳之以自歸爲文奪其專封所以彊王義也諸侯之義不得專封則其曰實

與之何上無天子下無方伯天下諸侯有相滅亡者力能救之則救之可也

【注】主書者起文從實也

【疏】白虎通號篇云霸者伯也行方伯之職會諸侯朝天子不失人臣之義故聖人與之非明王之法不張霸猶迫也把也迫脅諸侯把持王政詩邶風旄丘序云衛不修方伯連率之職箋衛康叔之封爵稱侯今曰伯者時為州伯也周之制使伯佐牧春秋傳曰五侯九伯侯謂牧也疏引王制注云凡長皆因賢侯為之殷之州長曰伯虞夏及周皆曰牧又曰千里之外設方伯公羊傳曰上無明天子下無賢方伯方伯皆謂州長則此方伯亦州長矣周謂之牧而云方伯者以一州之中為長故云方伯若牧下二伯不得云方伯也〇注起文從實也〇明文雖不與從實與為主也通義云會桓公之為此者得變之正也他日其命諸侯亦曰無有封而不告合於春秋之義也齊桓存三亡國並周之舊封傳輒罪其專封者蓋陳儀本非邢地楚丘緣陵亦本非衛與杞地彼皆失其故國桓公更與以閒田始建國為非諸侯不專地之法也且唯天子有大封之禮乃命鄰國以其師城之故詩曰王命仲山甫城彼東方其傳曰古者諸侯之居偪隘則王者遷其邑而定其居明非有王者之命不得專遷亦不得專城是以左傳曰僖之元年齊桓公遷邢于夷儀二年封衛于楚丘齊語曰翟人攻邢桓公築夷儀以封之翟人攻衛衛人出廬于曹桓公城楚丘以封之毛詩序曰衛為狄所滅齊桓公攘戎狄而封之管子曰桓公築緣陵以封杞予車百乘甲一千狄人攻邢邢君出致于齊桓公築夷儀以封之予車百乘卒千人狄人伐衛衛君出致于虛桓公築楚丘以封之予車三百乘甲五千綜諸傳記之文是三國皆齊所更封信矣經於虎牢曰鄭虎牢彭城曰宋彭城而楚丘不繫衛緣陵不繫杞又於

以見非二國之故有地也後漢書馮衍傳顯志賦曰爵管仲於夷儀注天下諸侯知桓公不爲己動也是故天下歸之唯能用夷吾而伯功立能輔主成業故就夷儀而爵賞也按爵猶美謂美管仲夷儀之功非實爵也亦非謂封管仲於夷儀也

夏六月邢遷于陳儀注左穀作夷儀杜范並云夷儀邢地元和郡縣志故邢國今邢州城西南隅小城是也夷儀故城今龍岡縣界夷儀故城是也在縣西一百四十里沈氏欽韓左傳補注云按邢之遷以遠狄難今其所遷仍在順德府邢臺縣境未遠于狄豈便爲安此夷儀實近齊衛之郊一統志夷儀城在東昌府聊城縣西南十二里大事表後漢志聊城有夷儀聚在今山東東昌府聊城縣西南十二里按漢志河內郡平皐縣應劭曰邢侯自襄國徙此當齊桓時衛人伐邢邢遷于夷儀其地屬晉號曰邢丘以其地在河之皐處勢平夷故曰平皐瓚注曰春秋狄人伐邢邢遷夷儀不至此今襄國西有夷儀城去襄國百餘里平皐是邢丘非邢國也馬氏宗槤左傳補注云按郡國志河南平皐縣有邢丘故邢國周公子所封是平皐之邢丘本邢國也此非齊桓所遷之邢郡國志東郡聊城有夷儀聚計邢國所都亦只在聊城百里之內臣瓚謂在襄國西是也若平皐邢丘乃衛所滅復入于晉師古曰晉侯逆女于邢丘即此薛瓚駁應說甚精酈元不知春秋有兩邢國其河水注亦混兩國而統釋之其失始于應劭矣史記正義邢丘在懷州武德縣東南二十里與此邢無涉差繆略以左穀與公羊同

還者何其意也注其意自欲還時邢創甚狄兵更欲依險阻疏通義云諸言遷于某者是也趙汸曰凡自遷其國以避夷狄月叛中國而請遷于夷狄則不月穀梁傳曰遷者猶得其國家以往者也其

地邢復見也傳書遷皆出自遷者之願者也遷之者何非其意也注謂宋人遷宿也書者譏之也王者封諸侯必居土中所以教化者平貢賦者均在德不在險其後爲衛所滅是也遷例大國月重煩勞也小國時此小國月者霸者所助城故與大國同疏注謂宋人遷宿也○莊十年三月宋人遷宿是也通義云若宋人遷宿遷陽是也於此發傳者實齊遷邢于陳儀故解不言齊人遷邢之意也起此遷實邢畏狄自欲遷依險阻非齊強遷之也○注書者至在險○白虎通京師云王者京師必擇土中何所以均教道平往來使善易以聞爲惡易以聞明當懼慎損于善惡漢書婁敬傳敬曰成王營成周都洛以爲此天下中諸侯四方納貢職道里鈞矣有德則易以王無德則易以亡凡居此者欲令務以德致人不欲阻險令後世驕奢以虐民也說苑貴德云魏武侯浮西河而下顧謂吳起曰美哉乎河山之固也此魏國之寶也起曰在德不在險昔三苗氏左洞庭右彭蠡德義不修而禹滅之夏桀左河濟右大華伊闕在其南羊腸在其北修政不仁湯伐之殷紂左孟門而右大行常山在其北大河經其南修政不德而武王伐之由此觀之在德不在險若君不修德船中之人皆敵國也按左右多互譌此所謂在德不在險也明諸侯亦宜擇其一國之中矣賈誼曰古者天子之地方千里中之而爲都輸將繇使遠者不過五百里而至諸侯之地方百里中之而爲都輸將繇使遠者不過五十里而至輸者不苦其繇繇者不傷其費故遠人安所謂貢賦均也○注其後至是也○下二十五年春王正月丙午衛侯燬滅邢是也蓋邢特險故爲衛滅國語鄭語云鄶仲恃險亦恃險故

爲鄭滅與○注遷例至勞也○下三十一年十有二月衛遷于帝丘之屬是也○注小國時○昭九年春許遷于夷之屬是也○注此小至國同○邢小國書月與大國同者爲霸主率諸侯助城亦爲重煩勞也

齊師宋師曹師城邢

此一事也曷爲復言齊師宋師曹師注据首戴前目而後凡注据首並後凡○下五公年及齊侯宋公陳侯衛侯鄭伯許男曹伯會王世子于首戴下云諸侯盟于首戴是前目後凡也此若先目後凡宣諸侯城邢矣不復言師則無以知其爲一事也注言諸師則嫌與首戴同嫌實師言諸侯則嫌與緣陵同嫌歸聞其遷更與諸侯來城之未必反故人也故順上文則知桓公宿留城之爲一事也疏明卽上救邢之師卽齊侯宋公等也通義云城例時此及楚丘月者重錄之起實諸侯也緣陵舉諸侯明故不復月則此此宜蒙上月○注言語至實師○舊疏云首戴之會歷序齊侯宋公之屬下文總進衛侯便是實諸侯今此亦上歷序齊師之屬若下文直總言諸師則與首戴同嫌是實師非必齊侯宋公等是以得序之以順上文也○注言諸至人也○十行文入作人校勘記云閩監毛文同誤也鄂本元年入作人此舊疏中同當据正按故人者仍是齊宋曹也反故人言仍是救邢之三國舊疏云下十三年公會齊侯宋公陳侯衛侯鄭伯許男曹伯會于鹹十四年諸侯城緣陵是時會諸侯各自還國至十四年更來城之故此注云言諸侯則嫌與緣陵同嫌

歸聞其還更與諸侯來城之也杜云一事而再列三國於文不可言諸侯師故是也反侯故人猶言故人反也○注故順至事也○穀梁傳曰是向之師也使之如改事然美齊侯之功也彼以上救邢書次以彰惰爲貶爵而稱師此復稱師美齊侯故使如改事也與此順上文爲一事異也舊疏云十四年穀梁傳其曰諸侯散辭也范云非伯者所制傳又云桓德衰矣何休曰先是盟亦言諸侯非散也又穀梁美九年諸侯盟于葵丘卽散何以美之於義穀梁爲短則何氏彼處廢穀梁不聽爲散辭而此所引似作之散辭者何意實以言諸侯見桓德衰待諸侯然後城故嫌穀梁以爲散辭今此注正道緣陵之諸侯鹹會各自歸國復來城之仍自不道十四年諸侯爲散辭矣舊疏又云宿音須就反留音盧胄反公羊問答云問陳氏浩曰宿留二字他書未見想亦漢時方言也信乎曰史記武帝紀宿留河上漢書五行志其宿留告曉人備具深切郊祀志東海宿留之數日列子黃帝怪而留之視釋文留之視宿留而視之也何以言他書未之見也校勘記云盧文弨曰史記索隱音秀溜漢書郊祀志同五行志其宿留告曉人亦有讀本字者通義云按漢書五行志李尋傳後漢書來歷傳及孟子章句見行可仕下並有宿留之語宿留猶需留也易需卦鄭氏注亦讀爲秀按孟子公孫丑云故不受也注故且宿留音義云宿留上音秀下音霤孔氏廣森經學卮言云易需象傳鄭君注云需讀爲秀古語遲延有所俟曰宿留封禪書宿留海上漢五行志其宿留告曉人李尋傳宿留瞽言來歷傳此誠聖恩所宜宿留何氏春秋解詁宿留城之趙氏孟子萬章章句宿留以答之並上音秀下音溜東觀漢記和帝詔且復宿留後漢書作須留需與須通故讀爲秀也漢世訓詁皆音義相將卽六書轉注之學按風俗通過譽篇云何敢宿留後漢書韋彪傳劉愷曰卿以輕好去就爵位不躋今歲垂盡當選御

史意在相篤子其宿留乎是宿留爲漢世常語桓公自春救邢至是城而遷之宿留於邢事畢始反也

秋七月戊辰夫人姜氏薨于夷齊人以歸疏包氏慎言云經七月有戊辰厤爲八月之二十七日石經左傳作齊人以尸歸校勘記云似後人依閔二年傳增入不足爲据

夷者何齊地也疏閔二年左傳共仲通于哀姜哀姜欲立之閔公之死也哀姜與知之故孫于邾齊人取而殺之于夷以其尸歸杜云夷魯地按彼傳明云齊人取而殺之于夷明爲齊地也

齊地則其言齊人以歸何注据從國中歸不當書邾婁人執鄫子不書以歸是也疏注据從至是也〇解下十九年宋人曹人邾婁人盟于曹南鄫子會盟于邾婁己酉邾婁人執鄫子用之是不言以歸也通義云閔夫人得在齊地則固歸齊矣何既薨乃言齊人以歸案經文似若齊人以歸爲歸之齊故執以問

夫人薨于夷則齊人以歸注夫人所以薨于夷者齊人以歸至夷疏以哀姜本孫邾婁不得至夷爲齊人取歸故得薨于夷也

夫人薨于夷則齊人曷爲以歸注据上說夫人薨于夷者齊人以歸至夷也齊人曷爲故以歸至于夷疏傳意以經既書薨與凡同文則曷爲爲齊所歸故難之

桓公召而縊殺之注先言薨後言以歸而不言喪者起桓公召夫人于邾婁歸殺之于夷因爲內諱恥使若夫人自薨于夷

然後齊人以歸者也主書者從內不絕錄因見桓公行霸王誅不阿親親疾夫人淫泆二叔殺二嗣子而殺之【疏】魯世家云齊桓公聞哀姜與慶父亂以危魯乃召之邾而殺之以其屍歸戮之魯謂爲魯戮非戮之魯地也縊唐石經諸本同釋文縊一本作搤○注先言至者也○穀梁傳不言以喪歸非以喪歸也加喪焉諱以夫人歸也注泰曰齊人實以夫人歸殺之于夷諱故使若自行至夷遇疾而薨然後齊人以喪歸也歸在薨前而今在下是加喪之文也經不言以喪歸者以本非以喪歸也杜云不言齊人殺諱之○注主書至絕錄○閔二年九月夫人姜氏孫于邾婁注云不如文姜于出奔貶之者爲內臣子明其義不得以子絕母者是○注因見至殺之○校勘記云鄂本同閩監毛本王誤正漢書孝成趙皇后傳魯嚴公夫人殺世子齊桓公召而誅焉春秋與之又鄒陽傳陽言魯哀姜薨于夷孔子曰齊桓公法而不譎以爲過也師古曰法而不譎言守法而行不能用權以免其親也或論語家說

楚人伐鄭【注】楚稱人者爲僖公諱與夷狄交婚故進使若中國又明嫁娶當慕賢者【疏】注楚稱至交婚○莊二十八年書荊伐鄭此稱楚人故解之也諱與夷狄交婚者下八年禘于大廟用致夫人傳夫人何以不稱姜氏譏以妾爲妻也其言以妾爲妻奈何蓋脅于齊媵女之先至者也注僖公本聘楚女爲適齊女爲媵齊先致其女脅僖公使用爲適故從父母辭言致是也按宣公母頃熊其楚女與舊疏云不書夫人及楚女至者起齊先致其女然後脅魯使立也楚女未至而豫廢故皆不得以夫人至書也義或然也○注故進至中國○通義云僖公爲所聞世之始始

內諸夏而外夷狄治楚以漸故進而國之杜預謂荊自改號楚妄也据左傳則桓莊之篇固皆稱楚矣假令實先號荊今更號楚魯頌作於僖公之世何以倘稱荊舒故知以州舉者自是略賤之辭詩與春秋其義正同按孔以僖公為所聞世與何異舊疏云正以稱人為楚進稱故也○注又明至賢者○新書胎教雜事云為子孫婚妻嫁女必擇孝悌世世有行義者卽慕賢者之意也解詁箋云與楚交婚為大惡者言自比於楚也進楚所以辟外公也然据傳文及穀梁言之無取楚之事則知此為漸進文按何氏所据或公羊外傳諸書不得以傳文不見卽牽涉穀梁以解公羊也

八月公會齊侯宋公鄭伯曹伯邾婁人于朾【注】月者危公會霸者而與邾婁有辨也不從有夫人喪出會惡之者不如危重也【疏】左穀朾作檉按穀梁莊二十七年傳注僖元年會朾當穀梁同公羊也古丁聖犖同部得相叚借杜云檉宋地陳國陳縣西北有檉城大事表云左傳作犖今陳州府西北有犖城卽檉也水經注渠水篇陂水東流謂之谷水東逕澇城王隱曰犖北有谷水是也犖卽檉矣經書公會齊宋于檉杜預曰檉卽犖也在陳縣西北紀要云犖城在陳州西北○注月者至辨也○舊疏云正以非大信辭故也知與邾婁有辨者卽下文公敗邾婁師于纓是也既出尊者之側而有私尊故危之○注不從至重也○下九年注襄公背殯出會宰周公有不子之惡明重喪出會有惡此有夫人喪而出會諸侯宜惡惟不如危重也

九月公敗邾婁師于纓【注】有夫人喪不惡親用兵者時怨邾婁人以

夫人與齊於喪事無薄故也【疏】左穀纓作偃纓偃一聲之轉按昭五年注据秦伯嬰稻名疏文公十八年秦伯罃卒宣四年秦伯稻卒是也文十八年左傳疏引賈氏云穀梁傳曰秦伯偃知古偃嬰得通矣故漢書古今人表女罃大戴禮作女匽錢氏大昕史記考異謂罃匽皆音之轉是也杜云邾地在費縣西○注有夫至故也○下三十三年晉人及姜戎敗秦師于穀傳云襄公親之則其稱人何貶曷為貶君在乎殯而用師危不得葬也是背殯用兵者貶而危之此亦背殯無危辭故難之也舊疏云此經云公敗邾婁師于纓與公敗齊師于長勺公敗宋師于乘丘之屬無異者時於喪事無薄故然則公敗邾婁為哀姜復讎也通義云有夫人喪公再出不諱者本不當喪以小君之禮從下喪至貶見按以莊九年不與公復讎證之孔義亦通

冬十月壬午公子友帥師敗莒師于犂【疏】包氏慎言云冬十月經有壬午曆為十一月之十三日十二月經有丁巳其月之十八日也丁巳日不誤則十月不得有壬午長曆於閔二年閏六月此年又閏十一月故於經所書日皆無抵牾然當時曆雖疏不應如此之乖謬也左氏犂作鄎杜云鄎魯地穀梁傳作麗按麗即鄎之省山左金石志鄭述祖天柱山銘麗其騁辨之地麗其即鄎食其也犂鄎音同段借字關中金石記大秦景教流行中國碑跋大秦即犂靬說文作麗靬是也

獲莒挐【疏】釋文挐一本作茹左傳校勘記石經宋本淳熙本足利本岳本拏作挐是也按今左傳毛本監本作拏當改正

莒挐者何莒大夫也莒無大夫此何以書大季子之獲也何大乎季子之獲【注】据獲人當坐【疏】注据獲人當坐○穀梁傳例曰獲者不與之辭季子治內難

以正【注】謂拒慶父【疏】注謂拒慶父○校勘記云元本閩監本同鄂本拒作距毛本誤据禦外難以正其禦外難以正奈何公子慶父弒閔公走而之莒莒人逐之將由乎齊齊人不納却反舍于汶水之上【疏】校勘記云唐石經諸本同解云舊有皆作洛者誤也今齊魯之閒有汶無洛使公子奚斯入請【疏】魯世家魯人欲誅慶父慶父恐奔莒季友以賂如莒求慶父慶父歸使人殺慶父慶父請奔弗聽乃使大夫奚斯行左傳閔二年云共仲奔莒以賂求共仲于莒莒人歸之及密使公子魚請注密魯地琅邪費縣北有密如亭公子魚奚斯也奚斯亦見詩魯頌閟宮云新廟奕奕奚斯所作文選兩都賦序奚斯頌魯注引韓詩傳奚斯魯公子也如左傳文蓋名魚字奚斯與法言云公子奚斯常睎正考父矣阮氏元揅經室集有以鮮魚名爲本誼而耤聲近之斯爲用者詩奚斯所作左傳奚斯爲公子魚字孟子庚公之斯左傳作庾公差字子魚差乃斯聲近之誤斯乃鮮段借字也季子曰公子不可以入入則殺矣【注】義不可見賊而不殺【疏】公子亦如莊三十二年呼叔牙爲公子同蓋亦外之之詞按左傳史記皆言以賂求共仲於莒如此傳則非以賂求矣奚斯不忍反命于慶父自南涘【注】涘水涯【疏】注涘水涯○詩秦風蒹葭云宛在水中涘傳涘水厓又王風葛藟在河之涘涘厓也謂汶之南涘也北面而哭【注】時慶父在汶水之北【疏】注時慶至之北○各本在誤自依鄂本正見校勘記魯世家云哭而往左傳又云不許哭而往是也慶父聞之曰嘻【注】嘻發痛

語首之聲疏注發痛至之聲○舊疏云謂發心自痛傷而以嘻爲語之首也大戴禮少閒云公曰嘻注嘻歎息之聲禮記檀弓云夫子曰嘻注嘻悲恨之聲列子天瑞國氏曰嘻注嘻哀痛之聲史記魯仲連傳噫嘻亦太甚矣索隱嘻者驚恨之歎也此云發歎各說尤切張儀傳儀被笞其妻曰嘻子毋讀書遊說安有此辱乎亦同此此奚斯之聲也諾已注諾已皆自畢語疏注諾已至畢語○舊疏云畢作卑字誤通義云諾應聲答奚斯知其意已曰猶言既而曰以已字屬下讀按疏又云猶似今人云休一生羸去曰自畢竟之辭故云自畢語矣孫氏志祖讀書脞錄云淮南說林訓諾之與已相去千里諾已謂奚斯所許已止不成故重言曰吾不得入矣曰吾不得入矣於是抗輈經而死注輈小車轅冀州以北名之云爾疏閔二年左傳共仲曰奚斯之聲也入絞魯也家云慶父聞奚斯音乃自殺通義云抗舉也軒其車使輈去地高可得經也繫轡精華云是故逢丑父當斷而轅濤塗不宜執魯季子追慶父而與季芓釋關廬此四者異同異論其本殊也俱欺三軍或死或不死俱弑君或誅或不誅聽訟折獄可無審耶○注輈小至云爾○十行本北作此校勘記云閩監毛本同誤也蜀大字本此作北當据正漢制考同按說文車部輈轅也考工記輈人爲輈注輈車轅也方言九歎楚辭之閒謂之輈楚詞東君駕龍輈分乘雷注輈車轅也禮既夕云薦平直東榮北轅注輈轅也輈人又云十分其輈之長注云輈當伏兔者也小爾雅廣言以輈爲輿者輈以載輿因謂輿爲輈也故也莒人聞之曰吾已得子之賊矣以求賂乎魯注魯時雖緩追猶外購求之疏左傳亦云莒人來求賂注求還

慶父之賂○注魯時至求之○閔二年左傳云以賂求共仲于莒是也通義云魯本賂莒使歸慶父莒但逐之而已聞其自死乃復責賂

魯人不與爲是興師而伐魯【注】故與季子獲之【疏】注故與至獲之○正以不坐季子以獲故書莒大夫大其獲也

季子待之以偏戰【注】傳云爾者善季子忿不加暴得君子之道【疏】注傳云至之道○舊疏云此待之以偏戰者卽經書敗文是也敗者內戰文耳莒人可忿而能結日偏戰偏戰是其不加暴之義故得君子之道繁露竹林云難者曰春秋之書戰伐也有惡有善也惡詐擊而善偏戰是也通義云云爾者釋壬午日也謂其結日故爲善辭也穀梁傳義異彼傳曰內不言獲此其言獲何也惡公子之紿注紿欺紿也又曰紿者奈何公子友謂莒挐曰吾二人不相說士卒何罪屛左右而相搏公子友處下左右曰孟勞孟勞者魯之寶刀也公子友以殺之然則何以惡乎紿也曰棄師之道也是以書獲爲譏文彼注引江熙曰經書敗莒師而傳云二人相搏則師不戰何以得敗理自不通也夫王赫斯怒貴在爰整子所愼三戰居其一季友令德之人豈當舍三軍之整佻身獨鬭潛刃相害以決勝負者哉雖千載之事難明然風味之所期古猶今也此又事之不然傳或失之是穀梁先師亦不以彼傳爲然

十有二月丁巳夫人氏之喪至自齊【疏】閔二年左傳云僖公請而葬之世家云魯釐公請而葬之是也

夫人何以不稱姜氏【注】据薨于夷稱姜氏經有氏不但問不稱姜

并言氏者嫌據夫人婦姜欲使去氏 疏 注據薨至姜氏○○見上○注經有至去氏○宣元年遂以夫人婦姜至自齊傳夫人何以不稱姜氏貶是經有去氏見貶例故別之也明據上薨稱姜氏以難也 貶曷爲貶

注 據薨于夷不貶 注據薨至不貶○爲其稱姜氏無貶文也 與弒公也 注 與慶父共弒閔公 疏 唐石經諸本同釋文作與弒申志反○注與慶至閔公○閔二年左傳云閔公之死也哀姜與知之穀梁傳其不言姜以其殺二公子貶之也按慶父弒二君止稱閔公者科舉其一又以順傳弒公文爲子般尚未稱公故也 然則曷爲

不於弒焉貶 注 據酖牙於卒時貶 疏 毛本於誤與通義云孫于邾婁稱姜氏意○注據酖至時貶○莊三十二年公子牙卒傳何以不稱弟殺也是即於其殺時絕去弟見貶矣 貶必於其重者莫重乎

其以喪至也 注 刑人于市與衆棄之故必於臣子集迎之時貶之所以明誅得其罪因正王法所加臣子不得以夫人禮治其喪也貶置氏者殺子差輕於殺夫別逆順也致者從書薨以常文錄之

書自齊者順上以歸文 疏 十行本脫其字校勘記云閩監毛本同唐石經鄂本於下有其字此脫按閔二年疏引此傳云貶必於其重者亦有其字春秋正辭云若仲遂卒于垂卒而削公子叔孫得臣卒卒而去其日皆終事也無駭終其身不氏翬終隱之篇不稱公子以其見於經罕矣意如執而致致而後去族其重者不可得貶絕則因事以見之○注刑人至棄之

〇禮記王制文〇注故必至貶之〇莊二十四年注禮夫人至大夫皆郊迎此夫人喪至亦宜然何氏以理決之也〇注所以至喪也〇經韻樓集云春秋之母弒者有二曰宋王姬曰魯哀姜王姬者主弒者也故直書其罪哀姜者與於弒者也內大惡諱故書曰夫人氏之喪至自齊去其姜凡為母后者可以鑒矣故曰春秋成而亂臣賊子懼包氏慎言云哀姜為齊桓所殺齊不以為女也故不稱姜不以夫人禮治其喪王法所誅臣子不得徇私恩也按夫人者弒二君宜從誅絕科得罪宗社王法所正故臣子當以天子之法治之也舊疏云季子之逸慶父齊桓之討哀姜二義相違而皆番之治者誅不辟親王者之道親親相隱古今通式然則齊桓之討哀姜得伯者之義季子之縱慶父因獄有所歸遂申親親之恩義各有途不可為難矣〇注貶置至順也〇謂去姜留氏也左疏引賈逵云殺子輕故但貶姜此決莊元年夫人孫于齊并姜氏絕去彼文姜殺夫視殺子罪尤重也舊疏云言別逆順者書殺夫之逆甚於殺子二事相對而言之不謂哀姜殺子為順也是以晉侯宋公殺世子皆直稱君而甚之也通義云貶去姓者使絕屬于齊明桓公之誅不為滅親與穀梁為齊桓諱殺同姓義近〇注致者至錄之〇上文書薨不書殺為常文故此書至自齊為順上常文書致與定元年書公之喪至自乾侯之文同也〇注言自至歸文〇上書齊人以歸故此順而書至自齊不言至自夷也

南菁書院

句容陳立卓人著

僖二年盡三年

二年春王正月城楚丘疏杜云楚丘衛地漢書地理志山陽郡成武下有楚丘亭齊桓公所城遷衛文公於此毛詩鄘風序云定之方中美衛文公也衛為狄所滅東徙渡河野處漕邑齊桓公攘戎狄而封之衛文公徙居楚丘疏引鄭志張逸問楚宮今何地答曰楚丘在濟河間疑在今東郡界中正義引杜預云楚丘在濟陰成武縣西南屬濟陰郡猶在濟北故云濟河間也但漢之郡境已不同鄭疑在東郡杜云濟陰也大事表云今為河南衛輝府之滑縣胡氏渭禹貢錐指亦以為在滑縣東北又云衛地為丘頗多其見於經傳者曰楚丘帝丘旄丘鐵丘瑕丘清丘廩丘敦丘皆在濮水之濱桑土之野故經繫降丘宅土於桑田既蠶之下說文丘土之高者廣雅小陵曰丘兗地最卑丘非山者當氾濫之時而其上猶可以居人大事表又云春秋有兩楚丘隱七年楚丘在山東曹縣東南四十里本戎州己氏之地凡伯過其地因劫略之杜注所謂濟陰成武縣西南者是也地界曹宋間襄十年宋享晉侯于楚丘即此其一為僖四年衛遷于楚丘在滑縣東六十里於漢為白馬縣杜注春秋無明文而毛詩傳箋疏及水經注言之甚晰毛定之方中傳云虛漕虛也楚丘有堂邑鄭箋自河以東夾於濟水文公登漕之虛以望楚丘孔疏則云楚丘西有河東有濟水經注白馬濟有白馬城衛文公東徙渡河都之其不得混於成武彰彰矣隋開皇十六年同時置兩楚丘一則漢己氏縣

以戎伐凡伯之楚丘而名爲南楚丘一在漢白馬縣即桓公封衞
者爲北楚丘後以曹縣有楚丘因改名衞南縣通典白馬春秋衞
國漕邑衞南衞國楚丘也元和郡縣志舊唐書所載並同朱子詩
集傳亦云漕楚丘皆在滑州乃班固地理志於成武下則云齊桓
公所城遷衞文公於此既混滑縣之楚丘於成武而文定說春秋
于凡伯傳又云非衞不救王臣之難又混成武之楚丘於滑縣蓋
兩失之至熊過謂楚丘爲魯地言城楚丘猶夫城向城郎因力辨
桓公無封衞之事引僞子貢詩傳謂楚丘爲魯風不惟與公羊之
本文相悖幷舉詩所稱楚宮楚室一概抹殺之豈非荒經蔑古之
甚乎高江村辨楚丘甚明獨以宋享晉侯于楚丘謂即衞地則不
然宋都在歸德府睢州與滑縣之楚丘中間尚隔一開封府相去
五六百里雖宋之邊不宜至是又云衞北遷帝丘隔遠南鄙由是
地縕于宋亦無明文不如景范所說戎州己氏地界曹宋間宋之
楚丘與戎伐凡伯之楚丘爲一差爲近是也按閔二年衞爲狄所
滅遺民渡河立戴公以廬于漕至僖二年齊桓公封衞于楚丘爲
北楚丘顧氏分別甚詳而水經注濟水篇又云菏水分濟於定陶
東北逕己氏縣又北逕景山又北逕楚丘城西郡國志曰成武縣
有楚丘亭杜預云楚丘在成武縣西南衞懿公爲狄所滅衞文公
東徙渡河野處漕邑齊桓公城楚丘以遷之故春秋稱邢遷如歸
衞國忘亡卽詩所謂升彼虛矣以望楚矣望楚與堂景山與京故
鄭玄言觀其旁邑及山川也似
亦誤以成武之楚丘當之矣

孰城【注】据內城不月故問之【疏】下十四年傳孰城之疏引此傳有之字宜据補校勘記云唐石經以
下本皆脫〇注据內至問之〇隱七年夏城中丘襄十九年冬城
西郛是皆內城不月也舊疏云其內城有在日月下者皆不蒙日

月城衛也曷爲不言城衛注据無遷文以言城固當言城衛疏校勘記云解云舊本曷爲之下有不言二字今無者脫也按唐石經曷爲下原刻作城後磨改爲不則本作曷爲城衛不言二字係磨改補入故此行及次行皆十一字其蹟可覆也疏本亦無不言二字十四年傳云曷爲城杞亦無不言按以傳文考之亦當無不言二字傳云城楚丘故答所以城衛之故○注据無至城衛○舊疏云言以前傳之經城未有遷衛于楚丘之文今此城之固當言城衛不應言城楚丘故難之固字亦有作故字者言由是之故當言城衛校勘記云疏本故作固解云固難之固亦有作故字者諸本作故難之固誤也按何氏當本用固字七年注云固因其得禮著其能以辭通此注今本作故非按各本皆誤作故又如注文似有不言二字意謂無遷文言城固宜言城衛也滅也疏通義云故不言城衛起非故衛新衛又未遷也陳儀遷而後城楚丘城而後遷文是以異也於緣陵亦然按注意不言城衛因衛已滅也孰滅之蓋狄滅之注以上有狄入衛疏注以上至入衛○即閔二年冬狄入衛是也因經止書狄伐邢狄入衛故此及上元年傳皆言蓋曷爲不言狄滅之爲桓公諱也曷爲爲桓公諱上無天子下無方伯天下諸侯有相滅亡者桓公不能救則桓公恥之也疏詩疏引樂稽耀嘉云狄人與衛戰桓公不救於其敗也然後救之宋均注云救謂使公子無虧戍之蓋當時狄勢正强桓公力未能敵故遷之楚丘明畏避狄也是桓公不能救事也然則孰城之注据不出主名見桓公德優不待之又不獨書

齊實諸侯也桓公城之曷爲不言桓公城之不與諸侯專封也疏穀梁傳曰則其不言城衛何也衛未遷也其不言衛之遷焉何也不與齊侯專封也其言城之者專辭也故非天子不得專封諸侯不得專封諸侯雖通其仁以義而不與也故曰仁不勝道按彼下不得蓋涉上不得誤衍唐石經已然也王氏引之經義述聞說

曷爲不與實與而文不與文曷爲不與諸侯之義不得專封諸侯之義不得專封則其曰實與之何上無天子下無方伯天下諸侯有相滅亡者力能救之則救之可也注復發傳者君子樂道人之善也不繫衛者明去衛而國楚丘起其遷也不書遷與救文者深爲桓公諱使若始時尚倉卒有所救其後晏然無干戈之患所以重其任而厚責之主書者起文從實也疏注復發至善也○正以上元年救邢下已發傳此又發傳故解之也皆樂道人善之義與莊十二年復發及者何累也傳義同通義云三城各異書者城邢承上救邢之師城緣陵承上會鹹諸侯此文無所承方辟專封故不目言其人矣蕭楚曰齊桓存三亡國封衛之功尤爲彰著衛人欲厚報之至形於篇詠當時歸其仁而遠人自是嚮慕江人黃人來會于貫澤是也觀木瓜之什列于國風則是聖人亦以爲善矣於春秋獨沒其事實何也夫存亡繼絶建邦開國所謂作天下之福王人秉此以懷人心而係天命不可失者也君子不書於經俾讀春秋者如無其事焉

所以示王道之存也若直曰狄人滅衞齊侯封衞于楚丘則爲無王矣夫王天下者大柄有二曰威曰福二柄舉則天下治矣一有失焉不以論亡則以敗亂下或擅之小則以伯大則以王然威之爲用足以制人而已王政之末也福者積微以爲用以晦而彰以柔而彊及其至也威不足以言之是王道之本也何謂福恩惠是也何謂威甲兵是也先王經世有賜諸侯弓矢得專征伐之威未嘗與臣下得私恩惠之福故禮家施不及國者不與人夫得作福於國也詩戒諸侯專封者不與有國者得作福於天下也春秋閒有執人之君已而釋之者滅人之國已而復之者力能執人之君滅人之國威亦大矣釋而不殺若復畀其人民社稷惠亦厚矣有威可畏有惠可懷此文王所以造周也若夫姦雄乘之必至吞噬祿小雖無商紂猶將睥睨神器故春秋書執人之君滅人之國者著其無王罪之也至恩惠之事諸侯擅之雖未足以傾周皆削而不書冀後之君子觀其所書而知天下之所以亂索其所不書而知王之所以存莊子曰春秋經世先王之志聖人議而不辨此之謂也按孔氏此論正得春秋文不與之義○注不繫至遷也○決襄十年冬戍鄭虎牢繫鄭也衞之始封在沫殷之故都也史記注引宋忠云康叔從康徙封衞衞卽殷墟定昌之地時由彼遷楚丘故書楚丘以起其還也新序義勇云衞懿公有臣曰宏演遠使未還狄人攻衞其民曰君之所與祿位者鶴也所富者宮人也君使宮人與鶴戰予焉能戰遂潰而去狄人追及懿公於熒澤殺之盡食其肉獨舍其肝宏演至報使於肝畢呼天而號盡哀而止曰臣請爲表因自刺其腹納懿公之肝而死齊桓公聞之曰衞之亡也以無道今有臣若此不可不存於是救衞於楚丘是其事也○注不書至責之○決上元年書齊師宋師曹師次于聶北救邢下云邢遷于陳儀也○注主書至實也○與上救邢稱師不稱君同繫

露滅國下云齊桓爲幽之會衛不至桓怒而伐之狄滅之桓憂而立之用心如此豈不伯哉故以憂天下與之是亦文從實之義也

夏五月辛巳葬我小君哀姜【疏】包氏愼言云五月有辛巳月之十四日按曆宜置閏辛巳爲閏四月之十四日

哀姜者何莊公之夫人也【注】誅當絕不當以夫人禮書葬書葬者正齊桓討賊辟責內讎齊【疏】注誅當至讎齊○上元年夫人氏之喪至自齊不書姜是誅文也則此不合書葬見絕今此書葬所以辟責內讎齊也隱十一年傳君弑不討不書葬以責臣子夫人理亦宜然今若不書葬嫌爲責魯臣子不討賊矣所以不責魯臣子者爲齊桓爲魯討賊得其正故也

虞師晉師滅夏陽【疏】左氏夏陽作下陽服本作夏陽古夏下同部段借隸續斥彰長田君斷碑假印綬守廣平夏曲陽令斥彰長洪云鉅鹿之四邑曰任曰廣平曰下曲陽曰斥章碑以下爲夏以章爲彰是也水經河水注谿水又東南逕夏陽縣故城南服虔曰夏陽虢邑也在大陽東三十里城南元和郡縣志下陽城在陝州平陸縣東北二十里今屬山西解州杜云下陽虢邑在河東大陽縣本之服說水經河水注又云竹書紀年晉獻公會虞師伐虢滅下陽虢公醜奔衛獻公命瑕父呂甥邑于虢都地理志北虢也按北虢卽西虢也東虢滅于鄭在平王時左傳隱元年制巖邑也虢叔死焉是也閻氏若璩釋地云杜注虞國在河東大陽縣余謂山西之平陸縣也虢西虢國宏農陝縣東南有虢城余謂河南之陝州也名雖二省而界相連裴駰引賈逵注云虞在晉

南號在虞南一言之下而形勢瞭然爾時爲晉獻公十九年正都于絳絳在太平縣之南絳州之北土人至今呼故晉城遺址宛然大事表云今解州平陸縣東北四十里有古虞城在大河之北今大陽廢縣在解州平陸縣東五十里又東北三十里爲故下陽城則下陽爲號河北地號界跨有河南北也

虞微國也曷爲序乎大國之上注据稱師有加文知不主會疏下五年注虞稱公者奪正爵則公非本爵圻內國稱子故知虞微國也○注据稱至主會○隱五年傳將卑師衆稱師爲大國例今虞微國稱師故爲加文也又隱五年邾婁人鄭人伐宋注邾婁小國序上者主會也此既稱師知與彼殊不主會矣既不主會而在大國之上故据以難使虞首惡也疏後漢書梁商傳春秋之義功在元帥罪止首惡故賞不僭溢刑不淫濫五帝三王所以同致康乂也穀梁傳虞無師其曰師何也以其先晉不可以不言師也其先晉何也爲主乎滅夏陽左傳曰先書虞賄故也漢書孫寶傳云春秋之義誅首惡而已曷爲使虞首惡注据楚人巴人滅庸不使巴首惡疏注据楚至首惡○文十六年楚人秦人巴人滅庸是也彼經有秦人注不言之者秦楚等巴爲小國故止舉巴爲難也虞受賂假滅國者道以取亡焉疏繁露王道云虞公貪財不顧其難快耳說目受晉之璧屈產之乘假晉師道還以自滅宗廟破毀社稷不祀身死不葬貪財之所致也故春秋以此見物不空來寶不虛出自內出者無匹不行自外至者無主不止此其應也其受賂奈何獻公朝諸大夫而問焉曰寡人夜者

寢而不寐疏說文宀部寐臥也繫傳寐之言迷也不明之意詩小雅小宛云明發不寐又云夙興夜寐是也繁露服制象云虞有宮之奇而獻公爲之不寐漢書辛慶忌傳何武上封事曰虞有宮之奇晉獻不寐其意也何諸大夫有進對者曰寢不安與其諸侍御有不在側者與獻公不應疏通義云此與晉語郤叔虎對翟柤之氛盡一事而傳者異耳荀息進曰虞郭見與注猶曰虞郭豈見於君之心乎荀息素知獻公欲伐此二國故云爾疏釋文郭音虢又如字左氏孟子作虢通繁露滅國上云虞虢并力晉獻難之新序九云虞虢皆小國也虞有夏陽之阻塞虞虢共守之晉不能禽也是晉獻久有滅二國意荀息探之欲曰虞虢見於君之心也獻公揖而進之注以手通指曰揖疏注以手至曰揖○禮鄉飲酒禮賓揖介注推手曰揖楚辭大招隱揖辭讓注上手爲揖淮南道應訓子佩疏揖北面立于殿下注揖舉手也廣雅釋詁揖進也卽以手通指之義說文手部揖攘也卽周禮大祝疏所謂推手曰揖也說文又曰一曰手著胸曰揖卽司農注所謂今時撎是也通義云揖之延之進也推手曰揖引手曰厭下手曰撎遂與之入而謀曰吾欲攻郭則虞救之攻虞則郭救之如之何願與子慮之荀息對曰君若用臣之謀則今日取郭而明日取虞爾君何憂焉疏經傳釋詞云爾猶矣也詩噫嘻既昭假爾箋噫嘻乎能成周王之功其德已著至矣是也獻與爾同義又宣十五年傳盡此不勝將去而歸爾爾亦矣義

公曰然則奈何荀息曰請以屈產之乘注屈產出名馬之地乘備駟也疏注屈產至之地○舊疏云謂屈產爲地名不似服氏謂產爲產生也按孟子萬章上與屈產之乘趙注屈產地名馬所生與何氏同閻氏若璩釋地云通典慈州文城郡今理吉昌縣有春秋時晉之屈邑獻公子夷吾所居漢河東北屈縣左傳云晉有屈產之乘此有駿馬與劉昭注後漢志同余謂今山西吉州是樂史傳會爲石樓縣但石樓乃漢西河上軍縣非北屈縣大事表云今爲山西吉州州治東北二十一里有北屈廢縣爲晉北屈邑即夷吾所居之屈也按傳二五言於公曰狄之廣莫于晉爲都則知蒲屈向皆狄地也按周禮大宗伯以天產作陰德注天產者動物謂六牲之屬此服氏所本然屈產曲棘並稱似屈產爲地名爲得其實○注乘備駟也○孟子注又云乘乘四馬也○與垂棘之白璧注垂棘出美玉之地玉以尚白爲美疏注垂棘至之地○釋文棘一本作𣗥孟子又云晉人以垂棘之璧注垂棘美玉所出地名按垂棘又見成五年杜云晉地○注玉以至爲美○原文闕往必可得也疏武氏億經讀考異云舊讀從璧字絕句考此當以往字屬上爲句必可得也又爲一讀據傳下文請終以往又於是終以往並從往字屬句知此亦當依往字讀爲正新序善謀云故晉獻公欲伐虞虢荀息曰胡不以屈產之乘與垂棘之璧假道於虞韓非子言過云荀息曰君其以垂棘之璧與屈產之乘賂虞公求假道焉必假我道淩氏廷堪禮經釋例云呂氏春秋慎大覽權勳篇晉獻公乃使荀息以屈產之乘爲庭實而加以垂棘之璧以假道于虞而伐虢是晉人聘虞享時束帛所加之璧爲垂棘之璧庭實所設之馬爲屈產之乘言其良也三傳及孟子皆有此文而何

休范甯杜預趙岐不知引享禮以釋之疏矣則寶出之內藏藏之外府【注】如虞可得猶外府藏也【疏】注如虞至藏也○舊疏云本藏下有之字左傳若得道于虞猶外府也馬出之內廄繫之外廄爾君何喪焉【疏】喪猶失也猶言何所失也韓非子云君曰垂棘之璧吾先君之寶也屈產之乘寡人之駿馬也若受吾幣不假之道將奈何荀息曰彼不假我道必不敢受我幣若受我幣而假我道則是寶猶取之內府而藏之外府也馬猶取之內廄而著之外廄也君勿憂穀梁傳晉獻公欲伐虢荀息曰君何不以屈產之乘垂棘之璧而借道於虞也公曰此晉國之寶也如受吾幣而不借吾道如之何荀息曰此小國之所以事大國也彼不借吾道必不敢受吾幣如受吾幣而借吾道則是我取之中府而藏之外府取之中廄而繫之外廄也新序又云此晉國之寶也彼受吾璧不借吾道則如之何荀息曰此小之所以事大國也彼不借吾道必不敢受吾幣受吾幣而借吾道則是我取之中府置之外府取之中廄置之外廄較此傳為詳獻公曰諾雖然宮之奇存焉如之何【疏】孟子又云宮之奇諫注宮之奇虞之賢臣左傳又曰公曰宮之奇存焉繁露滅國上云虞公託其國於宮之奇晉獻患之是也說苑尊賢云虞有宮之奇晉獻公為之終夜不寐新序又云公曰宮之奇存焉必不使受也穀梁傳公曰宮之奇存焉必不使受之也荀息曰宮之奇知則知矣【注】君欲言其知寶知也【疏】新序又云荀息曰宮之奇知固知矣雖然其為人也通心而懦又少長於君通心則其言之略懦則不能強諫少長於君則君輕之穀梁傳曰荀息曰宮之奇之為人也達心而懦又少長於君達心則其言略懦則不能彊

諫且少長於君則君輕之左傳曰宮之奇之爲人也懦而不能強諫且少長於君君輕之雖諫將不聽○注君欲至知也○何意以上
知就爲獻公語目之也言君謂其知誠知也若曰雖知亦徒知爾雖然虞公貪而好寶見寶必不
從其言疏新序又云且夫玩好在耳目之前而患在一國之後中知以上乃能慮之臣料虞君中知以下也穀梁傳且夫
玩好在耳目之前而患在一國之後此中知以上乃能慮之臣料虞君中知以下也請終以往於是終以往
疏下二十四年左傳注云終猶已也古以已通終以往即已以往也虞公見寶許諾疏韓非子又云虞公貪
利其璧與馬而欲許之宮之奇果諫記曰脣亡則齒寒注記史記也疏下五年左
傳云諺所謂輔車相依脣亡齒寒者其虞虢之謂也新序又云公遂借道而伐虢宮之奇諫曰晉之使者其幣重其辭卑必不便於
虞語曰脣亡則齒寒矣戰國策趙策曰脣揭而齒寒高注揭猶反也呂覽權勳篇淮南說林訓皆作脣竭而齒寒高注竭亡也按國
策之揭即竭之段借也穀梁傳宮之奇諫曰脣亡則齒寒其斯之謂與挈其妻子以奔曹○注記史記也○亡原文闕虞郭之
相救非相爲賜注賜猶惠也疏新序又云故虞虢之相救非相爲賜也下五年穀梁傳云虞虢之相
救非相爲賜也○注賜猶惠也○說文貝部賜予也玉篇賜施也施予皆有惠義則晉今日取郭而明日
虞從而亡爾君請勿許也疏下五年左傳云虢虞之表也虢亡虞必從之又云將虢是滅何愛於虞又
穀梁傳云今日亡虢而明日亡虞矣新序同韓非子云宮之奇諫曰不可許夫虞之有虢也如車之有輔輔依車車亦依輔虞虢之

勢正若是矣若假之道則虢朝亡而虞夕從之矣不可顧勿許虞公不從其言終假之道以取郭注明郭非虞不滅虞當坐滅人疏繁露王道云晉假道於虞虞公許之宮之奇諫曰脣亡齒寒虞虢之相救非相賜也君請勿許虞公弗聽後虞果亡故春秋明此存亡之道可觀也左傳云虞公許之且請先伐虢宮之奇諫不聽遂起師夏晉里克帥師會虞師伐虢滅下陽水經河水篇河水又東沙澗水注之注北出虞山東南逕傅巖傅巖東北十餘里卽巔軨阪也春秋左傳所謂入自巔軨者也東有虞城周武王以封太伯後虞仲於此是爲虞公太原地記所謂北虞也一統志吳山在解州安邑縣東南三十二里跨夏縣平陸縣界一名虞山一名虞阪晉假道于虞卽此路○注明郭至滅人○舊疏云欲道序虞于晉上令其首惡之義也按上傳云使虞首惡也故使虞坐滅人還四年反取虞注還復往故言反疏新序云公不聽遂受其幣而借之道旋歸四年反取虞穀梁傳獻公亡虢五年而後舉虞並與此同左傳以滅虢在僖五年彼下傳云晉侯復假道于虞以伐虢宮之奇以其族行曰虞不臘矣在此行也晉不更舉矣又云冬十二月丙子朔晉滅虢虢公醜奔京師師還館于虞遂襲虞滅之執虞公是彼以虞虢同時滅也史記注引賈逵云虞在晉南虢在虞南故反取虞也○注還復至言反○舊疏云言晉人滅郭還歸其四年反往滅虞也虞公抱寶牽馬而至疏釋文云牽本又作擧荀息曰臣之謀何如獻公曰子之謀則已行矣寶則吾寶也雖然吾馬之齒亦已長矣疏新序云荀息牽馬抱璧而前曰臣之謀何如獻公曰璧則猶是而吾馬之齒加長矣韓非子云

荀息牽馬操璧而報獻公獻公說曰璧則猶是也雖然馬齒亦益長矣矣史記晉世家荀息牽馬奉璧所遺屈產之乘馬奉之獻公獻公笑曰馬則吾馬齒亦老矣穀梁傳乃牽馬操璧曰璧則猶是馬齒長矣按禮記曲禮云齒路馬者有誅蓋齒者年數也周禮校人先鄭注云二歲曰駒三歲曰駣說文齒部齝馬八歲也是馬有年齒之計故云馬齒長也蓋戲之也注以馬齒長戲之喻荀息之年老傳極道此者以終荀息宮之奇言且以為戒又惡獻公不仁以滅人為戲謔也晉至此乃見者著晉楚俱大國後治同姓也以滅人見義者此楚先治大惡親疏之別疏注傳極至為戒○新序云晉獻公用荀息之謀而禽虞虞不用宮之奇謀而亡故荀息非霸王之佐戰國并兼之臣也若宮之奇則可謂忠臣之謀也後漢書曹節傳虞公抱寶牽馬魯昭見逐乾侯以不用宮之奇子家駒以至滅辱○注又惡至謔也○後漢書馮衍傳顯志賦云善忠信之救時兮惡詐謀之妄作聘申叔於陳蔡兮禽荀息於虞疏謂惡荀息之詐謀宜就禽也○注晉至至姓也○舊疏云即莊十年荊敗蔡師于莘以蔡侯獻舞歸是先書楚小惡而治之也以前不見晉小惡者後治同姓故也通義云晉亦同姓大國獨後見者曲沃武公弒翼君而盜晉國王法所誅絕春秋書之不正則傷教正之則觸大惡嫌文公無君晉國道方將撥亂序績予文公為霸主因是有所諱避故武公之事一切不書繼自所聞之世始錄晉也義或然也○注以滅至之別○舊疏云以前楚滅穀鄧不書而先書此晉滅夏陽者先治同姓之大惡欲見骨肉之親大則誅小則隱故言親疏之別耳春秋於外大惡書小惡不書滅人大惡

故不諱也夏陽者何郭之邑也曷為不繫于郭國之也曷為國之君存焉爾【疏】通義云竹書紀年曰獻公會虞師伐郭滅夏陽郭公醜奔衛是郭君在夏陽之徵也邑而言滅又不更言滅郭者重夏陽也穀梁傳曰夏陽者何虞郭之塞邑也滅夏陽而虞郭舉矣惠氏士奇春秋說云下陽號邑當書虞師晉師伐號取下陽直書滅者國之也曷為國之號公在焉此公羊之說趙匡駁之曰君在外邑聞兵至而歸國亦事之常何得稱滅若君在下陽受兵則何得不見擒乎此趙匡之臆說也紀年惠王十九年晉獻公會虞師伐號滅夏陽號公醜奔衛則公羊之說信矣且傳五年晉滅號號公醜奔京師亦未聞見擒於晉也按公羊以是年滅夏陽即號已滅與左傳以滅號在後四年者異趙匡不知經師家法据左氏說公羊故妄駮耳

秋九月齊侯宋公江人黃人盟于貫澤【疏】釋文貫澤古亂反二傳無澤字趙氏坦異文箋云按公羊經本無澤字故公羊疏於僖九年傳貫澤之會下解云即上二年秋九月齊侯宋公江人黃人盟于貫是也此言于貫澤者蓋地有二名疏說如此陸德明所据本有澤字故云二傳無澤字然則在唐時公羊已有二本不同有澤者或衍文杜云貫宋地梁國蒙縣西北有貫城貫與貫字相似釋例引或曰齊有貫澤公羊曰貫澤之會水經汳水篇汳水又東經貫城南俗謂之薄城非也闞駰十三州志以為貫城也在蒙縣西北春秋僖公二年齊侯宋公江黃盟于貫杜預以為貫也貫貫字相似貫在齊謂貫澤也是矣大事表云在今山東曹州府曹縣西南十里一統志蒙澤故城在曹州府曹縣南十里即古貫地括地志貫城今名蒙澤縣城與今

歸德商丘縣接界杜又云江國在汝南安陽縣又桓八年杜注云黃國今弋陽縣大事表云江在今河南汝寧府真陽縣東黃在今河南汝寧府光州西十二里有黃城爲黃國地水經淮水篇淮水又徑安陽縣故城南江國也嬴姓矣今其地有江亭春秋文四年楚人滅江又云棠水又東經黃城西漢書地理志汝南郡安陽下云侯國應劭曰故江國今江亭是又弋陽下云侯國應劭曰弋山在西北故黃國今黃城是

江人黃人者何遠國之辭也注桓公德盛不嫌使微者知以遠國辭稱人

疏穀梁傳亦云江人黃人遠國之辭也○注桓公至稱人○桓公德盛謂上封邢衛存魯諸務也江黃小國知宜是君不嫌使微者也左傳疏引賈云江人黃人刺不度德善鄰恃齊背楚終爲楚所滅其意雖異皆以江人黃人爲國君親至

遠國至矣則中國曷爲獨言齊宋至爾大國言齊宋遠國言江黃則以其餘爲莫敢不至也注晉大于宋不序晉而序宋者時實晉楚之君不至君子成人之美故襃益以爲徧至之辭所以獎夫霸功而勉盛德也江黃附從霸者當進不進者方爲徧至之辭

疏穀梁傳亦曰中國稱齊宋遠國稱江黃以爲諸侯皆來至也繁露精華云其後二十年間尚未能大合諸侯也至於救邢衛之事見存亡繼絕之義而明年遠國之君畢至貫澤陽穀之會是也故曰親近者不以言召遠者不以使此其效也新序四云爲陽穀之會貫澤之盟遠國皆來謂此○注晉大至德也○校勘記引孫志祖云穀梁疏引二晉字下皆有楚字乃與下文合各

本脫也又云所以獎夫伯功鄂本夫作大穀梁疏正作大按各本皆誤夫宜據正君子成人之美論語顏淵篇又穀梁隱元年傳春秋成人之美不成人之惡說苑君道篇善乎哉君子成人之美不成人之惡微孔子焉得聞哉按論語之君子孔子自謂哀十四年傳君子曷爲爲春秋是也下九年左傳云宰孔先歸遇晉侯曰可無會矣是葵丘之前晉皆不與會楚自熊通僭王後不服王化故下四年伐楚明不與齊桓會矣○春秋成人之美晉楚雖不至亦作偏至之辭也○注江黃至之辭○舊疏云怪其不稱爵言方爲偏至之辭者故直以遠國辭稱人若進而稱爵無以見偏至之義通義云此盟會之詭例也貫澤陽穀遠國悉至桓公之會最盛欲偏書之則春秋例不錄微國故直舉江黃極遠者則包之而已其中國常會之君亦不書者列言某侯而綴江黃于末則嫌中國之外僅有江黃無以見偏至之實故亦舉齊宋以包之蓋宋大國尊爵必不數從伯主獨會二國之微者故其事得以相起也以左氏攷之惡曹之盟宋亦與矣而經不書蜀之盟蔡許之君在矣而經不書屈貉之次經唯楚蔡而傳有宋公陳侯鄭伯麋子黃池之會經唯晉吳而傳有單平公則春秋於諸侯之會不偏敘者皆有特義非獨此矣且左傳曰江黃道柏方睦于齊皆弦姻也經唯見江黃而弦道柏事齊無文豈非以微國故不得盡錄與

冬十月不雨

何以書記異也注說與前同疏通義云月者時獨十月彌月不雨爲異十一月十二月仍有小雨雪耳杜預云一時不雨則書首月非也莊公之篇固有一時不雨者彼則直云冬不雨矣未嘗書首月也○注說與前同○謂莊三十

一年冬不雨也彼傳云何以書記異也注云京房易傳曰旱異者旱久而不害物也斯祿去公室福由下作故陽雖不施而陰道獨行以成萬物也先是比築三臺慶牙專政之應此不言所應舊疏云今此亦是僖公喜於得立委任陪臣不恤政事故有此罰耳故云說與前同按漢書五行志云釐公二年冬十月不雨三年春正月不雨夏四月不雨六月雨先是嚴公夫人與公子慶父淫而殺二君國人攻之夫人孫于邾慶父奔莒釐公即位南敗邾東敗莒獲其大夫有炕陽之應與按何義旱久不害物同前耳所應不必與前同詳下三年注

楚人侵鄭

三年春王正月不雨

夏四月不雨

何以書記異也注太平一月不雨即書春秋亂世一月不雨未害物未足爲異當滿一時乃書一月書者時僖公得立欣喜不恤庶衆比致三旱即能退避正殿飭過求己循省百官放佞臣郭都等理冤獄四百餘人精誠感天不雩而得澍雨故一月即書善其應變改政旱不從上發傳者著人事之備積於是疏五行志又云故不雨而生者陰

不出氣而私自行以象施不由上出臣下作福而私自成一曰不
雨近常陰之罰臣弱也正莊三十一年注祿去公室福由下作之
義注亦宜云說與前同從不言可知例也○注太平至即書○舊
疏云太平之時陰陽和調若一月不雨足以爲異正以僖公能嘗
變改正故從太平例一月不雨即書也○注春秋至乃書○莊三
十一年冬不雨是也○注一月至三旱○即上二年冬十月不雨
本年春王正月不雨此夏四月不雨是也類聚引考異郵云旱之
爲言悍也陽驕蹇所致也晉書袁甫傳志盈心滿用長歡娛公羊
有言魯僖甚說故致旱○注即能至澍雨○舊疏云皆感精符文
後漢書注引考異郵云僖公三年春夏不雨於是僖公憂閔元服
避舍率羣臣禱山川以六過自責紬女謁放下讒佞郭都等十三
人誅傾人之吏受貨賂趙祝等九人釋吏繇之逋罷軍寇之誅去
苛刻峻文慘毒之教所蠲浮會四十五事曰方今大旱野無生稼
寡人當死百姓何罪不敢煩民請命願撫萬民以身塞無狀禱已
舍齊南郊雨大澍也較感精符文爲詳後漢書黄瓊傳云黄瓊上
疏曰昔魯僖遇旱以六事自讓躬節儉避女謁放讒佞者十三人
誅稅民受貨賂者九人退舍南郊天立大雨又郎顗傳引易內傳
曰人君奢侈多飾宮室其時旱其災火是故魯僖遭旱修政自飭
下鐘鼓之縣休繕治之官雖則不寧而時雨自降由此言之天之
應人敏于景響又周舉傳云魯僖遭旱而自責祈雨皆以精誠轉
禍爲福皆本公羊爲說也○注故一至改政○舊疏云郎去年十
月不雨今年正月不雨夏四月不雨是也皆一月不雨書也穀梁
傳一時不言雨者閔雨也閔雨者有志於民者也與此異○注旱
不至於是○舊疏云即上二年十月不雨之下已發云何以書記
異也今不從其例而又發之者
欲著人事之備積於是故也

徐人取舒【疏】杜云徐國在下邳僮縣東南舒國今廬江舒縣說文邑部𨙸邾下邑地魯東有𨙸城段注城當作戎𨙸戎即周禮注所云伯禽以王師征𨙸戎今尚書作徐夷徐戎許所据作𨙸鄒在魯東則𨙸在魯東矣書序徐夷並與東郊不闢昭元年周有徐奄徐蓋徐戎也鄒習於夷故左傳曰邾又夷也說文又云𨙸地名玉篇引春秋徐人取𨙸紀要舒今廬州府舒城縣按杜謂在下邳者近魯東與徐戎自別爲一然去舒俱遠且楚人敗徐于婁林似亦不得到此也地理志臨淮郡徐下云故國盈姓至春秋時徐子章禹奔楚似爲近之

其言取之何【注】据國言滅【疏】注据國言滅○即莊十年十三年滅譚滅遂之屬是也

易也【注】易者猶無守禦之備不爲桓諱者刺其不救也【疏】注易者至之備○鹽鐵論險固云關梁者邦國之周而山川社稷之寶也徐人取舒春秋謂之取取惡其無備得物之易也故君子爲國必有不可犯之難易曰重門擊柝以待暴客言備之素修也又云阻險不如阻義昔湯以七十里爲政於天下舒以百里亡於敵國此其所以見惡也按古險與易多對舉故禮記儒行云道塗不爭險易之利詩周頌天作云彼徂矣岐有夷之行傳夷易也是也○注不爲至救也○舊疏云決上元年二年狄滅邢衛皆爲桓公諱不書其滅也劉氏逢祿解詁箋云此外狄滅衛諱滅言入正爲桓公諱傳順經諱文解詁失之按入者得而不居之謂故爲滅諱辭此明書取不得仍爲諱文傳言易責舒之無守備也桓寬論之得矣通義云魯頌曰戎狄是膺荆舒是懲皆詠僖公從齊桓征伐之事懲荆者召陵是也懲舒者疑此取舒是也蓋徐人爲中國取也其下章曰遂荒徐宅言乎徐

人之服從中國也徐卲賫嗇所云徐戎者於春秋例稱國此獨稱人明爲其附從霸者進之按孔說未然詩辭多溢美不必強合

六月雨

其言六月雨何【注】据上得雨不書【疏】注据上至不書○舊疏云卲上二年十一月十二月三年二月三月五月之屬皆不書不雨是其得雨故也上雨而不甚也【注】所以詳錄賢君精誠之應也僖公飭過求己六月澍雨宣公復古行中其年穀大豐明天人相與報應之際不可不察其意【疏】注所以至應也○穀梁傳曰雨云者喜雨也喜雨者有志乎民者也○注宣公至大豐○舊疏云謂宣十五年初稅畝其冬蝝生宣公受過變寤明年復古行中十六年冬大有年是也○注明天至其意○繁露必仁且知云謹案災異以見天意天意有欲也有不欲也所欲所不欲者人內以自省宜有懲於心外以觀其事宜有驗於國故見天意者之於災異也畏之而不惡也以爲天欲振吾過救吾失故以此報我也春秋之法上變古易常應是而有天災者爲幸國孔子曰天之所幸有爲不善而屢極楚莊王以天不見災地不見孽則禱于山川曰天其將亡予耶不說無過極無罪也以此觀之天災之應過而至也異之顯明可畏也此乃天之所欲救也春秋之所獨幸也莊王所以禱而請也聖主賢君尚樂受忠臣之諫而況受天譴也舊疏云謂人行德天報之福人行惡天報之禍兩令相及故言之際矣

秋齊侯宋公江人黃人會于陽穀【疏】杜云陽穀齊地在東平須昌縣北大事表云今兗州府陽穀縣

東北三十里陽穀故城是也縣治南有會盟臺卽齊桓公會江黃處水經注濟水篇又北過穀城縣西魏土地記曰縣有穀城山山出文石陽穀之地春秋齊侯宋公會于陽穀者也一統志陽穀故城在兗州府陽穀縣東北三十里

此大會也曷爲末言爾注末者淺耳但言會不言盟据貫澤言盟

疏大戴保傅篇齊桓公得管仲九合諸侯一匡天下再爲義王盧釋再爲義王云陽穀與召陵也蓋亦取此爲義舊疏云上二年齊侯宋公江人黃人盟于貫澤傳曰大國言齊宋遠國言江黃則以其餘爲莫敢不至也此經亦書齊侯宋公江人黃人故弟子言此大會也以難之○注末者淺耳○原文闕○注但言至言盟○上貫澤亦大會言盟此不言盟但言會故爲末言之也

桓公曰無障谷注無障斷川谷專水利也水注川曰谿注谿曰谷疏注無障至利也○孟子告子下無曲防趙注無敢違王法而以己曲意設防禁也管子大匡篇霸形篇並言無曲隄謂曲設隄防以障過水泉使鄰國受水旱之害則彼之曲防曲隄卽此之障谷下九年穀梁傳曰毋壅泉注云專水利以障谷是以此傳之障谷解壅泉也閻氏若璩釋地續云漢賈讓奏言蓋隄防之作近起戰國雍防百川各以自利齊與趙魏以河爲竟趙魏瀕山齊地卑下作隄去河二十五里河水東抵齊隄則西泛趙魏趙魏亦爲隄去河二十五里則是河水西抵趙魏隄亦東泛齊矣夫曰近起戰國豈非葵丘既會申明天子之禁諸侯猶有所憚而不敢爲至七雄地大勢專人人得自爲鯀而不難以鄰國爲壑也宋氏翔鳳四書釋地辨證云管子霸形篇楚人攻宋鄭要宋田夾塞兩川使水不得東流東山之西水深滅埯尹知章注楚人又遮取宋田夾兩川築隄而壅塞

之又云桓公與楚王遇於召陵之上而令於遇上曰無貯粟無曲隄又云東發宋田夾兩川而楚不敢塞也按此乃壅塞水流使鄰無灌田之利當時楚人實有是事左傳國語所不載而管子載之其事專以病鄰非以隄防治水之比故公羊傳僖三年曰無障谷穀梁傳僖九年曰無雍泉蓋塞水不東害同過糴曰障曰雍形容利害較曲防二字更切若治水禁用隄防則桓公即壅過入流者何善爲他人計而不善自爲計若此也按宋氏此說於何氏專水利之義尤爲明顯○注水注至曰谷○爾雅釋水文舊疏引李巡注云水出於山入於川爲谿也又釋山云山瀆無所通谿彼謂不通之谿此則通水之谿也說文泉出通川爲谷舊疏引李巡又云水相屬爲谷雅疏引李又云谷者屬也水流相屬灌注也郭注云此皆道水轉相灌注所入之處名道德經云江海所以能爲百谷王者以其善下也谷爲衆谿所注名江海集百川故爲百谷王也

無貯粟【注】有無當相通【疏】孟子又云無過糴即此之無貯粟也趙注云無過止穀糴不通鄰國也下九年穀梁傳作毋訖糴注訖止也謂貯粟亦以此傳釋彼傳也漢書食貨志云夫積貯者天下之大命也史記貨殖傳積著之理亦或作躇地官廛人注謂貨物儲藏于市中○注有無當相通○原文闕

無易樹子【注】樹立本正辭無易本正當立之子【疏】○注樹立至之子孟子又云無易樹子注樹立也已立世子不得擅易也下九年穀梁傳毋易樹子注樹子嫡子樹即說文之侸人部侸立也从人豆聲讀若樹莊子逍遙遊篇猶未有樹也荀子議兵篇固塞不樹皆立義方言云樹植立也燕之外朝鮮洌水之閒凡言置立者謂之樹植本正當立之子即隱元年傳曰立適以長不以賢立子以貴不以長者也閔二年左傳曰從曰撫軍守曰監國古之制也是也

無以

妾爲妻注此四者皆時人所患時桓公功德隆盛諸侯咸曰無言不從易爲用盟哉故告誓而已疏孟子亦有此文注不得立愛妾爲嫡也○注此四至所患○繁露王道云桓公曰無貯粟無鄣谷無易樹子無以妾爲妻此春秋之救文以質也衰周文敝時人喜文厭質故春秋備紀桓公大會所以救時弊也○注諸侯至而已○穀梁傳曰陽穀之會桓公委端搢笏而朝諸侯○諸侯皆諭乎桓公之志語與此義同唯孟子据葵丘之會爲異耳翟氏灝四書攷異云春秋僖公九年九月戊辰諸侯盟于葵丘左傳齊侯盟諸侯于葵丘曰凡我同盟之人既盟之後言歸于好穀梁傳葵丘之盟陳牲而不殺讀書加于牲上壹明天子之禁曰毋壅泉毋訖糴毋易樹子毋以妾爲妻毋使婦人與國事管子大匡篇桓公問管仲仲何行對曰公內修政而勸民可以信於諸侯矣公許諾乃弛關市之征爲賦祿之制既已管仲請曰問病臣願賞而無罰五年諸侯可令傳公曰諾既行之又請曰諸侯之君有行事善者以重幣賀之諸侯之臣有諫其君而善者以璽問之以信其言公既行之管仲曰將何行對曰君教諸侯爲民聚食諸侯之兵不足者君助之發如此則始可加之政矣公既行之又問管仲何行對曰君會其君臣父子公曰會之道奈何曰諸侯無專立妾以爲妻毋專殺大夫毋國勞毋專予祿士庶人無專棄妻毋曲防毋貯粟毋禁材行此卒歲則始可以罰矣君乃布之於諸侯諸侯許諾受而行之管仲曰可以加政矣曰從今以往三年嫡子不聞孝不聞愛其弟不聞敬老國良三者無一焉可誅也諸侯之臣及國事三年不聞善可罰也君有過大夫不諫士庶人有善而大夫不進可罰也桓公受而行之近侯莫不請事兵車之會六乘車之會三享國四十有二年又霸形篇與楚王遇于

召陵之上而令之曰毋貯粟毋曲隄毋擅廢適子無置妾爲妻按
春秋三傳無如孟子之詳管子大匡篇雖其文參錯而事語實相
當其云適子不聞孝者誅卽誅不孝也云君有善者以幣賀之臣
有善者以璽問之卽尊賢育才以彰有德也云不愛其弟敬老國
賓者誅卽敬老慈幼也云弛關市之征及問病臣卽無忘賓旅也
云爲賦祿之制卽士無世官官事無攝也云士庶人有善不進者
罰卽取士必得也云無國勞無專予祿卽無有封而不告也餘如
無易樹子無以妾爲妻無專殺大夫無曲防無遏糴更較然矣按
此云會正與孟子所謂束牲載書而不歃血合下九
年葵丘有盟則桓公誓諸侯事當在陽穀之會也

冬公子友如齊莅盟疏 穀梁作公子季友左傳莅作涖

莅盟者何往盟乎彼也注 猶曰往盟於齊莅臨也時因齊都盟主
國主名不出者春秋王魯故言莅以見王義使若王者遣使臨諸
侯盟飭以法度疏 注猶曰至於齊○毛本於改于○注莅臨也○玉篇艸部莅臨也與涖同說文有竦無莅涖鄭
注儀禮讀位爲莅蓋竦之隸變也穀梁傳涖者位也又昭七年傳涖位也周禮肆師注故書位爲涖杜子春云涖當爲位書亦或爲
位又通作立鄉師司市大宗伯注並云故書涖作立鄭司農讀立俱爲涖訓爲臨視也與爾雅釋詁涖視也亦合說文訓竦爲臨與
此通禮士冠禮及禮記文王世子涖皆作莅涖莅皆卽竦字大宗伯注古者立位同字則又竦之段借也○注時因至法度○校勘
記出時國齊都盟云閩監毛本同誤也鄂本國作因當據正通義云謹案往盟曰臨尊內辭也莅盟例時爲內明義當以至信先天

下其言來盟者何來盟于我也注此亦因魯都以見王義使若來之京師盟白事于王不加莅者來就魯魯已尊矣疏舊疏云即文十五年宋司馬華孫來盟宣七年衞侯使孫良夫來盟之屬是也○按此皆來盟之見經者此因莅盟而言及之耳○注此亦至于王○桓十四年鄭伯使其弟語來盟注莅盟來盟例皆時從內為王義明王者當以至信先天下按下四年楚屈完來盟于師傳其言來何與桓為主也注以從內文知與桓公為天下霸主是亦尊桓故抑楚言來也就師盟蓋亦若白事於桓然○注不加至尊矣○舊疏云正以上經言莅者見尊魯為王之義今此來盟者已是就魯之文足見尊魯矣何勞言莅以見之乎若其加莅宜直云莅孫良夫盟也

楚人伐鄭

公羊義疏二十九

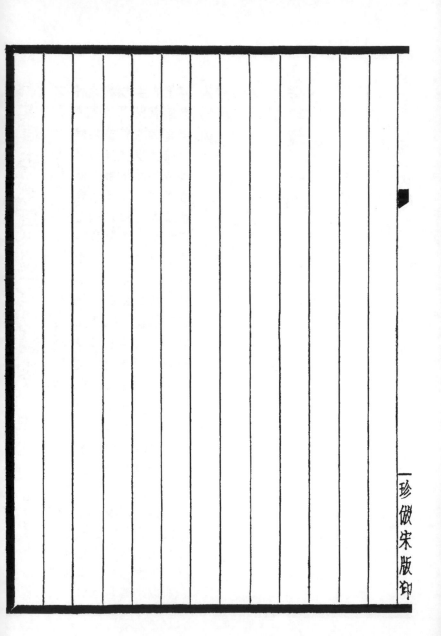

南菁書院

句容陳立卓人著

傳四年盡八年

四年春王正月公會齊侯宋公陳侯衛侯鄭伯許男曹伯侵蔡蔡潰

潰者何下叛上也國曰潰邑曰叛注不與諸侯潰之爲文重出蔡者侵爲加蔡舉潰爲惡蔡錄義各異也月者善義兵也潰例月叛例時疏文三年左傳凡民逃其上曰潰與此下叛上義合史記注引服虔此注亦云民逃其上曰潰也荀子彊國云如是下比周賁潰以離上矣楊注凡民逃其上曰潰漢書食貨志云下逃其上曰潰杜云潰衆散流移若積水之潰自壞之象也漢書注引賈逵云舉國曰潰一邑曰叛正用公羊義國曰潰者文三年沈潰成九年莒潰之屬是也邑曰叛者襄二十六年衛孫林父入于戚以叛定十三年秋晉趙鞅入于晉陽以叛冬晉荀寅士吉射入于朝歌以叛之屬是也○注不與至異也○孔本與作以穀梁傳潰之爲言上下不相得侵蔡淺事也然則侵蔡而蔡卽潰其君民不得可知故書以惡之也○注月者善義兵○舊疏云正以侵伐例時故也穀梁傳侵蔡而蔡潰以桓公爲知所侵矣不土其地不分其民明正也故爲義兵也通義云潰例罪潰者月罪潰之者日○注潰例月○此經書正月文三年沈潰書正月是也成九年書庚申莒潰注云日者錄責中國無信同盟不能相救至爲夷狄所潰

是也〇注叛倒時〇鄭晉趙鞅書秋荀寅書冬是也

遂伐楚次于陘〔疏〕杜云陘楚地潁川召陵縣南有陘亭大事表云陘山在今河南許州府郾城縣南又新鄭亦有陘山在縣南三十里蓋陘塞綿亙甚遠蘇秦說楚曰北有汾陘說韓曰南有陘山蓋二國皆恃此爲險在楚爲北塞在韓爲南塞也楚世家作陘山括地志山在鄭州西南一百一十里方輿紀要陘山在開封府新鄭縣南三十里史記魏襄王十六年伐楚敗之陘山又秦攻陘使人馳南陽之地徐廣曰陘山絕之名今自陘山而西南達於襄鄧皆羣山綿亙故昔以陘山爲南北之險沈氏欽韓左傳補注云按陘山延袤甚廣注家注陘者不一徐廣曰密縣有陘山杜謂召陵之陘亭或謂在許州郾城南皆與傳文進次于陘不合韓策秦攻陘韓因割南陽之地是陘地已近南陽當在今汝州南

其言次于陘何〔注〕據召陵侵楚不言次來盟不言陘〔疏〕注據召至言次〇鄭定四年三月公會劉子晉侯已下于召陵侵楚是其事也〇注來盟不言陘〇下云楚屈完來盟于師盟于召陵是也

有俟也孰俟俟屈完也〔注〕時楚強大卒暴征之則多傷士衆桓公先犯其與國臨蔡蔡潰兵精威行乃推以伐楚楚懼然後使屈完來受盟修臣子之職不頓兵血刃以文德優柔服之故詳錄其止次待之善其重愛民命生事有漸故敏則有功〔疏〕注時楚至待之〇杜云遂兩事之辭楚強

齊欲綏之以德故不連進而次陘○注善其至有功○舊疏云言生事有漸者卽先犯于蔡乃遂伐楚是也言敏則有功者敏審也言舉事敏審則有成功也敏則有功見論語陽貨堯曰篇皇疏敏則事無不成故有功

夏許男新臣卒注不言卒于師者桓公師無危不月者爲下盟去月方見大信疏差繆略云新公羊作辛新辛音義通按今注疏各本及石經並作新○注不言至無危○左傳云許穆公卒于師是卒于師也成十三年書曹伯廬卒于師此不書故決之也左疏引賈逵云不言于師善會主加禮若卒于於國非公羊義何氏謂師無危蓋亦若卒於國然也注文於當作于穀梁傳諸侯死於國不地死於外地死於師何爲不地內桓師也注齊桓威德洽著諸侯安之雖卒於外與其在國同是也○注不月至大信○舊疏云正以莊二十三年冬十有一月曹伯射姑卒不然則許與曹等而不月者會盟之例大信者時若不去月恐其盟不爲大信故也

楚屈完來盟于師盟于召陵疏杜云召陵潁川縣地一統志召陵故城在許州郾城縣東三十五里大事表云今郾城縣東四十五里有召陵故城水經注潁水篇東南逕召陵縣故城春秋齊桓公師于召陵責楚貢不入卽此處也城內有大井徑數丈水至清深闞駰曰召者高也其地丘墟井深數丈故以名焉漢書地理志汝南郡召陵師古曰卽齊桓公伐楚次于召陵是也

屈完者何楚大夫也疏杜云屈完楚大夫也白虎通姓名篇楚有屈昭景何以不稱使注

据陳侯使袁僑如會【疏】注据陳至如會○卽襄三年六月公會單子晉侯已下同盟于雞澤陳侯使袁僑如會是也釋文僑一本作驕尊屈完也曷爲尊屈完【注】据陳侯使袁僑如會不尊之以當桓公也【注】增倍使若得其君以醇霸德成王事也【疏】注增倍至其君○舊疏云倍讀如陪益之陪矣蓋以屈完楚之尊者足以自專無假君命不必爲楚子所使故作自來之文也穀梁傳楚無大夫其曰屈完何也以其來會桓成之爲大夫也注尊齊桓不欲令與卑者盟亦增倍之義也通義云當敵也楚始自州進未得醇同中國言使卽當如宜申云楚人使完來盟如是則完不尊嫌以微者敵桓公故氏屈完以成之爲貴大夫而不言使仍以抑楚令不足有君臣之辭且公羊本無尊君抑臣之意何氏明云尊倍使若得其君意謂尊屈完若得楚子親來以醇桓公之盛也若如杜義屈完覩齊之盛因而求盟故不稱使○則誠如孔疏所云屈完足以自專無假君命矣○注以醇至事也○舊疏云卽下傳云桓公救中國而攘夷狄卒怗荊以此爲王者之事也左疏引此傳說云其意言屈完楚之貴者尊之以敵齊侯若屈完足以自專無假君命不爲楚子所使故作自來之文服虔取以爲說按孔子曰君使臣以禮臣事君以忠此聖人之明訓也今乃尊人之臣許其不爲君使輕人之主以爲不合使臣是乃縱羣下以覬覦敎强臣以專恣約之以禮豈當然乎按春秋內諸夏而外夷狄於楚尤抑之甚齊桓伯業以服楚爲盛故尊屈完爲貴大夫所以尊桓也其言盟于師盟于召陵何【注】据戊寅叔孫豹及諸侯之大夫及陳袁僑盟不舉會與地【疏】注据戊至與地○見襄三

年舊疏云彼不言陳袁僑來盟于會盟于雞澤與此異故難之師在召陵也注時喜得屈完來服于陘卽退次召陵與之盟故言盟于師盟于召陵疏注時喜至召陵〇穀梁注云屈完來如陘師盟齊桓以其服義爲退一舍次于召陵而與之盟義與此同然召陵去陘恐不止一舍也各本于作於非依毛本師在召陵則曷爲再言盟注据齊侯使國佐如師己酉及國佐盟于袁婁俱從地不再言盟注据齊至言盟〇見成二年舊疏云言俱從地者謂國佐從晉于袁婁也齊氏召南考證云何注据袁婁甚精召陵之役齊兵未深入而楚人已服故書來盟袁婁之役晉兵大勝齊人畏而賂之晉受賂而利于盟故書及國佐盟春秋之謹嚴如此但傳言師在召陵非也上文書伐楚次于陘則師在陘也屈完來盟于師來就陘也盟于召陵齊桓待楚以禮退至召陵與屈完盟也左傳曰師進次于陘又曰師退次于召陵祇進退二字齊桓行兵服楚次第俱明何氏用左傳以解師在召陵是也按君行師從齊桓退召陵故師在召陵屈完如師如陘之師也盟于師則召陵之師也若陘已盟矣何召陵又盟乎故經云盟于師傳云師在召陵本一事兩書爲服楚喜故書重辭複爾齊氏駁傳非●喜服楚也注孔子曰書之重辭之複嗚呼不可不察其中必有美者焉疏注孔子至者焉〇舊疏云春秋說文鄂本復作複釋文作復繁露祭義云其辭直而重有再歎之欲人省其意也而人尙不省何其忘哉孔子曰書之重辭之複嗚呼不可不察也其中必有美者焉此之謂也通義云汪克寬曰盟于召陵與會于蕭魚書法不異皆一經特筆一以美齊

桓之服楚一以美晉悼之定鄭彼詳錄致與會亦書重辭復意也何言乎喜服楚【注】据服蔡無喜文【疏】校勘記唐石經何言乎喜四字磨改多增二字○注据服至喜文○即上侵蔡蔡潰是也楚有王者則後服【注】桓公行霸至是乃服楚【疏】注桓公至服楚○校勘記云鄂本乃服楚三字誤作傳文閩監毛本楚字猶誤作傳文屬下惟此本與唐石經合上三年陽穀之會二年貫澤之會大國遠國無不至楚尚未服也無王者則先叛【注】桓公不修其師先叛盟是也【疏】注桓公至是也○即下經云公至自伐楚傳云楚已服矣何以致伐楚叛盟也彼注云爲桓公不修其師而執濤塗故也是也書禹貢云江漢朝宗于海彼疏引鄭注云荆楚之城國有道則後服國無道則先彊故記其水之義以著人臣之禮楊雄荆州牧箴杳杳巫山在荆之陽江漢朝宗其流湯湯風慓以悍氣鋭以剛有道後服無道先彊爾雅釋地云漢南曰荆州公羊疏引李巡注云荆州其氣燥剛稟性彊梁故曰荆州彊也漢書賈捐之傳詩云蠢爾蠻荆大邦爲讎言聖人起則後服中國衰則先畔動爲國家難自古而患之久矣穀梁莊十年傳何爲謂之荆狄之也何爲狄之聖人立必後至天子弱必先叛故曰荆狄之也按呂氏春秋召類云堯戰于丹水之浦以服南蠻淮南兵略訓舜伐有苗修務訓舜南征三苗道死蒼梧韓詩外傳當舜之時有苗不服其不服者衡山在南岐山在北左洞庭之陂右彭澤之水由此險也以其不服禹請伐之是其地皆歷代叛服無常不獨楚然也夷狄也而亟病中國【注】數侵滅中國【疏】注數侵滅中國○舊疏云即莊二十八年秋荆伐鄭者是其數侵中國之文其數滅中國者即滅鄧穀之屬是也而經不書者

後治夷狄故也釋名釋州國云荊州者荊警也南蠻數為寇逆嘗警備故也又云楚辛也其地蠻多而人性急數有戰爭相爭相害
辛楚之禍也亟數也故傳云亟注云數也南夷與北狄交【注】南夷謂楚滅鄧穀伐蔡鄭
北狄謂狄滅邢衛至于温交亂中國【疏】校勘記云閩監毛本同誤也唐石經鄂本作北夷當
據正注同此本疏標起訖云注北夷至中國閩監·毛本亦改作北狄矣○注南夷至蔡鄭○桓七年穀伯綏來朝鄧侯吾離來朝傳
皆何以名失地之君也二國皆近楚故知楚滅之左傳載滅鄧事在莊二十二年於桓時尚未失地公羊當別有所据伐蔡鄭者莊
十年荊敗蔡師于莘十四年荊入蔡十六年荊入鄭二十八年荊伐鄭上元年三年楚人伐鄭二年楚人侵鄭是也上云侵蔡蔡潰
遂伐楚明蔡已為楚屬矣○注北狄至中國○莊三十二年狄伐邢閔二年狄入衛下十年狄滅温是也舊疏云温言至于者以其
在後故言至于僖十年文滅温也或者温是圻內之國去京師近故言至于矣中國不絕若綫【注】綫縫帛
縷以喻微也【疏】注綫縫至微也○說文系部綫縷也線古文綫淮南要略云中國之不絕如綫注綫曰絲也周禮縫
人職掌王宮之縫線之事鄭司農注線縷也考工記鮑人職察其線注故書線或作綜杜子春云綜當為系旁泉讀為絤謂縫革之
縷凡可以縫者皆謂之線也不絕若綫綫極細物故言喻微也桓公救中國【注】存邢衛是也【疏】注存
邢衛是也○見上元年二年傳而攘夷狄【注】攘却也北伐山戎是也【疏】○注攘却也淮南詮
言訓信己之不攘也注攘卻也國語魯語云而大攘諸夏注攘卻也周禮禁殺戮職攘獄者注攘猶卻也○注北伐山戎是也○見

莊三十年 卒怗荆注卒盡也怗服也荆楚也疏校勘記云唐石經鄂本同蜀監毛本怗誤帖釋
文怗他協反一本作貼服也劉兆同一本作拈或音章貶反石經
考文提要云唐元度九經字樣宋景德本鄂泮官書本皆作怗錢
氏大昕潛研堂答問云說文貼即卒怗荆之怗○注卒盡也○爾
雅釋詁卒盡也又釋言卒已也詩衛風谷風云畜我不卒○注怗
服也○廣雅釋詁云怗靜也玉篇怗服也靜也又丁箽反
靜與服義近一切經音義引字林怗今作惵同他頰反 以此爲
王者之事也注言桓公先治其國以及諸夏治諸夏以及夷狄如
王者爲之故云爾疏注言桓至云爾○成十五年傳春秋內其國
而外諸夏內諸夏而外夷狄言自近者始也
注明當先正京師乃正諸夏諸夏正乃正夷狄以漸治之孟子滕
文公篇春秋天子之事也桓公先治其國以及諸夏治諸夏以及
夷狄合乎春秋故以爲王者之事也繁露王道云桓公救中國攘
夷狄卒服楚至爲王者事春秋予之爲伯誅意不誅辭之謂是也
說苑尊賢云春秋之時天子微弱諸侯力政皆叛不朝衆暴寡强
劫弱南夷與北狄交侵中國之不絕若綫桓公於是用管仲鮑叔
隰朋賓胥無甯戚三存亡國一繼絕世救中國攘戎狄卒脇荆蠻
以尊周室霸諸侯國語齊語云管仲既任政相齊通貨積財富國
彊兵參其國而伍其鄙定民之居成民之事陵爲之終而慎用其
六柄桓公曰吾欲從事於諸侯其可乎曰未可國未安桓公曰安
國若何曰修舊法作內政而寄軍令焉又曰桓公曰吾欲從事於
諸侯其可乎曰未可鄰國未吾親也審吾疆場而反其侵地正其
封疆無受其資而重爲之皮幣以驟聘規於諸侯以安四鄰擇其
淫亂者而先征之又云即位數年一戰帥服三十一國遂南征伐

楚濟汝踰方城望汶山北伐山戎刜令支斬孤竹而南歸西征攘白翟之地至于西河縣車束馬踰大行西服流沙南城於周反胙于絳此桓公先治其國以及諸夏治諸夏以及夷狄事也其言來何【注】据陳袁僑如會不言來【疏】注据陳至言來○襄三年書陳侯使袁僑如會不言來也與桓爲主也【注】以從內文知與桓公爲天下霸主【疏】繁露精華云諸侯會同賢爲主賢之也又王道云齊桓晉文擅封致天子誅絕繼世存亡侵伐會同常爲本主曰桓公救中國攘夷狄卒怗荆服楚至爲王者事春秋予之爲伯誅意不誅辭之謂也又觀德云召陵之會魯君在是而不得爲主避齊桓也是也○注以從至霸主○上二年傳云其言來盟者何來盟于我也是此書來爲從內辭也穀梁傳來者何內桓師也內桓師卽從內義也左疏引服云言來者外楚也嫌楚無罪言來以外之亦尊桓抑楚之義前此者有事矣【注】謂城邢衞是也【疏】注謂城邢衞○卽上元年齊師宋師曹師次于聶北救邢夏六月邢遷于陳儀二年城楚丘是也後此者有事矣【注】謂城緣陵是也【疏】注謂城緣陵是也○下十四年諸侯城緣陵傳執城之城杞也是也則曷爲獨於此焉與桓公爲主序績也【注】序次也績功也累次桓公之功德莫大於服楚明德及強夷最爲盛【疏】校勘記云唐石經諸本同何注序次也續功也按鹽鐵論執務篇引傳曰予積也下云故土積而成山阜水積而成江海行積而成君子與何本異蓋是嚴顏之別經義述聞云鹽鐵論執務篇曰齊桓公以諸侯思王政憂周室匡諸夏之難平夷狄之亂存亡接絕信義大著

於天下召陵之會予之為主傳曰予積也故土積而成山阜水積而成江海行積而成君子此所引傳文序續作予積字不同而說
亦異蓋本於嚴氏春秋也予積謂予桓公之積善郎承上予桓公為主為言義得兩通按序从予聲序予互通詩大雅桑柔篇誨爾
序爵墨子尚賢誨爾予爵是是也積績亦或通漢書外戚傳賜皮弁素績師古曰績字或作積是也今儀禮禮記皆作素積經師口授
不同傳者說遂異焉〇注序次也〇易繫辭傳易之序也釋文引京注序次也禮鄉飲酒禮注云衆賓序升注序次也廣雅釋詁序次
也禮記中庸云所以序昭穆也注序次也序於說文為東西牆之名正字當作敘說文攴部云敘次第也是也〇注續功也〇爾雅
釋詁文桓十三年經齊師宋師衛師燕師敗績〇注亦云績功也故書堯典三載考績謂考功也〇注纍次至為盛〇漢書韋元成傳
劉歆王莽議曰自是之後南夷與北夷交侵中國不絕如綫春秋紀齊南伐楚北伐山戎孔子曰微管仲吾其被髮左衽矣是故春秋
桓之過而錄其功以為伯首按伐山戎在莊公世春秋書人見貶是伯功猶未大著閔二年齊人遷陽不為諱功未足以覆比滅人
之惡故也論語憲問篇齊桓公正而不譎集解引馬曰伐楚以公義責包茅之貢不入問昭王南征不還是正而不譎也穀梁疏云
論語稱齊桓公正而不譎指謂伐楚是責正事大故馬鄭指之是鄭說同馬並以伐楚明德及強夷最為盛也

齊人執陳袁濤塗 疏 左氏袁作轅彼釋文亦作袁古袁轅通隸釋袁良碑厥先舜苗世為封君周之興虞閼父典陶
正嗣滿為陳侯至元孫濤塗初氏父字之姓曰袁魯僖公四年為大夫哀十一年頗作司徒元和姓纂袁姓姓舜後陳胡公滿之後
胡公生申公申公生靖伯庚庚生季子惛惛生仲牛甫七代孫莊伯生諸字伯爰孫宣仲濤塗以王父字為氏代為上卿字或作轅

其實一也轅頗十一代孫袁生又後漢書袁術傳術又以袁氏出陳爲舜後章懷注陳大夫轅濤塗袁氏其後也惠氏棟左傳補注云按國三老袁良碑云周之興滿爲陳侯至元孫濤塗立姓曰袁法言曰齊桓公欲經陳陳不果內執袁濤塗皆不从車旁

濤塗之罪何辟軍之道也其辟軍之道奈何濤塗謂桓公曰君既服南夷矣何不還師濱海而東服東夷且歸**注**濱涯也順海涯而東也東夷吳也從召陵東歸不經陳而趨近海道多廣澤水草軍所便也**疏**校勘記出君既服南夷矣云唐石經鄂本宋本閩監本同毛本既誤能左傳陳轅濤塗謂鄭申侯曰師出於陳鄭之間國必甚病若出於東方觀兵於東夷循海而歸其可也申侯曰善濤塗以告齊侯許之是濤塗恐師出陳竟故爲此言爲辟軍道也○注濱涯至東也○詩小雅北山云率土之濱傳濱涯也國語晉語又爲惠公從予於渭濱注濱涯也廣雅釋詁濱厓也一切經音義引字林云濱水涯也書禹貢海濱廣斥僞孔傳濱涯也濱海猶海濱也漢書地理志作海瀕瀕即頻詩大雅召旻云胡不自頻列女傳作胡不自濱是也說文頻水厓人所賓附○注東夷吳也○杜云東夷郯莒徐夷也按郯莒等東方小國莒會爲桓公所奔時桓伯正威不患不服故何氏本吳言之吳時未通上國故也○注從召至便也○舊疏云趨猶鄉也謂鄉近海之道也

桓公曰諾於是還師濱海而東大陷于沛澤之中**注**草棘曰沛漸洳曰澤**疏**玉篇陷墜入地也廣韻陷入地隤也即說文之臽說文臽小阱也廣雅釋水云臽阬也經傳皆作陷矣○注草棘至

曰澤水也○孟子滕文公云園囿汙池沛澤多趙注沛草水之所生也澤水也後漢書注引劉熙孟子注云沛澤水草相半風俗通山澤篇云沛者草木之蔽茂禽獸之所蔽匿也水草交厝名之爲澤澤者言其潤澤萬物以阜民用也蓋分言之則沛以草蔽茀名澤以水潤澤名通言之則沛之草卽生於水者也故管子揆度云焚沛澤注水草兼處曰沛地官序官疏引纂要水之所鍾曰澤棘者顧而執濤塗注時濤塗與桓公俱行疏左傳申侯見曰師老矣若出於東方而遇敵懼不可用也若出於陳鄭之間共其資糧屝屨其可也齊侯說與之虎牢執轅濤塗如左傳齊侯雖許濤塗尚未出師東夷聽申侯告卽止故史記齊世家云過陳陳袁濤塗詐齊人之出東方覺秋齊伐陳用左氏義也按齊如僅受濤塗之詐旋卽覺寤則執濤塗於師足矣何至率諸侯師伐陳桓公方行伯似不出此惟已陷沛澤實受其害故深恚濤塗幷累及其國若如史記師已過陳濤塗始說其師出東夷則更無及矣執者曷爲或稱侯或稱人稱侯而執者伯討也注言有罪方伯所宜討疏下二十八年晉侯執曹伯畀宋人成十五年晉侯執曹伯歸之于京師皆稱侯而執者也稱爵故爲伯討○注言有至宜討○白虎通三軍云王法天誅者天子自出者以爲王者乃天之所立而欲謀危社稷故自出重天命也犯王法使方伯誅之尚書曰命予惟恭行天之罰此言開自出伐凥也王制曰賜之弓矢乃得專征伐謂誅犯王法者也稱人而執者非伯討也疏定元年晉人執宋仲幾歸于京師及此之屬是也穀梁傳其人人之何也於是哆然外齊侯也不正其踰國而執也注引江熙曰踰國謂踰陳而執陳大夫主人之不敬客錄客之不敬主人哆然衆有不服之心故春秋因而

譏之按此與左傳皆以濤塗誤軍道被執穀梁以濤塗爲不敬齊命被執共爲譏齊桓非伯討同也此執有罪何以不得爲伯討古者周公東征則西國怨西征則東國怨【注】此道黜陟之時也詩云周公東征四國是皇【疏】荀子王制篇云周公南征而北國怨曰何獨不來也東征而西國怨曰何獨我後也後漢書班固傳奏記曰古者周公一舉則三方怨曰奚爲而後己孟子梁惠王下滕文公下皆有東面而征西夷怨南面而征北狄怨語爲湯事盡心下云東面而征西夷怨南面而征北狄怨又以爲武王事蓋當時有此語也江氏聲尙書集注音疏云孟子天下信之之言不似尙書之文滕文公湯始征云云與梁惠王所引小異而梁惠王明稱書曰滕文公則否言十一征而無敵於天下與天下信之之文絕殊信乎皆非尙書文也觀公羊傳荀子班固奏記則東面而征云云乃本周公事孟子引以釋書耳繁露王道云古者東征則四國怨此春秋之救文以質也明春秋雖予桓而不以罪執則譏從其質也○注此道罪是皇○詩豳風破斧又惠氏棟九經古義云白虎通云傳曰周公入爲三公出爲二伯中分天下出黜陟詩曰周公東征四國是皇言周公東征述職黜陟而天下皆正也經典無西征文荀卿子周公南征而北國怨東征而西國怨呂氏春秋古樂篇成王立殷民反王命周公踐伐之商人服象爲虐于東夷周人遂以師逐之至于江南乃爲三象以嘉其德此南征之文也董逌詩攷云四國是皇齊詩作四國是匡匡正也故毛傳訓皇爲匡白虎通亦言周公東征述職黜陟而天下皆正也揚子先知篇以昔在周公四國是皇與召伯述職蔽芾甘棠對舉又或問爲政曰思斁昔在周公征于東方四國是王其思矣夫是亦以此爲黜陟時詩也魯語韋

注周公時爲二伯而東征則上公爲元帥也 桓公假塗于陳而伐楚 疏 唐石經鄂本宋本閩監本同毛
本塗作途白虎通誅伐云諸侯家國入人家宜告主人所以相尊敬防并兼也春秋傳曰桓公假塗于陳而伐號禮曰使次介先假
道用束帛 則陳人不欲其反由己者師不正故也 注 故令濤塗有此言
疏 左傳濤塗謂鄭申侯曰師出于陳鄭之閒國必甚病明師不正也通義云師有失律不便于陳者是也法言先知篇云夫齊桓
公欲經陳陳不果內執袁濤塗其斆矣夫又云老人老孤人孤病者養死者葬男子畝婦人桑之謂思若汙人老屈人孤病者獨死
者逋田畝荒杼柚空之謂斆 不修其師而執濤塗古人之討則不然也 注 以己
所招而反執人古人所不爲也凡書執者惡其專執 疏 注以己至爲也〇謂
陳之不欲其反由己自招不知自責而反執人周公所不爲也繁露仁義法云昔楚靈王討陳蔡之賊齊桓公執袁濤塗之罪非不
能正人也然而春秋弗予不得爲義以我不正也又精華云春秋之聽獄也必本其事而原其志志邪者不待成首惡者罪特重本
直者其論輕故逢丑父當斮而袁濤塗不宜執亦以濤塗爲國被執其本直也〇注凡書至專執〇舊疏云言雖有罪方伯所宜討
要須白天子乃可執之然則濤塗之言既惡齊桓之執有罪又惡齊桓之專執蓋交譏之所以人之也
秋及江人黃人伐陳 疏 舊疏云內之微者矣穀梁傳不言其人之及之者內師也彼以文承齊桓執陳袁濤塗下
嫌是齊師故解之按左疏云直言及江黃者將卑師少故不言主師言微者及之與舊疏義合

八月公至自伐楚

楚已服矣何以致伐疏莊六年傳得意致會不得意致伐此楚已服仍致伐故據以難之楚叛盟

也注爲桓公不修其師而執濤塗故也月者凡公出滿二時月危

公之久疏通義云故以未得意乎服楚致也○注月者至之久○校勘記出凡公出滿三時云閩監毛本同誤也鄂本三作二當據正舊疏云即此僖公春去秋乃還而云八月公至自伐楚又襄二十八年冬公如楚二十九年夏五月公至自楚之屬皆是危而久之按此由春歷秋作三亦通莊五年冬公會齊侯已下伐衞至六年秋公至自伐衞兵歷四時而不月者彼注云久不月者不與伐天子也故不爲危錄之明伐天子已危不須錄月也校勘記又云解云危而久之久字亦有作之字者按久作之則不通

葬許繆公注得卒葬於所傳聞世者許大小次曹故卒少在曹後疏舊疏云所傳聞之世微國卒葬例不錄之今許得書葬故須注解也何者正以曹許雖非大國亦非微故得錄見也許大小次曹者春秋伯子男一也故相次不一許實男爵故次于曹而下五年首戴之會許在曹上者會盟之序皆主會者爲之昭十一年傳所云其序則齊桓晉文其會則主會者爲之首戴會時桓公得意諸侯背叛上假王世子示以公義或序許先于曹不能以德優劣國大小相次非信史矣繆左穀作穆

冬十有二月公孫慈帥師會齊人宋人衞人鄭人許人曹人侵陳注

月者刺桓公不修其師因見患誑不內自責乃復加人以罪疏左氏穀梁慈作茲漢書地理志上郡龜茲應劭曰音邱慈是慈茲通也〇注月者至以罪〇舊疏云正以侵伐例時此書月故須注解也因見患誑者言因是不修其師之故而爲陳之所苦患遂爲所謂誑矣按不修其師即上傳陳人不欲其反由己師不正故也

五年春晉侯殺其世子申生

曷爲直稱晉侯以殺注据鄭殺其大夫申侯稱國也續問以殺者問殺所稱例爾非謂晉侯不當稱國爵也疏注据鄭至申侯〇即下七年經云鄭殺其大夫申侯是也〇注續問至爵也〇舊疏云若直問曷爲直稱晉侯即嫌時不合稱晉侯傳須云以殺明其但在何故稱晉侯以殺耳是也殺世子母弟直稱君者甚之也注甚之者甚惡殺親親也春秋公子貫於先君唯世子與母弟以今君錄親親也今舍國體直稱君知以親親責之疏注甚之至親也〇穀梁傳曰自晉侯斥殺惡晉侯也繁露王道云此其誅也殺世子母弟直稱君明失親親也白虎通誅伐篇父煞其子當誅何以爲天地之性人爲貴人皆天所生也託父母氣而生耳王者以養長而教之故父不得專也春秋傳曰晉侯殺其世子申生直稱君者甚之也按晉世家獻公謂驪姬曰吾欲廢太子以奚齊代之驪姬泣曰太子之立諸侯皆知而數將兵百姓附之奈何以賤妾之故廢嫡立庶君必行之妾自殺也驪姬詳譽太子而陰令人譖惡太

子而欲立其子二十一年驪姬謂太子曰君夢見齊姜太子速祭曲沃歸釐於君太子於是祭其母齊姜於曲沃上其薦胙於獻公獻公時出獵置胙於宮中驪姬使人置毒藥胙中居二日獻公從獵來還宰人上胙獻公公欲饗之驪姬止之曰胙所從來遠宜試之祭地地墳與犬犬死與小臣小臣死驪姬泣曰太子何其忍也其父而欲弒代之況他人乎且君老矣旦莫之人曾不能待而欲弒之謂獻公曰太子所以然者不過以妾及奚齊之故妾願子母辟之他國若早自殺毋徒使母子爲太子所魚肉也始君欲廢之妾猶恨之至於今妾殊自失於此太子聞之奔新城獻公怒乃誅其傅杜原款或謂太子曰爲此藥者乃驪姬也太子何不自辭明之太子曰吾君老矣非驪姬寢不安食不甘即辭之君且怒之不可或謂太子曰可奔他國太子曰被此惡名誰內我我自殺耳十二月戊申太子自殺於新城左傳檀弓並載此事詳略互見是知太子母弟無罪見殺者如是書耳其殺有罪之太子母弟則不爾故公子牙卒貶去弟也又襄二十六年宋公殺其世子痤注痤有罪平公書葬書法雖同又於葬不葬別之包氏慎言云按晉侯詭諸以九年卒不書葬注不書葬者殺太子然則殺太子者不得入先君之兆絕先祖之嗣故絕之於先祖也康誥曰于父不能字厥子乃疾厥子文王作罰刑茲無赦蓋謂此也其隱元年鄭伯克段于鄢不言弟與牙同也後漢書楊終傳春秋殺太子母弟直稱君甚惡之者坐失教也與何氏義微異○注春秋至親也○禮喪服傳諸侯之子稱公子公子之子稱公孫謂次嫡而下通稱也以公子貫於先君春秋例爾親疏之別殷道親親舍文從質也○注今舍至責之○舊疏云今舍國體謂不直言晉殺申生也襄二十年天王殺其弟年夫注王者得專殺書者惡失親親也未三年不去王者方惡不思慕而殺弟不與子行也

杞伯姬來朝其子

其言來朝其子何注据微者不當書朝連來者內辭也與其子來者問爲直來乎爲下朝出疏注据微至書朝○隱十一年傳諸侯來曰朝大夫來曰聘是微者不當書朝也○注連來至朝出○凡春秋書來者皆內辭故上四年屈完來盟于師亦內桓也舊疏云今此傳不云其言朝其子何而連來問之者欲問伯姬來者爲是無事而來爲是有事言來者爲是朝其子而出之直來者卽莊二十七年冬杞伯姬來傳云其言來何直來曰來注無事而來者是也

內辭也與其子俱來朝也注因其與子俱來禮外孫初冠有朝外祖之道故使若來朝其子以殺直來之恥所以辟教戒之不明也微無君命言朝者明非實疏注禮外至之道○禮士冠禮云冠者適東壁北面見于母母又云冠者見于兄弟兄弟再拜入見姑姊如見母又云乃易服奠摯見于君遂以摯見于鄉大夫鄉先生無見外祖禮何氏蓋以意推之也爾雅釋親云女子子之子爲外孫禮喪服緦麻章外孫疏云以母出外適而生故曰外孫○注故使至明也○通義云以世本校之是年杞惠公卒成公立成公蓋伯姬所生故始嗣位卽來朝於魯也未踰年之君不當行朝禮況婦人無故不踰竟伯姬之與俱來尤非禮也故爲內諱辭曰來朝其子使若子幼而母率之來見者然知不然者以史記陳杞世家滑公十五年楚惠王滅陳上推至僖五年爲武公三十二年以徐廣注所引世本校之史記之德公則世本之惠公惠公下多一成公十八年

則依世本此年正值靖公之四年亦非未踰年君然則此伯姬當卽莊二十五年所歸者爲靖公之母計靖公生至此十三四年卽位後行冠禮左氏所云國君十五而生子冠而生子故也冠後與其母俱來與若如世家在武公之世則靖公尙爲世子正左疏引沈氏所云伯姬以莊二十五年六月歸于杞假令後年生子則其年十四杞伯不宜令其與母來魯又穀梁傳云婦人既嫁不踰竟踰竟非正也諸侯相見曰朝伯姬爲志乎朝其子也伯姬爲志乎朝其子則是杞伯失丈夫之道者是也杜云朝其子者時子年在十歲左右因有諸侯子得行朝義而卒不成朝禮故繫于母而曰朝其子則謂攝君行朝禮也孔疏云諸侯之子得有攝君之禮行朝之義但此子幼弱而卒不成朝故繫于母而曰朝其子也若能行朝禮則世子當如曹伯射姑杞伯姬別言來耳按如何義則婦人既嫁不踰竟故書朝其子殺恥以辟內女之失教也左傳釋文云杞伯姬來絕句來歸甯朝其子猶言其子朝○注微無至非實○校勘記出言朝者服非實云鄂本服作明此誤疏亦云經書來朝明其非實按何氏上言据微者不當書朝此又云微無君命則與穀梁義近意謂杞伯姬與子俱來本無武公之命故不書使武公不能制其妻與子則武公與有失焉又云諸侯相見曰朝以待人父之道待人之子非正也故曰杞伯姬來朝其子參譏焉以爲直行朝禮何氏所不取舊疏云曹伯使世子射姑來朝彼言使來朝則有君命今既是微人復不言使而書來朝明非實也義或然也

夏公孫慈如牟

公及齊侯宋公陳侯衞侯鄭伯許男曹伯會王世子于首戴【疏】左氏首戴

作首止按戴从戈得聲與止聲古音同在之部得段借也杜云首
止衞地在陳留襄邑縣東南有首鄉大事表云在今河南歸德府
睢州治東南接甯陵縣境一統
志首鄉在歸德府睢州東南

曷爲殊會王世子**注**据宰周公不殊別也**疏**注据宰至別也○卽下九年公會宰周公
齊侯等于葵丘是也 世子貴也世子猶世世子也**注**解貴意也言當世父位
儲君副主不可以諸侯會之爲文故殊之使若諸侯爲世子所會
也自王者言之以屈遠世子在三公下禮喪服斬衰曰公士大夫
之衆臣是也自諸侯言之世子尊於三公此禮之威儀各有所施
言及者因其文可得見汲汲也世子所以會者時桓公德衰諸侯
背叛故上假王世子示以公義**疏**注言當世父位○白虎通爵篇云韓詩內傳曰諸侯三年喪畢
上受爵命於天子所以名之爲世子何言欲其世世不絕也何以
知天子之子亦稱世子也春秋傳曰公會王世子於首止天子諸
侯世故稱世子明當世世父位也白虎通又云父在稱世子何繫
於君也大夫士以下稱嫡子長子不世故也禮記郊特牲云古者
康公不繼世爲世絕也○注儲君至會也○閔二年左傳說大子
云君行則守有守則從從曰撫軍守曰監國古之制也是儲君副
主也穀梁傳曰及以會尊之也何尊焉王世子云者唯王之貳也
云可以重之存焉尊之也何重焉天子世子世天下也是也舊疏

云使若世子爲會主致諸侯於此而會之故言使若諸侯爲世子所會矣○注自王至是也○校勘記出公上大夫之衆臣云鄂本上作士此誤按各本俱誤上禮喪服云公士大夫之衆臣爲其君有帶繩屨注士卿也又傳曰公卿大夫室老士貴臣其餘皆衆臣也君謂有地者也舊疏云何氏引喪服者欲言三公臣有爲之斬衰世子則無是卑於三公之義○注自諸至所施○舊疏云卽殊與不殊是也何者世子於諸侯將有君臣之義故也杜亦云不名而殊會尊之也王之世子尊與王同齊桓行霸翼戴天子尊崇王室故殊貴世子按其言尊之與公羊同其云桓公行伯殊貴世子謂殊爲齊桓之意非公羊義○注言及至汲也○隱元年傳及猶汲汲也及我欲之然則此言及者因會王世子之經得見魯公汲汲於齊桓矣並舊疏文○注世子至公義○繁露王道云會王世子譏微也明桓公德衰諸侯背叛上假王世子也德衰者上四年傳楚叛盟也注云桓公不修其師而執濤塗是也叛盟者下鄭伯逃歸不盟是也穀梁傳天子微諸侯不享覲桓控大國扶小國統諸侯不能以朝天子亦不敢致天王尊王世子于首戴乃所以尊天王之命也世子含王命會齊桓亦所以尊天王之命也世子受之可乎是亦變之正也天子微諸侯不享覲世子受諸侯之尊己而天王尊矣世子受之可也蓋穀梁言其文公羊言其實也

秋八月諸侯盟于首戴

諸侯何以不序注据上會序疏注据上會序○卽上列序諸侯某某會于首戴是也一事而再見者前目而後凡也注省文從可知閒無事不省諸侯會盟一

事不舉盟者時世子不與盟【疏】周禮小宰職二曰師掌官成以治凡三曰司掌官法以治目注治凡若月計也治目若今日計也蓋凡者總目者散故也繁露深察名號云目者偏辨其事也凡者獨舉其事也言此諸侯即上會之諸侯故從省文也春秋正辭云若葵丘先會後盟新城先伐後救温之會先會後盟許〇注間無至諸侯〇昭十三年公會劉子晉侯已下于平丘八月甲戌同盟于平丘彼以其間無事故省諸侯今亦無事而不省諸侯故解之〇注會盟至與盟〇文十四年公會宋公陳侯已下同盟于新城彼是會盟一事舉盟爲重不先別言會于某今此會盟並舉故解之明世子與會不與盟也所以間無事必重出諸侯不則嫌王世子與盟矣穀梁傳曰無中事而復舉諸侯何也尊王世子而不敢與盟也尊則其不敢與盟何也盟者不相信也故謹信也不敢以其所不信者而加之尊者杜亦云間無異事復舉諸侯者王世子不盟故也

鄭伯逃歸不盟

其言逃歸不盟者何【注】据上言諸侯鄭伯在其中弟子疑故執不知問【疏】注据上至知問〇舊疏云亦有無据字者非正本通義云据陳侯逃歸不言不盟　不可使盟也【注】時鄭伯內欲與楚外依古不盟爲解安居會上不肯從桓公盟故後言不盟【疏】通義云時鄭貳於楚齊桓不能使之盟也鄭伯未盟先歸故統諸侯於上特著不盟者於下陳侯既會乃歸不可言不會時又本無盟事異故辭異爾非何義〇注時鄭至不盟〇鄭自莊十四年後數受楚兵上四年屈完雖服旋即叛盟

勢必加兵於鄭故有內欲與楚之事也依古不盟爲解者卽桓三年傳古者不盟結言而退是也不可使盟則其言逃歸何注据後言不盟居會上辭疏注据後至上辭○何意謂不盟在下明爲居會上辭故難之魯子曰蓋不以寡犯衆也注諸侯以義相約而鄭伯懷二心依古不肯盟故言逃歸所以抑一人之惡申衆人之善故云爾疏解鄭伯逃歸之故也蓋諸侯同欲攻鄭責其不盟故畏而逃爾○注諸侯至云爾○通義云諸侯同心欲盟而鄭獨背中國故抑之加之賤稱也穀梁云以其去諸侯故逃之也亦此義也故彼注云專己背衆曰逃傳例曰逃義曰逃是也孔疏禮君行師從卿行旅從雖則會盟必有師旅鄭伯棄其師衆輕身逃歸釋例曰國君而逃師棄盟違其典儀棄其章服羣臣不知其謀社稷不保其安此與匹夫逃竄無異故例在上曰逃是言稱逃之意也

楚人滅弦弦子奔黃疏通義云以黃隗江六比之雖與盟同月不蒙月也吳楚始見滅國例不月惡而略之甚杜云弦國在弋陽縣東南大事表云今湖廣黃州府蘄水縣東三十里有軑縣故城爲弦地又河南光州光山縣西南有弦城蓋光黃本接壤也水經注江水篇又東逕軑縣故城南故弦國也春秋楚滅弦弦子奔黃是也地理志江夏郡軑下云故弦子國馬氏宗連左傳補注云酈元曰江水又東經西陽郡南卽西陽縣也晉書地道記以爲古弦子國通典光州光山縣漢西陽縣也春秋弦國之地仙居縣本漢軑縣今縣東有弦亭據水經注通典漢之軑縣西陽皆弦子地元凱第釋弦國在軑縣東南是乃元和郡縣志所云

弦國之都也紀要軑縣城在黃州府蘄水縣西北四十里故弦子國弦城在光州西南

九月戊申朔日有食之【注】此象齊桓德衰是後楚遂背叛狄伐晉滅溫晉里克比弒其二君【疏】注此象至二君○釋文作比殺申志反楚遂背叛者即上四年傳楚叛盟下六年楚人圍許是也狄伐晉滅溫即下八年狄伐晉十年狄滅溫是也晉里克比弒二君即下九年晉里克弒其君之子奚齊十年晉里克弒其君卓是也漢書五行志云僖公五年九月戊申朔日有食之董仲舒劉向以為先是齊桓行伯江黃自至南服強楚其後不內自正而外執陳大夫則陳楚不附鄭伯逃盟諸侯將不從桓政故天見戒其後晉滅虢楚圍許諸侯伐鄭晉弒二君狄滅溫楚伐黃桓不能救劉歆以為七月秦晉分

冬晉人執虞公

虞已滅矣其言執之何【注】据滅言以歸上傳云四年反取虞知去滅變以歸言執【疏】注据滅言以歸○即下二十六年楚人滅隗以隗子歸是也○注上傳至取虞○見上二年傳○注知去至言執○以上傳明云取虞知此為滅虞則書執為變以歸辭矣不與滅也曷為不與滅滅者亡國之善辭也【注】言滅者王者起當存之故為善辭【疏】注言滅至善辭○論語堯曰篇興滅國彼述武王克殷事明滅國當興也滅者亡國之善辭下十九年梁亡書亡為自亡與此之變以歸言執皆春

秋所絕也

滅者上下之同力者也注言滅者臣子與君戮力一心共死之辭也不但去滅復去以歸言執者明虞公滅人以自亡當絕不得責不死位也晉稱人者本滅而執之不以王法執治之故從執無罪辭也虞稱公者奪正爵起從滅也不從滅例月者略之

疏注言滅至辭也○校勘記云鄂本勠作戮此本文十三年疏所引同釋文戮又作勠葉本釋文云又作戮則正文當作勠字鄂本注作勠與釋文葉本合通義云謹按再言滅者言不與滅有一則罪虞貪賄滅人以自亡故不與善辭一則見晉詐諼取之虞君一臣無拒守之力故不得言滅也左傳曰罪虞公且言易也與此傳同義也○注不但至位也○繁露王道云虞公貪財不顧其難受晉之璧屈產之乘假晉師道還以自滅宗社破毀社稷不祀身死不葬又云觀乎虞公梁亡知貪財枉法之窮是其滅人以自亡故上二年坐虞滅人首惡序晉上此復辱其滅辭也責以死位者如莊十年書譚子奔莒此上弦子奔黃之屬是也杜云虞公貪璧馬之寶距絕忠諫稱人以執同於無道於其民之例所以罪虞繫滅國上云虞公不用宮之奇晉獻亡之存亡之端不可不知也諸侯見加以兵逃遁奔走至於滅亡而莫之救平生之素行可見也○注晉稱至辭也○通義云稱人以執者惡晉也按上四年傳云稱人以執者非伯討也明晉不以王法治之非伯討故從執無罪辭杜云晉侯修虞之祀而歸其職貢於王故不以滅同姓為譏非也沈氏欽韓左傳補注云春秋之義有見於彼而略於此者于彼見一義於此又見一義滅同姓惡之甚者也於衛侯燬滅邢見之則其

例可以類推此言晉人執虞公則虞公之國亡身虜有以自取又別起一義非以晉之罪爲可恕也刼賊殺人取財而分貨於上罪亦可免乎是其義也○注虞稱至滅也○包氏慎言云此言王者起亦絕而不錄也謂直絕其宗祀通義云○虞稱公者蓋嘗爲三公者按虞之正爵不可考周時二王之後稱公正爵也天子三公亦稱公職名也虞公以官稱知爲奪正爵起其滅也從字疑衍當涉下文不從滅例而誤耳穀梁注引江熙云春秋有州公郭公虞公凡三公非爵也傳以爲下執之辭嘗試因此論之五等諸侯民皆曰公存有王爵之限沒則申其臣民之稱州公舍其國故先書州公郭公資而歸曹故先名而後稱郭公夏陽亡則虞虞爲滅國故宜稱虞公三人殊而一致三公幷而同歸生死齊稱蓋春秋所賤按穀梁傳云其曰公何也猶曰其下執上之之辭也亦卽奪正爵之義魏策云昔者晉人欲亡虞而先伐虢伐虢者亡虞之始也故荀息以馬與璧假道於虞宮之奇諫而不聽卒假晉道晉人伐虢反而取虞故春秋書之以罪虞公○注不從至略之○滅例月者莊十年冬十月齊師滅譚十三年夏六月齊人滅遂之屬是也莊十年三月宋人遷宿注云月者遷取王封當與滅人同罪書者宋坐滅人宿不能死社稷當絕也若然彼譚子奔莒注云月者惡不死位與尋常小國奔殊也此不月故爲略辭

六年春王正月

夏公會齊侯宋公陳侯衞侯曹伯伐鄭圍新城

疏 杜云新城鄭新密今滎陽密縣大事表云今許州府密縣東南三十里有故密城水經注洧水篇洧水又東逕密縣故城南春秋謂之新城左傳僖六年會諸侯伐鄭圍

新密是也漢書地理志河南郡密下師古注云此即春秋傳六年圍新密者也蓋鄭地

邑不言圍此其言圍何彊也【注】惡桓公行霸彊而無義也鄭背叛本由桓公過陳不以道理當先修文德以來之而便伐之彊非所以附疏【疏】隱五年宋人伐鄭圍長葛傳文與此同彼注云据伐於餘丘不言圍是也下二十三年齊侯伐宋圍緡經文與此同傳云邑不言圍此其言圍何疾重故也義各有當皆惡辭也〇注惡桓至附疏〇毛本由誤白便誤使依宋本正繁露精華云損人之國而執其大夫不救陳之患而責陳不禮不復安鄭而必欲迫之以兵謂此說苑指武云聖人之治天下也先文德而後武力凡武之興為不服也文化不改然後加誅夫下愚不移純德之所不能化而後武功加焉

秋楚人圍許諸侯遂救許【疏】左傳楚子圍許以救鄭諸侯救許乃還穀梁傳善救許也

冬公至自伐鄭【注】事還於救許以伐鄭致者舉不得意【疏】注事還至得意〇莊六年傳云不得意致伐已移師救許仍以伐鄭作不得意辭者下七年書齊人伐鄭明此不得意故復伐也據左傳諸侯救許楚師卽還無為不得意也

七年春齊人伐鄭

夏小邾婁子來朝【注】至是所以進稱爵者時附從霸者朝天子旁朝

罷行進齊桓白天子進之固因其得禮且著其能以爵通 疏 注至是至爵者〇舊疏云決莊五年倪黎來來朝之文通義云進稱爵者始受王命列爲諸侯也杜注亦云郳犂來來始得王命而來朝也按莊五年傳倪者何小邾婁也小邾婁則曷爲謂之倪來能以其名通也故此稱子爲進稱爵〇注時附至爵通〇校勘記云鄂本罷作能按旁應讀去聲於朝天子罷而朝魯所謂朝罷朝也作能者應誤舊疏云小邾婁子朝天子不書者例所不錄以諸侯之法五年一朝天子是常事故不書之也朝魯謂之旁朝者欲對朝王爲正朝故也按小邾婁因朝天子齊桓白天子進稱爵然不合書時旁朝魯魯爲受命王因得禮書其爵以示法也

鄭殺其大夫申侯

其稱國以殺何 注 据晉侯殺其世子申生稱侯 疏 〇注据晉至稱侯見上五年

稱國以殺者君殺大夫之辭也 注 諸侯國體以大夫爲股肱士民爲肌膚故以國體錄 疏 孟子告子下云無專殺大夫故稱國以殺無貶辭也通義云謹案稱國者衆辭言非君得專殺之與衆棄之者也殺世子母弟不稱國者不與國人慮兄弟也古者刑人于市刑公族于甸師是其義也

秋七月公會齊侯宋公陳世子款鄭世子華盟于甯毋 疏 穀梁甯毋左傳釋文毋如字又音無注同校勘記云閩本毋作母釋文甯毋音無或音某葉鈔本及唐石經作甯母穀梁釋文亦作母按甯寧音義通禮

記禮運注陳靈公與孔甯儀行父釋文甯本又作寧今左傳作寧公羊作甯是也說文用部甯所願也从用寧省聲丂部寧願詞也从丂寍聲是其證杜云高平方與縣東有泥母亭音如甯一統志泥母亭在兗州府魚臺縣東二十里大事表云在今兗州府魚臺縣東二十里水經注菏水又東逕泥母亭北春秋左傳盟于甯母謀伐鄭也差繆略云左氏陳世子款下又有鄭世子華誤加之也寧左氏作甯則陸所見公穀本無鄭世子華甯作寧俱與今本異趙氏坦異文箋云陸氏殆因左氏傳有會而列姦何以示後嗣及記姦之位君盟替矣之語而云然唐石經左公穀並有鄭世子華四字

曹伯般卒　疏　左氏穀梁般作班易屯六二乘馬班如釋文鄭本作般左傳襄十八年云有班馬之聲釋言注引作般書分器序班宗彝釋文班本又作般是音義通

公子友如齊

冬葬曹昭公

八年春王正月公會王人齊侯宋公衞侯許男曹伯陳世子款鄭世子華盟于洮　疏　校勘記云唐石經諸本同按左氏穀梁無鄭世子華故下鄭伯乞盟此蓋因注言甯母之盟陳鄭遣世子而誤衍趙氏坦異文箋亦云此經下即次鄭伯乞盟則鄭世子華不會盟可知公羊衍此四字杜云洮曹地大事表云僖三十一年晉文公分曹地自洮以南東傅于濟即此今曹州府濮州西南五十里有洮城水經注今鄄城西南五十里有姚城或謂之洮

王人者何微者也曷爲序乎諸侯之上先王命也注銜王命會諸侯諸侯當北面受之故尊序於上時桓公德衰甯毋之盟常會者不至而陳鄭又遣世子故上假王人之重以自助疏注銜王至於上〇穀梁傳曰王人之先諸侯何也貴王命也朝服雖敝必加于上弁冕雖舊必加於首周室雖衰必先諸侯漢書翟方進傳涓勳奏言春秋之義王人微者序乎諸侯之上尊王命也周禮內司服注春秋之義王人雖微者猶序於諸侯之上所以尊尊也疏云以其天子中士已上於經見名氏天子下士名氏不見今直云人是天子下士序在諸侯之上是尊王命〇注時桓至自助〇甯毋之盟見上七年彼云公會齊侯宋公陳世子款鄭世子華盟于甯毋是陳鄭皆遣世子也衞侯許男等皆不至是常會者不至也桓公假王人之重與上五年會王世子于首戴同

鄭伯乞盟

乞盟者何處其所而請與也注以不序也疏繁露觀德云洮之會鄭處而不來謂之乞盟穀梁亦云乞者處以所而請與也注言乞知不自來通義云處其所者居其國而不自來也與許也使請見許盟于齊也〇注以不序也〇謂洮之會不序鄭也是知公羊亦無鄭世子華矣

其處其所而請與奈何蓋酌之也

注酌挹也時鄭伯欲與楚不肯自來盟處其國遣使挹取其血而

請與之約束無汲汲慕中國之心故抑之使若叩頭乞盟者也不錄使者方抑鄭伯使若自來也不盟不爲大惡者古者不盟也疏注酌挹也○穀梁傳亦曰蓋汋之也注汋血而與之通義云周官邦汋先鄭司農曰汋讀如酌酒尊中之酌斟酌盜取國家密事若今時刺探尙書事然則酌之猶言探之也鄭屬於楚不敢親來盟使世子爲乞盟以探齊侯之意蓋齊侯許之故下葵丘之盟鄭伯遂自至也讀書叢錄云周禮士師掌王之八成一曰邦汋鄭司農注國汋者斟酌盜取國家密事謂鄭探知之而請盟也汋酌古今字按禮記坊記上酌民言注酌猶取也詩酌序釋文酌本作汋故穀梁亦作汋莊子田子方篇夫水之可汋也釋文引李注汋取也禮記郊特牲云縮酌用茅注酌猶斟也左傳成六年子爲大政將酌於民者也注酌取民以爲政又成十四年傳不內酌飲皆挹取之義故何氏訓酌爲挹孔氏孫氏說非何義○注時鄭至者也○毛本義乞盟誤乞明孟子告子下束牲載書而不歃血注但加載書不復歃血周禮司盟職掌盟載之法謂盟時爲書殺牲取血坎其牲而加書以埋之故左傳襄二十六年伊戾誣太子痤與客盟謂坎用牲加書也鄭伯心二於楚又懼中國但遣使挹血爲盟故春秋抑之書乞也下九年穀梁傳曰葵丘之會陳牲而不殺注所謂無歃血之盟是也彼疏云八年洮會云汋血與鄭伯者彼兵車之會故也以彼莊二十七年傳云衣裳之會十有一未嘗有歃血之盟故楊如此解也范注又引鄭君云盟牲諸侯用牛大夫用豭○注不錄至來也○鄭伯使人來盟宜書鄭伯使某乞盟如襄三年陳侯使袁僑如會矣欲深抑鄭伯之即夷背中國故特鄭伯若自乞盟也○注不盟至盟也○古者不盟桓三年傳文舊疏云知非

大惡者正以鄭伯不貶不絕故也若其是大惡宜如陳佗之貶爵書名矣是也

夏狄伐晉

秋七月禘于太廟用致夫人疏禮記雜記云孟獻子曰正月日至可以有事于上帝七月日至可以有事于祖七月而禘獻子爲之也注云獻子欲尊其祖以郊天之月對月禘之非也魯之宗廟猶以夏時之孟月也明堂位曰季夏六月以禘禮祀周公于太廟正義云周之季夏即夏之孟月建巳之月春秋宣九年獻子始見經僖八年於時未有獻子而七月禘者鄭答趙商云以僖八年正月公會王人于洮六月應禘以在會未還故至七月乃禘君子原情免之理不合譏而書之爲致夫人故書七月禘也義或然也

用者何用者不宜用也致者何致者不宜致也禘用致夫人非禮也注以致文在廟下不使入廟知非禮也禮夫人始見廟當特祭而因禘諸公廟見欲以省煩勞不謹敬故譏之不日者下用失禮明疏穀梁傳曰用者不宜用者也致者不宜致者也○注以致至禮也○以經書致用在廟下不宜己見也通義云禘夏祭名時祭當以夏正首月周七月非所用禘也時因夫人始至特用禘禮使見於廟故譏其不宜用不宜致禮器曰不嘗嘉事鄭司農以爲嘉事之祭致夫人是也乃取此經說之解詁箋云夫子曰魯之郊禘非禮也春秋因假以見王義故曰舍魯何適非以爲內小惡

不諱也禮不王不禘禘者審諦功德功臣與祭非審諦昭穆也商頌長發備矣○注禮夫至譏之○禮昏禮述士禮云舅姑既沒則婦入三月乃奠菜又記云婦入三月然後祭行然則新婦三月行廟見禮所謂特祭也於後值時祭則助祭所謂祭行也故彼注云入夫之室三月之後於祭乃行謂助祭也程氏瑤田通藝錄云助祭自兼嫡婦庶婦言賈疏惟指嫡婦未備若三月廟見則惟嫡婦助以廟見奠菜象盥饋庶婦不饋則亦不奠菜也禮記曾子問云三月而廟見稱來婦也擇日而祭于禰成婦之義也推之諸侯夫人理亦宜然此夫人未特行廟見遇有禘祭因而致之故爲譏省煩勞不敬謹也○注不月至禮明○毛本失禮誤夫禮舊疏云隱五年考仲子之宮下注云失禮鬼神例日此亦失禮而不書日故知用在廟下失禮已明不勞舉日也通義云宗廟例日不日者不主爲祭事譏故從夫人至例本不日也

夫人何以不稱姜氏貶曷爲貶注据夫人姜氏入不貶疏注据夫至不貶○莊二十四年夫人姜氏入是也

譏以妾爲妻也注以逆不書入廟當稱婦姜而稱夫人者夫人當坐篡嫡也妾之事嫡猶臣之事君同疏注以逆不書○舊疏云欲道傳家知以妾爲妻者正以初逆不書與桓莊之屬夫人文異故也是也○注入廟至嫡也○宣元年遂以夫人婦姜至自齊是也婦者有姑之詞成風在故宜稱婦姜氏今不然故知坐篡舊疏云入廟當稱婦今而稱夫人明其有篡嫡之心欲得爲夫人是以稱之曰夫人見其當有篡嫡之罪矣猶如桓宣篡弒得即位是以春秋亦如其意書其即位明其本意耳○注妾之至君同○釋名釋親云妾謂夫之嫡妻曰女君禮喪服不杖期章妾爲女君賈疏云妾事女君使與臣

事君同故次之謂次爲君之父母妻長子祖父母也敎繼公儀禮
集說云此服期與臣爲小君之義相類是也妻與夫敵體婦人無
爵從夫之爵故妾以夫爲君卽以嫡妻爲女君是與臣事君同也
繁露王道云立夫人以嫡不以妾舊疏云注言此者欲道妾之篡
嫡欲得爲夫人春秋書之曰夫人猶如臣子
篡君欲得卽位而春秋亦書卽位之義矣
其言以妾爲妻奈何
蓋脅于齊媵女之先至者也注以不致楚女及夫人至皆不書也
僖公本聘楚女爲嫡齊女爲媵齊先致其女脅僖公使用爲嫡故
從父母辭言致不書夫人及楚女至者起齊先致其女然後脅魯
立也楚女未至而豫廢故皆不得以夫人至書也疏繁露七十云
妾不奉君之
命則媵女先至者也○注僖公至爲媵○舊疏云春秋說文通義
云謹案齊女聖姜也楚女頊熊也禮同姓相媵異姓則否而魯嫁
伯姬齊人來媵邾文公元妃齊姜二妃晉姬末世之事不復依古
是以齊女得爲楚媵矣按同姓相媵本左氏家言未可爲據解詁
箋云傳以夫人爲聖姜穀梁以爲成風皆立妾之詞非禮也詩曰
魯侯燕喜令妻壽母宜大夫庶士邦國是有既多受祉妻聖姜母
成風宜言不宜也既多言弗戠也皆微辭春秋之制諸侯世子誓
于天子得外取公子與大夫同不得外取卽位逆女夫人備左右
媵姪娣焉聖姜蓋僖公未卽位時取於齊者經無如楚逆女及夫
人姜氏至自齊之文故傳爲存疑詞按如劉說僖公庶子宜與大
夫同不外取爲得未卽位時卽取於齊欲違傳義無實據焉○注
齊先至言致○成九年季孫行父如宋致女注古者婦人三月而

後廟見稱婦擇日而祭于禰父母使大夫操禮而致之故言致爲從父母辭也○注不書至書也○校勘記云元年疏引作脅魯使立也此脫使字舊疏云皆欲道若齊女未至而已脅魯之時可以書其至今先致其女乃後脅魯爲夫人其初至而之時乃爲媵妾是以不得書其至矣按齊先致女後脅立故齊女不得以夫人至其楚女未至而豫廢故又不得書楚女至也左氏以爲禘而致哀姜按哀姜淫於二叔比弑二君爲齊桓所誅僖公無緣復致爲夫人穀梁以爲成風注云立之以爲夫人然子無立母之義卽母以子貴卽位除喪時卽宜尊立何至此始因禘而致與齊先致其女脅魯使立宜亦春秋說文

冬十有二月丁未天王崩注惠王也疏包氏愼言云經書十二月丁未天王崩月之二十一日按是月己丑朔當十九日

公羊義疏三十

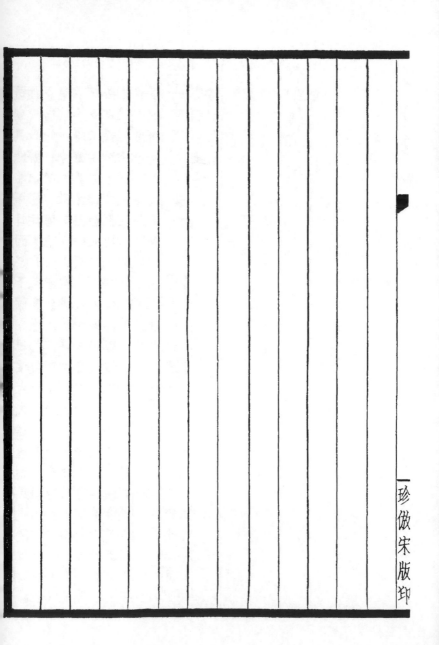

南菁書院

句容陳立卓人著

傳九年盡十二年

九年春王三月丁丑宋公禦說卒【疏】包氏慎言云經書三月丁丑宋公禦說卒月之二十二日左氏經作正月正月之二十一日亦爲丁丑禦說左氏作御說禦御通史記宋世家云公子禦說奔亳漢書古今人表宋桓公禦說俱與此同按三月朔爲戊午丁丑當月之二十日若正月當十九日

何以不書葬爲襄公諱也【注】襄公背殯出會宰周公有不子之惡後有征齊憂中國尊周室之心功足以除惡故諱不書葬使若非背殯也【疏】注襄公至殯也○監本也作者背殯出會事在下下十八年傳曷爲不使齊主之與襄公之征齊也桓公死豎刀易牙爭權不葬爲是故伐之也是征齊之文也又十九年宋人執滕子嬰齊注名者著葵丘之會叛天子命者也又二十一年傳曷爲不言捷乎宋爲襄公諱也注襄公本會楚欲行霸憂中國也是有憂中國尊周室之心也桓公無不合葬今不書葬故知爲襄公諱也白虎通喪服云諸侯朝而有私喪得還何凶服不入公門君不呼之義也是則諸侯雖當朝會一聞私喪即當還歸其背殯出會之非愈見春秋爲宋襄晉文諱諱之正以刺之也解詁箋云春秋託齊桓爲二伯宋有大喪而强會其孤故不書諱葬嫌爲齊

桓諱與陳侯款同例通義云此亦兼爲齊桓諱與陳侯款同意按孔說是

夏公會宰周公齊侯宋子衛侯鄭伯許男曹伯于葵丘**疏**杜云陳留外黃縣東有葵丘城釋例或曰河東汾陰縣爲葵丘非也大事表云今在歸德考城縣東三十里亦用杜說水經注泗水篇黃溝自城南東經葵丘下春秋齊桓公會諸侯于葵丘是也馬氏宗槤春秋左傳古地補注云鄭元引春秋古地云葵丘地名今鄭西臺是也鄭本齊桓公所置管子築五鹿鄭中牟以衛諸夏是葵丘宜在鄭與宰孔勤遠略之言相合元和志在曹州考城縣東南一百五十步考城縣志葵丘東南有盟臺其地名盟臺鄉四書釋地續云春秋有二葵丘一齊地近在臨淄縣連稱管至父所戍者一宋地司馬彪云陳留外黃縣東有葵丘齊桓會此城中遠在齊之西南一故宰孔稱齊侯西爲此會也全氏祖望經史問答云葵丘有三其一在齊其一在陳留之外黃其一在晉見於水經注然宰孔論齊侯之盟以爲西略則似非陳留之外黃也答云杜預以爲外黃亦有以爲汾陰之葵丘者而杜非之以爲若是汾陰則晉乃地主夏會秋盟豈有不預之理杜言亦近是然愚則以爲宰孔明言西略而以爲陳留是仍東略也則宜在汾陰蓋當時之不服桓公者楚而晉實次之周惠王之言可驗也故桓公特爲會於晉也以致之亦伯者之用心也按陳留在齊西南以爲西略無不可然上言南伐楚楚更在陳留西南文義似乖而在汾陰亦太遠則似在鄭者近是鄭亦近晉故晉獻欲會葵丘也

宰周公者何天子之爲政者也**注**宰猶治也三公之職號尊名也

以加宰知其職大尊重當爲天子參聽萬機而下爲諸侯所會惡不勝其任也宋未葬不稱子某者出會諸侯非尸柩之前故不名

疏 注宰猶治也○小爾雅廣詁云宰治也文選注引聲類云宰治也白虎通爵篇云所以名之爲冢宰何冢者大也宰者制也大制事也書疏引周官馬傳云宰制也制治義通○注三公至名也○漢書翟方進傳春秋之義尊上公謂之宰海內無不統也風俗通十反云春秋尊公曰宰其吏爲士言於四海無所不統焉古者坐而論道謂之王公公宰則又三公中爲政者故爲職號尊名也通義云以三公領太宰者也○注以加至任也○舊疏云決上五年首戴之會總序諸侯乃言會王世子若以世子爲會主致諸侯于此會而會之然也今此宰周公文與彼異故知下爲諸侯所會按後漢書仲長統傳法誡篇曰周禮六典冢宰貳王而理天下春秋之時諸侯明德者皆一卿爲政是宰職大尊重與天子參聽萬機也萬機者書皐陶謨云一日二日萬幾彼釋文云徐音機孔傳言當戒懼萬事之微也穀梁傳曰天子之宰通乎四海注三公論道之官無事于會盟是亦用公羊義也○注宋未至不名○莊三十二年傳云君存稱世子君薨稱子某既葬稱子踰年稱公此非尸柩前無君前臣名之義故稱子不名知未葬者上宋公卒在三月此夏三月俱在五月限內也若然桓十一年鄭忽出奔衛注云據宋子既葬稱子者彼統以未踰年言之明雖葬仍宜稱子也宋子出會非居尸柩前同既葬之稱故彼注即据此爲既葬以難也彼疏引此注非下有居字蓋既葬稱子者正稱未葬亦稱子以王事出會故屈其本稱亦不以家事辭王事義也通典引異義公羊說云諸侯未踰年不出境在國中稱子以王事出亦稱子非王事而

出亦稱子會同安父位不稱子鄭伯伐許未踰年以本爵譏不子也左氏說諸侯未踰年在國內稱子以王事出則稱爵詘於王事不敢申其私恩鄭伯伐許是也春秋不得以家事辭王事諸侯蕃衛之臣雖未踰年以王事稱爵故也鄭駁曰昔武王卒父業既除喪出至孟津之上猶稱太子者是爲孝也今未除喪而出稱爵是與武王義反矣春秋僖九年春三月丁丑宋公禦說卒夏公會宰周公齊侯宋子衛侯鄭伯許男曹伯于葵丘宋子即未踰年君也出與天子大夫會是非王事而稱子耶按左傳明云凡在喪王曰小童公侯曰子不別在國出外之異知左氏說當亦與公羊同也曲禮疏云公羊未踰年爲王事者皆稱子即宋襄公稱子陳共公稱子是也左氏未踰年爲王事者稱爵鄭駁異義引宋襄公稱子從公羊之說以爲稱子禮也孔疏節引異義說也禮記雜記云君薨大子號稱子待猶君也注謂未踰年也雖稱子與諸侯朝會如君矣春秋魯僖公九年夏葵丘之會宋襄公稱子而與諸侯序疏云宋襄公稱子序在齊侯之下與尋常宋公同是與諸侯序也

秋七月乙酉伯姬卒疏包氏慎言云伯姬之卒係在八月二日而經書於七月按曆乙酉爲八月朔日若七月大則乙酉爲三十日

此未適人何以卒注据杞叔姬不卒疏注据杞叔姬不卒○舊疏云宜作伯姬字即莊二十七年春公會杞伯姬于洮注云伯姬不卒者蓋不與卒于無服此未適人何以卒故難之也春秋之內唯有杞叔姬來歸成八年杞叔姬卒更無叔姬不卒之事故如此解

許嫁矣婦人許嫁字而笄之注字者尊而不

泄所以遠別也笄者簪也所以繫持髮象男子飾也服此者明繫屬於人所以養貞一也婚禮曰女子許嫁笄而醴之稱字疏注字者至別也○禮記冠義云已冠而字之成人之道也注字所以相尊也又郊特牲云冠而字之敬其名也男之冠猶女之笄稱字之義則同也白虎通姓名云人所以有字何所以冠德明功敬成人也又云婦人十五稱伯仲何婦人質少變陰道促蚤成十五通乎織紝紡績之事思慮定故許嫁笄而字故禮經曰女子十五許嫁笄禮之稱字禮記內則云十有五年而笄注謂應年許嫁者女子許嫁字而笄之又曲禮云女子許嫁笄而字注以許嫁為成人也列女傳魏曲沃負傳是故十五而笄二十而嫁早成其謚號所以就之是皆尊而不泄義也遠別者舊疏云以內之公子為大夫者卒皆稱名而內女嫁許卒而稱字所以遠別之故也○注笄者至飾也○禮士冠禮注笄今之簪周禮追師職為副編次追衡笄注卷髮者國語晉語云折委笄注笄簪也禮士昏禮云姆纚笄宵衣在其右注笄今時簪也又士冠禮皮弁笄爵弁笄注笄今之簪有笄者屈組為紘垂為飾無笄者纓而結其條笄一名衡詩鄘風君子偕老云副笄六珈傳笄衡也其制則文九年穀梁傳注吉笄以象為之刻鏤其首以為飾喪笄無飾則禮喪服傳惡笄者櫛笄也亦名箭榛笄彼注云櫛笄者以櫛之木為笄或曰榛笄以竹為之者曰箭笄喪服傳箭笄長尺注箭笄篠竹笄也是也魏書劉芳傳高祖宴羣臣于華林肅語次云古者唯婦人有笄男子則否芳曰推經禮正文古者男子婦人俱有笄肅曰喪服稱男子免而婦人髽男子冠而婦人笄如此則男子不應有笄芳曰此專謂凶事也禮初遭喪男子免時則婦人髽男子冠時則婦人笄言俱時變而男

子婦人免髽冠笄之不同也又冠尊故尊其笄稱且互言也非謂
男子無笄又禮內則稱子事父母雞初鳴櫛纚笄總以此而言男
子有笄明矣士冠禮疏凡諸設笄有二種一是紒內安髮之笄一
是皮弁爵弁及六冕固冠之笄特牲疏云冠冕之笄男子有婦人
無安髮之笄男子婦人皆有按喪服傳云箭笄皆尺吉笄尺二寸
賈疏云吉笄大夫士之妻用象天子諸侯之后夫人用玉女子許
嫁宜吉笄分別天子諸侯大夫士耳范注吉笄以象為之刻鏤其
首以為飾成人著之與賈說異○注服此至一笄也○白虎通嫁娶
云七歲之陽也八歲之陰也七八十五陰陽之數備有相偶之志
故禮記曰女子十五許嫁笄而字禮之稱字陰繫于陽所以專一
之節也陽尊無所繫又云陰數偶故再成十四加一為十五故十
五許嫁也各加一所者明其專一繫心所以繫心者防淫泆也禮記
曲禮云女子許嫁纓注女子許嫁繫纓有從人之端禮昏禮主
人親脫婦纓注婦人十五許嫁笄而醴纓之者因著纓明有繫也蓋五
采為之禮記內則云婦事舅姑衿纓注婦人有纓示繫屬也○注
婚禮至稱字○校勘記云醴之鄂本宋本閩監本同毛本醴誤禮
禮記雜記疏引賀瑒云十五許嫁而笄者則主婦及女賓為笄禮
主婦為之雜記著笄女賓以醴禮之未許嫁而笄者則婦人禮之無主
婦主賓不備禮也所引婚禮者婚禮記文鄭注云許嫁已受納徵
禮也主笄女之禮禮猶冠男也使主婦女賓執其禮疏云笄女許嫁者
用醴禮之未許嫁者當用酒醮之又曲禮女子許嫁笄而字彼注
以許嫁為成人故死則成人之喪治之也其未許嫁者二十而笄
雜記云女雖未許嫁年二十而笄禮之婦人執其禮則賀氏所述
未許嫁而笄之禮也雜記又云燕則鬈首注既笄之後去之猶若
女有嘗紒也然則時若死則宜服姑姊妹女子子在室之
服諸侯絕旁期自不服也春秋所書皆許嫁諸侯者也

死則以

成人之喪治之【注】不以殤禮降也許嫁卒者當爲諸侯夫人有卽貴之漸猶俠卒也日者恩尤重於未命大夫故從諸侯夫人例【疏】注不以殤禮降也○穀梁傳云內女也未適人不卒此何以卒也許嫁笄而字之死則以成人之喪治之注女子許嫁不爲殤死則以成人之喪治之謂許嫁於諸侯尊同則服大功九月禮記喪服小記云丈夫冠而不爲殤婦人笄而不爲殤注言成人也婦人許嫁而笄未許嫁與丈夫同疏引射慈喪服變除云未許嫁十九猶爲殤喪服大功章云年十九至十六爲長殤十五至十二爲中殤十一至八歲爲下殤不滿八歲以下爲無服之殤無服之殤以日易月以日易月之殤殤而無服故子生三月則父名之死則哭之未名則不哭也緦麻章云長殤中殤降一等下殤降二等齊衰之殤中從上大功之殤中從下主謂婦人爲殤者服也殤小功章云中殤何以不見也大功之殤中從上小功之殤中從下則謂丈夫之爲殤者服也桉女子子雖不二十但許嫁卽不爲殤死則喪之如成人從出降之例其女爲本親之服亦從出降一等所謂逆降故喪服大功章有女子子嫁者未嫁者爲世父母姑姊妹傳曰未嫁者成人而未嫁者也是也其許嫁之後則杖喪服小記云女子子在室爲父母其主喪者不杖則子一人杖注女子子在室父母亦童子也無男昆弟使同姓爲攝主不杖則子一人杖謂長女也許嫁及二十而笄笄爲成人成人正杖也蓋以其許嫁已有出適人之道非復在室其雖未許嫁已在二十而笄猶男子之已冠故同成人也故雜記注云雖未許嫁年二十亦爲成人矣禮之酌以成之言婦人執其禮明非許嫁之笄既笄之後去之也又檀弓云姑姊妹之薄也蓋有受我而厚之者也爲夫家所厚故我降之曾子

問云取女有吉日而女死如之何孔子曰壻齊衰而弔既葬而除之其夫不爲服則本宗之親不降矣○注許嫁至之漸○通義云禮諸侯絕旁期爲其女子子無服唯嫁爲國君夫人者乃以尊同爲之大功若其許嫁國君雖未行有貴道當亦爲之大功故從內女有服者錄卒也喪服大功章有女子子嫁者未嫁者爲世父母叔父母姑姊妹傳曰嫁者其嫁于大夫是也未嫁者其成人而未嫁者也彼言女子子成人而許嫁大夫者雖未嫁得以貴降其世父母叔父母姑姊妹與嫁者同則父母於未嫁之女亦得以貴制服相較足明矣按此爲許嫁諸侯尊同已嫁者服大功則此在室宜服其本服期矣○注猶俠卒也○見隱九年彼傳云俠者何吾大夫之未命者也注未命所以卒者貴疑從重則彼俠雖未命已爲大夫有貴之漸故從重恩錄之此伯姬已許嫁爲諸侯夫人故得書之也○注日者至人例○此決俠卒不日故言日者恩尤重於未命大夫故從諸侯夫人卒例書日如成八年冬十月癸卯杞叔姬卒之屬是也通義云師說以爲許嫁邾婁

九月戊辰諸侯盟于葵丘

桓之盟不日此何以日危之也【疏】穀梁傳桓盟不日此何以日美之也彼注引何氏廢疾以爲卽日爲美其不日皆爲惡也桓公之盟不日皆爲惡耶鄭釋之曰莊十三年柯之盟不日因始信之自其後盟以不日爲平文從陽穀已來至此葵丘之盟皆令諸侯以天子之禁桓德極而將衰故備日以美之至此不復盟矣劉氏逢祿廢疾申何云以不日爲信又以日爲美不幾於亂乎春秋美人之功不于其方盛而于其將衰者未之聞也扈之盟書甲寅者亦將以爲美乎齊氏召南考證云

穀梁以爲美公羊以爲危合之祇當孟子一盛字葵丘之會桓之極盛而衰之時也按齊氏可謂調人劉兆矣包氏愼言云九月戊辰盟于葵丘月之十六日按當十四日

何危爾貫澤之會桓公有憂中國之心不召而至者江人黃人也

疏上二年秋九月齊侯宋公江人黃人盟于貫是也彼言貫此言貫澤舊疏云蓋一地二名也彼爲盟此言會者蓋先會後盟彼舉其重此舉其初言也按上二年釋文云二傳無澤字則陸本彼經亦作貫澤矣繁露精華云齊桓卽位五年不能致一諸侯於柯之盟見其大信一年而近國之君畢至鄄幽之會是也至於救邢衛見存亡繼絕之義明年遠國之君畢至貫澤陽穀之會是也新序九云齊桓公時江黃小國也在江淮之間近楚楚大國也數侵伐欲滅取之江人黃人患楚齊桓公方存亡繼絕救危扶傾尊周室攘夷狄爲陽穀之會貫澤之盟與諸侯將伐楚江人黃人慕桓公之義來會盟于貫澤

葵丘之會桓公震而矜之叛者九國

注下伐厲善義兵是也會不書者叛也叛不書者爲天子親遣三公會之而見叛故上爲天子下爲桓公諱也會盟一事不舉重者時宰周公不與盟

疏繁露精華云其後矜功振而自足而不修德故楚人滅弦而志弗憂江黃伐陳而不往救損人之國而執其大夫不救陳之患而責陳不納不復安鄭而必欲迫之以兵功未良成而志已滿矣故曰管仲之器小哉自是日衰而九國叛矣鹽鐵論世務云昔齊桓公內附百姓外綏諸侯存亡接絕而天下從風其後德虧行衰葵丘之會振而矜之叛者九國春秋刺其不崇德而崇力也故任德則强楚告服遠國

不召而自至任力則近者不親小國不附此其效也史記蔡澤傳昔者齊桓公九合諸侯一匡天下至於葵丘之會有驕矜之志畔者九國按汪氏中述學釋三九云一奇二偶不可以爲數二乘一則爲三故三者數之成也積而至十復歸於一十不可以爲數故九者數之終也於是先王制禮一二所不能盡者則以三爲之節三加三推之屬是也三之所不能盡者則以九爲之節九章九命之屬是也此制度之實數也因而人之措詞一二所不能盡者則約之三以見其多三之所不能盡者則約之九以見其極多此言語之虛數也實數可稽也虛數不可執也何以知其然也易近利市三倍詩如賈三倍論語焉往而不三黜春秋傳三折肱此不必限以三也論語三思而後行三嗅而作孟子三咽此不可知爲三也論語子文三仕三已史記管仲三仕三見逐三戰三走田忌三戰三勝范蠡三致千金此不必果爲三也故知三者虛數也楚詞雖九死其猶未悔此不能有九也詩九十其儀史記若九牛之亡一毛又腸一日而九迴此不必限以九也孫子善守者藏於九地之下善攻者動於九天之上此不可以九言也故知九者虛數也推之十百千萬固亦如此則此之叛者九國亦不必果爲九國也蓋九之爲言多也言叛者衆非實有九國猶漢紀言叛者九起也○注下伐至是也○下十五年秋七月齊師曹師伐厲注云月者善錄義兵厲葵丘之會叛天子之命者是也通義云九國未聞蓋微國若江黃道柏之屬左氏稱晉侯如會遇宰周公而歸亦叛者之一國也易曰日中則昃月盈則食桓公之盟至于葵丘盛矣而九國解體亦遂櫱芽於此春秋危而日之言乎持盈易傾居盛難繼濟以沖愼令終之道所以深惜桓公而爲後之尸大名矜大功者戒焉○注會不書者叛也○舊疏云屬等九國亦在于會而葵丘之會不書以其叛天子之命故也○注叛不至諱也○以上書公

會宰周公齊侯已下于葵丘也所謂爲尊者諱爲賢者諱也〇注
會盟至與盟〇義與上五年首戴同何意若舉重則當書公會宰
周公齊侯已下盟于葵丘矣時宰周公不與盟故上書會此書盟
會盟兩舉也舉重者如文十四年公會宋公已下同盟于新城莊
十六年二十七年書公會齊侯宋公已下同盟于幽之屬會輕盟
重故舉其重也不與釋文作不預音豫葉鈔本豫作預則正文不
當作預按注云不與盟釋文必本作不與音預既改正文不與爲
預遂改小字音預爲豫矣左傳亦稱宰孔先歸又云遇晉侯曰可
無會矣不言可無盟是其不與盟也震之者何猶曰振振然注亢陽之貌疏此以振釋震也
史記夏本紀震澤致定索隱震一作振荀子正論莫不振動從服
以化順之注振與震同易恆振恆釋文本作震是震振古音義通
故震義猶言振振也詩周頌振鷺于飛傳振振羣飛貌則有亢象
故管子七臣七主云振主喜怒無度注動發威嚴謂之振也此之
震而矜猶彼之振主也〇注亢陽之貌〇易乾上九云亢龍有悔
文言傳亢之爲言也知進而不知退知存而不知亡知得而不知
喪即義也震矜之者何猶曰莫若我也注色自美大之貌疏淮南本經和而弗矜
注矜自尊大也廣雅釋詁齡大也即矜字淮南詮言故通而弗矜
注矜自伐其功也管子法法彼矜者滿也詩小戎序國人則矜其
車甲注矜夸大也皆與莫若我義合

甲戌晉侯詭諸卒注不書葬者殺世子也疏左氏穀梁甲戌作甲子
趙氏坦異文箋云經書九月戊辰諸侯盟于葵丘甲子晉侯佹諸卒杜氏云甲子九月十
一日戊辰十五日也書在盟後從赴然左氏傳秋齊侯盟諸侯于

葵丘曰凡我同盟之人既盟之後言歸于好宰孔先歸遇晉侯曰可無會也齊侯不務德而勤遠略故北伐山戎南伐楚西爲此會也東略之不知西則否矣其在亂乎君務靖亂無勤於行晉侯乃還九月晉獻公卒据此則獻公之卒實在盟後公羊作甲戌爲九月二十一日似得其實左穀經作甲子或譌一字包氏慎言云甲戌晉侯詭諸卒月之二十一日按當二十日通義云杜預於此云書在盟後從赴其於襄二十九年閽弒吳子餘祭吳子使札來聘又云札以六月到魯未聞喪也若以赴告先後書者何不退弒餘祭于札聘之下兩注自相乖礙預作長曆推驗日月經未必誤輒謂之誤此實誤轉謂不誤抑惑之甚按繁露隨本消息云晉獻公卒齊桓爲葵丘之會再致其集則上葵丘之會晉後在焉故左傳有宰孔語晉侯事今公羊傳文不載當見之公羊內傳諸書也詭諸左氏作佹諸晉世家云武公三十九年而卒子獻公詭諸立國語晉語獻公戎驪戎注獻公詭諸也隸釋鄭固碑造膝佹辭洪云碑以佹爲詭是詭佹通也〇注不書至子也〇上五年春晉侯殺其世子申生是也繁露王道云晉獻公行逆理殺世子申生以驪姬立奚齊卓子皆殺死國大亂四世乃定幾爲秦所滅從驪姬起也又云觀乎晉獻公知逆理近色之過通義云不葬者里克弒先君之命嗣與弒君同罪奚齊未踰年本以無子不廟例不書葬實討賊之文不得見乃更移賊未討不書葬之義於此明晉之臣子不爲奚齊討賊卽爲無恩於獻公故不繫臣子辭也知不然者公子遂弒子赤宣公之立與晉惠同其時亦未討賊文公何以書葬故范注穀梁云枉殺世子申生失德不葬亦取公羊爲說也錢氏大昕潛研堂荅問云楚成之事與晉獻略同子孝則爲申生子不孝則爲商臣而晉亦尋有奚齊與卓子之弒未有家不齊而國治者也故晉獻亦不書葬也舊疏云凡君殺無罪大夫例去其葬以

絶之

冬晉里克弑其君之子奚齊 疏 左氏穀梁弑作殺公羊釋文本亦作殺音試下及注放此按殺弑音之轉左氏釋文殺如字又音弑謂公羊也經韻樓集云僖九年左氏釋文經殺其君之子如字又音弑傳同公羊音試按此條極謬云如字是在喪之君可稱殺也云如字又音弑則岐惑不定也云傳同不知左傳云冬十月里克殺奚齊于次書曰殺其君之子未葬也荀息立公子卓以葬十一月里克殺公子卓于朝兩言殺記事之文也一言弑述經之文也本不亂而後人亂之其云公羊音試則公羊本不作殺公羊經云晉里克弑其君之子奚齊傳云此未踰年之君其言弑其君之子奚齊何弑未踰年君之號也注云欲言弑其子奚齊嫌無君文與殺大夫同欲言弑其君又嫌與弑成君同故引先君冠子之上則弑未踰年君之號定而坐之輕重見矣此公羊經之作弑了然其穀梁經本亦作弑其君之子無疑今石經及板本皆作殺非也坊記魯春秋記晉喪曰殺其君之子奚齊及其君卓檃括聖經以一弑領二君今亦譌爲殺字則亦陸氏之憒憒耳今人左傳穀梁讀本及胡安國本奚齊作殺卓子作弑學者乃疑未成君可以不云弑按晉世家秋九月獻公卒十月里克弑奚齊于次亦承用左氏記事文也

此未踰年之君其言弑其君之子奚齊何 注 据弑其君舍不連先君連名者上不書葬子某弑君名未明也 疏 注据弑至先君○文十四年齊公子商人弑其君舍是也○注連名至明也○舊疏云言名未明者弟子本意正欲問弑其君之子而連奚齊何之者恐人不知奚齊之名爲

是先君未葬稱子某似若子般子野之屬爲是被弒之故稱名似若諸兒卓子之屬是也是以將名連弒問之欲使後人知其稱名之義

弒未踰年君之號也注欲言弒其子奚齊嫌無君文與殺大夫同欲言弒其君又嫌與弒成君同故引先君冠子之上則弒未踰年君之號定而坐之輕重見矣加之者起先君之子不解名者解言殺從弒名可知也弒未踰年君例當月不月者不正遇禍終始惡明故略之

疏校勘記云閩監毛本同唐石經鄂本宋本殺作弒按釋文則此經弒多作殺或讀爲弒以意求之唐石經以下本皆作弒此作殺爲岐出然殺可讀弒弒不可讀殺也通典引異義未踰年之君繫父不公羊說未踰年之君皆繫于父晉里克殺其君之子奚齊是也左氏說未踰年之君未葬繫于父殺奚齊于次時父未葬雖未踰年稱子成爲君不繫于父齊公子商人弒其君舍父已葬謹案禮制君喪未葬已葬儀各有差嗣君號稱亦宜有差左氏說是也按鄭注坊記云春秋傳曰諸侯士其封內三年稱子至其臣子踰年則謂之君矣是鄭駁當從公羊義也曲禮下正義云凡諸侯在喪之稱公羊未葬稱子某者莊三十二年子般卒襄三十一年子野卒是也既葬稱子則文十八年子惡卒經書子卒是也踰年稱君者則僖十年里克弒其君卓及文元年公即位是也按昭十一年楚滅蔡執世子有其時蔡君已死其子仍稱世子何休云不許楚之滅蔡也猶若君存然故猶稱世子文十四年齊商人弒其君舍舍爲君商人之弒也襄二十九年吳子使季札來聘先君未踰年吳稱子者賢季子故錄之桓十一

年鄭忽出奔衛先君既葬而尙稱名公羊云伯子男一也辭無所貶何休云直以喪降稱名無餘罪致貶左氏之義君薨未葬未行卽位之禮前稱子某子般子野是也葬雖未踰年則稱君晉里克弒其君卓子齊商人弒其君舍是也子惡卒先君葬後稱子杜預云時史畏襄仲不敢稱君故云子也公羊以奚齊僖九年死卓子十年死以卓子踰年故稱君左氏卓子亦九年死但赴告在十年以葬後故稱君二傳不同也按君雖未踰年先君雖未葬其稱子某稱子屈於所尊也臣下則當君之不得以嗣君稱謂有殊而君臣之義亦有差別當以公羊爲正○注欲言至夫同○校勘記云段玉裁云弒當作殺子者未踰年君之號故得言殺其子嫌與大夫故不合書也○注欲言至君同○卽宣二年晉趙盾弒其君夷獋鄭公子歸生弒其君夷也○注故引至見矣○校勘記云坐鄂本宋本閩監毛本同或改坐爲罪非舊疏云言罪差於成君與殺大夫異矣白虎通封公侯云國在立太子者防篡殺也春秋之弒大子罪與弒君同春秋曰弒其君之子奚齊明與弒君同也與何意微別經韻樓集云晉里克弒其君之子左氏穀梁皆作殺惟公羊作弒孰是乎曰公羊是也曷爲公羊是曰春秋以是爲未踰年君發凡也緣孝子之心不敢稱君故稱子緣民臣之心不可一日無君子卽君也公羊子曰弒其君之子何其君之子者未踰年君之號也不書弒是在喪之君可弗君之也故春秋書弒以立萬世臣道之防也然則何不言弒其君也不沒其實也不以臣道滅子道也古者必踰年而後卽位有未踰年而遽卽位者則書弒其君齊公子商人弒其君舍是也書弒以見商人之罪書君以見舍之子道未盡也然則据宋子之例何不言晉里克弒晉子奚齊也曰宋子者以世子在喪者也其君之子者非世子而其君殺世子以立之者也又以見父道之不正也坊記云魯春秋記晉喪曰弒其

君之子奚齊及其君卓云及其君卓者蹶括之辭以一弒領二事則所據之經兩書弒明矣傳曰齊慶封之徇於諸侯也曰無或如楚共王之庶子圍弒其君兄之子麇而代之慶封其尚知史法哉〇注加之至之子〇舊疏云若不加之嫌君子爲一人故〇注不解至知也〇舊疏云正以傳云弒未踰年君之號止荅上云其言弒其君之子何之文故云不解名矣既解言弒則書奚齊之名由弒之故明是以不復荅之矣十行本知誤加〇注弒未至當月〇隱四年春王正月戊申衞州吁弒其君完是弒〇成君例日故未踰年當書月也今不月故解之〇注不月至略之〇晉獻殺嫡立庶致被篡殺故爲不正遇禍終始惡明也繁露精華云難晉事者曰春秋之法未踰年之君稱子蓋人心之正也至里克弒奚齊避此正辭而稱君之子何也曰所聞詩無達詁易無達占春秋無達辭從變從義而一以奉仁人錄其同姓之禍固宜異操晉春秋之同姓也驪姬一謀而三君死之天下所共痛也本其所爲爲之者蔽於所欲得位而不見其難也春秋疾其所蔽故去其位辭徒言君之子而已若謂奚齊曰嘻嘻爲大國君之子富貴足矣何以兄之位爲欲居之以至此乎云爾錄所痛之辭也故痛之中有痛無罪而受其死者申生奚齊卓子是也惡之中有惡者己立之己殺之不得如他臣之弒君者齊公子商人是也故晉禍痛而齊禍重春秋傷痛而敦重是以奪晉子繼位之辭與齊子成君之號詳見之也亦以不正遇禍痛之也穀梁傳其君之子云者國人不子也國人不子何也不正其殺世子申生而立之也

十年春王正月公如齊注書如者錄內所與外交接也故如京師善則月榮之如齊晉善則月安之如楚則月危之明當尊賢慕大無

友不如己者月者僖公本齊所立桓公德衰見叛獨能念恩朝事之故善錄之【疏】注書如至接也○隱十一年注云春秋王魯王者無朝諸侯之義故內適外言如外適內言朝聘故魯君臣外適皆言如所以別內外兼錄所與交接別榮辱安危也○注故如至榮之○卽成十三年春三月公如京師彼注云月者善公尊天子是○注如齊至安之○如齊此書正月之屬是也如晉卽襄二十一年春王正月公如晉彼注云月者溴梁之盟後中國方乖離善公獨能與大國是與此○桓公德衰獨能念恩朝事之故善錄之同也○注如楚則月危之○卽襄二十八年十一月公如楚彼注云如楚皆月者危公朝夷狄也按同書月而義各有當董生所謂春秋無達辭也朝聘例時而書月故分別解之○注明當至己者○尊賢慕大謂如齊晉則月安之也○無友不如己謂如楚則月危之是也無友不如己論語學而篇文○注月者至錄之○閔二年傳云桓公使高子將南陽之甲立僖公而城魯是傳本齊所立也桓公德衰見叛見上九年通義云如例時致亦時唯以正月行或正月至者必重始月也猶存君之意也然則襄二十八年十一月如楚書月何爲乎

狄滅溫溫子奔衛【疏】大事表云今河南懷慶府溫縣西南三十里有古溫城水經注濟水篇又東至溫縣西北爲濟水又東過其縣北濟水於溫城西北與故瀆分南逕溫縣故城西周畿內國司寇蘇忿生之邑也春秋狄滅溫溫子奔衛周襄王以賜晉文公濟水南歷虢公臺臺西皇覽曰溫城南有虢公臺基址尚存

晉里克弒其君卓子及其大夫荀息【疏】釋文君卓子左氏經無子字据左氏莊二十八年傳云其

嫡生卓子則卓子本二名左穀經作卓或脫子字也史記晉世家卓子作悼子曲禮疏公羊以奚齊九年死卓子十年死以卓子踰年故稱君左氏卓子亦九年死但赴告在十年以葬後故稱君左氏公羊二傳不同也按嗣君之稱子稱君未聞以葬未葬分別也左氏非通義云坊記稱魯春秋記晉喪曰殺其君之子奚齊及其君卓蓋不修春秋文如是誤以兩弒爲一年之事左氏魯之史官故其傳云冬十月里克殺奚齊于次十一月里克殺公子卓于朝亦誤以兩弒爲一年之事經書卓子弒在下年似据晉乘而改正之也於此足明俗儒謂春秋但因魯史者之妄陋按如舊史則奚齊卓子之弒相距兩月同是未踰年君何以書法兩異故知左傳誤也坊記所引自是隱括二事領以弒字非必舊史即在一年當如段氏說

及者何累也弒君多矣舍此無累者乎曰有孔父仇牧皆累也舍孔父仇牧無累者乎曰有有則此何以書賢也何賢乎荀息注据與孔父同疏注据與孔父同○舊疏云桓二年傳何賢乎孔父注据叔仲惠伯不賢此言据與孔父同亦据叔仲惠伯矣荀息可謂不食其言矣注不食言者不如食受之而消亡之以奚齊卓子皆立疏注不食至亡之○爾雅釋詁云食僞也郭注書曰朕不食言國語晉語云魯人食言文選思玄賦疾防風之食言法言重黎篇不食其言彼注皆云食僞也逸周書皇門篇媚夫有邇無遠乃食益善夫孔注食爲也爲亦僞也直皆以僞訓食故左疏引孫炎云食言之僞也按僖十五年左傳我食吾言又哀元年傳不可食已杜注並云食消也蓋言既出而復

背如飲食之消與僞無異因謂食爲僞此食言之本意其實食而不得訓僞也傳二十八年左傳背惠食言成十六年左傳瀆齊盟而食話言皆謂不食其言也故湯誓僞孔傳訓食爲盡與何杜義同經義述聞云食僞也孫郭皆以食爲虛僞而證以湯誓朕不食言韋注晉語亦以食言爲僞言皆非也食言者言而不行則爲自食其言食者消滅之義非虛僞之義也哀二十六年左傳是食言多矣能無肥乎若以食言爲僞言則與能無肥乎之義了不相涉矣而某氏書傳乃以食爲盡其僞言不實正義言而不行如飲食之消盡後終不行則前言爲僞故通謂僞言爲食言不幾於穿鑿而失其本恉乎○注以奚至皆立○舊疏云欲指不食其言之事狀矣

其不食其言奈何奚齊卓子者驪姬之子也 疏 莊二十八年左傳云晉伐驪戎驪戎男女以驪姬歸生奚齊其娣生卓子國語晉語獻公伐驪戎克之滅驪子獲驪姬以歸立以爲夫人生奚齊其娣生卓子韋注女子同生謂後生爲娣或以卓子爲其同生所生故統謂爲驪姬子焉晉世家獻公五年伐驪戎得驪姬驪姬弟俱愛幸之韋昭曰西戎之別在驪山也又云十二年驪姬生奚齊又云驪姬弟生悼子皆與左國同唯穀梁傳云晉獻公伐虢得麗姬獻公私之有二子長曰奚齊稚曰卓子正與此同唯此無伐虢說耳

荀息傅焉 注 禮諸侯之子八歲受之少傅教之以小學業小道焉履小節焉十五受大傅教之以大學業大道焉履大節焉 疏 上九年左傳云初獻公使荀息傅奚齊○注禮諸至節焉○大戴保傅篇古者年八歲而出就外舍學小藝焉履小節焉束髮而就大學學大藝焉履大節焉注小學謂庫門師保之學也大學王宮之東者束髮謂成童白

虎通辟雍篇古者所以年十五入大學何以爲八歲毀齒始有識知入學學書計七八十五陰陽備故十五成童志明入大學學經術賈子容經云古者年九歲入就小學蹍小節焉業小道焉束髮就大學蹍大節焉業大道焉書疏引書大傳云古之王者必立大學小學使公卿之大子大夫元士之嫡子十五年始入小學見小節焉蹍小義焉二十入大學見大節焉蹍大義焉故入小學知父子之道長幼之序入大學知君臣之義長幼之位然則書傳所說公卿大夫適子之制此及戴禮所說天子諸侯世子與故後漢書楊終傳禮制人君之子年八歲爲置少傅教之書計以開其明十五置大傅教之經典以導其志是也白虎通又云天子之太子諸侯之世子皆就師於外者尊師重先王之道也故禮曲禮曰聞有來學無往教也易曰匪我求童蒙童蒙求我小學大學者白虎通又云小學經義之宮大學辟雍鄉射之宮按四代小學大學質文相變自爲公卿適子以下入學之所天子諸侯世子似不必拘彼制也

驪姬者國色也【注】其顏色一國之選【疏】辛氏三秦記云漢昭帝母鉤弋夫人手拳而國色吳志周瑜傳從孫策攻晥得喬公兩女皆有國色

獻公愛之甚【疏】左傳莊二十八年云驪姬嬖是也晉世家伐驪戎得驪姬驪姬弟俱愛幸之上四年左傳云太子曰君非姬氏居不安食不飽

欲立其子【疏】晉語公將黜太子申生而立奚齊晉世家獻公有意廢太子乃曰曲沃吾先祖宗廟所在而蒲近秦屈近翟不使諸子居之我懼焉於是使太子申生居曲沃公子重耳居蒲公子夷吾居屈獻公與驪姬子奚齊居絳以此知太子不立也莊公二十八年左傳亦載此事又彼閔二年傳云士蔿曰太子不得立矣分之都城而位以卿先爲之極又焉得立又彼二年傳公曰寡人有子未知其誰立焉穀梁傳之驪姬欲爲亂法

亂謂殺申生而立其子又上四年左傳及將立奚齊既與中大夫成謀皆欲立其子事也於是殺世子申生疏見上五年申生者里克傅之疏穀梁傳曰世子之傳里克謂世子曰入自明則可以生不入自明則不可以生是里克申生傳也左傳上四年云公殺其傅杜原款蓋亦申生傅獻公病將死謂荀息曰士何如則可謂之信矣注獻公自知廢正當有後患欲託二子於荀息故動之云爾疏注獻公至云爾○左傳上九年云晉獻公卒里克平鄭欲納文公故以三公子之徒作亂是其後患也又云初獻公使荀息傅奚齊公疾召之曰以是藐諸孤辱在大夫其若之何晉世家獻公病甚乃謂荀息曰吾以奚齊爲後年少諸大夫不服恐亂起子能立之乎是自知廢正當有後患欲託二子於荀息故先以此言動之也荀息對曰使死者反生生者不愧乎其言則可謂信矣注荀息察言觀色知獻公欲爲奚齊卓子來動己故答之云爾疏反猶復也晉世家又云荀息曰能獻公曰何以爲驗對曰使死者復生生者不慙爲之驗於是遂屬奚齊於荀息荀息爲相主國政上九年左傳又曰稽首而對曰臣竭其股肱之力加之以忠貞其濟君之靈也不濟則以死繼之公曰何謂忠貞對曰公家之利知無不爲忠也送往事居耦俱無猜貞也亦即生者不愧之義史記趙世家云諺曰死者復生生者不愧則此當是成語故荀息引以荅獻公也○注荀息至云爾○校勘記云荅鄂本宋本同閩監毛本荅作答非察言觀色見論語顏淵篇此斷章取義也獻公死奚齊立里克謂荀息曰君

殺正而立不正廢長而立幼【注】長謂重耳【疏】注長謂重耳○殺正謂申生重耳次長故廢長謂重耳穀梁傳曰世子曰吾寧自殺以安吾君以重耳爲寄矣故里克所爲弒者爲重耳也如之何願與子慮之【疏】晉世家秋九月獻公卒里克丕鄭欲內重耳以三公子之徒作亂謂荀息曰三怨將起秦晉輔之子將何如左傳亦載有此語荀息曰君嘗訊臣矣【注】上問下曰訊言臣者明君臣相與言不可負【疏】注上問下曰訊○詩小雅正月云訊之占夢傳訊問也大戴記曾子事父母訊不言注訊問也國語晉語云君其訊射也注訊問也史記淮南衡山傳即訊太子索隱引樂產云訊問也雖皆止訓問實皆上問下也故今問獄亦謂之訊○注言臣至可負○晉世家云吾不可負先君言以上言君故下仍順前言稱臣也通義云此自息對里克稱臣耳士大夫得相稱臣者謙欲比其家臣然也若史記聶政對韓仲子曰臣幸有老母又曰枉車騎而交臣韓信過樊將軍噲噲曰大王乃肯臨臣張晏曰古人相與語多自稱臣自卑下之道也若今人相與言自稱僕也義亦通臣對曰使死者反生生者不愧乎其言則可謂信矣【疏】上九年左傳荀息曰將死之里克曰無益也荀叔曰吾與先君言矣不可以貳能欲復言而愛身乎雖無益也將焉辟之晉語荀息云我對忠貞君曰何謂也我對曰可以和公室力有所能無不爲忠也葬死者養生者死人復生不悔生人不媿貞也吾言既往矣豈能欲行吾言而又愛吾身乎雖死焉避之此言信內外傳言貞一也焦氏循左傳補疏云杜云荀息稱名雖欲復言本無遠謀從君於昏按假途伐虢全用荀息之謀息非無遠謀者也左傳稱息言竭股肱之力加

之以忠貞三怨將作不食其言引白圭之詩以美之無譏詞也夫經書卓爲其君則不以其不可立而不以爲君也旣正其名爲君則弒之者爲賊而死之者爲忠矣荀息之不能殺里克猶毋丘儉之不能殺司馬師也習鑿齒引死者反生生者不愧二語以美毋丘儉蓋儉之受顧命亦息之受君命也習氏引荀息以美儉則預譏息以例儉可知按穀梁傳亦云以尊及卑也荀息閑焉是亦以書及爲累辭矣

里克知其不可與謀退弒奚齊荀息立卓子里克弒卓子荀息死之

疏 晉世家十月里克殺奚齊于喪次獻公未葬也荀息將死之或曰不如立奚齊弟悼子而傅之荀息立悼子而葬獻公十一月里克弒悼子于朝晉語既殺奚齊荀息將死之人曰不如立其弟而輔之荀息立卓子里克又殺卓子荀息死之左傳上九年亦云冬十月里克殺奚齊于次荀息將死之人曰不如立卓子而輔之荀息立公子卓以葬十一月里克殺公子卓于朝荀息死之

荀息可謂不食其言矣

注 起時莫不背死鄉生去敗與成荀息一受君命終身死之故言及與孔父同義不日者不正遇禍終始惡明故略之

疏 左傳又云君子曰詩所謂白圭之玷尚可磨也斯言之玷不可爲也荀息有焉晉語稱荀息亦云君子曰不食其言矣繁露玉英云公子目夷復其君終不與國祭仲已與後改之晉荀息死而不聽衞曼姑拒而弗內此四臣事異而同心其義一也目夷之弗與重宗廟祭仲與之亦重宗廟荀息死之貴先君之命曼姑拒之亦貴先君之命也事雖相反所爲同俱爲重宗廟貴先君之命耳〇注起時至同義〇舊疏云桓二年宋督弒其君與夷及其大夫孔父彼注云言及者使上及

其君若附大國以名通明當封爲附庸不絕其祀所以重社稷之
臣也今荀息一受君命終身死之故言及亦使上及其君若附大之
國以名通明當封爲附庸不絕其祀以重社稷之臣也按襄荀息
又以厲時之背死鄉生去敗不與成者也通義云所事不正得爲賢
者繁露說之曰春秋之法君立不宜立不書大夫立則書書之者
弗予大夫之得立不宜立者也不書予君之得立之也君之立不
宜立者非也既立之大夫奉之是也荀息死先君之命是以賢之
也○注不日至略之○舊疏云成君見弒者例書日今此不日故
解之按略之與弒奚齊不書月同義漢書叔孫通傳昔者晉獻公
以驪姬故廢太子立奚齊國亂者數十年爲天下笑後漢書崔琦
傳外戚箴曰晉國之難禍起於麗繁露王道云晉獻公殺世子申
生以驪姬立奚齊卓子皆殺死國大亂四世乃定皆不正故也

夏齊侯許男伐北戎疏杜云北伐山戎

晉殺其大夫里克

里克弒二君則曷爲不以討賊之辭言之注据衛人殺州吁疏注据衛至州吁○即隱四年九月衛人殺州吁于濮是也惠公之大夫也注惠公篡立已定晉國君臣合爲一體無所復責故曰此乃惠公之大夫安得以討賊之辭言之疏晉語云惠公既殺里克而悔之曰芮也使寡人過殺社稷之鎮韋注鎮重也芮冀芮也惠公以里克爲重知已爲惠公大夫矣○注惠公至言之○惠公宜絕而立故爲篡里克爲之臣已爲一體里克宜討非惠公所得討故不以討賊辭予之

明惠公亦在討也然則孰立惠公注欲難殺之意疏注欲難殺之意○正以欲明惠公不合討賊義故先難其立以明惠之立由里克里克也里克弒奚齊卓子逆惠公而入疏晉世家云里克等已殺奚齊悼子使人迎公子重耳於翟欲立之重耳謝曰負父之命出奔父死不得修人子之禮侍喪重耳何敢入大夫其更立他子還報里克里克使迎夷吾于梁乃遺里克書曰誠得立請遂封子於汾陽之邑晉語公子夷吾私於公子縶曰中大夫里克與我矣吾命之以汾陽之田百萬是里克逆惠公事也里克立惠公則惠公曷爲殺之惠公曰爾既殺夫二孺子矣注孺子小子也奚齊卓子時皆幼小疏注孺子至幼小○禮記內則云孺子蚤寢晏起注孺子小子也國語晉語云孺子何懼注孺少也書洛誥云孺子其朋鄭注孺子幼小之稱說文子部孺乳子也一曰輸也輸尚小也文選幽通賦嬀巢姜於孺筮兮注應劭曰孺少也蓋孺本小稱故年之幼小者稱孺子因之人君初即位者亦稱孺子錢氏大昕養新錄云今人以孺子爲童稚之通稱蓋本於孟子孩諸經傳則天子以下嫡長爲後者乃得稱孺子金縢洛誥立政之孺子謂周成王也晉語杜原款稱申生爲孺子里克又稱奚齊爲孺子晉獻公之喪秦穆公使人弔公子重耳稱爲孺子而舅犯亦稱之是時秦欲納之爲君也孺子鞼之喪哀公欲設撥亦以世子待之齊侯荼已立爲君而陳乞鮑牧稱爲孺子其死也諡之曰安孺子則孺子非卑幼之稱矣欒盈爲晉卿而胥午稱爲欒孺子左傳稱孟莊子爲孺子速武伯曰孺子洩莊子之子秩雖不得立猶稱孺子是孺子貴於庶子也齊子尾之臣稱子良曰孺子長矣韓宣子稱鄭子齹曰孺子善哉

皆世卿而嗣立者也內則異爲孺子室於宮中祇見孺子亦貴者之稱惟檀弓載有子與子游立見孺子慕者弁人有其母死而孺子泣者此爲童子通稱與孟子同按此爲惠公稱奚齊卓子語自以其幼小稱爲孺子耳必不以爲後之稱稱之也又將圖寡人注如我有不可將復圖我如二孺子疏穀梁傳曰里克所爲殺者爲重耳也惠公知其欲立重耳故曰又將圖寡人彼傳又曰故里克所爲弒者爲重耳也夷吾曰是又將殺我也是也爲爾君者不亦病乎疏通義云病苦也左傳公使謂之曰微子則不及此雖然子弒二君與一大夫爲子君者不亦難乎晉語惠公既即位而殺里克曰子殺二君與一大夫爲子君者不亦難乎於是殺之疏左傳述里克對曰不有廢者君何以興欲加之罪其無辭乎臣聞命矣伏劍而死晉世家惠公以重耳在外畏里克爲變賜里克死謂曰微里子寡人不得立雖然子亦殺二君一大夫爲子君者不亦難乎里克對曰不有所廢君何以興欲誅之其無辭乎乃言爲此臣聞命矣遂伏劍而死穀梁傳其以累上之辭言之何也其殺之不以其罪也然則曷爲不言惠公之入注据齊小白入于齊疏注据齊至于齊〇見莊九年晉之不言出入者踊爲文公諱也注踊豫也齊人語若關西言渾矣獻公殺申生文公與惠公恐見及出奔不子當絕還入爲篡文公功足以弁揜前人之惡故惠公入懷公出文公入渾皆不書爲文公諱故也爲文公諱者欲明文公之功

大也語在下懷公者惠公子也惠公卒懷公立而秦納文公故出奔惠公文公出奔不書者非命嗣也【疏】注踊豫至渾矣○通義踊上也以文公之故而上諱及於惠懷也將言惠公之入懷公之出則不得不言文公之入其篡不可聯矣讀書叢錄云踊當是通字之譌傳中通可以已也凡三見昭三十一年傳通濫也曷為通濫賢者子孫宜有地義與此傳略同關西言渾亦與通義相近按踊豫雙聲為訓○注獻公至此出奔○上四年左傳云驪姬又譖二公子曰皆知之重耳奔蒲夷吾奔屈○晉世家云此時重耳夷吾來朝人或告驪姬曰二公子怨驪姬譖殺太子驪姬恐因譖二公子申生之藥胙二公子知之二子聞之恐重耳走蒲夷吾走屈保其城自備守○注不子當絕○定十四年注子雖見逐無去父之義舊疏云同姓之臣尚無去義況父子乎且惠公文公庶子假令不去亦不殺之故知去父當絕也按舊疏非也据左傳及晉世家姬譖二公子與申生同謀則惠文不言去未必不殺也要之子無去父之義禮記檀弓曰天下豈有無父之國哉吾何行如之故皆當絕也○注還入為篡○文公惠公既當坐絕則還入自宜坐篡義本相因所以明父子之道也○注文公至故也○惠公卒見下二十四年則懷公出文公入當在彼年左傳謂晉文公殺懷公于高梁公羊言懷公出二傳無異各有所据出蓋謂出奔高梁也○注為文至在下○下二十八年云晉侯入曹執曹伯與之稱侯以執又晉侯齊師宋師秦師及楚人戰于城濮楚師敗績注据秦稱師錄功又傳大夫不敵臣注云秦稱師助霸者征伐克勝有功故褒進之文公之功首在伐楚又左傳記有文公定襄王事故知文公功大也○注懷公至子也○下十七年左傳曰惠公之在梁也梁伯妻之梁嬴孕過期卜招父

與其子卜之其子曰將生一男一女招曰然男為人臣女為人妾故名男曰圉女曰妾又二十三年左傳懷公命無從亡人杜注懷公子圉○注惠公至出奔○晉世家十四年九月惠公卒太子圉立是為懷公子圉之亡秦怨之乃求公子重耳欲內之秦繆公乃發兵送內重耳使人告欒郤之黨為內應殺懷公于高梁入重耳重耳立是為文公與左傳殺懷公于高梁同世家又云懷公圉奔高梁戊申使人殺懷公明出奔即謂高梁也呂覽原亂篇云惠公死圉立為君是為懷公秦穆公思其逃歸也起奉公子重耳以攻懷公殺之於高梁立重耳是為文公○注惠公至嗣也○莊二十八年左傳大戎狐姬生重耳小戎子生夷吾皆庶妾所生故非命嗣

齊小白入于齊則曷為不為桓公諱疏莊九年齊小白入于齊書入見其篡不為之諱也

桓公之享國也長注享食美見乎天下故不為之諱本惡也疏繁露玉英云故齊桓非直弗受之先君也乃率弗宜為君者而立罪亦重矣然而知恐懼故舉賢人而以自覆蓋知不背要盟以自湔浣也遂為賢君而伯諸侯使齊桓被惡而無此美得免殺戮乃幸已何霸之有魯桓忘其憂而禍逮其身齊桓憂其憂而立功名推而散之凡人有憂而不知憂者凶有憂而深憂之者吉易曰復自道何其咎吉此之謂也

文公之享國也短疏晉世家重耳出亡凡十九歲而得入時年六十二矣晉人多附焉文公元年即位為晉君九年晉文公卒是享國短焉美未見乎天下故為之諱本惡也注桓公功大善惡相除足封有餘較然為天下所知文公功少嫌未足除身篡而有封功故為之諱

并不言惠公懷公出入者明非徒足以除身篡而已有足封之明較也美不如桓公之功大

疏 注齊桓至所知○齊桓功大則上元年城邢二年城楚丘四年伐楚之屬是也劉氏逢祿論語述何云譎讀如主文譎諫之譎二伯無所優劣春秋書晉文則爲之諱本惡故曰譎而不正齊桓之篡則從正例公羊子言之詳矣○注文公至功大○通義云明文公無存亡繼絕之善其功未足以除篡故須爲諱本惡以擬成其美

秋七月

冬大雨雹

疏 左傳作大雨雪漢書五行志中之下亦雨雪兩存通義云五行志曰劉向以爲盛陽雨水溫煖而湯熱陰氣脅之不相入則轉而爲雹盛陰雨雪凝滯而冰寒陽氣薄之不相入則散而爲霰故雹者陰脅陽也霰者陽脅陰也春秋不書霰者猶月食也大戴天圓篇一陽之專氣爲雹陰之專氣爲霰霰雹者一氣之化也

何以書記異也

注 夫人專愛之所生也

疏 注夫人至生也○舊疏云蔽障楚女而專寵君愛故生此雹災五行志又云釐公十年冬大雨雪劉向以爲先是釐公立妾爲夫人陰居陽位陰氣盛也公羊經曰大雨雹董仲舒以爲公脅於齊桓公立妾爲夫人不敢進羣妾故專壹之象見諸雹皆爲有所漸脅也行專壹之政云云何氏與先儒義同續漢志注引考異郵云陰氣之專精凝合生雹雹之爲言合也以妾爲妻太尊重九女之妃闕而不御坐不離前無由相去之心同與參驪房袵之內歡欣之樂專政夫人施而不博陰精凝而見成初學記引漢含孳云專一精并氣凝爲雹宋均注謂若魯僖公脅於齊以妾

爲妻尊重齊媵無迴曲之心感陰水氣乃使結而不解散皆與夫人專愛義合

十有一年春晉殺其大夫㔻鄭父 **疏** 校勘記云唐石經諸本同解云左氏經無父字按今左氏有父趙氏坦春秋異文箋云僖十年左傳遂殺㔻鄭祁舉及七輿大夫傳無父字則經無父字可知故公羊疏云左氏經無父字今本左氏經有父字或後人從公穀經增公穀有父字亦衍文差繆略云丕公羊作邳按今注疏本及石經公羊並作㔻丕本字㔻隸之變漢石經尚書及山陽太守祝睦碑涼州刺史魏元丕碑梁相費汎碑趙相劉衡碑丕字皆作㔻蓋一在不字中也

夏公及夫人姜氏會齊侯于陽穀 **疏** 通義云夫人與君親則同體分則君臣公及夫人云者以尊及卑之辭也杜云婦人送迎不出門見兄弟不踰閾與公俱會齊侯非禮義或然也

秋八月大雩 **注** 公與夫人出會不恤民之應 **疏** 穀梁云雩得雨曰雩不得雨曰旱注引何氏廢疾云公羊書雩者善人君應變求索不雩則言旱旱而不害物言不雨也就如穀梁設本不雩何以明之如以不雨明之設旱而不害物何以別乎鄭君釋之曰雩者夏祈穀實之禮也旱亦用焉得雨書雩明雩有益不得雨書旱明旱災成後得之雨無及也國君而遭旱雖有不憂民事者何乃廢禮本不雩禱哉顧不能致精誠也旱而不害物固以久不雨別之文二年十三年自十有二月自正月不雨至于秋七月是也穀梁傳曰歷時而言不雨文不閔雨也以文不憂雨故不如僖時書不雨文所以不閔雨者素無志於民性退弱而不明又見時久不雨而無災耳劉氏逢祿廢疾申何云旱不害物不待久也太平之時一月不雨卽爲異莊之冬不

雨未嘗歷時僖之正月四月未嘗踰月也天之譴告人君有深淺旱則示災不雨則示異異大乎災君之感應天變有本末本則修政末則雩禱舍本修末非所以應天也修德以禳異修本末以禳災書雩以志其應變之末也書旱以譏其事天之怠也皆閔民也書不雨以示人君之察天意也穀梁子失其傳矣〇注公與至之應〇謂上陽穀之會

冬楚人伐黃

十有二年春王三月庚午日有食之注是後楚滅黃狄侵衛疏元志姜岌云三月朔交不應食其五月庚午朔去交分入食限大衍同沈氏欽韓云今曆推之是歲五月庚午朔加時在晝去交分二十六日五千一百九十二入食限蓋五誤爲三包氏愼言云經書三月庚午日有食之傳例言日不言朔非失在朔前卽失在朔後庚午爲三月之二日失在後也劉歆以爲二月日食劉孝孫推庚午爲三月朔按以曆推之庚午實三月朔穀梁作正月誤石經正作三也〇注是後至侵衛〇見下及十三年漢書五行志下之下僖公十二年三月庚午朔日有食之董仲舒劉向以爲是時楚滅黃狄侵衛鄭莒滅杞劉歆以爲三月齊衞分

夏楚人滅黃疏舊疏云莊十年冬十月齊師滅譚十三年夏六月齊人滅遂然則滅例月而此不月者所傳聞之世始錄夷狄滅小國也穀梁傳曰貫之盟管仲曰江黃遠齊而近楚楚爲利之國也若伐而不能救則無以宗諸侯矣桓公不聽遂與之盟管仲死楚伐江滅黃桓公不能救故君子閔之也通義云不諱者責齊桓也用穀梁義新序善謀云齊桓公時江國黃國小國也在

江淮之間近楚楚大國也數侵伐欲滅取之江人黃人患楚齊桓公方存亡繼絶救危扶傾尊周室攘夷狄爲陽穀之會貫澤之盟與諸侯將伐楚江人黃人慕桓公之義來會盟于貫澤管仲曰江黃遠齊而近楚楚爲利之國也若伐而不能救無以宗諸侯不可受也桓公不聽遂與之盟管仲死楚人伐江滅黃桓公不能救君子閔之是後桓公信壞德衰諸侯不附遂淩夷不能復興夫仁智之誅郎事有漸力所不能救未可以受其質桓公受之過也子政說穀梁也

秋七月

冬十有二月丁丑陳侯處臼卒 **疏** 校勘記云唐石經諸本同釋文處臼左氏作杵臼按穀梁亦作杵杵處音同段借字陳世家云莊公七年少弟杵臼立是爲宣公四十五年宣公卒包氏慎言云十二月無丁丑十一月之二十四日也按丁丑爲十一月之十二日

公羊義疏三十二

南菁書院

句容陳立卓人著

僖十三年盡十六年

十有三年春狄侵衛

夏四月葬陳宣公

公會齊侯宋公陳侯衛侯鄭伯許男曹伯于鹹注桓公自貫澤陽穀之會後所以不復舉小國者從一法之後小國言從令行大國唯曹許以上乃會疏穀梁傳曰兵車之會也彼疏云何休於此有廢疾范不具載鄭釋者以數九會異於鄭故也杜云鹹衛地東郡濮陽縣東南有鹹城大事表云在今直隸大名府開州東南六十里文十一年得臣敗狄于鹹自爲魯地水經注瓠子河篇河出東郡濮陽縣濮水逕其南故曰濮陽章邯守濮陽環之以水張晏曰依河水自固春秋會于鹹杜預曰濮陽有鹹城者也續漢郡國志云或曰古鹹國一統志鹹城在大名開州東南六十里○注桓公至乃會○上二年傳云大國言齊宋遠國言江黃則以其餘爲莫敢不至也三年傳云此大會也曷爲末言爾注時桓公功德隆盛諸侯咸曰無言不從曷爲用盟哉自後皆從彼法故不復書小國也上五年左傳云江黃道柏方睦于齊皆弦姻也明附從者不獨江黃矣

秋九月大雩注由陽穀之會不恤民後會于鹹城緣陵煩擾之應疏注由陽至之應○上十一年公及夫人姜氏會齊侯于陽穀上公會齊侯以下于鹹下十四年諸侯城緣陵是也按與上十一年秋八月大雩所應同

冬公子友如齊

十有四年春諸侯城緣陵疏杜云緣陵杞邑大事表云在今青州府之昌樂縣亦曰營陵路通登萊僖十四年諸侯城緣陵蓋是時淮夷病杞齊桓遷之稍北以自近如楚遷許于葉吳遷蔡于州來然杜注杞地則仍爲杞地錯入于齊者耳至襄二十七年杞復遷淳于是年晉合諸侯之大夫城杞祁午數趙文子之功曰城淳于蓋城杞卽城淳于是杞復還淳于之證也今縣東南三十里有營陵故城漢書地理志北海郡營陵下云或曰營丘應劭曰師尚父封于營丘陵亦丘也臣瓚曰營丘卽臨淄也營陵春秋謂之緣陵一統志營陵故城在青州府昌樂縣紀要云在縣東南五十里

孰城之注諸侯不序故問誰城疏通義云板本作孰城之之字衍据二年傳文校刪開成石經年首缺三行第四行自爲不言起以彼恆率行十字推之是無之字也按以下答城杞文義繹之無之字是也○注諸侯至誰城○舊疏云按上二年注注云据內城不月故問之然彼經書月故得此解此經不月傳云孰城之漫道諸侯諸侯無所指据緣陵之號由來未有故怪而問之通義云欲言內邑無爲諸侯城之欲言外邑文無所繫故執不知問按如傳意以城杞答孰城之當是問所城何

城之意故孔以傳文之爲衍文何氏以諸侯不序解之似未當城杞也曷爲城杞疏通義云曷爲不言城衞主問經文曷爲城杞主問事緣然皆得起滅意故互相備是也滅也孰滅之蓋徐莒脅之注以下

皆狄徐也言脅者杞王者之後尤微是見恐曷而亡疏通義云以杞南灦莒

徐故也脅之者言二國交制之左氏上十三年傳以爲淮夷病杞

按此云徐徐蓋徐戎也書費誓序徐夷並與又經云徂茲淮夷徐戎

並與詩大雅江漢序云宣王命召公平淮夷常武篇曰率彼淮浦

省此徐土魯頌泮水云既作泮宮淮夷攸服閟宮云至于海邦淮

夷來同又云保有鳧繹遂荒徐宅禮記檀弓記容居弔邾婁考公

之喪稱其先君駒王知徐之負强僭號已久莒亦卽於夷則此之

徐莒卽左氏之淮夷與〇注以下至徐也〇下十五年冬楚人敗

徐于婁林注謂之徐者爲滅杞不知尊先聖法度惡重故狄之也

文七年徐伐莒注謂之徐者前共滅王者後不知尊先聖法度今

自先犯文對事連可以起同惡莒在下不得狄故復狄徐也一罪

再狄者明爲莒狄之爾〇注言脅至而亡〇九經古義云恐曷卽

漢律恐猲也陳羣新律序云盜律有恐猲漢書王子侯表曰葛魁

侯戚坐縛家吏恐猲受財棄市平城侯禮坐恐猲取雞免承鄉侯

德天坐恐猲國人受財臧五百以上免籍陽侯顯恐猲國民取財

物免師古曰謂以威力脅人也音呼葛反按今律有恐嚇取財卽

恐曷也戰國策云恫疑虛猲高誘曰猲喘息懼皃猲正字曷叚借

也兪云國雖微弱無因恐曷而亡者何解非也脅當讀爲拹幹而

殺之之拹字亦作擠廣雅釋詁擠折也凡物折之則分故折有分

義楚詞惜誦篇令五帝以折中令王注折分也徐莒擠之者謂徐

莒擠而分之也元年傳曰孰亡之蓋狄滅之二年傳曰孰滅之蓋

狄滅之彼惟狄一國故直曰滅之此則徐莒二國故不直曰滅之而曰擠之正古人屬辭之密矣按以脅爲擠又以擠爲折又以折爲分未免迂回王者之後尤微者言比陳宋尤微也史記陳杞世家云杞小微其事不足稱述又太史公曰至禹於周則杞微甚不足數也是也曷爲不言徐莒脅之爲桓公諱也曷爲爲桓公諱上無天子下無方伯天下諸侯有相滅亡者桓公不能救則桓公恥之也疏繁露滅國下云邢杞未嘗朝聘齊桓見其滅率諸侯而立之用心如此豈不霸哉故以憂天下與之然則孰城之桓公城之曷爲不言桓公城之不與諸侯專封也曷爲不與實與而文不與文曷爲不與諸侯之義不得專封也諸侯之義不得專封則其曰實與之何上無天子下無方伯天下諸侯有相滅亡者力能救之則救之可也注輒發傳者與城衛同義言諸侯者時桓公德衰待諸侯然後乃能存之外城不月者文言諸侯非內城明矣疏注輒發至同義○見上二年通義云輒發文實傳者三城各異書故須明之爾○注言諸至存之○通義云故不斥齊侯直總衆國辭而已城楚丘不言諸侯此言諸侯者起卽會鹹之諸侯也又云實與故諸侯無貶辭文不與故不使齊侯主之穀梁傳曰其曰諸侯散辭也聚而曰散何也諸侯城有散辭也桓德衰矣注引何休廢疾云按先是盟亦言諸侯非散也又穀梁美九年諸

侯盟于葵丘郎散何以美之耶鄭君釋之曰九年公會宰周公齊侯宋子衛侯鄭伯許男曹伯于葵丘九月戊辰盟于葵丘時諸侯初在會未有歸者故可以不序今此十三年夏公會齊侯宋公陳侯衛侯鄭伯許男曹伯于鹹而冬公子友如齊此聘也書聘則會固前已歸矣今云諸侯城緣陵而不序其人明其散桓德衰矣葵丘之事安得以難此劉氏逢祿廢疾申何云桓德之衰實始于葵丘此存杞諸侯所樂故以散而復聚之辭言之不言諸侯則無以知爲會鹹諸侯猶城邢必復言師也不序以明其散失之按楚丘爲桓公獨城故不序諸侯此爲桓公德衰待諸侯乃能城故特總言諸侯也○注外城至明矣○隱七年夏城中丘襄十九年冬城西郭是內城不月也上元年夏六月城邢二年春王正月城楚丘是外城月也此外城不月則以文言諸侯足起爲外城無爲書月矣

夏六月季姬及鄫子遇于防使鄫子來朝**疏**穀梁傳鄫作繒下同史記周本紀史侯怒與繒西戎犬戎攻幽王正義引括地志云繒縣在沂州承縣古侯國孔子世家云吳與魯會繒正義亦引括地志故鄫城在沂承縣地里志云繒縣屬東海郡也按漢地志東海郡繒故國禹後莽曰繒治後漢書方術傳公沙穆傳遷繒相注繒縣屬琅邪郡續漢郡國志琅邪國繒侯國故屬東海晉書地理志徐州琅邪國繒縣故杜云鄫國今琅邪鄫縣蓋漢屬東海後分隸琅邪也國語周語杞繒由太姒又云杞鄫猶在晉語申人繒人中州金石記漢開母廟石闕銘杞繒闕普荀子堯問篇繒丘之封人注繒與鄫同蓋鄫繒通也說文邑部鄫姒姓國在東海从邑曾聲自是正字一統志防山在兗州府曲阜縣東三十里周八里高二里孔子合葬于防即此鄫

縣故城在嶧縣東八十里

鄫子曷爲使乎季姬來朝注据使者臣爲君銜命文也疏通義云使乎季姬者言爲季姬所使也○注据使至文也○禮記檀弓云銜君命而使論語子路兩言使於四方皆臣爲君銜命之文內辭也非使來朝使來請己也注使來請娶己以爲夫人下書歸是也禮男不親求女不親許魯不防正其女乃使要遮鄫子淫泆使來請己與禽獸無異故卑鄫子使乎季姬以絶賤之也月者甚惡內也疏注使來至是也○穀梁傳來朝者來請己也注使來朝請己爲妻書歸者下十五年季姬歸于鄫是也白虎通嫁娶篇聘嫡未往而死媵當往否乎人君不再娶之義也天命不可保故一娶九女以春秋伯姬卒時娣季姬更嫁鄫春秋譏之謂此○注男不至親許○白虎通嫁娶篇男不至專娶女不自專嫁必由父母須媒妁可遠恥防淫泆也詩云娶妻如之何必告父母又曰娶妻如之何匪媒不得按詩召南野有死麕序云惡無禮也箋云無禮者謂不由媒妁也孟子滕文公下篇不待父母之命媒妁之言鑽穴隙相窺踰牆相從則父母國人皆賤之其謂親求親許者舊疏云男不親求即昏禮不稱主人之屬是也女不親許即致女之禮是○注魯不至至無異○下十九年注云魯本許嫁季姬于鄫妻季姬淫泆使鄫子請己而許之然則季姬本媵伯姬伯姬卒季姬更使鄫子請己爲婚也故通義云季姬者伯姬之媵也伯姬許嫁鄫妻於上九年卒禮嫡未嫁而死媵猶當往故是時魯致季姬于

邾婁行及防遇鄫子而悅之使來請己僖公許爲白虎通義曰伯姬卒婁時娣季姬更嫁鄫春秋譏之謂此是也鄫之君以一女子故躬汙血于邾婁之社後有國而欲色者可以戒矣潛研堂答問云問左氏公羊說各殊范甯毆公羊說謂魯女無故遠會諸侯遂得淫通此事之不然者而以左氏歸甯之說謂近合人情其理甚正而疏家申何義以爲末世無禮容或有之如姜氏如莒之類魯爲秉禮之國何傷檢若是其甚乎曰吾友褚搢升刑部嘗論之曰春秋之例女既嫁則繫其夫國如紀伯姬杞伯姬是也未嫁則不繫以國如伯姬卒是也此經書季姬及鄫子遇次年乃書季姬歸于鄫不繫以鄫則爲未嫁之女可知烏得言歸甯乎齊高固先書逆後書及已嫁之辭也季姬先書遇後書歸未嫁之辭也已嫁則從夫婦之序故曰高固及子叔姬來未嫁則從內外之辭故曰季姬及鄫子按褚氏所論極允○注故卑至之也○穀梁傳朝不言使言使非正也以病繒子也舊疏云謂絕而賤之不以爲諸侯也則病之義也通義云言朝者內大惡諱也言及者主罪季姬汲汲蓋交責之意也○注月者至內也○通義云趙汸曰凡諸侯來朝恆不書月其有月者皆爲下事書唯此特月以異之舊疏云正以遇例時即隱四年夏公及宋公遇于清八年春宋公衞侯遇于垂莊三十年冬公及齊侯遇于魯濟之屬是也今此月者甚惡內也按魯不能防正其女令之淫泆致邾婁與鄫仇深釁結有十九年之禍故特書月以甚惡之

秋八月辛卯沙鹿崩

沙鹿者何河上之邑也【疏】杜云沙鹿山名陽平元城縣東有沙鹿土山在晉地左疏引服虔云沙山名鹿

山足取穀梁林屬於山曰鹿爲說也水經注河水篇又東逕元氏縣故城西北而至沙丘堰史記曰魏武侯公子元食邑於此故縣
氏焉郭東有五鹿墟墟之左右多陷城公羊曰襲邑也說曰襲陷矣郡國志曰五鹿墟故沙鹿有沙亭周穆王喪盛姬東征舍于五
鹿其女叔婭居此思哭是曰女婭之丘爲沙鹿之異名也大事表今北直大名府元城縣東四十五里有沙鹿山紀要沙鹿山在大
名府東四十五里亦名女婭丘周穆王女叔婭會居此水經注又云元城縣有沙丘堰大河所經以沙鹿山而名皆以沙鹿爲山名
唯穀梁傳林屬於山爲鹿沙山名也注鹿山足以沙爲山按曆於八月無辛卯七月之五日九月之六日也此邑也其
言崩何【注】据梁山言崩【疏】注据梁山言崩〇成十五年梁山崩以彼是山得有崩道故也襲邑也
【注】襲者嘿陷入于地中言崩者以在河上也河岸有高下如山有
地矣故得言崩也【疏】注襲者至地中〇說文土部壛下入也襲於說文爲左衽袍襲縣同部疑壛壛之段借也廣
雅釋詁壛下也河岸崩決邑下入于水文曰壛邑御覽引元命包云有遺命遺命者行正不誤逢世殘賊君上逆亂辜就下流災譴
並發陰陽楸忤暴氣雷至滅曰動地夭絕人命沙鹿襲邑是注忤錯也襲淪也河水淪沙鹿之邑溺殺人也白虎通壽命云遺命者
逢世殘賊若上逢亂君下必災變暴至夭絕人命沙鹿崩于受邑是也通義云謹按水經注言元城縣東有五鹿墟墟之左右多陷
城郡國志曰五鹿墟故沙鹿是矣趙汸曰地陷視山崩爲變尤重故詳其月日以別之兪氏樾公羊平議云嘿陷入於地中而謂之
襲未聞其義且如其說則但云襲也足矣不必曰襲邑也今按襲者重襲也廣雅釋詁襲重也漢書外戚傳災變相襲師古注襲重

累也沙鹿爲河上之邑河岸有高下沙鹿在其最高之處故謂之襲邑明其重累在上累乎平地之邑也凡邑不言崩惟襲邑言崩正解所以言崩之故上句發問不曰崩者何而曰此邑也其言崩何可知何解之非矣按謂襲邑爲重累其邑亦別無所考況穀梁以鹿爲山足明在山之下河之上矣襲蓋墋之借故有嘿陷之義○注言崩至崩也○河岸閩監毛本同誤作河崩校勘記云鄂本宋本崩作岸當據正

沙鹿崩何以書記異也外異不書此何以書注据長狄之齊晉不書疏注据長至不書○文十一年傳狄者何長狄也兄弟三人一者之齊一者之魯一者之晉其之齊者王子成父殺之其之魯者叔孫得臣殺之則未知其之晉者也何以書記異也是之魯者書之齊晉者不書明外異不書也故据問之爲天下記異也注土地者民之主霸者之象也河者陰之精爲下所襲者此象天下異齊桓將卒霸道毀夷狄動宋襄承其業爲楚所敗之應而不繫國者起天下異疏通義云地以厚載爲德今而襲陷乃下不能承上之象是後大夫交政篡弒接踵故爲天下之異不可以一端言之左氏稱晉卜偃云期年將有大咎此時五鹿地猶屬衞不屬晉也漢書又云晉史卜之其繇陰爲陽雄土火相乘故有沙鹿崩後六百四十五年宜有聖女興則因王氏徙居元城而附會說之蓋非實矣解詁曰不繫國者起天下異孫覺曰沙鹿梁山崩皆非魯地而春秋書之如內辭焉此聖人之意也夫水火之爲災石鷁之爲異地不過百里時不過數日所以召之者止於其君所以應之者盡於一國故國不可不著也至於王道大壞彝倫一斁而天下之人

皆反皇極則天見其變而日食星孛地見其妖而川竭山崩所以
召之者在于天下所以應之者偏于四海則雖在于國不得著其
國矣顧氏棟高大事表云左傳衞地無山沙鹿崩杜云沙鹿山名
元城縣東有沙鹿土山此時當屬衞晉惠公時封域安得到此卜
偃之言乃因明年韓原之敗適與之合而附會之耳穀梁亦以爲
晉山此因後日之晉而追言非實錄也公羊以爲天下記異者以者
得之○注土地至象也○原文闕○注河者陰之精○水經河水
注引說題辭云河之言荷也荷精分布懷陰引度之也又引援神契
云河者水之伯又引考異郵云河者水之氣四瀆之精也水者陰
河爲水長故爲陰精也○注爲下至之應○舊疏云郎下二十二
年冬十一月己巳朔宋公及楚人戰于泓宋師敗績是也漢書五
行志下之上云釐公十四年秋八月辛卯沙鹿崩穀梁傳曰林屬
於山曰鹿沙其名也劉向以爲臣下背叛散落不事上之象也先
是齊桓將卒道會諸侯事周室管仲既死桓德日衰天戒若曰伯
道將廢諸侯散落政逮大夫陪臣執命臣下不事上矣桓公不寤
天子蔽晦及齊威死天下散而從楚王札子殺二大夫晉敗天子
之師莫能征討從是陵遲公羊以爲沙麓河上邑也董仲舒說略
同一曰河大川象齊大國桓德衰伯道將移於晉文故河爲徙也
左氏以爲沙麓晉地沙山名也地震而麓崩不書震舉重者也伯
陽甫所謂國必依山川山崩川竭亡之徵也不過十年數之紀也
至二十四年晉懷公殺於高梁京房易傳曰小人剝廬厥妖山崩
玆謂陰乘陽弱勝強按劉向取應至王札子晉敗王師二事似遠
左氏專屬晉亦未確當以邵公說爲正經義雜記云穀梁傳沙山
名也無崩道而崩故志之也其日重其變也范注引劉向曰鹿在
山下平地臣象陰位也崩者散落背叛不事上之象與漢志所載
劉說合公羊傳此邑也其言崩何襲邑也何注襲者嘿陷入于地

中杜注沙鹿山名在晉地災害繫於所災所害故不繫國正義曰服虔云沙山名鹿山足取穀梁爲說按以沙爲山名本漢志所載左氏舊義非取穀梁爲說鹿字之訓本諸穀梁與左氏沙爲山名正合杜氏統言沙鹿爲山名失古人正名之誼矣正義又引漢書元后傳后祖翁孺自東平陵徙魏郡元城委粟里元城建公曰昔春秋沙鹿崩晉史占之曰陰爲陽雄土火相乘故有沙鹿崩崩之後六百四十五年宜有聖女興今王翁孺徙值其地日月當之元城郭東有五十五鹿之墟即沙鹿地計爾時去聖猶近所言當得其實按元城建公所言當是附會王氏無足據也齊桓卒見下十七年下十八年邢人狄人伐衛二十年楚人伐隨二十一年狄侵衛宋公楚子以下會于霍執宋公以伐宋終于泓之敗皆霸道毀夷狄動宋襄爲楚所敗事也○注而不至下異○而字疑衍此決宣十六年成周宣謝火書成周昭九年陳災書陳也成五年梁山崩不書晉義與此同

狄侵鄭

冬蔡侯肹卒注不書葬者潰當絕也不月者賤其背中國而附父仇故略之甚也肹立不書者父獻舞見獲留卒於楚肹以次立非篡也疏校勘記云釋文唐石經肹作肸閩監毛本作非注同○注不書至絕也○上四年侵蔡蔡潰傳潰者何下叛上也國曰潰邑曰叛按不能其國者絕奪其國文十八年莒弑其君庶其傳稱國以殺衆殺其君之辭注舉國以明失衆坐絕也蔡肹不能撫有其衆致令潰叛故當絕按史記世家載桓公伐蔡蔡潰遂虜繆侯南至楚邵陵已而諸侯爲蔡謝齊齊侯歸蔡侯則尤宜絕矣○注

不月至甚也○舊疏云大國之卒例合書日卽隱八年夏六月己亥蔡侯考父卒之屬是也今此並不月故言略之甚也穀梁傳諸侯時卒惡之也舊疏又云其父者卽蔡侯獻舞莊十年爲楚所獲而卒故謂楚爲父仇上四年齊侯已下侵蔡蔡遂伐楚是其背中國附父仇之事穀梁疏引麋信云蔡侯肹父哀侯爲楚所執肹不附中國而常事父仇故惡之而不書日也通義云肹者哀侯之子繆侯也哀侯被獲留死於楚繆侯附父仇而背中國故略賤之不書不葬貶從小國例也繆侯之子甲午是爲莊侯又附弒父惡人首會屈貉道以伐中國故春秋遂不見卒惡之益深矣按自齊桓合諸侯以來蔡未一與諸夏會其背中國附楚明甚故春秋絕之甚也○注肹立至篡也○史記管蔡世家云哀侯十一年初哀侯娶陳息侯亦娶陳息夫人將歸過蔡蔡侯不敬息侯怒請楚文王來伐我我求救於蔡蔡必來楚因擊之可以獲功楚文王從之虜蔡哀侯以歸哀侯留九歲死於楚凡立二十二年卒蔡人立其子肹是爲繆侯是以次當立也

十有五年春王正月公如齊【注】月者善公既能念恩尊事齊桓又合古五年一朝之義故錄之【疏】注月者至齊桓○正以朝聘例時故解云上十年公如齊注云月者僖公本齊所立桓公德衰見叛獨能念恩朝事之故善錄之此與彼同○注又合至之義○舊疏云何氏以爲古者天子五年一巡守諸侯亦五年一朝天子分天下諸侯爲五部部朝一年五年而徧其小國事大國亦然故以十年朝齊今又往朝是爲合古按文十五年左傳亦然諸侯五年再相朝以修王命古之制也蓋通首尾數之也

楚人伐徐疏地理志臨淮郡徐下云故國盈姓至春秋時徐子章禹為楚所滅

三月公會齊侯宋公陳侯衛侯鄭伯許男曹伯盟于牡丘疏差繆略云左氏陳侯下又有衛侯公羊亦有衛侯在陳侯之上按今三傳注疏本及石經並作公會齊侯宋公陳侯衛侯云云杜云牡丘地名闕大事表云今東昌府治聊城縣東北七十里有牡丘或云卽春秋會盟處紀要牡丘在東昌府東北七十里僖十年盟于牡丘齊桓公築牡丘卽此

遂次于匡疏杜云匡衛地在陳留長垣縣西南大事表云文二年晉侯使解揚歸匡戚之田于衛杜注匡本衛邑中屬鄭孔達伐不能克今晉會鄭還衛論語子畏於匡卽此史記孔子自匡至蒲括地志蒲城在匡城縣北十五里今俱在直隸大名府長垣縣境漢書地理志陳留郡長垣孟康曰春秋會于匡今匡城是紀要匡城在開州長垣縣西南十五里春秋時衛邑穀梁傳云遂繼事也次止也有畏也注云畏楚

公孫敖率師及諸侯之大夫救徐注言次者刺諸侯緩於人恩既約救徐而生事止次不自往遣大夫往卒不能解也大夫不序者起會上大夫君已目故臣凡也內獨出名氏者臣不得因君殊尊省文別尊卑也疏校勘記云率師唐石經鄂本宋本同閩監毛本作帥師按此依左穀作帥改也公羊多作率○注言次至人恩○原文闕○注既約至解也○杜云諸侯既盟次匡皆遣大夫將兵救徐故不復具列國別也按左傳云楚人伐徐徐卽諸夏故也又云孟穆伯帥師及諸侯之師救徐諸侯次于匡以待之明楚

為徐卽諸夏伐之諸侯始爲救徐盟牡丘既復遣大夫往以致楚敗徐婁林是不能解也○注大夫至凡也○春秋之例凡大夫不序者皆上有各國君則下止書大夫如襄三年大夫盟二十七年豹及諸侯之大夫盟于宋之屬是○注內獨至卑也○舊䟽云正以上言公會齊侯以下是殊尊會之文今若不舉內大夫名氏卽國君鄉者殊尊之經而省文

夏五月日有食之注是後秦獲晉侯齊桓公卒楚執宋公霸道衰中國微弱之應䟽通義云晦食漢五行志劉歆以爲二月朔齊越分○注是後至之應○見下十一月下十七年二十一年漢書五行志下之下僖公十五年五月日有食之劉向以爲象天下異將行伯道後遂伐衛執曹伯敗楚城濮再會諸侯召天王而朝之此其效也日食者臣之惡也夜食者掩其罪也以爲上亡明王桓文能行伯道攘夷狄安中國雖不正猶可蓋春秋實與而文不與之義也按公羊無此義且取應亦殊遠彼志載董仲舒以爲後秦獲晉侯齊滅項楚敗徐于婁林均與何義相足

秋七月齊師曹師伐厲注月者善錄義兵厲葵丘之會叛天子之命也曹稱師者桓公霸道衰曹獨能從之征伐不義故褒之所以勸勉不能扶助霸功激揚解惰也䟽杜云厲楚與國義陽隨縣北有厲鄉續漢志汝南褒信侯國有賴亭故賴國一統志厲鄉在德安府隨州北今名厲山店惠氏棟云厲賴一國沈氏欽韓云按續志汝南褒信侯國有賴亭故國今光州商城縣南有賴亭志以爲古賴國者也水經注溮水北出大義山南至厲鄉西亦云賴鄉古賴國也卽今隨州之厲山店然鄭

氏以厲鄉爲烈山氏生處列厲古聲通用厲又轉爲賴耳此厲國當從彪志在光州又歸德府鹿邑東東亦有賴鄉史記老子傳作厲鄉正義厲音賴顧氏棟高厲賴一國論云春秋時有賴國左氏桓十三年傳楚子使賴人追之杜云賴國在義陽隨縣蓋賴人仕於楚者傳十五年伐厲杜云義陽隨縣北有厲鄉傳書賴經書厲古通用實則一國也宣九年楚子爲厲之役伐鄭十一年傳厲之役鄭伯逃歸則傳並書厲昭四年遂滅賴傳云賴子面縛銜璧則經傳並書賴前漢地理志南陽郡隨州厲鄉故厲國也師古曰厲讀曰賴厲與賴之通用證之左傳漢書歷有明據公羊僖十五年齊師曹師伐厲何休云厲于葵丘之會叛天子之命厲如字舊音賴昭四年楚子滅厲釋文左氏作賴穀梁於僖昭兩傳俱書厲史記豫讓范睢列傳漆身爲厲厲並音賴古人之通用如此杜佑通典乃以厲賴並列兩國杜氏精於考古而乃有此失與○注月者至義兵○舊疏云正以侵伐例時故也通義云前大夫之師無功書次見譏此復伐楚與國以緩徐寇善齊桓誠謀救徐故月錄之○注厲葵至命也○上九年傳葵丘之會桓公震而矜之叛者九國注下伐厲善義兵是也何氏當有所据書籍散亡無文以言之○注曹稱至情也○兵校勘記云解情云宋本閩本同監毛本解作懈非按釋文作解情也隱五年傳云將卑師少稱人曹無大夫又小國不合稱師宜稱人今書師故解之僖元年次于聶北救邢又城邢曹並稱師蓋亦褒義於此解者桓公霸道衰曹獨能從征不義善尤進故著於此論語爲政篇舉善而教不能則勸

八月螽〔注〕公久出煩擾之所生〔疏〕注公久至所生○漢書五行志中之下釐公十五年八月螽劉向以爲先是釐有鹹之會後城緣陵是歲復以兵車爲牡丘會使公孫敖帥師及諸侯大夫救徐兵比三年在外與此久出煩擾義合

九月公至自會

桓公之會不致此何以致注据柯之會不致疏注据柯至不致○見莊十三年久

也注久暴師衆過三時疏注久暴至三時○公以三月盟牡丘至九月始反國歷春夏秋三時故書至危之穀梁注莊二十七年傳桓會不致安之也而此致者齊桓德衰故危而致之

季姬歸于鄫疏通義云始嫁之辭也前遇于防季姬不繫鄫此書歸又與伯姬歸于紀伯姬歸于宋文同例故啖趙胡氏皆謂左傳之言不合於經若言魯女不當淫泆至此則文哀二姜流風舊矣

己卯晦震夷伯之廟

晦者何冥也注晝日而冥疏注晝日而冥○校勘記出書日云鄂本書作晝諸本皆誤書字詩鄭風雨云風雨如晦傳晦昏也周頌鑠云遵養時晦傳晦昧也左傳昭元年說六氣曰陰陽風雨晦明以晦對明故爲冥晝冥爲晦則春秋晦也爾雅釋言晦冥也淮南時則訓窮夏晦之極注晦暝也昭元年左傳晦淫惑疾注晦夜也夜故昏暝當晝而夜故曰晦也開元占經引感精符云日者陽之精曜魄光明所以察不失以照滅晝晦甚所懼也漢書劉向傳曰晝冥晦皆謂此通義云謹按春秋不書晦己卯晦甲午晦皆晝晦也俗儒但推下正月戊申朔則己卯適九月之盡成十六年六月丙寅朔則甲午亦其月之盡遂指以爲月晦莠苟不似苗何以亂苗利口苟不亂義何以亂義二晦苟不值月晦何以疑於月晦彼未審春秋固有以辨之也晝晦日

晦月晦日是月不相疑也是月亦爲記異錄之爾常事則但舉日鷄父之戰左氏以爲戊辰晦而經不書晦此顯證也妄者猶譏公羊自謬設不書晦之例故以晦冥強訓之若乃穀梁於甲午晦固云日事遇晦日晦於此亦日晦冥也可知是日晝冥自有師傳非鶉詞矣春秋兩見晝晦皆適當月晦者蓋讀秦本紀昭襄王六年日食晝晦得其說焉凡正晝而日無光必由食既之甚乃然然而不言日食者春秋之記異也記見至于冥晦則日不可得見其食不食未之或知也但以理論之非日食無晦道故亦非晦朔無晦道也包氏愼言云經書九月晦震夷伯之廟月之二日晦公穀皆以爲晦也不以爲晦日二傳例春秋記朔不記晦按曆九月庚辰朔則晦爲八月之二十九日月小也

震之者何雷電擊夷伯之廟者也【疏】說文雨部震劈歷振物者春秋傳曰震夷伯之廟段注引此者以爲劈歷震物之證也史記殷武乙暴雷震死神道設教之至縣者也又云劈歷疾雷之名釋天曰疾雷爲霆倉頡篇霆霹靂也然則古謂之霆許謂之震振與震疊韻也按震必有電易象傳曰雷電噬嗑又象傳曰雷電合而章故此雷電並舉也舊疏云加之者以震有種種故也且避問輕重兩舉

夷伯者曷爲者也季氏之孚也【注】孚信也季氏所信任臣【疏】注孚信至任臣○詩大雅文王云萬邦作孚傳孚信也又下武成王之孚箋云孚信也禮記緇衣萬國作孚注孚信也一切經音義引字林云孚信也季氏所信任故曰孚愈氏樾公羊平議云季氏所信任之臣而但曰季氏之孚文不成義殆非也孚當讀爲偶據說文孚古文作采从爪从系卽保古文而保又从采是其字轉展相從故聲近而義亦通也國語晉語曰失趙氏之典刑而去其師保又曰擇師保以相子是古大夫之家亦有師保季子親爲桓

公之子其有師保明矣故曰夷伯者曷爲者也季氏之保也因其字叚孚爲之而說者望文生義失其解矣季氏之孚
則微者其稱夷伯何大之也曷爲大之【注】据陽虎稱盜【疏】注据陽虎稱盜
〇定八年盜竊寶玉大弓是也通義云爲重天戒不得不書其廟書其廟則不得不稱夷伯也天戒之故大之也
【注】明此非但爲微者異乃公家之至戒故尊大之使稱字過于大
夫以起之所以畏天命孔子曰君子有三畏畏天命畏大人畏聖
人之言【疏】繁露奉本篇云夫流深者其水不測尊重者其敬無窮是故天之所加雖爲災害猶承而大之其欽無窮震夷
伯之廟是也〇注使稱至起之〇隱元年注天子上大夫字尊尊之義也夷伯陪臣比之天子大夫稱字是過於大夫矣所以明爲
公家至戒之義〇注所以至之言〇論語季氏篇文繁露郊語篇引此語說之云彼豈無傷害於人如孔子徒畏之哉以此見天之
不可不畏敬猶主上之不可不謹事不謹事主其禍來至顯不畏敬天其殃來至闇闇者不見其端若自然也故曰堂堂如天殃言
不必立校默而無聲潛而無形也由是觀之天殃與上罰所以別者闇與顯耳不然其來逮人殆無以異孔子同之俱言可畏也天
地神明之心與人事成敗之真固莫之能見也唯聖人能見之聖人者見人之所不見者也故聖人之言亦可畏也何以書
記異也【注】此象桓公德衰彊楚以邪勝正僖公蔽於季氏季氏蔽
於陪臣陪臣見信得權僭立大夫廟天意若曰蔽公室者是人也

當去之

疏注此象至云之○漢書五行志下之上釐公十五年九月己卯晦震夷伯之廟劉向以爲晦冥也震雷也夷伯世大夫正晝雷其廟獨冥天戒若曰勿使大夫世官將專事暝晦明年公子季友卒果世官政在季氏至成公十六年六月甲午晦正晝皆暝陰爲陽臣制君也成公不寤其冬季氏殺公子偃季氏萌於釐公大於成公此其應也董仲舒以爲夷伯季氏之孚也陪臣不當有廟震者雷也晦暝雷擊其廟明當絕去僭差之類也向又以爲此皆所謂夜妖者也劉歆以爲春秋及朔言朔及晦言晦人道所不及則天震之展氏有隱慝故天加誅於其祖夷伯之廟以譴告之也成公十六年六月甲午晦晉侯及楚子鄭伯戰于鄢陵皆月晦云云經義雜記云劉子政言晦冥也震雷也本穀梁傳董仲舒云夷伯季氏之孚本公羊傳董又云明當絕去僭差之類則僭差之事不止一夷伯廟凡似夷伯之僭差者皆當去之何邵公云僖公蔽於季氏季氏蔽於陪臣陪臣見信得權僭立大夫廟天意若曰蔽公室者是人也當去之頗得經傳意左傳震夷伯之廟罪之也於是展氏有隱慝焉劉歆以爲人道所不及則天震之故天加誅其祖廟以譴告之立義精也正義曰杜以長曆推之己卯晦九月三十日春秋值朔書朔值晦書晦無義例也此即本劉子駿說按劉向與董義近唯子政謂爲譏世大夫則本穀梁說然當時世卿非一何獨於夷伯廟加罪魯前後大夫不見有夷伯焉當以公羊爲正蓋桓公德衰彊楚以邪勝正晦之應焉僖公蔽於季氏季氏蔽於陪臣震夷伯之廟之應也故通義引董仲舒說云廣森以爲季氏專魯其弊極於陪臣執國命故天於季友將卒震其私人之廟以示戒若曰勿使季氏世卿位將害於而國凶於而家明年友卒魯君不寤復卿其子天垂象見吉凶其端在數十年之前而應變於易世之後也按論語季氏篇祿之去公室五世矣政

逮於大夫四世矣聖人此語蓋發於季平子逐昭公之時已逆知有陽虎執季桓事故曰三桓子孫微矣魯自仲遂專國文公失政祿去公室者文宣成襄昭五世也政逮大夫者季友文子武子平子也故季氏專政自友始天之履其孚有以哉

冬宋人伐曹

楚人敗徐于婁林【注】謂之徐者爲滅杞不知尊先聖法度惡重故狄之也不月者略兩夷狄也【疏】杜云婁林徐地下邳僮縣東南有婁亭大事表云在今江南泗州境後漢書志下邳國徐縣有樓亭或曰古婁林伏滔北征記曰縣北有大冢徐君墓延陵解劍之處一統志古婁亭在鳳陽府虹縣東北是也○注謂之至之也○成三年鄭伐許注謂之鄭者惡鄭襄公與楚同心數侵伐諸夏故夷狄之昭十二年晉伐鮮虞注謂之晉者先伐同姓從親親起欲以立威行霸故夷狄之此徐不稱人不稱師故爲狄辭也滅杞事見上十四年禮記郊特牲云天子存二代之後猶尊賢也尊賢不過二代故滅杞爲不知尊聖法度惡重也○注不月至狄也○舊疏云正以敗例書月即莊十年春王正月公敗齊師于長勺秋九月荊敗蔡師于莘是也此爲略兩夷故不月穀梁傳夷狄相敗志也彼傳以夷狄相敗書文不具令起禍亂之原讙兵車之始故志是也

十有一月壬戌晉侯及秦伯戰于韓獲晉侯【疏】包氏愼言云十一月無壬戌十二月之十六日按曆爲閏十一月之十四日也上十年左傳云蔽于韓杜云韓晉地大事表云今爲陝西同州府之韓城縣後爲桓叔子韓萬

食邑左傳所謂韓原是也又云左韓國春秋前晉文侯二十四年滅韓即此元和志同州韓城縣春秋戰于韓原即此一統志韓原在同州韓城縣西南二十里紀要或曰故韓原當在河東今山西芮城縣河北故城有韓亭即秦晉戰處齊氏召南考證云顧炎武日知錄曰及韓在涉河之後此韓在河東史記正義引括地志云韓原在同州韓城縣非也杜氏但云韓晉地卻有斟酌按此韓與古韓國在韓城以梁山爲望者不同續漢郡國志曰河東郡河北縣詩魏國有韓亭當是也通義云此秦伐晉故以晉侯主戰

此偏戰也何不以言師敗績【注】据泓之戰言宋師敗績【疏】注据泓至敗績〇見下二十二年

君獲不言師敗績也【注】舉君獲爲重也釋不書者以獲君爲惡書者以惡見獲與獲人君者皆當絕也主書者從獲人例

【疏】注舉君獲爲重〇通義云胡康侯曰君獲不言師敗績君重於師也夫大夫戰而見獲必書師敗績師與大夫敵也君爲重師次之大夫敵春秋之法也與孟子之言何以異孟子爲時君牛羊用人莫之恤故以民爲重君爲輕春秋正名定分爲萬世法故以君爲重師次之按昭二十三年傳曰君死乎位曰滅生得曰獲大夫生死皆曰獲大夫獲稱師宣二年宋華元帥師及鄭公子歸生帥師戰于大棘宋師敗績獲宋華元之屬是也〇注釋不至爲惡〇舊疏云正決二十一年釋宋公之經矣彼傳云執未有言釋之者此其言釋之何公與爲爾也注善僖公能與楚議釋賢者之厄彼於上執宋公以伐宋不與夷狄執中國故不書楚獲人〇注書者至絕也〇包氏愼言云國君天子所建獲人君無天子也見獲即當死亡不死辱社稷也故罪皆絕按成二年齊侯使國佐如師傳君

不行使乎大夫此其行使乎大夫佚獲也注已獲而逃亡也當絕賤又莊十年以蔡侯獻舞歸傳名絕之獲也是見獲者坐絕與獲人同也○注主書至人例○舊疏云莊十年荆敗蔡師于莘以蔡侯獻舞歸傳曷爲不言其獲不與夷狄之獲中國也然則秦楚同類得獲晉侯者正以爵稱伯非眞夷狄故與楚異是其從獲人例故也

十有六年春王正月戊申朔霣石于宋五【疏】釋文十六年本或從此下別爲卷按七志七錄何注止十一卷公羊以閔附莊故也後人以僖卷大輒分之爾按漢書藝文志公羊穀梁皆十一卷王阮兩家箸錄卷數本此包氏愼言云經書正月戊申朔據曆戊申爲正月之二日非朔也經連書六鷁退飛之異而云是月傳云是月僅逮是月也何以不日晦日也春秋不記晦朔有事此全經之通例非爲霣石之書朔發也按以曆推之是年正月實戊申朔霣左氏穀梁作隕隕霣字通說文引作磒石周禮大司樂疏引左傳亦作霣石或左氏本有作霣者

是月六鷁退飛過宋都【疏】校勘記出是月云唐石經諸本同釋文是月如字或一音徒兮反盧文弨曰是月有作提月者故一音徒兮反初學記晦日條引此作提月又鶡冠子王鈇篇家里用提陸佃注云提零日也引公羊爲證左氏石經月下旁增也字是後人妄加校勘記又云是月與月令是月似異而實同改作提者俗人所改也按此說非也釋文云或音徒兮反卽初學志所引之提月本也在正月之幾盡故曰是月與月令不同校者猶牽涉左氏家爲說耳校勘記又云六鷁諸本同唐石經六鷁字缺釋文作六鶂五歷反按穀梁亦作鶂左氏釋文鷁五歷反本或作鶂音同說說文引傳文作鶂史記宋微子世家注引同則左傳亦作鶂文選西都賦注引杜注鶂水鳥也然則三傳

文文本皆作鶂字矣尙書大傳云鷁者陽禽注鷁本或作鶂經義雜記云說文鳥部鶂鳥也从鳥兒聲春秋傳曰六鶂退飛鶂鶃或從鬲鷊司馬相如說鶂从赤按春秋僖十六年六鷁退飛正義曰鷁字或作鶂釋文六鷁五歷反本或作鶂音同又公羊穀梁釋文皆云六鶂五歷反可證三傳皆作鶂與說文同今公羊注疏皆作鷁惟何注六鶂無常此一字未改穀梁注疏皆作鶂惟經文六鷁退飛此一字从益蓋因唐時左傳已有作鷁者故後人据以易二傳也穀梁疏引賈逵云鶂水鳥陽中之陰象君臣之訟闘賈景伯以闘解鶂是取同聲字爲詁尤可見六鶂字本從兒也史記微子世家六鶂退蜚集解引賈注作鶂引公羊作鷁索隱引左傳六鶂退飛漢書五行志下之鶂退蜚過宋都師古曰鶂音五狄反玉篇鶂午的反又五兮切鷊鶃鷁並同上猶根据許書从兒爲正从益者說文不收故列末廣韻二十三錫鷁五歷切鶂同上說文又作鶃鷊反以鷁爲正義尾倒置矣

曷爲先言霣而後言石〔注〕据星霣後言霣〔疏〕注据星至言霣○即莊七年夜中星霣如雨是也

霣石記聞聞其磌然〔疏〕校勘記云唐石經諸本同釋文磌然之人反又大年反聲響也一音芳君反本或作砰八耕反注疏本砰誤碑穀梁疏云磌字說文玉篇字林等無其字學士多讀爲砰据公羊古本並爲磌字張揖讀爲磌是石聲之類不知出何書也經義雜記云按玉篇石部磌柱下石磌之仁切磌也音響也又大堅切砰披萌切大聲硑同上据楊氏所見玉篇無磌字則今本有者蓋孫强等增加廣雅四釋詁砰普耕反聲也而無磌字楊云張揖讀爲磌是古本廣雅有磌矣五經文字磌之人反又大年反聲響也見春秋傳穀梁釋文同大年反讀若孟子填然鼓之之填說文土部訓爲塞疑公羊古本通借用

之廣韻十七眞磌柱下石也一先磌柱礎皆不具石聲一訓十三耕砰砰磕如雷之聲則作砰然者義亦通孫氏志祖讀書叢錄云穀梁疏張揖讀爲磌是石聲之類不知出何書按疏引張揖是廣雅之文廣雅釋詁砰聲也是亦讀爲砰也廣雅釋寶磌磌也文選西都賦雕玉瑱以居楹李善注瑱與磌同非此義按孟子梁惠王篇塡然鼓之趙注鼓音也說文土部塡塞也荀子非十二子云塡塡然注塡塡然滿足之貌聲之滿足爲塡塡然貌之滿足亦爲塡塡然也故楚詞九歌云靁塡塡兮雨冥冥然則磌然卽塡然也當與孟子之言同義

視之則石察之則五

疏 繁露觀德云隕石于宋五六鷁退飛耳聞而記目見而書或徐或察皆以其先接于我者序之又深察名號云春秋辨物之理以正其名名物如其眞不失秋毫之末故名賈石則後其五言退鷁則先其六聖人之謹於正名如此君子於其言無所苟而已五石六鷁之辭是也文心雕龍宗經篇春秋辨理一字見義五石六鷁以詳略成文是也穀梁傳先隕而後石何也隕而後石也于宋四竟之內曰宋後數散辭也耳治也注既隕後乃知是石又云隕石記聞也引此傳爲說

是月者何僅逮是月也

注 是月邊也魯人語也在正月之幾盡故曰劣及是月也

疏 注是月至月也○舊疏云上十年傳云踊爲文公諱何氏云踊豫也齊人語若關西言渾矣春秋之內悉解爲齊人語此一文獨爲魯人語者以經文孔子作之孔子魯人故知爲魯人語彼皆是諸傳文乃胡母生公羊氏皆爲齊人故解爲齊人語逮及也僅及是月故云是月邊也爲在正月云欲盡也盧氏文弨鍾山札記云公羊經傳十有六年春王正月戊申朔隕石于宋五提月六鷁退飛過宋都傳云提月者何僅逮是月也何注提月邊也魯人語在正月之幾

盡故曰劣及是月也在陸德明時所見本固有以提月改作是月者故釋文先言是月如字或一音徒兮反陸氏不詳審傳文及邵公之注明是為提字作詁訓若作是月何勞如此費辭乎初學記晦日條引此正作提月陸佃注鶡冠子王鈇篇家里用提云提零日也亦引公羊為證按集韻十二齊收是字即引此傳通義云是讀為隄隄之言邊也凡經傳言是月有當如字讀者其義為此月也有當讀提月者其義為盡此月檀弓曰祥而縞是月禫言盡縞之月而為禫祭也識古是月之語乃得其解讀書叢錄云鶡冠子注提零日也公羊傳曰提月者僅逮此月晦日也初學記引公羊皆作提提當通作抵字故傳云僅逮此月也說文人部僅財能也段注財今俗用之纔字也三蒼及漢書作纔鄭注禮記周禮賈逵注國語東觀漢記及諸史並作裁許書水部寁部作財材能言僅能也公羊僅逮是月也何注在月之幾盡故曰劣及是月定八年曰公斂處父帥師而至慬然後得免慬蓋僅之譌字射義蓋勵有存者言存者甚少勵即僅字广部廑下云少劣之居也與僅義略同今人文字但訓僅為但

何以不日注据五石言日

疏注据五石言日〇舊疏云等是災異何故五石書戊申朔而六鷁不書日故難之

晦日也注凡災異晦日不日日食是也日食嘗於晦朔不日晦可知也六鷁無常故言是月以起晦也

疏注凡災至是也〇舊疏云即莊十八年三月日有食之之屬是也今此亦晦故不書日〇注日食至知也〇隱三年傳云日食則曷為或日或不日或言朔或不言朔曰某月某日朔日有食之者食正朔也注桓三年秋七月壬辰朔日有食之是也傳又云其或日或不日或失之前或失之後失之前者朔在前也注云謂二日食己巳日有食

之是也傳又云失之後朔在後也也注云謂晦日食莊十八年二月日有食之是也是晦不日也○注六鷁至晦也○校勘記出六鷁云鄂本宋本同閩監毛本鷁作鶂爲錯見字今本公羊經注及疏皆作鷁也晦則何以不言晦注据上言朔春秋不書晦也注事當日者日平居無他卓佹無所求取言晦朔也雖盟奚戰是也疏注事當日者日○謂例書日如君大夫盟例日定哀滅例日大國卒例日納女卒例日弒例日失禮鬼神例日之屬及褒貶所繫當時月而日者皆是此上事雖值朔但書日不言晦也○注平居至卓佹○校勘記云釋文卓佹九委反惠棟云卓佹亦見漢書蓋當時語舊疏云謂無他卓異佹戾平常之事○注無所至是也○舊疏云卽桓十七年二月丙午及邾儀父盟于趡春秋說以爲二月晦矣五月丙午及齊侯戰于奚春秋說以爲五月之朔矣然則此傳云春秋不書晦朔謂平常之事若卓佹有所求取則朔書晦仍不書也具見下朔有事則書注重始故書以錄事若泓之戰及此皆是也疏注重始至是也○明書朔義也下二十二年冬十有一月己巳朔宋公及楚人戰于泓傳偏戰者日爾此其言朔何春秋辭繁而不殺正也爲美宋公得正故書朔所謂卓佹是也此特爲王者之後記異宋襄伯道不終爲夷夏起伏之機故亦書朔也晦雖有事不書注重始而終自正故不復書以錄事疏注重始至錄事○明不書晦義也春秋重始故也曷爲先言六而後言鷁注据霣石後言五六鷁退飛記見也視之則六察之則鷁徐而察

之則退飛【注】鶂小而飛高故視之如此事勢然也宋都者宋國所治也人所聚曰都言過宋都者時獨過宋都退飛【疏】注鶂小至然也○明經之先書六後鶂後退飛也鶂小飛高不可驟辨六數易見故用視鶂則需察退飛則必徐而察也穀梁傳曰六鶂退飛過宋都先數聚辭也目治也注云六鶂退飛記見也下引此傳為說彼傳又云君子之於物無所苟而已石鶂且猶盡其辭而況於人乎故五石六鶂之辭不設則王道不亢矣孔叢子公孫龍篇平原君曰至精之說可得聞乎答曰其說皆取之經傳不敢以意春秋記六鶂退飛視之則六察之則鶂按即董子所謂以其先接于我序之是也○注宋都至曰都○宋世家周公乃命微子開代殷後奉其先祀作微子之命以申之國於宋集解世本曰宋更曰睢陽後漢書東平王蒼傳注人所聚曰都廣雅釋詁都聚也書堯典曰幽都傳都謂所聚也凡聚會謂之都因謂建號之地為都釋名釋州國云國城曰都都者國君所居人所都會也穀梁傳民所聚曰都○注言過至退飛○宋世家六鶂退蜚風疾也注引賈逵曰風起于遠至宋都高而疾故鶂逢風都退明異著于宋故言于宋都也五石

六鶂何以書記異也外異不書此何以書為王者之後記異也【注】王者之後有亡徵非新王安存之象故重錄為戒記災異也石者陰德之專者也鶂者鳥中之耿介者皆有似宋襄公之行襄欲行霸事不納公子目夷之謀事事耿介自用卒以五年見執六年終

敗如五石六鷁之數天之與人昭昭著明甚可畏也於晦朔者示其立功善甫始而敗將不克終故詳錄天意也疏通義云爲王者之後記災異者示有加錄所以象賢崇德亦春秋憲章文武以爲後法者也錄宋而略杞者遠近之殺大事表云公羊屢發傳爲王者之後記異先儒深闢之以爲杞亦王者之後何以不記不知公羊之說未可厚非杞棄其故都而自卽於東夷無關於天下之故而宋居天下要樞晉楚之所視以爲強弱故春秋恆重之亦初不因其爲王者之後也考春秋一書以書雨螽于宋隕石于宋五六鷁退飛過宋都以及宋大水宋災他國之災異未有如此其詳悉者也又如會未有書其所爲者而會于稷則云成宋亂會澶淵則云宋災故是春秋特筆志貶盟亦未有書所爲者盟于薄則曰釋宋公是聖人特筆志襄晉楚爭宋鄭而鄭及楚平春秋不志宣十五年宋人及楚人平大書特書蓋宋爲中國門戶常倔強不肯卽楚以爲東諸侯衞至宋卽楚而天下之事去矣故晉文晉悼之與首有事於救宋先軫曰取威定伯於是乎在韓獻子曰成伯安疆自此始宋之關乎天下利害非細故也楚顧之猾夏也於僖二十六年圍宋楚莊之爭伯也於宣十四年又圍宋至向戌爲弭兵之策合天下諸侯盟于宋而伯統絕而蠻夷橫矣謂春秋全無意於宋者豈識春秋之旨哉按顧氏不解公羊錄宋略杞之旨故爲是說而宋爲天下安危所繫其於當時形勢亦未爲無理也○注王者至異也○校勘記出親王云閩監毛本同誤也鄂本親作新當据正爲王者之後記災見王者當安存之也故詳錄之○注石者至之數○五年見執六年終敗見下二十一年二十二年後漢書襄楷傳夫石者安類墜者失執故春秋五石隕宋其後襄公爲楚所執穀梁注引劉

向曰石陰類也五陽數也象陰而陽行將致墜落鶂陽也六陰數也象陽而陰行必衰退左氏疏引考異郵云鶂者毛羽之蟲生陰而屬于陽漢書五行志下之下釐公十六年正月戊申朔隕石于宋五是月六鶂退飛過宋都董仲舒劉向以爲象宋襄欲行伯道將自敗之戒也石陰類五陽數自上而隕此陰而陽行欲高反下也石與金同類色以白爲主近白祥也鶂水鳥也六陰數退飛欲進反退也其色青青祥也屬於貌之不恭天戒若曰德薄國小勿持炕陽欲長諸侯與彊大爭必受其害襄公不寤明年齊威死伐楚喪執滕子圍曹爲盂之會與楚爭盟卒爲所執後得反國不悔過自責復會諸侯伐鄭與楚戰于泓軍敗身傷爲諸侯笑左氏傳曰隕石星也鶂退飛風也宋襄公以問周內史叔興曰是何祥也吉凶焉在對曰今茲魯多大喪明年齊有亂君將得諸侯而不終退而告人曰是陰陽之事非吉凶所生也吉凶繇人吾不敢逆君故也是歲魯公子季友鄫季姬公孫茲皆卒明年齊威死適庶亂宋襄公欲行伯道卒爲楚所敗劉歆以爲是歲歲在壽星其衝降婁降婁魯分埜也故爲魯多大喪正月日在星紀厭在元枵元枵齊分埜也石山物齊大嶽後五石象齊威卒而五公子作亂故爲明年齊有亂庶民惟星隕于宋象宋襄將得諸侯之衆而治五公子之亂星隕而鶂退飛故爲得諸侯而不終六鶂象後六年伯業始退執于盂也民反德爲亂亂則妖災生言吉凶繇人然后陰陽衝厭受其咎齊魯之災非君所致故曰吾不敢逆君故也京房易傳曰距諫自彊茲謂卻行厥異鶂退飛適當黜則鶂退飛按班志與穀梁注所引劉向說即其洪範五行傳說志又載董仲舒劉向以爲云云是公羊舊說均與何注微異又志下之上云劉歆以爲風發於它所至宋而高鶂高蜚而逢之則退經以見者爲文故記退蜚傳以實應著言風常風之罰也象宋襄公區霿自用不容臣

下逆司馬子魚之諫而與彊楚爭盟後六年爲楚所執應六鷁之數云此又一說也史記注引賈逵云風起于遠至宋都高而疾故
鷁逢風却退穀梁疏引賈逵云石山岳之物齊太岳之胤而五石隕宋象齊桓卒而五公子作亂宋將得諸侯而治五公子之亂鷁
退不成之象後六年霸業退也鷁水鳥陽中之陰象君臣之訟鬩也卽用子駿說彼疏又引異義穀梁說云隕石于宋五象宋公德
劣國小陰類也而欲行伯道是陰而欲陽行也其隕將拘執之象也是宋公欲以諸侯行天子道也又引鄭君云六鷁俱飛得諸侯
之象也其退示其德行不進以致敗也俱諸侯是陽行也被執是陰行也與何氏義皆大同若然耿介自用得取敗者漢書兩龔傳
贊云清節之士大率多能自治而不能治人所以不可常法也孟子滕文公陳仲子章趙氏章指亦云聖人之道親親尙和志士之
操耿介特立可以激濁不可常法是以孟子喻以邱蚓比諸巨擘也春秋重義不重事故美宋襄欲行霸事惜其不納公子目夷之
謀也鄭氏駁異義從劉董各說其言得諸侯之象兼採左氏說矣何氏逆諫之言與劉歆言常風之罰皆與京氏距諫自彊茲謂卻
行等語合又按易林乾之兌云鷁飛中退舉事不進衆人亂潰又蹇之蠱云六鷁退飛爲襄敗祥陳師合義左股夷傷遂崩不起伯
功不成又解之噬嗑云鷁飛中退舉事不遂且守仁德猶免失墜又困之坤云六鷁退飛爲襄敗祥陳師合戰左股夷傷遂以崩虆
伯道不終皆與公羊義合○注天之至畏也○舊疏云春秋說文也經義雜記十七云杜云石隕鷁退陰陽錯逆所爲非人所生襄
公不知陰陽而問人事故曰君失問正義曰劉炫云石隕鷁飛事由陰陽錯逆陰陽錯逆乃是人行所致襄公不問已行何失致有
此異乃謂既有此異乃有吉凶故答云是乃陰陽之事非將來吉凶所生襄公不知陰陽錯逆爲既往之咎乃謂將來吉凶出石鷁

之間是不知陰陽而空問人事故云君失問也服虔云鷁退風咎君行所致非吉凶所從生襄公不問已行何失而致此變但問吉凶焉在以爲石隕鷁退吉凶所從而生故云君失問是劉炫用服虔爲說也按彼傳當從服注義甚精密即此傳天之與人昭昭著明之義劉光伯從服是也杜預棄人事而空言陰陽不可爲訓○注於晦至意也○通義云石鷁之異一在月本一在月末是宋襄始終之象也五石者五伯之數也星隕于上降而爲石此王者威福下移于諸侯之象也於朔者示襄公將始起繼桓列於五伯也六鷁退飛象伯業終退劉歆以爲後六年爲楚所執應六鷁之數云

三月壬申公子季友卒疏包氏愼言云三月壬申月之二十七日按當二十六日

其稱季友何注据犂戰名不稱季來歸不稱友疏○注据犂至稱友即僖元年公子友帥師敗莒師于犂不稱季也閔元年季子來歸不稱友也左傳杜注以爲季字友名劉炫規過以季爲氏云季友仲遂皆生賜族非字也按孫以王父字爲氏行父氏季明季爲字若慶父字仲謚共子孫以仲爲氏叔牙字叔謚僖子孫以叔爲氏也

賢也注閔公不書葬故復於卒賢之明季子當蒙討慶父之功遏牙存國終當錄也不稱子者上歸本當稱字起事言子疏舊疏云以君弒賊不討惡臣子不討賊君喪無所繫往前閔公不書葬恐季子有甚惡故書字見其賢按季友之功莫大於討慶父叔牙故宜見褒穀梁傳曰稱公弟叔仲賢也杜亦云稱字貴之通義云賢故稱季也繫名者卒從正陸淳曰季友之殺叔牙慶父義也立閔公僖公權也夫以

義滅親以權正國中人之所惑故於其卒以明之說苑尊賢云僖公即位而任季子魯國安甯內外無憂行政二十一年按二十一年字誤○注不稱至言子○舊疏云即閔元年歸之下注云不稱季友者明齊繼魯本感洛姑之託故令與高子俱稱子起其事是也則此注爲決閔元年不稱字故也

夏四月丙申鄫季姬卒疏包氏慎言云夏四月書丙申月之二十二日按當二十一日通義云棄正作淫神弗福也於春秋可以與可以觀

秋七月甲子公孫慈卒注日者僖公賢君宜有恩禮於大夫故皆日也一年喪骨肉三人故日痛之疏包氏慎言云秋七月書甲子月之二十一日按當二十日校勘記書公孫慈云唐石經諸本作公孫慈此本疏中慈皆作玆按當作慈作玆者左氏穀梁本也上四年左傳注云公孫玆叔牙子叔孫戴伯○注日者至日也○隱元年公子益師卒不日以所傳聞世大夫卒不聞有罪無罪皆不日也此及季友卒皆日故解之明僖公賢君宜有恩禮於大夫故也鄫季姬書日者從上九年秋七月乙酉伯姬卒書日之例○注一年至痛之○舊疏云言由是賢君故宜痛骨肉之卒若直見是賢君宜有恩禮於大夫但當見季一人書日故知宜痛其頻死故也孔氏通義以隱桓莊閔爲所傳聞世別僖爲所聞世以爲三喪皆日合無罪書日之例非何氏義

冬十有二月公會齊侯宋公陳侯衞侯鄭伯許男邢侯曹伯于淮注

月者危桓公德衰任豎刀易牙隳功滅項自此始也【疏】杜云臨淮郡左右〇注月者至始也〇舊疏云盟會之例大信書時今而書月故如此解任豎刀易牙者下十八年傳云桓公死豎刀易牙爭權不葬是也滅項下十七年滅項是也校勘記出豎刀云閩監毛本刀改刁非此本豎誤豎今訂正疏同史記齊世家云管仲病桓公問曰羣臣誰可相者管仲曰知臣莫若君公曰易牙何如對曰殺子以適君非人情不可公曰開方何如對曰倍親以適君非人情難近公曰豎刀何如對曰自宮以適君非人情難親管仲死而桓公不用管仲言卒近用三子三子專權是任豎刀易牙事也通義云桓之會止于此功業隳敗不克令終故危月之邢侯次伯男下者其序則主會者爲之也繁露曰邢侯未嘗會齊桓也附晉又微晉侯獲于韓而背之淮之會是也上十五年齊師曹師伐厲穀梁注引徐邈曰齊桓末年用師及會皆危之而月也于時伯業已衰勤王之誠替于內震矜之容見于外禍衅已兆動接危理故月衆國之君雖有失道未足爲一世興衰齊桓威攝羣后政行天下其得失皆治亂所繫故春秋重而詳之錄所善而著所危云爾

公羊義疏三十二

南菁書院

句容陳立卓人著

僖十七年盡二十一年

十有七年春齊人徐人伐英氏注稱氏者春秋前黜稱氏也伐國而舍氏言之者非主名故伐之得從國舉疏杜云英氏楚與國一統志古英氏城在六安州英山縣東北○注稱氏至氏也○史記楚世家成王二十六年滅英徐廣曰年表及他本皆作英明本稱英則稱氏者為黜稱矣惟成王二十六年當魯僖十四年時英已滅齊徐無為伐之或復為楚封與○注伐國至國舉○舊疏云若其主名即爵等是也校勘記出舍氏云宋本同閩監毛本舍作含按含氏言之者猶言連氏言之也通義云齊稱人者齊侯在會別遣微者往伐徐稱人者以國不若氏氏不若人從伯主討蠻夷不可退其等於所伐者下故得進之也按徐已貶於婁林示法故此仍循其故稱也

夏滅項疏杜云項國今汝陰項縣大事表云項國名今河南陳州府項城縣東北六十里有故項城水經注潁水篇潁水自堰東南流逕項縣故城北春秋僖十七年魯滅項是矣道元用左傳故謂魯滅項漢書地理志汝南郡項下云故國寰宇記項國在陳州項城縣北一里

孰滅之齊滅之注以言滅知非內也以不諱知齊滅疏穀梁傳曰孰滅之桓

公也○注以言至內也○舊疏云正以春秋之例內大惡諱今言滅知非內矣通義云承上伐英氏之師也左氏云魯滅彼未知內諱不言滅之義爾按此亦適承上有伐英氏文故知為齊滅亦沒文不沒實之意也○注以不至齊滅○舊疏云春秋之例為賢者諱故上十二年楚人滅黃不為諱今諱不言齊人故知齊滅之按如舊疏注義未明不字當衍文何意謂不諱滅故非內滅不出滅國主名與楚滅黃之屬異知為諱為齊也

曷為不言齊滅之**注**据齊師滅譚**疏**注据齊師滅譚○在莊十年冬彼時功未足以覆滅人之惡故滅譚滅遂並書也

為桓公諱也春秋為賢者諱**疏**穀梁傳曰何以不言桓公也為賢者諱也項國也不可滅而滅之乎桓公知項之可滅也而不知己之不可以滅也凡諱者皆在譏貶之科為賢者諱為賢者不應有此惡為善不終聖人隱而為之諱也通義云蕭楚曰襄公十年諸侯會吳于柤夏五月甲午遂滅偪陽今滅項不言遂知其諱文也為賢者諱非以其賢而諱之將以成其義全其功以垂訓後世此撥亂之志也齊桓之功著矣齊桓之事終矣而又昧此一舉故不斥著其惡而為之有遜避之文者以其有衛中國之功且示善善樂其終也嗚乎非實為齊桓諱也欲後人於此有遜避之辭以見其不善焉而為善者勉之令終也然文微而實不沒也

此滅人之國何賢爾

君子之惡惡也疾始**注**絕其始則不得終其惡**疏**釋文惡惡並如字一讀上烏路反穀梁傳曰既滅人之國矣何賢乎君子惡惡疾其始○注絕其至其惡○穀梁注云絕其始則不得終其惡卽曰謂疾其初為惡之事不終身疾之意謂人有惡事唯疾其初始為惡不終身疾也有惡則疾無惡則止不念舊惡之意按以下善善樂終義對舉則

當如何意謂絕其始則不終於惡防微止漸之義故武子亦本何爲說善善也樂終注樂賢者終其
行疏穀梁傳曰善善樂其終與公羊同○注樂賢者終其行○穀梁注云樂賢者終其行也亦取何義爲說又引邵曰謂始有
善事則終身善之意謂君子嘉善人則欲終身善之不忘樂道人之善之意與諱滅項之義少差桓公嘗有繼絕
注立僖公也疏注立僖公也○閔二年桓公使高子將南陽之甲立僖公而城魯是也穀梁注引邵曰繼絕謂立僖
公存亡之功注存邢衛杞疏注存邢衛杞○上元年齊師以下救邢又城邢二年城楚丘十四年諸侯
城緣陵是也穀梁注邵曰存亡謂存邢衛不數杞者意謂曰諸侯爲散辭桓德衰矣其實非齊桓倡率城杞諸侯未必有緣陵之舉
故仍爲桓功故君子爲之諱也注言嘗者時桓公德衰功廢而滅人嫌
當坐故上述所嘗盛美而爲之諱所以尊其德彰其功傳不言服
楚獨舉繼絕存亡者明繼絕存亡足以除殺子糾滅譚遂項覆終
身之惡服楚功在覆篡惡之表所以封桓公各當如其事也不月
者桓公不坐滅略小國疏穀梁傳曰桓公嘗有存亡繼絕之功故君子爲之諱也○注言嘗至其功○通
義云明既有此功乃得覆惡併解滅譚遂不諱意也朱勃所謂春秋之義罪以功除按嘗者曾也曾所盛美知今不然君子善善樂
其終故本前而爲之諱也漢書陳湯傳劉向上疏曰昔齊桓公前有尊周之功後有滅項之罪君子以功覆過而爲之諱又田廣明

謂杜延年曰春秋之義以功覆過皆謂此○注傳不至事也○校勘記出名當云閩監毛本同鄂本名作各是也服楚者上四年傳
爲再言盟喜服楚也是也殺子糾滅譚遂見莊九年十年十三年舊疏云以繼絶除殺子糾以存三亡國除其三滅故云覆終身
之惡其服楚功在覆蓋惡之表者謂莊九年齊小白入于齊書入爲蓋辭故服楚功大始足覆蓋大惡爲其有尊周室安諸夏大功
不僅三繼絶存亡也故論語孔子美管仲亦以一匡天下民到於今受其賜微管仲吾其被髮左衽爲辭也○注不月至小國○決
莊十年滅譚莊十三年滅遂書月故也時齊桓功未足覆滅人之惡也此桓公不坐滅故不月又兼略小國也舊疏云言滅國例書
月者惡其篡而罪之按坐滅郎書月不必原其篡與否春秋滅例月其不月或書日者皆有爲如隱十年宋人衛人蔡人伐載鄭伯
伐取之注不月者移惡上三國上五年冬晉人執虞公注不從滅例月者略之襄六年莒人滅鄫注不月者取後於莒非兵滅僖二
十五年春王正月丙午衛侯燬滅邢注日者爲魯憂內錄之宣十五年六月癸卯晉師滅赤狄潞氏注日者痛錄之襄十年夏五月
甲午遂滅偪陽注日者甚惡諸侯不崇禮義疾錄之昭八年冬十月壬午楚師滅陳注日者疾詐諼滅人十一年冬十有一月丁酉
楚師滅蔡注日者疾諼滅人是也夷狄滅微國不月昭十三年吳滅州來注不月者略兩夷故此不月亦從略也劉氏逢祿解詁箋
云何君云凡諱者從實爲桓諱滅項正之使不得若行所以强伯義春秋功罪不相掩以功覆惡而褒封之非所聞也不月略小國
是也桓公不坐滅失之按以功除罪兩漢經師多有是說功罪不相掩何必爲賢者諱若主謂略小國則譚遂書月豈皆大國耶劉
說非是通義云不月者已諱嫌滅國不爲大惡故降從楚狄滅國例見責略之按孔說可補何義所未備

秋夫人姜氏會齊侯于卞疏杜云卞今魯國卞縣大事表云在今兗州府泗水縣東五十里水經注泗水篇泗水出魯卞縣北山西逕其縣故城南春秋襄公二十九年季武子取卞曰聞守卞者將叛臣帥徒以討之是也漢書地理志魯國卞下云泗水西南至方與入沛師古曰即春秋夫人姜氏會齊侯于卞是也一統志卞縣故城在兗州府泗水縣東五十里差繆略云卞公羊左氏或作弁按弁覍之或體字卞別體也今本及石經皆作卞矣

九月公至自會疏穀梁注云桓會不致而今致會桓公德衰威信不著陳列兵車又以滅項往會既非踰年乃反故往還皆月危之何氏無說當如彼解

十有二月乙亥齊侯小白卒疏校勘記云唐石經十上有冬字諸本誤脫按去冬字何氏無說明冬爲脫文乙亥爲十二月之九日

十有八年春王正月宋公會曹伯衛人邾婁人伐齊注月者與襄公之征齊善錄義兵疏左氏穀梁無會字按三傳釋文俱無說公羊此經會字衍文通義云曹伯上舊有會字誤○注月者至義兵○侵伐例時故解云與襄公征齊義具下左傳云納孝公亦無貶辭唯穀梁謂非伐喪非

夏師救齊疏通義云穀梁云善救齊也非也宋儒且謂凡書救未有不善者吕不韋有言兵苟義攻伐亦可救守亦可兵苟不義攻伐不可救守不可若齊之事乃伐者義救者不義耳按以史記左氏事證之雍巫寺人貂共立武孟太子昭奔宋五公子各

樹黨爭立相攻故宋襄伐之正也

五月戊寅宋師及齊師戰于甗齊師敗績【疏】包氏慎言云五月無戊寅六月之十六日也經正月書宋襄公之伐齊而書戰于五月据傳云齊桓公死豎刀易牙爭權不葬故伐之則宋之伐齊兵以不葬舉桓公以十二月卒春正月非葬期期在四月四月之十五日爲戊寅似經文伐戰連書故首發傳云戰不言伐此其言伐何宋公與伐而不與戰也簡策偶差故日月因之俱誤耳按曆戊寅爲四月之十四日六月之十五日杜云甗齊地大事表在今濟南府治歷城縣界

戰不言伐此其言伐何宋公與伐而不與戰故言伐【疏】舊疏云戰不言伐者莊十年師解故難之通義云以伐言公戰言師知不舉重者非直爲曹衛邾婁不與戰而已舊疏又云謂宋公但與伐不與戰故不得舉重是以兩舉之

春秋伐者爲客伐者爲主【疏】校勘記云唐石經原刻作春秋伐者爲客而不伐者爲主後磨改同今本按莊二十八年傳春秋伐者爲客伐者爲主注伐人者爲客讀伐長言之見伐者爲主讀伐短言之石經原刻誤

曷爲不使齊主之【注】据甲寅衛人及齊人戰【疏】注据衛至人戰〇注見莊二十八年

與襄公之征齊也【疏】穀梁傳言及惡宋也注引廢疾云戰言及者所以別客主直不直也故文十二年晉及人秦人戰于河曲兩不直故不云及今宋言及明直在宋非所以惡宋也卽言及爲惡是河曲之戰爲兩善乎又穀梁以河曲不言及略之也則自相反矣鄭君釋之曰及者別異客主耳不施於直與不直也直不直自在事而已義兵則客直宣十二年夏晉荀林

父帥師及楚子戰于邲晉師敗績是也兵不義則主人直莊二十八年春衛人及齊人戰衛人敗績是也今齊桓卒未葬宋襄欲與伯事而伐喪於禮尤反故反其文以宋及齊即實以宋及齊明直在宋邲之戰直在楚不以楚及晉何耶秦晉戰于河曲不言及疾其亟戰爭舉兵故略其先後劉氏廢疾申何云邲之戰晉楚皆客也即楚獨爲客亦不當以楚及晉內外之辨也故變例以大夫敵君起之凡書及皆與爲主辭以客爲主則宋襄直矣伐齊以定亂于喪無薄也春秋以嫌於伐喪故變文以起之惡宋之說於義反矣按以史記左傳證之襄公伐齊主爲定亂不得以伐喪爲責故爲與辭

曷爲與襄公之征齊【注】据齊桓公霸者猶不與征衛【疏】注据齊至征衛〇即莊二十八年書衛人及齊人戰以衛爲主也彼注云戰序上言及者爲主是也桓公時伯業已興再會于鄄再會于幽猶不與爲主故据之

桓公死豎刀易牙爭權不葬爲是故伐之也【注】不爲文實者保伍連率本有用兵征伐不義之道【疏】校勘記出豎刀云釋文唐石經作豎刁閩監毛本同齊世家云初齊桓公之夫人三曰王姬徐姬蔡姬皆無子齊桓公好內多內寵如夫人者六人長衛姬生無詭少衛姬生惠公元鄭姬生孝公昭葛嬴生昭公潘密姬生懿公商人宋華子生公子雍桓公與管仲屬孝公於宋襄公以爲太子雍巫有寵於衛共姬因宦者豎刀以厚獻于桓公亦有寵桓公許之立無詭管仲卒五公子皆求立冬十月乙亥齊桓公卒易牙入與豎刁因內寵殺羣吏而立公子無詭爲君太子昭奔宋桓公病五公子各樹黨爭立及桓公卒遂相攻以故宮中空莫敢棺桓公尸在牀上六十七日尸蟲出於戶十二月乙亥無詭立乃棺赴辛巳夜斂殯注引買

逵曰雍巫雍人名巫易牙字是其爭權不葬事謂與諸公子爭也
世家又云孝公元年三月宋襄公率諸侯兵送齊太子昭而伐齊
齊人恐殺其君無詭齊人將立太子昭四公子之徒攻太子太子
走宋宋遂與齊人四公子戰五月宋敗齊四公子師而立太子昭
是爲齊孝公宋以桓公與管仲屬之太子故來征之與左傳略同
說苑尊賢云桓公得管仲九合諸侯一匡天下畢朝周室爲五霸
長失管仲任豎刁易牙身死不葬尸流出戶一人之身榮辱俱施
何者其所任異也保傳記亦有是語呂覽知接篇云蒙衣袂而絕
乎壽宮蟲流出於戶上蓋以楊門之扇三月不葬韓非子二柄篇
桓公蟲流出戶而不葬管子戒篇公死七日不斂九月不葬盖五
公子之爭起於易牙豎刁之立無虧故特舉也通義云公子昭貴
當立而豎刁欲立公子無虧易牙欲立公子雍故爭權也征之言
正也齊亂無正善襄公能正之其云易牙欲立公子雍左傳史記
皆無此語○注不爲至之道○隱二年莒人入向注云諸侯擅興
兵不爲大惡者保伍連帥本有用兵征伐之道故襄公征齊不必
實與文不與也舊疏云其爲文實者卽上元年齊師以下救邢傳
云君則其稱師何不與諸侯專封也曷爲不與實與而文不與文
曷爲不與諸侯之義不得專封也諸侯之義不得專封則其曰實
與之何上無天子下無方伯天下諸侯有相滅亡者力能救之則
救之可也其二年城楚丘之下亦發此傳此不發此公也其稱師
何不與諸侯專征云云者正以諸侯本無專封之道故元年二年
經皆爲文實以保伍連帥本有用兵征不義之道不得貶宋公稱
師也按如傳義宋公與伐而不與戰亦不
得稱爵故亦不得責不與諸侯專征也
通義云穀梁又云善救齊也尤非也所善在此而進之於
伐衛爲說甚曲按春秋如進狄則當稱人今如本稱無善

辭也

秋八月丁亥葬齊桓公疏包氏愼言云八月書丁亥月之二十六日閏餘七月後已盈然閏七月則八月無丁亥時蓋閏八月也按當二十五日隱三年傳過時而日隱之也謂痛桓公賢君不能以時葬也齊世家云以亂故八月乃葬注皇覽曰桓公冢在臨淄城南十七里所菑水南正義引括地志云齊桓公墓在臨菑縣南二十一里牛山上亦名鼎足山一名牛首堈一所二墳晉永嘉末人發之初得版次得水銀池有氣不得入經數日乃牽犬入中得金蠶數十薄珠襦玉匣繒綵軍器不可勝數又以人殉葬骸骨狼籍也

冬邢人狄人伐衛注狄稱人者善能救齊雖拒義兵猶有憂中國之心故進之不於救時進之者辟襄公不使義兵壅塞疏繁露滅國下云桓公卒豎刁易牙之亂作邢與狄伐其同姓取之其行如此雖爾親庸能親爾乎是君也其滅於同姓衛侯燬滅邢是也○注狄稱至進之○穀梁傳狄其稱人何也善累而後進之唯彼謂伐衛所以救齊與此異通義云狄稱人者衛棄禮義窮滅同姓邢初爲狄所滅今狄憪然親邢與共謀衛難有憂中國之心故進之又因以抑衛也按滅邢事在二十五年何爲於此逆責衛安知衛之滅邢非卽由此起鮮則狄之憂邢乃所以敗邢也故前此邢衛未有兵交此後則十九年衛伐邢二十年齊狄盟于邢謀衛難馴至於滅是其明驗何得反進狄乎何君善狄救齊者善夷狄者不能備責狄亦安知齊宋之直否但見齊爲宋敗卽興師救齊尚有不畏彊禦之

義有憂中國之心故春秋卽如其意與之所謂善善從長不求備焉○注不於至壅塞○春狄救齊時設有與辭則與宋襄義刺譏也穀梁於狄救齊善之於此又言伐衛所以救齊注引廢疾曰卽伐衛救齊當兩舉如伐楚救江矣又傳以爲江遠楚近故伐楚救江今狄亦近衛而遠齊其事一也義異何也鄭釋之曰文三年冬晉陽處父帥師伐楚救江兩舉之者以晉未有救江文故明言之今此春宋公曹伯衛人邾人伐齊夏狄救齊冬邢人狄人伐衛爲其救齊可知故省文耳事同義又何異劉氏申何云狄救齊後未聞衛又伐齊也何救之有卽伐衛以救齊是爲諼也伐楚救江無救於滅故致其意而責之豈曰功近德遠乎以此進狄稱人是開趨易避難之路非春秋責誠之道矣按何氏於廢疾駁伐衛救齊之說而此注又以狄稱人爲善能救齊者謂狄於上能救齊故於此進之非謂此時之伐衛爲救齊也其不於救時進之所以辟襄公義兵也本自無妨況與宋伐齊者非衛一國何獨伐衛以爲救齊乎

十有九年春王三月宋人執滕子嬰齊注名者著葵丘之會叛天子命者也不得爲伯討者不以其罪執之妄執之所以著有罪者爲襄公殺恥也襄公有善志欲承齊桓之業執一惡人不能得其過故爲見其罪所以助賢者養善意也月者錄責之疏注名者至者也○上九年諸侯盟于葵丘傳云桓公震而矜之叛者九國滕蓋與厲同爲九國之一者也此何氏當別有所据○注不得至執之○上四年齊

人執陳袁濤塗傳云稱侯而執者伯討也稱人而執者非伯討也今此不稱爵故知不得爲伯討蓋未以叛命罪人執之也○注妄執至意也○解經書名義也不以其罪執仍稱名以著叛天子之命爲襄公殺○妄執之恥故也春秋於宋襄自上九年宋公禦說卒不書葬至下二十三年宋公慈父卒不書葬中間盟曹南稱人宜申獻捷不言捷乎宋皆深爲之諱爲其有志行伯尊周攘楚憂中國功雖不成聖人不憚其詞重言複與之所謂重義不重事也○注月者錄責之○正以執例書時上四年夏齊人執陳袁濤塗五年冬晉人執虞公是也今此書月故解之責之者責其執不以罪也通義云宋稱人者惡其專執也此盟主執諸侯之始特錄王月以王法正之以下執悉不月然則襄十六年三月晉人執莒子邾婁子十九年三月晉人執邾婁子皆書月者彼皆不蒙月且晉平非伯主又不在錄責之例故知例時此月爲深責之也

夏六月宋人曹人邾婁人盟于曹南注因本會于曹南盟故以地實邾婁說在下疏校勘記云唐石經諸本同左氏穀梁作宋公通義云襄公德信未著而屬諸侯曹尋背盟不服邾婁執用鄫子亦爲不從約束伯功未成故人之也大事表云曹南曹之南鄙今曹州東南八十里有曹南山又云詩曹風薈兮蔚兮南山朝隮毛傳云南山曹南山也今曹縣南八十里有曹南山范一氏謂曹之南鄙是也杜注孔疏以會于曹南謂在曹之都者非是一統志云云曹南山在曹州府曹縣南八里○注因本至在下○舊疏云言此盟之前相與會于曹南其實此盟在邾婁故云實邾婁也說在下卽下注云不於上地以邾婁者深爲襄公諱是也

鄫子會盟于邾婁疏校勘記出鄫子會于邾婁云唐石經宋本會下有盟字此脫毛本子誤人按傳云其言會盟何知無盟者有奪文也

其言會盟何注据外諸侯會盟不錄及曹伯襄言會諸侯疏注据外至諸侯〇下二十八年曹伯襄復歸于曹遂會諸侯圍許是也舊疏云舊本皆無及字言外諸侯會盟不錄者正以竟春秋上下無外諸侯會盟之文若存及宜下句讀之按傳執會盟問有二義一問鄫子不宜獨與邾婁會盟一問不言會盟于諸侯謂上曹南之諸侯也

後會也注說與會伐宋同義君不會大夫刺後會者起實君也地以邾婁者起為邾婁事也不言君者為襄公諱也魯本許嫁季姬於邾婁季姬淫泆使鄫子請己而許之二國交忿襄公為此盟欲和解之既在會間反為邾婁所欺執用鄫子恥辱加於宋無異故沒襄公使若微者也不於上地以邾婁者深為襄公諱使若不為邾婁事盟而鄫子自就邾婁為所執者也上盟不日者深順諱文從微者例使若下執不以上盟為辨也會盟不日者言會盟不信已明無取於日自其正文也疏通義云不言如會者未至曹南也于邾婁者起下事言行及于

邾婁而爲所要執也邾婁在曹東鄭西將如曹南道出其國按似諸侯會曹南後就盟于邾婁鄭子不及會遂如邾婁就盟也非必爲所要執○注說與至同義○莊十四年春齊人陳人曹人伐宋夏單伯會伐宋傳云其言會伐宋何後會也彼注云本期而後故但舉會書者刺其不信○注君不至君也○莊九年春公及齊大夫盟于暨傳曰公曷爲與大夫盟齊無君也然則何以不名諱與大夫盟也使若衆然又莊二十二年秋及齊高傒盟于防傳曰曷爲不言公諱與大夫盟也是君不會大夫也君不會大夫而經刺後會無信故知上曹南之會爲宋公曹伯邾婁子之屬矣○注地以至事也○下二十八年公會晉侯以下盟于踐土陳侯如會此亦宜言鄭子如會矣而云如邾婁故云起爲邾婁事也邾婁事在下○注不言至者也○解上曹南會書宋人等故也上十四年季姬及鄫子遇于防使鄫子來朝傳云鄫子曷爲使乎季姬來朝內辭也非使來朝使來請己也注使來請娶己以爲夫人魯不防正其女乃使要遮鄫子淫泆使來請己與禽獸無異即此所云魯本許嫁季姬於邾婁季姬淫泆使鄫子請己而許事也潛研堂答問曰季姬許嫁邾婁何氏何以知之曰白虎通嫁娶篇春秋伯姬卒時娣季姬更嫁鄫春秋譏之此必公羊家說僖九年伯姬卒十四年經季姬遇鄫子十五年季姬歸于鄫蓋季姬本伯姬之娣不欲爲娣於邾婁而使鄫子請己爲適故季姬歸鄫而二國之交惡始於此其說是也襄公本欲和解邾婁與鄫反爲所欺者按左傳曰宋公使邾文公用鄫子于次睢之社欲以屬東夷其時宋襄方彊邾婁必不敢擅用鄫子於會間必邾婁以屬東夷等詞煽誘宋公因假宋襄之命執用鄫子故云反爲所欺也宋襄以伯主之威受欺小國無異辱及于宋故諱之使若微者會盟爾所以不稱君沒其公文也會間鄫本會誤人○注不於至者也○舊疏云上經云

盟于曹南者實是盟于邾婁故以此解之所以不於上經地以邾婁者深爲襄公諱使若不爲邾婁事盟而鄫子以自就邾婁爲所執者也按此亦盈乎諱之義○注上盟至辨也○隱元年九月及宋人盟于宿注微者盟例時不能專正故責略之此月者隱公賢君雖使微者有可采取故錄也此順諱文故從賢君使微者例書月也若其不諱直書宋公則宜書日正以不信日盟事未訖邾婁人卽戕鄫君不信之尤者也從微者例則下文之執似與上盟不同事可不以上盟爲辨也○注會盟至文也○校勘記云巳明毛本明誤盟舊疏云正以春秋之例不信者日故也言自其正文也者謂旣言會盟卽是不信之正文不勞書日以見

己酉邾婁人執鄫子用之疏包氏慎言云六月書己酉月之二十三日按當二十二日孟子梁惠王篇爲其象人而用之也彼雖非用生人此用之云者猶彼用之之用也

惡乎用之用之社也其用之社奈何蓋叩其鼻以血社也注惡無道也不言社者本無用人之道言用之已重矣故絕其所用處也日者魯不能防正其女以至於此明當痛其女禍而自責之疏校勘記出血社云唐石經諸本同周禮肆師注引春秋僖十九年夏邾人執鄫子用之傳曰用之者何蓋叩其鼻以衈社也惠士奇云山海經東山經祠毛用一犬祈聛注云聛音餌以血塗祭爲聛也公羊傳蓋叩其鼻以聛社今本公羊作血譌穀梁作衈社與鄭注合通義云血社者釁社也日者用重于執也與用世子有同例公羊古義云血當爲衈壞字也穀梁作衈社山海經云祈聛用血郭璞

云以血塗祭爲聛也公羊傳云蓋叩其鼻以聛社音釣餌之餌禮說曰以牲告神欲神聽之曰聛蓋兼取膟膋故耳社从血用祈神聽故聛从申說文刀部刉下段注云周禮士師職凡刉珥小子職作珥祈肆師職作祈珥按鄭讀珥皆爲衈云作刉衈爲正字刉衈者釁禮之事用牲毛者曰刉羽者曰衈小子衈於社稷刉於五祀謂始成其宮兆時也雜記云雍人舉羊升屋自中中屋南面刲羊血流于前乃降門夾室皆用雞其衈皆于屋下割雞門當門夾室中室是刉衈之事也許云劃傷者正謂此禮不主於殺之但得其血塗祭而已血部無衈字蓋許依經作珥雜記注曰衈謂將以刲割牲以釁先摵耳旁毛薦之是也周禮注引此作衈社故惠氏以今本血爲衈之壞字山海經注引此作聛社亦讀如衈字異義同聛蓋从神省耳又按肆師職云及其祈珥注故書祈爲幾杜子春讀幾當爲祈珥當爲餌元謂祈當爲進禨之禨珥當爲衈禨衈者釁禮之事据雜記說成廟釁之云雍人舉羊是則禨用羊血小子職掌珥于社稷祈于五祀皆謂宮兆始成時宜與釁廟同士師職云凡刉珥則奉犬牲或亦用犬也說文有餌無珥衈故士師注云珥讀爲餌也叩者玉篇叩擊也禮學記叩之以小者則小鳴叩之以大者則大鳴論語憲問篇以杖叩其脛史記秦始皇叩關而攻秦是也○注惡無道也○左傳司馬子魚曰古者六畜不相爲用小事不用大牲而況敢用人乎祭祀以爲人也民神之主也用人其誰釁之明無道也○注不言至處也○左傳言用於次睢之社杜云睢水受汴東經陳留梁譙沛彭城縣入泗此水次有妖神東夷皆社祠之蓋殺人而用祭按妖神之說及用人以祭皆杜氏杜撰不足信非祀典所載故謂爲淫昏之鬼爾此注云不言社或卽左氏之次睢之社祭無用人之道故絕其所用處不言社明凡祭皆然也昭十年左傳季子伐莒獻俘始用人于亳社蓋作俑於此矣○

注曰者至責之○執例時此日故解之通義云謹按邾婁人自以女怨執鄫子而託罪其後會以說于宋耳左氏壹不知季姬事實乃歸惡于宋襄果爾則春秋舍宋而責邾婁理不可通也又託子魚諫語趙匡譏之曰凡左氏謬釋經文必廣加文辭欲以證實其事信哉斯言按孔說非是邾婁欺宋必以東夷爲辭爲宋襄銳意圖伯故也若但後會宋襄亦何至懼而爲此公羊雖不責宋襄然既爲之諱又沒公稱若微者明亦以襄公爲罪首矣左傳紀其實公羊變其文耳邾婁君也而稱人亦春秋貶爵之意也

秋宋人圍曹

衛人伐邢

冬公會陳人蔡人楚人鄭人盟于齊【注】因宋征齊有隙爲此盟也是後楚遂得中國霍之會執宋公【疏】左氏穀梁無公字春秋異文箋云陳蔡楚鄭皆稱人則不當書公會公羊衍公字按此經如無公字傳注當有說先是楚未與中國會盟此後楚遂得中國春秋書公所以責公也四國書人若曰與微者盟爾深爲公諱使若非齊盟所致也○注因宋至盟也○舊疏云謂上十八年襄公征齊齊與宋有閒隙齊遂搆會諸侯之人而爲此盟以謀宋矣按齊有易牙豎刀之亂宋襄帥諸侯以定之且史記左傳皆以齊孝公爲宋襄所立今齊反以爲隙合諸侯以謀之以德爲怨故春秋人之書公會明非人皆諸侯也通義云復與以大信辭者諸侯之人相與就盟于齊以無忘齊桓之德故春秋深善之牽涉左氏爲說也○注是後至宋公○舊疏云即下二十一年秋宋公楚子陳侯蔡侯鄭伯許男曹伯會于霍執宋公

以伐宋是也按彼年宋齊楚盟于鹿上齊鄭陳蔡許男皆從楚盟是其得中國也雖宋既屬非宜復又致楚得諸夏故深抑之

梁亡 疏 杜云梁國在馮翊夏陽縣大事表云今同州府韓城縣西南二十里爲梁國地秦滅之爲少梁邑與晉之韓原錯壤後入于晉穀梁傳曰梁亡鄭棄其師我無加損焉正名而已矣

此未有伐者其言梁亡何 注 据蔡潰以自潰爲文舉侵也 疏 注据蔡至侵也○見上四年蔡潰與梁亡文法同蔡潰上舉諸侯侵蔡此上無侵伐文故据以問通義云据虞不與滅猶言晉人執不相比附似非所据

自亡也其自亡奈何魚爛而亡也 注 梁君隆刑峻法一家犯罪四家坐之一國之中無不被刑者百姓一旦相率俱去狀若魚爛魚爛從內發故云爾著其自亡者明百姓得去之君當絕者 疏 史記秦本紀後論曰河決不可復壅魚爛不可復全齊氏召南考證云魚爛而亡史記秦始皇本紀後有此文但是後漢明帝時班固答詔語非史記本文梁亡之事史記秦本紀繆公二十年滅梁芮是也○注梁君至云爾○舊疏云梁君至絕者爲史記春秋說文按著其自亡下當是何邵公語繁露王道云梁內役民無已其民不能堪使民比地爲伍一家亡五家殺刑其民曰先亡者封後亡者刑君者將使民以孝於父母順於長老守丘墓承宗廟世世祀其先今求財不足行罰如將不勝殺戮如屠仇讎其民魚爛而亡國中盡空春秋曰梁亡梁亡者自亡也非人亡之也又仁義法云故王者愛及四夷伯者愛及諸侯安者愛及封內危者愛及旁

側亡者愛及獨身春秋不言伐梁而言梁亡蓋愛獨及其身者也通義云梁實爲秦滅緣其民先亡地乃入秦故以自亡言之史記索隱引宋均曰言如魚之爛從內而出爾雅釋器云魚謂之餒注云肉爛郝氏懿行爾雅義疏云說文魚敗曰餒論語皇疏餒謂魚毀壞也魚敗而餒餒然也又引李巡云肉敗久則臭魚餒肉爛按郭亦云肉爛蓋皆內爛字形之誤公羊注是此注所本唯邢疏作內爛不誤穀梁傳曰湎於酒淫於色心昏耳目塞上無正長之治大臣背叛民爲寇盜梁亡自亡也如加力役焉湎不足道也注如使伐之而滅亡則淫湎不足記也使其自亡然後其惡明○按彼云大臣背叛民爲寇盜與此同爲自亡也○注著其至絕者○校勘記出著其自亡者云鄂本宋本作著其自亡者此誤繁露仁義法云春秋不言伐梁者而言梁亡蓋愛獨及其身者也又曰故曰仁者愛人不在愛我此其法也又王道云觀乎梁亡知杜法之窮是也按白虎通諫諍篇明有分土無分民也詩曰逝將去女適彼樂土又五行篇有分土無分民何法法四時各有分而所生者通也明君無道得去之所以孤惡君也包氏愼言云絕謂絕其祀也后非衆罔與守邦峻刑法者懼民之叛而以刑劫之土崩瓦解亡在一朝則宗社虛矣以民之去書梁亡秦始皇二世知此則無陳項之禍矣杜云以自亡爲文非取之者之罪所以惡梁三亡傳義無大異

二十年春新作南門【疏】水經注泗水篇沂水北對稷門昔圉人犖有力能投蓋于此門春秋僖二十年新作南門杜預曰本名稷門僖公更高大之今猶不與諸門同故名高門也其遺基猶在地八丈餘矣亦曰雩門史記孔子世家選齊國中女子好者八十人皆衣文衣而舞康樂文馬三十駟遺魯君陳於魯城南高門外謂此

何以書譏何譏爾門有古常也【注】惡奢泰不奉古制常法【疏】注惡奢至常法○繁露王道云作南門譏驕溢不卹下也穀梁傳作爲也有加其度也言新有故也非作也南門者法門也左傳疏引劉賈先儒云言新有故木言作有新木孔疏云新者易舊之意作者興事之辭皆是更造之文故何云不奉古常也通義云南門本名稷門時僖公更高大之改名高門故譏其奢泰不用舊制也古語曰變古亂常不死則亡劉敞曰二百四十二年所興作修舊多矣僖公修泮宮詩人頌之而春秋不書泮宮諸侯之學僖公修之得其時制故春秋不書也新宮災大室屋壞災與壞不能不修而經無修之文雉門及兩觀災記新作爲以此數者參之修舊不足書其書者皆非禮之制不務公室者也

夏郜子來朝【疏】差繆略云郜穀梁作郕係誤字按今穀梁本無作郕者

郜子者何【注】未有存文嫌不名故執不知問【疏】注未有至知問○桓二年經取郜大鼎于宋是宋人滅郜在春秋前故隱二年傳云始滅昉於此乎前此矣注前此者在春秋前謂宋滅郜是也自爾以來不見存文明爲失地之君例合書名而此文不名故据以難

失地之君也【疏】通義云前爲宋所滅寓於他國今更來朝計滅郜事在隱十年以前然七八十年閒容其君壽考理猶得存

何以不名【注】据鄧穀名【疏】注据鄧穀名○郎桓七年書穀伯綏來朝鄧侯吾離來朝傳曰皆何以名失地之君也是也禮記曲禮云諸侯失地名此不名故問之

兄弟辭也【注】郜魯之同姓故不忍言其絕賤明當尊遇之異於鄧穀也書

者喜內見歸【疏】儀禮喪服傳曰小功以下爲兄弟故凡疏遠族屬皆以兄弟稱也此云兄弟辭謂兄弟之辭也○注郜魯之同姓○下二十四年左傳云富辰諫曰管蔡郕霍魯衛毛聃郜雍曹滕畢原豐郇文之昭也注十六國皆文王子也是爲魯同姓○注故不至穀也○舊疏云即不書其名是也何者若非兄弟宜書其名絕而賤之繁露觀德云郕伯郜子俱當絕而獨不名爲其與我同姓兄弟也爲其同姓故雖失地猶當尊禮之異於庶姓也

五月乙巳西宮災【疏】包氏慎言云五月書乙巳五月無乙巳四月之二十三日襄九年宋火傳曷爲或言災或言火大者曰災小者曰火注大者謂正寢社稷宗廟朝廷也此西宮爲楚女所居止宜書火而書災者彼傳又云內何以不言火內不言火者甚之也注春秋以內爲天下法動作當先自克責小有火如大有災是以雖小言災也義或然也

西宮者何小寢也小寢則曷爲謂之西宮有西宮則有東宮矣魯子曰以有西宮亦知諸侯之有三宮也【注】西宮者小寢內室楚女所居也禮諸侯娶三國女以楚女居西宮知二國女於小寢內各有一宮也故云爾禮夫人居中宮少在前右媵居西宮左媵居東宮少在後【疏】杜云西宮公別宮也蓋取此爲說穀梁以爲閔公之廟孔疏云禮宗廟在左不得稱西宮是也○注西宮至云爾○莊十九年傳云諸侯娶一國則二國往媵之以姪娣從又曰諸侯壹聘九女是娶三國女也論語八佾云管氏有三歸注

引包咸說謂三歸是三姓女婦人謂嫁曰歸蓋管仲以大夫而僭諸侯娶三姓女也○注禮夫夫至在後○周禮內宰注云六宮之人夫人以下分居后之六宮者每宮九嬪一人世婦三人女御九人其餘九嬪三人世婦九人女御二十七人從后唯其所燕息焉公羊雖不取三夫人九嬪二十七世婦八十一御妻之說然以理推之當夫人居中左右媵分居東西其姪娣各從其長也知者穀梁桓十四年傳甸粟而納之三宮三宮米而藏之御廩疏引禮王后六宮諸侯夫人三宮也禮記祭義卜三宮之夫人世婦之吉者注諸侯夫人三宮半王后也江氏永鄉黨圖考載諸侯宮寢圖前列君路寢次君小寢次夫人正寢次夫人小寢爲得其制唯江氏永謂諸侯夫人皆於正寢外別有小寢三則一與何鄭之義皆不合劉氏寶楠愈愚錄云曲禮疏周禮王有六寢一是正寢餘五寢在後通名燕寢是王之六寢卽王之六宮也陳氏禮書謂后之六宮亦正宮在前五宮在後其制如王之燕寢諸侯之制殺於天子宮人亦疏路寢一小寢一側室一內則所云是也如賈氏言是諸侯路寢居中別有二寢當名東宮西宮夫人亦路寢居中別有二寢亦名東宮西宮東宮則襄九年傳穆姜薨于東宮是也西宮則公羊傳所云西宮者何小寢也是也惟然夫人有東宮西宮而無北宮在襄十年傳言北宮者君宮在南夫人宮在北故名之北宮內宰憲禁令於王之北宮而糾其守鄭注北宮后之六宮謂之北宮者繫王言之是也通義云謹按周禮曰以陰禮教六宮諸侯半天子故三宮也傳云爾者取明春秋因事見法有西宮則知有東宮有東宮西宮則亦知有中宮故觀於此經而諸侯宮寢之制可得考焉按何氏所引禮文當是禮緯文或逸禮語今不可考矣通義又云君子之爲春秋該六經而垂憲其設刺譏褒貶同乎詩序四序審五行同乎易記王者之政列國之事同乎書若乃因稅畝用賦以見

田制因作舍中軍以見軍制因卒葬含賵以見喪制因公卿大夫士名字之等以見官制因西宮以見寢制因世室武宮以見廟制而至於禘郊烝嘗之節昭穆之位楹桷之飾靡不畢舉蓋兼周公制禮之意乎

西宮災何以書記災也注是時僖公爲齊所脅以齊媵爲嫡楚女廢在西宮而不見恤悲愁怨曠之所生也言西宮不繫小寢者小寢夫人所統妾之所繫也天意若曰楚女本當爲夫人不當繫於齊女故經亦云爾疏校勘記云唐石經鄂本作記災也諸本作異誤通義云此於洪範應以妾爲妻之罰云○注是時至生也○校勘記出以齊媵爲嫡云宋本同鄂本閩監毛本嫡作適釋文適本又作嫡漢書五行志上釐公二十年五月己酉西宮災穀梁以爲愍公宮也以謚言之則若疏故謂之西宮劉向以爲釐立妾母爲夫人以入宗廟故天災愍宮若曰去其卑而親者將害宗廟之正禮董仲舒以爲釐娶于楚而齊媵之脅公使立以爲夫人西宮者小寢夫人之居也若曰妾何爲此宮誅去之意也以天災故大之曰西宮也左氏以爲西宮者公宮也言西知有東東宮太子所居言宮舉區皆災也臧氏琳經義雜記云按杜注左氏謂無傳則班志所引當是解左氏者之言如劉歆輩說知西宮不獨一西宮也公宮爲國君所居既不可斥言東宮太子宮太子國之本也又不可言災故舉西宮以概之据董生說則知西宮卽夫人所居僖公爲齊所脅以妾爲夫人而居此宮故天災誅去之乃何氏既用董義而又采禮緯爲夫人居中右媵居西左媵居東之說以西宮爲楚女所居然楚女無罪何反焚其所居又言楚女本當爲夫人不當繫於齊女故言西宮而不

繫小寢皆曲說也范解穀梁未能發明當以劉子政說補之三傳之學惟穀梁最微今所宜急治者按左氏家以爲公宮果爲公宮不妨直斥春秋何所忌而以西宮言之東宮太子所居西宮者何人乎雉門及兩觀災可謂災之重矣經皆書之擧重可以該輕以公宮槪西宮可也不聞擧輕以包重也如穀梁說則當書新宮劉子政牽涉釐立妾母之事天卽示罰於閔宮何涉尤屬支離卽如穀梁家劉子政說禘于太廟用致夫人以夫人爲成風當災及太廟矣不宜災及閔宮仲舒之說往往與何氏少異蓋又公羊先師傳授之殊耳然夫人不應偏居西宮傳引魯子明云亦知諸侯有三宮也則有中宮可知夫人居西宮左右媵反居中宮乎則此當以何氏注爲定怨曠之氣上干天和激而成災理所時有不必災西宮卽爲示罰居宮之人也然則雉門及兩觀災又宋災伯姬卒又將何說故修西宮不書明修所當修故也後漢書呂强傳强上疏又曰昔楚女悲愁則西宮致災又陳蕃傳是以傾宮嫁而天下化楚女悲而西宮災鹽鐵論備胡云宋伯姬愁思而宋國火魯妾不得意而魯寢災皆與何義合也臧氏之言未可從〇注西至云爾〇何意以西宮亦小寢之別經不擧其重者故解之若以齊女本非夫人楚女不當反繫于齊女故不以西宮繫之小寢也諸侯有路寢治外政夫人亦有小寢聽內政故小寢爲夫人統妾之所繫也劉氏解詁箋云何君說本董子按穀梁子曰謂之新宮則近爲禰宮以謚言之則如疏之然以是爲閔宮也於義穀梁爲長詩曰新廟奕奕奚斯所作毛疏云新廟閔公廟也有大夫奚斯者作是廟也經云西宮者知僖公季友奚斯不以閔序昭穆而別爲築宮則躋僖之意不始於文公矣詩又曰辟有不孝自求伊祜亦微辭也天戒若曰閔當序昭穆不當爲築西宮故經亦云爾按劉氏此說殊爲臆斷且公羊先師旣不指楚女所居亦不得以穀梁說辟

入啖助趙匡之徒所辨何嘗無理哉

鄭人入滑

疏史記注引賈逵云滑姬姓之國大事表云高江村駁正地理處說多當理獨於僖二十年鄭人入滑謂非緱氏之滑而反取熊過之說以爲大名之滑縣大謬滑縣在春秋止稱漕邑無滑之名漢魏爲白馬縣隋開皇始改曰滑州聞有前代之地名後世因之者矣未有後世所改革而前代可假用者也漕本爲衛下邑所謂白馬與北岸黎陽止隔一河衛舊都在黎陽之廢衛縣爲狄人所逐渡河野處去其國都不遠若先有滑國在焉戴公安得廬之則齊侯又安得驅滑之衆庶而更封衛乎若謂既爲滑又以封衛則衛爲鵲巢鳩居而滑爲鳥鼠同穴必無之事也又江村云戴公野處漕邑與齊桓城楚丘封衛皆在滑境滑蓋衛都所在故鄭人力爭之自古無與人爭國都之理以戰國秦之强圉趙邯鄲已爲異事春秋時尙無此等且使滑爲衛都則滑已滅於衛矣安得更謂之滑屬於列國而上煩天子之命乎江村蓋以傳云滑人聽命師還又卽衛謂滑必鄭衛交界地緱氏遠河南非衛所及故秦人滅滑傳秦師過周北門次及滑鄭商人弦高遇之滑與鄭近自不必言而衛之儀封亦在河南與滑非絕遠不必以此爲疑也按以遠近言之則滑在緱氏中隔鄭地其去衛不爲不遠要非大名之滑當時小國附屬大國亦有相去絕遠者如江黄道柏之睦於齊是究非睦鄭事大所宜故滑亦不久卽亡也

秋齊人狄人盟于邢

注狄稱人者能常與中國也

疏注狄稱至國也○上十八年伐衛狄稱人善其憂中國之心此稱人故爲善其能與中國也左傳以爲謀邢難是亦狄人有憂中國之心矣通義云以邢地者邢與

盟也左傳曰爲邢謀衛難也狄稱人與前同義

冬楚人伐隨注叛楚故也疏桓六年左傳杜注云隨國今義陽隨縣正義引世本隨國姬姓不知始封爲誰水經注溳水篇東南過隨縣西縣故隨國矣春秋左傳所謂漢東之國隨爲大者也楚滅之以爲縣蓋在春秋後○注叛楚故也○左傳隨以漢東諸侯叛楚冬楚鬬穀於菟帥師伐隨取成而還是也

二十有一年春狄侵衛注貶狄者爲犯中國諱疏注貶狄至國諱○按諱字誤蓋衍文也通義云狄不復稱人者附邢而後得進明非憂中國不進

宋人齊人楚人盟于鹿上疏通義云不月者與襄公以大信辭杜云鹿上宋地汝陰有原鹿縣大事表云今江南穎州太和縣西有原鹿城一統志原鹿縣在穎州府阜陽縣南方輿紀要鹿城鄉在曹州曹縣東北則去穎州遠矣水經注淮水篇東過原鹿縣南縣有鹿城鄉酈元曰春秋之鹿上也則顧氏祖禹所本又水經注濮水又東北逕鹿城南春秋僖公二十一年盟于鹿上京杜並謂此亭也則與淮水篇文不合然杜預自指汝陰之原鹿不以爲在乘氏也

夏大旱疏通義云主書旱者譏不雩也上十一年穀梁傳曰得雨曰雩不得雨曰旱范注喜其有益也則凡書旱皆是雩而不雨此及宣七年秋大旱是也禮八月不雨君乃不舉此夏已書大旱者蓋自此至秋仍不雨故經追書於夏時也

何以書記災也注新作南門之所生疏注新作至所生○見上二十年漢書五行志中之上

釐公二十一年夏大旱董仲舒劉向以爲齊威既死諸侯從楚釐尤得楚心楚來獻捷釋宋之執外倚彊楚炕陽失衆又作南門勞民興役

秋宋公楚子陳侯蔡侯鄭伯許男曹伯會于霍【疏】校勘記云唐石經諸本同解云左氏作盂穀梁作雩蓋誤或所見異按古音霍同護與盂雩皆同一部得通也杜云盂宋地范注同大事表云今歸德府睢州有盂亭一統志盂亭在歸德府睢州界

執宋公以伐宋【疏】楚世家云宋襄公欲爲盟會召楚楚王怒曰召我我將好往襲辱之遂行至盂遂執辱宋公既而歸之穀梁傳曰以重辭也

孰執之楚子執之【注】以下獻捷貶【疏】注以下獻捷貶○卽下冬楚人使宜申來獻捷傳此楚子也其稱人何貶曷爲貶爲執宋公貶是也

曷爲不言楚子執之【注】据溴梁盟下執莒子邾婁子復出晉人也【疏】注据溴至人也○襄十六年公會晉侯以下于溴梁下云晉人執莒子邾婁子以歸是也

不與夷狄之執中國也【注】不舉執爲重復舉伐者劫質諸侯求其國事當起也不爲襄公諱者守信見執無恥說在下也【疏】通義云故使若諸侯共執之者然沈氏欽韓左傳補注云宋襄雖無德中夏之上公也楚雖强大荆山之蠻夷也若云楚執之則爲禮樂之邦

差傳強梁之志逞聖人扶陽抑陰不與楚子執宋公故不言楚通義又云序楚子於諸侯之上使主其罪也楚子至此稱子者方將終傳之篇貶若壹皆稱人嫌但是外楚常文須張其本爵於前貶之於後意乃得顯按沈氏說亦卽不與夷狄執中國義○注不舉至起也○下傳云楚人謂宋人曰子不與我國吾將殺子君矣是劫質求國事也故執伐並舉不專舉執君爲重也○注不爲至下也○下傳云宋公與楚子期以乘車之會公子目夷諫曰楚夷國也彊而無義請君以兵車之會往宋公曰不可吾與之約以乘車之會自我爲之自我墮之曰不可終以乘車之會往楚人果伏兵車執宋公以伐宋是守信見執故不爲恥也

冬公伐邾婁

楚人使宜申來獻捷

此楚子也其稱人何【注】据稱使知楚子【疏】注据稱使知楚子○正以使者上命下之詞故知楚子貶曷爲貶【注】据齊侯獻戎捷不貶【疏】注据齊至不貶○莊三十一年齊侯來獻戎捷稱爵也其實彼書月卽以刺齊桓威我此第据其稱侯不貶與楚人殊耳爲執宋公貶【疏】沈氏欽韓云經不言楚子所以惡楚也戎狄得志驕夸上國所謂上無明天子下無賢方伯以致此曷爲爲執宋公貶【注】据上已沒不與執中國【疏】注据上至中國○謂上執宋公沒去楚子也上宋公與楚子期以乘車之會【注】蓋鹿上之盟【疏】注蓋鹿上之盟○謂上鹿上之盟約霍之會也公子目夷諫曰【疏】

上八年左傳曰太子茲父固請曰目夷長且仁注目夷茲父庶兄子魚也

楚夷國也彊而無義請君以兵車之會往宋公曰不可吾與之約以乘車之會自我爲之自我墮之曰不可終以乘車之會往楚人果伏兵車執宋公以伐宋

注 詐諼劫質諸侯求其國當絕故貶

疏 通義云墮敗也說苑尊賢云宋襄公不用公子目夷之言大辱于楚○注詐諼至故貶○釋文作誰諼云誰本亦作詐公羊問答云問古有劫質之事乎曰於古未見也有之自此始傳執宋公以伐宋莊二十三年曹子手劍而從之皆是也後世之見於史者後漢書橋元傳元少子十歲獨游門次卒有三人持杖劫執之入舍登樓就元求貨元不與有頃司隸校尉陽球率河南尹洛陽令圍守元家球等恐幷殺其子未欲迫之元瞋目呼曰姦人無狀元豈以一子之命而縱國賊乎促令兵進於是攻之元子亦死元乃詣闕謝罪乞天下凡有劫質者皆幷殺之不得贖以貨寶開姦路詔書下其章初自安帝以後法禁稍弛京師劫質不避豪貴自是遂絕三國志夏侯惇傳呂布襲得惇軍輜重遣將僞降共執持惇責以寶貨惇軍中震恐惇將韓浩乃勒兵屯惇營門召軍吏諸將皆按甲當部不得動諸營乃定遂詣惇所叱持質者曰汝等凶逆乃敢劫執大將軍復欲望生耶且吾受命討賊寧能以一將軍之故而縱汝乎因涕泣謂惇曰當奈國法何促召兵擊持質者持質者惶遽叩頭言我但欲乞資用去耳浩數責皆斬之惇既免太祖聞之謂浩曰卿此可爲萬世法乃著令注孫盛曰按光武紀建武九年盜劫陰貴人母弟吏以不得拘質迫盜盜遂殺之也然則合擊者乃古制也按人君於此又有不同曹子求邑則與之楚人

求國則不與諸侯死國不死邑之義也劫人之臣子以要其君父並擧之可也劫人之君父以要其臣子並擧之則不可於此當權其輕重矣若祭仲目夷真有當於春秋之義也夫包氏愼言云求其國謂下楚人謂宋人曰子不與我國吾將殺子君矣絕而稱人絀其爵也劫質者盜賊之行國君而爲盜賊之行故絕按今律有捉人勒贖卽劫質類也通義云故貶楚人之諼以伸宋公之信

宋公謂公子目夷曰子歸守國矣國子之國也疏宋世家三十年春桓公病太子茲甫讓其庶兄目夷爲嗣桓公義太子意竟不聽二十一年春桓公卒太子茲甫立是爲襄公以其庶兄目夷爲相是目夷襄公庶兄本有讓國之意故公云然吾不從子之言以至乎此疏校勘記云唐石經鄂本同閩監毛本乎此誤倒公子目夷復曰君雖不言國國固臣之國也注所以堅宋公意絕彊楚之望疏校勘記云唐石經原刻言下不疊國字後磨改同今本此行及前一行皆本九字此行後磨改故亦十字讀君雖不言句國固臣之國也句舊疏云卽言君假令不道是臣之國今國當是爲臣之國矣所以堅宋公意欲使宋公乃心在楚不急求還又欲絕楚人使知宋難取不復望之也蓋目夷權辭以對與鄭成公被執其臣公孫申之謀相似有幸有不幸爾於是歸設守械而守國疏莊三十二年注有攻守之器曰械楚人謂宋人曰子不與我國吾將殺子君矣宋人應之曰吾賴社稷之神靈吾國已有君矣楚人知雖殺宋公猶不得宋國於是釋宋公疏通義云下經釋宋公是也

經不言楚釋者不與專執即不與專釋也又云昔秦獲惠公晉大夫謀征繕以輔孺子晉人執鄭伯鄭公孫申之謀曰我改立君而紓晉使晉必歸君此喪君守國之上算也然鄭伯歸而殺申其後于肅慇效之亦以致禍若襄公之於目夷推誠不疑君臣同濟可不謂賢乎

宋公釋乎執走之衞 注 襄公本謂公子目夷曰國子之國也宋公愧前語故慚不忍反走之衞不書者執解而往非出奔也 疏 注走之至奔也○舊疏云決襄十四年衞侯衎出奔齊是也

公子目夷復曰國爲君守之君曷爲不入然後逆襄公歸 注 凡出奔歸書執獲歸不書者出奔已失國故錄還應盜國與執獲者異臣下尚隨君事之未失國不應盜國無爲錄也 疏 注凡出至錄也○出奔歸書者桓十五年鄭世子忽復歸於鄭又鄭伯突入于櫟莊六年衞侯朔入于衞之屬是也有書歸書復歸書復入書入之殊桓十五年傳復歸者出惡歸無惡復入者出無惡入有惡入者出入惡歸者出入無惡有盜國不盜國之殊故分別錄之也下二十五年納頓子于頓注云出奔當絕還入爲盜國當誅文定元年注昭公出奔國當絕定公不得繼體奉正故諱爲微詞使若在正月後故不書正月盜國當絕故書入與復入也其執獲而歸不書者本未失國臣下尚君事之故其歸也與盜國異且君若被獲於其獲時已絕故不必絕於其歸也其下二十八年晉侯執曹伯下書曹伯襄復歸于曹又晉人執衞侯三十年書衞侯鄭歸于衞哀七年公伐邾婁以邾子益來八年歸邾婁子益于邾婁之屬是執而書歸者當文各

自有解不得相離執與獲異執者有書爵書人之殊故被執亦不必皆坐罪也惡乎捷捷乎宋注以上言伐宋曷爲不言捷乎宋注据戎捷也疏注据戎捷也○莊三十一年齊侯來獻戎捷是爲襄公諱也注襄公本會楚欲行霸憂中國也不用目夷之言而見詐執伐宋幾亡其國故諱爲沒國文所以申善志不月者因起其事疏穀梁傳曰其不曰宋捷何也不與楚捷於宋也與此不與夷狄執中國義同穀梁無善宋襄之意故不以爲襄諱○注襄公至善志○通義云高襄公故不與楚捷乎宋也○注不月至其事○以獻戎捷書六月也起事者舊疏云春秋之義滅國例月莊十年冬十月齊師滅譚十三年夏六月齊人滅遂之類今此宋公幾亡國是以爲諱之去其月以起其實此圍辭也曷爲不言其圍注据上言守國知圍也疏通義云据戰乃有捷言捷者起戰也而不言戰者起圍也經之大例圍不言戰故知此言捷不言戰者是圍辭也○注据上至圍也○即上傳歸設守械而守國是也舊疏云舊本傳注三者皆作圍字唯有守下知上一國字以其有皆作圍字者誤爲公子目夷諱也注目夷遭難設權救君有解圍存國免主之功故爲諱圍起其事所以彰目夷之賢也歸捷書者刺魯受惡人物也疏注目夷至賢也○設權者卽上傳公子目夷曰君雖不言國國固臣之國也救君者卽上傳宋公釋乎執是也楚釋宋公後不見有圍楚文故知解圍也逆襄公歸是其存國免主也爲目夷

諱春秋之爲賢者諱也繁露玉英云夫權雖反經亦必在可以然之域不在可以然之域故雖死亡終弗爲也公子目夷是也故諸侯父子兄弟不宜立而立者春秋視其國與宜立之君無以異也此皆在可以然之域也又云故春秋之道博而要詳而反一也公子目夷復其君終不與國祭仲已與後改之晉荀息死而不聽衞曼姑拒而弗內此四臣事異而同心其義一也目夷之弗與重宗廟祭仲與之亦重宗廟荀息死之貴先君之命曼姑拒之亦貴先君之命也事雖相反所爲同俱爲重宗廟貴先君之命耳通義云目夷之事欲彰其賢而反諱之此聖經之高義賢傳之達言蓋以鳴其孝者非令子矜其忠者非令臣原臣子之道莫不欲尊榮君父故讓德歸美過則稱己曹羈以義去公子目夷以仁守二子易地皆然目夷有成勞矣羈雖不克濟君於難而並有愛國之心悃悃忱忱要殊武安俾敗之意終鮮慶鄭愎諫之懟春秋緣羈與目夷之心而君死國辱爲之不忍言焉斯二臣之風期千載可想矣按注言諱圍起其事者謂起其設權救君之屬是也因以彰目夷之賢○注歸捷至物也○莊三十年書齊侯獻戎捷見王魯義此貶楚子稱人故受捷者亦從乎貶例矣刺受惡人物所以深惡楚也

十有二月癸丑公會諸侯盟于薄【注】言諸侯者起霍之會諸侯也不序者起公從旁以義釋宋公會盟一事也言會者因以殊諸侯也

【疏】包氏愼言云十二月書癸丑月之十一日宋世家薄作亳漢書地理志山陽郡薄下云臣瓚曰湯所都一統志薄縣故城在歸德府商丘縣西北閻氏若璩尚書古文疏證云亳有三一南亳後漢梁國穀熟縣是湯所都也一北亳梁國蒙縣是卽景亳湯所盟

地一西亳河南尹偃師縣是盤庚之遷都也鄭康成謂湯亳在偃師皇甫謐即據孟子以正之曰湯居亳與葛伯爲鄰葛在今梁國甯陵之葛鄉若湯居偃師去甯陵八百里豈能使民爲之耕乎亳今穀熟是也其說精矣王氏鳴盛尚書後案云皇甫謐以偃師爲西亳而別以蒙爲北亳穀熟爲南亳按續志梁國屬縣有蒙有穀熟劉昭注即引謐帝王世紀蒙北亳穀熟南亳之文梁國屬縣又有薄司馬彪自注湯所都此即本之臣瓚者劉昭又引杜預左傳注云蒙縣西北有薄城中有湯冢於是張守節史記正義云湯即位都南亳後徙西亳謐又以與葛鄰乃是居南亳時事盤庚言商先王五遷鄭馬王皆以始居商丘後遷居亳當五遷之二水經注汳水東逕大蒙城北大蒙在今商丘縣北四十里穀熟故城在今商丘縣東南四十里湯本居此後乃遷偃師即其後微子封此亦以湯之舊邑封之謐說似非無稽但馬鄭唯言湯曾居商丘商丘本不名亳觀漢志但于偃師言湯都而梁國蒙山陽薄縣不言是亳可見謐因經言三亳遂造北亳南亳配偃師爲三其實蒙穀熟古但名商丘不名亳也杜預臣瓚司馬彪皆晉人劉昭梁人妄相附和豈如班鄭之可信乎其辨一也既名三亳宜遠近相等商丘偃師相去七八百里蒙穀熟相去一止數十里分之無可分也即如其說只有東西二亳耳奈何於數十里中強分爲二以充三亳之數其辨二也商丘平衍與成皋等地大不類何山險之有而云阪乎其辨三也漢志云宋地今之沛梁楚山陽泲陰東平及東郡之須昌壽張皆宋分也蓋諸郡皆微子所封社猶稱亳當時人或以亳在宋地班氏於此文下又云昔堯作游成陽舜漁雷澤湯止于亳則此爲湯所游息之地後人遂稱亳在梁國泲陰山陽之間而其實湯都則在偃師與宋地無涉蓋薄縣者漢本屬山陽郡後漢分其地置蒙穀熟與薄並改稱梁國晉又改薄爲亳且改屬泲陰

故臣瓚謂湯都在沛陰亳縣者卽其所謂在山陽亳縣者也亦卽司馬彪所謂在梁國薄縣杜預所謂在蒙縣北亳城者也而亦卽皇甫謐所分屬於蒙穀熟者也本一說也薄薄也非亳也立政三亳鄭解爲遷亳之民而分爲三亳本一也安得有三按薄與亳同聲而不同韻王氏分亳與薄是也杜氏於此無注〇注言諸至侯也〇卽上宋公楚子陳侯蔡侯鄭伯許男曹伯會于霍執宋公以伐宋是也上文歷序其爵此總言諸侯故得起其爲上會諸侯也〇注不序至宋公〇舊疏云若其序之宜云公會某侯某侯卽無以見公從旁別來今諸侯不序並作一文別言公會則知魯公從旁而來是以不序諸侯以起其義按若序公會某侯某侯于某則嫌別爲此會故無以起公從旁議釋故但書諸侯明公卽就彼諸侯而爲薄之盟霍在今之睢州固與薄近也穀梁傳曰外釋不志此其志何也以公之與之盟目之也又曰會者外爲主焉爾〇注會盟至侯也〇舊疏云上言會于霍下言盟于薄明其一出之行而更言公會諸侯因以殊諸侯矣

釋宋公

執未有言釋之者此其言釋之何注据執滕子不言釋疏注据執至言釋〇見上十九年舊疏云不言楚子釋宋公者何氏廢疾公羊以爲公會諸侯釋之故不復出楚耳通義云執而釋者自天子釋之以歸書自諸侯釋之不書此特書故問之公與爲爾也公與爲爾奈何公與議爾也注善僖公能與楚議釋賢者之厄不言公釋之者諸侯亦有力也疏

通義云與議爾者公與言說贊成之也以公有力爲故從內錄釋也經傳釋詞云爾猶此隱二年公羊傳託始焉爾注焉爾猶於是是亦此此也此公爲爾也公與議爾也言公與爲此公與議此也〇注善僖至力也〇周禮典瑞云穀圭以和難又調人掌司萬民之難而諧和之宋襄賢者僖公能會諸侯與爲和議故並善之焉穀梁傳以爲不言楚不與楚專釋彼注引何氏曰春秋以執之爲非不以釋之爲罪責楚子專釋非其理也公羊以爲公會諸侯釋之故不復出楚耳鄭釋之曰不與楚專釋者非以責之也傳云外釋不志此其志何也以公之與盟目之也言公與諸侯盟而釋宋公公有功焉與公羊義無違錯劉氏申何云如鄭君說傳當云不言楚歸功于諸侯也通義又云自是盡二十七年傳遂背齊宋合衛以睦于楚春秋之所深責故其盟皆日以危之其會皆不致以略之義或然也

公羊義疏三十三

南菁書院

句容陳立卓人著

僖二十二年盡二十六年

二十有二年春公伐邾婁取須朐 疏 校勘記云須朐唐石經諸本同釋文須朐左氏作句上二十一年左傳杜注云須句在東平須昌縣西北作句者省文漢書五行志中之下取須朐與公羊同師古曰須朐邾邑朐音鉅俱反又地理志濟陰郡寃句師古曰句音劬斠宣傳爲宛句令師古曰句音劬大事表云今兗州府東平州東南有須句故城左穀作須句水經注濟水又北逕須句城西城臨濟水故須朐國風姓也杜預曰須句在須昌縣北非也地理志曰壽張縣西北有朐城者是也京相璠曰須句一國二城兩名蓋遷都須昌朐是其本秦以爲縣馬氏宗槤左傳補注按劉昭郡國志補注引杜預注云須句古國在須昌西北郎須朐也後乃遷都須昌耳京說是

夏宋公衞侯許男滕子伐鄭

秋八月丁未及邾婁人戰于升陘 疏 包氏愼言云八月書丁未月之九日杜云升陘魯地玉篇郅胡經切鄉名在高密引左傳作戰於升郅按魯邾之戰不得至高密也左傳釋文升作登云本亦作升陘按內不言戰言戰乃敗矣穀梁傳曰內諱敗舉其可道者也不言其人以吾敗也不言及之者爲內諱也內外俱不言主名蓋爲內深諱也左傳云邾人獲公冑

縣諸魚門是其敗事也

冬十有一月己巳朔宋公及楚人戰于泓疏僧一行合朔議曰僖公二十二年十一月己巳朔宋楚戰于泓周殷魯曆皆先一日楚人所赴也按己巳朔正與殷曆合杜云泓水名大事表云寰宇記鄢城北里許有泓水即宋楚戰處鄢城在今河南歸德府柘城縣北三十里金史地理志柘城縣有泓水即渙水支流也宋師敗績疏穀梁傳則衆敗而身傷焉彼注引何君廢疾曰郎宋公身傷當言公不當言師成十六年楚子敗績是也又成十六年傳曰不言師君重乎師也郎成十六年是二十二年虛言也郎二十二年是十六年非也鄭君釋之曰傳說楚子敗績曰四體偏斷此則目也此言君之目與手足有破斷者乃為敗矣今宋襄公身傷耳當持鼓軍事無所害而師猶敗故不言宋公敗績也傳所以言敗衆敗身傷焉者疾其信而不道以取大辱劉氏申何云傳言身傷而致死則視傷目尤重矣譏其取辱何得言師不言公乎春秋貴偏戰而惡詐戰以為彼善於此者正以其信耳詐而勝不如信而敗也以詐為道異乎吾所聞

偏戰者日爾此其言朔何注据奚之戰不言朔疏○注据奚至言朔郎桓十七年五月丙午及齊師戰于奚春秋說以為五月朔日也春秋辭繁而不殺者正也注繁多也殺省也正得正道尤美疏莊氏存與春秋正辭云若救邢城衛再言齊師宋師又若侵曹伐衛再言晉侯又若首止無中事而復舉諸侯繁露祭義云書之重辭之複其中必有美者焉何正爾宋公與楚人期戰于

泓之陽【注】泓水名水北曰陽【疏】期約也楚人濟泓而來【注】濟渡有司復曰請迨其未畢濟而擊之【注】迨及【疏】復白也左傳曰宋人既成列楚人未既濟司馬曰彼衆我寡及其未既濟也請擊之穀梁傳司馬子反曰楚衆我少鼓險而擊之勝無幸焉彼疏引麋信云子反當爲子夷即子魚也〇注迨及〇爾雅釋言文宋公曰不可吾聞之也君子不厄人【疏】穀梁傳曰君子不推人危不攻人厄須其出注須其出險左傳公曰君子不重傷不禽二毛古之爲軍也不以阻隘也吾雖喪國之餘【注】我雖前幾爲楚所喪所以得其餘民以爲國喻褊弱【疏】注我雖至褊弱〇謂二十一年會霍執宋公伐宋事也朱氏彬經傳攷證云喪即亡也王懷祖先生曰喪國之餘指商而言之也左傳寡人雖亡國之餘不鼓不成列杜注宋商紂之後喪亡也檀弓舅犯曰喪人無寶大學引作亡人無以爲寶是喪與亡同經義述聞曰家大人曰喪國謂商也喪國之餘謂宋也左傳載襄公之言曰寡人雖亡國之餘杜注宋商紂之後是也何注謂宋幾爲楚所喪失之迂矣知不然者襄公無故追及亡殷與左傳宋司馬華孫來盟忽稱其先人華督何異正以上年霍盟後爲楚所敗君執國圍幾乎亡覆此衰弱之後能守文王之法所以爲善述聞又云若如注解則於喪上增幾爲楚所四字餘下增民字矣按何氏以幾爲楚所喪釋喪字以得其餘民解餘字本無所謂增成也此之餘猶詩之孑遺耳寡人不忍行也【疏】左傳公曰不可既濟未畢陳有司復曰請迨其未畢陳而擊之宋公曰不可吾聞之也君

子不鼓不成列【注】軍法以鼓戰以金止不鼓不戰不成列未成陳也君子不戰未成陳之師【疏】左傳曰既濟而未成列又以告公曰未可穀梁傳既出旌亂於上陳亂於下子反曰楚衆我少擊之勝無幸焉襄公曰不鼓不成列注列陳〇注軍法至金止〇荀子議兵篇云聞鼓聲而進聞金聲而退哀公十一年左傳云吾聞鼓而已不聞金矣注鼓以進軍金以退軍孟子梁惠王篇填然鼓之注填鼓音也兵以鼓進以金退皆本荀子也已陳然後襄公鼓之宋師大敗【疏】左傳既陳而後擊之宋師敗績公傷股門官殲焉穀梁傳曰須其成列而後擊之則衆敗而身傷焉通義云左傳曰公傷股不從君獲倒斥宋公敗績者爲襄公諱不使楚人得加傷乎宋公也此楚人亦楚子也所以賤楚而尊宋故君子大其不鼓不成列臨大事而不忘大禮有君而無臣【注】言朔亦所以起有君而無臣惜其有王德而無王佐也若襄公所行帝王之兵也有帝王之君宜有帝王之臣有帝王之臣宜有帝王之民未能醇粹而守其禮所以敗也【疏】繁露俞序云故善宋襄公不由其道而勝不如由其道而敗春秋貴之將以變習俗而成王化也史記宋世家贊太史公曰襄公既敗于泓而君子或以爲多傷中國闕禮義褒之也宋襄之有禮讓也淮南子泰族訓云泓之戰軍敗君獲而春秋大之取其不鼓不成列也繁露王道云宋襄公曰不鼓不成列不阨人此春秋之救文以質也漢書王褒傳四子講德論蓋君爲元首臣爲股肱明其一體相待

而成有君而無臣春秋刺焉皆取公羊爲說○注言朔至敗也○故鹽鐵論論誹云故雖有堯之明君而無舜禹之佐則純德不流故春秋刺有君而無臣宋世家云國人皆怨公公曰君子不困人於阨不鼓不成列子魚曰兵以勝爲功何常言與左傳亦曰國人皆咎公又曰子魚曰君未知戰勍敵之人隘而不列天贊我也阻而鼓之不亦可乎猶有懼焉且今之勍者皆吾敵也雖及胡耇獲則取之何有乎二毛明恥教戰求殺敵也傷未及死如何勿重若愛重傷則如勿傷愛其二毛則如服焉三軍以利用焉金鼓以聲氣也利而用之阻隘可也聲盛致志鼓儳可也是有君無臣之驗也穀梁曰日事遇朔曰朔非公羊義上十六年注云平居無他卓佹無所求取言晦朔也此書朔重始爲有此卓佹賢君無賢臣爲繼故也通義云司馬法曰逐奔不過百步從綏不過三舍明其禮也不窮不能而哀憐傷病明其仁也成列而鼓明其信也爭義不爭利明其義也此所謂文王之戰也襄公之於楚始爲乘車之會不期以禮服之不可得服然後以兵治之跡其征齊以義會霍以信不厄險以仁雖功烈不及伯者之爲其所嚮慕則王者之用心焉是以引而進之楚之病中國久矣召陵之役有王事焉泓之役有王心焉能言距楚者春秋之所高也苟將伸齊而抑宋則是先功利而後仁義豈文王之所以爲治繁露曰春秋之義貴信而賤詐詐人而勝之雖有功君子弗爲也故善宋襄公不厄人不由其道而勝不如由其道而敗春秋貴之將以變習俗而成王化嗚乎以此教後世而左氏穀梁氏親傳春秋猶徒以成敗論事則甚矣習俗不易變而王化之難成矣論語皇疏引蔡謨曰聖人之化由羣賢之輔闇主之亂由衆惡之黨是以有君無臣宋襄以敗衛靈無道夫豈其喪

以爲雖文王之戰亦不過此也注有似文王伐崇陸戰當舉

地舉水者大其不以水厄人也疏隱元年傳曰王者孰謂謂文王也文九年傳曰繼文王之體守文王之法度故此以文王之戰喻之也白虎通號篇云宋襄伐楚不擒二毛不鼓不成列春秋傳曰雖文王之戰不是過知其伯也而詩疏引鄭箴膏肓云剌襄公不度德不量力又引考異郵云襄公大辱師敗于泓徒信不知權譎之謀不足以交鄰國定遠疆也此是譏師敗也公羊不譏違考異郵矣者此不知春秋之義者也劉氏逢祿評之云緯亦出於劉歆固宜其附左氏而違經意也何氏之於緯擇善而從之鄭則固矣宣三年左傳狂狡輅鄭人鄭人入于井倒戟而出之獲狂狡君子曰失禮違命宜其為禽也膏肓以為合於道鄭箴之曰狂狡臨敵拘於小仁忘在軍之禮譏之義合於譏劉氏逢祿評之曰譏違經義安可從也即謂考異郵剌宋襄之說然狂狡蓋欲生致鄭人亦非古道包氏慎言云易比之九五云顯比王用三驅失前禽邑人不誡此王者征伐之禮也周衰司馬九伐之法不行於諸侯然齊景之時穰苴論司馬兵法不阻險不傷二毛不逆奔鼓而成列然後戰猶能言之則宋襄所云君子不迫人於險不鼓不成列者周之兵典也周之正朔改自文王周之兵典亦郝自文王故詩頌維清奏象舞曰維清緝熙文王之典春秋無義戰守文王之典者一人而已故經書其戰之朔傳曰雖文王之師不是過也宋襄以守禮為楚所傷七月而死以曹殺大夫之不死曹君者例之則凡在師者論罪皆當誅故曰有君而無臣齊桓晉文之霸皆先教其民而後用之襄公以不教之民與强楚爭勝殃民以殃身其愚可責其志可嘉而春秋表而出之以為有王者起行一不義殺一不辜而得天下不為也其行師也則必為襄公之所為爾楚邲之戰還師而佚晉寇春秋以其有王心而大之莊王不以險阨旣敗之寇而襄公不以險阨遂師之寇

其心尤爲磊落光明矣責襄公之不度德不量力者皆以成敗論人者也○注有似至伐崇○上十九年左傳曰子魚言於宋公曰文王聞崇德亂而伐之軍三旬而不降退修教而復伐之因壘而降詩大雅皇矣述伐崇云是類是禡是致是附四方以無侮又云是伐是肆是絶是忽四方以無拂皆謂文王伐得其罪行得其法故四方服德畏威無敢侮慢無敢違拂之者也○注陸戰至人也○宣十二年注云陸戰當舉地而舉水者大莊王閔隋水而佚晉寇義與此同蓋自楚子爲舟師伐吳始有水戰矣

二十有三年春齊侯伐宋圍緡疏穀梁緡作閔緡閔同音段借字漢書地理志山陽郡東緡下師古曰春秋僖二十三年齊侯伐宋圍緡即謂此音旻杜云緡宋邑高平昌邑縣東南有東緡城大事表云古緡國昭四年左傳曰椒舉曰桀爲仍之會有緡叛之即此今在山東兖州府金鄉縣東北三十里水經注濟水篇濟水又東逕東緡縣故城北故宋地春秋齊侯伐宋圍緡十三州記曰山陽有東緡縣鄒衍曰余登緡城以望宋都地也一統志東緡故城在兖州府金鄉縣東北二十三里

邑不言圍此其言圍何疾重故也注疾痛也重故喻若重故創矣襄公欲行霸守正履信屬爲楚所敗諸夏之君宜雜然助之反因其困而伐之痛與重故創無異故言圍以惡其不仁也疏注疾痛也○通義云疾惡也○注重故至創矣○通義云重故重有故也言故有創今復重之也俞氏樾云重故創而但曰重故於文不明何解非也故當讀爲固古字通國語周語咨於故實史記魯世家故作固論語子罕篇固天縱之將聖論衡知實篇固作故並其證也閔元

年左傳親有禮因重固杜注曰能重能固則當成就之此重固二字之證隱五年傳邑不言圍此其言圍何彊也解詁必欲爲得邑故如其意言圍也然則此傳曰疾重固也義與彼同疾其必欲得之也左傳之重固以善者言也此傳之重固以不善者言也蓋均是重且固也以自守則善以謀人則不善善惡不嫌同辭矣按以左傳之重固解此之重故義亦不了〇注襄公至仁也〇按穀梁傳曰伐宋不言圍邑此其言圍何也不正其以惡報惡也穀梁無善宋襄義故以爲報十八年伐齊之役其謂惡圍同也

夏五月庚寅宋公慈父卒【疏】包氏慎言云五月書庚寅月之二十六日慈父左氏穀梁作茲父宋世家作慈甫

何以不書葬盈乎諱也【注】盈滿也相接足之辭也襄公本以背殯不書其父葬至宋公身書葬則嫌覇業不成所覆者薄故復使身不書葬明當以前諱除背殯以後諱加微封內娶不去日略之者功覆之也【疏】注盈滿至辭也〇詩召南鵲巢云維鳩盈之傳盈滿也廣雅釋詁云盈滿也按宋襄自上九年宋公禦說卒不書葬爲諱背殯之惡後十九年執滕子盟曹南二十一年會霍見執楚獻捷戰泓無不爲宋襄諱無非爲其有憂中國尊周室之心故於其卒爲盈諱之故爲接足辭也穀梁傳曰不葬何也失民也其失民何也以其不教民戰則是棄其師也彼注引何君廢疾曰所謂教民戰者習之也春秋貴偏戰而惡詐戰宋襄公所以敗于泓者守禮偏戰也非不教其民也孔子曰君子去仁惡乎成

名造次必於是顛沛必於是未有守正以敗而惡之也公羊以為
不書葬為襄公諱背殯出會所以美其有承齊桓尊周室之美志
鄭君釋之曰教民習戰而不用是亦不教也詐戰謂不期也既期
矣當觀敵為策倍則攻敵則戰少則守今宋襄公于泓之戰違之
又不用其臣之謀而敗故徒善不用賢良不足以興伯主之功徒
信不知權譎之謀不足以交鄰國會遠疆故不易譏鼎折足詩刺不
用良此說善也劉氏申何云期地必不于水也期時必不于半渡
也以水厄人宋陳而擊之交鄰而尚權譎戰國之所謂賢良非春
秋之所貴也以敗績而去葬則敗而書葬者多矣不敗而不書葬
者亦多矣豈君子詞乎按鄭氏仍本考異鄭說所謂襄公大辱師
敗于泓徒信不知權譎不足以交鄰國定遠疆是也何氏所不取
經義述聞云傳謂以不教民戰非謂教而不用也不觀敵為策又
不用其臣之謀義在戰泓傳非此傳不葬之義也論語里仁篇子
曰苟志於仁矣無惡也臧氏望注云言人果志在於仁則君子不
加惡宋襄伯雖不成春秋予之以其猶有憂中國尊周室之心也
○注襄公至微封○上九年宋公禦說卒傳云何以不書葬為襄
公諱也彼注云襄公背殯出會宰周公有不子之惡後有征齊憂
中國尊周室之心功足以除惡故諱不書葬是不書其父葬也通
義云春秋之法許人子者必使子本以襄公背殯故桓公不書葬
今若更葬襄公則是揚子抑父非教孝之道故亦不書葬以足成
其諱義葵丘之會有宋子而禦說慈父再世不書葬溫之會有陳
子而款朔亦再世不葬屬詞比事孰有灼著於此矣舊疏云以後
諱加微封謂以至功薄微故加而為之諱而封之其封字亦有下
句讀之非也○注內娶至之也○下二十五年宋殺其大夫傳何
以不名宋三世無大夫三世內娶也注三世謂慈父王臣處臼也
文七年夏四月宋公王臣卒注不日者內娶略文十六年冬十一

月宋人殺其君處臼注不日者內娶略賤之然則此亦內娶而書不從略故爲功覆之也

秋楚人伐陳

冬十有一月杞子卒【注】卒者桓公存王者後功尤美故爲表異卒錄之始見稱伯卒獨稱子者微弱爲徐莒所脅不能死位春秋伯子男一也辭無所貶貶稱子者春秋黜杞不明故以其一等貶之明本非伯乃公也又因以見聖人子孫有誅無絕故貶不失爵也不名不日不書葬者從小國例也【疏】注卒者至錄之○上十四年諸侯城緣陵傳孰城之桓公城之是存王者之後功尤大於邢衛故錄其卒爲表異桓公之功也舊疏云正所以傳聞之世小國之卒未合書見故解之○注始見稱伯○舊疏云卽莊二十七年冬杞伯來朝是也○注卒獨至死位○卽上十四年傳云曷爲城杞滅也孰滅之蓋徐莒脅之責其不能死位也者國君死社稷微齊則國爲徐莒國矣○注春秋至所貶○桓十一年傳云杞見春秋稱伯此書子伯之與子春秋合爲一杞伯從伯而子仍一等故云辭無所貶○注貶稱至公也○舊疏云春秋之前周王舊有黜陟之法隱元年儀父稱字上十七年英氏稱氏之類今杞公之爵雖爲伯仍恐春秋之前周王黜之非爲新周故曰不明然則莊二十七年稱伯者春秋所黜已降稱伯故此止可以一等貶之也繁露三代改制云以春秋當新王不以杞侯弗同王者之後也稱子又稱伯何見殊之小國也明與諸小

國殊春秋之小國也若本爲伯爵今再貶則當從失爵例矣鄭氏詩魯頌譜云周尊魯巡守述職不陳其詩又商頌譜云問者曰列國政衰則變風作宋何獨無乎曰有焉乃不錄之王者之後時王所客也巡守述職不陳其詩亦示無貶黜客之義明杞爲二王後於義無黜黜者春秋以春秋當新王新周故宋故黜杞爲小國又以其微弱不能死位故貶之所謂因其可貶而貶之也○注又因至爵也○五經通義云二王之後不考功有誅無絶白虎通攷黜以云二王後不貶黜者何尊賓客重先王也以其尙公也罪惡足以絶卽絶更立其次周公誅祿甫立微子漢書梅福傳亦云二王後犯誅絶之罪者絶而更封他親爲始封之君上承其王者之祀所謂有誅無絶也詩魯頌譜又云周之不陳其詩爲優耳其有大罪侯伯監之行人書之亦示覺也是亦有誅無絶之義蓋用以周公之故等魯於二王後故也舊疏云若有過但誅責不絶去其爵○是以雖微弱見貶仍但從伯至子不失其爵也○注不名至例也○上四年許男新臣卒秋葬許繆公注得卒葬於所傳聞世者許大小次曹故卒少在曹後也此不名不日不卒葬所傳聞世小國如此蓋又降於曹許矣左傳曰書曰子杞夷也彼疏引膏肓難之云杞子卒豈當用夷禮死乎通義云王者之封四夷雖大曰子故用夷禮者卽以夷爵言之左氏唯於杞見春秋有貶絶諸侯之法得與公羊相證明此既無傳就取其說焉非何氏義然杞於春秋亦不得爲大國也春秋故卽以小國貶之

二十有四年春王正月

夏狄伐鄭

秋七月

冬天王出居于鄭 疏 水經注河水篇汜水又北流注于河征艱賦所謂步汜口之芳草弔周襄之鄙館是也余按先儒之論周襄所居在潁川襄城縣是乃城名非爲水名原夫致譲之由俱以汜鄭爲名故也大事表云南汜水在今許州府襄城縣南京相璠曰南汜水出襄城縣以周襄王出居於此故名襄城

王者無外此其言出何 注 据王子瑕奔晉不言出 疏 漢書終軍傳曰故春秋王者無外獨斷上天子無外以天下爲家故稱天家故据以難〇注据王至言出〇襄三十年王子瑕奔晉是不言出也 不能乎母也 注 不能事母罪莫大於不孝故絕之言出也下無廢上之義得絕之者明母得廢之臣下得從母命 疏 經義述聞云能與柔義相近詩民勞柔遠能邇箋能猶伽也安遠方之國順伽其近者伽與如古字通是能爲如順之意猶周官言安擾爾能與而古字通象傳宜建侯而不甯鄭本而作能云能猶安也漢書百官公卿表柔遠能邇師古曰能善也安善二義並與順伽相近古者謂相善爲相能康誥不能厥家人僖九年左傳入而能民文十六年左傳不能其大夫至於君祖母以及國人昭十一年左傳蔡侯獲罪於其君而不能其民三十一年左傳言不能外內也公羊言不能乎母也宣十一年穀梁傳輔人之不能民而討並與柔遠能邇之能同某氏杜預等皆不得其解〇注不能至出也〇周本紀云初惠后欲立王子帶故以黨開翟人翟人遂入周襄王出奔鄭鄭居王于汜漢書杜鄴傳

周襄王內迫惠后之難而遭居鄭之危按如左氏則惠后廢嫡立庶襄王不能順從似未可全以爲罪公羊謂不能乎母當別有謂霍光傳五辟之屬莫大不孝周襄王不能事母春秋曰天王出居于鄭由不孝出之絶之於天下也嚴助傳助上書稱天王出居于鄭衛侯朔入于衛皆是也占經引鉤命決曰周襄王不能事其母孛入北斗御覽引作彗入斗亡其度新語無爲云周襄王不能事後母出居于鄭而下多叛其親鹽鐵論孝養云周襄王之母非無酒肉也衣食非不如曾晳也然而被不孝之名以其不能事其父母也又云周襄王富有天下而有不能其母之累注夏侯勝曰五辟之屬莫大不孝周襄王不能事母○注下無至母命○繁露精華云出天王不爲不尊上穀梁傳天子無出出失天下也注引江熙曰天子必巡守然後行故河陽之守全天王之行也平王東遷其詩不能復雅而列爲國風襄王奔鄭不得全天王之行則與諸侯不異故書出也舊疏引鄭發墨守云聖人制法必因其事非虛加孟子曰夫人必自侮而後人侮之家必自毀而後人毀之國必自伐而後人伐之今襄王實不能孝道稱惠后之心令其寵專於子帶失教而亂作出居于鄭自絶于周故孔子因其自絶而書之公羊以母得廢之則左氏已死矣劉氏逢祿解詁箋云按据左氏事說經此鄭君之學不得以難何氏但公羊引曾子之說本存疑詞意亦以爲春秋得絶之非云母得廢子臣下得以母命廢天子也婦人有三從之義王子有行避之權貴戚且不得專廢置而謂臣下得易位乎稱母命廢立者趙盾之私心而霍光王莽祖之以亂漢者也春秋爲撥亂而作豈反開亂賊之門乎書出居者猶公孫于齊居于運之義非謂隱如得逐君也穀梁子謂失天下鄭氏謂因其自絶書之得矣書居于鄭者明諸侯當憂勤反正之與王室亂天王居于狄泉同義故晉文定王從常事不書例也按孟子

言貴戚之卿得易位果巳犯絶臣下何不可奉君母命廢之若謂
開後世亂賊之門則丕懿服堯舜卓溫服伊尹能歸咎於先聖乎
魯子曰是王也不能乎母者其諸此之謂與注猶曰是王也無絶
義不能事母而見絶外者其諸謂此灼然異居不復供養者與主
書者錄王者所居也疏通義云傳稱所聞于師魯子嘗言春秋之
中有天王與母不相得者其即此出居于
鄭之王與蓋不能乎母之愛弟卽爲不能乎母與左氏無錯義亦
通包氏慎言云魯子之言舉天子以儆諸侯也人君之貴懟母之
愛有所溺而憤憤以出不復供養母是自絶於母也春秋因其自
絶而絶之天子且然則諸侯不待言矣鄭發墨守云襄王實不能
孝道稱惠后之心令其寵專於子帶失教亂作出居自絶孔子因
而絶之稱是而論則鄭莊之克段取諸母之懷而殺之不孝更甚
於襄王罪更宜絶按鄭氏雜取三家自與公羊此義相發○注其
諸至者與○舊疏云公羊謂此天王出居于鄭不事其母而自出
居于鄭春秋惡其所爲是以書出以絶之實非出奔故云灼然異
居不復供養者與○注主書至居也○穀梁傳曰居者居其所也
雖失天下莫敢有也按與
書公在楚公在乾侯同義
晉侯夷吾卒注篡故不書葬明當絶也不日月者失衆身死子見篡
逐故略之猶許伯定也疏篡故至絶也○舊疏云以惠公無立入
之文故去葬以絶之按桓十三年葬衛
宣公以隱四年書衛人立晉篡明也莊二十五年衛侯朔卒注篡
明當書葬不葬者犯天子命與盜國同爲莊六年巳書入故爲篡

明也然書葬者臣子之事篡君本臣子所得共討今得國而終不與其有臣子也○臣子注不日至定也○上十七年冬十有二月乙亥齊侯小白卒是大國之卒例書日月也此不日故解之上十年傳注云懷公者惠公子也惠公卒懷公立而秦納文公故出奔是子見篡逐也失衆身死者上十五年獲晉侯穀梁傳晉侯失民矣蓋取彼爲義辟伯定卒見定十二年彼注云不日月者子無道當廢之而以爲後未至三年失衆見弑危社稷宗廟禍端在定故略之是與晉侯立懷公爲後致爲晉文篡逐同辟小國得引以例晉者

所見世小國卒葬皆月日也

二十有五年春王正月丙午衞侯燬滅邢疏包氏慎言云正月丙午月之二十二日按宣二十一日繁露滅國下云齊桓卒豎刁易牙之亂作邢與狄伐其同姓取之其行如此雖爾親庸能親爾乎是君也其滅於同姓衞侯燬滅邢是也蓋衞滅同姓固當絕邢亦有取滅之道也

衞侯燬何以名注据楚子滅蕭不名疏注据楚至不名○宣十二年楚子滅蕭是也舊疏云以此言之則知公羊何氏以爲齊人滅萊楚滅隗晉滅下陽之屬皆非同姓是以不名耳然則楚滅蕭不名豈以其夷略之與

絕曷爲絕之注据俱滅人滅同姓也注絕先祖支體尤重故名甚之也日者爲魯憂內錄之疏注絕先至之也○繁露觀德云滅人者不絕衞侯燬滅同姓獨絕賤其本祖而忘先也禮記曲禮云滅同姓名注絕之穀梁傳燬之名何也不正其伐本而滅同姓也注絕先祖支體尤重故名以甚之取此爲說

○注日者至錄之○上二十四年左傳富辰曰凡蔣邢茅胙祭周公之胤也是邢與魯尤親故爲魯憂內錄之通義云謹案滅同姓名唯謂滅周之同姓若齊之於萊楚之於隗彼雖自爲同姓而於王家則爲庶姓罪猶差輕繁露曰周之子孫其親等也而文王最先文王周公康叔之所自出也邢又周公之後春秋立愛自親立敬自尊以親則莫如邢以尊則莫如王之同姓燬滅親無王是以惡而絕之凡滅日者罪重於常滅按滅同姓名自謂滅己之同姓耳人各有先祖支體何分於周之同姓庶姓春秋因事見義特於衛之滅邢示法非謂齊滅萊楚滅隗爲無罪也又邢與魯同出春秋王魯於邢滅尤當憂故爲內錄辭不然晉人執虞公虞雖有罪謀肇於晉連滅二同姓國不當絕乎滅例月莊十年冬十月齊師滅譚是也此日故解之

夏四月癸酉衛侯燬卒疏包氏慎言云夏四月書癸酉月之二十日

宋蕩伯姬來逆婦

宋蕩伯姬者何蕩氏之母也注蕩氏宋世大夫疏○注蕩氏至大夫孔疏宋有蕩氏者宋桓公生公子蕩蕩生公孫壽壽生蕩意諸意諸之後以蕩爲氏孫以王父字爲氏則當字蕩也其言來逆婦何注据莒慶言逆叔姬連來者嫌內女爲殺直來也疏注据莒至來也○莊二十七年莒慶來逆叔姬是也舊疏云弟子本意援莒慶逆叔姬難此逆婦之文宜云其言逆婦何而連來言之者正以伯姬是內女嫌經言來爲殺直來之恥非實逆婦是以連來問之似若上五年杞伯姬來朝其子傳云其言來朝其子何彼注云連來者問爲

直來乎爲下朝出之類其直來者卽莊二十七年冬杞伯姬來傳其言來何直來曰來注直來無事而來也是也兄弟辭也其稱婦何有姑之辭也注宋魯之間名結婚姻爲兄弟稱婦者見姑之辭以逆實文知不殺直來也主書者無出道也疏注宋魯至兄弟○周禮大司徒云以本俗六安萬民三曰聯兄弟注兄弟婚姻嫁娶也儀禮士昏禮見主婦注見主婦者兄弟之道宜相親也禮記曾子問曰壻已葬壻之伯父致命女氏曰某之子有父母之喪不得嗣爲兄弟使某致命注必使人弔者未成兄弟穀梁宣十年齊人歸我濟西田傳公娶齊齊以爲兄弟反之注齊由是以婚族故還魯田又下三十一年冬杞伯姬來求婦傳言其來求婦何兄弟辭也皆指兄弟爲婚姻推之凡父母之黨皆稱兄弟詩小雅伐木兄弟無遠箋兄弟父之黨母之黨外姻之服不過緦麻以尊加以名加者始至小功因謂同姓小功以下爲兄弟詩王風葛藟終遠兄弟箋兄弟猶言族親也禮士冠禮兄弟畢袗元注兄弟主人親戚也既夕記兄弟出主人拜送喪服記大夫之子于兄弟降一等注兄弟猶言族親也又云凡妾爲私兄弟如邦人注私兄弟目其族親是也又云爲人後者于兄弟降一等報于所爲後之兄弟之子若子兄弟皆在他邦降一等不及知父母與兄弟居加一等禮記檀弓小功不稅則是遠兄弟終無服也又云聞遠兄弟之喪奔喪聞遠兄弟之喪皆謂本宗小功以下之親由外姻皆小功故通稱之也禮聘禮若兄弟之國則問夫人注兄弟謂同姓若婚姻甥舅有親者既夕禮兄弟賵奠可也注兄弟有服親者喪服記夫之所爲兄弟服禮記奔喪與諸侯爲兄弟亦爲位而哭注族親婚姻在異國者左氏襄三年傳寡君願與一二兄弟相見注列國之君

相謂兄弟此兄弟兼宗族母黨妻黨言之也是以爾雅釋親有云夫之黨爲婚兄弟妻之黨爲姻兄弟也兪氏樾云二十年郜子來朝傳曰何以不名兄弟辭也解詁郜魯之同姓文十二年郕伯來奔傳何以不名兄弟辭也解詁曰與郜子同義以彼例此則兄弟非謂婚姻也何氏此解殆失之矣今按隱二年紀履緰來逆女傳曰然則紀有母乎曰有有則何以不稱母母不通也可知婦人無外事不得通於他國蕩伯姬乃蕩氏之母而得言來逆婦者以其本魯女也故曰兄弟辭也與郜郕一律不得輒爲異說又三十一年杞伯姬來求婦傳文與此同杞伯姬亦魯女也按兪氏專以兄弟屬同姓泥矣○婦注婦者見姑之辭○穀梁傳曰其曰婦何也緣姑言之之辭也杜云稱婦姑存之辭詩衛風氓云三歲爲婦箋有舅姑曰婦顏氏家訓書證云婦是對舅姑之稱通義云此所逆女蓋伯姬之姪然婦人外成故正其姑婦之稱也○注以逆至來也○決莊二十七年書杞伯姬來也實來逆婦知非無事來也○注主書至道也云○穀梁傳婦人既嫁不踰竟宋蕩伯姬來逆婦非正也繁露玉英云婦人無出境之事經禮也母爲子逆婦奔喪父母變禮也按彼云春秋有經禮有變禮爲如安性平心者經禮也於性雖不安於心雖不平於道無以易之此變禮也明乎經變之事然後知輕重之分可與適權矣則何薑並無譏文但春秋所不予耳通義云主書者譏娶母黨且姑無逆婦之禮按白虎通嫁娶篇外屬小功以上不得娶也以春秋傳譏娶母黨也考三傳皆無此語此書蕩伯姬來逆婦姪其從姑明其即譏娶母黨下三十一年杞伯姬來求婦與此同

宋殺其大夫

何以不名【注】据宋殺其大夫山名【疏】注据宋至山名○見成十七年宋三世無大夫三世内娶也【注】三世謂慈父王臣處臼也内娶大夫女也言無大夫者禮不臣妻之父母國内皆臣無娶道故絶去大夫名正其義也外小惡正之者宋以内娶故公族以弱妃黨益彊威權下流政分三門卒生篡弒親親出奔疾其末故正其本【疏】穀梁傳其不稱名姓以其在祖之故尊之也注引何君廢疾云曹殺其大夫亦不稱名姓豈可復以爲祖乎鄭釋之曰宋之大夫書子姓禮公族有罪刑于甸師氏不與國人慮兄弟也所以尊異之孔子之祖孔父累於宋殤公而死今骨肉在其位而見殺故尊異之隱而不忍稱名氏若罪大者名之而已使若異姓然此乃祖之疏也曹殺其大夫自以無大夫不稱名氏耳春秋辭同事異者甚多隱去卽位爲見讓莊去卽位爲繼弒是復可以此例非之子劉氏申何云宋之大夫未必孔父之後且春秋非孔子家乘公族致刑之義託公子牙卒見之司城來奔復何所隱而不忍稱名氏乎稱名氏使若異姓緣飾宋殺山之文言之非經誼也○注三世至白也○宋世家云桓公三十一年春卒太子茲甫立是爲襄公十四年夏襄公病傷于泓而竟卒子成公王臣立十七年成公卒成公弟禦殺太子及大司馬公孫固而自立爲君宋人共殺君禦而立成公少子杵臼是爲昭公杵臼之立與左傳少異○注内娶至義也○禮記坊記云諸侯不下漁色注謂不内娶於國中也内娶國中爲下漁色昏禮始納采謂采擇其可者也國君而内娶象猶捕魚然中網取之是無所擇

白虎通王者不臣篇不臣妻父母何妻者與己爲一體恭承宗廟欲得歡心上承先祖下繼萬世傳於無窮故不臣也又譏宋三世內娶於國中謂無臣也又嫁娶篇諸侯所以不得自娶國中何諸侯不得專封義不可臣其父母春秋傳曰宋三世無大夫惡其內娶也並用公羊爲說後漢書李固傳今梁氏戚爲椒房禮所不臣春秋諸侯之禮不得倒諸後世通義云謹案禮諸侯不娶女於國中者杜漁色之漸也下漁色則不君妃族交政則不臣三世失禮君臣道喪故奪其君臣之辭示防亂于微以爲後世戒春秋有非常之文必有非常之議蓋唯公羊得之俗儒未有非常之識其妄生嘗辨宜矣杜預以殺大夫不名者爲無罪泄冶郤宛嘗有罪乎或以爲闕文豈自僖迄文獨宋大夫三見而三闕也○注外小至其本○文七年左傳云樂豫曰公族公室之枝葉也若去之則無所芘蔭葛藟猶能芘其本根故君子以爲比是公族以弱之事也但左氏無內娶義耳舊疏云外小惡正之者所傳聞之世外小惡不書故也王臣處臼在所聞世故於此正其本鄂本末誤宋

秋楚人圍陳納頓子于頓疏大事表云頓今河南陳州府商水縣爲頓國地商水舊名南頓縣水經注潁水篇又東南過南頓縣北㶏水從西來流注之㶏水於樂嘉縣入潁不至於頓頓故頓子國也周之同姓春秋納頓子于頓是也地理志汝南郡南頓下云故頓子國姬姓應劭曰頓迫于陳其後南徙故號南頓故城尚在杜云頓迫於陳而出奔楚故楚圍陳以納頓子亦以納頓爲楚事唯穀梁云蓋納頓子者陳也彼疏引廢疾云休以爲即陳納之當舉陳何以不言陳鄭君釋之曰納頓子固宜爲楚也穀梁見經云楚人圍陳納頓子于頓有似晉陽處父伐楚救江之文故云蓋陳也按穀梁自以納頓爲陳事鄭君特欲爲調

人耳故劉氏申何云陳納之鄭不舉陳當加陳人執頓子等文以起之救江亦晉非楚引之欲以何明也然則鄭氏亦知穀梁義難
通故爲此說范氏云圍陳使納頓子亦同鄭義欲牽合公左而又增一使字通經無此例也

何以不言遂【注】据楚子鄭人侵陳遂侵宋【疏】注据楚至侵宋○宣元年楚子鄭人侵陳遂侵宋是也

兩之也【注】微者不別遂但別兩耳別之者惡國家不重民命一出兵爲兩事也納頓子書者前出奔當絕還入爲盜國當誅書楚納之與之同罪也主書者從楚納之頓子出奔不書者小國例也不見挈者故君不可見挈於臣【疏】注微者至兩耳○校勘記出遂但別兩耳云鄂本同閩監毛本兩下衍稱字此本下復衍別兩耳三字皆當刪正按下二十八年疏引亦有稱字宣元年注云微者不得言遂遂者楚子之遂也据左傳爲令尹子玉是爲微者故不得別遂也校勘記以遂屬下讀非若然莊十九年公子結媵陳人之婦于鄄遂及齊侯宋公盟得言遂者彼自以竟外有利國家之事亦權許之也杜云不言遂明一事也孔疏引此傳云一舉兵而行此兩意非因前生後按公羊與左氏同者圍陳納頓皆楚也與左傳異者公羊以大夫無遂事故不言遂而兩之左氏以非因前生後故不言遂爾通義云實兩事非遂事也不再言楚人者嫌致圍意也但不言遂兩事明矣○注別之至事也○如公羊義則圍陳自圍陳納頓子自納頓子既非因頓子圍陳亦非圍陳以納頓子矣○注納頓至罪也○桓十六年云衛侯朔出奔齊注名絕之莊六年衛侯朔入于

衛傳名絕之其言入何簒辭也是也莊二十五年衛侯朔卒注去葬與盜國同明失衆出奔皆當坐絕則還入爲盜國當誅也下注二十八年衛侯鄭自楚復歸于衛注名者刺天子歸有罪也故楚納頓應同罪○注主書至納之○下二十八年注又云言自楚者爲納天子諱也此不書所自明以罪楚納有罪也○注頓子至例也○舊疏云春秋之例小國出入不兩書桓十五年許叔入于許注云○不書出時者略小國是例也通義云不見頓子出奔者所聞之世小國之君非滅國出奔猶未得書何氏無此義○注不見至於臣○莊九年公伐齊納糾傳何以不稱公子注据下言子糾知非當國本當去國見挈言公子糾然則此若作挈文宜書楚人納某于頓去其國爵矣今書納頓子知不見挈於楚人矣挈者桓十一年突歸于鄭傳突何以名挈乎祭仲也注挈猶提挈也本當書鄭突春秋去其國明見挈于祭仲所以賤突也彼爲君見挈于臣與此異也楚稱人知非楚子矣通義又云納不言伐者得入之辭也諸納或見國名于下若接菑是或見國名于上若糾及蒯聵皆是唯此再言頓者納君正也與使有頓之辭也然納糾得正何以不與使有國辭蓋書于頓者頓子已得國故與歸邾婁子益同例糾蒯聵皆未得國故不得言于齊于衛捷菑書于某故下言弗克納明其未得國也

葬衛文公注不月者滅同姓故奪臣子恩也疏注不月至恩也○桓十三年三月葬衛宣公明大國葬皆書月此不月故解之滅同姓當絕故不與有臣子爲葬者生者事也故也

冬十有二月癸亥公會衛子莒慶盟于洮注莒無大夫書莒慶者尊

敬婿之義也洮內地公與未踰年君大夫盟不別得意雖在外猶不致也

疏 包氏慎言云十二月書癸亥月之二十四日按當十四日禮記疏引服虔云時先君已葬成公猶稱子者明不失子道也杜云善其成父之志故上繫於父而稱子按公羊例既葬稱子踰年稱公故顧氏炎武補正云衛文公已葬成公稱子者未踰年也春秋之例踰年即位然後稱公文十八年六月癸酉葬我君文公冬十月子卒是稱爵稱子繫乎踰年未踰年而不在乎葬與未葬也解誤○注莒無至義也○莊二十七年莒慶來逆叔姬傳大夫越竟逆女非禮也是莒慶內婿也爾雅釋親云女子子之夫為婿說文士部婿女夫也从士胥聲詩曰女也不爽士貳其行士者夫也徐鍇通論婿者胥也胥有才智之稱也亦謂之甥釋親又云妻之父為外舅妻之母為外姑注謂我舅者吾謂之甥孟子帝館甥於貳室是也以婿為外姻故客待之也方言秦晉之間婿謂之倩郭注言可借倩也今俗呼婿為卒便是也莒無大夫者所傳聞之世小國無大夫也○注洮內地○杜云洮魯地○注公與至致也○莊六年注云公與二國以上出會盟得意致會不得意不致此一則未踰年君一則大夫故不別得意與否皆不致也洮為內地本不致何氏言此者明雖在外亦不致也定十二年書公至自圍成亦內邑書致者彼注云天子不親征下土諸侯不親征叛邑公親圍成不能服不能以一國為家甚危若從他國來故危錄之然則彼為不能服叛為危辭故成雖內邑亦致也通義云穀梁傳曰莒無大夫其曰莒慶何也以公之會目之也明年盟于向傳曰公不會大夫其曰甯遬何也以其隨莒子可以言會也蓋公專會大夫則貶大夫曰人公與諸侯俱會大夫則自言其名氏正以諸侯在焉不嫌使大夫敵公故反得從乎內而書錄之也事若

相錯意實相成按甯遬大國大夫故如彼解此莒小國書慶故如此解也

二十有六年春王正月己未公會莒子衞甯遬盟于向疏左氏穀梁遬作速按速遬字同左氏莊十九年傳石速周語作石遬定十四年左傳謂戲陽速史記衞世家作戲陽遬說文辵部速疾也遬籒文从敕是遬速古今文也故襄十六年左傳孺子速釋文速本亦作遬是也包氏愼言云正月無己未二月之十一日也按於曆宜爲十日

齊人侵我西鄙

公追齊師至巂弗及疏左氏作酅公穀作巂省文也左傳釋文亦作巂說文邑部酅東海之邑从邑巂聲杜云濟北穀城縣西有地名酅下大事表云在今泰安府東阿縣西南趙氏曰酅齊之附庸紀季之邑焦氏循左傳補疏云莊三年紀季以酅入于齊注酅紀邑在齊國東安平縣紀在齊東酅爲紀邑則亦在齊東魯在齊南魯追齊至酅則酅必近魯一屬安平一屬穀城杜注是也大事表引趙氏說非是一統志巂下聚在泰安府東阿縣西南差繆略云巂公羊左氏或作酅釋文巂戶圭反又似兖反盧氏文弨云一本或作巂故有似兖一音

其言至巂弗及何注据公追戎于濟西不言所至又不言弗及疏注据公至弗及○見莊十八年左傳本有作不及者誤石經左傳本作弗也侈也注侈猶大也大公能御强齊之兵弗者不之深者也言齊人畏公士卒精猛引師而去

之深遠不可得及故曰仫不宜言大之者自爲追唯臣子得褒之耳不得與追戎同也言師者仫大公所追也國內兵不書而舉地者善公齊師去則止不遠勞百姓過復取勝得用兵之節故詳錄之

疏 注仫猶至之兵○集韻引字林云仫大也國語吳語以廣仫吳王之心注仫大也禮記雜記其衰仫袂注仫猶大也鄂本强作彊○注弗者至者也○段氏玉裁尚書撰異云弗與不古義略同而淺深有别如雖有嘉肴弗食不知其旨也雖有至道弗學不知其善也可證弗不之不同矣二字古音亦逕庭遠甚弗在脂微部不在之咍部而轉入尤部絕不相段借也不字之不可入物韻猶弗字之不可入尤韻也集韻始誤認爲一字不字下云分物卽通作弗辥季宣書古文不問弗不字皆作弫夫弫字本卽說文之左戾右戾兩字之合則與弗同音可矣何以不亦作弫也不亦作弫則尚書有弗而無不也而語言之輕重全不可聞矣按孔子世家云弗乎弗乎蓋不可之深也○注言齊至曰仫○此言書弗不書不義○注不直至不同也○莊十八年公追戎于濟西傳其言追何大其爲中國追也此未有伐中國者則其言爲中國追何大其未至而豫禦之也其言于濟西何大之也注大公除害恩及濟西也言大者當有功賞也蓋彼爲中國追於王法當賞故大之此自爲追唯臣子褒詞故言仫也繁露仁義法云仁者愛人之名也鄭傳無大之之詞自爲追則善其所卹遠也兵已加焉乃往救之則弗美未至豫備則美之善其救害之先也夫救早而先之則害無由起而天下無害矣然則觀物之動而先覺其萌絶亂塞害於將然而未形之時春秋之志也其明至矣非堯舜之智知禮之本

孰能當此故救害而先知之明也公之所恤遠而春秋美之詳其美恤遠之意則天地之間然後快其仁矣非三王之德選賢之精其孰能如是○注言師至追也○舊疏云正以上言齊人侵我西鄙下言公追齊師與上文異故也○通義云謹案以公而追人則卑公矣故其義可言公追齊師不可言公追齊人春秋稱名之慎有如此者穀梁傳其侵也曰人其追也曰師以公弗及大之也與此傳義同○注國內至錄之○校勘記出錄不詳云鄂本作詳錄此誤倒定十二年注云天子不親征下土諸侯不親征叛邑故春秋之例封內用兵不書也襄十二年季孫宿帥師救台遂入運書者彼注云討叛也封內兵書者為遂舉討叛惡又十五年公救成書者彼注云封內兵不書者為一不進張本定十二年書圍成者彼注云公親圍成不能服不能以為一國為家甚危故危錄之此亦封內用兵而書地故解之襄十五年至遇傳不敢進也注不言止次以刺之者量力不責重民也故與至嶲同文蓋此為可追而不追彼為不可進而不進皆為重民命故善之

夏齊人伐我北鄙【疏】大戴禮保傅篇盧注齊在魯北

衛人伐齊

公子遂如楚乞師

乞者何卑辭也【疏】校勘記出乞師者何云閩監毛本同誤也唐石經鄂本無師字此誤衍按疏標起訖云乞者至若辭亦無師字繁露精華云魯僖公以亂即位而知親任季子季子無恙之時內無臣下之亂外無諸侯之患行之二十年國家安

甯季子卒之後魯不支鄰國之患直乞師楚耳傳公之情非輒不肖而國益衰危者何也以無季子也以魯人之若是也亦知他國之皆若是亦知天下之皆若是也曰乞師楚明其爲卑辭矣一切經音義引蒼頡篇曰乞謂行匃也行匃即求意故爲卑辭公子遂左傳校勘記引惠棟云遂世本作述述與遂古字通秦大夫西乞術本亦作遂是也曷爲以外內同若辭【注】据春秋尊魯【疏】成十六年書晉侯使欒黶來乞師十七年晉侯使荀罃來乞師此爲內乞師亦書是內外同辭也○注据春秋尊魯○如桓十年傳內不言戰上三年公子友如齊莅盟之屬皆是重師也【注】外內皆同卑其辭者深爲與人者重之【疏】注深爲至重之○下云師出不正反戰不正勝故深責服人者也曷爲重師【注】据泓之戰不重師【疏】注据泓至重師○見上二十二年彼傳云宋公與楚人期戰于泓之陽楚人濟泓有司復曰請迨其未畢濟而擊之宋公曰不可吾聞之也君子不厄人既濟未畢陳有司復曰請迨其未畢陳擊之宋公曰不可吾聞之也君子不鼓不成列已陳然後去宋公鼓之宋師大敗宋公守古敗師春秋大之故据以難師出不正反戰不正勝也【注】不正者不正自謂出當復反戰當必勝兵凶器戰危事不得已而用之爾乃以假人故重而不暇別外內也稱師者正所乞名也乞師例時【疏】注不正至必勝○舊疏云以義言之此句亦宜云戰不正勝者不正自謂戰當必勝但何氏省文不復備言按穀梁傳云何重焉重人之死也非所乞也師出不必反戰不必勝故重之也通義云謹案正如貞觀

之貞不正反者不常得反也不正勝者不常得勝也經義述聞云
謹案正之言定也必也周官宰夫鄭注曰正猶定也堯典以閏月
定四時史記五帝紀定作正齊語正卒伍修甲兵漢書刑法志正
作定定是正與定同義師出不正反戰不正勝者言師之出也不能
豫定其得反其戰也不能豫定其得勝蓋敗亡亦事之常也穀梁
師出不必反戰不必勝是也不正者事不可必之謂非不正其自
謂反自謂勝也何注失之按何氏意亦以正如定解不正自謂
猶言不定自謂不必自謂也○何注兵凶至內也○下解以楚師伐
齊取穀梁傳云民者君之本也使民以其死非其正也注引雍曰
兵不祥之器不得已而用之安有驅民於死地以共假借之役乎
鹽鐵論論災云兵者凶器也甲堅兵利爲天下殃以毋制子故能
久長聖人法之厭而不揚又論功云故兵者凶器不可輕用也其
以強爲弱以存爲亡一朝爾也注晁錯曰兵凶器戰危事也以大
爲小以強爲弱在俛仰之間耳○注乞例時○舊疏云正以文承
夏下又成十三年春晉侯使郤錡來乞師是也

秋楚人滅隗以隗子歸**注**不月者略夷狄滅微國也不言獲者舉滅
爲重書以歸者惡不死位不名者所傳聞世見治始起責小國略
但絕不誅之**疏**左氏穀梁隗作夔夔隗同部段借字亦作歸水經
江水篇又東過秭歸縣之南注云縣故歸鄉地理
志曰歸子國也樂緯曰昔歸典協聲律宋忠曰歸即夔歸鄉蓋夔
鄉矣古楚之嫡嗣有熊摯者以廢疾不立而居於夔爲楚附庸後
王命爲夔子春秋僖公二十六年楚以其不祀滅之者也又云江
水又東南逕夔城南跨踞川阜周迴一里百一十八步西北背枕

深谷東帶鄉谿南側大江熊摯始治巫城後疾移此蓋夔從也春秋楚子玉滅夔服虔曰在巫之陽秭歸歸鄉矣杜云夔楚同姓國今建平秭歸縣史記索隱引譙周古史考作滅歸大事表云今湖廣宜昌府歸州治東二十里有夔子城爲楚所分之夔國熊摯之後熊摯有疾弗得立而遜居國都者也惠氏棟左傳補注云古史考云滅歸太康地理志歸鄉故夔子國尙書中候伯禹錯首讓于益歸鄭注益歸賢者堯臣歸讀曰夔方輿紀要云夔子城在歸州東二十里名勝志地名夔○注不月至國也○莊十年冬十月齊師滅譚十三年夏六月齊人滅遂皆月此不月故解之○注不言至爲重○決上十五年書獲晉侯也彼舉君獲爲重故不言師此以國滅爲重故不言君獲也明楚當坐滅不坐獲也孟子盡心下民爲貴社稷次之君爲輕○注書以至死位○襄六年齊侯滅萊傳曷爲不言萊君出奔國滅君死之正也以歸與彼獲同爲責不死位也禮記曲禮曰國君死社稷○注不名至誅之○舊疏云上二十三年杞子卒下注云又以見聖人子孫有誅無絕似誅輕絕重此注云但絕不誅自相違者誅有二種一是誅責之誅若齒路馬有誅於予與何誅之類一是誅絕之誅似武王誅紂誅君之子不立之類則是上言有誅無絕聖人子孫但有誅責不合誅絕去此言但絕不誅但欲絕去一身不聽爲君不合誅滅其國蓋所傳聞世責小國略也哀七年以邾婁子益來傳邾婁子益何以名絕之又莊十年以蔡侯獻舞歸傳蔡侯獻舞何以名絕之以此二文言絕之則似書名爲絕今此云不名爲絕者蓋絕亦有二義一是絕去其身一是絕滅其國蔡侯獻舞大國之君不能死難爲楚所獲春秋不與夷狄獲中國故不書獲名蔡侯以起其合絕滅矣邾婁正當所見之世爲魯所獲春秋之義內獲人皆諱不書故名邾婁子以起不死難當絕滅矣今此隗子既是微國又當所傳聞世若

其書名恐如二君亦合絕滅故不名見責之略也但合一身絕去而已

冬楚人伐宋圍緡

邑不言圍此其言圍何刺道用師也**注**時以師與魯未至又道用之於是惡其視百姓之命若草木不仁之甚也稱人者楚未有大夫未聞稱師楚自道用之故從楚文**疏**穀梁緡作閔傳云伐國不言圍邑此其言圍何也以吾用其師目其事也非道用師也注楚人出師爲魯伐齊而中道以伐宋故伐圍兼書所以責楚○注時以至甚也○繁露竹林云今戰伐之於民其爲害幾何考意而觀指則春秋之所惡者不任德而任力驅民而殘賊之故春秋於戰伐必一二書傷其害所重此假師與魯已屬不仁復道用師是不仁之甚也○注稱人至稱師○校勘記出未聞稱師云閩監毛本誤也鄂本聞作得當據正文九年楚子使椒來聘傳椒者何楚大夫也楚無大夫此何以書始有大夫也是文九年始有大夫也然則上四年書屈完來盟于師下二十八年書得臣皆在椒前得書大夫者上四年傳云屈完者何楚大夫也何以不稱使尊屈完也曷爲尊屈完以當桓公也下二十八年注云楚無大夫其言大夫者欲起上楚人本當言子玉得臣所以詳錄霸事按隱五年傳云將卑師衆稱師將卑師少稱人知不從將卑師少例者彼据大國分別之楚夷在所傳聞世知不得据彼說○注楚自至楚文○舊疏云欲道下文公以楚師得稱楚師而此不得者以楚自道用之故從楚文也

公以楚師伐齊取穀注言以者行公意別魯兵也稱師者順上文疏注言以至兵也○桓十四年宋人以齊人衛人蔡人陳人伐鄭傳以者何行其意也○注以己從人曰行言四國行宋意也故此以爲行公意也鹽鐵論刑德云盜傷與殺同罪所以累其心而責其意也猶魯以楚師伐齊而春秋惡之故輕之爲重淺之爲深有緣而然法之微者固非衆人之所知也○注稱師者順上文○決上楚人伐宋不稱師也上云如楚乞師此故順之稱楚師

公至自伐齊

此已取穀矣何以致伐注据伐邾婁取叢不致疏○注据伐至不致見下三十三年彼注云取邑不致者得意可知例正以春秋之例不得意致伐此伐齊取穀明得意矣書致伐故据以難不未得乎取穀也注未可謂得意於取穀疏謂雖取穀有危不得從得意例也經義述聞云謹案得非得意之謂也得猶便也見呂氏春秋淫辭篇注魯內虛而外乞師以犯强齊則後患將至穀雖已取其計不便於魯也下文患之起必自此始也正發明魯計不便之義故曰未得乎取穀也猶言未爲計之得也此與莊六年傳之言得意不得意者殊義不得据彼以說此又云言未爲計得也解者曰未可爲得意於取穀則於得下增意字矣按傳云云何以致伐正据莊六年不得意致伐爲問故答云未得乎取穀言雖取穀仍未得意也遙爲承應不必如王氏之別生異說也曷爲未得乎取穀注据俱取邑曰患之起必自此始也注魯內虛而外乞師以犯强齊會齊侯

昭卒晉文行霸幸而得免孔子曰人之生也直罔之生也幸而免故雖得意猶致伐也

【疏】注魯內至得免○鄂本强作彊齊侯昭卒見下二十七年晉文行霸卽下二十八年侵曹伐衛敗楚盟踐土之屬是也繁露隨本消息云先齊孝未卒一年魯僖公乞師取穀晉文之威天子再致先卒一年魯僖公之心分而事齊又云由此觀之所行從不足恃所事者不可不愼此亦存亡榮辱之要也按下先卒一年涉上文衍分而事齊疑當作分而事晉蓋謂刺公子買不卒戍衛等也穀梁傳曰此其致之何也危之也注以蠻夷之師伐鄰近大國招禍深怨危亡之道與此傳同也說苑尊賢云季子卒後邾擊其南齊伐其北魯不勝其患將乞師於楚以取全身故傳曰患之起必自此始也繁露兪序云愛人之大者莫大乎思患而豫防之故蔡得意於吳魯得意於齊而春秋皆不告故次以言怨人不可邇敵國不可狎攘竊之國不可使久親皆防患爲民除害之意按不告疑不善之誤○注孔子至伐也○見論語雍也章集解包曰誣罔正直之道而亦生者是幸而免皇疏引李充曰失平生之道者則動之死地矣必或免之善由於幸耳故君子無幸而有不幸小人有幸而無不幸也明魯僖乞師伐齊不以道竟得免禍故曰幸也得意不致不得意致伐此雖得意取穀合不致仍作不得意解之也

公羊義疏三十五

南菁書院

句容陳立卓人著

僖二十七年盡二十八年

二十有七年春杞子來朝注貶稱子者起其無禮不備故魯入之疏校勘記出二十七年云唐石經作廿有七年鄂本二十下有有字此脫○注貶稱至入之○舊疏云杞本公爵但春秋新周故宋黜之稱伯卽莊二十七年冬杞伯來朝是也至二十三年書杞子卒者以微弱爲徐莒所脅不能死位故以其一等貶之此經復書子者起其無禮故左氏皆有魯入之文也按左傳云杞桓公來朝用夷禮故曰子又云入杞責無禮也與何注同劉氏解詁箋云正伯子男一也詞無所貶何君不用左氏此及下入杞解詁無禮之云皆依違左氏非也按何君所見公羊說或有與左氏同者故依用之未必專本左氏也

夏六月庚寅齊侯昭卒疏包氏愼言云六月書庚寅月之二十日於曆當爲十九日

秋八月乙未葬齊孝公疏包氏愼言云八月書乙未月之二十六日按當二十五日隱三年傳云不及時而日渴葬也

乙巳公子遂帥師入杞注日者杞屬脩禮朝魯雖無禮君子躬自厚

而薄責於人不當乃入之故錄責之【疏】包氏慎言云八月無乙巳九月之五日也按當爲六日○注日者至責之○正以入例時傷害多則月此日故解之春秋於入書日多惡辭唯下二十八年三月丙午入曹爲晉義兵

冬楚人陳侯蔡侯鄭伯許男圍宋

此楚子也其稱人何【注】据序諸侯之上貶【疏】杜云經書人者恥不得志以微者告沈氏欽韓補注云稱人者猶賤之也傳明云楚子杜既云楚主兵赴告之體可稱其君微者與曷爲貶【注】据圍鄭不貶【疏】注据圍鄭不貶○下三十年晉人秦人圍鄭是也爲執宋公貶故終僖之篇貶也【注】古者諸侯有難王者若方伯和平之後相犯復故罪楚前執宋公僖公與共議釋之今復圍犯宋故貶因以見義終僖之篇貶者言君子和平人當終身保也【疏】注古者至故罪○惠氏士奇禮說云終僖之篇貶者言君子和平人當終身保也然則調人和難保之終身故先動者誅之康成謂猶今二千石以令解讎怨後復相報移徙之卽何休所謂後相犯復故舉是也楚人先動其能免於王法之誅乎按周禮調人云凡有鬭怒者成之鄭司農云成之之謂和之也和之猶今二千石以令解讎怨後復移徙之此其類也惠氏棟公羊古義云何氏此注此調人成之之法也成之者何和之也王襃集僮約注漢時官不禁報怨故二千石以令解之令者漢令有和難之條鄭云云者後漢桓譚上疏曰今人相殺傷雖已伏法而私結怨讎子孫相報復後忿深前

至於滅戸殄業而俗稱豪健故雖怯弱猶勉而行之此為聽人自理而無復法禁者也今宜申明舊令若已伏官誅而私相傷殺者雖一身逃亡皆徙家屬于邊其相傷者加常二等不得贖罪如此則讎怨自解譚所云舊令即先鄭移徙之法也何云不復故罪疑亦當時令甲文引以為況與○注楚前至見義○即上二十一年秋執宋公以伐宋十二月公會諸侯盟于薄釋宋公傳上執未有言釋之者此其釋之何公與議爾也注善傳公能與楚釋賢者之厄是也通義云傳緣入文之篇兕即見弑故就經文以終傳之篇之言之其實乃終兕之世貶耳此與彙傳云終隱之篇貶文同而義異何者彙有罪於隱兕非有罪於傳也何氏之說今故未取知不然者傳即專言終兕之世貶何必不言終兕之世春秋託王於魯傳公託王者方伯之職和平諸侯今不復相犯即是得罪於傳即為得罪於王法故云終傳之篇貶耳穀梁傳曰楚人者楚子也其曰人何也人楚子所以人諸侯也其人諸侯何也不正其信夷狄而伐中國也彼注引何君廢疾云哀元年楚子陳侯隨侯許男圍蔡不稱人明不以此故也鄭君釋之云元時晉文為賢伯故譏諸侯不從而信夷狄也哀元年時無賢伯又何据而當貶之耶彼注又引江熙云夫屈信理對言信必有屈也宋楚戰于泓宋以信義而敗未有闕也楚復圍之我三人行必有我師諸侯不能以義相帥反信以楚之曲屈宋之直是義所不取信曲屈直猶不可況乃華夷乎楚以無義見貶則諸侯之不從不待貶而見也然則四國信楚而屈宋春秋屈其信而信其屈貶楚子於兵首則彼碌碌者以類見矣故曰人楚子所以人諸侯按穀梁無善宋襄義江氏彼注正用此傳為執宋公貶意也劉氏申何云晉文伯業未顯何以責諸侯江熙從公羊解近之

十有二月甲戌公會諸侯盟于宋【注】地以宋者起公解宋圍爲此盟也宋得與盟則宋解可知也而公釋之見矣【疏】包氏愼言云十二月書甲戌月之七日按當六日○注地以至見矣○范云地以宋者則宋得與盟宋圍解可知用此注爲說也左氏以公會諸侯盟于宋宋不與盟春秋凡書會盟於國都皆本國與焉如隱元年及宋人盟于宿桓二年蔡侯鄭伯會于鄧皆是此不應殊

二十有八年春晉侯侵曹晉侯伐衛

曷爲再言晉侯【注】据楚人圍陳納頓子于頓亦兩事不再出楚人【疏】注据楚至楚人○見上二十五年彼傳云兩之也是亦兩事也非兩之也【疏】上二十五年云楚人圍陳納頓子于頓傳何以不言遂兩之也注微者不別遂但別兩稱耳別之者惡國家不重民命一出兵爲兩事也則此初出師時原有兩伐之意矣然則何以不言遂【注】据侵蔡遂伐楚言遂【疏】注据侵至言遂○見上四年公會齊侯以下侵蔡蔡潰遂伐楚是也未侵曹也未侵曹則其言侵曹何致其意也其意侵曹則曷爲伐衛晉侯將侵曹假塗于衛衛曰不可得則固將伐之也【注】曹有罪晉文行霸征之衛壅遏不得使義兵以時進故著言侵曹以致其意所以通賢者之心不使壅塞也宋襄公伐齊月

此不月者晉文公功信未著且當脩文德未當深求於諸侯故不美也【疏】左傳云晉侯將伐曹假道于衞衞人弗許還自河南濟侵曹伐衞注從汲郡南渡出衞南而東水經注河水篇又東逕燕縣故城北則有津水自北來注之亦謂之濟津故南津也春秋僖公二十八年晉將伐曹曹在衞東假塗于衞衞人不許還自南河濟即此按汲郡亦衞地衞既不假道則仍不可得伐也○注曹有至塞也○校勘記出晉文行覇征之云鄂本文下有公字此脫又云釋文癰又作壅同此本進誤追今据諸本訂正曹有罪者下傳云曹伯之罪何甚惡也其甚惡奈何不可以一罪言也是也雖未克侵曹書以致其意不使伯功壅塞也通義云謹案凡有兩事前事既後事繼者則言遂前事未既別有後事者則不得言遂晉本爲侵曹出師衞不假道伐衞而後進若言伐衞遂侵曹則失其本意若言侵曹遂伐衞則似既侵曹還伐衞又失其事實故遂文兩不可施也舊疏云言征者上討下之辭謂伐而正之如上十八年傳云與襄公之征齊也○注宋襄至美也○上十八年春王正月宋公以下伐齊是也彼云月者善錄義兵明此晉文功信未著遽求諸侯未得爲義故不月也

公子買戍衞不卒戍刺之【疏】左傳殺子叢以說焉蓋名買字叢

不卒戍者何不卒戍者內辭也不可使往也【注】即往當言戍衞不卒【疏】通義云畏晉故不可使往說苑尊賢云公子買不可使戍衞內侵於臣下外困於兵亂弱之患也指此鹽鐵論備胡云春秋貶諸侯之後刺不卒戍明不可使往諱爲不卒戍辭實不可使往則其言戍衞何【注】据言戍

衛行文疏注據言至行文○舊疏云欲言實戍乃有不卒戍之文欲言不戍而經書戍衛以戍衛爲行文遂公意也注使臣子不可使恥深故諱使若往不卒竟事者明臣不得壅塞君命疏晉伐衛衛楚之與國魯與楚昏姻上年楚爲魯出師伐齊故爲戍衛明公意欲戍衛焉○注使臣至君命○通義云臣已受命雖未往當以不終事之辭言之公本使買戍衛買畏晉不可往公殺之及聞晉剋衛而懼反以殺買之事說于晉時量力度義不當往戍臣於君有替否之道買無罪故不日按左傳云公子買戍衛楚人救衛不克公懼于晉殺子叢以說焉告楚人曰不卒戍也以買實戍衛孔氏猶依違左傳焉又云買無罪與何氏有罪不日例乖穀梁傳曰先名後刺殺有罪也公子啓曰不卒戍者可以卒也可以卒而不卒譏在公子也刺之可也

刺之者何殺之也殺之則曷爲謂之刺之內諱殺大夫謂之刺之也注有罪無罪皆不得專殺故諱殺言刺之不言刺公子買但言不卒戍刺之者起爲上事刺之也內殺大夫例有罪不日無罪日外殺大夫皆時疏說文刀部刺君殺大夫曰刺刺直傷也段注刺直傷也當爲正義君殺大夫曰刺當別一義周禮司刺職掌三刺之法壹刺曰訊羣臣再刺曰訊羣吏三刺曰訊萬民注刺殺也訊而有罪則殺之然則春秋於他國大夫書殺於內殺大夫書刺若皆殺當其罪然故諱之曰刺杜云內殺大夫皆書刺言用周禮三刺之法示不枉濫也是也爾雅釋詁云刺殺也郭注引此傳蓋對文異散則通故國語晉語云殺懷公于高梁又云刺懷

公于高梁也諱殺曰刺春秋之義也固不必通之他經也○注有罪至刺之○孟子告子下無專殺大夫是不別有罪無罪也舊疏云孟子言大夫者天子命之輔助其政諸侯不得專殺大夫也按諸侯不得專殺疑指命大夫耳其命於其君者似不必請之天子矣○注不言至之也○若直言刺公子買與刺公子偃同所刺事不明故言不卒戍刺之明其爲上事也若有罪也○注內殺至罪日○舊疏云有罪不日即此文是無罪日者成十六年冬十有二月乙酉刺公子偃是也解詁箋云上書晉侯伐衛下書楚人救衛則此戍衛爲黨楚背晉明矣歸罪于買而殺之僖之大惡也故以不卒戍爲內辭傳順經諱文解詁以爲有罪不日無罪日者謂著其罪狀與否爾非從實也亦通○注外殺大夫皆時○上七年鄭殺其大夫申侯書夏下三十年衛殺其大夫元咺書秋是也

楚人救衛

三月丙午晉侯入曹執曹伯畀宋人 疏 包氏慎言云三月書丙午月之十日

畀者何與也其言畀宋人何 注 据下言執衛侯言歸之于京師 疏 穀梁傳云畀與也杜云畀與也襄二年左傳烝畀祖妣注畀與也爾雅釋詁畀予也予與古通禮記祭統云畀之爲言與也說文丌部畀相付與之約在閣上也○注据下至京師○見下彼言于京師此言畀宋人故難之也

與使聽之也 注 與使聽其獄也時天王居于鄭晉文欲討楚師以宋王者之後法度所存故因假使治之宋稱人者明聽訟必師斷與其師衆共之 疏

注時天至治之○劉氏解詁箋云時天王實已歸京師下書公朝
于王所王自京師至踐土也襄王不能正曹伯之罪晉文自正之
故爲伯討張義以殷彝蔽其罪愈於以歸多矣
按左傳以晉文定襄王在二十五年與此異
曹伯之罪何甚惡
也其甚惡奈何不可以一罪言也【注】曹伯數侵伐諸侯以自廣大
傳曰晉侯執曹伯班其所取侵地于諸侯是也齊桓既沒諸侯背
叛無道者非一晉與曹同姓恩惠當先施刑罰當後加起而征之
嫌其失義故著其甚惡者可知也以兵得不言獲者晉文伯討不
坐獲者故亦不責曹不死義兵曰者喜義兵得時入【疏】注曹伯至
是也○下
三十一年取濟西田傳云惡乎取之取之曹也此未有言伐曹者
則其言取之曹何晉侯執曹伯班其所取侵地于諸侯知曹數侵
伐人以自廣大也通義云讜案不可以一罪言則非獨數侵伐矣
曹詩序曰共公遠君子而好近小人侵刻下民不得其所○注齊
桓至知也○舊疏云恩惠當先施即堯典云九族既睦平章百姓
是也刑罰當後加小司寇議親議賢之辟是也著其甚惡即執而
言畀宋人使治其罪是也○注以兵至不死○上四年傳稱侯而
執者伯討也晉文書侯故知伯討兵得當言獲上十五年戰于韓
獲晉侯是也彼傳云君獲不言師敗績也注釋不書者以獲君爲
惡書者以惡見獲與獲人君者皆當絕也是坐獲之例也晉文伯
討故不坐獲不書獲亦不責曹伯不死位也○注日者至時入○
入例時書日故解之定四年庚辰吳入楚注日者惡其無義彼爲

無義日此爲義兵日春秋無達例也故此爲義兵得日入

夏四月己巳晉侯齊師宋師秦師及楚人戰于城濮楚師敗績【疏】包氏慎言云夏四月書己巳月之三日莊二十七年左傳公會齊侯于城濮大事表云杜注城濮衞地將討衞之立子頹是時王命齊桓爲侯伯僖二十八年晉文敗楚于城濮卽此今山東曹州府濮州南七十里有臨濮城方輿紀要云臨濮城在東昌府濮州南七十里或曰卽古城濮地

此大戰也曷爲使微者【注】据秦稱師錄功知大戰必不使微者楚雖無大夫齊桓行霸書屈完也【疏】注据秦至微者○舊疏云文十二年秋秦伯使遂來聘傳秦無大夫此何以書賢繆公也然則文十二年秦始有大夫知此時未合稱師今乃稱師錄功故知大戰既是大戰則知不應使微者○注楚雖至完也○楚無大夫者文九年冬楚子使椒來聘傳云楚無大夫此何以書始有大夫也則僖公爲所傳聞世亦不合有大夫惟上四年書屈完來盟于師云屈完者何楚大夫也何以不稱使尊屈完也曷爲尊屈完以當桓公也注增倍使若得其君以醇霸德成王事則此晉文行霸亦宜增倍楚大夫書名許其有大夫以醇霸業今稱人似微者故据以難

子玉得臣也【注】以上敗績下殺得臣【疏】通義云子玉者得臣字也古人多引字冠名上言之者若左傳稱華父督孟明視子越椒之比王氏引之周秦名字解詁云定九年得寶玉大弓左傳陽虎歸寶玉大弓書曰得器用也凡獲器用曰得按器用之

美者莫如玉故名得字玉或曰得讀爲德古字得與德通玉藻君子無故玉不去身君子於玉比德焉聘義君子貴玉而賤碈何也夫昔者君子比德於玉焉管子水地篇夫玉之所貴者九德出焉按後一說是子玉得臣則其稱人何注据屈完當桓公稱名氏疏注据屈至名氏○見上四年曷爲尊屈完以當桓公也按左傳得臣氏成貶

曷爲貶注据邲之戰林父不貶疏注据邲至不貶○卽宣十二年晉荀林父帥師及楚子戰于邲貶是也大夫不敵君也注臣無敵君戰之義故絕正也秦稱師者助霸者征伐克勝有功故褒進之齊桓先朝天子晉文先討夷狄者晉文之時楚與爭彊所遭遇異疏注臣無至正也○宣十二年傳亦云大夫不敵君與此同若然林父亦大夫得敵楚子不絕正之者彼爲善楚子不與晉特書荀林父主名專見其罪得臣下有殺文足見其罪不必於戰見故但貶稱人以張示大夫不敵君義董生所謂辭已明者去之是也○注秦稱至進之○秦於所傳聞世因其未能用周禮擯之比戎狄則此不合稱師因其助伯者征伐褒進之如邾婁子克瑣皆以附從霸者朝天子行進也聖人於書終秦誓若秦之繼周於春秋抑秦以諸夏同夷狄明其爲周之亂臣也○注齊桓至遇異○齊桓先朝天子何氏或別有所見舊疏云正以莊十三年冬柯之盟桓公之信著于天下豈不朝天子而能然乎但以外朝不書是以無經可指耳按信之著不著不係乎朝天子與否也依左傳則晉文先定襄王後服楚非何氏所取也所遭遇異者舊疏云齊桓初霸之時楚未強大雖侵諸夏未能爲霸者之害是以桓公養成其晦

至僖四年乃討而服之晉文之時楚人孔熾圍宋救衛與之爭戚是以未暇朝王先討子玉矣義或然也

楚殺其大夫得臣注楚無大夫其言大夫者欲起上楚人本當言子玉得臣所以詳錄霸事不氏者子玉得臣楚之驕蹇臣數道其君侵中國故貶明當與君俱治也疏注楚無至霸事○文九年楚子使椒來聘傳始有大夫也此書得臣與上四年書屈完同義皆為詳錄伯事也上以大夫不敵君絕去其名故於其殺著之○注不氏至治也○校勘記出明當與君俱昭云鄂本昭作治無也此誤衍上二十六年左傳楚成得臣闘宜申帥師滅夔此不書成得臣為貶去其氏也按以左傳考之伐隨圍陳滅夔圍宋皆子玉事故知數道其君侵中國也傳又載蔿賈曰子玉剛而無禮不可以治民其驕蹇可知繁露滅國上云楚王髡託其國於子玉得臣而天下畏之及髡殺得臣天下輕之又五行相勝云金者司徒也司徒為賊內得於君外驕軍士專權擅勢誅殺無罪侵伐暴虐攻戰妄取令不行禁不止將帥不親士卒不使兵弱地削令君有恥則司馬誅之楚殺其司徒得臣是也得臣數戰破敵內得於君驕蹇不卹其下卒不為死當敵而弱以危楚國司馬誅之金者司徒司徒弱不能使士眾則司馬誅之故曰火勝金按楚大夫有氏始成二年公子嬰齊

衛侯出奔楚注晉文逐之不書逐之者以王事逐之擇立其次無絕衛之心惡不如出奔重疏禮記祭統篇載孔悝鼎銘曰叔舅乃祖莊叔左右成公乃命莊叔隨難于漢陽

卽此也○注晉文逐之○左傳晉侯齊侯盟于斂盂衞侯請盟晉人弗許衞侯欲與楚國人不欲故出其君以說于晉是雖衞人出君猶晉文逐之也○注不書至奔重○舊疏云立叔武是也叔武衞侯之弟故曰其次耳左傳或訴元咺於衞侯曰立叔武矣其子角從公公使殺之咺不廢命奉夷叔以入守是也惡不如出奔重者舊疏云言文公逐人之惡少於衞侯出奔之罪按謂文公立其次不絕衞故謂其惡少耳

五月癸丑公會晉侯齊侯宋公蔡侯鄭伯衞子莒子盟于踐土疏包氏愼言云五月書癸丑月之十八日杜云踐土鄭地大事表云括地志滎澤縣西北十五里有故王宮城城內東北隅有踐土臺去衡雍三十餘里滎澤今屬開封府史記注引賈云踐土鄭地名在河內則在河北非也史記魏世家無忌謂魏王曰王有鄭地得垣雍續漢志河南尹有垣雍城或曰古衡雍是衡雍爲鄭地在河南踐土近垣雍亦在河南矣一統志王宮城在開封府滎澤縣西北通義云此晉伯之始也盟不致者比文于桓也

陳侯如會

其言如會何注据曹伯襄言會諸侯疏注据曹至諸侯○下曹伯襄復歸于曹遂會諸侯圍許是也

後會也注說與會伐宋同刺陳侯不慕霸者反岐意于楚失信後會會不致者安信與晉文也盟日者諱也衞稱子者起叔武

本無即位之意陳岐意于楚在二十七年【疏】注說與會伐宋同○莊十四年單伯會伐宋傳其言會伐宋何後會也彼爲本期而後書以刺不信故此後會亦以刺陳侯○注刺陳至後會○校勘記出刺諸侯云鄂本同宋本諸作陳此誤監毛本岐作岐下並同按作岐是也杜云陳本與楚楚敗懼而屬晉來不及盟故曰如會繁露觀德云陳侯後至謂如會○注會不至文也○桓之盟不致爲無危也晉文盟亦不致是以信與晉○注盟日者譎也○舊疏云春秋之例不信者日今而書日故解之而言譎者正以孔子謂之譎而不正故取其文通義云日者未若桓之信也○注衞稱至之意○舊疏云衞侯爲王伯所逐而立叔武叔武即是成君何不稱侯而作未踰年之君號欲起其本無即位之心故也無即位之心即下云文公逐衞侯而立叔武叔武辭立而他人立則恐衞侯之不得反也故於是己立然後爲踐土之會始反衞侯是也杜預云周禮典命云諸侯之適子誓於天子攝其君則下其君一等未誓則以皮帛繼子男叔武衞侯之弟未得從世子之法以其非王命所加使從未成君之禮故稱子而序於鄭伯之下蓋晉文之意使然段氏玉裁經韻樓集云衞侯出奔使元咺奉叔武受盟而入守經云衞子諸家皆曰未成君按凡稱子者如其君之子奚齊宋子子般卒子卒子野卒僖二十五年衞子僖二十八年定四年兩陳子與此而九皆謂未踰年未成君也云子者皆謂先君之子也僖二十五年之衞子謂文公子也二十八年之衞子謂成公弟也弟曷爲謂之子成公旣奔楚適陳叔武攝位不稱君比於在喪未踰年之君聖人以其持大統也故曰衞子此亦可見爲人後者即爲人子之禮矣通義云黃道周曰叔武非世子又無君喪而子之何也以喪禮處之也晉立以爲君書侯則無等也書名則沒其實故以喪禮處之若以君

父奔楚之爲哀痛也降服致敬以聽天子之命按成公出奔不得以喪禮自處蓋叔武不欲即位故以未成君之稱會諸侯也○注陳岐至七年○校勘記云鄂本同監毛本于作於閩本誤如在二十七年蓋斥楚人陳侯以下圍宋役也按陳自齊桓沒後不與中國會盟惟翟會有陳以楚子在會也

公朝于王所【疏】詩小雅吉日云天子之所又太叔于田云獻于公所凡君在外指其所居則曰所猶後世之行在所也史記衛將軍驃騎列傳云軍吏皆曰善遂因建諧行在所注蔡邕曰天子自謂所居曰行在所是也毛氏奇齡春秋傳禮行在必朝所者王居之稱詩獻于公所孟子使之居於王所故漢制車駕所在曰所蔡邕獨斷曰行在所穀梁謂朝不言所誤矣襄王親至踐土經無明文而於此見之經之互可考驗如是止書公朝不及諸侯者言公則諸侯可知耳是也

曷爲不言公如京師【注】据三月公如京師【疏】○注据三至京師見成十三年天子在是也天子在是曷爲不言天子在是【注】据狩于河陽【疏】注据狩于河陽○卽下天王狩于河陽是也不與致天子也【注】時晉文公年老恐霸功不成故上白天子曰諸侯不可卒致願王居踐土下謂諸侯曰天子在是不可不朝迫使正君臣明王法雖非正起時可與故書朝因正其義不書諸侯朝者外小惡不書獨錄內也不書如不言天王者從

外正君臣所以見文公之功**疏**注時晉至其義○舊疏云皆春秋說及史記文按史記晉世家云晉侯會諸侯于溫欲率之朝周力未能恐其有畔者乃使人言周襄王狩于河陽壬申遂率諸侯朝王於踐土敘事較略又以兩事爲一何氏蓋本之春秋緯文也通義云晉文慮無以屬諸侯上假天子爲重作王宮于踐土使王就而受諸侯朝焉子曰以臣召君不可以訓故但言朝于王所舉其可訓者而已繁露玉英云春秋之書事時詭其實以有避也其書人時易其名以有諱也故詭晉文得志之實以代諱避致王也說苑敬慎云晉文公出亡修道不休至於饗國饗國之時上無明天子下無賢方伯强楚主會諸侯背畔天子失道出居于鄭文公於是憫中國之危厲養戎士四年政治內定則舉兵而伐衛執曹伯還敗强楚威震天下明王法率諸侯而朝天子莫敢不聽天下曠然平定周室尊顯白虎通號篇云春秋曰公朝于王所于是知晉文之霸也按公羊以襄王出居于鄭至此未返以上下經考之頁是踐土鄭地明晉文欲假天子命號召諸侯故就天子所居朝之復爲溫之會致天子於河陽以定王位蓋至是始回京師所謂求諸侯莫如勤王與○注不書至內也○舊疏云諸侯朝王不在京師亦是其惡但非大惡當所傳聞之世見在不錄之限是以特書公朝故隱元年注於所傳聞世見治起於衰亂之中用心尚粗觕故內其國而外諸夏先詳內而後治外內小惡書外小惡不書是也是則朝于王所非正特時勢不得不然故猶在可與之數書王所又以見正臣無召君之義若皆就王朝然○注不書至之功○舊疏云春秋之例內朝言如外來言朝今此魯侯不言如反言朝者故云從外正君臣所以見文公之功也不言天王所以得正君臣見文公之功者以隱元年書天王注云天王者時吳楚上僭稱王王者不能正而上自繫于天也

春秋不正者因以廣是非然則稱王為正稱加天則非禮今此經書不言天亦是正君臣以見文公之功也通義云王所不稱天者典禮常名也覲禮曰伯父順命于王所射祭侯辭曰無或若女不甯侯不屬于王所

六月衛侯鄭自楚復歸于衛【注】言復歸者天子有命歸之名者刺天子歸有罪也言自楚者為天子諱也天子所以陵遲者為善不賞為惡不誅衛侯出奔當絕叔武讓國不當復廢而反衛侯令殺叔武故使若從楚歸者復歸例皆時此月者為下卒出也【疏】注言復至歸之○舊疏云春秋說文桓十五年傳曰復歸者出惡歸無惡○注名者至罪也○禮記曲禮云諸侯不生名是則春秋於諸侯有罪當絕者皆名此書名明衛侯有罪則歸之者在刺科矣○注言自至歸者○舊疏云正以自者有力之文故言自楚得為天子諱者若似自得楚力而歸然宋本子下衍之字疏同下傳云然後為踐土之會治反衛侯注叔武訟治於晉文公令白王者反衛侯下傳又云衛侯得反曰叔武篡我終殺叔武是衛侯殺叔武事也衛侯殺叔武由於得反得反由於天子歸有罪故書自楚者為天子諱也衛侯以王事得罪為晉文所逐合絕天子歸之是失誅惡之義○注復歸以至出也○舊疏云桓十七年秋蔡季自陳歸于蔡下三十年秋衛侯鄭歸于衛是歸書時也其復歸書時者下冬衛元咺自晉復歸于衛是歸也而此月故知為他事出也

衛元咺出奔晉

陳侯款卒【注】不書葬者爲晉文諱行霸不務教人以孝陳有大喪而彊會其孤故深爲恥之宋襄亦背殯獨不爲齊桓諱者時宋襄自會之卒不日者賤其岐意于楚【疏】校勘記云唐石經諸本欵作款是也○注不書至恥之○宣元年傳臣有大喪君三年不呼其門今陳有大喪而彊會其孤晉文之過也故不書葬以爲諱通義云謹案桓文春秋所善也若葵丘之致宋子溫之致陳子乃其未盡善者也令宋桓陳繆自如常文書葬則責伯者之意不見故爲之諱其葬使若既葬而後會其子者爲愈文諱而實譏也○注宋襄至會之○上九年宋公禦說卒傳何以不書葬爲襄公諱也彼以宋襄往會葵丘非齊桓所彊故不爲桓諱移其諱於宋襄也所以爲宋襄諱者爲後有憂中國尊周室功足以除惡故也劉氏解詁箋云何君以傳唯云爲襄公諱知不爲齊桓諱又以傳於宋襄不書葬爲盈諱解爲功惡相覆宜加微封則諱爲褒文非從實矣失之按何意蓋以有功當得微封故其過宜覆而爲諱也○注卒不至于楚○大國之卒例書日此月故故解之又以見上月爲此出也岐本有作歧者非岐意於楚見上陳侯如會下通義云款本篡立不當葬今爲文公諱去葬篡尚未顯故復略其卒日以見義按史記陳杞世家宣公有嬖姬生子款欲立之乃殺其大子御寇在宣之二十一年四十五年宣公卒子款立則御寇之殺宣公爲之無爲責款以篡晉獻公殺世子申生春秋無責奚齊文

秋杞伯姬來【疏】杜云莊公女歸甯曰來

公子遂如齊

冬公會晉侯齊侯宋公蔡侯鄭伯陳子莒子邾婁子秦人于溫【疏】通義云秦稱人者小國無大夫也不以公會目之者伯者之會非公爲主不得從内錄穀梁傳無齊侯或脫差繆略云左氏晉侯下有齊侯則陸所見公羊本亦無齊侯矣按齊晉方睦有齊侯者是也左傳本有作邾人者誤石經左傳作邾子

天王狩于河陽【疏】史記注引賈逵云河陽晉之溫也杜云晉地今河内有河陽縣穀梁傳水北爲陽山南爲陽溫河陽也大事表云本周盟邑後歸晉謂之河陽古河陽城在今河南懷慶府孟縣西南三十里水經注河水篇河水又東逕河陽縣故城南春秋書天王狩于河陽王所晉侯執衛侯歸之于京師服虔左傳曰河溫也班固漢書地理志袁崧司馬彪郡國志晉太康地道記十三州志河陽别縣非溫邑也大事表又云今河南懷慶府孟縣西南三十里武王會諸侯于盟津即此後歸晉謂之河陽杜預於此造舟爲橋名曰河橋一統志河陽故城在懷慶府孟縣西三十五里按河陽在今之孟縣即古孟津溫爲今溫縣在孟縣東今盟津移治於河之南矣統名南陽左傳上二十五年晉於是始啓南陽是也由孟津渡河五十里則至洛陽矣穀梁狩作守周易明夷九三明夷于南狩釋文狩本亦作守孝經孝治章鄭注天子亦五年一巡守釋文守乎又反本又作狩左傳釋文云狩本又作守是左氏經本作守而水經河水篇引經傳並作狩與陸氏所見本同古書多借守作狩

狩不書此何以書【注】据常事也【疏】注据常事也○張氏尙瑗左傳析諸云左氏公羊皆以狩爲時

田而後儒多指爲巡守按古者巡守朝會諸侯每兼田獵宣王車攻之詩是也傳云以諸侯見且使王狩正是會諸侯選車徒之事

不與再致天子也 注 一失禮尚愈再失禮重故深正其義使若天子自狩非致也 疏 左傳是會也晉侯朝王以諸侯見且使王狩仲尼曰以臣召君不可以訓故書曰天王狩于河陽言非其地也且明德也穀梁傳曰全天王之行也爲若將守而遇諸侯之朝也爲天王諱也又於上會于溫傳云諱會天王也三傳之義皆同史記孔子世家云踐土之會實召天子而春秋諱之曰天王狩于河陽推此類以繩當世貶損之義後有王者舉而開之春秋之義行則天下亂世賊子懼焉又周本紀晉文公召襄王襄王會之踐土諸侯畢朝書諱曰天王狩于河陽又晉世家冬晉侯會諸侯于溫欲率之朝周乃使人言周襄王狩于河陽壬申遂率諸侯朝王于踐土孔子讀史記至文公曰諸侯無召王王狩河陽著春秋諱之也按朝王踐土事在上此爲再致史記渾言之知踐土亦實召王也左傳於踐土無召王之事直云作王宮于踐土杜謂襄王聞晉戰勝自往勞之非也繁露王道云晉文再致天子諱致言狩又云晉文再致天子皆止不誅善其牧諸侯奉獻天子而復周室春秋予之爲伯誅意不誅辭之謂也是諱致言狩春秋之不誅辭也家語曲禮子貢問篇子貢問曰晉文召天子而使諸侯朝焉春秋云天王狩于河陽何也孔子曰臣召君不可以訓亦書其率諸侯朝天子而已史記司馬相如傳贊春秋推及至隱注韋昭曰推見爭至於隱諱謂若晉文召天子經言狩河陽之類杜云晉實召王爲其詞逆而意順〇注一失至致也〇狩通義云再失禮重不復爲諱故著言天子在是然不可以斥言其致天子故加狩辭焉公羊古義云天子巡狩有朝諸侯之禮故尚書曰五載一

巡狩羣后四朝馬融王肅皆云四面朝于方岳之下王巡守而朝之正也召王非正也故仲尼書曰天王守于河陽所以正君臣之禮所以諱致言狩穀梁傳全天王之行也是也彼傳又云會于温言小諸侯温河北地以河陽言之大天子也魯子曰温近而踐土遠也注此魯子一說也温近狩地故可言狩踐土遠狩地故不言狩也公以再朝而日言之上說是疏注此魯至狩也○通義云此別一說言温在圻內較踐土近致天子失禮尚輕故為言狩以飾成其義焉禮諸侯狩不出近郊天子宜然温在河北已越近郊尚在圻內故為近杜以為晉地非○注公以至悅也○舊疏云正以上朝不日而下朝始日危錄內再失禮則知此書狩者不與再致天子也故言上說是按朝聘例時此日故据以言穀梁傳其日以其再致天子故謹而日之

壬申公朝于王所疏包氏慎言云無月十月之九日也

其日何注据上朝不日錄乎內也注危錄內再失禮將為有義者所惡不月而日者自是諸侯不繫天子若日不繫於月疏注危錄至所惡○上十年注如京師善則月榮之如齊晉善則月安之如楚則月危之此不必有善文故知為危加錄也通義云上與諸侯旅見此公特朝故從內事詳錄之穀梁傳於廟禮也於外非禮也故為危○注不月至於月○通義云不繫月者蓋閏月之日哀五年傳曰閏不書此及乙未楚子昭卒是其据也古曆歸餘于終閏恆在十有二月屬上十二月無事故不繫月矣按穀梁傳曰日繫於月月

繫於時壬申公朝于王所其不月失其所繫也以爲晉文之行事爲已傎矣此何氏所本故范氏注云以臣召君傎倒上下日不繫於月猶諸侯不宗於天子然則此朝亦會溫諸侯盡朝爲內錄故但書公穀梁傳獨公朝與諸侯盡朝也是也孔氏謂此公特朝非

晉人執衞侯歸之于京師

歸之于者何歸于者何歸之于者罪已定矣歸于者罪未定也罪未定則何以得爲伯討 注 此難成十五年晉侯執曹伯歸于京師 疏 校勘記出伯討云唐石經原刻作執後磨改作討按〇下云歸于者非執之于天子之側者也則此當從原刻作執矣〇注此難至京師〇校勘記云鄂本成下有公字稱侯而執者伯討彼稱晉侯故据以難以此傳當以作伯討爲是不得据下文執字改執

歸之于者執之于天子之側者也罪定不定已可知矣 注 歸之者決絕之辭執于天子之側已自天子罪定不定自在天子故言已可知 疏 注歸者至可知〇校勘記出次絕云鄂本次作決此誤又云毛本側誤倒通義云已知天子罪之但歸之于京師徐治其罪耳後漢書李膺傳昔晉文公執成公歸于京師春秋是焉可知者罪由天子定故爲可知

歸于者非執之于天子之側者也罪定不定未可知也 注 未得自天子分別之者但欲明諸侯尊貴不得自相治當斷之于天子爾大惡雖未可知

執有罪當爲伯討矣無罪而執人當貶稱人疏注未得白天子○通義云須歸于京師然後知天子罪之否也罪雖未定執之當其罪縱天子宥之不失爲伯討蓋必得天子分別之故罪定不定未可知其執之者不能知也○注分別至子爾○此注明經所以分別歸之于歸于故也惠氏士奇春秋說云執人歸京師伯討也曷爲或歸或作歸于或作歸之于一說歸之于者決絕之辭罪已定矣歸于者非決絕之辭罪未定也一說歸之于者緩辭歸于者急辭兩說執是前說近之曹伯負芻殺大子而自立在成十三年諸侯請討而晉人緩之至十五年始執之于會歸于京師未可謂之急也蓋晉厲本無殺負芻之心晉文實有殺衛侯之志既歸京師旋寘深室危且急矣焉可謂之緩哉周官訝士掌四方之獄訟凡四方之有治于士者造焉謂先造訝士後達士師如漢郡國讞疑來詣廷尉王制成獄辭史以獄成告于正正聽之以獄成告于大司寇大司寇聽之以獄成告于王大司寇聽之于朝羣士司刑皆在王欲免之或王會其期或公會其期然則歸于京師者疑則讞之未定之辭猶周達士師漢詣廷尉歸之于京師者罪名定獄辭成恐王欲免之猶必告王也蓋諸侯分土而治不得自治卽不得專執皆必斷之天子也○注大惡至討矣○禮記王制云諸侯賜弓矢然後征賜鈇鉞然後殺則賜鈇鉞者得專討矣彼疏引崔氏云以不得鈇鉞不得專殺故執衛侯歸之于京師也大惡雖未可知猶言罪未可定也雖未定如執有罪亦得爲伯討此衛侯有罪故也○注無罪至稱人○定元年晉人執宋仲幾歸于京師之屬是也衛侯之罪何殺叔武也何以不書注据殺大夫書疏注据殺大夫書○通義云難當言衛侯殺其弟武爲叔武諱也春秋爲賢者諱

何賢乎叔武注据失兄意讓國也其讓國柰何文公逐衛侯而立叔武疏通義云經言衛侯出奔傳言文公逐衛侯者文公伐衛衛人出其君以說于晉晉命元咺奉叔武以列于諸侯是與文公逐之同叔武辭立而他人立則恐衛侯之不得反也疏言若叔武辭則必立其他未必能讓國於成令其得反故於是己立注故上稱子疏校勘記云唐石經原刻作爲是後磨改作於按於有爲義禮記郊特牲於其質也卽爲其質也孟子離婁篇殆於不可卽殆爲不可也然後爲踐土之會治反衛侯注叔武訟治於晉文公令白王者反衛侯使還國也叔武讓國見殺而爲叔武諱殺者明叔武治反衛侯欲兄饗國故爲去殺己之罪所以起其功而重衛侯之無道疏通義云時衛侯謀自楚復歸叔武恐其爲晉所討故爲之請託于文公成十六年傳公子喜時外治諸京師而免之注訟治于京師解免使來歸與此治反義同故注云訟治治卽訟也經義述聞云治與訟義相近小司徒云地訟以圖正之注地訟爭疆界者卽大司徒之有地治者也訝士凡四方之有治于士者造焉亦謂訟於士者也古謂理訟爲治訟亦曰辭訟小宰曰聽其治訟小司徒曰聽其辭訟司市曰聽大治大訟小治小訟胥師聽其小治小訟而斷之皆與此治字同義按治辭音同訟治猶訟辭也得相叚借○注叔武至無道○春秋之法許人臣者必使臣叔武讓國不見諒於君兄反爲所殺若更書殺己其罪益著故緣叔武心而爲之諱叔武之賢愈明衛侯之無道愈

見所謂志而顯也衛侯得反曰叔武篡我元咺爭之曰叔武無罪終殺叔武元咺走而出疏左傳曰衛侯先期入注不信叔武又曰公子顓犬華仲前驅叔武將沐聞君至喜捉髮走出前驅射而殺之公知其無罪也枕之股而哭之與此小異按彼傳又云衛侯與元咺訟衛侯不勝若非衛侯有意殺叔武何不勝之有明其因疑而殺也此晉侯也其稱人何注此以伯討而何貶者言歸之于伯討明知坐他事故更問之疏通義云雖執有罪何以不得為伯討也○注此以至問之○舊疏云上四年齊人執袁濤塗傳云此執有罪何以不得為伯討然則此傳宜云此稱有罪何以不稱侯而云此晉侯也其稱人何問其貶者正以言歸之于者罪定已可知即是伯討明矣知稱人更有所為故問其稱人之義貶曷為貶注据他罪不見疏通義云天子雖罪之不得為伯討者執之以其私也按衛世家云晉文公重耳伐衛分其地予宋討前過無禮及不救宋患也孔義本此衛之禍文公為之也文公為之奈何文公逐衛侯而立叔武使人兄弟相疑注春秋許人臣者必使臣許人子者必使子文公惡衛侯大深愛叔武大甚故使兄弟相疑疏注春秋至使子○襄二十九年傳文彼注云緣臣子尊榮莫不欲與君父共之蓋必使臣必使子者必使全其為臣子之道文公但知惡衛侯愛叔武轉使叔武無以自處則臣子之道難全兄弟之所以致疑也放乎殺母弟者文公為之也注文公本逐

之非故致此禍也逐之文不見故貶主書者以起文公逐之【疏】通義云放者窮其所至之辭按孟子梁惠王篇放乎琅邪離婁云放乎四海注並云放至也禮記祭義云推而放諸東海而準注放猶至也至有極義言充類極至殺母弟皆文公也○注注文公至禍也○舊疏云上注文公以王事逐之而言非者雖王事不供罪不至逐而文公逐之疾惡太甚故以爲非也論語云人而不仁疾之已甚亂也按舊以非字絕句非也注意謂文公第欲逐之非有心故致此禍始與傳文放字義合○注注逐之至故貶○經無逐文故書人示貶與稱人而執非伯討者殊○注主書至逐之○舊疏云其主書者即文公執衞侯之事也今執衞侯貶文公稱人見其失所是故貶以起文公逐之亦以經不見逐文故也

衞元咺自晉復歸于衞

自者何有力焉者也【注】有力焉者有力于晉也言恃晉有屬己力以歸方難下意故於是發問【疏】注有力至以歸○穀梁傳曰自晉晉有奉焉爾○注方難至發問○舊疏云文公賢伯而有力於惡人似非其義故執不知問 此執其君其言自何【注】上元咺出奔晉而文公執衞侯知以元咺訴執之怪訴其君而助之【疏】注上元至助之○通義云方仇衞何復爲衞力按孔義未明傳義當如何解 爲叔武爭也【注】解文公助之意以元咺爲叔武爭訴以爲忠於己而助之雖然臣無訴君之義復於

衞非也悖君臣之義故著言自明不當有力於惡人也言復歸者深爲霸者恥之使若無罪疏左傳衞侯與元咺訟甯武子爲輔鍼莊子爲坐士榮爲大士衞侯不勝殺士榮刖鍼莊子謂甯俞忠而免之執衞侯歸之于京師寘諸深室元咺歸于衞是爲叔武爭文公助之之事也○注臣無至人也○君雖不君臣不可以不臣咺以臣訴君逆倫悖理晉文助令復歸文公於是有惡矣今律有干名犯義條凡子孫告祖父母父母妻妾告夫及夫之祖父母父母雖得實亦徒三年是也○注言復至無罪○復歸者出惡歸無惡元咺之歸不得爲無罪而書復歸故解之通義云謹案元咺訴君而言復歸者春秋賢叔武未顯故爲之爭者直之直咺所以直武也若咺之罪下三十年有歸惡文明故於此從無惡詞不嫌矣劉氏解詁箋云言復歸者移惡於衞侯鄭

諸侯遂圍許疏穀梁傳遂繼事也

曹伯襄復歸于曹遂會諸侯圍許注曹伯言復歸者天子歸之也名者與衞侯鄭同義執歸不書書者名惡當見本無事不當言遂又不更舉曹伯者見其能悔過即時從霸者征伐也霸兵不月者刺文公不偃武脩文以附疏倉卒欲服許卒不能降威信自是衰故不成其善疏注曹伯至當見○校勘記云浦鏜云自此下二十九字當在上文曹伯襄復歸于曹之下按二十一年疏

引此曰曹伯之下注云則此注本在上經下也又出名惡當下見云鄂本見誤是按曹伯襄至圍許經文似爲一節故又注於圍許下各本二句截爲二節故浦氏有此說其實無庸移置也穀梁傳曰復者復中國也天子免之因與之會其曰復通王命也是天子歸之也舊疏云天子歸之以得天子之命其罪可除故言復歸作入無惡之文上衛侯之下注云言復歸者天子有命歸之不言衛侯而此處著言曹伯者正以文承元咺復歸之下辨嫌也按舊疏非注復言曹伯者爲注在圍許下與元咺無涉且中隔諸侯遂圍許事也舊疏又云上二十一年宋公被執而歸經不書之故知執歸不書今書者其名之惡當須見之按與衛侯鄭同書名者上注云刺天子歸有罪曹伯不可一罪言書名以絕之絕曹伯正以刺天子也〇注本無至伐也〇舊疏云謂何以不言曹伯遂會諸侯圍許正以言遂又不更舉曹伯皆是風疾之義故可以見悔過即時從霸者征伐也按穀梁注云免之於宋身未反國因會于許即從反國之辭通王命是尚未復國即隨從圍許故善其能悔過〇注霸兵至其善〇桓十五年冬十有一月公會齊侯以下于侈伐鄭注月者善諸侯征突錄義兵上十五年秋七月齊師曹師伐厲注月者義兵十八年春王正月宋公以下伐齊月者與襄公之征齊善錄義兵是霸功宜月此不月故解之舊疏云正以上文溫之會許男不至是不慕霸者而從於楚故因而服之卒不降者正以二十九年書公至自圍許作不得意之文故也解詁箋云不月者與上壬申同月上已去月不能復出非刺文公也

公羊義疏三十五

南菁書院
句容陳立卓人著

僖二十九年盡三十一年

二十有九年春介葛盧來【疏】杜云介東夷國也在城陽黔陬縣大事表云後入于齊今萊州府膠州南七十里有介亭水經注膠水篇膠水又北逕黔陬縣故城西袁山松郡國志曰縣有介亭地理志曰古介國也春秋介葛盧來朝此也寰宇記東陬城在密州諸城縣東北一百十里古介國也一統志黔陬故城在萊州府膠州西南穀梁傳介國也

介葛盧者何夷狄之君也【疏】杜云葛盧介君名也穀梁傳葛盧微國之君未爵者也禮記曲禮云其在東夷北狄西戎南蠻雖大曰子知此微國故止名也何以不言朝【注】据諸侯來曰朝【疏】注据諸至曰朝○隱十一年傳文不能乎朝也【注】不能升降揖讓也介者國也葛盧者名也進稱名者能慕中國朝賢君明當扶勉以禮義【疏】注不能至讓也○白虎通禮樂篇王者制夷狄樂不制夷狄禮何○注進稱至禮義○舊疏云正以下三十年介人侵蕭不名故知此稱名是其進按莊五年郳犂來來朝亦未得爵命而稱朝蓋行朝禮者此與襄十八年書白狄來同彼穀梁注云不言朝者不能行朝禮也是也繁露玉杯云志爲質物爲文文著于質質不居文文安施質質文兩備然後其禮成文質偏行不得有我爾之名俱不能備而偏行之甯

有質而無文雖弗予能禮尚少善之介葛盧來是也

公至自圍許【疏】莊六年傳云得意致會不得意致伐明此不得意也不得意見前年遂會諸侯圍許下注刺文公者是

夏六月公會王人晉人宋人齊人陳人蔡人秦人盟于狄泉【注】文公圍許不能服自知威信不行故復上假王人以會諸侯年老志衰不能自致故諸侯亦使微者會之月者惡霸功之廢於是【疏】校勘記云唐石經諸本同左氏作翟泉按穀梁亦作翟杜云翟泉今洛陽城內太倉西南池水也狄翟字通水經穀水篇注晉永嘉元年洛陽東北步廣里地陷有二鵝出蒼色者飛翔沖天白色者止焉陳留孝廉董養曰步廣周之翟泉盟會之地陸機洛陽記曰步廣里在洛陽城內宮東是翟泉所在不得於太倉西南也大事表云鄭氏曰狄泉本在下都城北城成周時乃繞狄泉于城內昭二十三年天王居于狄泉二十六年始入于成周此時狄泉與成周猶爲兩地水經注引京相璠春秋土地名今大倉西南池水名翟泉舊說狄泉本在洛陽北蓋宏城成周乃繞之沈氏欽韓云周是時都于王城漢河南郡之河南縣也故得盟于翟泉若敬王遷成周即漢之洛陽狄泉在城中非可爲會盟之地矣按未城成周之前狄泉亦不在成周城內差繆略云公羊作公會按石經穀梁亦作公會左氏經無公字按彼傳云公會王子虎下盟于翟泉又云卿不書罪之也並不言不書公義則左氏經當有公字無者脫漏耳杜以爲王子虎下盟列國以瀆大典諸侯大夫上敵公侯虧禮傷教故貶諸大夫諱公與盟非也○注文公至會之○左氏以王人爲

王子虎晉人宋人之屬爲狐偃公孫固等按所傳聞世大國有大夫此稱人故知微者說苑敬慎云文公於是霸功立期至意得湯武之心作而忘其衆一年三用師且弗休息遂進而圍許兵亟弊不能服罷諸侯而歸自此而怠政事爲狄泉之盟不親至信衰說缺如羅不補威武詘折不信則諸侯不朝鄭遂叛夷狄內侵衞遷于帝丘故曰衰滅之過在於得意而怠浸蹇浸亡通義云皆何以稱人公會大夫之辭也牽涉左氏爲說○注月者至於是○舊疏云正以月非大信之辭也

秋大雨雹注夫人專愛之所生疏漢書五行志中之下釐公二十九年秋大雨雹劉向以爲盛陽雨水溫煖而陽熱陰氣脅之不相入則轉而爲雹盛陰雨雪凝滯而冰寒陽氣薄之不能入則散而爲霰故沸湯之在閉器而湛於寒泉則爲冰及雪之消亦冰解而散此其驗也故雹者陰脅陽也霰者陽脅陰也春秋不書霰者猶月食也又云左氏傳曰聖人在上無雹雖有不爲災說曰凡物不爲災不書書大言爲災也凡雹皆冬之愆陽夏之伏陰也○注夫人至所生○蓋與西宮災同義五行志劉向以爲釐公末年信用公子遂遂專權自恣將至於殺君故陰脅陽之象見釐公不悟遂終專權後二年殺子赤立宣公按子政習穀梁故與此小異御覽引考異郵云僖公二十九年季秋昭公三年冬並大雨雹時僖公專樂齊女綺畫珠璣之好掩月光陰陽凝而爲災異昭公事晉陰精用密故災何氏與春秋說同也吳嘉禾四年七月雨雹與僖二十九年秋大雨雹同占說者謂僖專任公子遂猶孫吳專任呂壹寵任亞于公子遂抑或然乎此惠氏士奇說按此占本之劉向

冬介葛盧來注前公圍許不在故更來朝不稱字者一年再朝不中

禮故不復進也疏注前公至來朝○上經書公至自圍許在介葛盧來下故知公圍許不在也左傳於春介葛盧
來云舍于昌衍之上公在會饋之芻米禮也上年因會而圍也彼傳又云以未見公故復來朝○注不稱至進也○嫌再朝內宜再
進稱字也諸侯於天子比年一小聘三年一大聘五年一朝諸侯相朝亦以五年近得正宜公九年如齊加錄書月是也所謂朝罷
朝也一年再朝非禮故無善文

三十年春王正月

夏狄侵齊

秋衛殺其大夫元咺及公子瑕

衛侯未至其稱國以殺何注据歸在下道殺也注時已得天子命還國於道路遇而殺之坐之與至國同故但稱國不復別也言及公子瑕者下大夫別尊卑疏注時已至別也○通義云衛侯在道使人殺咺而後入故從君殺大夫辭也史記衛世家云已而周為請晉文公卒入之衛而誅元咺左傳曰公為之請納玉於王與晉侯皆十穀王許之又曰衛侯使賂周顓治廑曰苟能納我吾使爾為卿周治殺元咺詳略不同率皆得天子命未至國而殺元咺也按道殺似謂衛侯在道遣人殺之何謂於道路遇而殺之未得其實坐之謂坐專殺也○注言及至尊卑○穀梁傳及公子瑕累也以尊及卑也通義云瑕者元咺所立

不成爲君故以咺累之也史記謂衛君瑕出奔誤

衛侯鄭歸于衛

此殺其大夫其言歸何 注 据未至而有專殺之惡與入惡同 疏 歸者出入無惡之文此衛侯出入俱不得無惡而曰歸故難之○注据未至惡同○舊疏云正以復入者出無惡入有惡今此衛侯未至而專殺故宜與入惡同不合言歸

歸惡乎元咺也 注 衛侯歸殺無惡則元咺之惡明矣 疏 注衛侯至明矣○春秋之義君殺無罪大夫則不書葬成十年晉侯獳卒注不書葬者殺大夫同等是此衛侯出歸與元咺出入一事如衛侯殺元咺爲無罪大夫衛侯當書入以見義此書歸明衛侯無惡元咺惡矣

曷爲歸惡乎元咺 注 据師還 疏 注据師還○莊八年文彼傳云還者善辭也此滅同姓何善爾非師之罪也注明君之使重在君則彼爲歸善于師歸惡于君此歸惡于元咺不歸於衛君與彼義違故据以難也

元咺之事君也君出則己入 注 晉人執衛侯歸之于京師元咺自晉復歸于衛恃晉力以歸是也 疏 校勘記云唐石經諸本同隸釋載公羊殘碑後云三十年言君出則己入然則熹平石經不與何本同故舉其異者言之○注晉人至是也○並見二十八年彼傳云自者何有力焉者也注有力焉者有力於晉也言恃晉有屬己力以歸卽此見咺罪

君入則己出 注 衛侯鄭自楚復歸于衛元咺出奔晉是也 疏 注衛

侯至是也○亦見上二十八年以爲不臣也注故不從犯伯執爲天子所還言復歸從出入無惡言歸以見元咺有出入罪衛侯得殺之所以專臣事君之義名者爲殺叔武之惡天子歸有罪也執歸不書主書者名惡當見疏正以元咺不臣故衛侯得從出入無惡言歸不從出犯伯討爲出有惡今爲天子所還爲入無惡書復歸也○注以見至之義○包氏愼言云此爲懟君者儆也君天也與君爭曲直是無天也元咺以不臣論誅明君臣之義無所逃於天地閒也○注名者至罪也○校勘記出之惡云閩監毛本同鄂本無之字此衍按二十一年疏引此注亦無之字諸侯不生名此書名者君殺無罪世子母弟合絕又以見天子歸有罪與二十八年書衛侯鄭自楚歸于衛同意○注執歸至當見○解此主書衛侯鄭義也上執歸不書名爲叔武諱又當書名以見惡故於其歸也書之互文見義也

晉人秦人圍鄭疏稱人者非伯討据左傳爲晉文修不禮之怨故

介人侵蕭注稱人者侵中國故退之疏注稱人至退之○決上二十九年來稱名爲進之故也毛氏奇齡春秋傳云蕭地近宋据宣十二年楚人滅蕭當是宋附庸國按介去蕭絕遠蕞爾微夷稱師寇侵略諸華故貶稱人退之

冬天王使宰周公來聘注與葵丘會同義疏注與葵丘會同義○見上九年彼注云宰猶治也三公之職號尊名也以加宰知其職大尊重當與天子參聽萬機而下爲諸侯所會惡不勝任也此宰周公而下聘諸侯知亦爲

不勝任穀梁傳云天子之宰通乎四海亦與葵丘會傳同按春秋於王世子出會三公會諸侯出聘皆譏所以尊尊也

公子遂如京師遂如晉

大夫無遂事疏白虎通爵篇爵皆一字也大夫獨兩字何春秋傳曰大夫無遂事以爲大夫職在之適四方受君之法施之於民故獨兩字言之按公卿士皆一字者公職大尊重無之適四方事卿亦大夫士卑故也此其言遂何公不得爲政爾注不從公政令也時見使如京師而橫生事矯君命聘晉故疾其驕蹇自專當絕之不舉重者遂當有本疏通義云政主也義如今日之事我爲政遂本受命聘周在道自生事聘晉此政逮大夫之始是以謹而錄之如晉非君命而從內使文者言遂則生事已見故不嫌也何氏謂不得爲政爲不從公政令按孔義亦通〇注時見至聘晉〇釋文橋居表反又作矯漢書燕王旦傳方今寡人欲橋邪防非師古曰矯正也橋與矯同其字从手是橋矯通訛也〇注故疾至絕之〇校勘記云宋本同閩監毛本之在專下誤也繁露精華云公子遂受命使京師道生事之晉春秋非之以爲是時僖公安寧無危故有危而不專救謂之不忠無危而擅生事是卑君也說苑奉使篇亦云故君有危而不專救是不忠也君無危而擅生事是不臣也又尊賢云公子遂不聽君命而擅之晉內優於臣下外困於兵亂弱之患也風俗通十反云公子遂假蹇不使下陵上替能無亂也〇注不舉至有本〇遂者繼事之辭必有所本故不得舉重也穀梁傳以尊遂乎卑此言不敢叛京師也彼注引何君廢疾曰大夫無遂事按宣十二年季孫宿救台遂入鄆

惡季孫不受命而入也如公子遂受命如晉不當言遂鄭君釋之曰遂固受命如京師如晉不專受命如周經近上言天王使宰周公來聘故公子遂報焉因聘于晉尊周不敢使並命使若公子遂自往然即云公子遂如京師如晉是同周于諸侯叛而不尊天子也公羊傳有美惡不嫌同辭何獨不廣之於此乎劉氏申何云文八年公子遂會晉會戎四日之間不能再出而兩書公子遂以後之奉命正前之專命故加日以表之春秋非爲尊周而作故朝聘俱言如與諸侯同文豈得云叛乎大夫無遂事故公子遂遂卒弒子赤季孫宿遂卒逐昭公見微知著爲萬世戒也穀梁不傳斯義勦成燕說鄭氏從而爲之辭夫子曰惡佞恐其亂義也惡利口恐其亂信也殆不免矣按何氏此意極爲嚴正鄭氏必欲入室操矛故爲劉所駁

三十有一年春取濟西田

疏 左傳自洮以南東傳于濟盡曹地也注濟水自滎陽東過魯之西至樂安入海注水經注濟水篇濟水又東至乘氏縣西分爲二春一秋分曹地東傳于濟濟水自是東北流出鉅澤其一水東南流其一水從縣東北流入鉅野澤又瓠子河篇又東逕桃城南春秋傳曰分曹地自洮以南東傳于濟盡曹地也今鄄城西南五十里有桃城或謂之洮也大事表云禹貢濟水東出于陶丘北鄭氏曰曹在濟陰定陶是在濟水之南其地夾於魯衛之間曹在衛東魯更在曹東故在曹則曰東傳于濟而杜注則曰濟水過魯之西也曹魯分境之濟在鉅野曰壽良須昌之間鉅野縣今分屬曹州府壽良即今兗州府壽張縣須昌在今泰安府東平州今曹州府治即古曹國與魯之東鄆鉅野相接所爭濟西田蓋在此馬氏宗槤左傳補注云水經注菏水東逕重鄉南左傳臧文仲宿于重館者也菏水又東逕武棠亭北公羊以爲濟上邑也城有臺高二丈許其下臨水昔魯侯觀

魚于棠謂此也在方與縣故城北十里經所謂菏水也是曹與魯境相接在菏濟二水之間今分曹田傳于濟蓋過重鄉以南矣

惡乎取之【注】以不月與取運異知非內叛邑【疏】注以不至叛邑○舊疏云昭元年三月取運傳云運者何內之邑也其言取之何不聽也注云不聽者叛也不言叛者爲內諱故書取以起之月者爲內喜得之故書月也此不月知非內邑故問之

取之曹也曷爲不言取之曹【注】据取叢言邾婁田也【疏】注据取叢至田也○見下三十三年按彼無邾婁田事疑此涉上取濟西田而衍

諱取同姓之田也【注】同姓相貪利惡差重恥差深【疏】注同姓至差深○隱四年注云取邑以自廣大比於貪利差爲重是取邑皆貪利此取同姓田故惡愈重恥愈深也

此未有伐曹者則其言取之曹何【注】据伐同姓不諱即有兵當舉伐曹下日若甲戌取須朐【疏】注据伐至須朐○文七年公伐邾婁三月甲戌取須朐傳取邑不日此何以日內辭也使若他人然注使若公伐邾婁而去他人自以甲戌日取之若有兵伐曹宜書公伐曹下書某月日取濟西田矣校勘記云宋本閩監毛本同鄂本下誤不

晉侯執曹伯班其所取侵地于諸侯也【注】班者布徧還之辭【疏】左傳取濟西田分曹地也注二十八年晉侯討曹分其地竟界未定至是乃以賜諸侯昭四年左傳例曰凡克邑不用師徒曰取取田義亦同按左氏以濟西田實是曹地非公羊義○注班者至之辭○校勘記云鄂本徧字空缺按釋文作布徧經注本蓋作布還此合併爲一爾雅釋言云班賦也注謂布與書

序武王既勝殷邦諸侯班宗彝左傳襄二十六年班荊相與食注班布也書堯典班瑞于羣侯義亦同國語晉語云車班外內順以訓之注班偏也通義云班者有差等而偏分之辭也奪非其有曰取占廣其界曰侵

晉侯執曹伯班其所取侵地于諸侯則何諱乎取同姓之田注据晉還之得爲伯疏注据晉至爲伯○舊疏云卽上二十八年晉侯入曹執曹伯畀宋人是也何者稱侯以執伯討之文然此傳云晉侯執曹伯班其所取侵地于諸侯正指上二十八年執曹伯以畀宋人之文言晉還之者謂執曹伯而還諸侯之田矣按何意晉還之得爲伯討則魯取之無所庸其諱矣

久也注魯本爲霸者所還當時不取久後有悔更緣前語取之不應復得故當坐取邑疏注魯本至取邑○校勘記出不應以得云鄂本以作復此誤宣元年疏引此注此本閩本皆作復通義云晉班曹田在二十八年距此已久事不相承若云取濟西田于曹直似我取同姓之田不顧伯者所班故諱不言曹使遠蒙晉侯執曹伯爲文足以相起也解詁箋云當時取之亦坐取邑如莘戰書取汶陽田亦不言取之齊也此重在同姓故爲爲久之文深諱之輕重之旨也傳解詁似失之按此爲晉侯所班彼爲乘勝脅齊求賂恥甚故雖當時坐取邑然與此辭同義異也

公子遂如晉

夏四月四卜郊不從乃免牲猶三望

曷爲或言三卜或言四卜【疏】襄七年夏四月三卜郊不從乃免牲是三卜也四卜即此經及襄十一年是也三卜禮也四卜非禮也【疏】禮記曲禮注求吉不過三魯四卜郊春秋譏之三卜何以禮四卜何以非禮【注】据俱卜也求吉之道三【注】三卜吉凶必有相奇者可以決疑故求吉必三卜【疏】注三卜至三卜○禮記曲禮云卜筮不過三疏引王肅云禮以三爲成也上旬中旬下旬三卜筮不吉則不舉也又引崔靈恩云謂不過三三用若大事龜筮並用者先用三王筮次用三王龜始是一也三如是乃爲三也若初始之時三筮三龜皆凶則止或逆多從少或從多逆少如此者皆至於三也單卜單筮其法惟一用而已不吉則擇遠日不至於三也前以用三王之龜筮者有逆有從故至三也此惟用一故不至三也正義又云卜郊之事或三或四或五襄七年夏四月三卜郊不從乃免牲僖三十一年及襄十一年夏四月四卜郊不從乃免牲成十年夏四月五卜郊不從三傳之說參差不同若左氏之說魯郊常祀不須卜可郊與否但卜牲與日唯周之三月爲之不可在四月雖三卜亦爲非禮故僖三十一年左傳禮不卜常祀是常祀不卜也襄七年左傳啓蟄而郊郊而後耕今既耕而卜郊宜其不從也是用周之三月不可至四月也若公羊之義所云卜者皆爲卜日故僖三十一年公羊傳云三卜禮也四卜非禮也又成十七年公羊傳云郊用正月上辛何云魯郊博卜三正三王之郊一用夏正又定十五年禮三卜之運也何注運轉也已卜春三月不吉復轉卜夏三月周五月得二吉故五月郊如休之意魯郊轉卜三正假令春正月卜不吉又卜殷正殷正不吉則用夏正郊天若此三正之內有凶不從則得卜夏三月但

滿三吉日則得爲郊此公羊及何休之意也穀梁之說春秋卜者皆卜三日也哀元年穀梁傳曰郊自正月至三月郊之時也或以十二月下辛卜正月上辛卜如不從則以正月下辛卜二月上辛如不從則以二月下辛卜三月上辛如不從則不郊如是穀梁三正正月卜吉則爲四月五月則不可與公羊說同與何休義異休以四月五月卜滿三吉則可郊也若鄭元意禮不當卜常祀與左氏同故鄭箴膏肓云當卜祀日月爾不當卜可祀與否鄭又云以魯之郊天惟用周正建子之月牲數有災不吉改卜後月故或用周之二月三月故有啓蟄而郊四月則不可故駮異義引明堂位云孟春正月乘大路祀帝于郊又云魯用孟春建子之月則與天子不同明矣魯數失禮牲數有災不吉則改卜後月如鄭之言則與公羊穀梁傳卜三正不同也按鄭氏曲禮注云魯四卜郊春秋譏之正用公羊義何氏定十五年注謂已卜春三正不吉復轉卜夏三月周五月得二吉故五月郊但論魯郊一時故事耳非謂五卜郊合禮也與此傳三卜禮也四卜非禮也亦合春秋凡四月郊皆非禮故舊疏云三卜是禮理不應書襄七年三卜郊何以書正以魯人之郊博卜三正襄七年乃在周之四月以其不時是以書也是也蓋魯之正郊在建子月明堂位所載是也所以避天子也周圜丘之祭在子月故郊用寅月三王同也所謂啓蟄而郊也周郊不卜魯郊卜舊疏云三卜禮是魯禮若天子之郊則不卜以其常事魯郊非常是以卜之吉則爲之凶則已之是也故子月不吉卜丑月丑月不吉卜寅月寅月若不吉則止至卯月皆四卜也故春秋譏之不從則不郊而書之者爲猶三望故也諸家唯與左氏禮不卜常祀之說殊耳崔氏三禮義宗自論天子三筮三卜之常與此經三卜四卜之義異也然如何氏此注則每卜皆三三卜之中觀其從逆之多少以爲吉凶蓋即洪範所謂三人占則從二人言

與然則傳文求吉之道三與上傳三卜禮也之三卜各自爲義不相涉也禘嘗不卜郊何以卜注禘比祫爲大嘗比四時祭爲大故据之疏御覽引五經異義今春秋公羊說祀宗廟筮而不卜傳曰禘祫不卜古周禮說大宗伯曰凡祀大神享大鬼祭大亓率執事而卜日日大鬼謂先王也按曲禮疏引鄭箴膏肓云當卜祀日月耳不當卜可祀與否其意以爲魯郊常祀不須卜但卜祀日則宗廟常祀亦不卜可祀與否仍卜日又周禮大祭祀命龜凡國之大事先簭而後卜鄭皆無祭不用卜之解而學記未卜禘不視學鄭亦不以記文爲誤蓋從古周禮說也繁露郊祀云百神之祭不卜而郊卜郊祭最大也按周禮大神大亓有卜日之說然如圜丘方澤皆用二至郊用上辛皆不卜日也四時迎氣在四立之先三日亦不卜日惟九月明堂大享帝或須卜日耳其祭大亓則無文以言之通義云夏祭爲禘秋祭爲嘗祭統曰周公既沒成王康王追念周公之所以勳勞者而欲尊魯故賜之以重祭外祭則郊社是也內祭則大嘗禘是也皆重祭故舉以相難也禘嘗不卜非不卜也但据春秋無卜文也以禘爲時祭非何義然周人以禘爲大祭夏祭改名礿矣〇注禘比祫爲大〇王制疏云其禘祫大小鄭以公羊傳云大事者何大祫也毀廟之主陳於太祖未毀廟之主皆升合食于太祖故爲大事若王肅張融孔晁皆以禘爲大祫爲小故王肅論引賈逵說云吉禘于莊公禘者諦也審諦昭穆遷主遞位孫居王父之處又引禘于太廟逸禮其昭尸穆尸其祝辭總稱孝子孝孫則是父子並列又云皆升合食於其祖所以劉歆賈逵鄭衆馬融等皆以爲然鄭不從者以公羊爲正逸禮不可用也又曾子問云七廟無虛主虛主者唯天子崩與祫祭祝取羣廟之主明禘祭不取羣廟之主可知按何氏說公羊則以禘大祫小爾雅釋

天云禘大祭也明比各祭爲大故禮疏引孫炎等注皆以禘爲五年大祭且經傳凡大祭皆稱禘祭法之禘黄帝禘嚳謂圜丘大祭也大傳之禮不王不禘謂夏正郊天也故宗廟大祭亦稱禘祭義云古者於禘也發爵賜服於嘗也出田邑發秋政又中庸以禘嘗之義與郊社之禮並舉知禘比祫爲大矣文二年傳以大事爲祫者以祫亦大祭必非專以祫爲祭之大也舊疏云禘之與祫雖皆大祭但禘及功臣於祫則否故以禘爲大○注嘗比至爲大○禮記祭統云內祭則大嘗禘是也曾子問云嘗禘郊社尊無二上又曰天子嘗禘郊社五祀之祭禮家多以嘗禘與郊社並舉郊特牲篇首亦先言郊社稷次言禘嘗禘祫同爲宗廟大祭而禘大於祫礿祠烝嘗同爲四時常祭而嘗大於礿祠烝以秋時百物告成故其祭較三時爲特盛也

卜郊非禮也 注 禮天子不卜郊 疏 注禮天至卜郊○御覽引異義古周禮說大宗伯曰凡禮天天神享人鬼祭地祇率執事而卜日春秋左氏說郊及日皆不卜常以正月上丁也按春秋禮記皆以郊用上辛惟書召誥三月丁巳用牲于郊左氏說謂郊以正月上丁蓋据此周三月夏正月也故南齊書禮儀志顧憲之議春秋傳以正月上辛郊祀禮記亦云郊之用辛尚書獨云丁巳用牲于郊先儒以爲先甲三日辛後甲三日丁丁亦可以接事天神與天子郊有常日故不須卜也通義云卜禘嘗得禮故不書卜郊非禮乃書然禘亦成王特賜與郊祭同不得以郊非禮禘得禮禮運云魯之郊禘非禮也是也

卜郊何以非禮 注 据上言三卜禮魯郊非禮也 注 以魯郊非禮故卜爾昔武王既沒成王幼少周公居攝行天子事制禮作樂致太平有王功周公薨成王以

王禮葬之命魯使郊以彰周公之德非正故卜三卜吉則用之不吉則免牲謂之郊者天人相與交接之意也不言郊天者謙不敢斥尊

疏 注以魯至卜爾○以魯郊非諸侯常禮故卜爾非謂魯郊失禮也郊爲成王所賜何非禮之有故舊疏云三卜禮謂是魯禮若天子之郊不卜以其常事但以魯郊非常是以卜之吉則爲之凶則已之御覽引異義云今春秋公羊說祀宗廟筮而不卜傳曰禘祫不卜魯於天子並事變禮今成王命魯使卜郊從乃郊不從則已下天子也魯以上辛郊不敢與天子同也按天子郊亦用辛見郊特牲通義云謹案周禮以冬日至祀昊天上帝于圜丘配以帝嚳謂之禘又以夏正正月上辛祈穀于上帝配以后稷謂之郊禘郊皆有常日故不卜也魯不敢效天子日至事天之事故用郊禮而擬禘月轉卜三正與周禮殊康周公得有此祭耳非常禮也魯郊雖非禮成王賜之魯公受之有自來矣非八佾兩觀之比故不譏譏其牲卜失禮者而已齊氏召南考證云凡春秋書郊皆非禮也於非禮中又有失禮此爲異耳公羊之說不精於左氏繁露郊祀云郊因先卜不吉不敢郊又云春秋譏喪祭不譏喪郊郊不辟喪喪尚不辟況他物○注昔武至之德○禮記明堂位云成王以周公爲有勳勞於天下命魯公世世祀周公以天子之禮樂是以魯君孟春乘大路載弧韣旂十有二旒日月之章祀帝于郊配以后稷天子之禮也注孟春建子之月魯之始郊日以至大路殷之祭天車也弧旌旗所以張幅也其衣曰韣天子之旌旗畫日月帝謂蒼帝靈威仰也昊天上帝魯不祭又祭統云昔者周公旦有大勳勞於天下周公既沒成王康王追念周公之所以勳勞者而欲尊魯故賜之以重祭外祭則郊社是也內祭則大嘗禘是

也詩魯頌譜云初成王以周公有太平制典法之勳命魯郊祭天三望如天子之禮故孔子錄其詩之頌同於王者之後又魯閟宮箋云成王以周公功大命魯郊祭天亦配之以君祖后稷其牲用赤牛純色與天子同也明堂位又云武王崩成王幼弱周公踐天子之位以治天下六年朝諸侯於明堂制禮作樂頒度量而天下大服是其攝天子制太平事也周公制禮攝政鄭氏與諸家不同鄭以武王崩時成王年十歲周書以武王十二月崩至成王年十二十二月喪畢成王即位求攝周公將代之管蔡流言周公避居東都時成王年十三明年成王盡執拘周公黨與故金縢云周公居東二年則罪人斯得時成王年十四至明年秋有雷風之異周迎公而反則居攝之元年時成王年十五明年誅武庚管蔡又明年自奄而還四年封康叔成王年十八明年營洛邑六年制禮作樂七年致政成王年二十一焉王肅等以家語武王崩時成王年十三故詩疏引金縢注云文王十五生武王九十七而終時受命九年武王八十三矣十三年伐紂明年有疾時年八十八九十三而崩以冬十二月其明年稱元年周公居攝稱元年八遭流言東征二年克殷殺管蔡三年歸制禮作樂出入四年至六年而成七年營洛邑作康誥召誥洛誥致政成王然則成王即位時十三攝政七年成王年二十偽孔傳同詩鴟鴞傳寧亡二子不可以毀我周室則無避居之事應同王孔之說何氏此注亦言成王幼少周公居攝明即位時即攝位不必俟東征後或與王肅等同也王肅亦必有所受或即班固賈逵舊說耳白虎通封公侯篇周公身薨天為之變成王以天子之禮葬之命魯郊以明至孝天所與也論衡感類篇開匱得書覺悟泣過決以天子之禮葬公出郊觀變天止雨反風禾盡起漢書梅福傳昔成王以諸侯禮葬周公而皇天動威風雷著變又儒林傳谷永上疏曰昔周公薨成王葬以變禮而得

正後漢書周舉傳詔問曰言事者多云昔周公攝天子事及薨成王欲以公禮葬之天爲之動變及更葬以天子之禮卽有反風之應舉對曰昔周公有請命之應隆太平之功故皇天動威以彰聖德後漢孝靈紀張奐上疏曰昔周公旣薨成王葬不具禮天乃大風偃木折樹成王發書感悟備禮改葬天乃立反風樹木盡起按書金縢云秋大熟未穫天大雷電以風禾盡偃大木斯拔邦人大恐王與大夫盡弁以啓金縢之書又云昔公勤勞王家惟予沖人弗及知今天動威以彰周公之德惟朕小子其親迎我國家禮亦宜之王出郊天乃雨反風禾則盡起似風雷金縢之變在周公未沒之前與此殊者後漢書注引洪範五行傳云周公死成王不圖大禮故天大雷雨禾偃木拔及成王寤金縢之策改周公之葬尊以王禮申命魯郊而天立復風雨禾稼盡起漢書注引書大傳又曰周公疾曰吾死必葬於成周示天下臣于周也周公死天乃雷雨以風禾盡偃大木斯拔國恐王與大夫開金縢之書執書以泣曰周公勤勞王家予幼子不及知乃不葬於周而葬于畢示天下不敢臣通鑑前編引書大傳又云所以明大功尊有德故忠孝之道成在周公成王之間故魯郊成王所以禮周公也然則今文尚書以風雷之變在周公沒後以王禮葬賜魯郊均在啓金縢後與今文春秋同也史記魯世家亦云周公旣卒成王亦讓葬周公于畢從文王以明予小子不敢臣周公也周公卒後秋未穫暴風雷雨禾盡偃大木盡拔周國大恐成王與大夫朝服以開金縢書王乃得周公所自以爲功代武王之說王出郊天乃雨反風禾則盡起二公命國人凡大木所偃盡起而築之歲則大熟於是成王命魯得郊祭文王魯有天子禮樂者以褒周公之禮也史公多從安國問故則古文尚書家亦同此說也繁露郊事對云臣湯問仲舒天子祭天諸侯祭土魯何緣以祭郊臣仲舒對曰周公傅成王成

王遂及聖功莫大於此周公聖人也有祭於天道故成王令魯郊也禮記禮運云醆斝及尸君非禮也是謂僭君注僭禮之君也醆斝先王之爵也唯魯與王者之後得用之耳疏云明堂云夏曰醆殷曰斝斝是先王之爵也魯有六代之樂王者之後得用郊天故知唯魯與王者之後用之然則二王之後得郊天故禮運云杞之郊也禹也宋之郊也契也魯以周公之故特賜以郊故春秋以爲非禮謂非諸侯之正禮非謂魯不宜郊也○注非正至免牲○正以天子郊常事故不須卜魯郊非正故卜下於天子也三卜者博卜三次謂用止正二三月也月各一卜無論何月吉則用之三不吉則止故免牲○注謂之至意也○禮記郊特牲云於郊故謂之郊何氏所不取郊交疊韻爲訓穀梁傳注謂之郊者天人相與交接之意也本此爲說繁露郊祀云立爲天子者天予是家天予是家者天使是家天使是家者是天之所予也天之所使也天已予之天已使之其間不可以接天何哉○注不言至斥尊○穀梁傳注云不言郊天者不敢斥尊也舊疏云欲道禘于太廟于莊宮武宮之屬皆斥尊言之若然乙亥嘗己卯烝之屬又不斥言者以是時祭于太廟小於禘故也按時祭偏及羣廟故不可斥也其禘于莊公之屬非禮記時祭之禘且各有所爲也

魯郊何以非禮【注】据成公乃不郊惡之【疏】注据成至惡之○成十年夏四月五卜郊不從乃不郊

天子祭天【注】郊者所以祭天也天子所祭莫重於郊郊於南郊者就陽位也槀席元酒器用陶匏大珪不琢大羹不和爲天至尊物不可悉備故推質以事之【疏】注郊者至於郊○禮記曲禮天子祭天地繁露郊義云春秋之法王者歲一祭天於郊又

云郊因於新歲之初聖人有以起之其以祭不可不親也天者百神之君也王者歲之所最尊也以最尊之天之以故故不易始歲更紀即以其初郊郊必以正月上辛者言以所最尊首一歲之事每更紀者以郊郊祭首之先貴之義也通典注引丞相匡衡御史大夫張譚奏言帝王之事莫大乎承天之序承天之序莫重郊祀荀子禮論篇郊止乎天子社止於諸侯道及士大夫所以別尊者事尊卑者事卑宜大者鉅宜小者小通義云謹案禮三本曰郊止天子社至諸侯道及士大夫此言天之道尊地之道親尊則祭其尊者卑則祭其親者禮經多天地社稷並稱諸侯不得祭天故天子以郊祭爲至重繁露郊祭云春秋之義國有大喪者止宗廟之祭而不止郊祭不敢以父母之喪廢事天地之禮也夫古之畏敬天而重天郊如此甚也是也○注於南至位也○校勘記云鄂本於作居此本疏標起訖同當据正禮記郊特牲曰郊之祭也大報天而主日也兆於南郊就陽位也注曰太陽之精也通典注引匡衡等奏亦云祭天南郊就陽之義也○注槀席至事之○校勘記云何校本槀作槀槀从禾是也又出大垤不緣云鄂本同閩監毛本瑑作琢非疏同釋文亦作瑑又出推質云鄂本同閩監毛本推誤惟舊疏云皆出禮記郊特牲文按彼記云酒醴之美元酒明水之尚貴五味之本也黼黻文繡之美疏布之尚反女功之始也莞簟之安而蒲越槀鞂之尚明之也太羹不和貴其質也大圭不琢美其質也丹漆雕幾之美素車之乘尊其樸也貴其質而已矣又曰掃地而祭於其質也器用陶匏以象天地之性也注觀天下之物無可以稱其德所以交於神明者不可同於所安褻之甚也如是而後宜注尚質貴本其至如是乃得交於神明之宜也槀席者禮記禮器云而槀鞂之設注穗去實曰鞂禹貢三百里納鞂服槀鞂除穗粒取稈槀爲席也元酒者禮運云元酒在室正義元酒謂水也以其色

黑謂之元太古無酒此水當酒所用故謂之元酒謂用陶匏者郊
特牲疏云陶謂瓦器謂酒尊及豆籩之屬故周禮旊人爲簋匏謂
酒爵大圭不琢者禮器作不琢注云大圭長三尺杼上終葵首琢
當爲篆字之誤也太羹不和者禮器疏云太羹肉汁也不和無鹽
梅也太古初變腥但煮肉而飲其汁未知調和是也續漢志注引
援神契云燔燎掃地祭牲繭栗或象天酒旗坐星廚倉具黍稷布
席極敬心也

諸侯祭土注土謂社也諸侯所祭莫重於社卿大夫祭五

祀士祭其先祖疏禮記王制云天子祭天地諸侯祭社稷○注土謂社也○禮記郊特牲云社祭土而主陰氣也

君南鄉於北牖下答陰之義也日用甲用日之始也風俗通祀典
篇孝經說社者土地之主土地廣博不可偏敬故封土以爲社而
祀之報功也漢書郊祀志帝王建立社稷百王不易社者土也吳
氏經說按土地聲轉土之於地猶火之於焜貨之於賄古今字也
故經傳多以土對天易麗乎天麗乎土詩溥天率土與此傳皆是
公羊禮說云傳不言社而言土者公羊之說不取左氏句龍爲后
土祀以爲社也郊特牲曰社祭土而主陰氣孝經說社者土地之
神白虎通土生萬物天下之所主則此不言社而言土者指五土
而不指句龍鄭康成曰社爲五土總神稷爲原隰之神句龍以有
平水土之功配社祀之稷有播種之功配稷祀之若王肅馬融之
徒以社祭句龍稷祭后稷皆人鬼也而非地神鄭駁異義曰宗
伯以血祭祭社稷五祀五嶽社稷之神若是句龍柱弃不得先五
嶽而食鄭氏說諒矣足以破許說之謬蓋土是本名神之爲社傳
言土者据本名也漢高以夏禹配官社所配之人鬼可以任其推
遷而五土之神終不可易孟子所謂變置社稷亦指所配之人耳
○注諸侯至於社○舊疏云欲道魯郊爲非禮之義也對五祀宗

廟則社祭爲重○注卿大至先祖○禮記曲禮云大夫祭五祀歲徧士祭其先白虎通五祀篇五祀者何謂也謂門戶井竈中霤也所以祭何人之所處出入所飲食故爲神而祭之何以知五祀謂門戶井竈中霤也月令曰其祀戶又曰其祀竈其祀中霤其祀門其祀井獨大夫以上得祭之何士者位卑祿薄但祭其先祖耳漢書郊祀志大夫祭門戶井竈中霤五祀士庶人祖考而已尸子先王之祀禮也天子祭四極諸侯祭山川大夫祭五祀士祭其廟也若然祭法云大夫立三祀者鄭注曲禮大夫五祀爲夏殷法注王制五祀是有采地者按曲禮注較妥夏殷禮質周文有等威之辨降殺以兩則大夫不得同諸侯五祀故減去司命中霤適士又減去族厲立二祀庶士庶人立一祀或戶或竈也

天子有方望之事 注 方望謂郊時所望祭四方羣神日月星辰風伯雨師五嶽四瀆及餘山川凡三十六所

疏 注方望至六所○方望謂四方所望也舊疏引舊說云四方羣神是爲四也通日月爲六星是五星爲十一也辰是十二辰爲二十三風伯雨師爲二十五五嶽爲三十四瀆爲三十四餘小山川爲二是爲三十六所漢書郊祀志曰王莽引周官大合樂祀四望釋之曰四望謂日月星海也三光高而不可得親海廣大無限界故其樂同祀天則天文從祭墬則墬理從三光天文也山川地理也鄭司農注大宗伯云四望謂日月星海與漢志同蓋古周禮說通義云言通乎四方也周禮兆四望于四郊按注言四方羣神言其凡日月星辰以下其目也日月星辰以下即四方之神天子郊天時望而祭之故周禮即以四望括之四方羣神不在三十六所內一夫曰羣則每方不止一神矣舊說誤

無所不通 注 盡八極之內天之所覆地之所

載無所不至故得郊也疏注盡八至郊也○正以極至也盡四方之所至故天所覆地所載無不包也爾
雅釋地有四極彼謂四方極遠之國其實猶未盡極也分言之八
極總言之四極同也詩文王云使不挾四方傳挾達也御覽引白
虎通云門四出何以通四方也大戴禮虞戴德云天子之宮四通
正地事也唯天子乃能達四方故無所不通諸侯則殺亦如天子
周城諸侯則軒城天子宮縣諸侯則軒縣天子脩四時之祭諸侯
則祠則不礿礿則不嘗嘗則不烝烝則不祠皆闕其一也此天子
有四望之祭諸侯止三望亦猶是也郊祀志云天子祭天下名大
山川懷柔百神咸秩無文五嶽視三公四瀆視諸侯是無所不至
嶽瀆舉其大也諸侯山川有不在其封內者則不祭也注故魯郊非禮也
疏繁露王道云春秋立義天子祭天地諸侯祭社稷諸山川不在封內者則不祭禮記王制云諸侯祭名山大川之在其地者又
祭法云有天下者祭百神諸侯在其地則祭之亡其地則不祭郊
祀志云諸侯祭其疆內名山大川爾雅釋地梁山晉望也又禮記
禮器云晉人將有事于河必先有事于惡池齊人將有事于泰山
必先有事于配林左傳昭七年韓宣子曰並走羣望又昭十三年
左傳楚共王大有事於羣望謂此屬也說苑君道篇楚昭王有疾
卜之曰河為祟大夫請用三牲焉王曰止古者先王割地制土祭
不過望江漢雎漳楚之望也禍福之至不是過也不穀雖不德河
非所獲罪也遂不祭焉仲尼聞之曰昭王可謂知天道矣其不失
國宜哉又見哀六年左傳明河非其封內山川也風俗通怪神云
禮天子祭天地五嶽四瀆諸侯不過其望也大夫五祀士門戶庶
人祖蓋非其鬼而祭之諂也不過其望即不出封內也通義云若
晉望梁山楚望江漢雎漳是也諸侯所祭唯封內山川而已無方

望之事也穀梁注引鄭君曰望者祭山川之名也謂海也岱也淮也此此專指魯言○注故魯郊非禮也○通義云魯之望亦非禮按魯止望祭其封內山川不得云非禮

曷爲或言免牲或言免牛【疏】成七年春王正月鼷鼠食郊牛角改卜牛鼷鼠又食其角乃免牛是也

免牲禮也【注】魯卜郊不吉免之禮卜郊不吉則爲牲作元衣纁裳使有司元端放之於南郊明本爲天不敢留天牲【疏】注魯卜至免之○正以天子不卜郊故專指魯言也○注禮卜至南郊○穀梁傳曰免牲者爲之緇衣纁裳有司元端奉送至于南郊免牛亦然注元端黑衣接神之道元纁者天地之色也南郊天位歸之于陽也淮南子齊俗訓譬若芻狗土龍之始成文以青黃絹以綺繡纏以朱絲尸祝袀袨大夫端冕以送迎之義亦同此穀梁哀元年傳卜免牲者吉則免之不吉則否又曰嘗置之上帝矣故卜而後免之不敢專也卜之不吉則如之何不免安置之繫而待六月上甲始庀牲然後左右之之公羊無此義○注明本至天牲○成七年傳不免牲故言乃不郊也注不免牲當坐盜天牲失事天之道

免牛非禮也免牛何以非禮傷者曰牛【注】養牲不謹敬有災傷天不饗用不得復爲天牲故以本牛名之非禮者非大牲不當復見免但當內自省責而已

【疏】哀元年穀梁傳曰全曰牲傷曰牛未牲曰牛其牛一也其所以爲牛者異有變而不郊故卜免牛也已牛矣其尙卜免之何也禮與其亡也寧有按彼傳未牲曰牛即哀元年之改卜牛定十五年之牛死改卜牛宣元年之改卜牛成七年之改卜牛是也傷曰

牛則定十五年之鼷鼠食郊牛哀元年之鼷鼠食郊牛角宣三年之郊牛之口傷成七年之鼷鼠食郊牛角又乃免牛是也傳以傷者曰牛別乎全者曰牲其未成牲曰牛從可知也〇注養牲至名之〇校勘記出養牲不謹敬有災傷云鄂本宋閩本同監本剜改有作致毛本從之按作致是也禮記郊特牲云帝牛不吉以爲稷牛帝牛必在滌三月稷牛唯具所以別事天神與人鬼也注滌牢中所搜除處也周禮牛人凡祭祀共其享牛求牛以授職人而芻之注職讀爲樴樴人者謂牧人充人與牧人云凡祭祀共其犧牲以授充人繫之充人云祀五帝則繫于牢芻之三月蓋牲中選者牛人入之牧人臨祭時牧人授之充人充人繫養之三月一時節氣成此養牲之節也左傳牛卜日曰牲既得吉日則牛改名曰牲謂在滌三月無災者故尊而異之也不謹而災傷天神不享則仍其本稱牛也通義云養牲不謹致有傷而免之失敬事之禮故言免牲者不譏言免牛者譏也牛得卜曰牲牲傷不可用乃復名之曰牛〇注非禮至而已〇校勘記出非大牲云鄂本同閩監毛本大作天是也上文兩言天牲穀梁傳言免牛亦然與公羊義乖按既不成牲天之所棄仍元衣纁裳放之南郊何爲故但自省責而已繁露順命云孔子曰畏天命畏大人畏聖人之言至於祭天不享其卜不從使其牛口傷鼷鼠食其角或言食牛或言食而死或食而生或不食而自死或改卜而牛死或卜而食其角過有深淺薄厚而災有簡甚不可不察也是則省責之義也

三望者何望祭也然則曷祭祭泰山河海

疏校勘記云唐石經鄂本同閩監毛本泰作大下同按釋文作太山云本亦作泰今本當据此改周禮疏引異義謹案云春秋魯郊祭三望言郊天日月星河海岱凡六宗魯下天子不祭日月星但祭其分野星國中山川故言三望按左傳望郊之細也疏

引賈逵服虔以爲三望分野之星國中山川與許說同毛詩疏引鄭駁異義云昔者楚昭王曰不穀雖不德河非所獲罪言竟內所不及則不祭也魯則徐州地禹貢海岱及淮惟徐州以昭王之言魯之竟界亦不及河則所望者海也岱也淮也是之謂三望陳氏壽祺五經異義疏證云分星不涉於望河又魯竟所不及說者咸失其義康成駁異義獨据禹貢海岱及淮惟徐州謂魯卽徐地而以淮易河考職方氏周無徐州徐入于青魯地兼跨兖徐尚書費誓言徂茲淮夷徐戎並興詩魯頌言泰山巖巖魯邦所瞻又曰遂荒大東至于海邦淮夷來同又曰遂荒徐宅至于海邦淮夷蠻貊及彼南夷莫不率從漢書地理志魯地奎婁之分野也東至東海南有泗水至淮得臨淮之下相僮取慮皆魯分也康成本此按此下云河海潤乎千里以其通氣致雨潤澤所及故亦秩而祭之蓋又不在竟內山川之限矣通義云北望泰山西望河東望海南不及淮者闕其一方以下天子是也蓋望爲祭羣神之通稱白虎通封禪云望祭山川祀羣神也魯祭泰山河海故止三望耳堯典望于山川偏于羣神詩疏引鄭注望者祭山川之名偏者以尊卑秩祭羣神若邱陵墳衍之屬彼對文故望與偏異其實山川之神亦以尊卑秩祭王制五嶽視三公四瀆視諸侯之屬是也又王制諸侯祭名山大川在其地者注云魯人祭泰山晉人祭河疏泰山是齊魯之界故齊亦祭之也

曷爲祭泰山河海

注据郊者主爲祭天山川有能潤于百里者天子秩而祭之注此皆助天宣氣布功故祭天及之秩者隨其大小尊卑高下所宜禮祭天牲角繭栗社稷宗廟角握六宗五嶽四瀆角尺其餘山川視

卿大夫天燎地瘞日月星辰布山縣水沈風磔雨升燎者取俎上七體與其珪寶在辨中置於柴上燒之【疏】注此皆至及之○說苑辨物篇五嶽何以視三公能大布雲雨焉能大斂雲雨焉雲觸石而出膚寸而合不崇朝而雨天下施德廣博故視三公也四瀆何以視諸侯能蕩滌垢濁焉能出雲雨千里焉爲施甚大故視諸侯也山川何以視子男也能出物焉能潤澤物焉能生雲雨爲恩多然品類以百數故視子男也書曰禋于六宗望秩于山川徧于羣神矣博物志五嶽視三公四瀆視諸侯通靈助化位相亞也○注秩者至所宜○書堯典望秩于山川公羊疏引鄭注秩者徧以尊卑秩祭之五嶽視三公四瀆視諸侯其餘小者或視卿大夫或視伯子男是即隨其尊卑高下之義也說文豊部豑爵之次弟也引虞書曰平豑東作豑正字秩段借也○注禮祭至大夫○舊疏云皆王制與禮說文穀梁疏引稽命徵云祭天牘角繭栗社稷牛角握六宗五嶽四瀆之牛角尺禮記王制云祭天地之牛角繭栗宗廟之牛角握賓客之牛角尺此舊疏所謂王制及禮說文也二者相兼乃備王制注云握謂長不出膚蓋社稷次于天地故與宗廟同六宗五嶽四瀆與大夫賓客同其餘山川則舊疏云小山川之屬但牽牛而已所謂視卿大夫也按詩疏引稽命徵云宗廟社稷角握禮郊特牲疏引云山川五嶽之牛角尺禮器疏引云社稷牛角握五嶽四瀆牛角尺穀梁疏引云郊天牛角繭栗三望之牛角尺皆爲稽命徵語小異也王制注云視視其牲器之數疏引書大傳云五嶽視三公四瀆視諸侯其餘山川視伯小者視子男鄭注云謂其牲幣粢盛籩豆爵獻之數按周禮上公饗餼九牢飧五牢饗禮九獻豆四十侯伯饗餼七牢飧四牢饗禮七獻豆三十有二子男饗餼五牢飧三牢

饗禮五獻豆二十有四又五等諸侯膳皆太牢祭亦太牢簋皆十有二祭四望山川用毳冕鄭注禮器五獻察云謂祭四望山川也又侯伯無別三公皆與子男同今此云五嶽四瀆角尺其餘山川視卿大夫則嶽瀆無異不別公侯伯子男則以諸侯同而王制云五嶽視三公四瀆視諸侯似三公尊於諸侯書大傳夏傳又云四瀆視諸侯小者視伯小者視子男是伯與侯別並與周禮不同王制疏云此王制所陳多論夏殷之制夏傳所說又非周代之禮鄭之所注者當据異代法也然則何氏所据或亦非盡周禮與孫氏志祖讀書脞錄云詩有捄其角毛傳社稷之牛角尺疏云王制無社稷之文卑於宗廟疑與賓客同尺也志祖疑賓客或卽社稷之譌蓋祭字貫下三句也賓客不得言祭矣禮器牲不及肥大正義謂郊牛繭栗宗廟角握社稷角尺各有所宜亦可證然繁露郊事對引王制亦作賓客之牛角尺下云德滋美而牲滋微也按以牛角次之則四望山川卑於社稷而禮器述諸神獻數則社稷五祀在三獻四望山川在五獻又周禮司服絺冕三章祭社稷五祀毳冕五章祭四望山川在社稷上者禮記疏引熊氏云獻與衣服從神之尊卑其餘處尊者以其有功與地同類故進之在上從國中之神莫貴於社稷之類直以功見其實卑也以是地別神故不爲尊也義或然也○注天燎○爾雅釋天祭天曰燔柴郭注既祭積薪燒之禮觀禮曰祭天燔柴禮記祭法曰燔柴于泰壇祭天也正義謂積薪于壇上而取玉及牲置柴上燔之使氣達于天也說文示部祡燒柴尞祭天也引虞書作祡又火部尞柴祭天也柴與祡同此聲故燒柴祭曰柴白虎通封禪篇燎祭天報之義也書堯典至于岱宗柴柴卽尞故禮記注引鉤命決禮記疏引斗威儀並云封于太山考績柴燎是也詩大雅棫樸薪之槱之箋云白桵相樸屬而生者枝條芃芃然豫斫以爲薪至祭皇天上帝及三辰則聚

積以燎之周禮大宗伯云以禋祀祀昊天上帝以實柴祀日月星辰以槱燎祀司中司命飌師雨師注禋之言煙周人尚臭煙氣之臭聞者槱積也詩曰芃芃棫樸薪之槱之按大宗伯所記總釋祀天神之禮爾雅徒釋祭名祭法專指祭天每歲常禮覲禮据鄭注引郊特牲曰郊之祭也迎長日之至也大報天而主日也又引宗伯職以實柴祀日月星辰則燔柴祭天謂祭日也蓋皆燔柴也○注地瘞○釋天曰祭地曰瘞薶注既祭埋藏之詩疏引李巡云祭地以玉埋地中曰瘞埋孫炎云瘞者翳也既祭翳藏地中也祭法瘞埋于泰折祭地也疏謂瘞繒埋牲祭神州地祇于北郊也周禮司巫云凡祭祀守瘞注瘞謂若祭地祇有埋牲玉者也守之者以祭禮未畢若有事然爾雅釋言云瘞幽也鄭注禮運云埋牲曰瘞埋於地尚幽故謂之瘞也又周禮肆師云立大祀用玉帛牲牷鄭司農云大祀天地蓋祭天則燎柴加牲玉祭地則埋牲玉焉覲禮云祭地瘞鄭注云柴為祭日則祭地瘞者祭月也則與爾雅祭法文同而義微別周禮大宗伯云以血祭祭社稷五祀五嶽以貍沈祭山林川澤以疈辜祭四方百物注陰祀自血起故書疈為罷鄭司農云罷辜披磔牲以祭若今時磔狗祭以止風元謂祭山林曰貍川澤曰沈順其性之含藏疈牲胷也疈而磔之謂磔攘及蜡祭明地示之屬皆取義於幽陰也埋牲蓋先磔而後埋與○注日月星辰布○釋天云祭星曰布郭云布散祭於地釋文引李巡云祭星者以祭布露地故曰布埤雅引釋名云祭星曰布布取其象之布也舊疏引孫炎又云既祭布散於地似星布列也按祭法云幽宗祭星也注宗當為禜幽禜亦謂星壇也星以昏始見禜之言營也又云王宮祭日也夜明祭月也注王宮日壇王君也日稱君宮壇營域也夜明月壇也日月星辰天神故築壇以祭布者其祭之形蓋日月亦布象日月之麗乎天也大宗伯云以實柴祀日月星

辰則亦燔柴用牲矣祭義曰郊之祭大報天而主日配以月知郊天並祭日月也○注山縣○釋天曰祭山曰庪縣注或庪或縣置之千山山海經曰縣以吉玉是也舊疏引李巡注云祭山以黃玉及璧以庪置几上遙遙而眡之若縣故曰庪縣又引孫炎云庪縣埋於山足曰庪埋於山上曰縣是也覲禮云祭山丘陵升賈疏升即庪縣也大宗伯於祭山林川澤曰貍沈注祭山陵曰埋然則覲禮之升即縣大宗伯之貍即庪各舉其一也○注水沈○釋天云祭川曰浮沈注投祭水中或浮或沈覲禮云祭川沈疏言沈不言浮者文略也大宗伯注祭川澤曰沈書大傳云沈四注鄭注沈祭名襄十八年左傳沈玉以濟昭二十四年左傳子朝以成周之寶圭湛於河定三年左傳執玉而沈皆謂沈玉以祭也夏官小子云凡沈辜候禳飾其牲玉鄭司農云沈謂祭川則祭川牲玉並用矣蓋牲玉投水則沈故祭名沈爾雅名浮沈者對祭山曰庪縣成文物必先浮而後沈有或浮或沈之象故也胡氏培翬庪縣浮沈解云承詢爾雅庪縣浮沈之義謂庪縣不當訓爲埋庪當與禮經閣庪食同義按尊見甚確玉篇云庋閣也庪同庋引祭山曰庪縣可證但爾雅儀禮周禮三經文各有當而義無妨鄭志引疑爾雅文雜不可據以難禮周禮賈疏庪縣爲異代法皆非爾雅祭地曰瘞貍祭山曰庪縣祭川曰浮沈儀禮云祭山丘陵升祭川沈祭地瘞周禮云以貍沈祭山陵川澤按瘞埋是以牲玉埋藏於地中庪縣則有陳列之義李巡曰祭山以黃玉以璧庪置几上邢疏云縣謂縣其牲幣于山林中其說良近蓋古者祭山之法先庪縣而後埋之故祭山又名旅旅臚陳之也山海經凡祠山多言肆瘞注肆陳之也陳牲玉而後薶藏之此先陳後貍之證庪縣蓋旅陳之義祭山先庪縣而後埋故亦謂之埋對文則祭地爲瘞埋祭山爲庪縣有異散文則通惟祭川是以牲玉投置水中不得名埋故名浮沈

或名沈凡以物入水通謂之浮沈詩云載沈載浮舟浮物亦名沈可見浮沈沈無定稱或欲分牲之爲浮沈玉爲沈非是周禮小子職沈辜候禳飾其牲鄭司農云沈謂祭川則牲亦言沈也祭川或言浮沈或言沈猶爾雅祭地曰瘞埋儀禮云祭地瘞文有詳略而義不殊儀禮祭山丘陵不云庪縣而云升者對沈言之且兼明就祭之義其實名異義同周禮止云祭山林川澤無祭地之文故祭山林亦通謂之貍此三經詳略異同之義謂爾雅庪縣爲即周禮之所謂貍固非而以周禮疑爾雅亦非也按胡氏謂先陳後貍其說精確不然則與祭地之瘞貍何異不燒而埋者爲地祇故也以別乎天神〇注風磔〇釋天云祭風曰磔郭云今俗當大道中磔狗云以止風此其象箸疏引李巡云祭風以牲頭蹏及皮破之以祭故曰磔孫炎云既祭披磔其牲以風散之鄭司農注大宗伯云以疈辜披磔牲以祭若今時磔狗祭以止風又注小子云辜謂磔牲以祭也引月令九門磔攘以畢春氣賈疏大宗伯云此舉漢法以況疈辜爲磔之義也必磔狗止風者狗屬西方金金制東方木之風故用狗止風也邵氏晉涵爾雅正義云封禪書秦德公作伏祠磔狗邑四門以禦蠱菑按於文皿蟲爲蠱蠱生於風秦制是蜡祭風之制也後鄭大宗伯注云疈疈牲胸也疈而磔之謂磔攘及蜡祭蓋當時疈磔牲體皆從胸臆解析之月令於季春云磔攘〇又十二月大儺時亦磔攘蓋磔牲以禳去惡氣猶磔狗以止風也〇注雨升〇舊疏云無文何氏更有所見公羊問答云問雨升果無文乎曰釋名有此文祭雨曰升祭星曰布升取其氣之升也布取其象之布也徐特未之見耳按周禮大宗伯以槱燎祀飌師雨師蓋燔燎而煙氣上達故謂之升與禋祀實柴互文見義焉〇注燎者至燒之〇禮記疏引韓詩內傳云天子奉玉升柴加于牲上三禮義宗云祭天以燔柴爲始然後行正祭又云凡祭天神有二上玉禮神者訖事

即收祀神者與牲俱燎今國家郊祀天地祀神之玉常用禮神之
玉則無請下有司求良玉造蒼璧黃琮等九器訖則藏之用其燎玉之
依常制從之禮神之玉即大宗伯之蒼璧以事天黃琮以禮地又
典瑞之四圭有邸以事天兩圭有邸以祀地者也其燔柴之玉則
肆師云立大祀用玉帛牲牷其實肆師所共不獨升煙瘞埋之玉
帛牲亦兼有禮神之玉帛牲也大宗伯注鄭司農云實柴實牛柴
上焉書釋文引馬融書注云祭時積柴加牲其上而燔之蓋大宗
伯之煙祀實柴槱燎大同注凡祀天神皆積柴燔之上加牲體其玉
帛或有或無也其祭圜丘方澤南北郊則牲帛俱有其七體者舊
疏云即少牢之肩臂臑膞胳正有脡脊橫脊短脅正脅代脅之屬
也按何注言七體者指豚解言謂殊左右肱股而爲四又兩脅一
脊而爲七也禮記禮運云腥其俎謂豚解而腥之謂之全脅左右
肱骨各三亦謂之前脛骨三者肩臂臑也左右股骨各三又謂之
後脛骨三者膞胳觳也共十二體有骨三正有脡脊橫脊也合爲
十五又左右兩脅骨各三正脅代脅短脅也合爲二十一體所謂
體豚也又謂之房脅少牢十一體去觳也又按類聚引書曰白魚
入于舟中王跪取出涘以燎即今文大誓語詩疏引鄭彼注云涘
涯也王出于岸上燎魚以祭變禮也蓋祭天禮用特牲今取魚以
燎故爲變禮武王以魚爲瑞故特燎以祭儀禮疏
引書中候云魚者水精隨流出入得申朕意是也

觸石而出膚寸

而合【注】側手爲膚按指爲寸言其觸石理而出無有膚寸而不合

【疏】白石神君碑觸石而出膚寸而合不終朝而澍雨沾洽後漢書
注引書大傳曰五岳皆觸石出雲膚寸而合不崇朝而雨天下
○注側手至不合○通義云謹案膚與堂上七扶之扶同四寸曰
扶取其鋪四指也阮氏福膚寸而合解云膚之音與扶相通禮記

投壺云室中五扶堂上七扶庭中九扶鄭康成注鋪四指曰扶伏生尚書大傳扶寸而合鄭注四指曰扶音膚韓非子上告扶寸注
四指爲扶玉篇廣韻皆作扶由是觀之則膚扶聲之轉所謂膚寸而合者如雲出山散而不合則不得雨今膚寸而合如人以兩手
之四指平鋪先分兩處向下覆之由分而合漸肖雲合之狀合之甚易故云膚寸而合不崇朝而雨遍天下非謂泰山之雲相離四
寸而合也按王制云牛角握注握謂長不出膚疏引公羊此傳幷鄭注投壺禮四指曰扶亦以扶與膚同玉篇引公羊作扶寸而合
廣韻同又引注云側手曰扶按指曰寸是古本公羊膚皆作扶也膚亦或謂之握禮鄉射禮箭籌八十長尺有握握素注握本所持
處也握本本以作膚張氏爾岐鄭注讀云握本以作膚以字疑誤別本刊本一作膚亦費解或刊本一句讀屬上句一作膚指握字有
作膚者四指曰膚與握義同握曰指郎四寸籌長尺四寸其四寸則刊之使白也儀禮古義云按文當云握本作按依鄂本改按膚
寸而合如注解甚直捷言雲觸石而出膚寸之微皆合注云無有膚寸而不合是也不必如阮說之另生別解也按指爲寸者說文
寸部寸十分也人手卻一寸動脈謂之寸口从又一徐鍇曰一者記手腕下一寸此指事也凡寸尺丈皆取法於人身故也

不崇朝而徧雨乎天下者唯泰山爾【注】崇重也不重朝言一朝也【疏】

後漢書肅宗紀禱五岳四瀆及名山能興雲致雨者冀不崇朝徧雨天下之報詩召南殷其靁傳山出雲雨以潤天下翁氏方綱兩
漢金石記云傳文初無雲字唐人類書引此乃加一雲字曰唯大山雲爾誤也何休注曰言其觸石理而出無有膚寸而不合下文
河海潤乎千里彼注曰亦能通氣致雨潤澤及于千里據此則所謂出合者山之氣爲之也觀此白石神君碑上言出讚長育下言

澍雨沾洽信知公羊二語之不指雲矣劉氏寶楠云翁氏以觸石二句爲山氣非山雲不知雲亦氣也尙書大傳五岳皆觸石出雲扶寸而合不崇朝而雨天下卽本公羊傳三公山碑觸石與雲不崇朝而雨祀三公山碑與雲膚寸無極山碑觸石膚寸與雲祁祁西岳華山碑觸石與雲雨我農桑皆指雲說其非始於唐人明甚但大山下不必更增雲字此類書之誤○注崇重至朝也○詩大雅鳧鷖云福祿來崇傳崇重也公羊問答云鄭風崇朝其雨傳崇終也從旦至食時爲終朝與僖三十一年傳不崇朝而偏雨乎天下者其訓詁何以不同曰何注崇重也陸氏音義崇重直龍反何注从爾雅釋詁崇重也郭注增崇皆所以爲崇疊何氏重之意言崇朝則兩朝不崇乃一朝也與詩絕然不同俗儒欲於此傳强合毛傳適形其謬妄而已說苑辨物云五岳能大布雲雨焉能大斂雲雨焉雲觸石而出膚寸而合不崇朝而雨天下施德博大然則五岳皆然此以魯祭大山故斥大山言焉風俗通山澤云岱者長也萬物之始陰陽交代雲觸石而出膚寸而合不崇朝而徧雨天下其惟泰山乎故爲五岳之長淮南氾論訓觸石而出膚寸而合不崇朝而雨天下者唯大山皆取此傳爲說泰當依釋文本作大

河海潤于千里注亦能通氣致雨潤澤及于千里韓詩傳曰湯時大旱使人禱于山川是也郊望非一獨祭三者魯郊非禮故獨祭其大者

疏淮南子氾論訓赤地三年而不絕流澤及百里而潤草木者唯江河也是以天子秩而祭之說苑辨物云四瀆能蕩滌垢濁能通百川云海能興雲雨千里爲施甚大山川能出物能潤澤物能生雲雨爲恩多是其義也○注亦能至千里○亦者亦上泰山也○注韓詩至是也○桓五年注云君親之南郊以六

事謝過自責曰政不一與民失職與宮室榮與婦謁盛與苞苴行
與讒夫倡與彼疏云皆韓詩傳文禮記疏又引韓詩內傳云天子
奉玉升柴加於牲上蓋皆大雅雲漢詩語也○注郊望至大者○
正以天子方望之事無所不通四方羣神日月星辰五岳四瀆風
伯雨師及餘山川三十六所故云非一魯本不宜郊徙以周公之
故得以三正郊天本非禮之正故方望亦第祭其大者三而已則
河雖不在竟內潤澤所及故亦望而祭焉猶者何通可以已也【注】已止【疏】穀梁傳曰猶者可以已之
辭也通義云通之爲言文見於此義起於彼經義述聞云通之爲
言猶道也道言也道可以已言可以已也漢書劉向傳曰臣誠見
陰陽不調不敢不通所聞通所聞即道所聞也夏侯勝傳上謂勝
曰先生通正言無懲前事顏師古注通謂陳道之也是通與上道同
義通道一聲之轉道言之道轉爲通通猶通達之通轉爲道矣襄三
十一年左傳不如小決使道注道通也法言問道篇云道也者通
也按爾雅釋詁云猷已也猷猶二字通猶兼可已二義釋言云猶
可也是也猶有疑惑之意又有遲回之意故凡言猶皆兼可已二
義也○注已止○一切經音義引廣雅云已止也詩鄭風風雨云
雞鳴不已箋已止也又秦風蒹葭云白露未已傳未已猶未止也
已止疊韻爲訓也左氏此經及文五年猶朝于
廟宣八年猶繹杜注並云猶者可止之辭本此何以書譏不郊而
望祭也【注】譏尊者不食而卑者獨食書者惡失禮也魯至是郊者
僖公賢君欲尊明其先祖之功德不就廢之譏者春秋不見事不
書皆從事舉可知也不吉言不從者明己意汲汲欲郊而上不從

爾所以見事鬼神當加精誠〔疏〕注譏尊至禮也○左傳望郊之細也不郊亦無望可也繁露郊祀云故春秋譏郊未嘗譏君德不成于郊也及不郊而祭山川失祭之敘逆於禮故必譏之以此觀之不祭天者乃不可祭小神也又郊之語云天者百神之大君也事天不備雖百神猶無益也何以言其然也祭而地神者春秋譏之孔子曰獲罪於天無所禱也是其法也○注魯至至廢之○決閔以前不書郊也明禮廢已久僖公修之鄭氏詩魯頌譜云自後政衰國事多廢十九世至僖公當周惠王襄王時而遵伯禽之法養四種之馬於牧野尊賢祿士修泮宮守禮教謀東略遂伐淮夷新作南門又修姜嫄之廟是其尊明先祖之功德不就廢之事也知非閔以前郊皆卜吉故不書者桓莊失德尤甚鬼神所不饗必無閔數十年無一卜不從之事○注譏者至知也○正以僖公修復郊祭爲復古詩魯頌閟宮序所謂美僖公能復周公之宇而織芥之惡必貶則春秋之義也僖公有四卜郊之非禮書以見魯之得郊明春秋但譏其四卜不從譏其猶三望焉爾○注不吉至精誠○校勘記出而上不從爾云鄂本上作卜此誤書洪範於龜從筮從皆言從與逆對知從爲吉逆爲凶變吉言從即書汝則從之義孔傳人心和順龜筮從之是謂大同於吉是也穀梁傳乃者亡乎人之辭也注引凱曰其猶闕其戶闃其無人詩曰巷無居人譏僖公不共致天變洪範云龜筮共違于人用靜吉用作凶故不郊以敬天變

秋七月

冬杞伯姬來求婦〔疏〕杜云自爲其子成昏

其言來求婦何兄弟辭也疏兄弟辭也義具上二十五年其稱婦何有姑之辭也注書者無出道也疏說文女部婦服也禮記內則云婦事舅姑禮喪服不杖期章婦爲舅姑皆以婦爲對舅姑之稱此止言姑者就杞伯姬立文宣元年傳亦云其稱婦何有姑之辭也明宣母頃熊在也○注書者無出道○繁露玉英云婦人無出竟之事經禮也母爲子娶婦變禮也穀梁傳婦人既嫁不踰竟杞伯姬來求婦非正也

狄圍衛

十有二月衛遷于帝丘注月者惡大國遷至小國城郭堅固人衆彊遷徙畏人故惡之也疏杜云帝丘今東郡濮陽縣故帝顓頊之虛故曰帝丘釋例帝丘故帝顓頊之虛故曰帝丘昆吾氏因之故曰昆吾之虛東郡濮陽是也大事表云今爲直隸大名府之開州按元和郡縣志淇縣東渡河一百十五里至滑縣滑縣東北五里爲澶又東北五十五里爲楚丘又東北一百三十里至開州自始封朝歌至此凡三百零五里黃河更在開州北十五里衛之再遷皆在河之南矣漢書地理志東郡濮陽下云衛成公自楚丘徙此故帝丘顓頊虛一統志濮陽故城本古帝丘大名府開州西南二十里齊氏召南考證云按漢書地理志東郡濮陽衛成公自楚丘徙此故帝丘顓頊虛又續漢郡國志注引皇覽曰顓頊冢在城門外廣陽里中○注月者至之也○僖元年注云遷例大國月重煩勞也小國時此以其遷徙畏人故月以惡之不但重煩勞也僖元年夏六月邢遷于夷儀月者彼注云霸者所助城故與大國同

公羊義疏三十六

南菁書院

句容陳立卓人著

僖三十二年
盡三十三年

三十有二年春王正月

夏四月己丑鄭伯接卒注不書葬者殺大夫申侯也君殺大夫皆就葬別有罪無罪唯內無貶公之道不可去葬故從殺時別之疏包氏慎言云二月書己丑二月有閏此爲三月之十六日經繫之四月時蓋閏四月也左傳穀梁接作捷漢書古今人表作接○注不書至侯也○見上七年○注君殺至無罪○舊疏云謂大夫有罪則書其君葬若大夫無罪則去其君葬以其惡包氏慎言云無罪殺大夫不書葬明當絀爵不得以侯禮終也按上九年晉侯詭諸卒注不書葬者殺世子無罪也襄二十六年宋公殺其世子痤注痤有罪故平公書葬是殺有罪者不去葬也成十年晉侯獳卒注不書葬者殺大夫趙同等是殺無罪大夫也○注唯內至別之○卽上二十八年春公子買戍衛不卒戍刺之又成十六年乙酉刺公子偃以日不日別有罪無罪也蓋有罪不日無罪日也然則內大夫有日不日之分外大夫之有罪無罪卽於其君之書葬不書葬別之也此及晉景不書葬明申侯趙同等無罪矣內大夫所以別於日不日者以內無貶公之道也宣元年傳內無貶於公之道也明下無貶上之義故不可去葬也又以見爲尊者諱

衛人侵狄【疏】杜云報前年狄圍衛

秋衛人及狄盟【注】不地者起因上侵就狄盟也復出衛人者嫌與內微者同也言及者時出不得狄君也稱人而言及則知狄盟者卑

【疏】注不地至盟也○決宣十二年書晉人會狄于攢函書地也杜云不地者就狄廬帳盟劉炫述義云春秋時戎狄錯居中國此狄無國都處所直云及狄盟盟於狄之處也孔疏云猶若公如晉及晉侯盟是也○注復出至同也○隱元年及宋人盟于宿傳孰及之內之微者也此不出衛人嫌為衛與狄盟為內之微者故不出名氏也○注言及至者卑○隱元年傳及猶汲汲也衛本畏狄而遷今侵衛復汲汲就狄盟故知不得狄君也衛稱人人不出名氏故知與盟者卑宿盟書宋人此狄不書人者狄稱之也

冬十有二月己卯晉侯重耳卒【疏】包氏慎言云十二月無己卯十一月之十日穀梁注云晉自莊公以前不書於春秋又不言文公之入及鄭忽之殺何乎徐邈通之曰按詩序及紀年史記晉昭公之後大亂五世又鄭忽之後有子亹子儀且事出記傳而經所無殊多誠當有不告故不書者諸侯有朝聘之禮赴告之命所以敦其交好通其憂虞若鄰國相望而情志否隔存亡禍福不以相關則宅國之使無由得書故告命之事絕則記注之文闕此蓋內外相與之常也魯政雖陵遲而典刑猶存史策所錄不失常法其文獻之實足徵故孔子因而脩之事仍本史而辭有損益所以成詳略之例起褒貶之意若夫可以寄微旨而通王道者存乎精義窮理不在記事少多此蓋脩春秋之本旨師資辨說日用之常義故穀梁子可不復發文而體例自舉矣

按公羊於莊公以前不書晉事無說或亦如徐氏之旨與

三十有三年春王二月秦人入滑疏穀梁傳滑國也按滑伯見於莊十六年同盟于幽大事表云今河南府偃師縣南二十里有緱氏城爲滑國地爲秦所滅尋屬晉成十七年鄭子駟侵晉虛滑卽此按左傳成十三年呂相絕秦曰殄滅我費滑杜云滑國都於費則時已滅滑矣隱二年傳入者何得而不居也注已得其國而不居故云爾又云入倒時傷害多則月

齊侯使國歸父來聘

夏四月辛巳晉人及姜戎敗秦于殽疏包氏慎言云四月無辛巳五月之十五日前年不置閏而移閏於此年之正月則經之月日悉合然如此則前年四月後中氣悉不在其月而此年歲首冬至又在閏月矣于曆法多所抵啎据殽之戰傳言晉侯稱人以背殯用兵危不得葬貶詐戰不日此以盡敵而日文公之卒在前年十二月四月爲葬月下書丁巳葬晉文公月之二十一日經月必無誤前年十二月有己酉己未己巳此年四月有辛丑辛亥辛酉未知係何月之誤杜云姜戎姜姓之戎居晉南鄙戎子駒支之先也按昭九年左傳允姓之戎居于瓜州杜云瓜州今燉煌郡卽范宣子所謂迫逐乃祖吾離于瓜州者在今甘肅肅州西五百二十六里僖二十二年秦晉遷于伊川卽所謂陸渾之戎也襄四年左傳戎子駒支謂晉人角之諸戎掎之卽此事此年正義云駒支自陳謂太岳之裔胄且此云姜戎知是姜姓之戎也杜云四岳之後皆姓姜又別爲允姓錢氏大昕潛

研堂答問云問春秋世戎人由瓜州遷中國者蓋有二種一曰姜姓之戎一曰允姓之戎姜戎以殽之役見春秋戎子駒支其後也范宣子數駒支稱秦人迫逐乃祖吾離于瓜州我先君惠公有不腆之田與汝剖分而食之駒支亦云惠公蠲其大德謂我諸戎四岳之裔冑也賜我南鄙之田是姜戎自瓜州徙晉南鄙而附庸于晉者也允姓之戎居陸渾陸渾瓜州地名也故稱陸渾之戎僖二十二年秦晉遷之伊川由是伊川亦有陸渾之名其後或居晉陰地謂之陰戎晉梁丙張趯率陰戎伐潁王使詹伯辭于晉曰允姓之姦居于瓜州惠公歸自秦而誘以來入我郊甸伊川乃圻內地故云郊甸與姜戎之居晉南鄙者別杜謂四岳之後皆姓姜又別爲允姓蓋欲合二種而一之竊有未安曰春秋時戎有姜姓允姓子姓姬姓之別允姓之徙伊川在晉惠公時晉猶未啓南陽與伊川相去甚遠何緣分南鄙以食之且秦晉同欲遷之非秦人迫逐而晉特裂土予之也楚子嘗伐陸渾之戎矣不聞其侵晉南鄙也則陸渾之戎非姜姓矣姜姓之別爲允無文可据杜氏以意度之二戎族姓各殊分地亦別安得以其同出瓜州同徙于惠公時而遂混而一之乎按錢說極爲明晰左傳作敗秦師于殽有師字按穀梁傳云狄秦也是穀梁經亦無師字今有者衍左氏經誤也杜云殽在宏農澠池縣西亦曰二崤大事表云二崤在今河南府永甯縣六十里漢澠池縣之西界自東崤至西崤長三十五里釋文殽本又作肴左傳釋文本又作崤後漢書龐參傳孟明敗晉師于崤按今澠池縣有土壕鎮卽土殽也

其謂之秦何【注】据敗者稱師未得師稱人【疏】注据敗至稱人○桓十三年及齊侯宋公衞侯燕人戰齊師宋師衞師燕師敗績是敗者稱師也莊二十八年齊人伐衞衞人及齊人戰衞人敗績傳敗者稱師衞何以不稱

師未得乎師也注未得成列爲師也是未得師稱人也夷狄之也疏穀梁傳不言戰而言敗何也狄秦也其狄之何也秦越千里之險入虛國進不能守退敗其師徒亂人子女之教無男女之別秦之爲狄自殽之戰始也說苑君道云天之生人也蓋非以爲君也天之立君也蓋非以爲位也夫爲人君行其私欲而不顧其人是不承天意忘其位之所以宜事也如此者春秋不予能君而夷狄之

曷爲夷狄之注据俱見敗疏注据俱見敗○謂敗者稱師稱人與此俱見敗也

秦伯將襲鄭注輕行疾至不戒以入曰襲疏注輕行至曰襲○史記秦本紀曰鄭人有賣鄭于秦曰我主其城門鄭可襲也上三十二年左傳杞子自鄭使告于秦曰鄭人使我掌其北門之管若潛師以來國可得也白虎通誅伐篇襲者何謂也行不假途掩人不備也春秋傳曰其謂之秦何夷狄之也曷爲夷狄之秦國將襲鄭入國掩人不備行不假途人銜枚馬繮勒晝伏夜行爲襲也按曷爲夷狄之以上皆公羊傳語秦伯彼作秦國入國以下三傳皆無或班氏引經師說足之也

百里子與蹇叔子諫曰千里而襲人未有不亡者也注行疾不假途變必生道遠多險阻遭變必亡疏左傳曰穆公訪諸蹇叔蹇叔曰勞師以襲遠非所聞也師勞力竭遠主備之無乃不可乎師之所爲鄭必知之勤而無所必有悖心且行千里其誰不知秦本紀繆公問蹇叔百里傒對曰徑數國千里而襲人希有得利者且人賣鄭庸知我國人不有以我情告鄭者乎不可穀梁傳曰秦伯將襲鄭百里子與蹇叔子諫曰千里而襲人未有不亡者也按左傳諫穆公勞師襲遠爲蹇叔語此及穀梁史記則蹇叔百里奚同諫左傳言蹇叔之子與師

哭而送之此及穀梁史記皆云蹇叔百里同送其子而哭之左傳載三帥之名爲孟明視西乞術白乙丙史記以孟明爲百里奚子西乞術白乙丙爲蹇叔子左傳疏引世族譜同則書秦誓所稱古之謀人及詢茲黃髮其即指百里奚蹇叔二人與○注行疾至必亡○桓六年注諸侯相過至竟必假途入都必朝所以崇禮讓絶慢易戒不虞行軍亦然故晉獻伐虢假道于虞晉文伐曹假道于衛是也皆所以防變也千里襲人是道遠也下云必於殽之嶔巖是多險阻也

秦伯怒曰若爾之年者宰上之木拱矣

注 宰冢也拱可以手對抱

疏 左傳公使謂之曰爾何知中壽爾墓之木拱矣穀梁傳秦伯曰子之冢木已拱矣何知注言其老無知杜云言其過老悖不可用○注宰冢也○列子天瑞篇宰如也殷敬順釋文宰如言如冢也荀子大略云望其壙皐如也注皐當爲宰宰冢也小爾雅廣名云宰冢也哀三年左傳命宰人出禮書注宰人冢人之屬方言冢秦晉之間謂之墳或謂之培或謂之采廣雅埰冢也埰采宰音義並通梁氏玉繩瞥記云冢何以訓宰晉書天文志虛二星冢宰之官也主死喪哭泣未免附會示兒篇謂冢宰字相近而譌錢詹事曰非譌也二字聲相近故可轉訓禮緯含文嘉云天子墳高三仞樹以松諸侯半之樹以柏大夫八尺樹以欒士四尺樹以槐庶人無墳樹以楊樹易繫辭傳說上古云不封不樹○注拱可以手對抱○左傳注合手曰拱穀梁注拱合抱書序伊陟相太戊亳有祥桑穀共生于朝史記注引鄭注云兩手搤之曰拱王氏鳴盛尚書後案云共與拱通左傳爾墓之木拱杜曰合手曰拱呂覽制樂篇載此事高誘注亦云滿兩手曰拱是也孟子告子上拱把之桐梓注拱兩手也莊子人間世云宋有荊氏者宜楸柏桑其拱把而上者釋文云拱恭勇反把百雅反司馬云兩手曰拱一

手曰把兩手卽以手對抱也爾雅釋詁拱執也注兩手持爲拱說文手部拱斂手也義皆合

爾曷知疏新序五云詩曰老夫灌灌小子蹻蹻言老夫欲盡其謀而少者驕而不受也秦穆所以敗其師殷紂所以亡天下也繁露竹林云秦穆侮蹇叔而大敗鄭文輕衆而喪師春秋之敬賢重民如是

師出百里子與蹇叔子送其子疏呂覽先識篇蹇叔有子曰申與視高注申白乙丙也視孟明視也按杜云孟明百里孟明則孟明宜爲百里子與史記世族譜並同秦本紀云繆公曰子不知也吾已決矣遂發兵使百里傒子孟明視蹇叔子西乞術白乙丙將兵行日百里是也按左傳蹇叔之子與師哭而送之爲哭其子上文蹇叔哭之曰孟子明孟明非蹇叔子高注非也左疏又云蹇叔子與師言其在師中而已若西乞術白乙丙則爲將帥不得云與按將帥稱與行文亦無不可孔氏可謂好立異矣

而戒之曰爾卽死必於殽之嶔巖是文王之所辟風雨者也注其處險阻隘勢一人可要百故文王過之驅馳常若辟風雨襲鄭所當由也疏校勘記云唐石經諸本同釋文嶔本或作廞同盧文弨曰說文作欽崟高誘注淮南墜形訓作欽吟按說文有岑崟無欽崟義與傳亦不同按釋文嶔苦銜反鄒誕生褚詮之音上林賦並同徐音欽韋昭漢書音義去瞻反又本或作廞同巖五銜反韋音巖閻監毛本作廞盧云從注疏本作廞說文止有巖字十行本釋文巖作岩穀梁傳作巖唫吳氏經說云穀梁釋文云唫本又作崟音吟一音欽按說文作嶔崟山之岑崟也巖岸也嵒山巖也讀若吟徐楚金於崟下引張協詩云周文走岑崟而李善注文選引公羊此傳解云然則嶔乃俗字穀梁別本作崟正字也崟巖

音義並同按說文厂部厰崟也一曰地名疑卽此文選上林賦嶔巖倚傾郭注嶔巖欹貌也後漢周燮傳注欽頤曲頷也欽嶔或通同韻也左傳曰晉人禦師必於殽殽有二陵焉其南陵夏后皐之墓也其北陵文王之所辟風雨也必死是閒余收爾骨焉水經注河水篇石崤水出石崤山山有二陵南陵夏后皐之墓也北陵文王之所避風雨矣言山徑委深峯阜交陰故可避風雨也秦本紀二老退謂其子曰汝軍卽敗必於殽阨矣鹽鐵論險固云然固於阻險敵於金城楚師之圍宋秦師敗殽嶔巖是也○注其處至由也○左傳注云此道在二殽之閒南谷中谷深委曲兩山相嶔故可以辟風雨與何注異按嶔巖是山之貌不得云兩山相嶔此道見在俗呼爲石殽土殽山高而險亦不至兩山相接兩所不及杜說未可從也范云其處險隘一人可以要百人正取何義通典云文王辟風雨處在東崤山在夏后皐墓北十里許漢時移道於嶔崟山南在夏后皐墓南可五里曹操更開北道卽復春秋時舊路也元和志三崤山又名嶔崟山在河南府永甯縣北二十八里自東崤至西崤三十五里東崤長坂數里峻阜絕澗車不得方軌西崤全是石坂十二里嶮絕不異東崤明一統志在永甯縣北六十里按今又移於澠池縣界略較平易矣經義述聞云謹案注未得傳意卽猶若也百里及蹇叔欲收其子尸而恐失其處故指地以示之意曰爾若死必毋在他處而在殽之嶔巖吾將於此收爾之尸故下文云吾將尸爾焉按注云卽字無說無不得傳意處

吾將尸爾焉【注】在牀曰尸在棺曰柩

【疏】穀梁傳我將尸女於是注尸女者收女尸呂覽先識篇蹇叔謂其子曰女死不於南方之岸必於北方之岸爲吾尸汝之易通義云將求爾之尸于是宣十二年左傳逢大夫與其二子乘怒之使下指木曰尸女于是言汝必戰死於是不可在他處死有定所

乃可收爾尸爲左傳曰必死是閒余收爾骨焉注以其深險故經義述聞云杜意謂蹇叔以二殽深險故料其子必死是閒非傳意
也必死是閒余收爾骨焉引此傳及穀梁傳呂氏春秋語又引逢大夫事云與此相類按行軍遇敵焉有擇地而死之理百里蹇叔
第極形秦師之出之非故料晉鄭要秦唯崤地最險恐其敗死故左氏云晉人遇師必於殽以當時形勢斷之耳逢大夫推子下車
因卽謂其尸女於是與此小殊何杜范注均自了然王氏強爲立異耳○注其尸在牀至曰柩○禮記曲禮下文尸未殯通稱引禮爲證
非謂當時必有牀載尸也子揖師而行注揖其父於師中介冑不拜爲其拜如
蹲疏注揖其至如蹲○周禮大祝九曰肅拜先鄭注云介者不拜故云爲事敢肅使者此引左傳成十六年郤至事禮記少儀
云介者不拜注軍中之拜肅拜段氏玉裁經韻樓集云肅與肅拜當爲二左傳之肅不言拜則肅爲不拜未嘗跪也曲禮介者不拜
爲其不便於跪故肅以爲禮肅如後世長揖高帝紀酈食其不拜長揖師古曰長揖手自上而極下也證以左傳云閒蒙甲冑不敢
拜命敢肅使者公羊揖師而行周勃傳天子至中營亞夫揖曰介冑之士不拜請以軍禮見是其不跪顯然郤至之肅與禮之肅拜
有跪不跪之殊肅拜者跪而舉頭下手也揖者立而舉頭推手也肅者立而低頭下手如今人之揖也司農稱左傳證周禮失之韋
昭注晉語云禮軍事肅拜肅拜下手至地也下手至地最爲分明惟肅下不當連拜耳按禮經注云推手曰揖引手曰厭推手者拱
其手於前也周禮土揖時揖天揖謂推手小下之爲土揖推手小舉之爲天揖推手平之爲時揖也引手斂手至於胸如鄉飲酒禮
主人揖先入此用推手也所以爲讓也故說文云揖下曰攘也賓厭衆賓此用引手也謙若不敢前也說文又云一曰手箸胸曰揖

手箸胸卽鄭所謂引手此許從今文厭皆作揖也周禮疏作推手曰揖引手曰撎則又以厭作撎左傳注肅手至地若今撎此作撎字正揖之誤今揖者今人揖與古殊古揖但有推手而已今人則有長揖至地者傳所謂肅者正長揖也然則揖者推手之名如今人拱手相讓然厭者引手箸胸書大傳子夏葉拱而進家語師襄避席葉拱而對王注兩手薄其心若不敢當之客若長揖則如今人之揖矣此揖師而行蓋如今之長揖經傳所稱之肅揖父於師不得推手也兪氏樾注揖其父於師中而但曰子揖師文不成義殆非也揖當讀爲輯尚書堯典輯五瑞五帝紀郊祀志並作揖五瑞是揖與輯古字通輯猶集也王莽傳大衆方輯師古注輯與集字同又作楫兒寬傳統楫羣元注輯楫與集三字並同蓋古文聲近義通也輯揖並與集同故揖亦與集同子揖師而行謂其子會集師徒而行也若解作揖其父義不可通矣按兪義亦好異周亞夫見帝曰介胄之士不拜故其二子之子見父亦不拜也介胄不拜二語見曲禮今記作介者不拜爲其拜而蓌拜賈子容經篇禮介者不拜孔叢子問軍禮云介胄在身執銳在列雖君父不拜經義雜記二十三云今禮記作蓌釋文蓌拜盧本作蹲與何邵公合蓌乃俗字介者作介胄蓋何氏以意言之而如古通此若從公羊注讀而爲如拜而蓌拜蓌解据公羊注則蓌拜之拜係衍文又二十七云曲禮注蓌則失容節蓌猶詐也釋文蓌拜子臥反又側嫁反詐也挫也沈租稼反又子猥反盧本作一蹲正義曰蓌挫也戎容暨暨著甲而屈拜則挫損其戎威之容也云蓌詐也言箸鎧而拜形儀不足似詐也按蓌字不知所从玉篇夊部作夎云亦作蓌引禮記無蓌拜廣韻三十九過云夎經典作蓌攺夎蓌皆說文所無徐鉉新附收夎字於夊部以爲从夊坐聲與篇韻合又盧侍中本作蹲說文足部蹲踞也从足尊聲拜而蹲拜者以甲胄在身不能折

腰故欲拜如夷踞然與鄭注詐也一說合夋蓋蹲之俗說文夊行遲曳夊夊象人兩脛有所躧也此字从坐从夊當爲會意字欲拜而不能下但兩足履地其狀如坐然故云猶詐也廣韻二十三魂云蹲坐也蓋以夋釋蹲蹲夋一聲之轉

百里子與蹇叔子從其子而哭之秦伯怒曰爾曷爲哭吾師對曰臣非敢哭君師哭臣之子也 注 言恐臣先死子不見臣故先哭之 疏 左傳蹇叔哭之曰孟子吾見師之出而不見其入也又曰蹇叔之子與師哭而送之殽梁傳師行百里子與蹇叔子隨其子而哭之秦伯怒曰何爲哭吾師也二子曰非敢哭師也哭吾子也文選注引感精符云西秦東窺謀襲鄭伯晉戎同心遮之殽谷反呼老人百里子哭語之不知泣血何益○注言恐至哭之○穀梁傳述二子又曰我老矣彼不死則我死矣注畏秦伯怒故云彼我要有死者秦本紀百里傒蹇叔二人哭之繆公聞怒曰孤發兵而子沮哭吾軍何也二老曰臣非敢沮君軍軍行臣子與往臣老遲還恐不相見故哭耳通義云實哀師不得反託言哭己老恐不得見子

弦高者鄭商也 注 鄭商賈人 疏 左傳及滑鄭商人弦高將市于周遇之注商行賈也周禮太宰職以九職任萬民六曰商賈阜通貨賄注行曰商處曰賈對文異散則通書酒誥肇牽車牛遠服賈是行亦稱賈何云鄭商賈人通言之也高士傳弦高傳云鄭繆公以存國之功賞高高不受以其屬徙東夷終身不反按又有奚施見呂覽先識篇淮南人間訓奚施又作蹇施

遇之殽矯以鄭伯之命而犒師焉 注 詐稱曰矯犒勞也見其軍行非常不似君子恐見虜掠故生意矯君

命勞之疏注詐稱曰矯○國語周語曰其刑詐誣注以詐用法曰矯呂覽先識云乃矯鄭伯之命以勞之注擅稱君命曰矯漢書高后紀注矯詐也武帝紀撟虔吏韋昭曰凡稱詐為矯○注犒犒勞也○廣雅釋詁犒勞也國語魯語曰展禽使乙喜以膏沐犒師注犒犒勞也故呂覽云矯鄭伯命以勞之卽犒之○注見其至勞之○校勘記出虜掠云鄂本掠作略按釋文作虜倞左傳說弦高事云以乘韋先牛十二犒師曰寡君聞吾子將步師出於敝邑敢犒從者不腆敝邑為從者之淹居則具一日之積行則備一夕之衛且使遽告于鄭則束載厲兵秣馬矣秦本紀云至滑鄭販賣賈人弦高持十二牛將賣之周見秦兵恐死虜因獻其牛曰聞大國將誅鄭鄭君謹修守禦備使臣以牛十二勞軍士是其恐見虜掠矯命勞師事也高士傳亦云弦高者鄭人也秦穆公使百里西乞白乙帥師襲鄭過周及滑鄭人不知時高將市于周遇之謂其友蹇他曰師行數千里又數經諸侯之地其勢必襲鄭凡襲國者以無備也示以知其情也必不敢進矣乃矯鄭伯之命以一十二牛犒秦師且使人告鄭為備按反滑當作及滑蹇他卽淮南子之蹇施也左傳曰秦師過周北門左右免冑而下超乘者三百人王孫滿曰秦師輕而無禮必敗其軍行非常不似君子可知或曰往矣或曰反矣注軍中語也時以為鄭實使弦高犒之或以為鄭伯已知將見襲必設備不如還或曰既出當遂往之疏左傳孟明曰鄭有備矣不可冀也攻之不克圍之不繼吾其還也秦本紀秦三將相謂曰將襲鄭鄭今已覺之往無及已是皆或曰反矣事也口衆不一或曰往矣亦所時有其軍心不固已可概見所以敗也經義述聞云往反當上下互易何注曰或以為鄭伯已知將見襲必設

備不如還或曰既出當遂往之注先釋反後釋往則傳之先言反
後言往可知寫者錯亂耳唐石經已誤○往或曰至往之○校勘
記出或曰緒出當遂往之云鄂本同蓋誤閩監作
既出毛本誤既自此本緒字剜改當本作既也
然而晉人與姜
戎要之殽而擊之匹馬隻輪無反者注然然上議猶豫留住之頃
也匹馬一馬也隻踦也皆喻盡疏說苑敬慎篇先軫與兵要之殽
而擊之匹馬隻輪無脫者穀梁
傳晉人與姜戎要而擊之殽匹馬倚輪無反者○注然然至頃也
○校勘記出留往云閩監毛本同誤也鄂本往作住當据正經傳
釋詞云然而者詞之承上而轉者也猶言如是而也考工記材美
工巧然而不良則不時喪服傳故昆弟之義無分然而有分者則
辟子之私也文王世子有父在則禮然然而衆知父子之道矣三
年問然而從之則是爲獸之不若也此傳然然而晉人與姜戎要之
殽而擊之宣六年傳然而宮衆甲鼓而起定八年傳然而甲起於
琴如以上言然者皆謂如是而已今人用然而二字則與此異矣
按何在謂然上議亦即如是之義猶豫留住之頃解然而二字間
之義精極○注隻踦也○釋文隻輪如字一住本作易輪董仲舒云
車皆不還故不得易輪轍隻踦居宜切一本作易踦穀梁傳作倚
輪范云倚輪一隻之輪釋文倚居宜反或於綺反漢書五行志中倚
之下劉向說謂晉敗秦師匹馬觭輪無反者服虔曰觭音奇偶之
奇師古曰觭隻也言盡虜獲之觭音居宜反經義雜記云按作觭
作倚作踦皆奇字之通借疑公羊傳本作匹馬踦輪與穀梁及漢
志同何注作踦隻也與范解及顏注同今注疏本與釋文皆誤倒
若傳本作隻則文義已明反訓爲踦義轉晦矣釋文謂隻輪本作
易輪亦誤若作易輪依董說爲車皆不還不得易輪轍則下文無

反者三字可刪矣校勘記云據釋文則知傳一本作易輪與董仲舒合而何釋爲踦也經義述聞云謹案隻本字也易借字也易古音神石反釋文敘錄曰徐仙民反易爲神石是也與隻聲相近故借易爲隻公羊古本蓋作易何氏讀易爲隻故云易踦也踦與隻同義易踦也者正以易之爲隻也董仲舒不知易爲隻之段借而以爲易輪轍其說雖於文義未安然卽此可見古本之作易也大抵段借之字不以本字讀之則義失其真徑改本字則文非其舊存其段借之易而讀以本義之隻則兩得之矣臧氏經義雜記乃謂易爲誤字又謂傳文當作踦輪注當作踦隻也非是公羊問答云注隻踦也此方言乎曰方言自關而西秦晉之間凡全物而體不具者謂之倚梁楚之間謂之踦漢書五行志作觭師古曰觭隻也觭倚踦皆奇之通借服虔曰觭音奇偶之奇穀梁注倚輪一隻之輪皆同公羊說按董仲舒所見本卽釋文之一本何訓爲踦者說文足部踦一足也段注云管子借堯之時一踦一腓一踦屨而當死謂是一足刖一足屨當死罪也引伸之凡物單曰踦方言倚踦奇也自關而西物全而體不具者謂之倚梁楚間謂之踦雍梁西郊凡[illegible]支體不具者謂之踦公羊匹馬隻輪無反者何注隻踦也又相與踦閭而語何云閉一扇開一扇一人在內一人在外戰國策必有踦重者矣踦重偏重也梁氏玉繩瞥記云穀梁倚輪讀若奇偶之奇與公羊隻輪同方言倚踦奇也荀子修身云倚魁之行莊子天下篇南方有倚人漢五行志作觭釋文先音居宜切者是按臧氏謂隻當作踦注當作踦隻似爲近之公穀多相近公羊之踦卽穀梁之倚也皆卽奇字奇者一也易繫詞所謂歸奇于扐是也因之凡單數皆謂之奇易繫詞傳陽數奇禮記郊特牲鼎俎奇皆其引申也奇與易韻通古易韻轉平聲入支部从奇之字在歌部歌部與支部古韻通轉也○注皆喻盡○秦本紀云襄公怒

發兵遮秦兵於殽擊之大破秦軍無一人得脫者明其盡也下傳云此何以日盡也是其事也其言及姜戎何【注】

據秦人白狄不言及吳子主會也【疏】注據秦至會也○校勘記云閩監毛本同鄂本疊吳子二

字盧文弨曰秦人白狄伐晉在成九年及吳子在哀十三年舊本吳子重但脫一及字按疏中標注云及吳子主會也如今本依疏

疊及字義可通矣又云按此注當據秦人白狄不言及句絕下云及吳子吳子主會也謂如哀十三年言及吳子者因吳子主會也

今姜戎非主會者何以言及按後說明顯舊疏但引哀十三年經傳殊不了姜戎微也【注】故絕言及【疏】

注故絕言及○顧氏炎武杜解補正云及者殊夷狄之詞以杜注晉人角之諸戎掎之不同陳故言及故正之凡數國同伐未必皆

同陳也杜殊夔夔然如邢人狄人伐衛狄亦夷狄何以不殊殊故知此爲其微書及也稱人亦微者也何言乎

姜戎之微【注】據邢人狄人伐衛不言及【疏】注據邢至言及○見上十八年明彼邢亦小國

小國無大夫亦微者也故不殊狄先軫也【注】先軫晉大夫也言姜戎微則知稱人

者尊【疏】注先軫晉大夫○上二十七年左傳先軫注先軫下軍之佐原軫也左傳晉原軫曰秦違蹇叔而以貪勤民天奉我

也必伐秦師又曰秦不哀吾喪而伐吾同姓秦則無禮吾聞之一日縱敵數世之患也遂發命是主兵者先軫也說苑敬慎篇羞小

恥以構大怨貪小利以忘人衆春秋有其戒晉先軫是也先軫欲要功獲名則以秦不假道之故請要秦師襄公曰不可先軫曰先

君薨而不弔贈是無哀吾喪也興師徑吾地而不假道是弱吾孤也興師卜曰大國師將至請擊之則聽大結怨構禍於秦接刃流

血伏尸暴骸糜爛國家○十有餘年卒喪其師衆禍及大夫憂累後世是卽微先軫之義也○注注言姜至者尊○通義云高闕曰夷狄不分君臣常在中國之下若不加及則嫌晉人爲未命之卿例序于姜戎之上故特加及明以尊及卑以晉人及姜戎則所謂晉人者非卑也

或曰襄公親之 注 以既貶又危文公葬 疏 左傳子墨衰絰梁宏御戎萊駒爲右○注晉文公未葬故襄公稱子以凶服從戎故墨之是左氏以爲襄公親之也秦本紀曰是時晉文公喪尚未葬太子襄公怒曰秦侮我孤因喪破我滑遂○墨衰絰發兵與左傳同穀梁傳晉人者晉子也亦以爲襄公親之○注以既至公葬○下云癸巳葬晉文公是也以隱三年傳云當時而日危不得葬也今此文公以去年十二月卒至今年四月適五月當時而不書日明襄公有殯用師故危不得葬也因危文公葬故知此稱人爲貶襄公也

襄公親之則其稱人何 注 据桓十三年衛侯背殯用兵不稱人 疏 注据桓至稱人○桓十三年二月公會紀侯鄭伯及齊侯宋公衛侯燕人戰時衛侯晉卒於上年十一月其年三月始葬衛惠亦背殯用師稱侯不稱人故据以難貶 疏 惠氏士奇春秋說云秦晉搆兵始于殽之戰其後兵連不息報復無常而秦遂合于楚卒爲晉患故春秋于殽之戰狄秦而不微晉交譏之與晉爭中原者楚也秦晉舅甥之國城濮之戰秦有功焉合秦以敵楚文公之善謀也且晉不敗秦何害於霸而汲汲焉背殯而要秦於險君子是以貶晉襄公說者謂城濮之後楚人帖息而秦首爲亂階不可以縱而弗擊非也秦本無志於中原今忽焉千里襲鄭無功而返又焉能爲亂於天下哉

曷爲貶 注 据俱背殯用兵君在乎殯而用師危不得葬也 注 與衛

迫齊宋異故惡不予也疏穀梁傳其曰人何也微之也何爲微之不正其釋殯言主乎戰也沈氏欽韓云當從貶稱人之例杜云晉侯背喪用兵故通以賤者告杜亦知稱人爲貶而必謂從赴告辭可謂拂人之性矣○注與衞至子也○桓十三年葬衞宣公注背殯用兵而月不危之者衞弱於齊宋不從亦有危故量力不責也晉無所迫故惡之詐戰不日

此何以日注据不言敗績外詐戰文也詐卒也齊人語也疏上二十二年傳偏戰者日隱六年注戰例時偏戰日詐戰月此日故解之○注据不至文也○春秋內不言戰言戰乃敗桓十年齊侯衞侯鄭伯來戰于郎又十三年戰于宋是也內與外偏戰則言敗某師隱十年壬戌公敗宋師于菅之屬是也外偏戰書敗績上二十二年己巳宋公及楚人戰于泓宋師敗績之屬是也外詐戰則曰敗某師此經是也特狄秦不言師耳○注詐卒至語也○穀梁上二十三年傳以其不教民戰注詐戰謂不期也不期即倉卒之意廣雅釋言云乍暫也定八年左傳桓子咋謂林楚注咋暫也暫即倉卒之意按詐蓋乍之借不結日而戰亦近於詐期故義可兼存焉繁露竹林云春秋之書戰伐也有惡有善也惡詐擊而善偏戰是也

盡也注惡晉不仁疏注惡晉不仁○校勘記出惡者不仁云鄂本者作晉此誤通義云春秋之義愛民重衆而惡戰秦乘危襲國糜爛其師則既狄之矣彼自襲鄭何與於晉而晉徼利要殺至盡故亦惡之甚特加日以著其惡也所以加日爲著其惡者下經曰癸巳葬晉文公諸侯之禮遞朝五廟先葬五日而啓自辛巳以迨癸巳十二日耳則是時已當戒啓期矣乃釋哀廢禮佳兵造釁不臣不子孰此爲甚是以詐戰不日而詭例書日以著見其惡焉爾漢書五行志釐公三十二年十二月己卯晉文

公卒庚辰將殯于曲沃出絳柩有聲如牛劉向以爲近鼓妖也喪凶事聲如牛怒象也將有急怒之謀以生兵革之禍是時秦穆公遣兵襲鄭而不假道還晉大夫先軫謂襄公曰秦師過而不假塗請擊之遂要崤阸以敗秦師匹馬觭輪無反者操之急矣晉不惟舊而聽虐謀結怨彊國四被秦寇禍流數世凶惡之效是其義也

癸巳葬晉文公疏傳例曰當時而日危不得葬也穀梁傳日葬危不得葬也癸巳於曆爲五月之廿七日

狄侵齊

公伐邾婁取叢注取邑不致者得意可知例疏舊疏云叢有作鄒字者校勘記云唐石經諸本同釋文作取蕞云才公反二傳作取訾婁穀梁作訾樓按叢从取得聲故史記建元以來王子侯者年表訾叢集解徐廣曰一作取取與婁音近合訾婁二音則爲取音鄒从芻得聲亦與婁字同部也上十八年左傳而後師于訾婁注訾婁衞邑不知何時入邾婁也大事表云彙纂訾婁邾邑當在今濟甯州界○注取邑至知例○莊六年注公與一國及獨出用兵得意不致不得意致伐取邑皆不致明得意也故不別從可知例也

秋公子遂率師伐邾婁

晉人敗狄于箕注不月者略微者與夷狄也疏杜云太原陽邑縣南有箕城一統志箕城在太原府太谷縣東二十里大事表在今太谷縣東南三十五里水經注洞過水篇蔣谷水出縣東南蔣谿魏土地記曰晉陽城東

南一百一十里至山有將谷大道度軒車嶺道於武鄉水自將谿西北流西逕箕城北春秋敗狄于箕釋地曰城在陽邑南水北即陽邑縣故城也顧氏炎武補正云陽邑在今之太谷縣疑襄公時未為晉境寰宇記在遼州榆社縣南三十里〇注不月至狄也〇舊疏云以隱六年注云詐戰月今此不月故解之左傳郤缺獲白狄子下云以一命命郤缺為卿是此未為卿也故為微者稱人與夷狄同不月略之也

冬十月公如齊注月者善公念齊恩及子孫疏注月者至子孫〇舊疏云正以朝聘例時故如此解僖公本齊所立今齊桓之卒已久能復朝齊故為念齊恩及子孫也繁露隨本消息云晉文之威天子再致先卒一年魯僖公之心分而事齊按晉文卒前一年無魯君臣如齊之事則此前當作後意謂魯始事晉即上公子遂兩如晉是也晉文已故即結好于齊故春秋善之繁露又云所事者不可不慎亦存亡榮辱之要與何注合按上十年公如齊十五年公如齊皆書月義與此同所謂如齊晉月則安之是也

十有二月公至自齊

乙巳公薨于小寢疏包氏慎言云十二月書乙巳月之十三日按當十二日穀梁傳小寢非正也注小寢內寢非路寢左傳即安也杜亦云內寢也又云夫人寢也按此小寢即君之燕寢杜以為夫人寢非也禮記玉藻君適路寢聽政使人視大夫大夫退然後適小寢釋服注小寢燕寢是小寢對路寢為小寢明矣范注穀梁是也左氏以為即安而以成公薨于路寢為道明小

寢寢非路寢則燕寢矣莊三十二年注諸侯正寢一小寢二妻從夫寢則進御必於小寢矣喪大記云世婦卒于適寢一注世婦以君下寢寢之上爲適寢皇氏以君爲女君謂世婦以夫人下寢之上爲適寢熊氏謂諸侯夫人大夫妻及士之妻卒皆夫之正寢解此爲夫人卒于君之正寢世婦卒于君之下寢之上者禮疏引服虔注左傳與皇氏同按諸侯與夫人各有三寢夫人以下惟進御始居君之寢平時則各居于其寢僖二十年傳夫人居中宮左右媵居東西宮是其正居公羊家無世婦以下名目以春秋說禮經則世婦以下死當在夫人內寢所謂婦人不死男子之手也何氏莊三十二年注夫人居小寢亦謂夫人平時各居於其寢耳

霣霜不殺草李梅實疏左氏穀梁霣作隕穀梁傳隕霜不殺草未可殺而殺舉重也可殺而不殺舉輕也李梅實

霣之爲言猶實也

何以書記異也何異爾不時也注周之十二月夏之十月也易中孚記曰陰假陽威之應也旱霣霜而不殺萬物至當霣霜之時根生之物復榮不死斯陽假與陰威陰威列索故陽自霣霜而反不能殺也此祿去公室政在公子遂之應也疏易林豐之師云李梅冬實國多盜賊擾亂並作君不能息取應與此異續漢志注引感精符云霜殺伐之表季秋霜始降鷹隼擊王者順天行誅以成肅殺之威若政令苛則夏下霜誅伐不行則冬霜不殺草新語十一云十有二月李梅實霣霜不殺菽言寒暑之氣失其節也按不字衍文韓非子內儲說

上哀公問於仲尼曰春秋之記曰冬十二月霣霜不殺菽何爲記此仲尼曰此言可以殺而不殺也夫宜殺而不殺李梅冬實天失
道草木猶干犯之況於人君乎按殺菽宜殺草之誤○注周之至月也○杜云周十一月今九月彼疏杜以長曆較之誤乙巳是十一
月十二日謂經十二月誤遂以此經四事皆爲十一月案新語韓非漢書五行志劉向等皆以爲周十二月且亥月霣霜宜重乃不
殺草所以爲異○注易中至應也○五行志中之下釐公三十三年十二月隕霜不殺草劉歆以爲草妖也劉向以爲今十月周十
二月於易五爲天位爲君位九月陰氣至五通于天位其卦爲剝剝落萬物始大殺矣明陰從陽命臣從君令而後殺也今十月隕
霜而不能殺草此君誅不行舒緩之應也是時公子遂顓權三桓始世官天戒若曰自此之後將皆爲亂矣文公不寤其後遂殺子
赤三家逐昭公董仲舒指略同京房易傳曰臣有緩茲謂不順厥異霜不殺也志又云李梅實劉向以爲周十二月今十月也李梅
當剝落今反華實近草妖也先華而後實不書華舉重者也陰成陽事象臣顓君作威福一曰冬當殺反生象驕臣當誅不行其罰
也故冬華華者象臣邪謀有端而不成至於實則成矣是時僖公死公子遂顓權文公不寤後有子赤之變一曰君舒緩甚奧氣不
藏則華實復生董仲舒以爲李梅實臣下强也記曰不當華而華易大夫不當實而實易相室冬水王木相故象大臣劉歆以爲庶
徵皆以蟲爲孽思心贏蟲孽也李梅實屬草妖穀梁注引京房易傳曰君假與臣權隕霜不殺草又曰從叛者茲謂不明厥妖木冬
實經義雜記二十七云何范義與董劉合劉何皆云周十二月今夏十月杜注左氏以長曆校經十二月爲誤云十一月今九月與
先儒異按志又云釐公二年十月隕霜不殺草爲嗣君微失秉事之象也其後卒在臣下則災爲之生矣異故言草災故言菽重殺

穀一曰菽草之難殺者也言殺菽則草皆死矣言不殺草則知菽亦不死也董仲舒以爲菽草之强者天戒若曰加誅于强臣言菽
以微見季氏之罰也按董二年十月無不殺草之文亦當爲此經之誤宜作董公三十三年十二月也穀梁傳之舉重舉輕卽志之
言殺菽知草皆死言不殺草知菽亦不死義也通義云謹案李梅冬實於洪範五行屬木不殺曲直也菽其傳曰田獵不宿飲食不享出
入不節奪民農時及有姦謀則木不曲直又引京氏易傳董仲舒韓非子語取象率皆無異御覽引考異郵曰魯僖公卽位隕霜不
殺草臣威强也李梅實梅李大樹比草爲貴是君不能伐也按僖當作文漢書劉向傳曰李梅冬實七月霜降草木不死師古曰僖
三十三年經書冬隕霜不殺草李梅實未知在何月也而此言李梅實又云七月霜降草木死與今春秋不同按七當十之誤又此
經上明云十有二月而顏氏謂未知在何月何也劉子政上封事卽本此經爲說故五行志所載劉說與之同也顧氏炎武杜解補
正云九月十月之交草木黃落之日而隕霜不殺草梅李實此洪範所謂恆燠者也惠氏士奇春秋說云京房易傳曰祿不遂行茲
謂歎厥咎燠其燠雨雲四至而温臣安祿逸樂茲謂亂燠而生蟲知罪不誅茲謂舒其燠夏則暑殺人冬則物華實吳建興元年桃
李華是時諸葛恪輔政息校官原逋責除關梁崇寬厚此舒緩之應魏景元三年桃李華時文帝深樹恩德事崇優緩與建興同占
晉永和九年十二月桃李華時簡文輔政事多弛略其占亦同春秋不志華而志實者舉其重焉爾十月爲陽桃李華不足異也僖
三十三年十二月乃夏十月而李梅實與晉永和同占一則十二月而華一則十二月而實說者謂臣下强也記曰不當華而華易大
夫不當實而實易相室相室謂貴臣言賞易而更之不可使久輔政魯三桓始盛于僖而僖亦崇尚寬政委任三桓及仲遂故其末

年有陰假陽威之應雖隕霜而不能殺柔脆之草根生之物復榮而實此不當實而實者也誠能抑而損之其不可者易之則政不在大夫矣按易中孚記者易緯篇名卦氣起于中孚故以名篇陰假陽威故陰威列索列索者舊疏云陰威列見而散萬物矣論語季氏篇祿之去公室五世矣集解鄭曰魯自東門襄仲殺文公之子赤而立宣公於是政在大夫爵祿不從君出至定公爲五世矣按昭二十三年左傳樂祁曰魯君喪政四公也矣彼自宣公數至昭也然魯君失政實自遂始樂祁專言政在季氏故數魯君失政自宣始論語論祿去公室之始故有五世則當自文數也漢書食貨志云魯自文公以後祿去公室政在大夫繁露玉杯篇文公不能服喪不時奉祭倒序不以三年又以喪取取於大夫以卑宗廟亂其羣祖以逆先公小善無一而大惡四五故諸侯弗予盟命大夫弗爲使是惡惡之徵不臣之效也出侮於外入奪於內無位之君也孔子曰政逮於大夫四世矣蓋自文公以來之謂也蓋遂之專擅萌於僖世肆於文世文公沒後卽肆行弒逆奪適立庶季文得所藉口因之專魯皆由文公階之厲也

晉人陳人鄭人伐許

公羊義疏三十七

南菁書院

句容陳立卓人著

文元年盡二年

春秋公羊經傳解詁文公第五 疏 校勘記云唐石經文公第六卷五魯世家三十三年釐公卒子興立

是爲文公釋文文公名興僖公子母聲姜諡法慈惠愛民曰文忠信接禮曰文

元年春王正月公即位 疏 通典博士徐禪議曰按文公之書即位也僖公未葬蓋改元之道宜其親告不以喪闕昔代祖受終亦在諒陰既正其位於天郊必告成命於父祖子莫大於正位禮莫盛於改元傳曰元始也首也善之長也故君道重焉白虎通爵篇曰三年然後受爵者緣孝子之心未忍安吉也故春秋魯僖公三十三年十二月乙巳公薨于小寢文公元年春王正月公即位四月丁巳葬我君僖公穀梁傳曰繼正即位正也莊氏存與春秋正詞云即位者何正位也惡乎行之朝正于廟則行之受之祖以爲國紀事畢而反喪服喪畢而請命于天子於先君之薨也受命爲喪主庶莫敢干焉文公即位何以書先君以正終嗣君以正始雖不受命於即位無譏焉按隱將讓桓不書即位成公意莊閔僖繼弒君不書即位桓亦繼弒君書即位爲著其惡入春秋後惟文之即位得正故書之

二月癸亥朔日有食之 注 是後楚世子商臣弒其君楚滅江六狄比

侵中國疏左氏穀梁無朔字王氏經義述聞云謹案朔衍字也漢書五行志載此經無朔字而引董仲舒劉向說於下仲舒傳公羊向傳穀梁皆無朔字可知也志又曰凡春秋日食三十六穀梁以爲朔二十六晦七夜二二日一公羊以爲朔二十七二日七晦二今以二傳之例考之凡日食言日言朔者穀梁皆以爲晦日隱公三年曰言日不言朔食晦日也是也公羊皆以爲二日隱公三年傳說言日不言朔曰或失之前或在前也何注曰謂二日食偏數春秋日食言日不言朔者凡七一爲隱公三年二月己巳二僖公十二年三月庚午三文公元年二月癸亥左氏穀梁皆無朔字四宣公八年七月甲子五宣公十年四月丙辰六宣公十七年六月癸卯七襄公十五年八月丁巳也此七日者皆言日不言朔故穀梁以爲晦日公羊以爲二日故志曰穀梁以爲晦七公羊以爲二日七也若如今本公羊文公元年日食二月癸亥下有朔字則非二日矣則公羊以爲二日者但有六事志何以云二日七乎更以公羊朔二十七考之所謂朔二十七者一爲桓公三年七月壬辰朔二桓公十七年十月朔穀梁以此爲二日不以爲朔所謂二日也故穀梁以爲朔者止二十六也三莊公二十五年六月辛未朔四莊公二十六年十二月癸亥朔五莊公三十年九月庚午朔六僖公五年九月戊申朔七文公十五年六月辛丑朔八成公十六年六月丙寅朔九成公十七年十二月丁巳朔十襄公十四年二月乙未朔十一襄公二十年十月丙辰朔十二襄公二十一年九月庚戌朔十三襄公二十一年十月庚辰朔十四襄公二十三年二月癸酉朔十五襄公二十五年七月甲子朔十六襄公二十五年八月癸巳朔十七襄公二十七年十二月乙亥朔十八昭公七年四月甲辰朔十九昭公十五年六月丁巳朔二十昭公十七年六月甲戌朔二十一昭公二十一年七月壬午朔

二十二昭公二十二年十二月癸酉朔二十三昭公二十四年五月乙未朔二十四昭公三十一年十二月辛亥朔二十五定公五年三月辛亥朔五行志所引如是今本公羊三作正矣二十六定公十二年十一月丙寅朔二十七定公十五年八月庚辰朔也此二十七者皆言朔故曰公羊以爲朔二十七若文公元年二月癸亥下亦有朔字則是朔二十八矣志何以云二十七乎自顏師古注漢書劉向傳日食三十六引春秋文元年二月癸亥朔則唐初已衍朔字不始於開成石經矣當据五行志刪正包氏愼言云經二月書癸亥朔正月三月朔皆癸亥二月則癸巳非癸亥也與二月癸亥又不合元志姜岌云二月甲午朔無癸亥三月癸亥入食限大衍亦以爲然沈氏欽韓云以今曆推之是歲三月癸亥朔加時在晝去交分二十六日五千九百十七分入食限失閏月宋志翰林天文鄭昭晏以爲其年三月癸巳朔去交分入食限劉歆以爲正月朔燕越分滅氏爲壽恭左氏古義推之云是年入甲申統一千一百一十七年積月一萬二千五百七十八閏餘十三是歲有閏積日三十七萬一千四百三十九小餘七十七大餘三十九正月癸亥朔又置上積日以統法乘之以十九乘小餘十一七并之滿天除去之餘五十三萬一千二百七十四滿統法而一得積度三周百四十五度餘五百七十一三命如法合辰在斗七度〇注是後至中國〇校勘記出狄比侵中國云宋本同閩監毛本比誤北按舊疏云即下四年夏狄侵齊七年夏狄侵我西鄙之屬是也正比侵之證狄在齊魯之西不得云北侵也楚世子商臣弑其君在下冬十月楚滅江六四年秋楚人滅江五年秋楚人滅六是也五行志下之下文公元年二月癸亥日有食之董仲舒劉向以爲先是大夫始執國政公子遂如京師後楚世子商臣殺父齊公子商人弑君皆自立宋子哀來奔晉滅江楚滅六大夫公孫敖叔彭生並專

會盟按晉亦楚之誤

天王使叔服來會葬

其言來會葬何注据奔喪以非禮書歸含且賵不言來疏注据奔至禮書○定十五年邾婁子來奔喪傳其言來奔喪非禮也○注歸含至言來○下五年王使榮叔歸含且賵是也釋文歸含本又作唅五年經同

會葬禮也注但解會葬者明言來者常文不為早晚施也常事書者文公不肖諸侯莫肯會之故書天子之厚以起諸侯之薄蓋以長補短也叔服者王子虎也服者字也叔者長幼稱也不繫王者不以親疏錄也不稱王子者時天子諸侯不務求賢而專貴親親故尤其在位子弟刺其早任以權也魯得言公子者方錄異辭故獨不言弟也諸侯得言子弟者一國失賢輕疏注但解至施也○隱元年其言來何不及事也注比於去來為不及事時以葬事畢無所復施故云爾去來所以為及事者若已在於內者是含賵襚等事及事不言來不及事則言來也其會葬奔喪及事不及事皆言來此經會葬則及事言來也下五年葬我小君成風下乃云王使召伯來會葬是不及事言來也其奔喪者定十五年邾婁子來奔喪注但解奔喪者明言來者常文不為早晚施是與其事會葬同也○注

注常事至短也○正以僖薨於去年十二月今年四月葬正合五月而葬之常叔服之來文在葬前故謂之常事也下七年秋八月公會諸侯晉大夫盟于扈傳曰諸侯何以不序大夫何以不名公失序也公失序奈何諸侯不可使與公盟眣晉人夫使與公盟也注文公爲諸侯所薄賤不見序故深諱爲不可知之辭是文公不肖諸侯莫肯會事也按下七年注又云文公欲久喪而不能喪娶逆祀外則貪利取邑因爲諸侯所賤等事皆在二年後於此已見薄諸侯或文公先已別有不肖之端不僅如若等事也襄三十一年滕子來會葬注此書者與叔服同義然則此爲天子加恩故書天子之厚以起諸侯之薄彼亦爲書滕子之厚以見各國諸侯之薄也○注叔服至稱也○下三年王子虎卒傳王子虎者天子之大夫也外大夫不卒此何以卒新使乎我也故云知叔服王子虎也蓋虎名服字叔爲長幼稱禮記檀弓云幼名冠字五十以伯仲者是也通義云謹案左傳云內史叔服周官內史有下大夫二人是下大夫書且字之證○注不繫至錄也○宣十五年王札子殺召伯毛伯傳王札子者長庶之號注子者王子也天子不言子弟故變文王札繫先王以明之然則彼以親疏錄故上繫王此但錄天子之厚使來會葬不必如王札子之書王服子矣○注不稱至權也○下三年王叔文公卒是王之伯叔兄弟宜如彼經稱王子矣今不然故解之舊疏云言尤其在位子弟則知聘使與會盟之時不得稱子弟若其卒與奔猶得稱之何者卒與出奔不復在位何須刺其早任以權也卽下三年王子虎卒襄三十年王子瑕奔晉之屬是也說苑建本云是故古者君始聽治大夫而一言士而一見庶人有謁必達公族請問必語四方至者勿拒可謂不壅蔽矣分程必及用刑必中君心必仁思君之利除君之害可謂不失民衆矣君身必正近臣必選大夫必兼官執民柄者不在族可謂

不權勢矣此皆春秋之義而元年之本也新序三云樂毅曰臣聞賢聖之君不以祿私親功多者授之不以官隨愛能當者處之也〇注魯得至弟也〇桓三年公子翬如齊逆女莊元年公子慶父帥師伐於餘丘之屬是魯得稱公子也方錄異辭者舊疏云謂上異於天子下異於諸侯見其爲新王之義故曰方錄異辭也故獨不言弟者謂尤其在位子弟若其卒與出奔不妨有之郎宣十七年公弟叔肸卒是也按周道尊尊殷道親親春秋變周從殷雖親親之厚不任以事示有制也又以見魯之積弱由於三桓擅政而三桓之得權始於莊公之寵任其弟之太過〇聖人杜漸防微不書公弟亦春秋之微辭若曰不可專任其弟爾〇注諸侯至賢輕〇宣二年宋華元及鄭公子歸生戰于大棘又隱七年齊侯使其弟年來聘桓十四年鄭伯使其弟語來盟是諸侯得言子與弟矣故解之一國失賢輕者春秋一假魯爲萬世張義故卑外諸侯爲一國也

夏四月丁巳葬我君僖公 疏 包氏慎言云四月書丁巳月之二十六日

天王使毛伯來錫公命 疏 杜云毛國伯爵諸侯爲王卿士者正義僖二十四年傳有原伯毛伯杜云原毛皆采邑此毛與彼計是一人而注不同者此毛當是文王之子封爲圻外之國於時諸侯無復有毛或是世事王朝本封絶滅從此以後常稱毛伯國名尚存仍爲伯爵必受得采邑爲圻內諸侯故注彼云采邑此云國也馬氏宗槤左傳補注云通鑑外紀引王肅尚書注毛伯文王庶子是圻內之國元凱解爲諸侯爲王卿士者非周禮小宗伯職賜卿大夫士則儐注賜猶命也儐之如命諸侯之儀春秋文元年毛伯來錫公命傳曰錫者何賜也命者何加我服也疏云諸侯尊故大宗伯儐之卿大夫士卑故小宗伯儐之則毛伯

當卿矣通典引段暢議賈逵以爲諸侯踰年即位天子賜以命珪合瑞爲信也按命珪新君即位皆宜頒賜何以止見於文公即位之初成公又何以遲至八年桓公又在沒後且係常事春秋無爲書之

錫者何賜也命者何加我服也注復發傳者嫌禮與桓公同死生異也王書者惡天子也古者三載考績三考黜陟幽明文公新即位功未足施而錫之非禮也疏詩唐風無衣云不如子之衣安且吉兮傳諸侯不命于天子則不成爲君箋云武公初幷晉國心未自安故以得命服爲安傳又云侯伯之禮七命冕服七章知此賜文公宜亦七章蓋驚冕之服也○侯注復發至異也○莊元年王使榮叔來錫桓公命彼傳與此同此復發故解之明彼爲贈死此爲生者之服文同實異生死之殊故復發傳也○注古者至幽明○書堯典文伏生大傳曰書曰三載考績三考黜陟幽明其訓曰積不善至於幽六極以類降故黜之積善至於明五福以類相升故陟之蓋今文家以幽明屬上讀也漢書谷永傳待詔公車對曰經曰三載考績三考黜陟幽明與此同白虎通攷黜篇兩引尚書曰三載考績三考黜陟又漢書李尋傳尋對災異引經曰三載考績三考黜陟合之史記五帝本紀云三歲一攷功三考黜陟遠近衆功咸與以遠近詁幽明而下屬史公多從安國問故蓋古文尚書讀至黜陟絕也繁露考功名篇考績之法考其所績也考試之法大者緩小者急貴者舒賤者促諸侯自試其國州部時試其部四試而一考前後三考而黜陟命之曰計公羊舊疏引書傳曰三年一使三公黜陟者即謂巡行列國考黜諸侯由天子命之者也○注文公至禮也○北堂書鈔引韓

詩傳曰諸侯有德天子賜之蓋小雅采菽篇注明有德始錫命也穀梁傳禮有受命無來錫命錫命非正也惠氏士奇春秋說云小雅瞻彼洛矣大雅采菽韓奕皆錫命諸侯之詩也諸侯世子除三年之喪見天子猶未爵命服士服故瞻彼洛矣之首章曰韎韐有奭韎韐者士祭服之韠也而采菽諸侯來朝曰赤芾在股此諸侯既受爵命得服赤韍則未爵命而君其國皆服元士之服與路車乘馬元袞及黼卽覲禮所以賜諸侯氏者韓奕乃韓侯入覲其首章曰王親命之其卒章曰因以其伯則未入覲之先已策命作伯矣文元年成八年天子皆來錫命未聞文成二公入覲故穀梁言天子命諸侯有往受而無來錫爲論甚正按古者諸侯薨有歸圭之禮世子新立服士服見王受命之後乃復侯禮故禮記疏引韓詩內傳云諸侯世子三年喪畢上受爵命于天子乃歸卽位明爵爲天子有也然春秋十二公皆無卽位朝王之事則歸圭之不行久矣天子無緣錫之此錫命或常服之外特有所加故春秋譏其功未足施而錫之也仍以何氏爲允又按竹書紀年宣王十七年王錫申伯命潛夫論三式篇周宣王時輔相大臣以德佐治亦獲有國故尹吉甫作封頌二篇言申伯山甫文德致昇平而王封以樂土賜以盛服也明有功始得加封矣此與穀梁皆譏周天子非正各有所主無容混而一也左傳僖十一年晉惠新立王賜之命受玉惰蓋亦有玉爲其表德與但不必如韓詩爲卽賜其所歸瑞圭耳

晉侯伐衞

叔孫得臣如京師【注】書者與莊二十五年同知不爲喪聘書者聘爲

貢職天子當得異方之物以事宗廟又欲以知君父無恙不以喪廢故不譏也如他國就不三年一譏而已疏惠棟曰世本云桓公生僖叔牙牙生戴伯茲茲生莊叔得臣得臣生穆叔豹○注書者至年同○莊二十五年公子友如陳注云如陳者聘也内朝聘言如尊内也書者錄内所交接也按不發注於僖三十年公子遂如京師下者彼方欲貶遂如晉故不及解如義也○注知不至譏也○禮喪服斬衰三年章有臣爲君則得臣亦在喪中出而行聘嫌合示譏故解之桓元年注云王者與諸侯別治勢不得自專朝故即位比年使大夫小聘三年使上卿大聘四年又使大夫小聘五年一朝王者亦貴得天下之歡心以事其先王因助祭以述其職此得臣聘周故不譏也○注如他至而已○如他國者謂如鄰國也故舊疏云聘是吉禮又非君父之國於喪宜廢故也何者天子尊於己之君聘問者所以修臣職故不以私喪廢國典亦如天子在喪不廢天地之祭亦以其尊於君父故也鄰國與己尊同則不得居喪行聘矣下二年公子遂如齊納幣傳納幣不書此何以書譏何譏爾譏喪娶也三年之内不圖昏舊疏云言就其重者一以書譏而已其餘從可知也故注云就不三年一譏而已

衞人伐晉

秋公孫敖會晉侯于戚疏杜云戚衞邑在頓丘衞縣西大事表云世爲孫氏邑會盟要地孫林父出獻公後以戚如晉晉人爲之疆戚田蒯聵自戚入于衞蓋其地瀕河西据中國之要樞不獨衞之重鎮亦晉鄭吳楚之孔道也今開州北七里

有古戚地亦曰戚田晉衛縣爲今東昌府觀城縣在今開州東接
界清豐縣志戚城在縣南三十五里穀梁注云禮卿不會公侯春
秋尊魯內卿大夫
可以會外諸侯

冬十月丁未楚世子商臣弑其君髡**注**楚無大夫言世子者甚惡世
子弑父之禍也不言其父言其君者君之於世子有父之親有君
之尊言世子者所以明有父之親言君者所以明有君之尊又責
臣子當討賊也日者夷狄子弑父忍言其日**疏**包氏慎言云冬十
月書丁未月之十
九日葉鈔釋文唐石經髡作髠字从兀从几者非左氏作頵漢書
古今人表楚成王惲師古曰左傳作頵音於倫反按說文頁部頵
頭頵頵大也从頁君聲髡鬄髮也从髟兀聲髠或从元元聲君聲
軍聲古皆通史記楚世家云初成王將以商臣爲大子語令尹子
上子上曰君之齒未也而又多內寵絀乃亂也王不聽立之後又
欲立子職冬十月商臣以宮衛兵圍成王成王請食熊蹯而死不
聽丁未成王自絞殺商臣代立是爲穆王與左傳同○注楚無至
禍也○下九年楚子使椒來聘傳云椒者何楚大夫也楚無大夫
此何以書始有大夫也是楚至椒聘始有大夫此書世子故解之
○注不言至賊也○穀梁注引鄭嗣曰不言其父而言其君者君
之於世子有父之親有君之尊言世子所以明其親也言其君所
以明其尊也商臣於尊親盡矣本何義隱十一年傳春秋君弑賊
不討不書葬以爲無臣子也明弑君之賊人人得討故言其君也
○注日者至其日○舊疏云如此注者正決襄三十年夏四月蔡

世子般弒其君固何氏云不日者深爲中國隱痛有子弒父之禍故不忍言其日也是也通義云按般弒錄日知所聞之世始進楚得日卒與中國同足明商臣不卒者以弒父大惡絕也春秋有弒父者三般爲楚所討止未成君故獨於商臣見法按所聞之世始內諸夏而外夷狄春秋何怨於楚而進之同於中國諸侯日卒孔說非也彼於襄三十年蔡弒君注又云弒君例不日者君失德也獨不思君雖不君臣不可以不臣父有失德卽可躬行弒逆乎亦近乎左氏稱君君無道之謬說矣

公孫敖如齊注書者譏喪娶吉凶不相干疏左傳曰穆伯如齊始聘焉禮也疏引何君膏肓云三年之喪使卿出聘於義左氏爲短鄭箴之云周禮諸侯邦交歲相問也殷相聘也世相朝也左氏合古禮何以難之劉氏釋曰周官左氏同出劉歆然所謂世相朝者亦侯三年喪畢朝于天子之後豈宗廟之事皆未行而行朝聘者乎然左氏此條亦出附會而杜氏短喪之說遂以誣經蔑禮矣○注書者至相干○莊元年穀梁傳衰麻非所以接弁冕是吉凶不相干也上注云如他國就不三年一譏而已謂此及下二年公子遂如齊納幣也

二年春王二月甲子晉侯及秦師戰于彭衙秦師敗績注稱秦師者愍其衆惡其將前以不用賢者之言匹馬隻輪無反者今復重師敗績師敵君不正者賤之不嫌得敵君疏包氏慎言云二月甲子月之八日通義云用甲子者戰凶事也辰在子卯謂之疾日唯凶事無避杜云馮翊郃陽西北有彭衙城大事表云今陜西同州府白水縣東北六十里與

郃陽接界有彭衙故城史記秦武公元年伐彭戲氏正義曰彭戲
戎號卽彭衙秦文公於其地置泉縣地理志左馮翊有衙師古曰
卽春秋所云秦晉戰于彭衙釋文彭衙音牙本或作牙一統志彭
衙城在耀州白水縣東北縣志今有彭衙堡在縣東北四十里〇
注稱秦至敗績〇舊疏云以秦於是時未有大夫則不合稱師今
而稱師故解之不用賢者之言云云在僖三十三年此年左傳云
秦孟明視帥師伐晉以報殽之役秦師敗績晉人謂秦拜賜之師
是孟明懷兵報復敗殽人民故毀其衆惡其將也惠氏士奇春秋
說云秦誓編於書盛稱秦穆之德而春秋無善辭秦用孟明所謂
仡仡勇夫也既喪師于殽匹馬隻輪無反仍不悔過甫及三年復
以懷兵而敗於彭衙秦穆誠能詢茲黃髮焉用此仡仡勇夫而大
辱國哉故君子取於秦誓所謂不以人廢言而春秋以其言行不
相顧故無善詞也〇注師敵至敵君〇僖二十八年晉侯齊師宋
師秦師及楚師戰于城濮楚師敗績傳子玉得臣則其稱人何貶
曷爲貶大夫不敵君也注臣無敵君之義故絕正也舊疏云彼是
大夫嫌其與君敵故正之稱人此師者乃是秦之衆人是以不勞
正之耳通義云言晉侯及者時秦伐晉以報殽之役常例受伐者
爲主也大夫不敵君師得敵君也重師也然則稱師者有二義春
秋爲別嫌之書大夫位尊勢逼故不許其得敵以正義師則不嫌
敵君重師以民命爲重故也繁露竹林云苦民尙惡之況傷民乎
傷民尙痛之況殺民乎是也

丁丑作僖公主疏包氏愼言云丁丑月之二十一日

作僖公主者何爲僖公作主也注爲僖公廟作主也主狀正方穿

中央達四方天子長尺二寸諸侯長一尺疏注爲僖至主也○穀梁傳作爲也爲僖公
主也注爲僖公廟作主也○注主狀至一尺○舊疏云皆孝經說文穀梁注主狀正方穿中央達四方天子長尺二寸諸侯長一尺
蓋本何義彼疏引徐邈說同通義云按山海經曰桑封者桑主也方其下而銳其上而中穿之加金主之有穿此其足證者覲禮設
方明以依神方明以木爲之方四尺而設六玉鄭司農曰設玉者刻其木而著之若然六面皆刻而午貫相通其所謂穿中央達四
方者與設玉加金事亦同矣蓋古主之遺象通典引五經異義云主之制正方穿中央達四方天子長二寸諸侯長一尺初學記引
五經要義同曲禮疏引白虎通宗廟曰所以有主者神所依據孝子以繼心也主用木木有始終又與人相似也蓋題之以爲記欲
令後可知也方尺或曰尺二寸按許氏雷氏皆與何合蓋皆本孝經說文白虎通言長短同惟無天子諸侯之異本佚文其全書不
可考矣禮記祭法疏云按漢舊儀高帝廟主九寸前方後圓圍一尺后主七寸又穀梁疏云載糜信注引衛次仲云宗廟主皆用栗右
主八寸左主七寸廣厚三寸右主謂父也左主謂母也漢舊儀亦次仲撰所說右主微異與何氏及白虎通異義要義皆不合又考
續漢志注引漢舊儀則八寸者小斂後所作虞主也下言皇后主長七寸高皇帝長九寸也廟主也是糜氏與曲禮疏所引漢舊儀
可通矣與此不同者或周漢異制且周尺短於漢尺與舊疏又云卿大夫以下正禮無主故不言之按通典引異義或曰卿大夫士
有主否答曰按公羊說卿大夫非有土之君不得祫祭昭穆故無主大夫束帛依神士結茅爲菆許慎据春秋左氏說曰衛孔悝反
祏于西圃祏石主也言大夫以石爲主鄭駮曰少牢饋食大夫祭禮也束帛依神特牲饋食士祭禮也結茅爲菆又御覽引鄭又云

謹按大夫以石爲主禮無明文大夫士無昭穆不得有主今山陽民俗祠有石主又哀六年左疏引鄭駁異義云大夫無主孔悝之反祏所主公之主爾按御覽所引亦鄭駁異義語通典引鄭志張逸問許氏異義駁衛孔悝之石祏有主者何謂也答曰禮大夫無主而孔獨有者或時末代之君賜之使祀其所出之君也諸侯不祀天而魯郊諸侯不祖天子而鄭祖厲王皆時君之賜也是也按說文示部祏宗廟主也周禮有郊宗石室一曰大夫以石爲主宀部宔宗廟主石也皆用古左氏說然不以爲正解通典引徐邈說云左傳稱孔悝反祏又公羊大夫聞君之喪攝主而往注又以爲斂攝神主而已不暇待祭也皆大夫有主之文大夫以下不云尺寸雖有主無以知其形制然推義謂亦應有按喪之銘旌題別亡者設重于庭亦有所憑祭必有尸想像乎存此皆自天子至士並有其禮但制度降殺爲殊何至於主唯王侯而已禮言重主道也按檀弓文埋重則立主今大夫士有重亦宜有主以紀別座位有尸無主何以爲別將表稱號題祖考何可無主今按經傳未見大夫士無主之義有者爲長又魏書禮志清河王懌議曰延業盧觀前經詳議並据許愼鄭玄之說謂天子諸侯作主大夫及士則無意謂此議雖出前儒之事實未允情理何以言之原夫作主之禮本以依神孝子之心非主莫依今銘旌紀柩設重憑神祭必有尸神必有廟皆所以展事孝敬想像生存上自天子下逮於士如此四事並同其理何至於主謂惟王侯禮云重主道焉此爲埋重則立主矣故王肅曰重未立主之禮也士喪禮亦設重則士有主明矣孔悝反祏載之左史饋食設主著於逸禮大夫及士既得有廟題祖題考何可無主公羊傳君有事于廟聞大夫之喪去樂卒事大夫聞君之喪攝主而往今以爲攝主者攝神斂主而已不暇待徵祭也何休云宗人攝行主事而往也意謂不然君聞臣喪尙爲

之不繹況臣聞君喪豈得安然代主終祭也主者曷用虞主用桑注禮平明而葬日中而反虞以陽求陰謂之虞者親喪以下壙皇皇無所親求而虞事之虞猶安神也用桑者取其名與其麤觕所以副孝子之心禮虞祭天子九諸侯七卿大夫五士三其奠處猶吉祭

疏注禮平至反虞○釋名釋喪制云既葬還祭於殯宮曰虞禮記問喪曰送形而往也注謂反哭及日中而虞也禮士虞禮鄭目錄云士既葬其父母迎精而反日中而祭之於殯宮以安之之禮又十虞記曰日中而行事注朝葬日中而虞君子舉事必用辰正也再虞三虞皆質明禮記檀弓云既反哭主人與有司視虞牲注日中將虞省其牲又曰有司以几筵舍奠于墓左反日中而虞通典引射慈喪服變除為父既葬日中反哭諸侯於太祖廟別子為卿大夫亦於太祖廟其非別子為卿大夫於皇考廟上士於皇考廟中士下士於王考廟皆升自西階東面哭踊虞祭於殯宮此謂反哭之處檀弓曰反哭反諸其所作也注親所行禮之處謂廟堂親平日行禮處也是反哭於廟虞於殯宮方氏苞儀禮析疑云探死者之情亦必先就祖妣而後可反其私室顧氏湄作反哭不於廟辨謂反哭宜在寢徐氏乾學從之非也賈疏謂二廟者反哭先祖後禰亦非天子諸侯於其太廟不必哭徧於七廟五廟也知士二廟者唯反哭于祖廟而已范甯同何氏○注以陽至神也○鄭目錄云虞猶安也以下二字誤穀梁疏引作親喪已入壙皇皇無所見此見作親亦誤彼疏又引云虞猶安也無神字各本皆衍通典引異義云主者神象也孝子既葬心無所依所以虞而立主以事之又御覽引白虎

通云所以虞而作主何孝子既葬日中反虞念親已殁柩已去悵然失望彷徨哀痛故設喪主以虞所以慰孝子之心虞安其神也檀弓曰始死瞿瞿然如有求而弗得既葬皇皇焉如有望而弗至又曰葬日虞弗忍一日離也禮既夕三虞注云虞安也雜記報葬者報虞注虞安神也蓋虞有安義易中孚初九虞吉荀注虞安也廣雅釋詁云虞安也故因以虞祭爲安神之祭也○注用桑至之心○穀梁疏引此用桑者上有虞主二字下又有桑猶喪也四字說文無犕字當作㨓通典引五經異義云三王之世小祥以前主用桑者始死尚質故不相變又類聚引五經要義云主者神象也凡虞主用桑桑猶喪也桑禮取其名穀梁疏引何注下云徐邈盡與之同○注禮虞至士三○舊疏云自諸侯七以下雜記文其天子九虞者何氏差之耳按彼記注云尊卑之差也天子至士葬卽反虞曲禮疏引異義公羊說虞而作主古春秋左氏說既葬反虞天子九虞九虞者以柔日九虞十六日也諸侯七虞十二日也大夫五虞八日也士三虞四日也既虞然後祔死者於先死者祔而作主謂桑主也期年然後作栗主許愼謹案左氏說與禮記同鄭君不駮孔氏廣森曰以士虞記始虞再虞用柔日三虞用剛日推之九虞者當八虞用柔日第九虞則用剛日此云九虞者以柔日蓋有脫誤按禮記雜記下云士三月而葬是月也卒哭大夫三月而葬五月而卒哭諸侯五月而葬七月而卒哭士三虞大夫五諸侯七是公羊說九虞以下尊卑之差並與左氏禮記合也初虞皆與葬同日故日中虞其餘皆質明此云日中而反虞以陽求陰專據初虞言也檀弓正義云士三虞卒哭同在一月初虞已葬日而用柔第二虞亦用柔日假令丁日葬二日而虞則己日二虞後虞改用剛則庚日三虞也故鄭注士虞禮云士則庚日三虞壬日卒哭也士虞禮云明日祔于祖父則祭明日祔也士之三虞用四

日則大夫五虞當八日諸侯七虞當十二日天子九虞當十六日
最後一虞與卒哭例用剛日按孔氏此疏極明唯公羊言虞而作
主左氏傳三十三年傳祔而作主二者微異故鄭注檀弓重主道
也引公羊傳虞主用桑注曲禮措之廟立之主引左傳祔而作主
正義申之云鄭君以二義雖異其意則同皆是虞祭總了然後作
主以作主之法虞實近故公羊上係之於虞作主謂之虞主又作主
爲祔所須左氏據祔而言故云祔而作主鄭注檀弓云重既虞
而埋之乃後作主是祔總行虞祭竟乃埋重作主耳下檀弓又云虞
而立尸有几筵卒哭而諱生事畢而鬼事始已既卒哭宰夫執木
鐸以命於宮中曰舍故而諱新鄭以爲人君之禮明虞唯立尸未
作主也孔疏左氏以此傳稱祔而作主者虞而作主禮本無文以
主唯一也而已按異義引左氏說明云作虞而祔用桑主期年後用栗
主此眞古文家劉歆等義孔氏必欲彌縫杜預矩喪之說而因創
此一主之議若謂祔後卽無事焉爾○注其奠處猶吉祭○檀弓
曰是月也以虞易奠卒哭曰成事是日也以吉祭易喪祭明日祔
于祖父其變而之吉祭也比至於祔必於是日也接不忍一日末
有所歸也鄭注虞喪祭也既虞之後卒哭而祭其辭蓋曰哀薦成
事成祭事也祭以吉爲成也又既云虞卒哭吉祭則吉祭卽謂卒哭之祭
比祔後之祭猶爲喪祭士虞禮疏云卒哭時虞爲吉祭卒哭比祔
爲喪祭是也既夕篇云猶朝夕哭不奠注引檀弓爲是日也以虞易
奠解之則虞而不奠而云奠者彼奠謂朝夕之奠葬後以虞易奠
因亦名之曰奠釋名釋喪制云奠停也是也其所奠之處以與卒哭
祭同謂仍在殯宮也淩氏廷堪禮經釋例云賈疏云前有人解云
三虞與卒哭同爲一事雜記云上大夫之虞也少牢卒哭成事祔
皆太牢鄭注卒哭成事祔言皆卒哭成事祔與虞異矣是微破前
人三虞與卒哭同解者也是三虞一祭卒哭一祭他又一祭皆謂

之成事也敖氏繼公以三虞謂卽卒哭則鄭賈已棄之說不可從
按何氏謂其奠處猶吉祭則亦以虞與卒哭祭爲二矣杜氏又謂
虞則免喪故曰卒哭諸侯七虞意以七虞皆畢乃免喪免喪後日
而卒哭夫雜記明云諸侯五月而葬七月而卒哭是卒哭與虞異
月矣而釋例乃云禮記後人所作不與春秋同自飾其短喪之說傷禮害義之尤者孔疏必欲强和之何耶

練主用栗

注謂期年練祭也埋虞主於兩階之間易用栗也夏后氏以松殷
人以柏周人以栗松猶容也想見其容貌而事之主人正之意也
柏猶迫也親而不遠主地正之意也栗猶戰栗謹敬貌主天正之
意也禮士虞記曰桑主不文吉主皆刻而諡之蓋爲禘祫時別昭
穆也虞主三代同者用意尚麤觕未暇別也疏○注謂期年練祭也禮士虞記曰朞
而小祥注小祥祭名祥吉也釋名釋喪制云期而小祥孝子除首
服服練冠也吳氏紱云此卽練祭也以一朞言則曰小祥以服變
除之節言則曰練左傳特記于主以此推之祥禫皆特祭則於寢
行之可知敖氏繼公謂祭于祖廟不可從按吳說是也曲禮疏孝
子親始死哭晝夜無時葬後虞竟乃行神事故卒其無時之哭猶
朝夕各一哭故謂其祭爲卒哭卒哭明日而立主祔於廟隨其昭
穆從祖祔食卒哭主暫時祔廟畢更還殯宮室至小祥作栗主入
廟乃埋桑主於祖廟門左埋重處故鄭云虞而作主至祔奉以祔
祖廟既事畢乃反之殯宮也其大夫士則曲禮疏引崔氏說云大
夫士無主以幣帛祔祔竟並還殯宮至小祥入廟也公羊禮說云

有桑主何又作栗主乎曰桑主不文吉主則刻而謚之藏於廟所
常奉祀神無二主故作栗主桑主則埋桑主也於練何也曰十三月而
練練祔廟若不刻而謚之何以別昭穆乎曰士虞禮何以卒哭之
明日以其班祔也曰爾雅祔祪祖注附新死者於廟說文後死者
合食於先祖雜記士三月而葬是月而卒哭諸侯五月而葬七月
而卒哭卒哭而祔周制也故檀弓曰殷練而祔周卒哭而祔孔子
善殷雜記自祔至於練祥周祔在練前殷祔在練後練而作主則
於此時遷廟矣曰凡祔已復於寢如既祫主反其廟練而後遷廟
信乎曰此鄭氏之捌說若穀梁之義作主壞廟有時日於練焉壞
廟壞廟之道易檐可也改塗可也注据禮親過高祖則毀其廟以
次而遷將納新神故示有所加据此安有祔祭之後復還於寢之
禮春秋變周之文從殷之質公穀所說皆殷禮鄭注士虞以爲卒
哭而祔似太早故注檀弓云期而神之人情然又不可以殷禮注
儀禮故依違其辭云如祫祭訖主反於廟相似以經無正文故也
然似非喪事有進無退之義賈疏不破注非是而楊士勛之背注
亦非也左氏云卒哭而祔祔而作主此正用周禮注者因特祀于
主烝嘗禘于廟遂謂祭祀于寢不同於廟三年禮畢大禘乃皆同
於吉非左氏義也按淩先生分晰殷周異制殷練而祔自最得正
周人以喪主先祔復還於寢誠與有進無退義乖故孔子善殷鄭
氏自本周制說儀禮焉○注埋虞至栗也○檀弓疏引異義戴禮
及公羊說虞主埋於壁兩楹之間一說埋之於廟北牖下左氏說
虞主所藏無明文鄭校之云按士喪禮重與柩相隨之禮柩將出
則重倚於道左柩將入于廟則重止於門西虞主與神相隨之禮
亦當然練時既特作栗主則入廟之時祝奉虞主於道左練祭訖
乃出就虞主而埋之如既虞埋重於道左則鄭以虞主埋於廟門
外之西矣御覽引異義云虞主埋之廟北墉下北方無事虞主亦

無事也北方無事二語當即一說埋之於廟北牖下語較禮記疏所引爲詳通典禮八引公羊說藏之太廟室西壁中以備火災則與異義所載公羊說又異皆與何君注不同御覽引異義又曰春秋左氏傳曰徙主祏于周廟言宗廟有郊宗石室所以藏栗主也虞主所藏無明文昭十八年左傳疏引白虎通曰主祏納之西壁與通典所引公羊說同蓋栗主與通典引魏代或問高堂隆曰昔受訓云馮君八萬章句說正廟之主各藏太室西壁之中遷廟之主於太祖太室北壁之中按逸禮藏主之處似在堂上壁中答曰章句但言藏太祖北壁中不言堂室愚意以堂上無藏主當室之中也按隸續嚴訢碑有治嚴氏春秋馮君章句則所載公羊說其嚴氏春秋與通典又引蜀譙周禮祭集志四時祭各於其廟中神位奧西牖下東嚮諸侯廟木主在尸之南爲在尸上也東嚮以南爲上續漢志注引漢舊儀曰高帝崩三日小斂室中牖下作栗木主長八寸前方後圓圍一尺置牖下已葬收主爲木函藏廟太室之中西牖壁埳中望內外不出堂室之上賀循引漢儀云去地六尺五寸當祠則設座於埳中摯虞決疑云廟主藏於戶之外西牖之中有石函名曰宗祏中筒以盛主類聚引作北牖按西壁北壁說各不同据馮君章句郊藏西壁者正廟主藏北壁者遷廟主也宗祏蓋即說文之郊宗石室與虞主無涉然考曾子問云天子諸侯出祏以遷廟主行反必設奠卒斂幣玉藏諸兩階之間則又似遷主不拘在北壁下矣鄭駮据埋重之禮以爲埋虞主於廟門之道左亦以意言之耳穀梁疏引徐邈注與何君同通義云按雜記曰重既虞而埋之謂葬日反虞之後也重主道也虞而有主則重無事故埋矣練而有吉主虞主無事則亦埋矣襄王使賜晉文公命晉人受于武宮設桑主布几筵彼似用殷主綴重之法故武公虞主於時猶存又云按異義公羊及禮戴說虞主埋于堂兩楹之間

一說埋之廟北墉下何氏所稱殊非師說鄭司農云埋于廟門外
之道左似漢賤不合禮意按何氏謂兩階間不必定在堂下或亦
卽異義所稱之兩楹間與然堂上堂下皆行禮趨走之處以先人
精神所依之主埋之其下誠孔氏所謂漢賤也似以一說埋之北
墉者爲近理周禮司巫職共匰主說文匚受物之器廣雅匪匰笥
焉則匰卽所以盛主者蓋廟有石室以匰盛主而藏之以木謂之
匰衞宏漢舊儀所云已葬收主爲木函藏廟太室西壁坎中去地
六尺一寸也以石則謂之祏左傳莊十四年典司宗祏昭十八年
從祏于周廟是也說文所云祏宗廟之主者自謂主盛于祏因祏
爲主耳一說所謂大夫以石爲主者非正義也衞氏所說係漢制
不必與周同周人埋主亦宜有匰亦不必用石其石室所廟蓋正
廟主卽吉主卽練時所作之栗主也○注夏后至以異○論語八
佾篇又御覽引異義論語哀公問主於宰我宰我答夏后氏以松
夏人都河東宜松也殷人以柏殷人都亳宜柏也周人以栗周人
都灃鎬宜栗也又祭法疏引異義今春秋公羊說祭有主者孝子
以主繼心夏后氏以松殷人以柏周人以栗古周禮說虞主用桑
練主用栗無夏后氏以松爲主之事許君謹案從周禮說論語所
云謂社主也鄭氏無駁按舊疏引鄭君論語注云謂社主故於異
義無駁也左傳杜注云主者殷人以柏周人以栗正義論語哀公
問主於宰我宰我對曰夏后氏以松殷人以柏周人以栗先儒舊
解或有以爲宗廟主者故杜依用之古論語及孔鄭皆以爲社主
社爲木主者古論不行於世且社主周禮謂之田主無單稱主也
以張包周等並爲廟主故杜所依用然則魯論作問主故張包周
說作廟主古論語作問社故孔鄭皆以爲社主据釋文云問社鄭
本作主云主田主謂社則鄭仍魯論本故从古論解爲社耳若已
作社則無庸解爲社矣又按古論無考以孔陸徐三家說考之蓋

當時各本皆作主但魯論家訓爲廟主古論家訓爲社主淺人遂遷改主爲社耳單稱主者止廟主田主則不得單稱主若問社則必係問立社之義孔子無緣以社主答之尤不必以社所樹木對之也宋氏翔鳳過庭錄云如古論本作問社則鄭方解爲社主文亦必從古讀也正不得反作問主蓋集解采孔說遂妄改作問社左疏謂古論不行於世公羊疏謂古文作社亦約略言之而誤也曲禮疏引白虎通云祭所以有主者言神無所依據孝子以主繼心焉論語曰魯哀公問主於宰我宰我對曰夏后氏以松殷人以柏周人以栗通典引異義云凡虞主用桑練主夏后氏以松殷人以柏周人以栗許氏受學于賈逵異義所述必左氏古義也然則公羊言練主用栗者專指周制言耳夏殷不必爾也○注松猶至意也○曲禮疏引白虎通又云松者所以自悚動柏者所以自迫促栗者所以自戰慄亦不相襲按松容柏迫皆疊韻爲訓故史記張耳陳餘傳云柏人者迫於人也漢書溝洫志魚弗鬱兮柏冬日注柏與迫同是也國語不過棗栗注栗取敬栗穀梁莊二十四年同蓋凡用栗者多取謹敬義宰我對哀公曰使民戰栗亦第據周禮告之耳夏用人正殷用地正周用天正故本而言之○注禮士至穆也○今士虞記無此文姚氏鼐曰此是禮之逸篇題云士虞記而中廣言天子諸侯之禮續漢書禮儀志曰桑木主尺二寸不書謚又初學記引五經要義練主用栗栗者敬也祭禮取其恭又云皆刻謚于其背穀梁疏引徐邈注與何同書鈔引白虎通云蓋題之爲記欲令後世可知也方尺或曰長尺二寸孝子入宗廟之中雖見木主亦當敬焉蓋始死尚質又桑主皆特祀故不須文練後漸吉故漸趨於文又練主順人廟令祀時別昭穆故刻謚也通典引異義引春秋左氏傳曰凡君薨卒哭而祔祔而作主特祀于主烝嘗禘于廟主之制四方穿中央達四方皆刻謚于其背是古

文家說亦如此○注虞主至別也○此蠶犅二字與上蠶犅皆當劃爲一犅亦當爲犅桑者喪也取義於喪故三代同又以見虞主質練主文也

用栗者藏主也【注】藏于廟室中當所當奉事也質家藏于堂【疏】注藏于至事也○校勘記云閩監本同毛本上當作堂宜據正儀禮經傳通解上當作常鄂本下當作常皆誤又云按當作藏於廟中所常奉事也質家藏于室蓋各本有誤俟再考今按藏于廟室中不誤也上當當作堂下當當作常明堂上爲事主處與室爲藏主處殊也○注質家藏于堂○校勘記云閩監毛本同誤也鄂本于作於儀禮經傳通解堂作室宜據以訂正文家尊尊故藏于堂質家親親故藏于室按衞次仲說藏之于室西壁埳中去地一尺六寸春秋變文從質故據質家言之

作僖公主何以書【注】据作餘公主不書譏何譏爾不時也其不時奈何欲久喪而後不能也【注】禮作練主當以十三月文公亂聖人制欲服喪三十六月十九月作練主又不能卒竟故以二十五月也日者重失禮鬼神【疏】注禮作至月也○禮記喪服四制云期而練又云十三月而練冠是作練主當以十三月也通義云穀梁傳曰立主喪主於虞吉主於練作僖公主譏其後也蓋殷練而祔則作主當於祔周卒哭而祔練然後作主壞廟魯自莊公之喪始不三年無復練祥之節雖祔從周法而襲殷主於祔之名是以左氏云卒哭而祔祔而作主道魯事之實也文公欲復三年之喪失其舊章遂乃矯枉過直逾練猶未作主矣喪辟不懷故作主先時不譏後時乃譏內大惡諱舉其可道者焉傳復刺其後不能

者爲之沒喪納幣故按孔氏合左傳公羊爲一以祔而作主卽係栗主爲魯失禮之實事似可不必蓋練主祔廟則遷廟亦當在是時檀弓疏引左氏以爲三年喪畢乃遷廟故僖三十三年傳烝嘗禘于廟服杜皆以爲三年禘祭乃遷此廟鄭則以爲練時則不禘而遷廟主故鄭注士虞禮以其班祔之下云練而遷廟又注喪人廟用卣謂始禘時鄭必謂以練者以文二年作僖公主穀梁傳曰於練焉壞廟壞廟之道易檐可也改塗可也范甯云親過高祖則毀其廟以次而遷將納新神故示有所加是鄭之所據宋氏翔鳳論語發微云孔子以喪禮之失由於本之不立三年之喪二十五月而畢先王所以立中制節也使哀戚之意不盡而緦緦以求禮節則有父在爲母齊衰期年之後而食稻衣錦者矣使制禮之意不明而求所以隆於事親則必至於爲三十六月之服而後已也此其故以忠信之實不至則戰栗之象不形既徒事乎虛文乃共流乎僭妄君臣之惡已成於積漸篡逐之禍遂行於數世自文公之來匪一朝一夕之故矣子聞之曰成事不說遂事不諫既往不咎謂既失禮宗廟則諸侯僭天子大夫僭諸侯之事成故曰成事不說公患三桓之後三桓亦患公之妄皆無戰栗之意孔子知諫之無益故曰遂事不諫然皆始於文公無君無天以致政在大夫陪臣執國命其咎皆在於既往也○注日者至鬼神○卽隱五年注云失禮鬼神例日是也

三月乙巳及晉處父盟【疏】包氏慎言云三月書乙巳月之十九日

此晉陽處父也何以不氏【注】据晉陽處父伐楚救江【疏】注据晉至救江○卽下三年冬晉陽處父帥師伐楚以救江是也大事表云陽爲處父食邑漢陽邑縣是也今太原太谷縣東南十五里有陽縣蓋陽處

父以邑爲氏與諱與大夫盟也注諱去氏者使若得其君如經言邾婁儀父矣不地者起公就於晉也日者起公盟也俱沒公齊高傒不使若君處父使若君者親就其國恥不得其君故使若得其君也如晉不書不致者深諱之疏注諱去至父矣○舊疏云儀父事在隱元年凡五等諸侯失爵在名字之例者但直書其名字不言其氏卽倪黎來蔡叔邾婁儀父之類是也今此處父無氏故云使若得其君矣穀梁傳不言公處父伉也爲公諱也范云諱公與大夫盟去處父氏公親如晉使若與其君盟如經言邾儀父矣卽本何君爲說通義云諱與大夫盟故不言公貶處父者起實公也于防不去氏說見前又高傒無別見若直言傒嫌是齊之微者須錄其氏賁之方起公盟陽處父既於伐楚以名氏見則不氏不嫌微者乃深抑之以著大夫不敵君之義故亦得起公盟按莊二十二年通義云與處父異者傒大國之卿命乎天子本當言高仲今言高傒卽是抑之陽處父本當言名氏故更貶去氏其爲降一等同按外大夫皆稱名春秋所記各國大夫豈無一命之天子者孔氏說未當○注不地至晉也○穀梁傳云不書地者公在晉也按閔二年齊高子來盟爲就我盟故亦不書地蓋凡書來盟涖盟不地者皆就乎其國也○注日者起公盟也○穀梁傳曰何以知其與公盟以其日也舊疏云正以微者盟例不日故也○注俱沒至君也○范亦云及齊高傒盟于防不去高傒氏者公不親如齊不與其君盟於恥差降○注如晉至諱之○穀梁傳曰何以不言公之如晉所恥也出不書反不致也彼疏云致者必有出出者不必致今出既不書故反亦不致也此舊疏云正決

下三年冬公如晉十有二月己巳公及晉侯盟四年春公至自晉之文也今按此注似未盡然如書晉處父卽爲若得晉君如邾婁儀父則宜不沒公矣今仍沒公蓋若魯使微者與處父盟爾于防不去氏此去氏此此就晉盟不見與於晉侯恥愈甚恥之甚則諱之深故貶去處父之氏故穀梁曰處父伉也爲公諱也是也而又書日以起實公也所謂沒其文不沒其實也

夏六月公孫敖會宋公陳侯鄭伯晉士縠盟于垂斂

注盟不日者欲共盟誅商臣雖不能誅猶爲疾惡故也褒與信辭也不如平丘兩舉會盟詳錄之者時至卽盟會禮不成

疏校勘記出垂斂云鄂本監本同唐石經閩毛本斂作斂釋文垂斂左氏作垂隴按斂字唐韻在儉部隴字在腫部儉腫不相通隴斂蓋一聲之轉顧氏炎武唐韻正云二十一侵部或疑侵韻在古可入東者詩七月二之日鑿冰冲冲三之日納于凌陰則讀陰爲雍矣雲漢后稷不克上帝不臨耗斁下土甯丁我躬則讀臨爲隆矣蕩天生蒸民其命匪諶靡不有初鮮克有終則讀諶爲戎矣楚辭天問比干何逆而仰沈之雷開何順而賜封之則讀沈爲蟲矣九辨顧賜不肖之軀而別離兮放游志乎雲中乘精氣之摶摶兮鶩諸神之湛湛驂白霓之習習兮歷羣靈之豐豐則讀湛爲蟲矣素問調經論血幷於陰氣幷於陽故爲驚狂血幷於陽氣幷於陰乃爲炅中太元經進次四日飛懸陰萬物融融則亦讀陰爲雍矣東觀漢記梁商誄云孰云忠侯不聞其音背去國家都茲元陰幽居冥冥靡所宜窮則音陰並讀爲雍矣太元經減測善減不減常自沖也心減形身困諸中也減其儀欲自禁也減於艾無以莅衆也則讀禁爲雝矣元營夫一一所以摹始而測深

也三王所以盡終而極崇也則亦讀深爲脊矣劉向九歎吸精粹而吐氛濁兮橫邪世而不取容行叩誠而不阿兮遂見排而逢讒則讀讒爲崇矣魏文帝黎陽詩朝發鄴城夕宿韓林霖雨戒塗輿人困窮後漢避殤帝諱改隆慮爲臨慮荀子書亦作臨慮則讀臨爲隆矣又如司馬相如長門賦以心音臨風淫陰襘吟南與中宮崇窮同用又若易豫六四朋盍簪荀爽本作宗書洛誥毋若火始燄燄漢書梅福傳引作庸庸詩我躬不閱表記引作我今不閱與爾臨衝韓詩作隆衝春秋盟于垂隴公羊穀梁作垂斂左傳懿公奪閻職之妻齊世家作庸職而周禮禮記左傳空堋封三字通用禮明堂位魯有崇鼎呂氏春秋以爲岑鼎風俗通空侯本名坎侯此皆出於土俗之殊要不得以爲正音耳杜云垂隴鄭地滎陽縣東有隴城大事表今在開封府滎澤縣東北水經注濟水篇有垂隴城濟瀆出其北春秋文公二年晉士穀盟于垂隴是也京相璠曰垂隴鄭地今滎陽東二十里有故隴城是也世謂之都尉城蓋滎陽典農都尉治故變垂隴之名矣一統志在開封府滎澤縣東北穀梁傳曰內大夫可以會外諸侯通義云黃仲炎曰垂斂之盟士穀主諸侯之盟新城之盟趙盾主諸侯之盟而不以士穀趙盾先諸侯者存君臣之分也○注盟不至辭也○垂斂之盟謀誅商臣何氏蓋別有所據舊疏云正以共討臣惡逆乃是義之高者若能誅之理應書見似若昭四年經書執齊慶封殺之然今無其經故知不能誅也按會盟例大信時小信月故書月爲褒與信辭○注不如至不成○即昭十三年公會劉子晉侯以下于平丘八月甲戌同盟于平丘是會盟兩舉也此會禮未成故但書盟耳

自十有二月不雨至于秋七月

何以書記異也【注】以不言旱【疏】穀梁注建午之月猶未爲災○注以不言旱○傳二十一年夏大旱之屬是也大旱以災書此亦旱也曷爲以異書大旱之日短而云災【注】云有也言有災【疏】卽僖二十一年傳曰何以書記災也是也注云言至有災○經義述聞云廣雅曰云有也云災言有災有災與無災相對爲文何知云之爲言而忘乎云之爲有故以迂回失之故以災書此不雨之日長而無災故以異書也【注】此祿去公室政在公子遂之所致也不就莊三十一年發傳者此最甚事著【疏】通義云異者雖無害於人物而其所效於國家者遠且大不可不察釋廢疾曰春秋凡書二十四旱考異郵分爲四部各有義焉今撿經實二十六旱凡大雩十九大旱二不雨二歷時不雨加自文者三是爲四部也先言時月而後言不雨緩辭也初見不雨不雨未以爲異彌時彌月然後異而錄之先言不雨而後言至于某月急辭也一時不雨固已異矣自是冀其雨以至于歷月又月異之甚也春秋畏天勤民覽其辭者見其志焉是也○注此祿至致也○五行志中之上文公二年自十有二月至于秋七月文公卽位天子使叔服來會葬毛伯賜命又會晉侯于戚公子遂如齊納幣又與諸侯盟上得天子外得諸侯沛然自大躋僖公大夫始顓政按與何氏取象小異通義云昔夏侯勝以洪範諫昌邑王曰天久陰不雨臣下有謀上者文公之篇書久不雨者三卒致仲遂逆謀嗣子遣禍此其效也○注不就至事著○莊三十一年冬不雨傳何以書記災也然則彼一時不雨故不發傳也

八月丁卯大事于太廟躋僖公疏包氏愼言云八月書丁卯月之十四日釋文作隮僖公云本又作躋同鄂本脫僖字

大事者何大祫也注以言大與有事異又從僖八年禘數之知爲大祫疏注以言至事異〇舊疏云宣八年夏六月辛巳有事于太廟彼是時祭不言大故知此言大者是大祭明矣通義云稱大祫者對時祭之祫爲大也時祫不及毀廟故曾子問曰祫祭于祖則祝迎四廟之主彼則王制所謂祫禘祫嘗祫烝者也經不言祫言大事者重是事也國之大事在祀與戎故戎稱大事書曰我有大事休是也祀稱大事此經是也按穀梁傳曰大事者何大是事也著祫嘗正以此祫比時祫爲大嘗祭比時祭爲大也禮記禮器云大饗其王事與注盛其饌與貢謂祫祭先王明饗祭之大謂祫也詩商頌序元鳥祀高宗也箋云祀當爲祫古者君喪三年既畢禘於其廟而後祫祭於太祖明年春禘於羣廟自此之後五年而再殷祭一禘一祫春秋謂之大事疏云大宗伯及王制注皆云魯禮三年喪畢祫於太廟明年春禘於羣廟自此之後五年而再殷祭一祫一禘春秋謂之大事按僖公於三十三年十二月薨至此年八月文公未應除喪尚未合行宗廟之祭傳不言譏者舉其躋僖公之重者焉其喪祭之譏在從可知之數矣〇注又從至大祫〇舊疏云春秋說文云三年一祫五年一禘僖八年秋七月禘于太廟從此以後三年一祫數則十一年祫十四年祫十七年祫二十年祫二十三年祫二十六年祫二十九年祫三十二年祫文二年祫也若作五年一禘數則從僖八年禘十三年禘十八年禘二十三年禘二十八年禘三十三年禘文五年禘則文二年非

禘年正當合祫故知此年爲祫矣其間三五參差隨次而下或有同年時知非祫與禘相因而數爲三年五年者若從僖八年禘十一年祫十六年禘十九年祫數之至僖三十二年禘文公二年祫亦相當但於五年而再殷祭之言不合故不得然按舊疏前一說太數後一說太疏均與五年再殷祭之說不合且何氏第云從僖八年禘數之並未言禘祫是年並舉何所憑而知十一年祫也唐韋縚禘祫年數議以爲五年再殷通計其數一祫一禘遞相承矣今廟禘各自數年兩岐俱下不相通計或比年頻祫或同歲再序或一禘之後併爲再祫或五年之內驟有三殷法天象閏之期既違其度五歲再殷之制數又不同求之禮文頗爲乖失況三年喪畢遭祫則祫遭禘則禘閔二年吉禘于莊公文二年大事于太廟若非通數何以同在遭喪之後於閔則書禘於文則書祫經無譏禘祫之文也徐彥疏謂其間三五參差亦有禘祫同年此說非也卽如從僖十八年禘數之十年祫十二年禘十四年祫十六年禘十八年祫二十年禘二十二年祫二十四年禘二十六年祫二十八年禘三十年祫三十二年禘至文二年當祫故文二年注從僖八年禘數之知爲大祫也按閔二年注云禘祫從先君數三年喪畢遭禘則禘遭祫則祫紹之議是準何氏之說最爲精當紹又云徐邈謂二禘相去爲月六十中分三十置一祫焉若甲年夏禘丙年冬祫有象閏法毫釐不偏三年一祫之文既無乖越五年再殷之制疏數有均校之諸儒義實長矣然如此數則歷十二閏後則須超一年矣恐未必然鄭氏亦以五年之中再殷祭其異於何者鄭以三年喪畢而祫明年而禘日後三年祫五年禘一祫一禘從今君數也宋書禮志徐廣等議曰何邵甫注公羊云祫從先君來積數爲限自僖八年至文二年知爲祫祭如此履端居始承源成疏領會之節遠因宗本是也唐開元六年睿宗三年喪畢而祫明

年而禘不相通數以至七祫五禘至二十七年禘祫並在一歲有司覺其非乃議以爲一禘一祫五年再殷蓋當時鄭學盛行故改從禘祫志所推五年再殷之制從今君數即位三年禘後六年祫八年禘焉大祫者何合祭也其合祭奈何毀廟之主陳于太祖【注】毀廟謂親過高祖毀其廟藏其主于太祖廟中禮取其廟室笮以爲死者炊沐太祖周公之廟陳者就陳列太祖前太祖東鄉昭南鄉穆北鄉其餘孫從王父父曰昭子曰穆昭取其鄉明穆取其北面當敬【疏】注毀廟至廟中○漢書韋元成傳禮王者始受命諸侯始受封之君皆爲太祖以下五廟迭毀毀廟之主藏于太祖通典載或問高堂隆云昔受訓云馮君八萬言章句說正廟之主藏太祖西壁之中遷廟之主於太祖太室北壁之中蓋亦公羊家舊說若周制則鄭注守祧職曰遠廟爲祧周爲文王武王廟遷主藏焉又云遷主所藏曰祧先公之主藏于后稷之廟先王之主藏於文武之廟注祭法曰天子遷廟之主以昭穆合藏於二祧之中諸侯無祧藏於祖考之廟聘禮曰不腆先君之祧謂始祖廟也按守祧疏云鄭知周之二祧是文武者鄭義二祧則祖宗是也故祭法云祖文王而宗武王鄭云祖宗通言爾是祖其有德宗其有功其廟不毀故云祧也知遷主藏焉者以其顯考以下其廟毀不可以藏遷主文武既不毀明當昭者藏於武王廟當穆者藏於文王廟可知故云遷主藏焉若文武以上父祖不可下入子孫之廟宜藏於后稷之廟但文武既爲二祧后稷爲太祖廟不可復稱祧故不變本名稱太祖也諸侯既不可與天子同有二祧其遷主則總藏

於太祖廟禮祭法遠廟爲祧有二祧享嘗乃止去祧爲壇去壇爲墠壇墠有禱焉祭之無禱乃止去墠爲鬼又諸侯立五廟去祖爲壇去壇爲墠注天子遷廟之主以昭穆合藏于二祧之中諸侯無祧藏於祖考廟中聘禮曰不腆先君之祧謂始祖廟也享嘗謂四時之祭天子諸侯爲壇墠祈禱謂後遷在祧者也既事則反其主於祧鬼亦在祧顧遠之於無事祫乃祭之耳引春秋此傳以證之按禮記王制云諸侯五廟二昭二穆與太祖之廟而五故親過高祖則毁其二王後則不爲始封之君立廟郊天時以始祖配禮運所云杞之郊也禹也宋之郊也契也亦當有廟則遷主當藏於其廟與○注禮取至炊沐○禮記喪大記云甸人取所徹廟之西北厞薪用爨之管人授御者沐疏示主人已死此堂無復用故取之也黄汁孰而管人又取以升階授堂上御者使沐也禮士喪禮云復者降自後西榮注降因徹西北厞郎所爨者也謂之廟者孔疏云謂寢爲廟神之也此廟室亦作寢室也笮者爾雅釋宮云屋上薄謂之筄注云屋笮玉篇竹部笮危也以其當屋之高處也今南方多以竹爲之亦有用木者則謂笮之軒板按喪大記謂之厞彼疏引舊云厞是屋簷也謂抽此西北隅屋簷也又引熊氏云厞謂西北隅厞隱之處徹取屋外當此厞隱處薪義亦通也沈氏彤儀禮小疏西北厞乃室隱闇之處徹之者去其蓋敝以通神也蓋取其所在言之謂之厞指其所取物言之謂之笮也○注太祖周公之廟○下十三年傳曰周公稱太廟禮記明堂位曰以禘禮祀周公于太廟漢書韋元成傳云受命之君躬接于天萬世不墮繼烈以下五廟而遷上陳太祖間歲而祫其道應天故福祿永終謂天子太祖也諸侯太祖亦世世不毁魯以伯禽爲始封祖稱世室世世不毁也見下十三年傳周公稱太廟在五廟外與文王姜嫄廟皆爲特廟惟禘祫之時宜在周公廟爲其爲太祖也故毁主宜藏於其

廟又與各國殊○注陳者至尚敬○漢書韋元成傳祫祭者毀廟
與未毀廟之主皆合食于太祖父爲昭子爲穆孫復爲昭古之正
禮也禮記王制疏引鄭氏禘祫志云此祫謂祭於始祖之廟毀廟
之主皆在始祖廟中始祖於西方東面始祖之子爲昭北方南面
始祖之孫爲穆南方北面至此以下皆然從西方以上按當爲以
下又引決疑要注父南面故曰昭昭明也子北面故曰穆穆順也
按此專論禘祫之昭穆若廟制昭穆則五廟並列每廟有隔牆牆
有通門故聘禮君迎賓自大門內折而東行應三通門乃至太祖
廟中所以每門曲揖也其制太祖居中左昭右穆並列南向孫毓
誤以合祭之昭穆爲廟制之昭穆謂太祖居中二昭二穆以次而
南則昭西向穆東向矣有是理乎其公墓之昭穆則太祖居中左
昭右穆以次而南古葬皆北首故昭穆以東西爲左右也其制見
於聶崇義之三禮圖其與廟制殊者一南向一北首一並列一不
並列爾則又不得泥於昭明穆順之義矣其賜爵之昭穆則昭與
昭齒穆與穆齒時祭時助祭者皆東向
西向合祭時助祭者亦昭南穆北也 未毀廟之主皆升合食于
太祖注自外來曰升疏穀梁傳亦曰祫祭者毀廟之主陳于太祖
未毀廟之主皆升合食于太祖注祫祭者
皆合祭諸廟已毀未毀者之主於太祖廟中以昭穆爲次序父爲
昭子爲繆昭南鄉繆北鄉孫從王父坐也祭畢則復還其廟正以
四親廟之主各別爲廟今合
祭太祖廟故爲自外來升也 五年而再殷祭注殷盛也謂三年祫
五年禘禘所以異於祫者功臣皆祭也祫猶合也禘猶諦也審諦
無所遺失禮天子特禘特祫諸侯禘則不礿祫則不嘗大夫有賜

於君然後祫其高祖疏注殷盛也○易豫象傳曰殷薦之上帝釋文引馬注云殷盛也禮士喪禮云月半不殷奠注殷盛也沈氏彤禘祫年月說云於周天子則當從橫渠張子之說以禘卽司尊彝之追享祫卽其朝享而並爲四時之間祀也積四時而成歲祀則四時之間則歲舉也蓋祫爲毀廟之主而設禘爲始祖之所自出而設其外南北郊爲天地而設天地也始祖所自出與毀廟之主雖尊親遠近有差等然自嚳天祖者視之則天祖均也南北郊以歲舉而禘祫獨不以歲舉乎於諸侯當從五年再殷祭之說者殷祭卽祫也三年一祫五年再祫皆間歲一舉歷五五年而實四期也祫之月當如周物備而合食於冬十月侯與王不宜殊其間歲而舉則降於天子一等也按沈氏此說與各家皆不合通義云再殷祭者再祫也閒無事則舉焉或越二歲或曠一歲總其率一較五年而再祫取象天道五歲再閏以爲疏數節也漢儒有三年一祫五年一再禘之說出於禮緯於經無徵經之言大禘者事天之名祭法周人禘嚳而郊稷鄭司農曰此禘謂祭昊天于圜丘也大傳王者禘其祖之所自出以其祖配之韋元成曰言始受命而王祭天如其祖配而不爲立廟親盡也此先儒舊訓有自來矣商承鳦爲之祥周受履敏之命故推其祖之所自出上本於天而周人以嚳爲始祖以后稷爲始封之祖是以配嚳于禘配稷于郊國語曰天子禘郊之事必自射其牲又曰禘郊之事則有全烝禘先于郊非配天而何其廟祭有名禘者則如禮記每稱嘗禘之禮禘嘗之義夏祭曰禘秋祭曰嘗文偶事敵俱爲時祭更不見大禘之文漢儒誤混禘名于大祫唐宋以來遂相承言周人之禘以稷配嚳又推之而言魯人僭禘亦以周公配文王明堂位固云以禘禮祀周公于太廟實不禘文王也按唐宋人之說本無足辨至謂宗廟之祭止有大祫而無大禘然兩漢今古文家皆以

禘祫並舉似非無據姑存沈孔二說以備參考○注謂三至年禘○禮記疏引禮緯云三年一祫五年一禘鄭注百王通義又御覽引五經通義云王者諸侯所以三年一祫五年一禘何三年一閏天道小備故三年一祫祫者取未遷廟主合食太祖廟中五歲再閏閏天道大備故五歲一禘禘者取已遷廟主合食太祖廟中漢書韋元成傳五年而再殷祭言嘗禘嘗祫也祫祭者毀廟與未毀廟之主皆合食於太祖父為昭子為穆孫復為昭古之正禮也又云昔帝王承祖宗之休典取象於天地天序五行人親五屬天子奉天故率其意而尊其制是以禘嘗之序靡有過五按嘗疑祫之誤嘗為四時祭也○注禘所至祭也○舊疏云出禮記與春秋說文按今禮記無此文或禮說之譌書盤庚云茲予大享于先王爾祖其從與享之僞孔傳古者錄功臣配食于廟周禮司勳職凡有功者銘書於王之大常祭于大烝司勳詔之注銘之言名也生則書於王旌以識其人與功也死則於烝先王祭之謂告其神以詞焉盤庚告其卿大夫曰茲予大享于先王爾祖其從與享之是也今漢祭功臣於廟庭孔叢子論書云天子諸侯之臣生則有列於朝死則有位於廟其序一也皆未言祭於何時惟周禮謂在烝祭時周書大匡解云勇如害上則不登于明堂左傳引周志亦有是語言有勇而無義者不登堂配食蓋禘必於太廟周廟制如明堂故謂明堂也公羊禮說云此春秋說文何氏之所本魏書孫慧蔚主之外此衆說紛如與何異矣周禮司勳凡有功者祭于大烝注引盤庚曰茲予大享于先王爾祖其從與享之又引漢祭功臣于廟庭疏或謂周時直於烝時殷時烝嘗俱祭禮異故也高堂隆亦主周禮之說配食於烝祭後世有禘祫並及功臣者梁武帝時何佟之議曰禘於夏首物皆未成故為小祫於冬萬物皆成其禮大近代禘祫並及功臣有乖古典請為祫祭乃及功臣從之至唐韋挺

等議曰古者臣有大功享祿其後子孫率禮絜粢豐盛禴祀烝嘗
四時不輟國家大祫又得配焉其禘及時享功臣皆不應預故周
禮六功之官皆配大烝而已先儒皆以大烝爲祫祭禘無配功臣
誠謂理不可易從之按此諸說不同亦有由焉何氏謂禘大祫小
鄭氏謂禘小祫大劉歆賈逵鄭衆馬融王肅張融孔晁與何同其
餘皆與何異後世專主鄭氏之說小則人臣不與大則兼及有功
小大既殊則禘祫功臣不得不異制矣長發之詩王肅謂禘祭宗
廟据此則實維阿衡即禘祭時功臣皆祭之證矣春秋說其殷禮
與○注祫猶至遺失○詩商頌玄鳥序箋云祫合也蓋合祭羣廟
故取義於合後漢書張純傳云禘之爲言諦審諦昭穆尊卑之差
也周制大王王季以上遷主祭於后稷廟文武以下則穆之遷主
祭於文王廟昭之遷主祭於武王廟未毀之廟各於其廟祭不升
合食故須審諦無遺失也其尸后稷廟稷尸一昭穆尸各一文王
廟文王尸一穆曰共一武王廟武王尸一昭尸共一其祫祭之尸
則毀廟之主陳於太廟立昭穆二尸未毀廟之主皆升合食於太
祖廟而各立尸也周禮大宗伯以肆禮祼享先王以饋食享先王
注肆獻祼祫也饋食禘也是也○注天子至不嘗○禮記王制云
天子犆礿祫禘祫嘗祫烝注犆猶一也祫合也天子諸侯之喪畢
合先君之主於祖廟而祭之謂之祫後因以爲常天子先祫而後
時祭諸侯先時祭而後祫凡祫之歲春一礿而已不祫以物無成
者不殷祭周改夏祭曰礿以禘爲殷祭也魯禮三年喪畢而祫於
太祖明年春禘于羣廟自爾之後五年而再殷祭一祫一禘王制
又云諸侯礿則不禘禘則不嘗嘗則不烝烝則不礿注虞夏之制
諸侯歲朝廢一時祭王制又云諸侯礿犆禘一犆一祫嘗祫烝祫
注下天子也祫歲不禘並與此異王制雜記先代之制何氏於桓
八年注云春曰祠夏曰礿則据周制言與禘於夏祫於秋諸侯當

殷祭之時不爲時祭天子則特行禘祫殷祭於時祭仍無闕也舊
疏於天子特禘特祫云禮記及春秋說文禮記亦無此語蓋禮說
之誤於諸侯禘則不礿祫則不嘗云郎禮記王制所云夏禘則不
礿秋祫則不嘗按今王制亦無此語也又按王制疏載王肅論引
賈逵說吉禘于莊公禘者遞也審諦昭穆遷主遞位孫居王父之
處又引禘於太廟逸禮其昭尸穆尸其祝辭稱孝子孝孫則是父
子並列無是理也逸禮又云皆升合食於其祖劉歆賈逵鄭衆馬
融等皆以爲然按曾子問云七廟五廟無虛主虛主者唯天子崩
與祫祭祝取羣廟之主明禘祭不取羣廟可知故鄭氏取公羊爲
正說也杜預等以禘爲三年大祭在太祖之廟傳無祫文以祫卽
禘也取其序昭穆謂之禘取其合集羣祖謂之祫與禮經違不可
從○注大夫至高祖○禮記大傳云大夫士有大事省於其君干
祫及其高祖注大事寇戎之事也省善也善於其君謂免於大難
也干猶空也空祫謂無廟祫祭之於壇墠正義今唯云及高祖是
祫不及始祖以卑故也然此言一支庶爲大夫士者耳若適爲大夫
亦有太祖故王制云大夫三廟一昭一穆與太祖之廟而三是也
師說云大夫有始祖者鬼其百世若有善於君得祫則亦祫於太
祖廟中偏祫太祖以下也然春秋之義大夫不世則不得有太祖
廟故何氏謂祫其高祖也禮疏所載師說亦未安大夫雖有太祖
亦不得祫於太祖之廟果爾則與諸侯何別乎宋氏彬禮記訓纂
云吳幼清曰大事大功也省察也如詩序所謂有功而見知也祫
合也謂雖無廟而得有廟者合祭也大夫蓋祫於曾祖而上及高
祖上士則祫於祖廟而上及曾祖高祖中士下士則祫於禰廟而
上及祖與曾祖高祖也其說是也又以大夫亦有太祖廟者無
曾祖廟當祫於太祖之廟而祭曾祖祖禰凡四世若太祖在高祖
前者或祫於太祖廟而升及高曾祖禰爲五世也亦惑於禮記疏

說耳躋者何升也疏穀梁傳躋升也詩小雅斯干君子攸躋商頌長發聖敬日躋傳並云躋升也說文足部躋登也登即升也方言亦云躋登也東齊海岱之閒謂之躋爾雅釋詁小爾雅廣言皆云隮陞也周禮眡祲注鄭司農云隮升氣也隮與躋同見廣韻何言乎升僖公注据禘于太廟不道所升疏注据禘至所升○卽僖八年書禘于太廟用致夫人是也譏何譏爾逆祀也其逆祀奈何先禰而後祖也注升謂西上禮昭穆指父子近取法春秋惠公與莊公當同南面西上隱桓與閔僖亦當同北面西上繼閔者在下文公緣僖公於閔公爲庶兄置僖公於閔公上失先後之義故譏之傳曰後祖者僖公以臣繼閔公猶子繼父故閔公於文公亦猶祖也自先君言之隱桓及閔僖各當爲兄弟顧有貴賤耳自繼代言之有父子君臣之道此恩義逆順各有所施也不言吉祫者就不三年不復譏略爲下張本疏穀梁傳先親而後祖也逆祀也逆祀則是無昭穆也無昭穆則是無祖也無祖則無天也故曰文無天無天者是無天而行也君子不以親親害尊尊此春秋之義也禮記禮器云孔子曰臧文仲安知禮夏父弗綦逆祀而弗止也注云文二年八月丁卯大事于太廟躋僖公始逆祀是夏父弗綦爲宗人之爲也彼疏引異義公羊董仲舒說躋僖公逆祀小惡也左氏說爲大

惡也許君謹案從左氏說鄭駮之云兄弟無相後之道登僖公主於閔公主上不順爲小惡也又王制曰宗廟有弗順者爲不孝注
不順者謂若逆昭穆謂此類也○注升謂西上○此謂祫祭之序王制疏云此祫謂祭於始祖廟毀廟之主及未毀廟之主皆在始
祖廟中始祖之主於西方東面始祖之子爲昭北方南面始祖之孫爲穆南方北面自此以下皆然從西爲上是也○注禮昭至西
上○禮父爲昭子爲穆故云昭穆指父子禮器正義外傳云躋僖公弗綦云明爲昭其次爲穆以此言之從文公至惠公七世惠公
爲昭隱公爲穆桓公爲昭莊公爲穆閔公爲昭僖公爲穆今躋僖公爲昭閔公爲穆自此以下昭穆皆逆故定公八年順祀先公服
氏云自躋僖公以來昭穆皆逆是用國語之說與何休義異如鄭駮異義之意正以僖在閔上謂之爲昭非爲穆也守祧疏惠公當
昭隱公當穆桓公當昭莊公當穆閔公當昭僖公當穆今升僖公於閔之上爲昭閔公爲穆故云逆祀知不以兄弟同昭穆位升僖公
於閔上爲逆祀者定八年傳順祀先公若本同倫以僖公升于閔之上則以後諸公昭穆不亂何以定八年始云順祀乎明本以僖
閔昭穆別故以後皆亂也蓋亦用服說或左氏家說如是與按鄭駮異義以爲小惡明止登僖主於閔主上爾不必如服氏說但傳
明言先禰後祖恐是升僖爲昭則必降閔爲穆然文仍昭宣仍穆與閔爲昭僖爲穆無異何至自此以下昭穆皆逆賈孔所疏殊屬
牽強以魯世次考之伯禽爲始封祖其次考公煬公昭幽公魏公穆厲公獻公昭真公穆武公昭懿公孝公穆故惠公昭也中有伯
御弒君自立天子所誅必不序入昭穆之次故何氏如此序也然以一昭一穆序之亦惠公宜昭○注繼閔至譏之○穀梁注舊說
僖公閔公庶兄故文公升僖公之主於閔公之上耳正以閔僖同穆位閔當在西僖當在東今升僖於閔之西也是失先後之序○

注傳曰至祖也○范甯引舊說又云僖公雖長已爲臣矣閔公雖小已爲君矣臣不可以先君猶子不可以先父故以昭穆父祖爲喻與何氏說同齊氏召南經傳考證云公羊此義極精何氏注亦最當後漢梁太后欲以殤帝廟次居順帝下周舉議曰春秋魯閔公無子庶兄僖公代立其子文公遂躋僖於閔上孔子譏之書曰躋僖公逆祀也及定公正其序經曰從祀先公爲萬世法也今殤帝在先於秩爲父順帝在後於親爲子先後之義不可改昭穆之序不可亂太后從之此事足與傳相發明通義亦引周議又引賈公彥曰兄死弟及俱爲君則以兄弟爲昭穆以其弟已爲臣臣子一例則如父子故別昭穆也廣森謂臣子一例此傳明文周賈之說蓋得經理僖於閔實兄弟然傳曰先禰而後祖也穀梁傳亦曰先親而後祖也國語亦曰非昭穆也左氏傳亦曰子雖齊聖不先父食可見僖之先閔非直以臣越君乃卽以子越父以穆越昭以禰越祖何者諸侯之尊兄弟不得以其屬通雖繼立也是必嘗爲臣臣之事君與子之事父等由族屬言之父子不可改詩曰莊公之子是也由廟制言之僖公時固祀莊于祖祀閔于禰詩曰新廟奕奕毛公傳以爲閔公廟是也至于文公則當禰僖而祖閔父之所不禰子亦不祖也父之所禰子亦不敢不祖也今僖必禰莊將別有閔宮加四親廟而爲五可乎俗儒或於禰必爲父祖必爲王父甚不知禮意祖禰皆廟名也爲人後者後其廟重禰事之非必父謂之也祖事之非必王父謂之也自始立廟卽定禰祖之名又其上一昭一穆而四廟備嗣爲君者迭居迭毀凡新主則必納禰宮不以倫序而異若周之初孝王嗣懿王懿王之叔父也然祀懿必於禰假令兄弟同昭穆則孝王當與共王同位而以臣躋懿上是卽逆祀矣其後桓王嗣平王平之孫也然祀平亦於禰而太子洩父不序於七廟人君者尊之統也是故廟無虛主廟無二主皆所

以著一統也天子以天下爲體以一王爲一世諸侯以國爲體以一君爲一世固不與士大夫恆禮同而春秋之際家世其爵祿雖大夫猶有爲兄後者矣況天子諸侯之兄弟有君臣之分者耶高閌曰父子相繼此禮之常也至于傳之兄弟則亦不得已焉耳既授之天下國家則所傳者雖非其子亦猶子道也傳之者雖非其父亦猶父道也以天下國家爲重矣徐邈曰若兄弟六人爲君自爲昭穆則後世當祀不及祖禰此又妄之甚者禮有所極義有所斷爲之後者爲之子所以正授受重祖統也兄弟六人相代爲君亦六代祀祖禰矣假非兄弟相代而其祖亦當遷耳豈得故存哉郎如邈言使有兄弟六人各自稱昭是有十三廟又其最後一君自上繼其父則五君終無後也豈其所以傳重授國之意乎凡言禮者惡其詔時君之意苟日廣宗廟大孝之本而不詳授受之道使當傳國者不忍以其國與其宗曰非吾子也當受國者又不肯以臣子之禮事其君曰非吾父也至令宗廟很衆昭穆駢積而鬼有不祀者皆不知春秋大義故也按何氏此注與上注似不合既以閔猶文之祖則不得閔僖同北面西上矣蓋殷人兄弟爲君同昭穆周人兄弟爲君異昭穆周道尊尊以國體爲重生爲君臣死即爲父子故昭穆各異殷道親親天子諸侯俱不絕旁期則生雖君臣親誼不殊故死則仍爲兄弟昭穆宜同也何氏以臣子一例定春秋繼統之經而以兄弟同昭穆說合祀蓋以殷之質變周之文以親親兼尊尊與○注自先至施也○此何氏申言昭穆之制與稱謂之殊所以不同也以自先君視之兄弟既爲兄弟則昭穆仍同昭穆自國體言之則閔爲君父僖爲臣子也公羊禮說云兄終弟及之昭穆有二說焉一以爲父子異昭穆兄弟同昭穆一以爲兄死弟及俱爲君則如父子故昭穆異其說皆自三傳啓之而注三傳者初不主後說也歷引范甯何休注又引杜預曰僖公閔公

庶兄繼閔而立廟坐次宜次閔下今升閔上故譏之孔申之曰若兄弟相代卽異昭穆設兄弟四人皆爲君則祖父之廟卽以從毀知其理必不然而賈公彥之說則異是謂閔公爲昭僖公爲穆今升僖爲昭閔爲穆故云逆祀果爾是誠亂昭穆之序董仲舒何以謂躋僖公爲小惡耶許以其爲大惡鄭氏曰兄弟無相後之道登僖於閔上不順爲小惡康成何爲駁叔重耶問者曰韋昭賈公彥之徒皆以爲臣子一例此非公羊傳明文耶曰其說出於公羊章賈皆不得其解者也一臣子一例自施於服制不可通於廟制儀禮曰封君之子不臣諸父而臣昆弟封君之孫盡臣之後漢宋意曰春秋之義諸父昆弟無所不臣大戴禮曰是以母弟官子咸有臣志由此觀之則以弟繼兄以兄繼弟甚至以叔繼姪俱無不可何注臣之繼君猶子繼父服皆斬衰故傳稱臣子一例舜之於堯本非父子至終喪告廟與父死子繼無異也推而言之隱桓莊閔僖文一如文武成康故自繼代言之文之於閔僖猶之乎祖禰也若立廟而異昭穆是非父子而爲父子非祖孫而爲祖孫情不安於禮得乎設使陽甲盤庚小辛小乙兄弟四王各爲一代而異昭穆則武丁之祭將上不及祖耶況生前爲父子死後爲祖孫生前爲兄弟死後爲父子不知當禘祫時昭穆合食一堂何以爲情耶後漢梁太后詔以殤帝幼崩次在順帝下馬訪奏宜如詔書呂勃以爲應依昭穆之序先殤後順周舉議春秋閔公無子庶兄僖公代立文公躋僖於閔上孔子譏之今殤帝在先於秩爲父順帝在後於親爲子先後之義不可改昭穆之序不可亂勅議是故沖遠謂先儒無此說善乎何氏之說曰自先君言之隱桓及國僖當各爲兄弟顧有貴賤耳自繼代言之有父子君臣之道此恩義逆順各有所施吾故斷之曰門內之治恩掩義閔僖不得異昭穆門外之治義斷恩閔僖遂儼如父子何也宗廟之內親親也朝廷之上

尊尊也君子不以親親害尊尊故曰先禰而後祖也申述何義可謂深切著明矣○注不言至張本○毛本三誤二舊疏云閔二年吉禘于莊公傳其言吉何未可以吉也曷爲未可以吉未三年也然則吉禘莊公在三年內此大事亦在三年內是不須更言吉祫以譏之但略言大事於太廟爲下躋僖公張本而已春秋說云大事者吉禘也吉禘無常月喪畢乃行僖公三十二年十一月薨至文公二年十一月始滿二十五月今方八月計僅二十二月喪制未畢與閔二年吉禘正同春秋之例一譏不再譏如仍書吉禘是再譏也故不書吉禘而書大事言吉禘國之大事而文公亂之穀梁所謂文無天也此用杜氏說以大事爲禘也范甯說穀梁以親爲僖以祖爲莊公直以僖在莊上魯之君臣不宜荒悖若此與三傳外傳皆違皆自逞私見者不可從漢書五行志云左氏說曰太廟周公之廟饗有禮義者也祀國之大事也惡其亂國之大事于太廟故曰大事也躋登也登躋公于愍公上逆祀也躋雖愍之庶兄嘗爲愍臣臣子一例不得在愍上又未三年而吉禘前後亂賢父聖祖之大禮內爲貌不恭而狂外爲言不從而僭故是歲自十二月不雨至于秋七月後年若是者三而太室屋壞矣前堂曰太廟中央曰太室屋其上重屋尊高者也象魯自是陵夷將墮周公之祀也彼所載左氏說亦以此爲禘蓋古文家說與

冬晉人宋人陳人鄭人伐秦【疏】沈氏欽韓左傳補注云稱人者惡其兵連禍結無已也据左傳爲報彭衙之役

公子遂如齊納幣

納幣不書此何以書譏【疏】穀梁注云喪制未畢而納幣書非禮左傳以爲禮也檀弓疏引膏肓云喪服未畢而行昏禮於義爲短鄭箴之曰僖公母主婚得權時之禮劉評之曰此鄭違心之論莊公母主取仇女亦權宜之禮乎何譏爾譏喪娶也【疏】釋文作喪取云本或作娶娶在三年之外則何譏乎喪娶【注】据逆在四年【疏】注据逆在四年○下四年逆婦姜于齊是也三年之內不圖婚【注】僖公以十二月薨至此未滿二十五月又禮先納采問名納吉乃納幣此四者皆在三年之內故云爾【疏】注僖公至云爾○禮記昏義云納采問名納吉納徵禮昏禮同春秋之納幣則禮之納徵也是彼三禮皆在納幣前也繁露玉杯云春秋譏文公以喪娶難者曰喪之法不過三年三年之喪二十五月今按經文乃四十一月乃取取時無喪出其法也久矣何以謂之喪取曰春秋之論事莫重乎志今取必納幣納幣之月在喪分故謂之喪取也吉禘于莊公譏然則曷爲不於祭焉譏【注】据吉禘于莊公譏始不三年大事圖婚俱不三年大事猶從吉禘不復譏【疏】注据吉至三年○閔二年傳吉禘于莊公何以書譏何譏爾譏始不三年也通義云難不言吉祫意○注大事至復譏○校勘記云鄂本復作獨按作復是也三年之恩疾矣【注】疾痛【疏】禮記三年問云三年之喪二十五月而畢哀痛未盡思慕未忘又曰創鉅者其日久痛甚者其愈遲三年者稱情而立文所以爲至痛極也非虛加之也【注】非虛加責

之疏繁露玉杯云禮之所重者在其志志敬而節具則君子予之知禮志和而音雅則君子予之知樂志哀而居約則君子予之知喪故曰非虛加之重志之謂也 以人心爲皆有之注以人心爲皆有疾痛不忍娶疏通義云子生三年然後免於父母之懷故三年之喪恩痛之至也非從天降非從地出非爲人悅也稱情而立文焉爾創鉅者其日久痛甚者其愈遲蓋哀追思慕有餘于三年之外者然而先王爲之中制斷以五五猶且葬而有變練而有除將使不肖者皆易與及焉如是而情有不逮者謂之無人心矣經義述聞云謹案人之言仁也墨子經說篇仁愛也方言凡相憐愛九疑湘潭之間謂之人兮表記仁者人也鄭注曰人也謂施以人恩也成十六年晉人執季孫行父舍之于招丘傳曰執未有言舍之者此其言舍之何仁之也曰在招丘悕矣何注曰悕悲也仁之者若曰在招丘可悲矣閔錄之辭表記注引公羊仁之作人之是人卽仁也以仁心爲皆有之者以哀痛父母之心爲衆所同有也作人者借字耳下文以爲有人心焉者則宜於此變焉矣何注曰有人心念親者可有欲爲己圖婚則當變慟哭泣矣此解得之按作人字解亦自聞通不必讀作仁字兪云此解上文不於祭譏之義蓋吉禘于莊公譏而此年大事于太廟不譏者正以三年之喪疾痛至深乃人心所皆有非如宅事微婉難明故吉禘一譏已足見疾痛其餘不悉譏也若如何解上下文皆不貫矣按如何解猶不忍娶言亦與上下無不貫。 以人心爲皆有之則曷爲獨於娶焉譏注据孝子疾痛吉事皆不當爲非獨娶也疏注据孝至獨娶○禮記王制云喪三年不祭唯祭天地社稷爲越紼而行事故凡祭祀及冠婚朝聘皆不行也 娶者大吉也注

合二姓之好傳之於無窮故爲大吉【疏】注合二至大吉○禮記昏義云昏禮者將合二姓之
好上以事宗廟而下以繼後世也又哀公問曰合二姓之好以繼先聖之後以爲天地宗廟社稷之主穀梁桓二年傳子貢曰冕而
親迎不已重乎孔子曰合二姓之好以繼萬世之後何謂已重乎哀公問又曰大昏萬世之嗣也非常吉也【注】與
大事異【疏】注與大事異○通義云譏必於其重者圖婚惡重於祫故大事不復譏從常辭而已其爲吉者主
於己【注】主於己身不如祭祀尚有念先人之心【疏】注主於至之心○繁露玉杯云
文公以秋祫祭以冬納幣皆失於太蚤春秋不譏其前而顧譏其後必以三年之喪肌膚之情也雖從俗而不能終猶宜未平於心
今全無悼遠之志反思念取事是春秋之所甚疾也故譏不出三年於首而已譏其喪取也不別先後賤其無人心也緣此以論禮
禮之所重者在其志又云志爲質物爲文文著於質質不居文文安施質質文兩備然後其禮成文質偏行不得有我爾之名俱不
能備而偏行之甯有質而無文雖弗予能禮尚少善之介葛盧來是也有文無質非直不予乃少惡之謂州公寔來是也然則春秋
之序道也先質而後文右志而左物故曰禮云禮云玉帛云乎哉引而後之亦宜曰喪云喪云衣服云乎哉是故孔子立新王之道
明其貴志以反和見其好誠以滅僞其有繼周之弊故若此也以爲有人心焉者則宜於此焉變
矣【注】變者變慟哭泣也有人心念親者聞有欲爲己圖婚則當變
慟哭泣矣況乃至于納幣成婚哉【疏】注變者至泣也○小爾雅廣詁變易也禮記檀弓云不可

以變注變動也謂動易其平素爲哭泣也故死喪亦謂之變穀梁昭十五年傳大夫以變是也孫氏志祖讀書脞錄云變讀爲辨言誠有欲爲己圖婚則當辨其義之可否宣十五年傳上變古易常應是而有天災其諸則宜於此焉變矣亦謂當辨其災應之所由來辨變古字通用按變義最切作辨解迂回○注有人至婚哉○毛本于作於通義云文公誠有人心欲變未失而久喪者則所變宜莫若此矣於此而不變知其外慕久喪之名而汲汲圖婚內實不哀也於義亦迂說變字亦未明

公羊義疏三十八

西元二〇二四年三月一日重製一版

公羊義疏 冊二

（清陳立撰）

平裝四冊基本定價參仟元正
（郵運匯費另加）

發行人　張敏君
發行處　中華書局
臺北市內湖區舊宗路二段一八一巷八號五樓（5FL., No. 8, Lane 181, JIOU-TZUNG Rd., Sec 2, NEI HU, TAIPEI, 11494, TAIWAN）
客服電話：886-8797-8396
公司傳真：886-8797-8909
匯款帳戶：華南商業銀行西湖分行
179100026931
印　刷：維中科技有限公司
海瑞印刷品有限公司

No. N0032-2

國家圖書館出版品預行編目(CIP)資料

公羊義疏/(清)陳立撰. -- 重製一版. -- 臺北市 : 中華書局, 2024.03

冊 ; 公分

ISBN 978-626-7349-04-5(全套 : 平裝)

1.CST: 公羊傳 2.CST: 研究考訂

621.717 113001464